TEORIA GERAL DO PROCESSO

PRIMEIROS ESTUDOS

ROSEMIRO PEREIRA LEAL

TEORIA GERAL DO PROCESSO

PRIMEIROS ESTUDOS

16ª edição revista e atualizada

Com remissões ao CPC/2015

Belo Horizonte
FÓRUM
CONHECIMENTO JURÍDICO
2023

1ª a 6ª edição – Editora Síntese Ltda. e Thomson – IOB
7ª edição – 2008 – Editora Forense
8ª edição – 2009 – Editora Forense
9ª edição – 2010 – Editora Forense
10ª edição – 2011 – Editora Forense
11ª edição – 2012 – Editora Forense
12ª edição – 2014 – Editora Forense

2018 14ª edição
2021 15ª edição
2023 16ª edição

FÓRUM
CONHECIMENTO JURÍDICO

Luís Cláudio Rodrigues Ferreira
Presidente e Editor

Coordenação editorial: Leonardo Eustáquio Siqueira Araújo
Aline Sobreira de Oliveira

Rua Paulo Ribeiro Bastos, 211 – Jardim Atlântico – CEP 31710-430
Belo Horizonte – Minas Gerais – Tel.: (31) 99412.0131
www.editoraforum.com.br – editoraforum@editoraforum.com.br

Técnica. Empenho. Zelo. Esses foram alguns dos cuidados aplicados na edição desta obra. No entanto, podem ocorrer erros de impressão, digitação ou mesmo restar alguma dúvida conceitual. Caso se constate algo assim, solicitamos a gentileza de nos comunicar através do *e-mail* editorial@editoraforum.com.br para que possamos esclarecer, no que couber. A sua contribuição é muito importante para mantermos a excelência editorial. A Editora Fórum agradece a sua contribuição.

Dados Internacionais de Catalogação na Publicação (CIP) de acordo com ISBD

L433t Leal, Rosemiro Pereira

Teoria geral do processo: primeiros estudos / Rosemiro Pereira Leal. – 16. ed. - Belo Horizonte : Fórum, 2023.

363p. 17,0 x 24,0cm

ISBN: 978-65-5518-545-4

1. Direito constitucional. 2. Democraticidade. 3. Proposição conjectural. 4. Conhecimento objetivo. 5. Devir processual. I. Título.

CDD: 342
CDU: 342

Elaborado por Lissandra Ruas Lima – CRB/6 – 2851

Informação bibliográfica deste livro, conforme a NBR 6023:2018 da Associação Brasileira de Normas Técnicas (ABNT):

LEAL, Rosemiro Pereira . Teoria geral do processo: primeiros estudos. 16. ed. Belo Horizonte: Fórum, 2023. 363 p. ISBN 978-65-5518-545-4.

Meu preito de gratidão ao saudoso prof. Darcy Bessone, meu mestre e mestre de várias gerações, orgulho indelével das letras jurídicas e da advocacia nacional, amigo certo de décadas de convivência, com quem trabalhei e aprendi, e de quem recebi o apoio e estímulo permanentes.

Ao saudoso e sincero amigo, jurista e constitucionalista, prof. José Alfredo de Oliveira Baracho, a quem muito devem as letras jurídicas nacionais e internacionais.

Respeito e admiração do Autor.

*Aos meus pais, **in memoriam**, João Antônio Leal e Bertolina Pereira Leal, que me deram a vida e com perseverante labor zelaram por mim em plena 2ª Grande Guerra Mundial.*

SUMÁRIO

NOTA À 16ª EDIÇÃO

Este compêndio com o título de *Teoria Geral do Processo*, embora escrito para os iniciantes do estudo do direito processual, procura externar, em seu capítulo introdutório, uma visão do direito, segundo a evolucionariedade da conjectura crítica em face da realidade de nossos dias. Em seguida, destacamos os tópicos que entendemos necessários para a compreensão da *ciência processual* como disciplina que se firmou pela leitura de várias teorias que, no curso da história, marcaram o pensamento jurídico.

Toda a linha de pesquisa do presente trabalho foi conduzida no sentido de enfatizar a importância do *processo* como teoria instituinte-constituinte de direitos e como instituição coinstitucionalizante e coinstitucionalizada de modelação procedimental destinada a assegurar o exercício dos *direitos fundamentais* que, na atualidade, pouco importando as posturas ideológicas, se apresentam como postulados democráticos, já recepcionados em vários países, ao enfrentamento das autocracias explícitas ou simuladas por modalidades engenhosas que tanto perturbam a caminhada humana em sua busca de dignidade.

Entretanto, o *processo* não adquire em nosso trabalho a finalidade mítica ou metajurídica de salvação dos valores culturais ou veículo de uma "jurisdição" inatamente talentosa que pudesse resgatar a humanidade de suas aflições. Estudamos aqui o *processo*, não como instrumento da *jurisdição* judicacional, mas como *paradigma jurídico-linguístico-autocrítico* e eixo intrassignificativo de criação, atuação e aplicação do direito que, por sua vez, só se legitima juridicamente pelo *controle* metalinguístico-argumentativo dos consectários lógicos do *devido processo* disponíveis aos destinatários normativos.

Registro meu profundo agradecimento aos meus dedicados alunos do Mestrado e do Doutorado da PUC Minas, que, nesta *16ª edição*, muito contribuíram em me ajudar na pesquisa e seleção da matéria que lecionei em aulas, bem assim na interlocução de vários pontos controvertidos que, muitas vezes, refiz e ainda, como acontece em qualquer estudo, não atinge a densidade científica almejada. Porém, deixo ao leitor, aos meus muitos alunos de tantos cursos, aos amigos sinceros e professores que muito me estimularam, aos sofridos e solidários colegas da advocacia, a última palavra que, de certo, suprirá as inevitáveis imperfeições da obra.

Nesta 16ª edição reafirmo a minha *teoria neoinstitucionalista do processo* (atualmente também denominada Teoria Processual Neoinstitucionalista do Direito – TPND) que vem sendo desenvolvida ao longo de meus estudos como marco teórico de várias dissertações e teses, o que muito me gratifica pelo esforço intelectual de vários anos para criá-la, esperando que continue provocando questionamentos no mundo jurídico como forma de reduzir o tédio científico e estimular o debate jurídico-acadêmico.

Sugiro aos leitores, alunos, pesquisadores, que, ao elaborarem peças científicas ou técnicas, caso me deem a hora da leitura, consulte sempre a minha última edição publicada desta TGP, porque a minha *teoria*, por si alinhar às teses do discurso conjectural de Popper, segue um programa evolucionário de estudos jurídicos que sempre suplica uma atualização por testificação teorocrítica continuada num esforço permanente de melhor compreensão de seus conteúdos.

Rosemiro Pereira Leal
Belo Horizonte, 2023.

CAPÍTULO 1

O SURGIMENTO DO *PROCESSO* NA RESOLUÇÃO E REDUÇÃO DOS CONFLITOS

1.1 Humanidade e direito

O homem isolado, na gênese da humanidade, é uma fantasia. A parábola de Robinson Crusoé[1] sem o índio Sexta-Feira, ou com este, é uma história absolutamente ingênua, do tipo *modus tollens*[2] (eliminação de hipóteses pela escolha arbitrária de uma delas), para ilustrar a origem do direito. A chegada do índio Sexta-Feira à ilha solitária do Robinson não anuncia o nascimento do direito para se estabelecer um pacto de entendimento entre ambos, mas, ao contrário, aumenta a dúvida sobre esse inesperado encontro de culturas diferentes. Também é impossível dizer que necessariamente um deles pressupõe a existência do outro. A humanidade tem origem controvertida, autóctone ou não, e não se pode seguramente afirmar quem é nela o primogênito ou quem primeiro ditou as regras para outros cumprirem.

As expressões *ubi homo ibi jus, ubi jus ibi societas* ou *ubi societas ibi jus*, são imperativos mascaradores da história sem qualquer impacto na reflexão jurídica, porque o direito não é uma *coisa* (*vires occultae*) vinda do cosmo inefável ou da sabedoria da natureza anímica, física ou biológica (metafísica), ou coisa eternamente contida no cérebro do homem ou na sociedade, que possa ser pinçada, como um diamante numa cata.

O direito não é aquela *criatura* mencionada por Sorman, abortada pela humanidade, desentranhada de uma seleção natural e espontânea de regras sociais e econômicas para a salvaguarda da liberdade com conteúdos e mensagens de paz, regulando as instituições surgidas do inconsciente coletivo.[3] É o direito produto racional e dinâmico de controle sociopolítico-econômico em vários níveis temporais de elaboração humano-técnica, à medida que os grupos sociais surgem, organizando-se a si mesmos

1 CINTRA, Antonio Carlos Araújo; GRINOVER, Ada Pellegrini; DINAMARCO, Cândido Rangel. *Teoria geral do processo*. 8. ed. São Paulo: Revista dos Tribunais, 1991. p. 23.

2 LOSEE, John. *Introdução histórica à filosofia da ciência*. São Paulo: Edusp, 1979. p. 48.

3 SORMAN, Guy. *A solução liberal*. 2. ed. São Paulo: José Olímpio, 1987. p. 50-57.

por regramentos técnico-jurídicos convenientes. O direito não é um talismã que, por imanência magicista, como a pedra filosofal, tivesse, *per se*, uma "função ordenadora, isto é, de coordenação dos interesses que se manifestam na vida social de modo a organizar a cooperação entre pessoas e a compor os conflitos que se verificarem entre seus membros".[4]

O direito não é um *ente* que tenha princípios e critérios congênitos, intrínsecos e messiânicos, emergidos por geração espontânea, que vincassem a humanidade, inculcando, de modo apostolar, o *justo* ou o *equitativo* como cânone milagroso e instrumental de pacificação da sociedade, instilável pelo suposto senso inato dos juízes, como queriam os adeptos da Escola Alemã do Direito Livre (Freirecht),[5] para realizar os ideais idílicos de harmonia social e a consequente punição dos malfeitores, inimigos ou impatriotas.

O direito é construído pela humanidade como necessidade inapartável desta, e produzido pela atividade humana em incessante elaboração de estruturas formais diferenciadas e adequadas à regulação dos interesses prevalentes em cada época e, por via de sua qualidade ordenativa e sistêmica, para criar, extinguir, impor, manter ou ocultar, em convenientes padrões de legalidade (licitude ou incolumidade), as ideologias (de repressão, dominação, permissão) e teorias adotadas nas diversas quadras da história dos privilégios, conflitos e insatisfações humanas.

A insatisfação e os conflitos humanos, longe de serem um fator negativo da paz social, são fonte importante da passagem da *técnica jurídica* de controle normativo pela vontade superestrutural das classes divinizadas, nobres, ou economicamente privilegiadas (mero fazer ordenado),[6] para a *ciência jurídica* (saber ordenado)[7] resultante da tomada de consciência da atuação de estruturas jurídicas opressoras que, por proposta da reconstrução científica do direito (do direito praticado na realidade para a realidade do direito reelaborado pelo *pensamento jurídico*), pudessem ser substituídas por novos e conjecturados padrões normativos (com redução de incerteza econômico-social e busca de equivalência nas trocas[8] mercantis e de serviços) que assegurassem a coesão das sociedades como um todo social concreto,[9] em paradigmas discursivamente aceitáveis de sobrevivência digna pela maximização da riqueza.[10]

Adorno e Horkheimer[11] assinalam que o discurso científico é a radicalização da angústia humana levada ao desespero da racionalidade. A tentativa de esclarecer as realidades, como observa Popper,[12] foi básica para a ocupação de espaços comunicativos e criação de uma *ciência jurídica*, hoje já capacitada para discutir novos ajustes do atual e anacrônico aparelho jurídico nitidamente estruturado em bases retoricamente salvadoras.

---

4 CINTRA, Antonio Carlos Araújo; GRINOVER, Ada Pellegrini; DINAMARCO, Cândido Rangel. *Teoria geral do processo*. 8. ed. São Paulo: Revista dos Tribunais, 1991. p. 23.

5 PASQÜIER, Claude. *Introdution à la théorie générale et la philosophie de droit*. 4. ed. Neuchâtel: Niestlé, 1967.

6 LALANDE, André. *Vocabulário técnico e crítico da filosofia*. São Paulo: Martins Fontes, 1996. p. 1.109.

7 LALANDE, André. *Vocabulário técnico e crítico da filosofia*. São Paulo: Martins Fontes, 1996. p. 154.

8 OFFE, C. *Contradictions of Welfare State*. Hustehinson: John Keane, 1984.

9 HELLER, Hermann. *Teoria do Estado*. São Paulo: Mestre Jou, 1968. p. 154.

10 POSNER, Richard. *Economic analysis of law*. Boston: Little Brown, 1977.

11 ADORNO; HORKHEIMER. *Dialética do esclarecimento*. Rio de Janeiro: Jorge Zahar Editor, 1994. p. 29.

12 POPPER, Karl. *A lógica da pesquisa científica*. São Paulo: Cultrix, 1996. p. 31.

1.2 A ciência jurídica e seu objeto

A ciência jurídica, como bem acentua Aroldo Plínio Gonçalves, "necessitou, primeiramente, construir-se a si mesma",[13] porque, antes de se consolidarem as bases de um sistema de explicação e esclarecimento dos mecanismos técnicos do direito, que nada mais eram senão o *modus operandi* dos procedimentos legiferantes, não seria mesmo possível enfocar o direito formulado e vigente como objeto da crítica científica. Portanto, sem a crítica, o direito não seria objeto de explicitação pela ciência jurídica, mas absurdamente um fenômeno neutro encontrado na coletividade. Com efeito, a ciência jurídica, construindo-se pela crítica a si mesma imposta, e esta pelo discurso da crítica da realidade material (maternal) do direito, é que produziu para si conhecimentos no curso da história, para decodificar os princípios e institutos das realidades jurídicas em movimento,[14] buscando resgatar[15] as dúvidas obscurecidas pela tiranização secular e mítica da ortodoxia do discurso jurídico e, ao mesmo tempo, eleger a conjectura da realidade jurídica (asserção normativa de autoria anônima) como seu *objeto* científico.

A passagem da *técnica* (conjunto de procedimentos eficientes) para a *ciência* (conjunto de conhecimentos autoproduzidos e recriadores da técnica), no campo do direito, é uma transposição feita pelas conquistas teóricas do povo em seus enunciados de libertação e sobrevivência em padrões mínimos de dignidade, ainda que até hoje não suficientemente atingidos. Entretanto, a mimese da técnica pela ciência jurídica não se deu como a metamorfose encasulada das borboletas, mas numa realidade dinâmica em que o andamento histórico das mutações se faz pelo complexo das contradições teorizadas e expressas nas relações econômicas e sociais.

A ciência jurídica não é uma categoria isolada, um compêndio, um conjunto de conhecimentos unificados e perenemente concordantes, concretos e fixos, ou uma *entidade* capaz de agir por si mesma, nascida, como fênix, das cinzas dos embates humanos, mas um produto da atividade humana e desta dependente, gerador e ampliativo do conhecimento à dilucidação (conscientização), aperfeiçoamento ou transformação das realidades jurídicas em movimento. A autonomia da ciência jurídica, como sistema explicativo da técnica e recriadora desta, produtora de conhecimentos e de sua própria crítica a partir das realidades jurídicas em movimento, só pode ser assim considerada numa linha de visão interativa da realidade total (asserções anônimas).

Não se pode insistir na prevalência do direito sobre outras instâncias da ciência, como se fosse o *ente* justiceiro pelo cajado mágico ou autocrata do Estadojuiz, atuando entre instituições e organismos neutros e assegurando quixotescamente a paz, a ordem e o progresso da humanidade. Se examinarmos a história do direito contada pelos escritores, em seus pontos ditos culminantes nestes últimos milênios, de Justiniano (527 d.C.) a Ockham (século XIV), de Windscheid (século XIX) a Kelsen, passando por Savigny e Jhering, o direito ficou, no correr dos tempos, confinado aos *sítios* da divindade, da natureza, da razão, da sociedade fixa dos positivistas e sociologistas, da norma pura, da egologia, do estruturalismo pitagórico da semiótica, da zetética naturalista, como se

[13] GONÇALVES, Aroldo Plínio. *Técnica processual e teoria do processo*. 1. ed. Rio de Janeiro: Aide, 1992. p. 27.

[14] MIAILLE, Michel. *Introdução crítica ao direito*. 2. ed. Lisboa: Editorial Estampa, 1994. p. 21.

[15] HABERMAS, Jürgen. *Théorie et pratique*. Paris: Payot, 1975. p. 20. t. I.

fosse um pássaro de plumas coloridas engaiolado pelo talento e ideologias dos juristas ou pelas *formas* lógicas para cantar canções de paz, segurança e ordem para a humanidade.

Em nenhum estudo jurídico, portanto, é possível desconhecer a importância da trajetória de Hegel a Feuerbach, e deste a Marx, no empreendimento da construção da ciência a partir dos antagonismos ínsitos nas relações do capital e do trabalho e no armazenamento conceitual da crítica científica em obras de grandes pensadores, de Duguit a Popper e deste a Bobbio. Foi preciso negar o dogma e conjecturar o *fetiche* das formas do direito para que a ciência jurídica fosse inaugurada. A cortina de bronze da irracionalidade foi rasgada pela célebre e marcante advertência de Feuerbach: "só quem tem a coragem de ser absolutamente negativo tem a força de criar a novidade",[16] de seu vigoroso artigo *Necessidade de uma reforma da filosofia* (1842).

Assim, a ciência jurídica, na acepção atual, encontrou autonomia na filosofia das ciências, após o abrandamento do fatalismo marxista, que coloca a história fora do controle do homem. A mitigação do materialismo funcionalista e histórico marxista proposta por Giddens e Elster[17] trouxe para a ciência jurídica novos alentos pela quebra da assertiva de que o direito seria unicamente *superestrutura* da soma total das relações de produção da sociedade capitalista. Percebe-se, a partir de Pasukanis (1964),[18] que promoveu uma análise das versões mais respeitáveis sobre a concepção marxista do direito, por incursão nas obras de Stucka, Vysinskij e Sterogovic, a existência concomitante de uma *articulação* entre o *pensamento jurídico* e o *pensamento econômico*, de modo orgânico e indissociável, sem que se subordinasse ou se precedesse historicamente um ao outro, concluindo Pasukanis:[19] "o direito é categoria histórica que corresponde a uma estrutura social determinada, implantada sobre a contradição dos interesses privados e não já como elemento intrínseco da abstrata sociedade humana".

Não quis, é claro, referido autor, com esta definição, dizer que o direito se faça numa estrutura social autônoma e neutra, à margem dos conflitos humanos ou que o pensamento jurídico possa ser purificado de toda contaminação do modo de produção capitalista. Já os escritores idealistas apregoam, em ostensivo paradoxo à realidade econômica excludente e discriminadora, que, pelo milagre das formas jurídicas provindas de límpida e inexplicável fonte jurídico-científica, o direito fornece prodigamente estatutos de paz e de direitos fundamentais para resgatar a sofrida humanidade.

A ciência jurídica há de buscar o seu *objeto* na pergunta permanente do que seja o direito, procurando assentar o seu *objeto* nessa indagação crítica, produzindo e extraindo conhecimentos além e fora da concepção do vetusto direito natural, subjetivo ou objetivo, contidos em normas fixas e irredutíveis, construídas ou achadas ideariamente como referências lógicas de estabilização da vida social e econômica, numa artificiosa justeza sem qualquer vínculo com as realidades jurídicas e relações econômicas interagentes da sociedade capitalista. A ciência jurídica, como conquista teórica pós-moderna da humanidade, em bases de múltiplos sistemas de explicação do direito, equivale a

---

16 FEUERBACH, Ludwig. *Princípios da filosofia do futuro*. Lisboa: Edições 70, 1988. p. 14.

17 WRIGHT, Erik Olin; LEVINE, Andrew; SOBER, Elliott. *Reconstruindo o marxismo*. Petrópolis: Vozes, 1993. p. 38-83; 119-123.

18 *Apud* FARIA, Guiomar T. Estrella. *Interpretação econômica do direito*. Porto Alegre: Livraria do Advogado, 1994. p. 19-21.

19 *Apud* FARIA, Guiomar T. Estrella. *Interpretação econômica do direito*. Porto Alegre: Livraria do Advogado, 1994. p. 22.

uma permanente *conspiração* da consciência dos povos contra o absolutismo das ideias jurídicas formadas em teorias destituídas de problematicidade e com propósitos de manutenção dos privilégios dominantes pelo eufemismo da *igualdade formal* de direitos e defesa gráfica dos direitos humanos.

Também é de todo proveitoso abandonarmos, em ciência jurídica, porque impróprio, tudo que possa vir em rótulos de doutrinas jurídicas, tendo em vista que esta expressão, pela carga dogmática que sustenta, estabelece conceitos e afirmações, sem explicitar e esclarecer os fundamentos sobre os quais as "doutrinas" obtêm conhecimento das realidades jurídicas por elas concebidas.

Em sendo a ciência jurídica, como qualquer ciência, construída de sistemas renováveis de explicação de conhecimentos, sob ângulos teóricos diferenciados e provisórios, apresenta duplo objeto: o *objeto imediato*, que é produzir conhecimentos explicativos, pela crítica do conhecimento, de sua própria validade discursiva e, servindo-se dessa produção científica, promover, como *objeto mediato*, a investigação do conteúdo ou sentido do direito expresso pelo complexo de normas resultantes da existência jurídica articulada com o modo de produção das relações econômicas e sociais vigorantes.

Como conjunto organizado de conhecimentos provisoriamente concordantes, ou como produtora de conhecimentos, a ciência jurídica utiliza o seu próprio acervo epistemológico para ampliar a esfera de questionamento de seu objeto que é a teorização exossomática do direito perquirido no movimento dos conteúdos jurídicos vigentes em incessante interação com o mencionado modo de produção das relações econômico-sociais. A *ciência jurídica*, não dogmática, não deixa de ser uma *teoria crítica* ampliada.

De resto, parece-nos equivocada a afirmação taxativa de que a ciência jurídica tem como objeto o "fenômeno jurídico tal como ele se encontra historicamente realizado",[20] pois, se assim colocado, estar-se-ia a esconder o *alvo* fundamental da ciência jurídica não dogmática, que é a investigação pela conjectura não dialética do que é o *direito*, já que este não pode ser cientificamente considerado uma *coisa* perdida ou difusa num universo jurídico-físico à espera de ser encontrado, ou uma *coisa* a ser talentosamente confeccionada para acudir a "sociedade".

Finalmente, sobre a ciência jurídica, é sabido que ela não produz normas, sequer é normativa, mas o seu objetivo, ao produzir e pesquisar seu próprio objeto (*os fundamentos da normatividade*), provoca certamente o crescimento do conhecimento humano, aumentando o grau de lucidez da humanidade ainda atualmente cativa de ordenamentos jurídicos autoritários ou ficticiamente democráticos.

1.3 As teorias do direito – quadro geral

As principais correntes que disputam a primazia de conceituar o direito é que nos darão mais adiante as sinalizações necessárias às *teorias do processo*. Por isso é que um retrospecto, ainda que ligeiro, sobre as teorias do direito, organizadas pelas diversas escolas do pensamento jurídico, será, a nosso ver, de grande valia para, em capítulo posterior, estarmos abalizados a desmitificar a permissibilidade e a coercitividade da realidade normativa.

---

[20] REALE, Miguel. *Lições preliminares de direito*. São Paulo: Saraiva, 1976. p. 16 e ss.

Analisaremos o conteúdo das licitudes normatizadas segundo o grau de *repressão preventiva*[21] adotada e dosada ideologicamente pela norma jurídica, em usurpação de liberdade e dignidade, como fator pretendido de aculturação conveniente na otimização e perenização dos níveis de privilégios e dominação exercidos pelos grupos e sociedades hegemônicos. Ou seja, a necessária vigilância normativa *pan-óptica* de comportamentos, a que aludia Bentham e de que fala Michel Foucault,[22] para manter e preservar as *sociedades disciplinarizadas* (sociedades de necessidades e liberdades fundamentais reprimidas pela escalada do microfacismo sistêmico-normativo atual e mundializador).

O que muitos chamam atualmente de teorias do direito, em suas diversas acepções, não são teorias na concepção científica moderna que envolve um *esclarecimento* do direito, através da formulação e organização de ideias críticas para elucidar as contradições existentes na realidade jurídica produzida pelos diversos agrupamentos humanos. Trata-se, pois, de teorias no sentido de posições ideologizadas (ideias dominantes em períodos históricos) não inteiramente explicadas por seus próprios autores, porque procuram definir, achar, reencontrar ou relembrar um direito como se este fosse um *ente-objeto* perdido dentro ou fora do tempo-espaço ou embutido no cérebro ou esquecido pela natureza humana.

Essas teorias clássicas se destacam como *doutrinas* – algo afirmado e não esclarecido – que se resumiriam nas conhecidas escolas idealista e racionalista do direito, esta com seus desdobramentos positivistas, sociológicos, fenomenológicos, formalistas e instrumentalistas.

1.3.1 A doutrina (teoria) idealista

Essa doutrina preconiza um direito exterior ao homem, no mundo cósmico ou dos deuses, inspirada na conhecida réplica de Antígone a Creonte que negou sepultura a Polinice.[23] Antígone apelou para as leis imortais, eternas, não escritas, dizendo que a conduta de Creonte afrontava os deuses. Foi desta corrente idealista, de Platão a Hegel, fetichizada pelos jusnaturalistas dos séculos XVII-XVIII (Pufendorf, Locke, Leibniz, Montesquieu, Rousseau), como partidários dos direitos naturais, sagrados e inalienáveis, gravados por uma força sobrenatural na razão ou intuição dos homens, de que se serviu a revolução burguesa na França de 1789, para retirar ou reduzir o poder do clero e da nobreza já decadente. Também dessa corrente se utilizou a Revolução Industrial Inglesa para colocar a nobreza e o clero a serviço da burguesia capitalista que se despontava em seu novo modo de produção do direito, de bens e riqueza.

Nasceram, assim, da doutrina idealista outras "teorias doutrinais" que apregoavam um direito intuitivo pelo justo e pela equidade (absolutamente irracional), ou um direito redescoberto pela "razão natural", no que chamavam de princípios primeiros da vida social. Com efeito, tanto o direito da natureza quanto o direito da natureza humana estavam impregnados deste atributo abstrato ou divinatório que orientou outras

---

21 PRADO, L. R.; KARAM, M. *Estudos de filosofia do direito*. São Paulo: Revista dos Tribunais, 1995, "A Partir de Kelsen" – Prof. Luís Alberto Warat. p. 107-108.

22 FOUCAULT, Michel. *Vigiar e punir*. 15. ed. Petrópolis: Vozes, 1997. p. 194.

23 SÓFOCLES. *Antígone*. Rio de Janeiro: Beviláqua, 1909. p. 103-104.

doutrinas, que iam do universo natural ao universo cultural, para gerar um estado político-jurídico das retóricas declarações universais do direito do homem (1948 – ONU).

Vemos que o *idealismo jurídico*, conforme anota Michel Miaille,[24] funda-se em afirmações sobre mundos jurídicos das normas fora dos fatos e dos fenômenos humano-históricos, sob comandos de regras supostamente eternas e universais e concentradas no receptáculo da razão como dado contenedor desses comandos. O direito é, nesta hipótese, ora um dado racionalmente extraído de uma matriz que pode ser Deus ou a Natureza, ora é a própria razão um dado luminoso da revelação de Deus por inoculação do Justo e do Bem na gênese do homem.

De conseguinte, a mitificação do direito tem seu nascedouro na escola idealista, por suas "teorias doutrinais", em que, de Tomás de Aquino (*lumen naturale lumen divinum*) a Grotius e deste a Rousseau, o estudo do direito se definia pelos traços teologais,[25] posteriormente reelaborados pelo iluminismo racionalista aclamado no Século das Luzes (século XVIII).

1.3.2 O realismo jurídico

O ímpeto de dessacralização da *doutrina (teoria) do idealismo* jurídico surgiu com a elevação da razão ao grau de produtora do direito e não mais de receptora ou reveladora do direito emanado da natureza de Deus ou das coisas (direito da natureza). Pelo *realismo jurídico*, a razão, embora a-histórica, quer, pela escola do direito natural racional, impor-se como instrumento de controle da sociedade pela geração racional de um *direito apriorístico* decorrente do ajuste lógico da razão dos juristas à concretude da vida social.

O juiz seria, portanto, a fonte complementadora e ordenadora da realidade econômica e social como ente carismático, capaz de inatamente possuir e criar critérios do justo na solução dos problemas das desigualdades e aflições humanas.[26] Essa intervenção, dita racional ou inteligente, no direito positivado na sociedade é que, sobre o invólucro humanista, pretendeu, com as mesmas vestes da razão deificada (estruturada por uma lógica de arquétipos, enteléquias, cânones, categorias puras) exorcizar o mito cósmico do idealismo, quando, ao contrário, o realismo jurídico nada mais estava fazendo do que trocar um mito por outro, em que, numa guinada antropomórfica, Deus assumiria a forma humana e desistiria, a partir daí, de ser Deus.

As proclamadas escolas do direito subjetivo e objetivo tiveram suas raízes neste difuso universo do *idealismo-racionalismo-construtivista* que, inexplicavelmente, com matizes kantistas, até hoje conta com significativa população de seguidores (Razão Narcísica).

Conclui-se que idealistas e racionalistas eram parceiros da convicção de um *direito natural* de múltiplos conteúdos só perceptíveis pelos juristas e juízes sensitivos e onividentes para, numa leitura primal da natureza das eternas leis divinas, naturais ou humanas, detectarem, como narra Villey,[27] a solução juridicamente adequada, por

[24] MIAILLE, Michel. *Introdução crítica ao direito*. 2. ed. Lisboa: Editorial Estampa, 1994. p. 247-258.

[25] MIAILLE, Michel. *Introdução crítica ao direito*. 2. ed. Lisboa: Editorial Estampa, 1994. p. 249.

[26] CINTRA, Antonio Carlos Araújo; GRINOVER, Ada Pellegrini; DINAMARCO, Cândido Rangel. *Teoria geral do processo*. 8. ed. São Paulo: Revista dos Tribunais, 1991. p. 115 e ss.

[27] VILLEY, M. *Abrégé de droit natural classique*. Paris: Archives, 1962. p. 25 e ss.

via de uma teoria construída longe dos fatos, segundo um núcleo de "um verdadeiro direito" para o povo em suas épocas diferenciadas. Tais teorias não passam, como se observa, de meras ideologias travestidas de doutrinações agônicas, que não guardam qualquer vizinhança científica com os estudos atuais do direito.

Entretanto, essas doutrinas, nos dias de hoje, ainda atuam como ideologia necessária à ocultação, pelo manto de uma pseudorracionalidade, das reais causas do apregoamento da liberdade e igualdade fictícias que sustentam as estruturas econômicas e sociais do ultracapitalismo em marcha acelerada. Aliás, Engels[28] percebera que "esse reino da razão não era mais que o reino idealizado da burguesia" e, por isso, uma teoria dessa natureza é útil à preservação ideológica de um sistema dominante, jamais explicativa de uma realidade jurídica como seria de se exigir de uma teoria científica.

1.3.3 O realismo e o positivismo jurídico

O positivismo, no ensino de Cuvillier,[29] afirmou-se com Augusto Comte (século XIX) com sua lei dos três estados, segundo a qual a humanidade apresentava, em sua história, um estado teológico, um estado metafísico e, finalmente, um estado positivo, criando a expressão "sociologia" para denominar a atividade científica desenvolvida ao conhecimento dos fatos e fenômenos sociais, afastando-se da teologia e da metafísica. Seria uma atividade intelectual racionalmente purificada para teorizar a sociedade humana.

Particularmente, no campo do direito, propunha-se o positivismo a buscar explicações inferidas de sistemas normativos, nacionais e internacionais, em vigor. Carré de Malberg,[30] adepto do positivismo, escreveu uma *teoria geral do estado*, a partir da possibilidade de uma teoria geral do direito pela universalização, racional e construtivista, de princípios extraídos dos diversos sistemas jurídicos, como também quis John Austin,[31] hoje o corifeu da divulgação do *método positivo-analítico-indutivo* que, visando a uma *unificação jurídica*,[32] egressa da experiência jurídica vigente dos povos, se diz próprio para "uma explicação geral do direito e de sua evolução".[33]

É de se notar facilmente que os *positivistas* inferem indutivamente uma síntese principiológica dos sistemas normativos para explicar uma realidade histórica meramente vegetativa, que, *per se*, nasce, cresce, vive, morre e renasce, num círculo vicioso natural e sob aguda observação isenta e purificadora do jurista exercitada por uma gnose mística, como se a razão pudesse ficar inteiramente apartada do desenrolar dos fatos sociais e econômicos.

Os positivistas observam a história e as sociedades, como se estas fossem capazes, botanicamente, por si mesmas e por uma congênita e natural fenomenologia, de criar fatos tendentes a um fatal solidarismo ou gregarismo social, como queriam Durkheim,[34]

---

28 ENGELS, F. *Socialisme utopique et socialisme scientifique*. Paris: Editions Sociales, 1971. p. 61.

29 CUVILLIER, A. *Manual de filosofia*. Porto: Educação Nacional, [s.d.]. p. 17 e ss.

30 MALBERG, Carré de. *Théorie générale de l'état*. Paris: Archives, 1933.

31 MACHADO, Edgard da Mata. *Elementos de teoria geral do direito*. 4. ed. Belo Horizonte: UFMG, 1995. p. 136 e ss.

32 MALBERG, Carré de. *Théorie générale de l'état*. Paris: Archives, 1933. p. 1.

33 MALBERG, Carré de. *Théorie générale de l'état*. Paris: Archives, 1933. p. 1.

34 DURKHEIM, Emile. *Les piègles de la méthode sociologique*. Paris: Archives, 1895.

Duguit[35] e Hayek,[36] ao perseguirem um fundamento objetivo para o direito com base numa história inexplicada das sociedades. Essa visão utópica de *solidariedade* na medula das sociedades é que estabelece, para os positivistas, ligados às escolas histórica e sociológica do direito, uma acepção apriorística, absolutamente irreal, dos conflitos sociais que informam o direito elaborado pela dinâmica do *modo de produção social do direito* no capitalismo. Aliás, como diz A. Emmanuel,[37] ao contrário do que pensam os positivistas, o capitalismo tem o seu fulcro, não no solidarismo, mas na troca desigual e na desigualdade econômica e de oportunidades, como pressuposto histórico de sua existência.

1.3.4 O novo positivismo e o fenomenalismo

Embora Hegel falasse em fenomenologia, a escola fenomenológica surgiu com Husserl (1859-1938), que se propunha a purificar o núcleo das coisas e, no dizer de Volkmann,[38] a desenvolver um método filosófico para compreender as *coisas* destituídas de todos os seus acessórios sensíveis ou apriorísticos e nelas descobrir uma *essência* imutável e invariante formadora de uma estrutura límpida e fundamental, cabendo unicamente à ciência a apropriação desses fenômenos para construção de formas irredutíveis e *não* o esclarecimento histórico da realidade.

Esse adentramento em formas jurídicas apartadas das contingências históricas, conforme observa Amselek,[39] motivou a teoria das *normas puras* de Kelsen como principal adepto da escola fenomenológica do direito. Obrigações e direito, em Kelsen, nascem do imperativo categórico das normas, sem que tais comandos dependam de outro esclarecimento senão o da existência da norma jurídica. Assim a *juridicidade* seria um fenômeno jurídico criado pela norma e esta o elemento catártico, dogmático e criador da realidade jurídica, isto é, uma realidade originada de juízos mentais e a-históricos e justificáveis pela lógica das *conexões normativas*.

Com efeito, os fenomenologistas estavam na mesma linha dos positivistas (realistas e sociologistas) que pretendiam explicar os objetos e fenômenos pelo exercício de uma *razão pura*, como fórmulas e coisas fixas ("categorias autônomas") engenhadas racionalmente para regular a realidade físico-social por via de aglutinação de princípios que abonassem o novo iluminismo mercantilista da reflexão burguesa e voluntarista do século XIX.

Essas teorias fenomenológicas tentavam perenizar os fundamentos do pensamento jurídico da época, voltado à autonomização dos diversos ramos do direito, como se este pudesse ser concebido como um corpo sólido dissecável e insuscetível de uma mutação constante em sua originariedade e dinâmica históricas. O esforço de tornar o fenômeno jurídico como algo autônomo, paralelo à sociedade ou imanente ao homem, mas construído pela isenta reflexão dos juristas, provocou novas correntes que se distinguiram por outro *fetiche* que se resvalou pelo século XX e se caracteriza pela apologia das *formas jurídicas* autoexplicáveis que estudaremos adiante.

---

35 DUGUIT, L. *L'état de droit objetif et le droit positif*. Paris: Archives, 1901.

36 SORMAN, Guy. *A solução liberal*. 2. ed. São Paulo: José Olímpio, 1987. p. 23.

37 EMMANUEL, A. *L'échange inégal*. Paris: Maspero, 1969.

38 VOLKMANN, Schluck. *Husserl et la pensée moderne*. Haia: Phénoménologie, 1959. p. 246.

39 AMSELEK, Paul. *Méthode phinoménologique et droit*. Paris: LGDJ, 1959.

1.3.5 O formalismo jurídico irreducionista moderno

A procura obsessiva de um direito assegurador de situações jurídicas de dominação que, a cada dia, migram de grupos dominantes para novos grupos dominantes, num duelo vertiginoso que se fez por sucessão ou anexação de patrimônios na sociedade capitalista do século XX, agravou a autocracia de um formalismo jurídico, tecido de modo voluntariamente confuso, difuso e assistemático, com vestimentas e máscaras uniformizadoras e pseudocientíficas (forma pela forma e rito pelo rito), com vistas a preservar, pela fetichização ético-moral dos ordenamentos jurídicos, os privilégios milenares dos grupos de comando econômico-social e pelo bloqueio do reconhecimento efetivo de direitos fundamentais dos povos.

Pelo formalismo jurídico, multiplicaram-se os textos retóricos de leis supranacionais, constitucionais ou infraconstitucionais que nenhuma garantia efetiva e eficiente trazem, a não ser o ufanismo empolado e inócuo de suas próprias afirmações.

O formalismo jurídico moderno, alardeando sua completa separação dos *ritos* antigos e dos procedimentos magicistas ou dos formulários pretorianos, dizendo-se ciência pura e empenhado em atrofiar o excesso de burocracias formalistas para acelerar e efetivar a realização do direito, vem impingindo um novo tipo de *panaceia* que, como um demiurgo bifronte, por um lado, fala em legalidade e, por outro, coloca a autocracia do julgador antes ou acima da lei.

Esse paradoxo, lembrado pelas advertências weberianas de convivência atual do direito racional com o irracional, mostra também a mediocridade de uma geração pusilânime e mercantilista de juristas, intérpretes, elaboradores e aplicadores da lei, cuja alienação político-científica leva-os à convicção da existência de um direito irredutível e eternizante só revelável objetivamente pela exclusiva construção das inteligências prodigiosas e predestinadas dos *doutrinadores* e do poder judicante. Tem-se um direito-jurisprudência identificado com os padrões ético-morais (e religiosos) convenientes à aceitação fatalizada dos desequilíbrios econômicos e sociais que, para os formalistas, são estigmas próprios e naturais da heterogeneidade das sociedades humanas.

Claro que não se decreta, por impróprio, o abandono do formalismo jurídico, porque a ciência do direito se afirma pelo esclarecimento dos sistemas jurídicos que se expressam nas formas do direito. O que se pretende afastar, no campo do conhecimento científico-jurídico, é o *arquétipo* (princípio magicista) da forma pura, *irredutível* a qualquer conteúdo socioeconômico decorrente do modo de produção econômico-social do direito, nas diversas realidades dinâmicas de sua manifestação e vigência. O formalismo irreducionista, portanto, ao mesmo tempo intuitivo e idealista, é que, para evitar a incômoda distinção entre direito e moral bem como direito e religião, preconiza que, em sendo o direito um conjunto de normas concordantes, o que separa a forma do direito das demais formas (religiosas e morais) é o seu especial e exclusivo *sistema* de normas criadoras de justiça e paz social pelos ordenamentos jurídicos positivos, como querem Weill e Mazeaud.[40]

Percebe-se que a escola do formalismo irreducionista acredita que a natureza do homem ou da sociedade tem suas leis imanentes e imutáveis, cabendo ao jurista descobrir o direito na sistemática jurídica, como um personagem ou uma *coisa* oculta e

---

[40] MIAILLE, Michel. *Introdução crítica ao direito*. 2. ed. Lisboa: Editorial Estampa, 1994. p. 301.

autônoma nessa sistematicidade. Não admite que o homem tenha criado leis para ocultar e mascarar propósitos de dominação. Afirma que o direito é ainda um ser salvador embutido na natureza humana, física ou social, jamais uma *expressão* normativa teórica ou ideologicamente produzida pelo homem e simultaneamente entrelaçada às demais instâncias político-sociais e econômicas.

Kelsen, recusando-se a elucidar o conteúdo de suas normas, acentuou que a ciência jurídica se explica pelo princípio da *imputabilidade*, enquanto a ciência da natureza se estrutura pelo princípio da *causalidade*. "O princípio da causalidade declara que se *A* é, *B* é ou será. O da imputabilidade diz que se *A* é, *B* deve ser (*soll sein*)".[41] Assim, para Kelsen, enquanto as leis da ciência física estabelecem uma *consequência-efeito* absolutamente invisível e invariante de sua *condição-causa*, a *norma* jurídica distingue-se por uma *imperatividade* da vontade humana imputadora de um atributo do *dever-ser*, não suscetível de causalidades ligadas aos fenômenos sociais e econômicos. Portanto, para o formalismo irreducionista, há um *carisma*, de fundo racionalista puro, conferido à *norma* jurídica pela intervenção taumaturga do homem, que é traço diferenciador de sua definição conceitual em relação às ciências da natureza física ou social.

Roldán[42] resumiu, em lúcidas palavras, a concepção gnosiológica de Kelsen, numa *razão* que *simplemente conoce hechos*. Essa pureza de conhecer a realidade despojada de seus aspectos valorativos ou ideológicos é que seduziu os juristas a um retorno platônico (realismo idealista) ao mundo das formas puras da razão.

Dificilmente escapam do formalismo irreducionista aqueles juristas que, jurando distância ou não de Kelsen, asseguram que a *norma* tem um *conteúdo* jurídico objetivo que, segundo Roldán,[43] consiste na reprodução e constatação fiel do "conjunto de acontecimientos, fenómenos y hechos que integran el mundo". Entretanto, estes juízos de pensamento que operam a reprodução e constatação dos acontecimentos, fenômenos e fatos do mundo, submetem-se a uma lógica especial e inexplicada que retira desses fenômenos (sociais e econômicos) qualquer *nexo* entre sua ontologia (gênese) e o *objeto* do conhecimento deles extraído. A irresignação de Kelsen a Savigny, Cóssio e Schindler traduz-se na assertiva de que, para Kelsen, a *norma* era um impulso biológico qualificado por um *sentido* inevitável de regramento jurídico, e não por qualquer ato prévio de livre e deliberada vontade criadora das normas. Havia nela um modelo escatológico essencialista de permissão e vedação, nunca de volitiva descrição ou homologação de realidades (fenômenos, acontecimentos, fatos).

Porém, essa advertência em nada separava Kelsen dos formalistas, positivistas, historicistas ou sociologistas (egologistas ou realistas), porque, para estes, como acentua Alf Ross,[44] a *descrição* ou ordenação ou dissertação da realidade gerava também um novo objeto-coisa-corolário do conhecimento jurídico após passar pelo somatismo dos meios lógicos e gnosiológicos dos juristas. Ambos os *objetos* eram, por conseguinte, tanto de kelsenianos ou não, uma *criação* ou excreção do intelecto jurídico, a qual, sem inferência da realidade, e distinta desta, tornava-se um ente (coisa) concreto, mentalmente

---

41 KELSEN, H. *Théorie pure de droit*. Paris: Dalloz, 1962.

42 MARTÍNEZ ROLDÁN, Luis. *Nueva aproximación al pensamiento jurídico de Hans Kelsen*. Madrid: La Ley, 1988. p. 29.

43 MARTÍNEZ ROLDÁN, Luis. *Nueva aproximación al pensamiento jurídico de Hans Kelsen*. Madrid: La Ley, 1988. p. 29 e ss.

44 *Apud* MARTÍNEZ ROLDÁN, Luis. *Nueva aproximación al pensamiento jurídico de Hans Kelsen*. Madrid: La Ley, 1988. p. 42.

individualizado, uma *coisa* elaborada ou expelida pelo cadinho especial e exclusivo do pensamento jurídico.

Conclui-se que o comprometimento dos formalistas irreducionistas com a *autonomia* de suas ideias de direito, num plano puramente eidético (ilação nomênica de uma essência real e entitiva dos fatos), sem explicação das *causalidades* provocadas pelo modo de produção do direito nas sociedades, hoje ultracapitalistas, alija qualquer preocupação científica de explicação do direito como instância estratégica e indissociável, integrante das condicionantes socioeconômicas da dinâmica dos conflitos humanos.

O formalismo jurídico irreducionista, de ontem e de hoje, com suas escolas, no campo do direito processual, como veremos, de Bülow, Chiovenda, Carnelutti e de Calamandrei a Liebman, e sua multidão de seguidores, é ainda uma máscara útil e valiosa ao ocultamento de uma realidade socioeconômico-jurídica que, em vez de ser esclarecida pela ciência jurídica, é descrita, hermetizada, sacralizada (hipostasiada) por uma lógica sistêmica conservadora dos privilégios jurídicos, historicamente representados pelos grupos dominantes e contidos nas leis, nas sentenças, na jurisprudência e nas suas teorias jurídicas a serviço de interesses nitidamente mercantilistas, corporativistas, egoísticos, pedagógicos, doutrinários e proselitistas, em regime a-histórico e alienante, aceitando a exclusão social de mais de dois terços da população planetária como fato não pretendido pela estrutura ultracapitalista mundial.

O mundo das *formas* seria um nicho virtual purificado pelo intelecto jurídico em que um terço da população planetária viveria segundo altos padrões normativo-jurídicos de dignidade, liberdade, segurança e conforto, desfrutando prazeres, bens sofisticados, cultura elevada, estabilidade, trabalhando despreendidamente um direito urdido pela essência das normas para salvar ou resgatar as demais pessoas. Essas *formas*, magistralmente construídas pela elite da inteligência jurídica dos povos, como que uma pedra filosofal no caminho da história, redimiriam, por generosidade das nações e dos grupos hegemônicos, as populações miserabilizadas pelas involuntárias e casuais disfunções da sociedade e da economia mundial. A ingenuidade do formalismo jurídico irreducionista, dada a virtualidade (ficção) do campo de sua atuação, imagina que a generalização do *fetiche* dos seus sistemas normativos implicará a automática universalização do bem-estar mundial pelo direito assim concebido.

A suposta *ciência jurídica* é, portanto, nesse pequeno universo de convicções, praticada como mero instrumento criador, coletor e colecionador desses privilegiados *modelos* normativos essencialmente concordantes, irredutível a qualquer ordem de fatos, *alheia*, por conseguinte, ao seu próprio objeto que deveria ser o *esclarecimento* dessa realidade jurídica social e economicamente intertextualizada. Para os adeptos do formalismo jurídico irreducionista, à ciência jurídica caberia, como objeto único, pelo "conteúdo real e legitimidade universal"[45] de suas proposições, buscar semelhanças, concordância e afinidades, entre normas desse altíssimo e formal patamar jurídico, construindo-se, a si mesma, pela universalização de princípios normativos, com vistas a uma *teoria geral do direito*, o que, como se percebe, se construída nessas concepções, nada tem de ciência, resultando apenas numa homologação grosseira de uma realidade cativa aos juristas e virtualmente preconcebida.

45 COUTURE, Eduardo J. *Interpretação das leis processuais*. 4. ed. Rio de Janeiro: Forense, 1997. p. 155-156.

A confusão que fazem os formalistas irreducionistas entre ciência, teoria, método e, por exemplo, entre direito processual didático-metodológico-teórico (disciplina) e *ciência do processo*, decorre de que, para eles, a ciência processual, ao mesmo tempo em que seria criadora de conceitos universais pela racionalização e construção de categorias e institutos jurídicos, também seria formalmente unificadora dos pontos normativos semelhantes em seu universo jurídico, sendo que a validade dessa ciência processual estaria numa *legitimidade universal* pressuposta e ineliminável arrancada da inteligência superior, concordante e recíproca, dos juristas e juízes (*common law*).

Assim, para eles, a *ciência do processo* não tem como objeto o *esclarecimento* das realidades jurídicas do modo de produção do direito processual e suas interfaces sociojurídico-econômicas pela explicação da principiologia que informa a dinâmica dos conteúdos histórico-teóricos do processo. A *ciência do processo* estaria confinada a uma ou várias ideologias do discurso científico, "independentemente do tempo e espaço",[46] criado pelo cientista em relação ao processo ou ao texto das diversas legislações. A ciência processual cuidaria do exame do direito processual positivo pela metodologia didático-disciplinar, como ciência dos conceitos da normatividade legislada e ciência produtora de conhecimentos, tendentes a criar *a priori* ou dedutivamente categorias com base nesse *quadro* jurídico, cuja validade, como afirmam, não é inferida pelo *esclarecimento* discursivo da realidade jurídica vigente, mas a partir de uma realidade normativa encontrada por essa ciência a que essa mesma ciência atribuiria, ou não, parâmetros de universalidade e legitimidade.

Está-se vendo que, contrariamente à Escola do Pensamento Aberto,[47] a ciência processual aqui é impropriamente autossuficiente, monopólica e fechada, utilizada para bastar-se a si mesma e não instrumento científico em busca permanente de conhecimentos ao *esclarecimento* crítico do discurso das realidades normativas, sem que estas, em si mesmas, sejam padrões ou ideários concretos e fixos para estabelecer, como querem os formalistas, "critérios específicos de conexão"[48] e "comparação de dados" na formação e assentamento de uma categorial, imperativa e unificada ciência ou teoria geral do processo.

1.3.6 O estruturalismo jurídico

A insuficiência das teorias anteriormente mencionadas instou os juristas a irem além dos positivistas que preconizavam um discurso jurídico universalista, por invariâncias principiológicas extraídas das *normas* vigorantes. Era preciso maior aprofundamento, porque, tanto positivistas quanto sociologistas e formalistas-realistas, embora partindo de *dados* fornecidos pela realidade, ligaram-se a uma sistematização e metodologia do direito formulado e não a uma teoria do direito calcada em características perenes e imutáveis. Daí, inspirados em Lévi-Strauss,[49] aliaram-se ao movimento estruturalista (1946-1970) para construir um modelo teórico de melhor inteligibilidade na decodificação do que o próprio Lévi-Strauss denominava *estrutura* subjacente a cada

---

[46] COUTURE, Eduardo J. *Interpretação das leis processuais*. 4. ed. Rio de Janeiro: Forense, 1997. p. 156.

[47] POPPER, Karl. *Conhecimento objetivo*. São Paulo: EDUSP, 1975. p. 193 e ss.

[48] GONÇALVES, Aroldo Plínio. *Técnica processual e teoria do processo*. 1. ed. Rio de Janeiro: Aide, 1992. p. 46.

[49] LÉVI-STRAUSS, Claude. *Anthropologie structurale*. Paris: Plon, 1958.

instituição ou hábito ou, conforme palavras de Arnaud,[50] de núcleo ou infraestrutura simbólica do direito pela "utilização de regras de comunicação das pessoas e dos bens, entre os indivíduos e os grupos por intermédio de mensagens codificadas", como que uma *primeiridade normativa*, a que Peirce atribuía, em sua semiótica, uma existência sem "nenhuma relação com outros fenômenos do mundo".[51]

O estruturalismo jurídico é exatamente esta busca dos segredos das supostas estruturas neutras que sustentam os ordenamentos jurídicos, como se as relações entre o indivíduo e os grupos sociais fossem controladas por *leis reais* e fixas que orientassem as leis sociais, econômicas ou jurídicas, autênticos substratos sígnicos só reveláveis pela linguística jurídico-estrutural e perceptíveis pela qualidade inata do jurista vocacionado a tais investigações ou complexidades.

Bem de ver que os estruturalistas entendem que as estruturas permanentes, que possam ser encontradas na subjacência dos fenômenos, não permitem grandes transformações da sociedade, já que estaria esta condenada a um *tédio* cíclico pela imutabilidade da *essência* que comanda a fenomenologia humana.

Essa posição da escola estruturalista, como se infere, representa a própria hipertrofia de um *formalismo essencial*, que seria também mais um *dado* do discernimento do direito como *objeto fixo* e pensante que, no máximo, poderia servir aos *formalistas* para reforçar o conteúdo de referibilidade normativa, sem acrescentar qualquer esclarecimento ao hermetismo estrutural desses conceitos.

Enquanto o estruturalismo-marxista da história propunha-se à investigação da *causalidade* dos fenômenos históricos nos acontecimentos sociojurídico-econômicos, os estruturalistas do direito acham importantes as estruturas das relações sociojurídico-econômicas pelo que possam oferecer de conteúdo *invariante* (arquétipo) de signos primais e eternos, capazes de induzirem as sociedades a se comportarem segundo a natureza dessas essencialidades enigmáticas e simbólicas que estariam pitagoricamente no cerne e na conduta de toda a história do comportamento humano (determinismo semiótico).

Não importam, aos juristas estruturalistas, as causas do aparecimento e conveniência das *normas* na sociedade, mas somente a existência dessas normas que, ao lado de se manifestarem em toda a sociedade humana, seriam também inevitáveis pela fatalidade sígnica de seu ideário puro, despido de valores efêmeros ou temporalmente válidos. É um novo idealismo-racionalista-platônico de cabeça para baixo, como se as ideias eternas (enteléquias, mônadas, arquétipos) migrassem da eternidade cósmica para a subjacência estrutural determinista dos fenômenos humanos.

1.3.7 Síntese

São tantas as correntes filometodológicas, como vimos, que influem no equacionamento das diversas teorias do direito, que não seria mesmo possível falar-se, na atual conjuntura dos estudos jurídico-filosóficos, que já poderíamos ter uma teoria geral acabada de qualquer tema ou especialidade jurídica, a não ser que confinemos a realidade jurídica a um mundo imaginário dos cultores do direito, sem *qualquer* comprometimento

---

[50] ARNAUD, A. J. *Structuralismo et droit*. Paris: Archives, 1968. p. 283.

[51] *Apud* NÖTH, Winfried. *Panorama da semiótica* – de Platão a Peirce. São Paulo: Annablume, 1995. p. 65 e ss.

com o objeto da ciência jurídica que é o *esclarecimento* do discurso jurídico em todos os âmbitos: do disciplinar ao sistemático e deste ao histórico.

O que se conhece atualmente, com raríssimas e louváveis ressalvas, a pretexto dos trabalhos científicos em direito, são compêndios de doutrinas, ideologias concludentes e dogmáticas que se empenham na edição, dissertação, interpretação e sistematização de leis, atos e decisões jurisdicionais, pela cronologia da história judiciária (*jurisprudence*) absolutamente desinteressados em questionar as realidades jurídicas (conteúdo e forma) e as implicações socioeconômicas da normatividade vigente. O exemplo dessa *jurisprudence* (história do Judiciário) é a escola do *pragmatismo jurídico* que, proibindo um distanciamento entre o agir e o pensar, imagina que é possível esclarecer conteúdos (textos) a partir da casuística que, contemplando a tópica, não se preocupa em colocar em suspeita as asserções, mas em resolver o caso por várias modalidades metodológicas. Claro que, em ciência, o pensar é que esclarece o agir por estoques teóricos testificadores e não um agir (jogos da vida) que possa colocar a ciência a serviço de fins estratégicos do decidir, como querem Wittgenstein, Dworkin, Alexy, Günther, Rosenfeld e Rawls, que confundem o *caso* resolvido ou a resolver com o *problema* da legitimidade dos critérios (teorias) de resolução.[52]

A *ciência do processo* não é a matriz invariante do direito processual, sequer é complexo normativo, porque a ciência não se presta a afirmações definitivas, tampouco pode partir exclusivamente de leis e ordenamentos jurídicos positivos para, por comparatividade ou métodos ditos suficientes, inferir resultados gerais ou terminativos de como regular oniscientemente a atividade jurisdicional. Os resultados da ciência jurídica são aproveitáveis nos diversos ramos do pensamento jurídico, à medida que apresentem discursos de *esclarecimento* das diversas realidades jurídicas surgidas e dos respectivos modos históricos dessa produção jurídica, aptos a apontar contradições e abrir perspectivas de aperfeiçoamento ou mesmo substituição das práticas jurídicas atuais e futuras para, em nosso caso, na esfera da *ciência do processo*, garantir a todos indistintamente provimentos jurisdicionais que, passíveis de controle pelo *processo*, não estejam centrados na pretoriana subjetividade dos julgadores ou no corporativismo do Judiciário, na autocracia do Estado ou no interesse dos agrupamentos hegemônicos.

As conceituações que atualmente vincam a ciência jurídica, confundindo-a com as disciplinas jurídicas ou com o direito positivamente formulado, devem-se à suposição de que não seriam as disciplinas jurídicas (seus métodos e teorias), bem como o complexo normativo positivo, *objeto de esclarecimento* pela ciência jurídica, mas a própria ciência jurídica com o codinome de teoria geral da ciência jurídica ou teoria geral do direito, cujos princípios e ensinamentos tivessem nascimento nas metodologias e numa lógica especialíssima de interpretação, apreciação, depuração, conexão, classificação e unificação dos diversos ordenamentos jurídicos.

De todas as escolas formadoras do pensamento jurídico aqui estudadas, resultando ideologias ou doutrinas jurídicas variadas, a que mais se põe em total abstração imunizante é a Teoria Pura do Direito de Hans Kelsen, porque, em não fazendo este autor qualquer correlação do direito com o esclarecimento de seus conteúdos históricos, identifica o direito com um "mecanismo coativo a que não corresponde, em si e por

---

[52] POPPER, Karl. *Conhecimento objetivo*. São Paulo: EDUSP, 1975.

si, nenhum valor político ou ético".[53] Portanto, para Kelsen, o *antijurídico* é que faz o direito existir. O direito só aparece com a *violação* da norma.

A teoria de Kelsen, embora a-histórico-epistemológica e, portanto, a-científica e guardando afinidade com os racionalistas-formalistas-positivistas, que cuidam do direito como *coisa* encontrada na genuína realidade jurídica, inferida desta ou construída ou reconstruída a partir de realidades lógico-jurídicas, prestou-se efetivamente e *pioneiramente* a dessacralizar o direito metafísico e jusnaturalista, apesar de o ter feito pelo paradigma de um mundo virtual e inexplicado de normas *neutras* portadoras de uma *carga* coercitiva de imperatividade "na pluralidade das ordens jurídicas positivas".[54]

O pensamento de Kelsen representa a maior proeza da inteligência jurídica para ocultar a complexidade causal da realidade histórica. É um monumento à fuga filosófica, a mais alienante teoria de que se tem notícia no direito e a mais sedutora construção jurídica do pensamento autocrático a despeito de sua proposta de neutralidade ideológica e de autolegitimação, que, é claro, serve a qualquer direito, mas que se liberta do *fetiche*, do sagrado, das cosmogonias, do panteísmo humanista, embora crie um outro *mito* que é a norma régia e *fundamental* de origem abstrata no cerne da humanidade, como se fosse a primeira e eterna rainha da colmeia normativa.

A partir de Kelsen, não haveria outro caminho senão radicalizar-se a angústia humana pela necessidade do *esclarecimento*[55] do discurso epistemológico e teórico até agora sustentado pelos pensadores, o que só poderia ocorrer, no campo jurídico, pelos pós-modernos enfoques discursivos da ciência não dogmática do direito como instrumento de abertura teórica e explicação dos *modos* de produção do direito nas diversas fases das realidades socioeconômico-jurídicas da humanidade e não mais somente pelas ferramentas enferrujadas do iluminismo burguês da Revolução Francesa de 1789 ao estruturalismo de Lévi-Strauss, mesmo considerando os modernos estudos de Haesaert,[56] que falam em *realidades jurídicas*, mas isoladas do contexto da historicidade dialética de seus conteúdos valorativos.

1.4 Quadro histórico das modalidades de resolução de conflito – Autotutela. Autocomposição. Mediação. Arbitragem. Jurisdição. Processo – da barbárie às sociedades democráticas de direito

1.4.1 Autotutela

É de manifesto equívoco dizer que a *autotutela* (uso da violência privada) tenha abrigo atualmente na legislação brasileira, ainda mais quando se sabe que as constituições brasileiras, em sua maioria, nomeadamente a Constituição vigente de 1988, acolhem o princípio da *reserva legal* pelo qual a lei há de preceder à violação, com reconhecimento ou garantia de direitos (art. 5º, II, XXII, XXXIX, da CF/1988). Se a *autotutela*, em sua concepção originária, fosse permitida em lei, claro que se transformaria em *instituto jurídico* legal (atraso histórico injustificável) em face das suas conotações histórico-

[53] *Apud* MACHADO, Edgard da Mata. *Elementos de teoria geral do direito*. 4. ed. Belo Horizonte: UFMG, 1995. p. 157.

[54] *Apud* MACHADO, Edgard da Mata. *Elementos de teoria geral do direito*. 4. ed. Belo Horizonte: UFMG, 1995. p. 159.

[55] ADORNO; HORKHEIMER. *Dialética do esclarecimento*. Rio de Janeiro: Jorge Zahar Editor, 1994. p. 29.

[56] HAESAERT, J. *Théorie générale du droit*. Paris: Sirey, 1958.

sociológicas de justiça privada ou uso arbitrário das próprias razões. No ordenamento jurídico brasileiro, não há recepção da figura histórica da *autotutela*, mas a criação do *instituto legal* da *autodefesa* na esfera de direitos da pessoa e do Estado (Comunidade).

Quando a ordem jurídica autoriza a *autodefesa*, não está delegando ao indivíduo a função jurisdicional tutelar que continua a se originar de lei prévia estatal. Não, há, portanto, como muitos entendem,[57] uma exceção ao monopólio jurisdicional, que o Estado abre à prática selvagem da *autotutela*, tal como concebida em épocas primevas da sociedade.

Assim, só o Estado, em suas relações internacionais, e, no caso brasileiro, sob regência principiológica que a Constituição lhe impõe (arts. 84, IX, XIX; 91, I e II, CF/1988), tem sobre si *amplos* direitos de autotutela legal, sendo que ao indivíduo é legalmente deferida a *autodefesa* em hipóteses expressas, especificamente indicadas. O *instituto* moderno da *autodefesa* não guarda qualquer relação com a *autotutela*, não regulada em lei, dos povos primitivos, ou dos Estados autocráticos cuja soberania não tem origem no *processo constituinte* popular. A autodefesa, na modernidade, é uma *tutela* substituta do provimento jurisdicional, legalmente permitida e que se faz pelos ditames diretos da norma preexistente à lesão ou ameaça de lesão a direitos. Não é a autodefesa uma excepcionalidade ao ordenamento jurídico permissora da autotutela pela justiça privada das sociedades primitivas, mas uma regra normatizada do ordenamento jurídico, que, com presteza, e concorrentemente à jurisdição, faz do indivíduo o instantâneo defensor de si mesmo ante uma agressão pré-tipificada em lei.

1.4.2 Autocomposição

A autocomposição é também uma forma bem antiga de solução de conflitos humanos, pela qual os interessados na dissipação de suas controvérsias, e ausente o Estado jurisdicional, conciliavam-se pela *renúncia, submissão, desistência e transação*. A *renúncia* consistia em se tornar silente o prejudicado ante o fato agressor a si mesmo ou a seu patrimônio. *Submissão* era a aceitação resignada das condições impostas nos conflitos ou pugnas individuais ou sociais. A *desistência* era o abandono da oposição já oferecida à lesão de um direito ou o não exercício de um direito já iniciado. A *transação* distinguia-se pela troca equilibrada de interesses na solução dos conflitos.

Com o surgimento do monopólio estatal da *jurisdição* (exclusividade de o Estado fazer cumprir o direito), as *formas* de autocomposição foram acolhidas pelo direito processual dos povos, erigindo-se em *institutos* jurídicos que se definiram pela possibilidade de as partes em conflito destes se utilizarem, com as peculiaridades de cada legislação.

1.4.3 Mediação e arbitragem

1.4.3.1 Período sacerdotal ou pré-romano

A *mediação* constitui-se, historicamente, na manifestação de transigência entre particulares, para encontrar a solução de seus conflitos, sem intervenção do Estado, pela

[57] CINTRA, Antonio Carlos Araújo; GRINOVER, Ada Pellegrini; DINAMARCO, Cândido Rangel. *Teoria geral do processo*. 8. ed. São Paulo: Revista dos Tribunais, 1991. p. 32.

indicação consensual de um ou vários *intermediários* que lhes pacifiquem os interesses. Sem os rigores da excelente análise feita pelo prof. César Fiuza,[58] em obra especializada em que distinguem os contornos históricos da *mediação* (forma de pacificação) e da arbitragem (forma de decisão), pode-se afirmar que a *arbitragem* é o grau resolutivo da *mediação* e que, inicialmente espontânea e não prevista em lei, se dava pela livre escolha de terceiros (sacerdotes, anciãos, líderes, místicos, reis, nobres, técnicos, alquimistas, caciques, pajés) predestinados à compreensão do direito humano e divino para decidirem os litígios.

1.4.3.2 Período da *legis actiones*

Do século VIII ao século V a.C., tem-se notícia,[59] no direito romano, de um sistema chamado de *legis actiones*, que apresentava três características: judicial, legal e formalista. *A judicial*, porque se iniciava perante o magistrado (*in jure*), e, em seguida, perante o árbitro particular (*apud judicem*); *legal*, porque previsto em *regras do magistrado*, e *formalista* por se vincular a formas e palavras sacramentais (*verba certa*). Na solução dos litígios, no *período régio* do Império Romano, por volta de 451 a 450 a.C., foi consolidado o direito então vigente pela publicação da Lei das XII Tábuas, elaborada por um "decenvirato especialmente nomeado a esse fim".[60]

1.4.3.3 Período formular – direito romano arcaico

A partir do século V a.C., com a expulsão dos reis e o advento da *república* romana, aboliu-se o sistema rígido das *legis actiones*, e a função de *árbitro* (*judex*) foi exercida pelos peritos que se notabilizaram como juristas, surgindo a figura dos *jurisconsultos* (convocadores do povo para deliberar sobre projetos de lei) e do *pretor*, nomeado pelo governo (magistrado), que, por via de *éditos* (um programa público de critérios de aplicar o direito vigente), exercia funções jurisdicionais de fornecer a *fórmula* ao *árbitro* (instrumento redigido pelo próprio *pretor*) que continha o resumo, os limites e o objeto da demanda (*litiscontestatio*), o nome do *árbitro* livremente escolhido pelos demandantes e o *compromisso* a ser assinado pelo árbitro e pelos litigantes de seguirem os termos da *fórmula* e de os litigantes obedecerem à decisão (sentença) a ser proferida pelo *árbitro*.

Do século V ao século II a.C., portanto, ao lado de uma mediação facultativa, criou-se uma *arbitragem oficial* que, de modo híbrido, *em duas etapas*, pelo magistrado (pretor – servidor público – *in jure*) e pelo juiz (árbitro particular – *apud judicem*), foi paulatinamente substituindo a *arbitragem* integralmente privada dos peritos leigos, advindo a prevalência pública e encerrando uma fase histórica do direito romano denominado *período arcaico*.

---

[58] FIUZA, César. *Teoria geral da arbitragem*. Belo Horizonte: Del Rey, 1995. p. 43-59.

[59] FIUZA, César. *Teoria geral da arbitragem*. Belo Horizonte: Del Rey, 1995. p. 63-67.

[60] MARKY, Thomas. *Curso elementar de direito romano*. 8. ed. São Paulo: Saraiva, 1995. p. 6.

1.4.3.4 Período formular – direito romano clássico

No século II a.C., embora o governo romano já tivesse publicizado a *arbitragem*, mediante a implantação de um sistema legal de avocação dos litígios e de parcial intervenção em seu equacionamento e solução, somente a partir da lei *Aebutia* (século II a.C.) e da *Leges Iulia* (século I a.C.), é que o *pretor* (servidor público), com ampliação de seus poderes, passou, ele mesmo, a *nomear* o árbitro (juiz de fato) e instruí-lo, *per formulas*, sobre como deveria conduzir as demandas e proferir as sentenças. Essa fase é a do *período clássico* do direito romano, que vai do século II a.C. ao século III d.C., e que marcou o encerramento do que se chama *ciclo da justiça privada* ou *período formular* (*ordo judiciorum privatorum*) no qual a *arbitragem* já assume feições de instituto jurídico público e cogente com *impositividade* governamental na escolha do juiz de fato (árbitro) pelo *pretor*.

1.4.3.5 Período da *cognitio extra ordinem* – direito romano pós-clássico

Mesmo com essa *impositividade* da escolha governamental do juiz de fato (árbitro) pelo *pretor* na solução dos conflitos, ainda assim a *arbitragem*, como prática facultativa de escolha livre de árbitros para conhecer e julgar os litígios, pelo que se tem notícia dos textos romanos, não foi expressamente vedada até o final do século III d.C., quando, com o enfraquecimento do Império Romano e a necessidade de o Estado se impor aos particulares e recuperar a unidade nacional, adveio, como única fonte de direito, *a vontade do príncipe*.

Ampliou-se, nessa época, ainda mais, o poder dos *pretores* que, nesse período pós-clássico, também chamado período do principado e da monarquia absoluta (284 d.C. – 565 d.C.),[61] agiam por um sistema jurídico paralelo à ordem vigente, conhecendo e julgando diretamente os litígios sem interferência de árbitros, não mais podendo os particulares, nessa época *pós-clássica*, utilizar-se da *arbitragem*, por qualquer de suas formas. Essa fase, conhecida como a da *cognitio extra ordinem*, assinala a passagem do modelo romano da *justiça privada* para a *justiça pública*.

Como vimos, ao se irrogar o conhecimento e julgamento das causas, e assumindo o Estado romano, *per lege et jura* (com base nas constituições imperiais e pareceres dos jurisconsultos), o monopólio da *atividade* de *dizer o direito*, abolindo oficialmente a *arbitragem* facultativa, era *o pretor* o órgão jurisdicional do Estado e o Estado o *único* e exclusivo árbitro dos litígios. A essa atividade denominou-se *jurisdição* (*arbitragem estatal obrigatória*), que estudaremos adiante.

1.5 Jurisdição – aspectos históricos

Depreende-se que a *jurisdição*, em sua origem, é a estratificação histórica da figura da *arbitragem* legalmente institucionalizada e praticada, de modo exclusivo e monopolístico, pelo Estado. A *jurisdição*, quando não está previamente condicionada, como veremos, à principiologia legal do processo, cuja plataforma jurídica fundamental se encontra insculpida na maioria das constituições modernas, é mera atividade de julgar

---

61 MARKY, Thomas. *Curso elementar de direito romano*. 8. ed. São Paulo: Saraiva, 1995. p. 21.

e descende diretamente da primeva *arbitragem*, em que a clarividência divinatória dos sacerdotes e o carismático senso inato de justiça dos pretores e árbitros é que marcavam e vincavam o acerto e a sabedoria de suas decisões.

O *pretor*, como se afirmou, exercia a *jurisdição* sem processo. Por isso, não é acolhível afirmar-se, na atualidade histórica do direito processual, que o "processo surgiu da arbitragem obrigatória",[62] porque, conforme demonstrado, a *jurisdição* é que surgiu da *arbitragem*. O *processo* só surgiu recentemente com a conquista histórico-teórica das garantias e direitos fundamentais constitucionalizados, ainda que atualmente debilitados pelo perverso e desejado desequilíbrio jurídico-socioeconômico das camadas sociais.

O *processo* não se despontou, com as atuais características de institucionalização de garantias fundamentais, ao simples e automático "exercício da jurisdição" pelo Estado. Aliás, o exercício da jurisdição pelo Estado não revela, por si mesmo, a existência do *processo*. Tanto é que, nos Estados autocráticos ou pseudodemocráticos, nos quais se concebe o "processo" como instrumento ou método de atuação da jurisdição, há jurisdição, mas não há *processo* como instrumentador da atividade jurisdicional pelos direitos fundamentais da *isonomia*, da *ampla defesa* e do *contraditório*. Não procede, como querem Cintra, Grinover e Dinamarco, afirmar, sem explicar, que "a jurisdição se exerce através do processo",[63] que é, segundo eles, mero instrumento e meio (método usual) do exercício da jurisdição, confundindo, assim, a estruturação do procedimento e a instituição constitucionalizada do *processo*.

O *processo*, ao contrário da jurisdição, define-se hoje em garantias principiológicas pela reserva legal de direitos antecipadamente assegurados nas leis fundamentais (constituições). A *jurisdição*, como atividade monopolística de o Estado reconhecer o direito (art. 5º, XXXV, da CF/1988), não traz em seu arcabouço garantias pela figura do juiz (ainda que íntegro, sapiente e culto) de criação do direito ou de "asegurar la justicia, la paz social y demás valores jurídicos", como ensinou Couture,[64] porque a jurisdição (judicação), por si mesma, não pressupõe critérios de julgar ou proceder, mas atividade de decidir subordinada ao *dever* de fazê-lo segundo os princípios fundamentais do *processo*. Hoje, sabemos que a *sentença* não pode ser a síntese do sentimento do juiz sobre a questão *sub judice*, porque haveria, no caso, jurisdição sem *processo*, como ocorreu na *arbitragem* dos antigos e como ocorre na *arbitragem* da Lei brasileira nº 9.307/1996.

1.5.1 Arbítrio, discricionariedade, jurisdição

A distinção dos temas propostos é, a nosso ver, importantíssima para o estudo do processo que, no direito moderno, é o paradigma constitucionalizado para aferir a legitimidade da conduta procedimental dos órgãos jurisdicionais. É muito comum, nos livros de direito processual, falar-se em livre-arbítrio e discricionariedade no exercício da jurisdição quando, atualmente, com as conquistas histórico-teóricas de direitos fundamentais incorporadas ao processo, como instrumentalizador e legitimador da Jurisdição, a atividade jurisdicional não é mais um comportamento pessoal e idiossincrásico do

---

[62] CINTRA, Antonio Carlos Araújo; GRINOVER, Ada Pellegrini; DINAMARCO, Cândido Rangel. *Teoria geral do processo*. 8. ed. São Paulo: Revista dos Tribunais, 1991. p. 27.

[63] CINTRA, Antonio Carlos Araújo; GRINOVER, Ada Pellegrini; DINAMARCO, Cândido Rangel. *Teoria geral do processo*. 8. ed. São Paulo: Revista dos Tribunais, 1991. p. 27.

[64] COUTURE, Eduardo J. *Fundamentos del derecho procesal civil*. 3. ed. Buenos Aires: Depalma, 1993. p. 34.

juiz, mas uma estrutura procedimentalizadora de atos jurídicos sequenciais a que se obriga o órgão judicial pelo controle que lhe impõe a norma processual, legitimando-o ao processo. Portanto, não há para o órgão jurisdicional qualquer *folga* de conduta subjetiva ou flexibilização de vontade, pelo arbítrio ou discricionariedade, no exercício da função jurisdicional, porque, a existirem tais hipóteses, se quebraria a garantia da simétrica paridade dos sujeitos do processo.[65]

Quando se colocava historicamente a *jurisdição* como fenômeno criador do *processo* nas épocas pretorianas, tal como também o faz até hoje a chamada *Escola Instrumentalista* ou da *Relação Jurídica*, sem considerar o adensamento dos princípios do processo por ampliação das conquistas teóricas dos direitos fundamentais da personalidade, da ampla defesa, do contraditório, da isonomia, do devido processo legal, afirmavam-se os velhos institutos do direito administrativo, que têm apoio no princípio da continuidade da função administrativa, como fundamento da existência do Estado, influindo na conceituação do direito processual. Entretanto, seria hoje absolutamente impróprio admitir qualquer resquício de arbítrio ou discricionariedade[66] no exercício da função jurisdicional que já não se faz por si mesma, aos moldes da concepção voluntarista do século passado, mas decorre da existência ativadora da estrutura normativa processual que tem suas raízes nos direitos fundamentais já constitucionalizados em diversos países do mundo, como é o caso do Brasil.

É óbvio que, para os seguidores da *teoria subjetivista* em que a jurisdição tem por fim tutelar direitos de uma natural subjetividade dos particulares ou da *teoria objetivista*, que a considera como atividade de atuação do direito material, esse tipo vetusto de *jurisdição* não guarda qualquer relação com o instituto atual da jurisdição na modernidade do *direito processual*. As teorias do processo, como lembra Alfredo Di Iorio,[67] sustentadas por Bülow, Chiovenda, Calamandrei, Carnelutti, Redenti, Liebman, Couture, e, em consequência, por todos os adeptos da Escola da Relação Jurídica e da Instrumentalidade do processo, se curvam ao voluntarismo jurisdicionalista do século passado. O prof. Aroldo Plínio Gonçalves, ao discorrer sobre jurisdição e processo,[68] observa, com apoio em Ítalo Andolina, Giuseppe Vignera e Renzo Provinciali, que "com as novas conquistas do Direito, o problema da justiça no processo foi deslocado de *papel-missão* do juiz para a garantia das partes".

Portanto, a jurisdição, em face do estágio da ciência processual e do direito processual, não tem qualquer valia sem o *processo*, hoje considerado, no plano do direito processual positivo, como complexo normativo constitucionalizado e garantidor dos direitos fundamentais da ampla defesa, contraditório e isonomia das partes e como mecanismo legal de controle da atividade do órgão-jurisdicional (juiz), que não mais está autorizado a utilizar o *processo* como método, meio, ou mera exteriorização instrumental do exercício do seu suposto saber decisório.

Não há mais, com efeito, lugar para os que apregoam potestatividade, faculdade, poder, arbítrio ou discricionariedade para o órgão jurisdicional (judicacional), já que este tem de atuar com rigorosa vinculação à principiologia do *processo* que lhe impõe o

65 FAZZALARI, Elio. *Istituzioni di diritto processuale*. 5. ed. Padova: Cedam, 1989. p. 80.

66 GASPARINI, Diógenes. *Direito administrativo*. 3. ed. São Paulo: Saraiva, 1993. p. 16.

67 DI IORIO, Alfredo J. *Lineamientos de la teoría general del derecho procesal*. Buenos Aires: Depalma, 1995. p. 31-37.

68 GONÇALVES, Aroldo Plínio. *Técnica processual e teoria do processo*. 1. ed. Rio de Janeiro: Aide, 1992. p. 183; 195.

dever de prestar a tutela legal, sem qualquer margem de arbítrio ou discricionariedade. Acentua Alfredo Di Iorio,[69] com apoio em Sagüés, que o Estado é, pela soberania, detentor da *função* jurisdicional e a "magistratura es designada por el Estado" para cumprir o *dever* da judicatura, advertindo que "pero lo expuesto no significa que exista discrecionalidad de parte del Estado en la prestación de su tutela jurisdiccional en el sentido de poder decidir por su solo arbitrio si presta o no la tutela".

Assim, não se pode conceber que o magistrado, que recebe do Estado, mesmo no paradigma liberal, a ordem-dever de aplicar direitos, possa ter faculdades ou poderes de ditar o direito ao seu alvedrio ou sentimento se, como ressaltado, sequer o Estado tem, nos sistemas democráticos atuais, arbítrio ou discricionariedade no cumprimento de sua função jurisdicional. Está também a instituição do *Estado*, como pessoa de direito público interno e externo, passível de controle pelo *processo* que, em última análise, é a expressão afirmadora dos direitos fundamentais da cidadania processualmente criados pela soberania popular para construção da Sociedade Democrática de Direito,[70] com ampla reafirmação nos ordenamentos supranacionais das *Comunidades* (Tratados).

O equívoco de se admitirem formas de livre-arbítrio ou discricionariedade no exercício da jurisdição dimana de teorias do direito administrativo em que, ao dicotomizar a classificação geral dos atos administrativos em *vinculados* ou *discricionários*, enfatiza-se o critério da *conveniência* e *oportunidade*[71] de que se utiliza a Administração Pública pela escolha de um comportamento dentre vários que a lei faculte, ainda que se advirta que tal não possa ocorrer com arbitrariedade.

Essa noção legal de *oportunidade* e de *conveniência*, na esfera do direito administrativo, é que, numa visão retrógrada, propicia afirmações já frequentes em manuais de teoria do processo, de que, em sendo o processo mero instrumento da Jurisdição e estando esta embutida na Administração Pública, o juiz deve manejar o processo a serviço do interesse público, do bem-estar do povo e da paz social em critérios metajurídicos[72] em que só ele estaria apto a dizer onde prevaleceriam o interesse social, a celeridade dos litígios e a conveniência das antecipações de tutela, das liminares e das cautelas em geral. Vê-se que o chamado instituto da *discricionariedade*, que, em face das constituições democratizadas, não mais apresenta contornos personalistas, voluntaristas ou arbitrários, é que inexplicavelmente mais agrada aos processualistas ainda reféns das lições carnelutianas de que o juiz faz a lei pela sentença e as "sentenças valerão o que valham os juízes que as profiram".[73] Assim, regridem ao autoritarismo romanístico-pretoriano, negam o princípio da reserva legal e negam o processo que é *instrumentador* da legitimidade da conduta do juiz e não mais um instrumento servil da Jurisdição.

O Estado-juiz (o órgão jurisdicional) não atua, como tal, na Administração Pública, embora o juiz, como servidor público, pratique atos de administração judiciária, quando, nessa qualidade, lhe seria facultado agir discricionariamente e, ainda assim, nos limites de legalidade, como observam Zanobini e Duguit.[74]

---

[69] DI IORIO, Alfredo J. *Lineamientos de la teoría general del derecho procesal*. Buenos Aires: Depalma, 1995. p. 37-38.

[70] FORSTHOFF, Ernest. *Estado di diritto in transformazione*. Milano: Giuffré, 1973.

[71] GASPARINI, Diógenes. *Direito administrativo*. 3. ed. São Paulo: Saraiva, 1993. p. 93.

[72] CINTRA, Antonio Carlos Araújo; GRINOVER, Ada Pellegrini; DINAMARCO, Cândido Rangel. *Teoria geral do processo*. 8. ed. São Paulo: Revista dos Tribunais, 1991. p. 28.

[73] COUTURE, Eduardo J. *Introdução ao estudo do processo civil*. 3. ed. Rio de Janeiro: Forense, 1995. p. 60.

[74] *Apud* REALE, Miguel. *Direito administrativo*. Rio de Janeiro: Forense, 1969. p. 264.

Mesmo Bachof,[75] em obra célebre, discorrendo sobre o desconfortável tema do controle da constitucionalidade das constituições, em que debate a existência de normas supralegais no cotejo das constituições formais e materiais, como juiz que foi, deixou ressaltado que "um juiz não está autorizado a basear as suas decisões em concepções *subjetivas* sobre a justiça", numa evidente referência à ultrapassada corrente instrumentalista do *jurisdicionalismo eventual*[76] que faz da Jurisdição a guardiã dos valores metafísicos, éticos e morais da humanidade. Sabe-se, pela experiência trágica dos povos, que conceber a Jurisdição sem processo é retornar às superstições, às ordálias, ao totalitarismo sacerdotal e dos pretores, porque Jurisdição, sem o controle e a disciplinação das garantias históricas e fundamentais do processo moderno, já universalmente normatizadas pelas constituições de povos relativamente avançados, é meio retórico de salvação da imagem do Judiciário pelo aceno fantasmagórico de justiça rápida e popular.

Daí impróprio falar-se genericamente que "la finalidad del proceso no puede ser otra que la del derecho a la realización de los valores propios del derecho [...] el orden, la justicia, la seguridad, la liberdad, el bien comum",[77] porque aqui se confunde o conteúdo da *norma material* com o *imperius* fundante da *norma processual* em seus parâmetros institucionais constitucionalizados, não aleatórios, asseguradores de direitos fundamentais de ampla defesa, do contraditório, da isonomia, do direito ao advogado, da decisão fundamentada nas leis, que são princípios jurídicos do instituto do *devido processo legal* ao qual nos remeteremos em itens posteriores.

Com efeito, a ciência processual, já em adiantada fase de esclarecimento dos diversos sistemas jurídicos processuais, não abona o ufanismo das pseudomegacivilizações que se vangloriam do acerto das decisões judiciais pela *discricionariedade* de o juiz escolher, por uma solitária e privilegiada idiossincrasia, o meio de resolver os litígios por livre e inspirada interpretação da lei processual, como é nos países da *common law* (Estados Unidos, Inglaterra) pelos exemplos célebres dos juízes Malraux e Marshall que faziam dos aplausos do povo a única lei que os norteava. A ciência é, portanto, *no estudo do direito*, também uma garantia de que a perenidade das instituições há de decorrer do grau de esclarecimento crítico de seus conteúdos lógico-jurídicos.

1.6 O Estado, o processo e a tutela jurisdicional (judicacional)

Estado, hoje, não pode mais ser concebido como a figura hobbesiana do *Leviatã*, o monstro exibido por Jeová a Job para demonstrar o seu poderio. A criação do mito do Leviatã foi o esforço político imaginativo da unidade do poder no âmbito de um determinado território, isto é, do poder do Estado soberano de declarar, em única e exclusiva instância, a positividade jurídica com estatização das fontes do direito. Hobbes, portanto, projetou as teorias do direito e do Estado, "identificando-as através da unificação das fontes do Direito por meio da exclusividade atribuída à lei posta pelo Estado", conforme expôs Celso Lafer[78] em excelente compilação de estudos jurídicos sobre o tema para a Associação dos Advogados de São Paulo, em 1979.

---

75 BACHOF, Otto. *Normas constitucionais inconstitucionais?* Coimbra: Almedina, 1994. p. 82.

76 BARRIOS DE ANGELIS, D. *Introducción al estudio del proceso*. Buenos Aires: Depalma, 1993. p. 64. Fine.

77 BARRIOS DE ANGELIS, D. *Introducción al estudio del proceso*. Buenos Aires: Depalma, 1993. p. 105.

78 LAFER, Celso. *Hobbes, o direito e o Estado moderno*. São Paulo: São Paulo: AASP, 1980. p. 17.

O Estado hobbesiano que, segundo Ascarelli[79] e Bobbio,[80] impõe uma *gramática de obediência* aos significados das normas organizadoras da coerção estatal (a dogmática jurídica e o monismo da estatalidade normativa), inaugurou, na história do direito, a primeira teoria do Estado Moderno. Entretanto, o Estado hobbesiano era um Estado cuja *soberania* ainda se encontrava na pessoa do rei (absolutismo monárquico), como se vê em Maquiavel e Bodin, embora muitos atribuam a Hobbes o título de precursor do positivismo jurídico que, como já frisamos em ponto anterior, trocou as leis da natureza pelas *leis da razão* e permutou a ontologia pela metodologia do útil e do necessário. Hobbes, ao achar que o estado de natureza é um estado de anarquia de significados, preconizou o totalitarismo estatal em que as leis eram extraídas da racionalidade soberana do rei e dos governantes para a preservação da unidade, ordem e progresso das nações.

Evidente que, malgrado se fale que Hobbes é o inventor do Estado Moderno, pouco se aproveita em Hobbes que se pudesse chamar de modernidade. O vislumbre de uma teoria moderna do Estado só aparece mesmo com Jellinek[81] que, libertando-se das balizas teóricas da Revolução Francesa de índole burguesa, concebeu o Estado como interação indivíduo-sociedade, atribuindo-lhe qualidade soberana e negando sua subordinação a qualquer outro poder que não fosse oriundo da vontade estatal, sem, no entanto, lamentavelmente explicar os mecanismos políticos geradores de legitimidade da soberania estatal. Aliás, bem antes, Marx já denunciava o artifício conceitual de soberania do Estado que, a pretexto de se apoiar num solidarismo ou integracionismos sociais, nada mais era do que a expressão das ideias dominantes das classes dominantes.[82]

Somente com Villeneuve[83] e Gropalli[84] é que o estudo da legitimação dos atos do Estado encontrou justificação teleológica no povo, único destinatário da atividade estatal e na *consciência política* popular como elemento de sustentação da soberania estatal. Porém, foi com Hermann Heller,[85] em 1934, numa edição póstuma de sua prodigiosa *Teoria do Estado*, que se teve a primeira elaboração de uma Teoria Jurídica do Estado em que a *soberania* foi colocada como *poder popular* e *instituição* do direito, destacada do soberano, dos governantes, dos chefes de Estado e do próprio Estado. Recentemente, em Carpizzo,[86] é que a teoria da soberania popular absoluta se afirmou na titularidade indelegável do *povo* de construir, modificar ou até *destruir* o Estado e a ordem jurídica, porque é o povo que decide as suas estruturas. Não há mais falar em *tirania da maioria*. Se a massa popular não é lúcida ou politicamente consciente para estruturar e fundamentalizar direitos universais de dignidade mínima e de liberdade política,[87] é porque, por opressão cultural ou por manobras escusas de governantes, o Estado ainda se conceitua como entidade mítica (hegeliana) de preservação de classes de especialistas em justiça e bem-comum somente compreensíveis numa pragmática de decisores sábios.

79 ASCARELLI, Tullio. *Hobbes et Leibnitz et la dogmatique juridique*. Paris: Dalloz, 1996.

80 BOBBIO, Norberto. *De Hobbes a Marx*. Napoli: Morano, 1971.

81 JELLINEK, G. *Teoría general del Estado*. Buenos Aires: Albatroz, 1954. p. 367.

82 GALBRAITH, J. K. *O pensamento econômico em perspectiva*. São Paulo: EDUSP, 1989. p. 44.

83 VILLENEUVE, M. B. de. *L'activité étatique*. Paris: Sirey, 1985. p. 6.

84 GROPALLI, Alexandro. *Doutrina do Estado*. 2. ed. São Paulo: Saraiva, 1968. p. 287-288.

85 HELLER, Hermann. *Teoria do Estado*. São Paulo: Mestre Jou, 1968. p. 16.

86 CARPIZO, Jorge. La soberanía del pueblo e el derecho interno y el internacional. *Revista de Estudios Políticos*, Madrid, n. 28, jul./ago. 1982. p. 195 e ss.

87 HELLER, Hermann. *Teoria do Estado*. São Paulo: Mestre Jou, 1968. p. 54-200.

Esse Estado que se empenha em conservar as classes sociais, sem se apresentar como *instituição* jurídica capaz de atuar como fator de adequação permanente às necessidades e conquistas histórico-teóricas do povo, através de transformações de suas estruturas arcaicas e superadas, ainda é um Estado absolutista de direito anacrônico e dogmático. Embora tenha unidade política e jurídica, não oferece, ainda, um efetivo sistema jurídico de garantias institucionais constitucionalmente autonomizadas em repúdio aos tradicionais e utópicos poderes estatais. Atualmente, a concepção de Estado de Direito não basta ao exercício do direito em sua plenitude, porque o Estado autocrático é também um Estado de Direito, com seu povo, sua soberania formal, sua constituição, seus parlamentos e tribunais regidos por leis restritivas de liberdade, dignidade política e econômica, impeditivas do exercício da cidadania e da liberdade de ampla crítica e processual participação popular na criação e reconstrução do Estado.

O Estado que se tem que estudar, aperfeiçoar e implantar é o da *pós-modernidade*: é o Estado Democrático de Direito, como se lê no art. 1º da vigente Constituição do Brasil de 1988, em que, por norma induvidosa, o Estado brasileiro há de se ater à principiologia constitucional da democracia (incs. I a V e parágrafo único do art. 1º), com o necessário e legal rompimento com a teoria do Estado mínimo dos neoliberais e comprometimento irrestrito com a liberdade política de participação para equacionar o número de demandas e respostas surgidas na problemática do povo. Quando um povo faz a opção constitucional pelo modelo do *Estado Democrático de Direito*, como é o caso do Brasil, a *sobrecarga* que possa ocorrer pela "desproporção crescente entre o número de demandas provenientes da sociedade civil e a capacidade de resposta do sistema positivo"[88] há de ser resolvida pelo *devido processo* aberto a todos[89] ao exercício irrestrito do direito de ação coextenso ao procedimento processualizado sobre temas fundamentais da Comunidade (autoinclusão nos direitos fundamentais, controles da dívida interna e externa, privatização, externalização da riqueza coletiva, aprovação de créditos especiais, emissão de moeda, plano econômico e social, prioridade de investimentos).

1.7 O processo na pós-modernidade e a jurisdição constitucional – uma visão neoinstitucionalista do processo (teoria do autor)

A visão pós-moderna, não hegeliana do Estado, é que tem que nortear o estudo atual do *processo* e sua autonomia jurídica na coinstitucionalização estrutural das Sociedades Humanas. As *instituições*, no pós-modernismo, não têm mais as características de complexidades teóricas ou fáticas não desatáveis pela reflexão humana, mas representam historicamente "espaços de existência"[90] ou "redes de relação de poder"[91] no nível das funções estatais. Com a edição de *La Condition Postmoderne* de Jean-François Lyotar, em 1979, com sua tradução para o inglês em 1984,[92] ficou claro, para os estudiosos

[88] BOBBIO, Norberto. *Liberalismo e democracia*. São Paulo: Brasiliense, 1995. p. 93.

[89] LEAL, Rosemiro Pereira. *Teoria processual da decisão jurídica*. São Paulo: Landy, 2002.

[90] CONNOR, Steven. *Cultura pós-moderna*. 2. ed. São Paulo: Edições Loyola, 1989. p. 181.

[91] CONNOR, Steven. *Cultura pós-moderna*. 2. ed. São Paulo: Edições Loyola, 1989. p. 181.

[92] LYOTARD, Jean François. *The postmodern condiction*. Tradução de Bennington e Brian Massumi. Manchester: UP, 1984.

do direito, que as constituições não mais podem ser um estatuto totalizante e exclusivo da atividade estatal, mas um texto articulador e legitimante de *instituições* jurídicas, em que o Estado comparece como uma delas e com funções específicas, sem a conotação hegeliana de expressão entitiva superior, criador de direitos, condutor único e controlador normativo, soberano e absoluto da sociedade política. Atualmente, a Constituição é por muitos erigida à categoria de *instituição jurídica* inviolável (direito político fundamental), como se vê da presença de *cláusula de resistência* na vigente Constituição alemã (art. 20, inc. V) pela qual, como observa o prof. Joaquim Carlos Salgado, assegura-se a todos o direito "de resistirem às tentativas de eliminação da ordem constitucional".[93]

Entretanto, na contemporaneidade, que é a do pós-modernismo, isto é: um pós-mundo posto pelo homem sem pressupostos históricos condicionadores, falar sobre *processo* como instituição jurídica que ao lado do Estado, do povo, da cidadania, da soberania popular, contém princípios próprios definidos nas garantias do contraditório, da ampla defesa, da isonomia, reunidos pelo instituto do *devido processo,* não é mais uma nomenclatura de incontornável imprecisão como acreditara Couture[94] ao se desfiliar da teoria institucional do processo pela visão do processualista espanhol Jaime Guasp.[95] Diga-se o mesmo das ligeiras anotações do prof. Aroldo Plínio Gonçalves,[96] que põem a teoria do processo como instituição, no bloco das "construções frágeis" e no mesmo perfil anacrônico das teorias do processo como contrato, quase contrato e serviço público. Na *pós-modernidade,* o conceito de *processo,* como *instituição,* não se infere pelas lições de Maurice Hauriou ou dos administrativistas franceses do século XIX ou dos processualistas e juristas dos primeiros quartéis do século XX, sequer pelas posições sociológicas de Guasp e Morel, mas pelo grau de autonomia jurídica constitucionalizada a exemplo do que se desponta no discurso do nosso texto constitucional, como conquista teórica da cidadania juridicamente fundamentalizada em princípios e institutos de proposição discursiva e ampliativa em réplica ao colonialismo dos padrões repressores de "centração psicológica e política"[97] dos chamados Estados-nações hegemônicos. Essas seriam as diretrizes da *teoria neoinstitucionalista* do processo que elaborei.

O Estado (*status* da processualidade) e o cidadão já deveriam estar em nível de igualdade institucional pela regência de uma instituição maior, que é hoje a *jurisdição constitucional* pelo *processo,* não sendo mais possível, no pós-modernismo, sustentar a existência hierárquica de instituições jurídicas ou a prevalência de uma sobre as outras no bojo constitucional, como se fossem caixas de ferramentas jurídicas à escolha e a serviço do Estado Absoluto. A juridificação constitucional das inúmeras instituições, entre as quais o Estado, se dá *atualmente* por uma articulação normativa horizontalizadora, num plano "poliárquico",[98] não autárquico-estatal, hierárquico ou autocrático em que se conceberia a primazia de instituições sobre outras ou umas abrangendo outras.

A legitimidade fundante e a validade das instituições jurídicas emergem da estrutura normativa constitucional, quando é esta garantidora da atuação permanente

[93] SALGADO, Joaquim Carlos. Os direitos fundamentais. *Revista Brasileira de Estudos Políticos,* Belo Horizonte, n. 82. Separata. p. 64.

[94] COUTURE, Eduardo J. *Introdução ao estudo do processo civil.* 3. ed. Rio de Janeiro: Forense, 1995. p. 63-74.

[95] *Apud* COUTURE, Eduardo J. *Fundamentos del derecho procesal civil.* 3. ed. Buenos Aires: Depalma, 1993. p. 141.

[96] GONÇALVES, Aroldo Plínio. *Técnica processual e teoria do processo.* 1. ed. Rio de Janeiro: Aide, 1992. p. 101. Fine.

[97] CONNOR, Steven. *Cultura pós-moderna.* 2. ed. São Paulo: Edições Loyola, 1989. p. 188.

[98] BOBBIO, Norberto. *Liberalismo e democracia.* São Paulo: Brasiliense, 1995. p. 95.

da cidadania na transformação ou preservação do Estado e das demais instituições. A constituição não é mais instrumento estatal magno, político-normativo de asseguração de equilíbrio entre poderes imanentes ao Estado e a serviço do voluntarismo deste ou de mera distribuição de funções, competências e atribuições administrativas, judiciárias, jurisdicionais e legislativas para fins de bem-estar e paz social não devidamente equacionadas em parâmetros institucionais inequívocos e eficazes. Atualmente, a *constituição*, quando contextualizada livremente pelo povo em paradigmas processualizados de dignidade e liberdade humanas, é a *única fonte* jurídico-institucional, e não mais o Estado instrumental ou outras esferas funcionais que só se legitimam em razão de nela terem origem.

O trinômio proposto sob o título de *Estado, processo* e *tutela jurisdicional*, no quadro histórico da pós-modernidade, incita reflexão que passa pelo conceito de *cidadania*, porque, em sendo hoje o processo uma instituição instrumentadora e legitimadora da Jurisdição, a tutela judicial, que é o provimento (decisão do Estado-juiz) sobre uma *quaestio*, há de ser construída processualmente pela submissão aos princípios jurisdicionais e constitucionais da *cidadania* e, a rigor, só por estes se forma e se afirma. O prof. José Alfredo de Oliveira Baracho, em obra especializada,[99] ensina que a "Constituição pressupõe a existência de um processo como garantia da pessoa humana". Com efeito, a *cidadania* é, pelo princípio básico do *direito de ação* e do *instituto do devido processo*, uma *instituição* jungida ao *processo*, porque, como lembra o insigne constitucionalista, invocando as lições de Galeotti, Azzaritti e Nelson Saldanha, "a cidadania, para sua efetivação plena, demanda múltiplas incursões sobre o conceito de garantia e dos princípios constitucionais do Processo".[100] Claro que princípios constitucionais do processo não são meros princípios procedimentais criados a esmo pela Constituição, *mas* princípios e institutos do *processo* coinstitucionalmente construídos e unificados, que, por suas garantias, teórica e juridicamente paradigmatizadas, asseguram o exercício pleno da cidadania como legitimação irrestrita para a fiscalidade processual dos direitos coinstitucionalizados.

A *cidadania*, como direito-garantia fundamental constitucionalizado, só se encaminha pelo *processo*, porque só este reúne *garantias metalinguísticas* de liberdade e igualdade do homem ante o Estado na criação e reconstrução permanente das instituições jurídicas, das constituições e do próprio modelo constitucional do processo. Atualmente, pelas características *juridificantes* (não decorrentes de expansividade, variabilidade e perfectabilidade) do processo, não há falar em processo constitucional e outro infraconstitucional, de vez que é este forma *juridicamente* fundadadora dentro de um *modelo*[101] institucional coinstitucionalizado, não mais civil, mas por institutos que lhe são qualificativos.

Por conseguinte, o *Estado*, na pós-modernidade, seja como Administração Governativa ou espaço da procedimentalidade jurídica, não é mais o *todo* do ordenamento jurídico, mas está no ordenamento jurídico em *situação homotópica* (isonômica) com outras *instituições* e com estas se articula de modo interdependente e num regime

---

[99] BARACHO, José Alfredo de Oliveira. *Teoria geral da cidadania*. São Paulo: Saraiva, 1995. p. 54.

[100] BARACHO, José Alfredo de Oliveira. *Teoria geral da cidadania*. São Paulo: Saraiva, 1995. p. 9.

[101] ANDOLINA, Ítalo; VIGNERA, Giuseppe. *Il modelo constituzionale del processo civile italiano*. Torino: Giappichelli, 1990. p. 15-19.

jurídico de subsidiariedade[102] recíproca. O *processo*, como instituição jurídica deste mesmo ordenamento, define-se como bloco de condicionamentos do exercício da *jurisdição* na solução dos conflitos e da validade da *tutela judicacional*, que, não mais sendo um ato ou meio ritualístico, sentencial e solitário do Estado-juiz, é o provimento construído pelos referentes normativos da estrutura institucional constitucionalizada do *processo*. Não basta dizer, como quer Fazzalari,[103] que o *processo* é um procedimento técnico-estrutural em contraditório entre as partes, porque o simples dizer que o processo é um procedimento em contraditório não emprestaria necessária e juridicamente ao procedimento, por garantia fundamental, o predicado institutivo, balizador e definidor do contraditório.

Em *direito*, pelo adiantado grau de conhecimento jurídico-científico, é necessário que a norma fundante (processual instituinte) crie princípios, institutos e instituições (**interpretantes**) como limites delineadores e referência existenciais das estruturas procedimentais da atividade jurídica. Daí, o contraditório, não adrede contextualizado na instituição jurídico-coinstitucionalizante do processo, é mera abstração ou preceito difuso sem qualquer estrutura lógico-normativa fundante. A reflexão fazzalariana do processo, para sua validade jurídico-científica, terá de partir, na atualidade, do estudo dos fundamentos jurídico-institucionais do processo e não da qualidade do procedimento em si mesmo. Em igual equívoco também incidem os seguidores da teoria instrumentalista do processo como *relação jurídica* entre o juiz e as partes, em que se confere ao juiz "participação"[104] de engenhosa liberdade tocquevilleana na construção do procedimento. Nessa qualidade relacional do procedimento, dispensam-se as condicionantes do processo coinstitucionalizante e coinstitucionalizado em norma fundamental, transformando-o em *método* aleatório de atuação da jurisdição pretoriana (vontade do juiz) e, portanto, em força incriada e impulsora da sequência de atos procedimentais e instrumento da jurisdição a serviço de uma paz e de um bem-estar social[105] em critérios e ideologias (cooperação e mediação) de uma judicatura presunçosamente justa e salvadora.

Não há *processo*, nos procedimentos, quando o processo não estiver, *antes*, institucionalmente definido e coinstitucionalizado pelos fundamentos normativos do contraditório, ampla defesa, direito ao advogado, e isonomia, ainda que o procedimento se faça em contraditório, porque o *contraditório* há de ser princípio regente (direito-garantia coinstitucionalizado) do procedimento, e não atributo consentido por leis ordinárias processuais (codificadas ou não) ou dosado pela atuação jurisdicional em conceitos e juízos personalistas de senso comum, de conveniência ou de discricionariedade do julgador. Na *teoria jurídica da democracia*, o procedimento só é legítimo quando construído pela instituição (proposição) do *devido processo coinstitucional* e *coinstitucionalizante* que assegure a todos indistintamente uma estrutura espácio-temporal (devido processo legal e devido processo legislativo) na atuação (exercício), aquisição, fruição, correição e aplicação de direitos.

---

102 BARACHO, José Alfredo de Oliveira. *O princípio da subsidiariedade*: conceito e evolução. Belo Horizonte: MEFDUFMG, 1995. p. 76-77.

103 FAZZALARI, Elio. *Istituzioni di diritto processuale*. 5. ed. Padova: Cedam, 1989. p. 80-98.

104 DINAMARCO, Cândido Rangel. *A instrumentalidade do processo*. 4. ed. São Paulo: Malheiros, 1994. p. 23.

105 DINAMARCO, Cândido Rangel. *A instrumentalidade do processo*. 4. ed. São Paulo: Malheiros, 1994. p. 23.

1.7.1 *Processo* e seus consectários lógicos na Teoria Neoinstitucionalista do Processo

Em sendo o *Processo*, na acepção de minha teoria neoinstitucionalista, uma instituição jurídico-linguística autocrítica de criação, atuação, modificação e extinção de direitos e deveres (*de lege lata* e *de lege ferenda*), compondo-se dos institutos *metalinguístico-argumentativos* do contraditório, ampla defesa e isonomia, como juízos lógico-argumentativos biunívocos, respectivamente, à vida, liberdade e dignidade-igualdade humanas, assume denominações direcionadas à implantação e operacionalização (implementação) do paradigma processual de *Estado de Direito Democrático* numa intradiscursiva concepção coinstitucional contemporânea desvinculada das ideologias paideicas e iluministas. Assim, o *Processo* apresenta os seguintes consectários lógico-jurídicos:

a) *Devido Processo*, que é a instituição do processo voltada a um *devir* redutor de incertezas irreparavelmente danosas à existência minimamente digna para o homem, aqui considerada a *dignidade* o direito irrestrito de autoilustração sobre os fundamentos do sistema jurídico processualmente implantado.
b) *Devido Processo Legislativo* (legiferativo ou legiferante) é o *devido processo* destinado à criação e atuação das instituições jurídico-normativas (*de lege lata*) a comporem uma coinstituição (constituição) em forma de lei básica e fundacional de um sistema jurídico.

OBS.: na hipótese mencionada, o devido processo legislativo é também coinstitucionalizante ou coinstitucional (fundante da Constituição).

c) *Processo Legislativo* é o devido processo legislativo com a nomenclatura adotada em nossa Constituição de 1988 (art. 59) para a criação, modificação e revogação de leis e exercício de atos deliberativos sobre normas *de lege ferenda* da Constituição em vigor.
d) *Devido Processo Legal* conjunto de procedimentos e atos procedimentais legiferativamente criados e regidos pelo *devido processo* para operar, fiscalizar e assegurar direitos e deveres contidos no discurso coinstitucional.

OBS.: as expressões direito processual, direito processual constitucional, direito constitucional processual e processo constitucional são *títulos* de disciplinas cujos programas cuidam do ensino e aplicação das teorias e respectivos institutos da *ciência processual* em suas múltiplas vertentes.

CAPÍTULO 2

DA TÉCNICA PROCEDIMENTAL À CIÊNCIA PROCESSUAL CONTEMPORÂNEA

2.1 Introdução

O *procedimento* judicial (que é historicamente prototípico de seus derivados: o administrativo e o legiferativo, inclusive os atos de gestão estatal) tem sua origem na *actio* romana que, percorrendo séculos, chegou até nós na contemporaneidade por revisitações teóricas (ideológicas?!) de Bülow a Chiovenda e deste a Liebman, que as divulgou por uma visão eclética no Brasil, assumindo a denominação correntia de "instrumentalidade processual", daí a expressão que bem caracteriza o elenco de processualistas (epígonos) que se formou em torno dessas concepções com o rótulo de "escola instrumentalista de São Paulo", porque foi pelas fontes paulistanas que o ensino do processo jurídico se firmou no Brasil no século XX.

Assim, toda e qualquer incursão pela cognominada retoricamente "ciência processual" teria de passar pelo crivo das teses liebmanianas, o que se espalhou pela América Latina, uma vez que, a partir dos anos 50 do século XX, também outro grande processualista bülowiano se despontou no Uruguai, Eduardo Couture, que, com Fix-Zamudio, no México, deram grande impulso ao estudo do *processo*.

No final dos anos 70, a disciplina do *processo* ganhou horizontes técnicos mais explícitos, em razão dos estudos de Fazzalari, cuja principal obra foi traduzida pioneiramente para a língua portuguesa, por assentimento expresso em vida do insigne professor, pela doutora em direito processual pela PUC Minas, Elaine Nassif, ex-aluna brilhantíssima do professor autor desta TGP que muito a incentivou a fazer o seu pós-doutoral em Roma (Sapiententia-Universidade) com o respeitável processualista italiano. O importante para Minas e o Brasil é que outras perspectivas se abriram para o estudo do *processo* com esse novo elo academicamente estabelecido por Minas Gerais, embora as faculdades de direito do Brasil (e do mundo?!) ainda se ajoelhassem (ajoelham?) ante o ensino ortodoxo do *instrumentalismo procedimental* do processo, com honrosa exceção para a Faculdade de Direito da UFMG, na qual se promoviam avançados estudos de *processo* por iniciativa dos incomparáveis professores Aroldo Plínio Gonçalves e José

Alfredo de Oliveira Baracho, este infelizmente falecido, mas responsável pela produção de uma obra de grande teor reflexivo que pode ser considerada como propedêutica no Brasil (e no mundo?!) dos estudos introdutórios do que atualmente se consolidou numa disciplina de ponta ("processo constitucional") das universidades interessadas na compreensão do direito democrático não tópico-retórico-ortodoxo, isto é, não como recinto de mera resolução de litígios como se estivéssemos ainda, no plano do direito processual, a cursar uma escola de gladiadores onde vencidos ou vencedores teriam em seus honorários de guerreiros valentes, persistentes, tenazes e combativos o troféu de uma vida de lutas em prol de uma "justiça" só compreensível em termos míticos e eloquentes.

2.2 Da velha Grécia aos nossos dias

Para a finalidade de demarcação discursiva, não seria importuno lembrar que Aristóteles tinha fé na taxionomia, ou seja, acreditava que, à medida que se obtivesse a classificação mais refinada possível das ideias das coisas sensíveis ou inteligíveis, seria possível torná-las mais acessíveis à compreensão, o que, a rigor, é uma versão do *simples* platônico modernamente aportado pelos pensadores da filosofia analítica de Frege a Betrand Russell no final do século XIX e nas décadas da metade do século XX. Segundo Aristóteles, definir é indicar o gênero próximo e a diferença específica. O gênero da *actio* romana, ao acolhido por lei (*legis actiones*), repartia-se em *espécies procedimentais* para resolução de conflitos de direitos que matriciavam a ordem jurídica adotada pelos romanos ao longo de sua história desde a Lei das XII Tábuas, passando pela *Lex aebutia* e a *Lex Julia*, até o advento da era cristã em que a *ordo judiciorum privatorum* adquiriu formas interditais (autoritárias) mais ampliadas até o seu encerramento no século III d.C.

Deduz-se que Fazzalari, ao acompanhar o ciclo da *actio* em seu roteiro histórico que adentrou o século XX, concluiu que o direito de ação só se realizaria por uma *estrutura técnica* de atos jurídicos sequenciais, conforme um modelo legal (procedimento) assegurado em lei. Com isso, Fazzalari preconizou que o procedimento era não uma espécie, mas um gênero constituído de uma lógica estrutural irredutível que se expressava por uma técnica comum: a sequência de atos jurídicos que, se legalmente modulados pelo contraditório, mutar-se-iam na espécie *processo*. O *contraditório* é que vai ser, portanto, a peça-chave (conceito fundamental) para distinguir a espécie e gênero, porque, a não ser assim, a espécie (predicado) se dilui no gênero (sujeito), retornando, por circularidade, às bases da *actio* que, nos seus primórdios, por ser um direito inerente (imanente) à pessoa (fundamentado na *physis*) não poderia sofrer qualquer restrição em seu exercício à defesa de direitos à vida e ao patrimônio do cidadão romano, se reconhecida pela assembleia de juízes como protegida em lei (*legis actiones*).

Entretanto, a teoria do procedimento de Fazzalari, embora abrisse oportunidades aos estudos do processo na contemporaneidade, deixou à margem a indagação sobre uma *teoria da lei* criadora do modelo procedimental dentro do qual, atuando o contraditório, obter-se-ia uma modalidade técnico-jurídica de afirmação ou negação de direitos pretendidos. Também não preconizou o estudo da técnica procedimental da produção, atuação, aplicação, modificação e extinção das leis, o que se tornou tema de maior importância nos estudos pós-fazzalarianos do *processo*. É claro que a visão entelequial de Aristóteles, em que o transcendental (*physis*) se mescla ao existencial (*corpus*) na formação do homem grego (Paideia), colocou, para as cogitações jurídicas e morais, a sua mais alta revelação na *ratio* (*physis-corpus*) como sistema de sentidos por uma lógica estrutural inata (ponto de partida irrecusável da analiticidade conceitual) para cumprir pela *ação* o dever da eticidade (o homem cônscio de sua razão-de-ser no mundo) e, no caso da civilização greco-romana, o homem predestinado a gerir a humanidade pelos desígnios de saberes sobrenaturais (transcendentais) dos quais seria ele a verdade encarnada.

Quando se diz que a *técnica* precede à ciência é exatamente porque é na técnica (aristotelicamente concebida) que se desvela a intimidade da lógica racional extensional a todos. É pela espécie que o gênero se desvela na taxonomia aristotélica. Assim o é em Fazzalari que, ao dar ênfase ao *processo*, tem-no como revelado pela *técnica*. Com efeito, a *ciência* processual, como concebida por Bülow em 1868, assimilou concepções sincréticas oriundas do embate de três grandes movimentos filosóficos: o idealismo alemão (1781-1831), a filosofia analítica e a fenomenologia, nos quais se revisitaram, por sutis variáveis, as teses de Kant e Hegel. O resultado é que o predomínio do sujeito pensante sobre o objeto pensado assumiu grande relevo na afirmação da "busca de certeza" (coerência) para os filósofos idealistas, realistas, empiristas, uma vez que perseguiam a fundação do que se despontava como *ciência* na passagem do século XIX para o século XX. Bülow, ao definir o *processo* como relação jurídica entre pessoas: juiz, autor e réu, sobrelevou a presença dos sujeitos (juiz e partes) em suas pretensões de direitos como que direitos tivessem sido reconhecidos ou criados em leis historicamente produzidas pelo homem segundo uma *racionalidade* naturalmente adquirida, ou melhor, uma racionalidade que se ajustasse ao axioma da analítica aristotélica de tal sorte a entregar à autoridade a escolha do melhor sentido para o destino humano.

Para isso, consciente ou não, Bülow retorna a *actio* como gênero processual da Paideia greco-romana, se "processo" é tido como um "caminhar para frente" a gerar um itinerário por uma razão objetiva aos moldes da *ética* aristotélica, propugnando o Bem e o Justo para todos. Depreende-se que a *actio* é, nessa vertente, o eixo seminal do "processo" e este o gênero que se desdobra em caminhos (espécies significadas) procedimentais, confundindo-se em origem processo e procedimento, estes só discerníveis pela *razão* da autoridade que os comandam em suas diversas finalidades por juízos de conveniência, adequações, ponderações, de fundo solipsista aos moldes da linha clássica (Husserl) do movimento fenomenologista que teve franca expansão no século XX e, por consequência, com ampla aceitação pelos "processualistas" chiovendianos que, por sua vez, descendiam do ensino de Wach-Bülow.

Os graves problemas que atualmente afligem a gestão dos Estados de Direito, com enormes contradições e transtornos (tormentas) para todos os povos, decorrem de obscuridades cognitivas que o homem tecnológico se recusa a pesquisar. Ainda não se esclarecem de que *técnicas* deriva a *tecnologia* e como esta busca seus saberes numa *ciência* para se ampliar indefinidamente, pouco se importando com a própria sobrevivência do homem e do planeta. A mera denúncia simplista, como fez Habermas,[1] de que técnica e ciência se configuram êmulos autopoiéticos de progressividade de uma sociedade sempre, para ele, historicamente pressuposta, com força transformativa das instituições, não traduz esclarecimentos sobre o que torna a *técnica e ciência* irmãs

1 HABERMAS, Jürgen. *Técnica e ciência como ideologia*. Lisboa: Edições 70, 1997. p. 45-46.

gêmeas no desmoronamento de "antigas legitimações" pela "secularização" (laicização) e o "desencantamento das cosmovisões orientadoras da ação, da tradição cultural no seu conjunto" a imporem uma "racionalização" ao reverso da racionalidade tradicionalmente admitida.

Combater a ideologia de dominação da técnica e ciência pela via de uma "autorreflexão" crítica em si mesma, aos moldes kantianos, para libertar o "sujeito da dependência de poderes hipostaseados" e construir um interesse que seja "emancipatório do conhecimento", é entronizar a *razão* como lugar natural de corretiva geometrização transcendental dos autênticos saberes sobre os fenômenos existenciais sem indicar a fonte de sustentação da "racionalidade" dessa prodigiosa razão. Eis por que a filosofia, sequer a ontologia que a possa preceder e ficar sob seu controle, dito metodologicamente sistemático, perdeu na contemporaneidade a *dignidade* (autoridade absoluta) para traçar rumos para a humanidade, uma vez que, em Habermas, os fatos desfilam seus efeitos em elos finamente costurados sem, no entanto, exibir previamente uma teoria da organização do contexto social dentro do qual ocorrem. Aliás, Habermas acha que o mundo anda para frente ou para trás por "forças" homeostáticas resultantes de uma ciranda de pessoas a se movimentarem no tempo e espaço de sua própria contingência histórica.

Acontece que a *técnica*, como estrutura de atos sequenciais à produção de fins, é predicativa da *ação* que, não sendo em si (*simpliciter*) comunicativa e inerente ao entendimento na recepção jurídico-discursiva, exige à sua compreensão decompô-la em atos legalmente objetivos a permitirem que os conteúdos de intencionalidade estrutural que juridicamente a determinarem, como destinada à resolução de "conflitos de interesses", não se faça, na contemporaneidade, pela autorrefletir da autoridade. Assim, a *técnica* só é suscetível de desideologização, na atualidade, desgarrando-se do sentido da *techne* grega (habilidade transcendental do poder reflexivo arquetípico) em que o *faber* organiza o seu proceder na idealidade antes mesmo que o objetivo de seu agir esteja presente à sua verificação. Seria como se uma decisão já fosse empreendida antes mesmo que deixasse transparecer a estrutura objetiva de sua construção. Portanto, a *técnica* não é uma maldição que já trouxe em si mesma uma carga mono-nomológica de ideias imanentemente devastadoras que reclamassem uma autorreflexibilidade em si emancipatória para compatibilizar o conhecimento e interesse a serviço de uma sociedade da qual não *somos* autores. A desideologização da *técnica* em direito suplica passagem pela teorização da técnica como esse proceder que se estrutura por atos jurídicos sequenciais.

A *ciência* como um *saber organizado* produzido a partir das revisitações continuadas dos níveis de eficiência (desempenho) da técnica, com a finalidade de torná-la mais efetiva à obtenção de ganhos ressarcitórios (economicidade) de um sistema jurídico adotado só alcançou, como veremos, *status* de conhecimento interessado na realização da *dignidade* humana à medida que assume epistemologicamente o encargo de propugnar um crescimento incessante em seus perfis teóricos de oportunidade de autoilustração para todos sobre os fundamentos do sistema jurídico praticado. Aqui, nesse passo, a filosofia e a gnoseologia cedem lugar à *epistemologia* pós-grega, esta que se descola da busca de certeza para se dedicar ao estudo da *ideia de certeza* e não somente colocar em dúvida ou negar certezas que fossem irrecusáveis para o homem. Dos gregos a Descartes, malgrado o longo percurso, o pensamento sempre foi condição *a priori* de afirmação ou negação da existência, sem, no entanto, colocar o próprio pensamento sob suspeita na elaboração de imagens ou conceitos que pudessem referenciar o que chamamos *ciência*.

O pressuposto de uma lógica estrutural irrenunciável a pilatar a natureza e a natureza humana, afirmada no ecletismo filosófico dos gregos, máxime na *epagoge* grega (ter o real como racional), colimou, no século XVI, com a crítica ao método aristotélico empreendida por Francis Bacon (1561-1626), que, ao dar nova roupagem ao *organon* de Aristóteles com a denominação *Novum Organum* – título de sua principal obra –, pretendeu resgatar a lógica indutiva em sua inteireza, que, segundo ele, foi desprezada por Aristóteles e seus seguidores, que reduziram a *ciência* "superestimando a dedução das consequências desde os primeiros princípios. Bacon salientou que argumentos dedutivos têm valor científico apenas se as suas premissas têm suporte indutivo próprio".[2]

Como adverte Popper, a crítica de Bacon a Aristóteles não trouxe qualquer melhoria conjectural para a afirmação da *ciência*, uma vez que tanto os "primeiros princípios" de Aristóteles quanto o método (lógica) indutivo de Bacon são dogmáticos, ainda mais a intuição que, validando a si mesma pelo mito epagógico, põe seu parâmetro de verdade na evidência observacional. Para Popper, a observação, egressa da verificabilidade (verificacionismo-justificacionismo), não põe em debate, como critério de demarcação na produção de conhecimentos, seus próprios conteúdos lógicos, fixando-se apenas e empiricamente nos objetos da observação. *A ciência*, portanto, numa conjectura contemporânea (que lida com as obscuridades do discurso recebidas do passado e já habitando o futuro se não pesquisadas e teoricamente testificadas) há de, conforme Popper, estabelecer uma regra suprema de adequação para todas as demais regras metodológicas de produção do conhecimento de tal modo que "elas não protejam qualquer dos enunciados da ciência contra a falsidade" (falseabilidade). É esse aspecto do método crítico de Popper que inaugura uma nova *ciência* suscetível de escapar das artimanhas, estratégias e escaramuças do convencionalismo e do realismo mecanicista que dão fulcro às chamadas "ciências aplicadas" (a "ciência grande") que se contemplam do verificacionismo (justificacionismo) para preservarem os níveis de dominação social. Uma fiscalidade (falseabilidade) dos juízos de boas intenções desde a produção da lei até sua aplicação, eventual reforma ou extinção, é que vai permitir a instituição de *modelos procedimentais* advindos de uma *técnica* que não é instrumento de uma *poiesis* de ideias e coisas livremente engendradas pelo gênio fabril de seus autores, sequer de uma *ciência* que decorra de saberes como faculdades de uma razão transcendental certificadora da validade das ações humanas em sua jornada de fabricação de um existir humano sem generalizar uma autoilustração sobre os fundamentos do sistema juridicamente adotado.

O esquecimento de uma fiscalidade jurídico-procedimental do proceder técnico e do saber posto a serviço da *técnica* denominado *ciência* fez emergir fatores multiplicativos da problemática humana, a estampar na atualidade um cenário mundial de conflitos bélicos (mortíferos) pela corrida tecnológica irrefreável entre aglomerados políticos de várias índoles que exibem o *tribalismo* em que se desenvolvem as estruturas de Estado, bem como, por capilaridade, a violência de seus efeitos na formação mental dos povos cada vez mais céticos (ou paranoidizados) quanto à possibilidade de construção de uma humanidade não fascista ou fanática na defesa de suas crenças, valores e conhecimentos.

Em direito, o que nos sobra dessa exposição é o propósito de que algum dia a *técnica jurídica*, por pressupor a existência de uma estrutura de atos jurídicos sequenciais,

2 LOSEE, John. *O homem e a ciência* – Introdução histórica à filosofia da ciência. São Paulo: Edusp, 1979. p. 76. v. 5.

não seja conduzida por saberes jurisdicionais induzidos de transcendentalidades imunes à fiscalidade de uma *ciência* processual cujos fundamentos não estejam numa razão iluminada *a priori* em que *juízos de direito* venham a assumir o significado de critérios demarcantes da movimentação de direitos coinstitucionalmente produzidos e regidos pelo *devido processo* desde o nível instituinte ao nível instituído do sistema normativo. Assim, para isso, muito mais que fazermos o salto historicista da filosofia da consciência para a filosofia da linguagem, seria imprescindível que se desistisse da metafísica e da filosofia como guardadoras absolutas de sistemas de saberes (Kant-Hegel) e ingressássemos na pós-modernidade do contemporâneo que não se faça por um presente impermeável aos compromissos do passado, no qual a *vida* humana suplica em vão por uma escritura linguística contraditoriável, por uma *liberdade* exercida como ampla defesa de direitos e *dignidade* como oportunidade de autoilustração sobre os fundamentos de um sistema coinstitucional e que não se faça por uma temporal relação jurídica indiferente ao futuro de angústias e catástrofes que essas inadimplências obscurantistas acarretam à redução da carga da milenar ignorância humana a apontarem uma recepção de *constituição jurídica* que não seja esse obsoleto compêndio (Magna Carta ao povo icônico) de promessas e estabilização de direitos por autoridades excelsas (legislativa, executivas e judiciais).

Em consequência, o percurso de compreensão da *técnica e ciência* há de ser, na pós-modernidade da contemporaneidade, epistemológico, porque a modernidade que marca os modelos de Estados dogmáticos não pode ser repetida como *mundanidade* realizável por um esperado e mítico ideal de fala pela filosofia, arte e religião autopoiéticas de um absoluto ético para todos – Hegel sequer poderia buscar seus saberes na estética e analítica transcendentais de Kant e seus seguidores. Portanto, é na epistemologia pós-grega desgarrada da escolástica, do idealismo alemão, da filosofia analítica e da fenomenologia husserliana que se abre o ensejo de fundação de uma *técnica e ciência jurídica* cujas raízes conceituais não se encontram na transcendentalidade apriorística de uma mente imanente iluminada (razão ontologizada da metafísica). Haveremos de pensar uma teoria construtiva de um sistema jurídico em que operacionalização de constitucionalidade e Estado de Direito não se façam pela dogmática analítica que tristemente celebrizou e vem celebrizando os processualistas jurisprudencialistas de formação tópico-retórica por uma escola viehweguiana que não quer ter fim e que teve seu nascedouro e ápice no Brasil na instalação da ditadura de 1964, pelo ensino de Tércio Sampaio Ferraz Júnior, aluno seguidor fiel e inflexível de Theodor Viehweg.[3] Com igual efeito tópico-retórico, é a proposta habermasiana de destranscendentalização da razão que, despojada de vestes metafísicas, assume o magicismo lógico-verbal do mito do contexto histórico (denúncia de Popper) a gerar autopoieticamente entendimentos progressivos para a interação humana (retorno a Appel).

Entretanto, a abertura epistemológica que há de ser realizada pela via da pesquisa e não do ensino e educação não pode ser em protótipos das velhas e superadas Escolas de Frankfurt e Viena e em suas ramificações, que se instalaram principalmente na União Europeia e nos Estados Unidos, que, piorando o quadro do utopismo político de seus adversários ditos não democráticos, disputam com estes a hegemonia por um autoritarismo de pretensões planetárias (metaforicamente cognominado globalização)

---

[3] VIEHWEG, Theodor. *Tópica e jurisprudência*. Brasília: Departamento de Imprensa Nacional, 1979.

em bases de artefatos bélicos (mecânicos e eletrônicos de ponta) progressivamente periculosos à sobrevivência dos povos. A formação dos *juízos lógicos* de avaliação, exame, verificação e justificação de toda essa sandice mundializada, e que se agrava neste imprevisível século XXI, tem sua suficiência racional e causal em conceitos analíticos (mítico-utópicos) que dão sequência à caminhada guerreira, genocida e patriótica, das civilizações (?) pré-gregas e pós-gregas, sem qualquer esboço de resistência teórica ao longo dos séculos. O extralinguístico continua seu itinerário silencioso e homicida de apagamento das consciências sob nomes de cultura, arte e multiplicação vertiginosa de seitas, arrolhando, por milênios, a construção crítico-falibilista de uma *técnica e* ciência que fossem permanentemente revisitadas por teorias testificadoras de seus erros (casos de ignorância) na formação do conhecimento por uma metodologia (regras demarcatórias) que se regulasse por uma regra suprema que, por sua vez, não estaria imune à falseabilidade e refutação constantes (Popper).[4]

Para as cogitações jurídicas, a novel disciplina *processo constitucional* descortina um painel de pesquisas que se habilita a refundar a *técnica e ciência* do direito, retirando-lhes o atributo de uma *instrumentalidade* arraigada no *logos* transcendentalista (*in-true-mental*) por uma racionalidade autoritária dos *experts* que se patrimonializam historicamente no leito de suas revoluções científicas nas diversas áreas do saber, sem que este núcleo duro do próprio saber (conhecimento?) seja submetido à problematização por uma *epistemologia quadripartite* (técnica-ciência-teoria-crítica) a seguir uma *lógica* de análises preventivas dos efeitos dos produtos da *técnica e da ciência* antes mesmo de sua utilização (operacionalização). Estudar a fabricação do mundo humano (realidade técnico-científico-cultural), no âmbito do direito, sem refletir o nível instituinte da norma jurídica, é deixar esta milenarmente entregue aos horrores historicistas (mitos dos contextos históricos) dos sentidos do império mental de um legislador (suposto agente capaz) que manifesta sua vontade legiferante sem indagar em que teoria procedimental e processual a norma apresentará sua vinculação e em que teoria da sistematicidade constitucional (coinstitucional) se aloja a procedimentalidade processualizada. É relevante que a grande lacuna do direito não se acha na fatal insuficiência de sentido do ordenamento jurídico, mas na ausência de uma *teoria da lei* para, a partir dessa, estabelecer o caráter democrático (possibilidade de expurgo incessante da dogmática analítica) de sua criação, atuação, modificação ou extinção. A disciplina que há de se propor a estudar e instalar pesquisa nessa importantíssima vertente do direito na contemporaneidade é a do *processo coinstitucionalizante*, fonte de conjecturas de uma *técnica e ciência jurídicas* pelas quais o conhecimento criticamente construído[5] e desgarrado do criticismo dos categoremas, entimenas, e epiqueremas da transcendentalidade aristotélica-kantiana-hegeliana do idealismo alemão possa assumir o significado de um *proceder* e *saber* organizados não recebidos do extralinguístico (pragma) da violência esteticista das vontades soberanas da dominação social, política e econômica (autotutela da violência da livre vontade).

2.3 Epistemologia da ciência processual

A exposição desenvolvida nos capítulos anteriores é encaminhadora de uma linha epistemológica (teorometodológico-científica) que vai, como vimos, da antiga noção

---

[4] POPPER, Karl. *Busca inacabada*: autobiografia intelectual. Lisboa: Esfera do Caos Editores, [s.d.].

[5] POPPER, Karl. *A lógica da pesquisa científica*. São Paulo: Cultrix, 1996.

de *técnica* à afirmação de uma *ciência* do direito processual à espera de construção em bases de uma linguisticidade criticamente institucionalizada, hoje denominada *processo*. O *processo*, como devindo (devido) por um *devir* argumentativo crítico-linguístico-institucionalizante, é a condição de possibilidade de desdogmatização do arcaico discurso normativo da dogmática analítica. O direito na pós-modernidade, portanto, suplica passagem, à sua validade-legitimidade, por essa grande narrativa (ciência processual) como núcleo construtivo de uma *técnica* jurídico-procedimental desde o nível instituinte-coinstituinte da *lei* ao nível constituído, aqui considerada a *lei* como ato jurídico não reflexo de um sujeito naturalmente capaz (livre em si mesmo e igual aos seus pares em imanência volitiva-cognitiva).

2.4 A técnica

Aroldo Plínio Gonçalves,[6] no estudo do direito processual, desenvolveu pioneira pesquisa sobre a atividade *técnica*, lembrando que "já há base suficiente para se afirmar que há técnicas produzidas antes da ciência" e, apoiando-se em Denis Huisman e André Verges, conclui que "historicamente a prática precede à teoria, a técnica precede à ciência". O importante é que, para efeito de racionalização, também somos inclinados a admitir, com Lalande,[7] que a atividade *técnica* ou o ato *técnico* corresponde a *procedimentos* conjugados e bem orientados para produzir *resultados úteis*. O *útil* por essas incursões e divagações de Huisman e Verges não explica a que finalidade pretende filiar-se. Por isso, está a merecer uma releitura crítico-epistemológica.

A ligação da atividade técnica com o propósito de obtenção de resultados úteis há de supor, num primeiro *estágio* humano, como queria Popper,[8] adequação do "mundo material" ao "mundo mental" voltada ao atendimento de *necessidades* imediatas (junção de utilidades materiais e de estados mentais) pela acumulação de experiências individuais para, *num segundo estágio*, através das situações criadas em função desses dois "mundos", estabelecer-se "o mundo dos objetos de pensamentos possíveis: o mundo das teorias em si mesmas e de suas relações lógicas, dos argumentos em si mesmos e das situações de problemas em si mesmas".

2.5 A ciência

Percebe-se atualmente que a teoria geral do direito aponta para uma fonte epistemológica quadripartite como esforço de desdogmatização da ciência jurídica (relação sujeito-objeto, objeto-sujeito, consciência-existência, linguagem-mundo) e não gnosiológica, em que o conhecimento se aflora numa possível relação do sujeito consigo mesmo pela atividade racional pura (apriorística).

A ciência e sua teorização é uma conquista intelectual ocorrida após séculos de dominação da *técnica*[9] e das diversas *teorias da técnica* que prevaleceram e prevalecem por várias gerações para a sobrevivência, controle, subjugo de classes, raças, nações,

[6] GONÇALVES, Aroldo Plínio. *Técnica processual e teoria do processo*. 1. ed. Rio de Janeiro: Aide, 1992. p. 22-26.

[7] LALANDE, André. *Vocabulaire téchnique et critique de la philosophie*. Paris: Presses Universitaires de France, 1972.

[8] POPPER, Karl. *A lógica da pesquisa científica*. São Paulo: Cultrix, 1996. p. 308.

[9] BOUTOT, Alain. *Introdução à filosofia de Heidegger*. Portugal: Biblioteca Universitária, 1991. p. 108.

pela criação de utilidades, artefatos, mitos, fetiches, ritos, dogmas, cânones, costumes, leis, métodos, sistemas, de extrema eficiência governativa ou opressora, como se vê da história dos povos antigos, considerados modelos de civilização, como os gregos e romanos,[10] pelo laborioso trabalho que hoje se chama *mídia* que nada mais é do que *ideologias das técnicas* agrupadas e direcionadas para disciplinarização jurídico-política e, consequentemente, econômica, mercadológica e de dominação cultural.

Daí, é de se afirmar que a *ciência*, como atividade que tem por objeto o *esclarecimento* da técnica e das *teorias* e ideologias da técnica, busca a produção e o crescimento esclarecido do conhecimento pela testificação teorizada dos enunciados técnico-teóricos, já que, como observa Popper,[11] "nossa linguagem está impregnada de teorias: não existem enunciados de pura observação". Atualmente, a *ciência* não é mais, como adverte Bachelard,[12] um conjunto invariante de conhecimentos fundamentados ou atividade produtora de conhecimentos ou de novos conceitos para unificação universal de conhecimentos ou enunciados, porque, também na visão de Popper,[13] "a exigência da objetividade da ciência torna inevitável que todo enunciado científico permaneça provisório para sempre".

A *ciência*, nessa acepção contemporânea, obra de discursividade desencadeada no século XX, não tem, ainda, na área do direito, principalmente nos países periféricos, alcançado níveis adiantados de pesquisa para produção e verificabilidade de novas teorias. E isso porque o *direito* praticado pelas chamadas nações hegemônicas que sustentam, sediam ou patrocinam os interesses de grupos de ultradominação mundial, econômica e financeira, ainda remonta a estruturas técnicas e a ideologias jurídicas de manipulação pretoriana (sistema de *common law*) em que a solução dos conflitos se resolve pela idiossincrasia (senso comum) dos juízes integrantes das cortes arbitrais, convencionais ou judiciais ou pela ideologia medieval da *civil law*, em que a dominação político-econômica é componente histórica e direcionadora dos provimentos. A solução dos litígios, nesse patamar, não elide ou reduz a massa de conflitos na sociedade, mas assegura uma conflitualidade desejada, permanente e necessária à imobilização do pensamento crítico.

2.6 Teoria

A *técnica* é, portanto, essa atividade humana que abrange a capacidade de conjunção do mundo da realidade com o mental e a consequente *expressão de pensamentos abstratos organizados* (*teorias*) sobre o contexto dessa realidade. No campo do direito, não houve uma *passagem* brusca da *técnica* à *ciência*, porque esta se expressa pela conjectura teorizada do pensamento técnico-abstrato mediante o apontamento crítico de ausência de compreensão ou existência de contradições relevantes na lógica do discurso do fazer e do conhecer. Por seu turno, a *técnica*, em sua plena explicitação conjectural da habilidade do fazer ou proceder, desenvolve, exclusivamente, com apoio no pensamento abstrato, *teorias* úteis sobre a ação humana, *sem* qualquer preocupação de esgotamento

---

[10] SAVELLE, Max. *História da civilização mundial*. Belo Horizonte: Itatiaia, 1971. 4 v.

[11] POPPER, Karl. *A lógica da pesquisa científica*. São Paulo: Cultrix, 1996. p. 31.

[12] BACHELARD, Gaston. *A formação do espírito científico*. Rio de Janeiro: Contraponto, 1996. p. 20.

[13] POPPER, Karl. *A lógica da pesquisa científica*. São Paulo: Cultrix, 1996. p. 120.

crítico (testabilidade, provisoriedade, falseabilidade, refutabilidade) da validade proposicional dos respectivos argumentos.

Existem, portanto, entre a *técnica* e a *ciência*, *teorias* ideologizadas que decorrem da técnica do proceder, através das quais métodos, ritos e formas são concebidos ou inventados para organizar, ordenar e disciplinar condutas de ação e preservação da unidade e mando nos grupos humanos, não estando tais *teorias* encaminhadas à "análise lógica do conhecimento científico",[14] porque a ciência só surgiu a partir do momento em que o pensamento humano abandonou o "velho ideal" da *epistéme* – "do conhecimento absolutamente certo" e criador do "ídolo da certeza"[15] absoluta que se prestou e se presta por séculos à defesa do obscurantismo.

2.7 Crítica científica

O movimento de superação da *técnica* e de suas *teorias* ideologizadas de resultados úteis (pragmáticas) vem se fazendo pela ciência, como esforço intelectivo da humanidade para não só racionalizar a ação humana como também verificá-la em seus diversos conteúdos teóricos, desvelando-os de modo a abrir novas realidades no discurso do conhecimento, como antítese ao dogma, ao magicismo, ao fetiche, ao mito, ao carisma, ao rito místico-procedimental e ao artificialismo verbal que, particularmente na área jurídica, impregnam a linguagem e a matéria do direito e da construção dos princípios, institutos e instituições.

São, assim, o objeto fundamental e o objetivo da *ciência* o *permanente pesquisar*, o decompor, o testificar, o distinguir e discernir, o dissertar, o ressemantizar, o dessacralizar, desmitificar, desmistificar, o destotemizar, numa incessante atividade de geração, eliminação, recriação, substituição e modificação de conhecimentos, técnicas, teorias, postulados, princípios, ideias, institutos e instituições.

Entretanto, a linguagem científica do sobrediscurso a ser estabelecido na temática das realidades técnicas e técnico-teóricas suplica, pelo pensar crítico, apontamentos de insuficiência da ação humana, como anotou Heidegger,[16] isto é, a permanente pesquisa e questionamento da validade proposicional das teorias reducionistas e irreducionistas das atividades do fazer e do proceder humano. Percebe-se infelizmente que o escopo da *técnica* e do pensamento *técnico-teorético* é ainda fixar juízos (assertivas e teoremas) relativamente duradouros, com assentamento autoimunizante para aculturação de condutas úteis ou vantajosas.

A concludente afirmação de que a ciência "descobre e enuncia leis, formula juízos de realidade"[17] e de que a crítica do conhecimento se limita a apreciar o valor da ciência e do conhecimento humano em geral já não pode ser singelamente aceita, porque, como vimos, a *ciência* já não procura parâmetros definitivos ou enunciados invariantes. A *crítica*, como veículo lógico de aferição do grau de certeza do conhecimento científico, é que, ao associar o pensamento abstrato ao pensamento dialógico da

[14] POPPER, Karl. *A lógica da pesquisa científica*. São Paulo: Cultrix, 1996. p. 31.

[15] POPPER, Karl. *A lógica da pesquisa científica*. São Paulo: Cultrix, 1996. p. 308.

[16] HEIDEGGER, Martin. A questão da técnica. *In:* HEIDEGGER, Martin. *Essais et conférences*. Paris: Gallimard, 1958. p. 20.

[17] CUVILLIER, A. *Manual de filosofia*. Porto: Educação Nacional, [s.d.]. p. 21-22.

verificação intelectiva, como pressupostos necessários ao esclarecimento do discurso científico, acrescenta a si mesma a imposição de analisar as *conclusões* do discurso da *ciência* em planos de maior infinitude possível em confronto com os conhecimentos já selecionados e acumulados pela atividade científica.

Portanto, a *ciência* sem a *crítica* seria a alavanca sem o ponto de apoio, não teria força de razoável demonstrabilidade em função da ausência de pesquisa prolongadamente testificada. A *crítica* é a atividade intelectiva testificadora, enquanto a *ciência* é a atividade relevantemente problematizante, embora não seja de se esperar que a própria conclusão crítica obtenha, necessariamente, crescimento de conhecimentos, mas é certo que poderá escaloná-los em termos comparativos. Popper[18] arremata que "embora não possamos justificar nossas teorias racionalmente e não possamos, nem mesmo, provar que são prováveis, podemos criticá-las racionalmente. E podemos, constantemente, distingui-las de teorias piores".

2.8 Teoria científica

As teorias, como "protocolos"[19] (registros) de testificações suscetíveis de ordenação e simplificação, apresentam, no campo científico, que é o do *esclarecimento* do esclarecimento, aspectos conceituais específicos, já que não podem somente cingir-se a transformar observações em afirmações eficientes ou em sínteses coerentes, mas, em especial, assumem características de modelos de cognição relevante pelo grau de testabilidade a que são submetidas no curso de sua aplicação ou atuação.

Portanto, a *teoria científica*, embora se elabore por *paradigmas* cognitivos, modernamente procura ampliar, ao máximo, seus postulados, numa metalinguagem que já se utiliza de "categorias (referentes lógicos) que se referem a signos"[20] (representação, imagem, informação ou código, programa e computação) ao lado de cogitações fisicalistas. Na esfera do direito, só diríamos que uma *teoria* foi ou é científica se atuar como eficiente linha auxiliar de *perquirição* das normas, institutos e instituições jurídicas. Entende-se que, na atualidade, uma *teoria científica* há de mostrar, para sua relativa eficácia, antes mesmo de sua final elaboração, uma resistência triunfante a uma *crítica* teorizada em constantes e fundamentadas afirmações contrárias.

A *teoria científica*, assim, há de transpor a *crítica científica*, que é esse momento de crise (*krisis*), isto é, de "julgamento"[21] do seu poder persuasivo para que possa situar-se em nível de aceitabilidade contributiva ao andamento da *ciência*. Por isso é que, como salientamos, a *teoria da técnica* não é a mesma *teoria da ciência*, porque esta não visa, necessariamente, a resultados úteis, mas, principalmente, a explicitar, de modo inter e multicontextual, conteúdos e contradições ausentes nas interfaces do discurso do conhecimento, aumentando o campo de investigação.

A *teoria científica* é uma etapa importante da produção de conhecimentos qualificados, porque a *teoria da técnica*, por ter raízes no pragmatismo, não coloca em

---

[18] POPPER, Karl. *A lógica da pesquisa científica*. São Paulo: Cultrix, 1996. p. 34.

[19] ADOMEIT, Klaus. *Introducción a la teoría del derecho*. Madrid: Civitas, 1984. p. 23.

[20] NÖTH, Winfried. *Panorama da semiótica* – de Platão a Peirce. São Paulo: Annablume, 1995. p. 135.

[21] NOVAES, Adauto. *A crise da razão*. Rio de Janeiro: Companhia das Letras, 1996. p. 11.

desenvolvimento, como anota Bachelard,[22] "uma atividade dialética que impõe uma extensão constante de métodos" para aferir o "verídico" no que se supõe verdadeiro.

2.9 Técnica jurídica, direito processual e sistemática procedimental

Nenhuma dificuldade se teria para transpor os conceitos da *técnica* para o *direito* e deste para a *esfera do direito processual*. Poder-se-ia falar consequentemente numa *técnica jurídica* quando as atividades do *proceder* humano integrassem o "mundo de objetos de pensamentos possíveis"[23] com o intuito de encontrar resultados práticos e úteis na área do direito pela criação, classificação e tipificação de normas, como exposto por Geny[24] e Dabin[25] em obras clássicas sobre o tema. A *técnica jurídico-processual* seria essa criteriologia desenvolvida a serviço da criação, estruturação, sistematização e aplicação das *normas procedimentais* no âmbito do *direito processual*.

Portanto, nas chamadas ciências humanas ou físicas, há uma *epistemologia* pelo quadro geral enunciativo do conhecimento humano por *unidades lógicas* fundamentais desenvolvidas, em escala progressiva: *técnica – ciência – teoria(s) – crítica científica*, que, uma vez esclarecidas em seus contornos teórico-semânticos, como fizemos por tópicos anteriormente, ensejam desdobramento especializado na reflexão jurídica pela *epistemologia jurídica* com as designações de *técnica jurídica; ciência jurídica; teorias jurídicas* e *crítica jurídico-científica*, sem as quais não seria possível praticar, pensar, repensar, sistematizar, semantizar, ressemantizar, ordenar e problematizar o *direito*, continuadamente criado pela humanidade, na dinâmica da complexidade das interações humanas e que, para muitos, justificaria uma *teoria geral do direito* através da unificação de conhecimentos e fundamentos extraídos dessa realidade.

Ao ângulo de nosso propósito, é-nos especialmente interessante o destaque de uma *epistemologia do direito processual* para, louvando-nos nas concepções da *técnica jurídica, ciência jurídica, teoria jurídico-científica e crítica jurídico-científica*, tronco da epistemologia geral do direito, buscarmos o estudo e esclarecimento do temário que compõe o ensino propedêutico (programático) do *direito processual*, como disciplina dos cursos jurídicos superiores e da leitura crítica da *sistemática procedimental* vigente nos Estados-Nações e particularmente no Brasil à busca incessante de um ajuste coinstitucionalizante pelo *processo* como instância crítico-construtiva de uma democracia jurídica de Estado não dogmático,[26] aos moldes teóricos já conquistados na CF/88 pelos incs. LIV e LV do art. 5º, e não mais pelo retórico inc. XXXV do mesmo artigo que estrategicamente acolhe o caráter oculto do sentido normativo[27] pela proibição do *non-liquet*.[28]

---

[22] BACHELARD, Gaston. *O materialismo racional*. Lisboa: Edições 70, 1990. p. 260.

[23] POPPER, Karl. *Conhecimento objetivo*. São Paulo: EDUSP, 1975. p. 152 e ss.

[24] GENY, François. *Science et téchnique en droit privé positif*. Paris: Sirey, 1924.

[25] DABIN, Jean. *La téchnique de l'élaboration du droit positif*. Bruxelles: Sirey, 1935.

[26] LEAL, Rosemiro Pereira. *A teoria neoinstitucionalista do processo*: uma trajetória conjectural. Belo Horizonte: Arraes Editores, 2013.

[27] LEAL, Rosemiro Pereira. *Teoria geral do processo*. 11. ed. Rio de Janeiro: Forense, 2012. p. 243-250.

[28] LEAL, Rosemiro Pereira. *Teoria processual da decisão jurídica*. São Paulo: Landy, 2002.

CAPÍTULO 3

FUNDAMENTOS COINSTITUCIONAIS DO PROCESSO

3.1 Constituição e processo

O conceito de validade ou invalidade do discurso jurídico reside em perquirir a legitimidade processual de sua fonte de produção. A dicotomia de um *direito processual constitucional* e *constitucional processual* desserve à necessária clareza para o exato apontamento da origem desses supostos ramos jurídicos, porquanto ambas as expressões induzem o leitor a uma possível existência de um *direito processual* dentro ou a partir da constituição diverso de um direito processual infraconstitucional.

Tal postura, a despeito do esforço das colocações teóricas do prof. Nelson Nery Júnior, em obra especializada,[1] tem agravado o equívoco acadêmico de se colocar o *processo* fora da Constituição, rebaixando-o à condição de mero sistema procedimental, contido nos códigos e leis extravagantes de livre manejo instrumental da *jurisdição* judiciária, como quer a maioria dos adeptos da Escola Instrumentalista e da Relação Jurídica do Processo. É que, na atualidade, só existe *processo* como instituição jurídica coinstitucionalizante ou como *instituição* gestora do sistema jurídico fundamental das gentes nacionais ou da supranacionalidade (*comunidades*). A rigor, norma que não é *fundamental-institucional-processual* não é norma de *direito processual,* mas norma de *direito procedimental,* embora ambas, nas democracias plenas, se façam pela fonte morfológica do *processo coinstitucionalizante,*[2] constituinte e constituído, que, embora tema importante do *direito processual,* não é assunto, cujo aprofundamento coubesse nos limites do presente estudo.

Urge, portanto, na quadra contemporânea dos estudos do direito, distinguir e discernir o que sejam os alardeados direito processual constitucional e direito constitucional processual, frente à *instituição* coinstitucionalizante do *processo.* Não se pode, a esmo, admitir que a "jurisdição constitucional compreende, por sua vez, o controle

1 NERY JÚNIOR, Nelson. *Princípios do processo civil na Constituição Federal.* 3. ed. São Paulo: Revista dos Tribunais, 1996.

2 BARACHO, José Alfredo de Oliveira. *Processo constitucional.* Rio de Janeiro: Forense, 1984.

judiciário da constitucionalidade das leis e dos atos da administração",[3] nomeando o *habeas corpus*, o mandado de segurança, *o mandado de injunção, o habeas data, a ação direta de inconstitucionalidade* e *a ação popular* como instrumentos constitucionais processuais para situar a existência de um *direito processual constitucional.*

O *exercício* dos *institutos* constitucionais, como alinhados anteriormente, dá-se pelo *direito procedimental*, cuja mecânica de criação e atuação obedece aos enunciados institutivos do *Processo*. A criação e existência dos referidos *institutos* pela *Lei Constitucional* não lhes conferem a qualidade congênita e tipológica de figuras do equivocadamente chamado *direito processual constitucional*, porque tais institutos são genuinamente de *direito processual coinstitucionalizante*, porque integram o conceito de autodefesa coinstitucional normativa e que equivale àquelas disposições legais que, através de mandados e proibições, garantem a subsistência das instituições de Estado, de Constituição e da incolumidade do sistema jurídico não carlshmittianos.

Dessume-se que a eficácia das normas constitucionais institutivas do *habeas corpus*, mandado de segurança, injunção, *habeas data*, ação direta de inconstitucionalidade e ação popular, tem instrumentação nas normas de direito procedimental, não sendo eles próprios (os institutos mencionados) matérias de um possível direito processual constitucional, porque tal só poderia ser apurado na dinâmica do complexo normativo procedimental que se configurasse pela principiologia da *instituição* coinstitucionalizante do processo que impõe aos procedimentos legais a observação imperativa dos direitos-garantias da ampla defesa, do direito ao advogado, ao contraditório, à isonomia das partes e dos sujeitos do *processo*.

3.2 Processo e hermenêutica constitucional a partir do Estado de Direito Democrático

3.2.1 O devido processo constitucional

Muito se fala do instituto do *devido processo legal* como garantia constitucional, ora em sentido material (*substantive due process of law*), ora em sentido processual (*procedural due process of law*), sem que se explique claramente de qual lei decorre o *due process*. A faticidade inesclarecida sobre a qual se apoia a expressão *due process*, como herança da Magna *Charta Libertatum* outorgada por João Sem Terra (1215), e da Carta de Henrique III (1225), na Grã-Bretanha,[4] é que vem propiciando confusões nefastas na conceituação moderna e contemporânea do instituto do *devido processo legal*. Na origem histórica dessa expressão (*due process of law*), a concretização do direito pelo "devido processo" (modo de julgamento colegiado) haver-se-ia de fazer por pessoas (*juízes*) que estivessem em nível de igualdade em liberdades, costumes e bens com o ameaçado (acusado) ou lesado em direitos.[5] O pressuposto do exercício e garantia do *due process of law* era o acusado ou lesado ser homem livre como seus *pares* que viessem a proferir o julgamento, isto

[3] CINTRA, Antonio Carlos Araújo; GRINOVER, Ada Pellegrini; DINAMARCO, Cândido Rangel. *Teoria geral do processo*. 8. ed. São Paulo: Revista dos Tribunais, 1991. p. 76.

[4] PACHECO, José da Silva. *Evolução do processo civil brasileiro (desde as origens até o advento do novo milênio)*. 2. ed. Rio de Janeiro: Renovar, 1999. p. 378.

[5] PACHECO, José da Silva. *Evolução do processo civil brasileiro (desde as origens até o advento do novo milênio)*. 2. ed. Rio de Janeiro: Renovar, 1999. p. 378 e ss.

é: a paridade definia-se pela condição socioeconômico-política entre pessoas e *não* por lei escrita pelo povo constituinte que a todo povo igualasse por simétrica paridade processual. Aqui, a expressão *devido processo legal* quer significar o modo (processo) imposto (devido) pela lei natural de igualdade entre iguais revelada pelo rei.

No sistema de *common law* a lei que preconizava o *due process* era, e ainda é, a lei moral dos juízes ou da razão natural taumaturga e não a lei como instituição jurídico-popular em bases processuais de produção do direito democrático. No seu nascedouro, o *due process* era um direito revelado e instituído pelo monarca e devido aos *pares* pela judicação dos juízes e não direito fundamental (de fundamentos construídos, garantidos e constitucionalizados democraticamente e legitimadores da jurisdição). Note-se que, a partir de 1225, passando pelo direito norte-americano da Declaração de Direitos de Virgínia (1776) e Constituição dos Estados Unidos (1787) e respectivas emendas V, VI e XIV, o instituto do *due process* assume feições diferenciadas de sua concretização em países de sistema de *common law*, onde prevalece a jurisdição (instrumentada por um processo como relação jurídica entre pessoas), e em países de sistema de *civil law* em que predomina o princípio da reserva legal (realizado pelo processo constitucionalizado como modelo jurídico-normativo e condicionador procedimental da jurisdição).

Habermas já conceitua o Estado Constitucional como "uma ordem política livremente estabelecida pela vontade do povo de modo que os destinatários das normas legais podem, ao mesmo tempo, se reconhecerem como os autores da lei".[6] Nas hipóteses conotativas levantadas, percebe-se que a resolução de conflitos e efetivação de direitos na sociedade contemporânea, que ficassem à mercê da jurisdição salvadora, por uma hermenêutica processual-constitucional aos moldes de João Sem Terra, não refletiria decisões de bases normativo-democráticas, mas de bases de conveniência e equidade afirmadas por um *homem livre* (juiz)[7] que julga homens excluídos da paridade de fazerem e refazerem, em contraditório permanente (espaço político), as leis pelas quais seriam julgados ou pelas quais tivessem direitos apreciados.

Ora, se assegurado o *process* em texto democrático-coinstitucional, só nos restaria afirmar que o *processo* tem, na atualidade, como lugar *devido* de sua enunciação, a *Lei Coinstitucionalizada* pelo *devido processo coinstitucionalizante* como fonte jurisdicional da judicação e direito-garantia das partes, porque não há uma vontade *super*posta ou *a-latere*, subjacente ou abscôndita, valorativa ou corretiva que, por reconstrução cerebrina do intérprete, se arrojasse, por personalíssimas razões de costumes ou de justiça (norma fora do texto legal), a melhorar ou substituir a lei. Só se admitindo que a lei formulada é muda, não objetiva, fatalmente ininteligível e obstativa de criação e realização de direitos, nada transmitindo em seu discurso léxico-gramatical, e que, ao ser editada, tornar-se-ia coisa inerte, inexpressiva, caótica e inútil, é que seria possível dizer que o "sentido" da lei é o invectivado e atribuído pelo intérprete-aplicador do direito. Isso, por certo, resultaria numa interpretação engendrada pela argumentação que, em vez de "algo que vai longe da discricionariedade",[8] seria, ao contrário, algo que se iguala à mais desabrida autocracia interpretativa (personalismo hermenêutico). A *constituição*

---

6 HABERMAS, Jürgen. O Estado Nação europeu frente aos desafios da globalização. *Revista Novos Estudos*, São Paulo, n. 43, p. 92, nov. 1995.

7 DWORKIN, Ronald. *O império do direito*. São Paulo: Martins Fontes, 1999. p. 17; 119.

8 GALUPPO, Marcelo Campos. Os princípios jurídicos no estado democrático de direito: ensaio sobre o modo de sua aplicação. *Revista de Informação Legislativa*, Brasília, ano 36, n. 143, jul./set. 1999.

formal, por conquista teórica da lei democrática, é fonte objetiva de conteúdos jurídicos de vinculação originária do intérprete (interpretação conforme a Constituição),[9] como cláusula de vedação de busca de verdade absoluta pelo subjetivismo realista (poder social)[10] do aplicador da norma (logos *judicatorum*).

Aliás, a absurda distinção que atualmente se propõe entre princípio jurídico e valor é que tem oportunizado o estéril debate em torno da indagação de ser o princípio norma jurídica *ou* norma externa ao direito. Ora, em direito, se o princípio não for norma posta pelo discurso processualizado da lei e se a norma, como princípio ou regra, não estiver inclusa no contexto da legalidade, pouco importando se encerra um valor ou um dever (caráter axiológico ou deontológico), a *preferibilidade* de aplicação de um princípio entre outros, por precedência ou hierarquização, como norma ou valor, não pode extravasar o significado do conjunto de princípios adotado na teoria do discurso da constitucionalidade vigorante. A preferência entre princípios não pode, como quer Alexy,[11] ser assistemática, porque tal redundaria em admitir que o princípio positivado da reserva legal é cambiável pelo intérprete.

Os juízos principiológicos (regentes) e os conteúdos gerais de fundamentação (*interpretantes*), na aplicação do direito criado pela lei, não são inventados ou encontrados *fora* da lei, mas segundo o *proceder* indicado na lei e processualizado pelos *direitos fundamentais* coinstitucionalizantes da ampla defesa, contraditório, isonomia, da atuação do advogado, gratuidade postulatória, como *conquistas teóricas* que, transpostas para o discurso coinstitucional, não mais comportam interpretações de historicidade extralegal (de fundo axiológico-deontológico supletivo da lei), porque a conquista teórica do direito se faz, no plano do *due process* democrático, pela interpretação "ao pé da letra"[12] da *conexão normativa* determinante do espaço-tempo estrutural do procedimento desvelador dos atos-fatos de defesa e exercício de direitos fundamentais e não pela *super*visão (*epoché*)[13] transcendental e primal do juiz (*nous-arché-diké*).

Percebe-se que a fundamentação ética (histórica) ou a fundamentação dita racional (moral-principiológica), em Habermas, está a exigir suporte jurídico-normativo, porque o *agir* só se legitimaria pela universalização do *modelo legal* de produção coinstitucional e aplicação do direito e não pela *visão* pessoal das individualidades sobre um direito intersubjetivo-reflexivo que suscitasse confirmação ou correção pela sensibilidade ou adequabilidade judicante adjacente aos conteúdos da lei. No direito democrático, os princípios concorrentes de atuação do *agir* são conjecturáveis a partir da lei e não apesar da lei; daí a regência do *devido processo* no eixo construtivo da *constituição formal* de direitos fundamentais. Nenhum sistema jurídico, ao contrário do que imaginam Dworkin, Rawls[14] e Günther,[15] adquire *integridade, equidade* ou *adequabilidade* pelos conceitos de justiça, igualdade e imparcialidade advindos do julgador, de vez que, no Estado de

---

[9] FERRAJOLI, Luigi. *O direito como sistema de garantias*. Porto Alegre: Livraria do Advogado, 1957.

[10] DIMOULIS, Dimitri. Moralismo, positivismo e pragmatismo na interpretação do direito constitucional. *Revista dos Tribunais*, São Paulo, ano 88, v. 769, nov. 1999.

[11] ALEXY, Robert. *Teoría de los derechos fundamentales*. Madrid: Centro de Estudios Constitucionales, 1993. p. 147 e ss.

[12] MÜLLER, Fredrich. *Quem é o povo?* 2. ed. São Paulo: Max Limonad, 2000. p. 103.

[13] SEVERINO, Emanuele. *A filosofia contemporânea*. Lisboa: Edições 70, 1986. p. 205.

[14] RAWLS, John. *Uma teoria da justiça*. 1. ed. São Paulo: Martins Fontes, 1997. p. 61; 63 e ss.

[15] KLAUS, Günter. *Application discourses in morality and law*. The sense of appropriateness. Albany: State University of New York, 1993. p. 139-141.

Direito Democrático, é o *povo* (legitimados ao processo) que faz e garante as suas próprias conquistas conceituais pelo *processo coinstitucional* legiferante do que é *devido* (garantido, assegurado), não o juiz que é funcionário do povo. O juiz não é construtor do direito, mas concretizador do ato provimental de encerramento decisório do *discurso estrutural* do procedimento processualizado pelo *due process* democrático em suas incidências substancial (*substantive*) de garantias implantadas coinstitucionalmente e procedimental (*procedural*) do modo adequado de aplicação coinstitucionalmente assegurado.

Assim, nem Günther, Habermas, Alexy, Dworkin ou Rawls apresentam expressamente, em suas discussões, o tópico da legitimidade de criação e aplicação do direito pelos *marcos* formais do *processo coinstitucionalizante*, porquanto, no sistema de *civil law* em que a conduta só tem validade, eficácia e legitimidade pela dotação normativa da lei, não há querer colocar em situações antagônicas as esferas de justificação e aplicação normativa, como se aquela fosse a vontade do *legislador* e esta a vontade do *juiz*, com exclusão da *articulação argumentativa* das *partes* (indivíduos, pessoas) que se faz pela estrutura procedimental constitucionalmente processualizada concretizadora do *due process*. O *devido processo*, como direito-garantia constitucional, rompe com o conceito privatístico de direito subjetivo pela fidúcia (confiança recíproca – *trust*)[16] em que o Estado-juiz é o depositário público da confiança da sociedade civil para resolver litígios e garantir uma suposta paz social.

O Judiciário, nas esperadas democracias plenárias, não é o espaço encantado (reificado) de julgamento de *casos* para revelação da *justiça*, mas órgão de exercício judicacional não mais segundo o *modelo constitucional do processo*,[17] mas em sua projeção atualizada e crítico-discursiva (neoinstitucionalista) de *intra* e *infra*expansividade principiológica e regradora. O *devido processo coinstitucional* é que é *jurisdicional*, porque o processo é que cria e rege a *dicção* procedimental do direito, cabendo ao juízo ditar o direito pela escritura da lei no provimento judicial. Mesmo o controle judicial de constitucionalidade há de se fazer pelo *devido processo* coinstitucional, porque a tutela jurisdicional da coinstitucionalidade é pela *jurisdição* da lei democrática, não da autoridade (poder) judicacional (decisória) dos juízes. Onde não há *devido processo*, não há coinstituições em forma coinstitucional (constitucional). O *devido processo* cria e atua as constituições.

3.2.2 O anacronismo da hermenêutica pela jurisdição do decididor

A derrogação da regra jurídica (norma de aplicação) ou do princípio jurídico (norma de orientação deontológica) por norma diversa conjecturada pelo julgador no suposto *espaço-vazio*[18] da lei é a mais artificiosa transformação (atraso histórico-jurídico) da judicatura em arauto de uma justiça ideal (mítica). A escolha axiológica e personalíssima do *bom* ou deontológica do *correto*, a pretexto do que só o intérprete-aplicador de um direito de sua exclusiva compreensão teria voz audível pela sentença, desconhece

[16] FIUZA, César. *Direito civil*. Curso completo. 2. ed. Belo Horizonte: Del Rey, 1999. p. 390-391.

[17] ANDOLINA, Ítalo; VIGNERA, Giuseppe. *Il modelo constituzionale del processo civile italiano*. Torino: Giappichelli, 1990.

[18] WARAT, Luís Alberto. O monastério dos sábios: o sentido comum teórico dos juristas. *In:* WARAT, Luís Alberto. *Introdução geral ao direito II*. Porto Alegre: Fabris, 1997.

que o provimento é um discurso suscetível a igual taciturnidade quando proferido a distância da lei, porque a voz do juiz, na comunidade jurídica (legitimados ao processo) de direito democrático, há de ser legífona e não autófona.

Quando se menciona que um melhor "sentido" (proustianamente anfíbio)[19] pode ser alcançado pela judicatura em face da lei retrógrada ou superada ou de lei sem sentido, deslembra-se que, se utilizado qualquer princípio jurídico como balizador hermenêutico, tal não poderia ser *contra legem*, porque, se o fosse, se inauguraria uma nova forma legiferante *sobreposta* ao ordenamento em vigor. A *legitimidade* de uma decisão por princípio de livre escolha do intérprete-aplicador da lei só se confirmaria pela observação do *devido processo coinstitucional* na construção procedimental encaminhadora da *decisão judicante*.

Assim, para manejar princípios (normas), há de se indagar sua origem: se de uma realidade só vista ou tangível por um julgador, onividente e infalível (juiz Hércules de Dworkin), ou se de uma existência posta pela *lei* em suas múltiplas variações. Resta saber se, numa realidade existencial de princípios lançados pela *lei*, há outros só apreensíveis pelo intérprete-julgador. Nesse passo, também se perguntaria da exclusiva possibilidade de um Estado de Direito Democrático pelas cúpulas interpretativas (diálogo de especialistas) e não pela democratização discursiva da produção da lei. Debater-se-ia se ao *povo* seria possível transmitir recados pela *lei* ou se a democracia não é basicamente concretizável pelo *povo* em face de uma fatalidade perversa da inacessibilidade intrínseca e insuperável dos conteúdos (ideologizantes) da *lei*, cabendo somente a um privilegiado intérprete-juiz complementar a lei ou idealizar (recriar) uma realidade jurídica melhor e saudável.

Se colocado o problema de acerto da decisão sob crivos principiológicos assistemáticos, como se as sentenças fossem atos isolados dos juízes, afasta-se também, nesse contexto, a conquista jurídico-teórica do processo (*devido processo coinstitucional*) como instituição regente da estruturação dos procedimentos pelo contraditório, ampla defesa, isonomia das partes, direito ao advogado e à movimentação incondicional da jurisdição. Com efeito, a hermenêutica desenvolvida no procedimento processualizado, nas democracias plenas, não se ergue como técnica interpretativa do juízo de aplicação vertical (absolutista) do direito, mas como exercício democrático de *discussão horizontal*[20] de direitos pelas partes no *espaço-tempo* construtivo da estrutura procedimental fixadora dos argumentos encaminhadores (preparadores) do provimento (sentença) que há de ser "a conclusão"[21] das alegações das partes e não um ato eloquente e solitário de realização de *justiça*. Diga-se o mesmo da atividade construtora da *lei* que, no Estado de Direito Democrático (se algum dia alcançado, e aqui a expressão "Estado de Direito Democrático" significa *Estado de Direito não Dogmático*), há de passar, à sua legitimidade, pela principiologia do *processo coinstitucional* procedimentalizado,[22] em que maiorias e minorias[23] estejam em isonomia discursiva para o exercício do contraditório e ampla defesa como **interpretantes** do sistema jurídico adotado.

---

[19] PROUST, Marcel. *Nas trilhas da crítica*. Introdução de Aguinaldo José Gonçalves. São Paulo: EDUSP, 1994. p. 20.

[20] ARENDT, Hanna. *A condição humana*. Tradução de Roberto Raposo. 9. ed. Rio de Janeiro: Forense Universitária, 1999.

[21] GONÇALVES, Aroldo Plínio. *Técnica processual e teoria do processo*. 1. ed. Rio de Janeiro: Aide, 1992. p. 103.

[22] CATTONI, Marcelo. *Devido processo legislativo*. Belo Horizonte: Mandamentos, 2000. p. 128.

[23] CARRIÓ, Genaro. *Sobre los límites del lenguaje normativa*. Buenos Aires: Editorial Astrea, 1973. p. 58.

3.2.3 Concretização do direito nas democracias plenárias

Concebendo-se, portanto, o princípio jurídico como *norma* geral de regência, orientação e justificação interpretativa contido no discurso da *lei* e regra jurídica como *norma* específica de aplicação do *direito* com substratos de validade, eficácia e legitimidade pela conformidade constitucional, o que restaria para a reflexão seria a esfera de *elaboração* da lei, cuja fonte, no Estado de Direito Democrático, não estaria na ficção da norma fundamental kelseniana, na onisciência da jurisdição rosseauniana ou no hartismo carismático do reconhecimento do intérprete, porque o que se tem que dizer em nível de *direito democrático* é que o direito ruim, bom, certo ou errado há de ser produzido pelo *povo* diretamente (espaço jurídico processualmente aberto – direito de ação coextenso ao procedimento) como óbice ao "delito político"[24] dos hermeneutas gramscianos que pretendem salvar o Estado e a sociedade pelo *lado externo* do direito legal, a pretexto de uma possível e radical substituição de um direito ruim por uma *política ideal* não jurídica.

Em direito democrático, o *ser* jurídico concreto (fator de impessoalização hermenêutica) é a lei como produto processual gráfico-formal implantador da realidade ôntica do espaço jurídico-democrático e o *dever-ser* é a norma (princípio ou regra) que é o sentido posto pelo *ser* aqui considerado totalidade jurídica escritural do espaço estatal. Não há, nas democracias jurídicas plenas, um *dever-ser* antes do *ser* ou paralelo ao *ser*, porque a *lei* é o fundamento ôntico do *ser* jurídico e o dever-ser é a *existência hermenêutica* posta pela lei. Em direito democrático, a existência legal é pressuposto da realidade normativa (devida). *Não* há realidade devida fora da existência legal. Quando a *realidade* está em oposição ou em suprimento à existência legal, tal fenômeno *não* inferioriza a lei, mas, ao contrário, indica ausência de democracia plena e continuada pelo obstáculo de vedar ao povo, processual e oportunamente, construir e fiscalizar suas leis ao longo da sua *existência jurídica*. No exemplo, o povo foi suprimido da construção e fiscalidade procedimental oportuna do direito.

Cabe distinguir, de logo, as figuras do *intérprete* e do *pensador* do direito. Já não é mais imaginável, na contemporaneidade, falar na interpretação jurídica fora da lei, embora não se exclua pensar o direito em seus aspectos legalizados ou não legalizados. Entretanto, a hermenêutica jurídica – é bom que se esclareça – é instrumentalidade interpretativa da aplicação do direito pela lei criadora dos **interpretantes** para o intérprete da jurisdicionalidade, enquanto a hermenêutica geral é técnica de pensar por lógicas ou metodologias (metódicas) não voltadas exclusivamente ao direito. É óbvio que a concretização do direito não é ato maiêutico do juiz, mas hermenêutico das *partes* a partir da procedimentalização argumentativa em modelo (escrito ou oral) autorizado pelo devido processo na *intra* e *infra*coinstitucionalidade.

Não mais se conjectura uma sociedade jurídico-política de direito democrático sem institucionalização jurídica pela *Coinstitucionalização processual*, a não ser por um retrocesso histórico lastimável. Popper preconiza que só uma "teoria formulada" (formalizada) é objetivamente criticável.[25] A pior *Constituição formal*, ainda que somente proclamatória (não efetivadora) de direitos fundamentais, é originariamente enunciativa

---

[24] ANDERSON, Perry. *As antinomias de Gramsci*. São Paulo: Joruês, 1986. p. 7-74.

[25] POPPER, Karl. *Conhecimento objetivo*. São Paulo: EDUSP, 1975. p. 35-40.

da democracia. A partir dela, pode-se interpretar e concretizar o discurso jurídico-democrático que não seria jurídico, nem logicamente criticável, se ela inexistisse. A confusão nefasta é imaginar que o juiz é o intérprete magno, monopolista hermenêutico e jurisdicional e pensador legal e extrajurídico do *direito* e que pode, em fontes do conhecimento subjetivo, *extra, ultra* ou *citra lege*, produzir decisões justas (vangloriosas) ou compor, por sentenças legiferantes ou *de lege ferenda*, soluções magníficas, justas (clarividentes), para os conflitos à margem da procedimentalidade modulada pelo *constitutional due process*.

O *pensador* do direito não o pensa ou o interpreta para aplicar, mas para ensinar, debater, organizar, esclarecer. Ao *intérprete-julgador* incumbe o pensar direcionado à aplicação do direito processualmente procedimentalizado, e *intérpretes*, nas democracias, são todos os que se vinculam aos **interpretantes** lógico-jurídicos postos pelo *devido processo coinstitucional* que jurisdicionaliza o proceder para os figurantes do *procedimento*, concretizando e legitimando-o como estrutura criada pelo *povo* (legitimados ao processo) e que se destina a habilitar processualmente o povo a recriar, afirmar, negar, debater, discutir, transformar, substituir, destruir ou reafirmar o direito, como seu feitor e intérprete originário e intercorrente.

O princípio como *norma interpretante* de permissão, vedação ou dever, ao aplicador da lei, é *lei* também, porque não pode ser livremente *cambiável* por outro princípio, quando assegura um entendimento estrito como condição de legitimidade (validade-eficácia) do ato a ser praticado. Atente-se para o *princípio da reserva legal*, como não cambiável, fundamental à existência própria da lei balizadora da interpretação jurídica. A existência do procedimento em contraditório é fator irredutível de manutenção de uma "comunidade de intérpretes" do ordenamento jurídico nas bases de produção e aplicação da lei. Assim, nas democracias, não se pode aceitar o conceito de lei muda, sem conteúdo preditivo, diretivo ou imputativo, e que fosse um *espaço-vazio* sintaticamente delimitado à livre inserção de atributividade semântica pelo juiz todo-poderoso (pensador – legislador – intérprete – aplicador). Seria inconcebível considerar o intérprete como norma em carne e osso de reconhecimento do direito na lei democrática. O Estado-juiz é o interlocutor da lei, criado e legitimado pela própria lei, para aplicá-la e obedecê-la. Não é o Estado o ente que orbita ou exorbita a lei, mas uma instituição criada pela lei e posta a serviço da lei. O Estado não é um ente oco (fantasmal) e, uma vez desconsiderada a sua pessoa jurídica, surge a Administração Governativa (em todos os âmbitos: administração, legislação, judicação) que se responsabiliza pela sua atuação nos limites da competência de cada qual dos agentes públicos, seus mandatários, concessionários, permissionários ou credenciados diversos.

3.2.4 Devido processo coinstitucional, conceito de parte na democracia

O conceito coinstitucional processual de "parte" é que vai operacionalizar o *processo coinstitucional* que é o arcabouço fundamental de implantação do *constitutional due process* e dos modelos procedimentais no plano constituinte (a instituir). O *constitutional due process* ("devido processo constitucional") é garantia (como dever do Estado) de realização desses procedimentos nos planos do direito constituído, mediante instalação do contraditório, observância de defesa plena, isonomia, direito ao advogado, gratuidade de jurisdição nas hipóteses de existência de conflito ou contenciosidade de direitos pretendidos.

Não mais nos orientamos atualmente por um *processo histórico* (causalidade histórica) fora das constituições em concepções fatalistas e inescapáveis (ortodoxo-marxistas) a determinar a consciência dos homens, mas o que se busca é a construção de uma sociedade (não causalidade sociológica) que passe pelo *processo democrático* do exercício coletivo das conquistas *teórico-jurídico-normativas* de todos igualmente decidirem e interpretarem o *devir*. Claro que tal esforço teórico tem seus fundamentos na instituição coinstitucionalizante do *processo* que se define pelos *princípios* juridicamente instituídos do contraditório, isonomia e ampla defesa, condutores dialógicos (afirmações-negações) no espaço de juridificação (edificação jurídico-sistemática) dessa nova realidade esperada.

Entretanto, para conceber tamanho empreendimento, urge indagar sobre o que seja conquista histórica normativa pela formalização coinstitucional expressa (não natural, sociológica ou hipotética) dos *interpretantes jurídicos* fundantes dessa *democracia*. É certo que também *não* mais se pensa numa democracia do positivismo encantada pela unidade lógica de sistemas eternizantes ou se imagina que a democracia surgirá da dialética natural da história (sersocial, mitificador, historicista) como instrumento anímico ambulante de decisão externa ao homem e para o homem.

Com efeito, o conceito de *parte* como pessoa legitimada pela lei a atuar a lei é que poderá, em direito democrático, balizar o campo hermenêutico, porque os conceitos de homem, indivíduo, cidadão, pessoa, coletividade, sociedade, como autores ou atores anônimos do mundo da vida, não encerram vínculo jurídico participativo de procedimentalidade em bases jurídico-normativas para instalar um regime de interpretação aberta[26] a todos, porque esta abertura não se faz por ordem natural ou espontânea, mas quando os seus agentes se protagonizam como pessoas (*partes*) constitucionalmente autorizadas para provocar decisões, criar, reconstruir, modificar ou extinguir as suas próprias realidades do existir jurídico.

Parte é o agente processual do *dever-ser* jurídico e não o *ser* jurídico que é a *lei* em si mesma. A *lei* é conquista teórica que, uma vez conjecturada processualmente pela humanidade, só é modificável, substituível ou extinguível, nas democracias plenas, pelo *dever-ser* jurídico *in fieri*, porque não seria possível, a não ser *manu militari*, eliminar ou alterar a *existência* jurídica a partir de uma *realidade* popular (político-espacial) não jurídica, como querem os sociologistas (culturalistas, comunitaristas, empiristas).

Nas democracias, para se colocar uma lei no lugar de outra, para alterá-la ou modificá-la, há de se partir de uma lei para outra pela via construtiva do *processo coinstitucionalizante* que é o *ser* jurídico perpétuo (instituição legal) nas democracias plenas que cria e impõe garantia do contraditório, ampla defesa e isonomia na base construcional do espaço estatal, tornando-os *devidos*. Por isso é que o *devido processo legal* é o *dever-ser* posto pelo *processo coinstitucional*.

A *parte* já coinstitucionalmente legitimada é o agente do *dever-ser* normativo (*devido processo legal*) que se concretiza na procedimentalidade (efeito expansivo)[27] para criação (legiferação) ou definição (judicação) do direito. O *espaço-político* (*isegoria*) de criação do direito só será continente democrático se já assegurados os conteúdos

[26] HÄBERLE, Peter. *Hermenêutica constitucional*. Porto Alegre: Sergio Fabris Editor, 1997. p. 24-34.

[27] ANDOLINA, Ítalo; VIGNERA, Giuseppe. *Il modelo constituzionale del processo civile italiano*. Torino: Giappichelli, 1990.

processuais dialógicos da *isonomia* – que são a *isotopia, isomenia* e *isocrítica* –, em que haja, portanto, em sua base decisória, igualdade de todos perante a lei (*isotopia*), igualdade de todos de interpretar a lei (*isomenia*) e igualdade de todos de fazer, alterar ou substituir a lei (*isocrítica*).[28] Essa situação jurídico-processual devida é que permitirá a enunciação das *democracias* como governo de uma nova *totalidade social concreta,*[29] isto é: povo concretizador e criador da sua própria igualdade jurídica pelo devido *processo coinstitucionalizante.*

Daí é que o espaço da judicância (aplicação) do direito há de se fazer, nas democracias, pelo *devido processo legal,* que é prolongamento do *processo coinstitucional* e de suas expansividades procedimentais, e não pelo *imperium* de uma justiça interdital em moldes corretivos ou reconstrutivos do direito vigente ou externa ao direito pela clarividência (inteligência axiomática) do aplicador da lei. A hermenêutica, nas democracias, é dada na base processual institutiva da lei, não podendo ser uma teoria (ciência ou técnica) de interpretação por uma inteligência superestrutural e privilegiada (diálogo de especialistas)[30] da judicatura como porta-voz dos valores e princípios estruturais da sociedade à margem ou ao fundo imperscrutável do direito legislado. Quando Häberle fala que o "monopólio da interpretação não pode ser exercido só pelos intérpretes oficiais",[31] é necessário que a quebra desse monopólio seja definida pela base decisória-processual-institutiva da lei, porque seria inócuo democratizar a participação hermenêutica pelas interpretações aleatórias e idealistas.

Parte não é mais um elemento procedimental que se completa por outro, mas, como agente procedimental legitimado, exerce autonomia de liberdade jurídica implementadora do procedimento. A *parte* tem seus limites de liberdade procedimental na *jurisdição processualmente coinstitucionalizada* e não na equivocada "*jurisdição*" do juízo judicial que também se jurisdicionaliza (em suas origens de legitimidade) no *Processo Coinstitucional.*

Seria um retorno a Bülow,[32] numa reafirmação ampliada da arcaica teoria do processo como relação jurídica, imaginar, como ainda querem os instrumentalistas[33] de hoje, que o *processo coinstitucional* seja instrumento de uma *jurisdição constitucional* exercida pelo juiz como justiceiro-controlador[34] da constitucionalidade (tribunais constitucionais), porque, nas democracias, a jurisdição é o conjunto de conteúdos jurídicos (materiais-processuais) assegurados pelo devido *processo* coinstitucionalizante e coinstitucionalizado na criação, recriação, definição, interpretação e aplicação das leis por todos os agentes legitimados no recinto da comunidade jurídico-democrática de direito. A jurisdição não é a atividade jurídicoresolutiva e pessoal do juiz ou dos agentes do Estado, mas o próprio conteúdo da lei conduzido por aqueles agentes indicados na lei democrática. Tanto a parte como o juiz exercem, nos procedimentos, jurisdição, guardadas as características de suas atuações legais de articulador (parte) e aplicador-julgador (juiz), sendo que ambos são figurantes da estrutura procedimental

---

28 WOLFF, Francis. *A crise da razão.* São Paulo: Cia. das Letras, 1996. p. 73-81.

29 HELLER, Hermann. *Teoria do Estado.* São Paulo: Mestre Jou, 1968. p. 154.

30 HÄBERLE, Peter. *Hermenêutica constitucional.* Porto Alegre: Sergio Fabris Editor, 1997. p. 25-33.

31 HÄBERLE, Peter. *Hermenêutica constitucional.* Porto Alegre: Sergio Fabris Editor, 1997. p. 39-40.

32 BÜLOW, Oskar Von. *La teoría de las excepciones procesuales y los presupuestos procesales.* Buenos Aires: EJEA, 1964.

33 DINAMARCO, Cândido Rangel. *A instrumentalidade do processo.* 4. ed. São Paulo: Malheiros, 1994.

34 MARINONI, Luiz Guilherme. *Novas linhas do processo civil.* 2. ed. São Paulo: Malheiros, 1996. p. 129.

que é o espaço democrático sempre aberto (direito de petição)[35] de instalação estrutural do contraditório,[36] isonomia e ampla defesa como direitos coinstitucionalmente fundados em nome do *processo* institucional de discussão, afirmação e produção jurídica permanente.

Discernir jurisdição (conteúdo da lei) e judicação (atos de decisão egressos dos conteúdos da lei) torna-se indispensável à compreensão do *processo coinstitucional*, porque a judicacionalidade, seja no âmbito judicial ou da administração, não dispensa a jurisdição da lei nas democracias pelo *devido processo legislativo*. A judicacionalidade nas democracias é aspecto da estrutura procedimental (judicial ou administrativa) como dever legal de fiscalizar o exercício do *devido processo* e não como atividade tutelar ou interdital de direitos livremente descobertos pela inteligência do julgador à margem do âmbito estrutural do procedimento processualizado. O juiz ou o decididor, nas democracias, não é livre intérprete da lei, mas o aplicador da lei como vinculado aos **interpretantes** legais ante as articulações lógico-jurídicas produzidas pelas partes implementadoras da estrutura procedimental. O procedimentalismo democrático de Habermas[37] só poderia ser factível pelo modelo e estrutura espácio-temporal regida pelo *devido processo* como instituição coinstitucionalizante e coinstitucionalizada jurídico-institutiva e não por quaisquer interações comunicativas procedimentais ocorrentes na base cultural de produção do direito.

A *jurisdição constitucional*, nas democracias plenas, tem seu controle de atuação pelo *devido processo legislativo* que é instituto jurídico de sustentação permanente do *devido processo coinstitucional*. Aliás, a própria constituição é produzida, nas democracias, com total observância do *devido processo coinstitucionalizante* (*devido*, porque legislado pela *parte legitimada* a criar *futuridades jurídicas*) como eixo de geração do discurso coinstitucional como cláusula coinstituinte fundante dos fundamentos do paradigma da sociedade jurídica de direito democrático. Dissipa-se o antagonismo, no paradigma democrático, entre "poderes" do Estado e jurisdição constitucional, porque à funcionalização de todo o organograma estatal há de se cumprirem os conteúdos da *jurisdição coinstitucionalizada* que se faz pela autoaplicabilidade imperativa de seu arcabouço de normas.

O que já se acha envelhecida, em nosso quadro histórico, é a expressão "poderes" largamente usada nos meios acadêmicos jurídicos, filosóficos, sociológicos, econômicos, como unidades míticas de comandos (fatos historicamente consumados, incontroversos) que podem mais do que a lei, do que o povo legitimado ao processo, do que o sistema jurídico coinstitucionalmente criado. Nas democracias, poder e tutela são conteúdos da legalidade produzida e não modos pessoais, judicacionais, funcionais, corporativos ou organicistas de atuação do justo e do bom ou do talentosamente adequado.

---

35 COUTURE, Eduardo J. *Fundamentos del derecho procesal civil*. 3. ed. Buenos Aires: Depalma, 1993. p. 76.

36 FAZZALARI, Elio. *Istituzioni di diritto processuale*. 5. ed. Padova: Cedam, 1989.

37 HABERMAS, Jürgen. *Direito e democracia (entre faticidade e validade)*. Rio de Janeiro: Tempo Brasileiro, 1997. p. 310. v. II.

3.3 Direito procedimental e direito processual

Em consequência, pelo que se colhe das lições de Ovalle[38] e Fix-Zamudio,[39] só se poderia falar num *direito processual constitucional* no sentido de que apresentasse um conjunto de procedimentos legais dirigido pelos institutos (princípios) coinstitucionalizantes do *devido processo*, lecionáveis por uma disciplina que é denominada *processo constitucional*, não havendo como distingui-lo de um *direito constitucional processual* (disposições constitucionais concernentes ao *processo*), porque ambos guardariam requisitos de existência ou de exercício de direitos pelos princípios (institutos) da *instituição* coinstitucionalizante do processo. Em síntese, o que se poria a admitir era a existência, nos Estados Democráticos de Direito,[40] de um *direito procedimental* dentro e abaixo das constituições e um *direito processual* somente quando os procedimentos jurisdicionais ocorrerem com irrestrita observância dos princípios (institutos) coinstitucionalizantes e coinstitucionalizados do *processo*.

O que resta de proveitoso nesse debate, com o advento das constituições modernas e pela recepção da cláusula histórico-jurídica do *due process of law* (desde a Carta de João Sem-Terra, em 1215, à quinta emenda constitucional norte-americana), foi tornar irretorquível a hodierna distinção legal entre *norma processual* e *norma procedimental*, sendo que tal discernimento hoje possível desmitifica a assertiva equívoca de que o *processo* é instrumento da *jurisdição*. O que se demonstra é que a *jurisdição*, sob ângulos de jurisdiciariedade ou jurisdicionalidade geral, é atividade e instrumento do *Estado*, coinstitucionalizado submetidos à principiologia intradiscursiva do *devido processo* como *pré-requisito* inarredável de garantia máxima de direitos fundamentais na *Sociedade Democrática de Direito* a advir.

Vimos que o *instituto* do *devido processo legal* se define pela coexistência dos *princípios* (juízos lógico-jurídicos) da ampla defesa (necessariamente aqui incluído o direito ao advogado) e do contraditório, acrescentando-se o da isonomia à configuração constitucional da *instituição* do processo. Por isso é que falamos em principiologia do processo quando reunidos na lei constitucional esses *princípios* (institutos), integrados por uma conexão una e indissociável ou quando tal principiologia é capítulo da disciplina do *direito processual* como objeto de estudo particularizado.

Não se pode atualmente extrair uma teoria do processo de um conjunto de valores culturais indeterminados e pela afirmação de que "a teoria do processo tem como seu instituto fundamental a jurisdição",[41] porque as diversas sistemáticas processuais vigentes, por via da crescente atuação neoinstitucionalizante do *processo*, já filtraram e selecionaram, ao longo dos séculos, o que deveria integrar a *principiologia* do processo em nível de fundamentalidade de direito democratizante contemporâneo.

Já se sabe, por reflexão científica avançada, que a velha *jurisdição judicacional* já não é instituto fundamental da *teoria do processo*, de vez que os *institutos* fundamentais do processo têm seus perfis teóricos pelo complexo normativo principiológico

[38] FAVELA OVALLE, J. Sistema jurídicos y políticos, proceso y sociedad. *Boletín Mexicano de Derecho Comparado*, n. 33, set./dez. 1978.

[39] FIX-ZAMUDIO, Hector. El pensamiento de Eduardo J. Couture y el derecho constitucional procesal. *Boletín Mexicano de Derecho Comparado*, n. 30, 1977.

[40] FORSTHOFF, Ernest. *Statto di diritto in transformazione*. Milano: Giuffré, 1973.

[41] MARINONI, Luiz Guilherme. *Novas linhas do processo civil*. 2. ed. São Paulo: Malheiros, 1996. p. 17.

anteriormente apontado, não passando a jurisdição de mero capítulo do estudo do direito processual, ou, sob o ponto de vista sistemático-jurídico, de atividade-dever-estatal do órgão jurisdicional de cumprir e fazer cumprir o direito positivo, mediante observação das garantias constitucionais do processo e do *princípio da reserva legal*, cujo fundamento submete os provimentos (sentenças, decisões judiciais) ao *dado prévio* da lei, como já preconizava Chiovenda.[42] A jurisdição é, portanto, a rigor, instituto fundamental da *teoria do estado*, e não da *teoria do processo*.

Em suma, a *jurisdição* é atividade estatal subordinada aos princípios e fins do processo, sequer o processo deve ser pensado "à luz da Constituição", porque é o processo a luz (conteúdo lógico-instituinte) da Constituição. Também não é a *jurisdição* que permite a participação popular no poder ou enseja justiça ao cidadão, como insinua Bidart,[43] pois tais conteúdos são de direito fundamental coinstitucionalizado pelo processo, não decorrem da generosidade ou habilidade "jurisdicional".

Já, por muitas vezes, falamos da polissemia exalada pela palavra "justiça" prodigamente utilizada pelos juristas que colocam a *jurisdição* como módulo central do sistema teórico e normativo do direito processual, a exemplo de Cândido Dinamarco,[44] dizendo que o "processo é permeável aos influxos axiológicos da sociedade", devendo o "modo de ser do processo estar presente no espírito do juiz no momento do julgamento".[45] Evidente que, ao aceitar sem reservas tais colocações, o processo se transfigura em estranha ritualística de judicância carismática, num retrocesso desalentador que chega às raias do hermetismo, porque só plenamente operável por uma sensibilidade superior e imanente ao bom juiz, como donativo da divindade.

Há que se concluir que os fundamentos teóricos do processo, na atualidade, dão-se por uma principiologia, cujos limites já estão positivamente contextualizados em diversas constituições de nações avançadas (França, Alemanha, Itália, Portugal, Espanha, entre outras), inclusive na do Brasil, e que suplicam estudo pela gênese do instituto do devido processo (ampla defesa e contraditório) e da isonomia alçados ao plano superior da institucionalização coinstitucional dos direitos fundamentais do homem em perspectivas, aqui estudadas, da *teoria neoinstitucionalista do processo*.

3.4 Tutela processual da jurisdição

O *processo* é instituição pública coinstitucionalizante e coinstitucionalizada de controle tutelar da produção de provimentos, sejam judiciais, legislativos ou administrativos. Nenhum provimento (decisão judicial, legiferante ou administrativa) procedimental conclusivo pode ser exarado em desaviso aos *princípios* institutivos que integram a instituição do processo: ampla defesa, contraditório e isonomia. Desqualifica-se, assim, em seus aspectos de legalidade e legitimidade, o exercício da atividade jurisdicional que não seja regida pelo primado neoinstitucionalista do processo e coinstitucionalizante, não se confundindo com a criativa expressão de Andolina e Vignera[46] "modelo

[42] CHIOVENDA, G. *Instituições de direito processual civil*. 2. ed. São Paulo: Saraiva, 1965.

[43] BIDART, Adolfo Gelsi. Incidência constitucional sobre o processo. *Repro*, v. 30. p. 195-204.

[44] DINAMARCO, Cândido Rangel. *A instrumentalidade do processo*. 4. ed. São Paulo: Malheiros, 1994. p. 60.

[45] DINAMARCO, Cândido Rangel. *A instrumentalidade do processo*. 4. ed. São Paulo: Malheiros, 1994. p. 196.

[46] ANDOLINA, Ítalo; VIGNERA, Giuseppe. *Il modelo constituzionale del processo civile italiano*. Torino: Giappichelli, 1990. p. 14-15.

constitucional do processo" que caracteriza o arcaico modelo constitucional **civil** do processo.

Acrescente-se que, além desses princípios processuais de controle da jurisdicionalidade, outro se incorpora ao fortalecimento das garantias fundamentais e que amplia o instituto histórico-jurídico do *due process* (devido processo) e do obsoleto *substantive due process of law* (devido processo segundo direitos decorrentes de normas convencionais prévias e aceitáveis) em abono ao *princípio geral da legalidade*. A nossa Constituição de 1988 (art. 5º, II) adotou integralmente o princípio da legalidade como pressuposto da operacionalização institucional do processo, tal como se vê dos itens LIV e LV do art. 5º. Assim, o *devido processo* não existe fora da legalidade e a *jurisdição* é atividade estatal só legitimável pela tutela do processo.

Torna-se evidente que, se o homem não se submeter às *instituições jurídicas* democráticas por ele próprio construídas, haverá inexoravelmente o regresso à barbárie, ainda que tenhamos um considerável desenvolvimento tecnológico. É que estranhamente o homem vem-se colocando, por aparelhos ideológicos, acima das *instituições jurídicas*, num incitamento obsessivo ao culto de poderes estatais ou personalidades supostamente salvadoras, mesmo que já saibamos que só as *instituições jurídicas* processualmente coinstitucionalizadas e fiscalizadas por todos é que dessacralizam e impessoalizam o exercício do direito e enxotam o paternalismo estatal (executivo, jurisdicional ou legislativo) e das corporações que tanto vêm estiolando o homem na busca da cidadania plena e da *democracia jurídica* na edificação dos direitos fundamentais à vida, igualdade e dignidade mínima, e à fiscalidade processual como irrestrito e incessante controle de coinstitucionalidade (democraticidade) e legitimidade das leis.

3.5 Acesso à jurisdição

Evitaremos aqui a expressão equívoca de "acesso à justiça",[47] porque, como já esclarecemos, a palavra *justiça*, quando assim posta nos compêndios de direito, pode assumir significados vários que, a nosso ver, perturbam a unidade semântica e seriedade científica do texto expositivo. É certo que o cognominado "acesso à justiça" nada tem a ver com o acesso aos direitos fundamentais do homem, porque simploriamente definido como "algo posto à disposição das pessoas com vistas a fazê-las mais felizes (ou menos felizes), mediante a eliminação dos conflitos que as envolvem, com decisões justas".[48] Também a expressão "acesso à justiça" não é a síntese de todos os princípios e garantias constitucionais do processo, porque atualmente o *modelo* coinstitucionalizante do processo democrático é que, por incorporar o princípio da ampla defesa pelo direito de ação, gera o livre acesso à jurisdição, como direito irrestrito de provocar a tutela legal (art. 5º, XXXV, CF/1988).

Observe-se que o *processo* não busca "decisões justas", mas assegura às partes integrarem, por uma *hermenêutica isomênica*, a construção do provimento,[49] sem que o impreciso e idiossincrático conceito de "justiça" da decisão decorra da clarividência do

[47] RODRIGUES, Wanderlei Horácio. *Acesso à justiça no direito processual brasileiro*. São Paulo: Acadêmica, 1994.

[48] DINAMARCO, Cândido Rangel. *A instrumentalidade do processo*. 4. ed. São Paulo: Malheiros, 1994. p. 303.

[49] FAZZALARI, Elio. *Istituzioni di diritto processuale*. 5. ed. Padova: Cedam, 1989. p. 8 e ss.

julgador, de sua ideologia ou magnanimidade.[50] Afaste-se desde logo ser o processo o "tema-ponte a interligar o processo civil com a justiça social"[51] ou o modo de fazer aflorar toda uma problemática inserida em um contexto social e econômico,[52] cuja solução coubesse à sapiência do juiz.

Manifesta-se inquestionável que o parâmetro de "justiça social e econômica" é estabelecido pela *norma* formulada segundo os paradigmas contemporâneos de legitimidade democrática,[53] não podendo, como almejam os *instrumentalistas*, alçar o titular do órgão jurisdicional (o juiz) à condição de *fundamento pensante* da realização de escopos metajurídicos do processo na realização de um "direito justo". A justiça social ou econômica é metateórica-processual da *lei democrática*, e não dos operadores de um *processo* que fosse veículo de criação de paz social e econômica, porque tal desiderato, na advertência weberiana, além de irreal, é onírico, uma vez que não há equidade ou direito justo à margem da racionalidade normativa.

Em sendo antinômica a ideia aleatória ou subjetiva de uma ordem jurídica realizável pela atividade judicacional, põe-se à nossa análise o tema com a denominação *acesso à jurisdição (e não à justiça)*, porque a expressão correta *acesso à jurisdição* dispensa explicações metajurídicas de idealismos sociológicos inatingíveis ou de posturas pretorianas ultrapassadas. O *acesso à jurisdição* faz-se pelo direito de ação (procedimento) criado pela norma coinstitucionalizada como direito incondicionado de movimentar a atividade judicacional, conforme dissertado em item anterior e que será preocupação de nosso estudo em capítulo à frente.

3.6 Teorias do processo e "processo jurisdicional"

Entendemos que qualquer *teoria do processo* só é concebível como organização de proposições explicativas do *processo* atinentes aos seus princípios e institutos integrativos, não se incluindo aqui a *jurisdição* como atividade do Estado-juiz. A ambígua expressão *processo jurisdicional* só pode ser inteiramente compreendida como instituição coinstitucionalizada que coloque as atividades de reconhecer direitos sob as diretivas principiológicas do *processo*. Não seria, como quer Angelis,[54] a simples "manifestação de uma situação jurídica específica" atuada pela atividade do juiz. A atividade dos que julgam ou decidem, por dever que lhes é cometido pelo Estado, é condicionada aos ditames das garantias coinstitucionalizadas do *processo*, quando estas legalmente se impuserem. A *jurisdição* é que deverá ser *processualizada*, quando a lei assim o exigir na construção dos procedimentos legais. Não existe *processo jurisdicional* por inerência à atividade do juiz ou do decididor, devendo, entretanto, existir *jurisdição processualizada* em que a *judicação* há de ser exercida sob comando do *processo*. Superam-se, assim, conotações envelhecidas de que o *processo* seria um fenômeno provocado pelo exercício da jurisdição como veículo de surgimento de situações jurídicas no âmbito do Poder

---

[50] GONÇALVES, Aroldo Plínio. *Técnica processual e teoria do processo*. 1. ed. Rio de Janeiro: Aide, 1992. p. 188.

[51] MARINONI, Luiz Guilherme. *Novas linhas do processo civil*. 2. ed. São Paulo: Malheiros, 1996. p. 22.

[52] WATANABE, Kazuo. Acesso à justiça e sociedade moderna. *In:* GRINOVER, Ada Pellegrini; DINAMARCO, Candido Rangel; WATANABE, Kazuo (Coord.). *Participação e processo*. São Paulo: Revista dos Tribunais, 1988.

[53] HELLER, Hermann. *Teoria do Estado*. São Paulo: Mestre Jou, 1968.

[54] BARRIOS DE ANGELIS, D. *Introducción al estudio del proceso*. Buenos Aires: Depalma, 1993. p. 98.

Judiciário. O *processo* é que é jurisdicionalizante, porque impõe ao juiz, ao servidor público (direto ou não) e ao legislador a adoção inafastável de seus princípios e institutos jurídicos na construção dos procedimentos e realização dos provimentos.

3.7 Modelos processuais e constituição democrática

3.7.1 Introdução

A expressão "modelo constitucional do processo" vem firmando uma convicção inabalável, por força de mal-entendidos já assentados em obras e artigos jurídicos, de que uma constituição (ou teoria constitucional) que acolha em seu âmago os princípios do processo (contraditório, ampla defesa e isonomia) e da soberania popular para o manejamento dos conteúdos de um ordenamento jurídico já seria apontadora de um Estado Democrático de Direito tal qual instituído no Brasil pela Constituição de 1988 (art. 1º). É exatamente essa versão (compreensão) errônea do constitucionalismo brasileiro que deve ser rediscutida – e será o objeto desta curtíssima digressão – para prevenir maiores desastres nas aberturas de "trabalhos", pseudopesquisas e estudos sobre o tema no Brasil. Esse equívoco que iguala "constitucionalismo brasileiro" com o europeu ou americano do norte, do centro e do sul, é que provoca a lamentação cotidiana nos meios acadêmicos de que já completando trinta anos de constituição o Brasil nada colheu de resultado benéfico com o seu Estado Democrático em face das acentuadas e persistentes desigualdades sociais e econômicas que nos assolam por séculos a fio.

Não é difícil, em nossa área, destacar algumas hipóteses desse fracasso flagelar: *a*) confunde-se modelo constitucional do *processo civil* com instituição processual modeladora fundacional de suas coinstituições: estado, funções legislativa, administrativa e judiciária, ministério público, advocacia, direitos fundamentais de vida, liberdade e igualdade, direitos econômicos de dignidade, propriedade, posse, bens corpóreos, incorpóreos e da personalidade, e múltiplos direitos sociais, internacionais e supranacionais derivados ou intercorrentemente agregados; *b*) acolhese a "justiça civil" como atividade judicial dos juízes em qualquer alternativa de estado (liberal, republicanista, procedimentalista (proceduralista) ou coinstitucionalista); *c*) não se distinguem claramente "direitos subjetivos ou individuais" e "direitos fundamentais"; *d*) admite-se singelamente que "processo" é instrumento de uma "jurisdição constitucional" (atividade subjetivante) dos juízes arbitradora dos interesses e diretiva da "vontade concreta" e efetiva das normas constitucionais; *e*) trabalha-se exclusivamente o "processo" como normas instrumentais de resolução de conflitos de interesses intersubjetivos historicamente apropriados (lesão ou ameaça a direitos) e não de fruição de direitos fundamentais líquidos, certos e imediatamente exigíveis, e de criação, reconstrução, manutenção, aplicação ou extinção normativas de direito; *f*) menciona-se "contraditório" como direito de participar do processo com "paridade de armas", sem esclarecer o que é "participar" em paridade conforme o paradigma de estatalidade adotado no Brasil. Essa meia dúzia de aspectos aqui indicados já nos instigaria a desfazer embaraços de uma "hermenêutica constitucional" e de um direito processual constitucional que, como disciplinas, pretendem universalizar um saber constitucional de democracia por engenhosos "tratados de paz" (obras, monografias, dissertações, teses) em que se alinhavam e conciliam dezenas de autores que trabalham em vértices dissidentes que nada concorrem para a compreensão e implementação de direitos constitucionalmente assegurados no Brasil.

3.7.2 Sociedade pressuposta e justiça civil

Antes de pontuar comentários sobre os itens levantados, pode-se dizer que, nessa vertente *processo-constituição*, ainda se cultuam pré-compreensões pela nostalgia rosseauniana de uma "sociedade" hipotética encontrada pelo homem ao nascer num cogitável "Estado Social de Direito". É essa crença que faz juristas e sociólogos de várias índoles afirmarem e classificarem os aglomerados humanos como "sociedades" *a priori*, cuja originariedade ainda não nos foi esclarecida em suas bases fundantes, entregando-se à história (objetivismo sociológico das relações humanas no tempo-espaço que é *decurso* e não *discurso*) a construção anônima dessa *affectio societatis*, ou a uma ontologia fundamentalista-historicista ou a um pragmatismo-linguístico-transcendental o horizonte de sentidos a partir do qual brotariam consensos a erigir esperançosas nações, pátrias, grupos, tribos, comunidades, não se falando na "esfera pública" como incubadora milagrosa de ideias necessárias e pré-aferidas por grupos multiculturais como ocupantes privilegiados de um ponto de distância (equidistante e neutro) entre a ordem juridicamente constituída e o mundo da vida real. Aqui não se sabe qual constituição historicista prevalece: a natural-real (um real-racional como juridicidade concreta intuída por mentes inatamente brilhantes) ou a dirigente-jurídico-estatutária[55] (a que permite o "intérprete" prospectivo, que se diz bom e justo, ficar fora ou dentro do sistema jurídico para, de modo dito conveniente e adequado, preservar paz e segurança social).

Nessa quadra, a não conceber a constituição como título executivo extrajudicial quanto a direitos fundamentais, e se crendo já na existência de uma "sociedade" política de construção anônima (pressuposta e atuante) achada no ato do nascimento do homem e a ser referenciada como relíquia imorredoura, a comunidade jurídica operadora do sistema nada mais seria que a "sociedade" dos liberais predestinados (aristotélicos) e não o povo total como legitimado ao processo no exercício dos direitos fundacionais de "paridade fundamental" para a edificação paulatina da sociedade democrática processualmente criada, constitucionalizada e assegurada.

Nessa "sociedade" pronta e pressuposta de homens *livres* de quaisquer embaraços jurídicos que lhes pudessem obstar a plena autonomia de uma iluminada e poderosa vontade imanente de realizar o que acham bom para todos e de *iguais* nessas mesmas vontades auspiciosas é que se instala a *justiça civil* arbitradora dos conflitos (disputa de poderes) entre *livres* e *iguais* de uma sociedade mítica (corpo-social-primal) e condutora do melhor destino para os homens. Aqui, sim, haverá resolução de conflitos individuais ou litisconsorciados (coletivos?) em contraditório com participação induvidosa em simétrica "paridade de armas" entre litigantes naturalmente *livres*, igualmente interessados, patrimonializados, e representantes *civis* de uma sociedade contenciosa (dialética) desde sempre *in jus disputandi*.[56] Faz-se aqui o simulacro da realização (administração-ministração) de uma justiça plena, cuja teleologia (escopo) só é inteligível para aquele que exerce a "função jurisdicional" como um dos membros natos da sociedade *ex-ante* dos "civis" com a denominação reificada de "Estado-juiz".

---

55 CANOTILHO, Joaquim José Gomes. *Constituição dirigente e vinculação do legislador*. 2. ed. Coimbra: Coimbra Editora, 2001. p. 488.

56 GONÇALVES, Aroldo Plínio. *Técnica processual e teoria do processo*. 1. ed. Rio de Janeiro: Aide, 1992. p. 120.

3.7.3 Instituição do processo e modelo civil do processo

De conseguinte, confundir (*a*) instituição do processo como paradigma linguístico-autodiscursivo (teórico-fundante-operacional) de um sistema jurídico coinstitucionalizado (constitucionalizado) com "o modelo constitucional de processo" aos moldes aludidos por Ítalo Andolina e Giusepe Vignera,[57] que claramente recepcionam, em obra-guia de seu ensino, "os fundamentos constitucionais da justiça civil" a abrigarem "o modelo constitucional do processo civil italiano", é excluir o estudo do que é *civil* nesse "processo" que tanto pode servir, com êxito, ao estado liberal quanto ao estado social de direito em suas múltiplas tiranias. No estado procedimentalista (proceduralista) habermasiano essa "sociedade civil" pressuposta não desaparece, uma vez que lhe é reservada uma residência fantasística com o nome de "esfera pública" (*locus* dos ativistas criativos e aperfeiçoadores do mundo juridicizado). Note-se que o *processo* é por ensino de Andolina e Vignera, "espécie de procedimento instrumental de atuação da jurisdição civil, entendendo-se esta como atividade desenvolvida pelo órgão judicial institucionalmente destinado à tutela dos direitos subjetivos".[58]

Portanto, há de se compreender em Andolina e Vignera uma *jurisdição civil* de juízes histórica e subjetivamente tutores e tutelares (pouco importando a especialidade competencial) comprometidos com a resolução de conflitos de direitos subjetivos alegadamente lesados ou ameaçados (inerentes aos sujeitos já objetiva e socialmente portadores de direitos intersubjetivos, apesar das constitucionalizações e das leis escritas) e não uma "jurisdição" democraticamente expressa e advinda dos conteúdos normativos criadores de direitos para os que nada tinham e (ou) nada teriam e já constitucionalmente antecipados e tutelados a exigirem pronto cumprimento (satisfação). Quando falamos que "ficou explícito, por estudos de Ítalo Andolina, que o Processo, em seus contornos teóricos na pós-modernidade, apresenta-se como instituição constitucionalizada",[59] não se afirmou que Andolina e seus seguidores trabalham *processo* como instituição, mas que, ao sustentar o processo como "modelo", Andolina faz uma desenvoltura ainda deficiente a exigir uma enunciação institucionalista do processo fora das concepções de "justiça civil", o que se oferece na teoria neoinstitucionalista do processo.

O "Estado de Direito" dos liberais é o que existia, por uma sociedade mercantilista pressuposta, antes das constituições e o "Estado de Direito" dos republicanos e procedimentalistas (habermasianos) é o que, no balanço dos movimentos sociais ou mobilização cultural da "sociedade civil", pode jurisdicizar direitos ou novos direitos por agregação à escritura constitucional (o que demoraria bastante em ações afirmativas, esperanças, expectativas e boa vontade dos detentores dos três poderes). Nessa perspectiva, concepções de "Estados de Direito", arrojadamente sincretizadas, arvoram-se em "Estado Democrático de Direito" por hermenêuticas conflitivas e inconciliáveis que vêm colocar em pânico qualquer esforço de compreensão da teoria da constitucionalidade balizadora do texto constitucional brasileiro. Não se sabe se o "Poder Judiciário" está em crise ante a deficiência teórico-científica e didática dos escritores

[57] ANDOLINA, I; VIGNERA, G. *I fondamenti costituzionali della giustizia civile* – Il modello costituzionale del processo civile italiano. Torino: G. Giappichelli Editore, 1997.

[58] ANDOLINA, I; VIGNERA, G. *I fondamenti costituzionali della giustizia civile* – Il modello costituzionale del processo civile italiano. Torino: G. Giappichelli Editore, 1997. p. 8 (tradução livre).

[59] LEAL, Rosemiro Pereira. *Teoria geral do processo*. 6. ed. São Paulo: Thomson/IOB, 2006. p. 98-99.

do direito democrático ou se é a crise (banalização) do ensino jurídico que nos retira a possibilidade de uma judicatura qualificada em outros modelos e de melhores e mais vagarosos estudos dos temas complexos da atualidade jurídica (vejam-se mestrados em dois anos, doutorados em quatro, por correspondência ou nas férias de julho e dezembro, e uma matriz curricular para o bacharelado em direito voltada aos exames de ordem classista e aos concursos públicos como ideologia da "sociedade civil", da manutenção do *status*, do padecimento do viver e do saber pela perpetuidade dos mitos e da utopia).

Assim, a permanência secular (*b*) de uma *justiça civil* com aceno de "acesso à justiça", sem esclarecer que justiça se justifica pela atividade fabril de um Judiciário que a cada dia mais se civiliza em aumento quantitativo das bordas do *Estado-juiz*, é um problema que se agrava quando somado a socorros rotulados de "império do direito" e "teorias da justiça" em "crescente processo de globalização e internacionalização". É que não basta formular (reificar) "severas críticas" aos escopos metajurídicos do instrumentalismo para que tudo no direito processual e constitucional adquira novas luzes e compreensão automática, porque os que assim atuam em sua jornada, a exemplo dos positivistas e neopositivistas, não submeteram o seu próprio saber ao crivo de uma *crítica epistemológica*, como se empreende na teoria neoinstitucionalista do processo ante essa secular e hipotética (fantasmal) sociedade que, considerada autora prévia e metabólica do direito, não se explica nem se desenlaça, em sua gênese jurídico-produtiva. É essa inexplicação que induziu Bernardo Gonçalves e Flávio Pedron[60] a situarem na constitucionalidade brasileira direitos democráticos e "Estado Democrático" pelas concepções e ensino de Aroldo Plínio Gonçalves, Fazzalari, Dworkin, Günther, Gadamer e Habermas, este a conferir equivocadamente a Wittgenstein a autoria do giro linguístico que possibilitou, segundo apregoa, a entrada do direito na filosofia da linguagem. Falar de Estado ou Sociedade Democrática sem incursões em Popper é uma empresa inatingível, para não dizer amnésica, ainda mais quando se aprisiona o percurso democrático brasileiro no ciclo teórico-processual de Pothier a Fazzalari, com amarras em Andolina, Vignera e Galeotti, em que a *justiça civil* reina de modo imperturbável e altaneiro.

Depreende-se que os modelos de democracia habermasianos também não podem ser aproveitados para a compreensão do paradigma democrático constitucionalizado no Brasil que é processual e não pragmático-discursivo, porque o modelo republicanista foi abolido pelo art. 1º da Constituição brasileira de 1988, o liberal pelo art. 170 (*caput*) e o proceduralista (procedimentalista) criado por Habermas decorre, como ele mesmo afirma, de uma análise combinatória dos modelos anteriores (liberal e republicanista) na "formação da vontade institucionalizada juridicamente e os públicos (poderes) mobilizados culturalmente. Estes últimos, por seu turno, encontram fundamento nas associações de uma sociedade civil completamente distinta tanto do Estado quanto do poder econômico".[61] Essa "sociedade civil" descentrada que ocupa, segundo Habermas, um ponto neutro e excêntrico no espaço-tempo da normatividade é que se envolve na heterogeneidade indiscernível de uma esfera estranha (aglomerado de pessoas) e autopoiética de sentidos e entendimentos não concebíveis por uma teoria da constitucionalidade processualmente construída e reconstruível a partir do devido

[60] GONÇALVES, Bernardo; PEDRON, Flávio Q. *O Poder Judiciário e(m) crise*. Rio de Janeiro: Lumen Juris, 2008.

[61] HABERMAS, Jürgen. Os três modelos normativos de democracia. *Caderno da Escola do Legislativo do Estado de Minas Gerais*, n. 3, jan./jul. 1995. p. 120 *fine*.

processo aberto a toda comunidade (legitimados ao processo) na construção da sociedade dialógica (democrática) na perspectiva neoinstitucionalista.[62]

3.7.4 Direito fundamental e direito individual

A segurança jurídica que desde Hobbes se deposita no soberano, a desembocar no *Estado-juiz* da modernidade, nega-se a distinguir (*c*) direitos subjetivos (individuais) e direitos fundamentais (fundacionais do *status* coinstitucionalista e jurissatisfativos pelo *processo*). A nossa Constituição de 1988, ao coligir sob o mesmo Título II e Capítulo I os direitos e garantias fundamentais e direitos e deveres individuais, trouxe dificuldades de compreensão para constitucionalistas ainda não estudiosos dos modelos normativos das teorias da processualidade contemporânea, porque perpetuam a confusão entre *direitos individuais* em acepções liberais, republicanistas e procedimentalistas (proceduralistas), nas quais supostos cidadãos já estariam aptos à sobrevivência por direitos subjetivos historicamente já apropriados ao tempo (ou apesar) da constitucionalização das garantias protetivas da continuidade de suas *formas de vida* de fruição de liberdade, dignidade, igualdade e segurança política e patrimonial e *direitos fundamentais* líquidos, certos e exigíveis, que se definem como nível jurídico de igualdade estrutural para todos (isonomia vital e teórico-linguística) assegurado (direito-garantia, direito fundado, não paternalista-assistencialista) e extensivo aos excluídos sociais (diferentes que não podem sofrer a indiferença em direitos fundantes de sua existência, personalidade e consciência). Acentuamos em longo artigo[63] que nenhuma hermenêutica, a nosso juízo, pode jactar-se à dilucidação desses direitos no paradigma de "estado democrático" constitucionalizado no Brasil se não vinculada à distinção dessas vertentes normativas conforme proposição da teoria neoinstitucionalista do processo.

A se falar num *biodireito* (direitos da personalidade), a *bioética* só seria compreensível como possibilidade humana de desconstrução (desfetichização-desbarração) das subjetividades para discernir o *sujeito natural* que nada tem a não ser o seu patrimônio biológico; o *sujeito individual* com seus direitos históricos já definidos-individuados quanto a si, seu patrimônio biológico (o corpo e a força de trabalho) e seus vínculos interativos e dominiais; o *sujeito de direito* que nas democracias coinstitucionalizadas é o sujeito natural investido (cidadanizado), por direitos fundacionais (fundamentais), de personalidade composta de vida, liberdade e dignidade estruturantes de sua individualidade não egressa de uma "natureza humana" posta pelo saber metafísico.[64]

A aceitar irrefletidamente o ensino de Büllow a Liebman e deste aos instrumentalistas de hoje, alojando-se aqui os positivistas e neopositivistas, adeptos fatalistas da necessária garantia, interpretação e aplicação do direito em critérios *lato e stricto sensu*

---

[62] LEAL, Rosemiro Pereira. Os direitos fundamentais do processo na teoria neoinstitucionalista. *In:* DIDIER JÚNIOR, Fredie; JORDÃO, Eduardo Ferreira (Coord.). *Teoria do processo* – panorama doutrinário mundial. Salvador: Juspodivm, 2008. p. 905-916.

[63] LEAL, Rosemiro Pereira. Direitos fundamentais do processo na desnaturalização dos direitos humanos. *In:* GALUPPO, Marcelo (Org.). *O Brasil que queremos* – Reflexões sobre o Estado Democrático de Direito. Belo Horizonte: Editora PUC Minas, 2006. p. 665-676.

[64] LEAL, Rosemiro Pereira. Direitos fundamentais do processo na desnaturalização dos direitos humanos. *In:* GALUPPO, Marcelo (Org.). *O Brasil que queremos* – Reflexões sobre o Estado Democrático de Direito. Belo Horizonte: Editora PUC Minas, 2006. p. 665-676.

entregues à *justiça civil* de portadores natos de saberes oriundos de uma eticidade irretocável e experiência de vida pacífica e respeitosa (consciência moral cristalizada em ideologias apodícticas), não nos é possível excluir os escopos metajurídicos processuais da esfera de uma judicância mítico-clarividente, nem pensar uma aproximação *constituição-processo* a serviço do direito irrestrito à vida jurídica dos povos que sofreram os horrores da colonização escravagista que, de modo ainda mais sofisticado, perdura por um ensino de bases alienígenas – e claro que aqui não se compactua com uma xenofobia emocional – e que se recusa ao exame de validade de suas pretensões científicas ou sequer se mostra inclinado a leituras de autores que não reforcem a "globalização" ou comunitarização do conhecimento aos moldes perenemente "civilizadores".

Dizer que (*d*) o juiz é quem afirma qual é a vontade concreta da lei (Chiovenda e seus discípulos) é eternizar a *justiça civil* por uma corrente de legisladores cientes de sua inocuidade e já integrantes culturalmente e desde sempre de uma "sociedade" de dominação legítima (*lex íntima*) como detentores de poderes indesafiáveis (tríplice aliança: Legislativo, Executivo e Judiciário) por um pacto histórico (substratos ideológicos) de "puros" sentidos de *formas de vida* wittgensteinianas nas quais os dissidentes, sucumbentes ou excluídos, só se ressocializariam se mudassem as suas "vidas",[65] adequando-se (submetendo-se) às "formas" vividas pelos civilizadores. O caráter binário do direito não está entre direito e moral ou entre lícito e ilícito em si (acepção escolástico-aristotélico-tomista) ou entre faticidade e validade, mas entre tensões de *formas materiais de vida* historicamente recebidas e praticadas e *vida humano-jurídica* a ser processualmente autoconstruída e que não se resolve por um pleito ideal conciliatório no espaço nu de uma "esfera pública", agórica, mediante uma *lexis* (jogos de linguagem) vocacionalmente comunicativa e consensualista a partir de uma histórica e messiânica *comunhão prévia* de sentido *pro bono* (pragmático-linguístico-transcendental ou ontologicamente virtuosa e retirada de preconceitos de uma linguagem de um ser social "a si-entificar-cientificar-se" por "críticas públicas" confirmatórias ou não de sua validade).

Com a edição do novo Código de Processo Civil brasileiro de 2015, observamos (*e*) que o *processo* continua sendo utilizado[66] instrumentalmente por uma jurisdição constitucional como *justiça civil* destinada a compor, resolver e pacificar conflitos de interesses (entre os *sujeitos individuais*) na esfera restrita das "ameaças ou lesões a seus direitos" subjetivos historicamente já objetivados ou preexistentes ou coexistentes à comunidade jurídica constitucionalizada (art. 5º XXXV, da CB/88) e, por isso mesmo, essa *justiça civil* nada compõe ou resolve sobre *direitos fundamentais* (direitos fundados para os que não são sujeitos individuais), adotando, por coerência, uma hermenêutica (interpretação já historicamente legitimada e acertada entre decisores ocupantes dos poderes e detentores seculares da autoridade) de bases dispositivas (juízos de equidade, conveniência, solidariedade, bom-senso) que se recusa a apurar responsabilidades para os inadimplentes da constitucionalidade no paradigma de Estado de Direito Democrático. Por isso, é que leis infraconstitucionais brasileiras, após a Constituição

[65] CARVALHO, Frederico Zeymer Feu de. *O fim da cadeia de razões* – Wittgenstein, crítico de Freud. 1. ed. São Paulo: Annablume, 2002. p. 130-131.

[66] LEAL, Rosemiro Pereira *et alii*. Processo civil reformado. *In:* DIAS, Ronaldo Brêtas de Carvalho; NEPOMUCENO, Luciana (Coord.). A judiciarização do processo nas últimas reformas do CPC brasileiro. 1. ed. Belo Horizonte: Del Rey, 2007. p. 253-270

de 1988, não precisaram ser revogadas, tendo em vista que os operadores do direito continuaram a ser *civis*[67] sem qualquer formação científica para atuarem um direito não liberal-republicanista. De conseguinte, nada melhora no Brasil com as conquistas jurídicas asseguradas na Constituição de 1988.

Toda vez que se põe a intersubjetividade ou interação no lugar da *interenunciatividade* humana, esta como possibilidade de o sujeito ser teoricamente significante para outrem, queda-se numa pauta de interesses de fundo estratégico-utilitarista de dominação com vedação de modelos articulantes de vida (autoilustração mínima sobre a correlação corpo-vivo e corpo-social). O "legitimado ao processo" no paradigma do Estado brasileiro é o que tem acesso (*pro-acesso-processo*), por um direito fundante de seu próprio sujeito, à fruição de uma linguagem jurídica que lhe seja autoincludente, como parceiro (parte), de um sistema normativo. Sem essa base (direito fundamental à existência humana, ao ensino, ao autoesclarecimento) como dignidade mínima, não há vida humana e liberdade, isto é, não se abre a todos a possibilidade de construção de sentido entre formas de vida (ampla defesa em suas jurídicas possibilidades contraditórias na criação compartilhada da existência como coexistência).

No âmbito dos direitos objetivos-subjetivados (direitos individuais) que alguns alcançam na isegoria (realidade nua e natural como recinto conflitivo prático da montagem de um sistema continuado de dominação – no sentido de Weber) é que, por norma fundacional (direito fundamental posto coinstitucionalmente), é garantida a autoinclusão do outro desprovido (*potus*) no sistema de fruição-objetiva de direitos a habilitá-lo ao exercício da isocrítica (criar, alterar, atuar normas jurídicas comunitariamente igualado-munido em dignidade fundamental) retirando-o do mundo "civil" dos estruturalmente desiguais para sempre (formas de vida aristotélico-wittgensteinianas).

3.8 O paradigma processual ante as sequelas míticas do poder constituinte originário

3.8.1 Introdução

Os resquícios do *poder constituinte originário* é que nos remetem, em planos históricos mais remotos, ao horizonte mítico, tradicional e utópico dos atualmente chamados *direitos materiais* (maternais) surgidos de poderes, juízos ordálicos, simulacros, forças onipotentes, vontades coletivas naturais e de sistemas normativos de fundo organicista, num *sincretismo* fundante (ativação) de uma imaginária *maternidade* (matricialidade) normativa em que os pontos jurídicos se operam num total anonimato que ganha nome, nas metáforas criticistas e sociologistas, de *liberdade de pensamento* e de "relações humanas e sociais" a criarem uma pauta primordial de direitos a ser recebida, como adequada, por uma *suposta sociedade política* ou transmitida em forma de leis parlamentarizadas para o *povo* praticar e cumprir. Por isso, muitos estudiosos da *teoria do direito* (principalmente do direito constitucional e civil) não se desapegam da palavra "poder" em todas as suas narrativas, porque nela vão costurar outras mais grandiloquentes como "força, fluxo normativo, vontade popular, tomada de decisões", a ocultar a explicação

[67] LEAL, Rosemiro Pereira. *Direito civil e processo civil, processo civil e sociedade civil*. 1. ed. São Paulo: Revista dos Tribunais, 2007. p. 1136-1141.

do que é constituinte no exercício do que se pode exercer. O mais grave de todas essas cogitações é contrapor a esses *direitos materiais* (substantivos-essencialistas) uma ordem de *normas processuais* que seriam meramente instrumentais (adjetivas) ao manejamento (pós-ativação) jurisdicional das primordialíssimas *normas materiais*.

Por conseguinte, impõe-se, na teoria linguístico-problematizante do direito, esclarecer, como excludente do caráter retórico do princípio da legalidade, que a *norma de processo* é precedente-originária e legiferativa (criadora) do ainda apelidado *direito material* que só se constitui de conteúdos institutivos do *ser*, *ter* e *haver*, pela teoria linguística do discurso processual, não se limitando, como querem os antigos juristas, aos significados do *proceder* para conduzir e aplicar o *maternal* direito material pela atividade judicial (judicacional) dos juízes. A *teoria da norma* no direito processual democrático não acolhe uma deontologia prescritiva imanente, porque o *devido* da norma é posto no *devir* de seus enunciados criativos (*principiologia do processo*) como direitos fundamentais de conjectura e refutação sobre causas, efeitos e riscos, dos atos a serem juridicamente criados quanto à preservação continuada da discursividade jurídico-processual de *vida*, *liberdade* e *dignidade* humana (*teoria neoinstitucionalista*).[68]

O conceber vida, liberdade, dignidade, como direitos humanos fora dos direitos fundamentais da *discursividade jurídico-processual* ou numa hierarquia de precedência de uns sobre outros, cria lugares imunes ao direito legislado nos quais se aloja uma vontade dita soberana (poder excepcionalizante) por uma atividade jurisdicional equivocadamente acolhida como subjetividades controladoras do direito. Ora, em nome dos direitos humanos, nega-se vigência (por juízos de flexibilidade, proporcionalidade, razoabilidade, ponderabilidade e adequabilidade) a direitos fundamentais do processo ou, em nome destes, põem-se em restrição os direitos humanos pelos juízos de aplicabilidade da *reserva do possível* com negativa da autoexecutividade dos direitos de vida, liberdade, dignidade. Idênticos desastres normativos ocorrem, *no direito processual democrático*, ao se colocar o *Estado* como círculo mítico-protetor da *sociedade* ou conceber esta como fundadora histórica do Estado, porque o *paradigma* construtivo de ambos é o *processo* na constitucionalidade democrática, sendo que uma *hermenêutica constitucional* só poderia considerar-se adequada a este *Estado* ou *sociedade* se construída pela *principiologia do processo* como teoria discursiva criticamente escolhida no âmbito instituinte e constituinte do direito.

Com efeito, a compreensão adequada da Constituição brasileira, ainda que passe pelas conjecturas argumentativas de filósofos ou juristas estrangeiros ou brasileiros, não pode, em qualquer hipótese, perder seu eixo temático-hermenêutico numa *teoria do processo* que ofereça compatibilidade com a imediata efetivação (realização) dos *direitos líquidos, certos* e prontamente *exigíveis* e com a sustentação continuada e incessante dos direitos fundamentais do *processo* ali assegurados. Discursos de justificação e aplicação de direitos (Günther) ou mandados de otimização interpretativa (Alexy) que não se ajustem a essa *teoria do processo* a ser disponibilizada a todos na operacionalização de direitos não podem ser acolhidos em sua estrutura informativa e construtiva de argumentações em face das peculiaridades que definem a sistemática constitucional

[68] LEAL, Rosemiro Pereira. Os direitos fundamentais do processo na teoria neoinstitucionalista. *In:* DIDIER JÚNIOR, Fredie; JORDÃO, Eduardo Ferreira (Coord.). *Teoria do processo* – panorama doutrinário mundial. Salvador: Juspodivm, 2008.

brasileira. O que se busca adequar é uma *teoria do processo* a reger a operacionalidade constitucional brasileira (*teoria processual da constituição*) e não uma *teoria do discurso* retirada de linguagens naturais que nada exibem sobre estudos e delineamentos teóricos de *processo* como *paradigma* de Estado Democrático. Para sair da linguagem normativa, basta entrar nas filosofias e nos giros linguísticos e achar que de um lugar não jurídico-normativo (exossomático e pragmático-anormativo) se possa forjar na intersubjetividade lúcidos comandos interpretativos adequados para o nosso discurso jurídico constitucionalizado que ainda está, sem qualquer patriotismo, na dianteira, à construção de uma *sociedade democrática*, de todas as escrituras constitucionais no mundo conhecidas. O que nos falta são operadores de estoque teórico qualificado (desalienado) à atuação e aplicação do direito no Brasil.

3.8.2 O sincretismo fatal dos positivistas

O equívoco dos positivistas para equacionar uma hermenêutica congruente à operacionalização do direito no *Estado Democrático* está em continuar atuando numa lógica jurídica que, ao tempo que adotam o *princípio da reserva legal*, que é incambiável nos sistemas jurídicos coinstitucionalmente formalizados pelo *devido processo*, desloca o princípio, por uma jurisdicional plasticidade exossomático-anormativa, para uma dimensão extrassistêmica em que se acolhe um vigia (tutor-depositário) da lei privilegiadamente lúcido e sábio (o juiz ou o operador administrativo-governativo do Estado). Essa confusão de positivismo jurídico e positivismo sociológico (Kelsen-Weber) tem trazido sérios embaraços para os que se apresentam como positivistas convictos, a exemplo de Dimitri Dimoulis,[69] que preconiza uma "interpretação objetiva" denominada *pragmático-político-jurídica* com a qual se candidata a enfrentar problemas da enunciação e atuação do direito.

Não é difícil antever as complicações a serem equacionadas pelos positivistas que, convencidos de uma engenhosa articulação das vertentes etiológicas dos positivismos *lato* e *stricto sensu*, isto é, apropriação de "elementos" morais, políticos e formais, apontam perspectivas de melhor compreensão do direito. Certamente se mencionar, como rumo hermenêutico, uma compreensão para o direito no horizonte *pragmático-político-jurídico*, é cair fatalmente na rede comunicativa de Habermas que, ao contrário da ubiquidade da fita de Moebius, permite estar, ora fora, ora dentro, do sistema jurídico aos moldes de Gadamer, Apel, Rorty, Dworkin, Rawls, Alexy, Günther, para ficarmos com os mais midiáticos a manejar direitos em esferas públicas por "normas" morais e ético-políticas contíguas a esferas (sistemas) legais formalizados numa flutuação entre elementos (direitos) materiais e formais (hibridismo weberiano) que torna realmente descentrada a sociedade pressuposta dos positivistas.

E porque convencidos desse descentramento insuperável, já que sitiam o *processo* pela *jurisdição*, como salvadora intervenção do *Estado-juiz* provedor dos horrores do *non-liquet*, trabalham ainda a falácia naturalista aceita por Kelsen e Hart e pioneiramente denunciada por Hume e lembrada por Carrió,[70] de migrarem livremente (sem norma

[69] DIMOULIS, Dimitri. *Positivismo jurídico* – Introdução a uma teoria do direito e defesa do pragmatismo jurídico-político. São Paulo: Método, 2006.

[70] CARRIÓ, Genaro. *Sobre los límites del lenguaje normativa*. Buenos Aires: Editorial Astrea, 1973.

jurídico-enunciativa pré-formalizada) da esfera do *ser* dos saberes solipsistas do decisor ou interventor intuitivo-analítico-natural para um *dever-ser* que, embora não esteja juridicamente pré-normado pelo sistema jurídico, torna-se deontológico por uma interpretação dita construtiva ou reconstrutiva (sistemático-analógico-ideológica) do operador superdotado ou autorizado (autoritário) do direito. O ceticismo radical dos positivistas sociológicos decorre dessa inevitável entrega do direito à tutoria jurisdicional, tornando-se-lhes irredutível a convicção zetética de que "não é possível construir um saber unitário e coerente sobre o direito, oferecendo respostas no âmbito de uma única teoria".[71]

Assim, fecham a porta de entrada do *Estado Democrático de Direito* que às vezes emocionalmente defendem pelo teor sonoro da expressão ou pelo irretorquível aspecto de que esse tipo de Estado segue rigorosamente o princípio da reserva legal, sem o qual não seria Estado Constitucional de Direito, nem teria fins sociais, políticos e morais. Em consequência dessas ilações, imaginam uma inexorável pluralidade teórica para o direito em seus campos de produção, atuação, aplicação, reforma e extinção, que vai da filosofia parmenídica ao maquínico dos esquiso-analistas, sem perceberem que o *paradigma* do Estado Democrático de Direito é o *processo*: uma *teoria linguístico-jurídica* (médium-linguístico já coinstitucionalizado no Brasil) que se distingue por *discursos* (teorias) que lhe são próprios, impondo-se, como *conditio* para a enunciação pelo *melhor argumento* no Estado Democrático, uma escolha paradigmática de maior teor autocrítico-linguístico-problematizante entre os discursos (teorias) *do processo* e *não* entre as várias teorias sociais e culturais, paradigmas históricos, ideologias e filosofias do direito. Com efeito, o melhor argumento no Estado Democrático deriva de escolha teórico-discursiva no âmago do *paradigma linguístico-jurídico* denominado *processo*.

O que o *processo* possibilitou, e que hoje frustra as pretensões da filosofia de secular guardadora e julgadora privilegiada do saber e da verdade, é a construção de uma argumentação jurídica, extraída das teses do conhecimento objetivo de Karl Popper, que se desvencilha da falácia naturalista e do triunfo legitimante do *poder constituinte originário* – as afiadas guilhotinas que continuam ceifando a superveniência de uma sociedade democrática em moldes teórico-linguísticos. Com o advento da Constituição de 1988, esse empreendimento se vislumbrou para os juristas brasileiros que acompanhavam por décadas o espaço de constitucionalização de um direito de cunho emancipatório e principalmente para os países periféricos, ainda colonizados por formas diáfanas e sofisticadas de dominação, em que as escravaturas tecnológicas se sucedem com nomes e artefatos arrojados e atrativos. A esperança em acontecimentos naturalmente benévolos da vingança histórica contra os opressores ou que estes, por uma lei universal que a todos iguala, morrerão algum dia no mesmo chão dos oprimidos, é aumentar com indiferença a carga de sofrimento humano deixando às próximas gerações o ônus de um futuro sobre o qual nos recusamos a pensar e realizar.

Com Popper, a *teoria do discurso* saiu das garras da tópica e da retórica, da erística e da heurística, da razão categórica, da *epagoge* que impunha secularmente a ideologia da verdade por indução (pragmática ou transcendental-criticista) a partir da observação (metafísica), da *mimésis* (comunidade natural de pré-linguagens que se imitam e se

---

[71] DIMOULIS, Dimitri. *Positivismo jurídico* – Introdução a uma teoria do direito e defesa do pragmatismo jurídico-político. São Paulo: Método, 2006.

interagem na base empática das estruturas atávicas, universais e eternas), da magia e do positivismo sociológico, para se instalar nos pontos de privação (repressão) verbal pela teorização do não pensado (o terceiro mundo de Popper) como proposta de modificar a "sintaxe do mundo" (expressão de Rouanet)[72] pela oferta de um *mundo objetivo* de teorias onde estas, ao se rivalizarem numa concorrência continuada, pudessem ser adotadas, substituídas, destruídas ou morrer no lugar dos homens, seus teorizadores.

3.8.3 Processo e linguagem em Popper

Em resumo, a teoria da linguagem de Popper comporta quatro estágios: a função *expressiva, sinalizadora, descritiva* e *argumentativa*, sendo que as duas primeiras são comuns a homens e animais e as últimas exclusivas do homem chamadas "funções superiores". Entretanto, Popper destaca a função argumentativa da linguagem que pode ser vista em funcionamento, em sua mais elevada forma de desenvolvimento, numa bem disciplinada *discussão crítica*[73] que se põe a favor ou contra uma *proposta*, mas também a favor ou contra alguma *proposição* da proposta. É possível descrever sem argumentar e as funções inferiores da linguagem (*expressiva e sinalizadora*) estão *sempre* presentes quando se utilizam as *superiores*, tendo estas o "controle plástico" das inferiores, mas às vezes as inferiores se mostram mais agradáveis (piada, riso) e experimentam uma vitória passageira sobre as superiores. Diz Popper que "não só nossas teorias nos controlam, como podemos controlar nossas teorias (e mesmo nossos padrões; existe aqui uma espécie de retrocarga). E se nos sujeitamos a nossas teorias, fá-lo-emos então livremente, após deliberação".[74]

Em Popper, como se infere, não há proibição, pela via da discussão crítica (linguístico-evolucionária-problematizante), de eleger uma entre várias teorias como *marco* de controle de nosso pensar, como também, a partir da teoria adotada, podemos controlar as nossas teorias. Não quer dizer que teorias não possam ser trocadas, substituídas, eliminadas. Porém, entre teorias concorrentes, há de se buscar o melhor padrão teórico-regulador para não abolir emocionalmente o sistema que se sustenta por uma testificação teórica continuada à realização de propósitos e objetivos. No *direito democrático*, a linguagem teórico-processual apresenta uma relação de inclusão com as ideias humanas de vida, liberdade e dignidade, daí não se conceber *vida humana* sem concomitante abertura metalinguística ao *contraditório, ampla defesa* e *isonomia*. Humana não seria a vida se vedado ao homem descrever e argumentar.

A consciência humana, em Popper, só é possível de formação e crescimento se, na antítese dos contrários, o homem se deparar com a irritabilidade (incômodo, desconforto, apreensão, mal-estar) ante um *problema* a resolver, a solicitar um sentido no sem sentido ou vice-versa de tal sorte a gestar significações nos pontos diacríticos do desespero linguístico e, daí para frente, numa linha evolucionária de significação crescente, "a consciência começa a antecipar meios possíveis de reagir a movimentos possíveis de experiência e erro e seus possíveis resultados". A consciência gera "sistemas

[72] ROUANET, S. P. *Édipo e o Anjo* – Itinerários freudianos em Walter Benjamin. 2. ed. Rio de Janeiro: Tempo Brasileiro, 1990.

[73] POPPER, Karl. *Conhecimento objetivo*. São Paulo: EDUSP, 1975.

[74] POPPER, Karl. *Conhecimento objetivo*. São Paulo: EDUSP, 1975. p. 220.

linguísticos exossomáticos"[75] que, fora da consciência, podem tornar-se "sistema legal" para controle e crescimento da própria consciência e, por óbvio, tais "sistemas" equivalem à antecipação de meios (*universo de significados preventivos*) de sua própria preservação. Não é dado na democracia discursivo-processual excluir alguém da formação exossomática de sua consciência teórico-coletiva.

A *constituição democrática*, quanto a direitos fundamentais, nos moldes colocados pela *teoria neoinstitucionalista do processo*, não suplica grandes indagações ou alentadas obras para se concluir que tais direitos são imediatamente exequíveis, porque a lidar com esses direitos pelas hipóteses criticistas ou historicistas (não críticas no sentido de Popper) da reserva do possível, não se tem estatuto definidor do *Estado Democrático de Direito*. Uma *teoria de vida*, e não a vida entitiva (*zoé-byos*) ou o pragmatismo da vida, é que há de ser adotada e não mais uma vida dita social por aperto de mãos ou abraços (*byos-polytikos*), mas por escolha entre teorias como modelos linguístico-construtivos a expressarem o *homem* na sua complexa existência, outorgando-lhe continuadamente a oportunidade de desistir de suas teorias, substituindo-as, eliminando-as, fiscalizando-as, modificando-as a serviço da formação de uma *sociedade* de falantes (*parlêtres*) em que o sentido da conduta de cada qual e de todos seja processualmente pactuado (constitucionalizado) se a escolha recair na *teoria da democracia* em suas acepções contemporâneas. É por isso que o controle de *constitucionalidade* há de se fazer de modo *difuso*, incidental-concreto e abstrato, incessante e irrestrito, porque é este que vai propiciar a testificação teorizada do sistema jurídico, conferindo-lhe *legitimidade* pela oportunidade sempre aberta a todos de eliminação de erros que possam causar entraves à fruição dos *direitos fundamentais*.

Por isso, o equívoco de Chalmers[76] é grosseiro ao supor que Popper havia sustentado que existiria uma teoria conclusivamente (exaurientemente) testada. Ora, se Popper assim o dissesse, certamente não poderia ter, como fez, distinguido uma sociedade aberta de uma sociedade fechada. Claro que a pior troca é da vida por um *direito à vida* pior que a *zoé-byos* e o *byos polytikos*, porque o direito, como forma milenar de dominação, só recentemente sofreu uma refutação problematizante nos fundamentos de seus conteúdos normativos para que o *direito à vida* não fosse o dique linguístico que vedasse a abertura para a *vida humana*. Apontar um "mundo da vida" como esfera pública de um agir comunicativo autopoiético entre falados na "Outridade" (contexto de sentidos pragmatizados) não trabalha *vida* pela possibilidade linguística do *contraditório* na criação do *direito à vida* e este como *vida vivida* no direito ao contraditório. É prestante o pensamento de Popper quanto à falibilidade e transitoriedade dos *paradigmas* que se enunciam por via do embate entre "teorias concorrentes" com preferência por uma delas (ou por várias) após rigorosa testificação teorizada.

A mera escolha de uma teoria forte feita por uma comunidade científica como núcleo irredutível a merecer relevância, a exemplo do que ensina Thomas Kuhn,[77] não implica necessariamente testificação, porque o ímpeto histórico da comunidade pode ser de ideológica progressividade e não de possibilidades de degenerescência

[75] POPPER, Karl. *Conhecimento objetivo*. São Paulo: EDUSP, 1975. p. 229-230.

[76] CHALMERS, A. F. *O que é ciência afinal?* Tradução de Raul Fiker. 2. reimpr. São Paulo: Brasiliense, 1997. p. 95.

[77] KUHN, Thomas S. *A estrutura das revoluções científicas*. Tradução de Beatriz Vianna Boeira e Nelson Boeira. 6. ed. São Paulo: Perspectiva, 2001. p. 246.

do núcleo temático eleito. Em Popper e Lakatos, como anota Chalmers,[78] a ousadia das proposições não se contigenciam historicamente e, em Popper, especialmente, as teorias devem errar ou apresentar erros mais rapidamente possível (Wheeler) para que se fortaleçam. Daí, uma *sociedade* (que é uma teoria), que se queira *aberta*, construir-se-á ante teorias rivais, mas, para isso, é necessário problematizá-las, o que, em direito, para uma *sociedade aberta*, no discurso de testificação, impõe escolher uma entre as *teorias processuais do discurso* como a melhor (mais resistente) a tornar constitucionalmente disponíveis, para todos, conjecturas falseabilizantes (argumentações) continuadas com o fim de instituir e constituir juridicamente (*estabilizar*) uma forma linguística de compartilhamento de sentidos de *vida, liberdade* e *dignidade*. Com efeito, uma *teoria da constituição* democrática, na concepção contemporânea da falibilidade dos sistemas, há de passar pela compreensão curricular da *teoria do processo* como enunciativa (descritiva-argumentativa) dos direitos fundamentais (fundantes) da correlação humana *contraditório-vida, ampla defesa-liberdade* e *isonomia-dignidade*.[79]

3.8.4 Polemização processual da legitimidade do direito

Na medida em que se entenda discurso como *dis-curso*, há de se indagar sobre a *teoria* encaminhadora desse discurso para enunciar as pretensões de validade de nossas falas, opiniões e vontades. É certo que Habermas[80] já afirmou, em 1976, que a *legitimidade* "é uma exigência de validade contestável", sendo que "esse conceito encontra aplicação sobretudo nas situações em que a legitimidade de um ordenamento torna-se objeto de polêmica: no qual, como dizemos, surgem problemas de legitimação. Uns afirmam e outros contestam a legitimidade". Entretanto, na fase atual do direito marcada por interrogações teóricas que o lançam em estruturas linguístico-discursivas, são essas *estruturas* que devam ser refletidas em suas variadas vertentes discursivas para colocarem em dissenso uma "polêmica". Afirmar a existência da "teoria do discurso" como se esta fosse uma e única teoria é trabalhar um "decurso" (percurso) e não *dis-curso*. Para que, como quer Habermas, a legitimidade seja "uma exigência de validade" do ordenamento jurídico, é preciso que essa "exigência" seja de *validade contraditoriável* e não "de validade contestável", porque a *contestatio* supõe, à sua realização, uma teoria do contraditório (testemunhável procedimentalizado) para que haja *dis-curso*, isto é: a possibilidade de desconstrução reconstrutiva (controle pelo *processo*) dos conteúdos da legalidade pela via de argumentos de identificação teórica dos enunciados institutivos dos sentidos de um sistema normativo e sua correlação com a faticidade a que se propõe juridificar ou jurisdicizar (reconhecer).

Não se pode confundir legitimidade com *legitimação*, porquanto esta é a qualidade de quem é legitimado ao *processo* (instituição linguístico-jurídica) de autoinclusão numa comunidade jurídica para fruir e praticar direitos por esta instituídos coinstitucionalmente (constitucionalmente) a partir da criação dos direitos pelo *processo*

[78] CHALMERS, A. F. *O que é ciência afinal?* Tradução de Raul Fiker. 2. reimpr. São Paulo: Brasiliense, 1997. p. 124.

[79] LEAL, Rosemiro Pereira. Direitos fundamentais do processo na desnaturalização dos direitos humanos. *In:* GALUPPO, Marcelo (Org.). *O Brasil que queremos* – Reflexões sobre o Estado Democrático de Direito. Belo Horizonte: Editora PUC Minas, 2006.

[80] HABERMAS, Jürgen. *Para a reconstrução do materialismo histórico*. 2. ed. São Paulo: Brasiliense, 1990. p. 220.

nos âmbitos instituinte, constituinte e constituído. Habermas não distingue legitimidade e legitimação e trabalha *Estado* como cinturão (crença na unidade) de uma "sociedade" pressuposta que se deseja preservar, sendo-lhe estranha uma sociedade a ser construída pela comunidade jurídica constitucionalizada que, ao se denominar *povo*, é o conjunto de legitimados ao *processo* como sustentamos na *teoria neoinstitucionalista*: a maneira de proteger a almejada "sociedade" da desintegração é criando-a e recriando-a a partir da comunidade jurídica coinstitucionalizada. Por isso, a expressão "poder legítimo" é, em Habermas paradoxal se "poder" emana de um povo ou Estado mítico que "toma a si a tarefa de impedir a desintegração social por meio de decisões obrigatórias" ou a tarefa de "ao exercício do poder estatal a intenção de conservar a sociedade em sua identidade normativamente determinada em cada oportunidade concreta"[81] porque aqui se trabalham "sociedade" e "desintegração social" pressupostas na esfera de um *Estado* doador de um modo de ser social (Estado emoldurante) a partir de um "ordenamento político" não jurídico-processual-constitucionalizado. É que o paradoxo da expressão "poder legítimo" não cessa ao ser transferido para "um nível reflexivo de justificação"[82] quando se entende que a "força legitimadora cabe hoje somente às regras e às premissas da comunicação, que permitem distinguir entre um entendimento ou acordo alcançado entre livres e iguais, por um lado, e, por outro, um consenso contingente ou forçado",[83] tendo em vista que não se explicaria o que fosse "livres e iguais" a não ser por uma estrutura de discurso teórico-processual (ampla defesa e isonomia) fundante desses modelos teóricos de liberdade e igualdade.

A ideia ainda perseguida pelas convicções sociologistas de que seja possível lidar com "livres e iguais" como portadores naturais de liberdade e igualdade brotadas de um espaço público a partir de acordos firmados que buscam sua força legitimadora numa intersubjetividade de sentidos já historicamente (culturalmente) cristalizados é que multiplica a carga da angústia humana à fundação de uma *sociedade de falantes* e não de falados. A recusa de *processualização* do espaço-linguístico vem agravando por milênios o padecimento do pensamento humano que se chafurda na *técnica* como forma de autoesquecimento prazeroso, estrangulando o simbólico pelo imaginário, o enunciativo pelos ditos utópicos dos delírios e alucinações coletivas. As *doxas* tornam-se apodícticas em seus saberes absolutos, homologando verdades retóricas de que o homem é um ser condenado ao pesadelo trágico do viver minando o seu próprio sonho. O que lhe restaria era colorir o sonho para amenizar a sua fatal e absurda existência.

Esse discurso de dominação que tanto agrada as mentes liberalizantes e assegura eternamente a liderança carismática burocratizada em perfis de *Estado*, *União* e *Poder Público* é que forjou uma novíssima dimensão da linguagem (a midiática) que, por artifícios eletroeletrônicos, é atualmente o eco chamativo de todos os desesperados em que a voz imagética do virtual se magistraliza em sua jornada secular de alienação das massas eruditamente ignorantes. Os multimeios são as veias flamejantes do *organismo estatal* que, em nome dos avanços da informática, penalizam e vigiam pelas vias postais eletrônicas (*e-mails*) ou concedem defesas em tempos unilateralmente preclusivos e fazem dos usuários os serviçais não remunerados da operacionalização

---

81 HABERMAS, Jürgen. *Para a reconstrução do materialismo histórico*. 2. ed. São Paulo: Brasiliense, 1990. p. 221.

82 HABERMAS, Jürgen. *Para a reconstrução do materialismo histórico*. 2. ed. São Paulo: Brasiliense, 1990. p. 228.

83 HABERMAS, Jürgen. *Para a reconstrução do materialismo histórico*. 2. ed. São Paulo: Brasiliense, 1990. p. 228.

computadorizada de suas máquinas contábeis e estatísticas. Cognominar, como quer Habermas, essa mixórdia de "sociedade complexa" é conferir um prêmio ao absurdo da atuação social autoalienante em que os sistemas, aos moldes de Luhmann, pensam e espoliam os homens.

Ora, a chamada *sociedade complexa*, além de não ser sociedade, e sequer complexa, porque centrada em marcos de crenças coletivas já ideologicamente sistematizadas, é um conglomerado mítico em que se despontam os componentes ditos identificatórios do dinheiro, poder e solidariedade, que as comporiam em sua atuação integrativo-política. O que se demonstra facilmente nos dias atuais é que ao homem não foi possível ainda construir uma *sociedade humana* a qualquer título, porque a tentativa de construí-la na *ágora* (espaço natural da esfera pública) ou por princípios universalizantes e transcendentais pressupostos vem fracassando secularmente. O desespero é tal que, com o advento da cibernética, o pseudocidadão dos sociologistas e cientistas políticos de todas as tendências transformou-se num *net*: um navegante que troca as águas, a terra e o ar da realidade nua (espaço telúrico-atmosférico), pela dimensão das imagens que saem do milagre eletroeletrônico das partículas e ondas estruturais da natureza (cibermetafísica desterritorializante) para aí viver uma *second-life* com seus ícones e avatares ficticiamente construídos (comunidades virtuais). Essa evitação da angústia do natural para o artificial torna o virtual um natural indolor, prazeroso e agradável em substituição ao *natural realístico* em que os que matam não escapam da morte. No *ciber* o espaço é liso, sem rugas e de várias cores escolhidas, sem obstáculos irremovíveis, onde se plantam mortes e vidas imunes a punições, leis, sanções. Lá o liberal realiza o sonho delirante de se liberar integralmente, dando máxima potência à sua livre vontade. Lá a proteção e o abandono podem ser imagetizados em suas mais inventivas e indiscriminadas versões: dos *games* românticos, líricos e lúdicos, aos mais cruéis e promíscuos.

A fuga para uma *second-life* em face da vida desumana da *first-life* é outro salto mortal da ainda lamentável impotência teórica dos homens para a construção de uma *sociedade humana*. O aceno dessa possibilidade veio pela filosofia da linguagem (a epistemologia do saber humano) que da linguística à psicanálise tem convidado em vão os juristas a inovarem suas concepções jurídicas, a refundarem a sua arcaica ciência. O que está em reflexão e posto ao secular abandono é o espaço-tempo do *processo* como modelo discursivo-jurídico-construtivo de uma sociedade humana em âmbitos nacionais (nativistas), internacionais, supranacionais ou mundiais (planetários). A vida humana como expressão monetária só seria cogitável se o lastro do dinheiro fosse o incremento da *dignidade* humana, porque de outra forma se cairia no alçapão de Weber.[84] Entretanto, essa *dignidade*, para ser humana, haveria de ser compreendida como direito fundamental de *autoilustração* sobre os fundamentos agônicos dessa realidade estruturalmente antropofágica e fabricante autopoiética (pragmática) de solidariedade, justiça, bom-senso, razão, verdade, certeza, juízos do bem e do mal, pensamentos, ensinos, em sentidos mitificados e utopizados a cristalizarem as civilizações dos liberais (paternalistas ou escatologistas como titulares de um *poder* eternizante). Criou-se o *Estado* como lugar e instrumento mítico desse poder eternizante em que todas as possibilidades de esclarecimento da trama pragmática da dominação social são vedadas. O Estado

[84] WEBER, Max. *Economia e sociedade*. 3. ed. Brasília: UNB, 1994. p. 141-161. v. I.

é fetichizado como lugar da equilibração social e segurança pública dentro do qual o liberalismo medra numa concepção mítica de liberdades sem fronteiras à realização escolástica de uma justiça social metajurídica.

3.8.5 Desprocessualização do direito no estado telemático

É de grande valia o ensino de André Lemos,[85] que, em excelente texto, sobre a territorialização e desterritorialização na cibercultura, ao lembrar o fato do blogueiro iraniano Derakhshan ter sido "barrado na entrada dos EUA após seu nome ser googleado pelos oficiais da imigração", observou que o iraniano foi "territorializado, controlado pela polícia americana", tendo em vista a sua criação de "novos formatos midiáticos", porque, nesses formatos, o iraniano criou "um espaço de liberdade no espaço estriado das redes telemáticas" onde fez restrições ao governo e, por isso, o seu território acabou "sendo utilizado como forma de controle e vigilância". Aqui o *Estado* opressor (*status* espacial de significados equívocos)[86] já é dono do *espaço de fuga* do seu próprio prisioneiro que é o homem originalmente despojado de uma linguagem discursiva em seu *habitat* humano-natural. Essa violência punitiva sobre a autorreterritorialização promovida pelo iraniano deixa claro que a possível *contestação* de fatos ou atos ocorridos no espaço físico formulada pela via (infovia) do espaço eletrônico (virtual) é frustrante na medida em que o espaço eletrônico é uma criação tecnológica regulada e encampada pelo *Estado* soberano em seus poderes governativos que já pré-decidem com qual "mídia" (*médium* linguístico) há de se comportar (ser comunicativo) o "cidadão" sob a sua jurisdição. A cena narrada por André Lemos é contributiva ao nosso estudo no sentido de explicitar, com auxílio das anotações de Musso, a ilusão de liberdade de quem possa achar-se um navegante num espaço "liso, livre de controle e de terror" pensando que "o território rugoso e resistente" do espaço físico é "apagado" para apenas subsistir "um espaço liso, fluido, feito para circulação".

A brilhante exposição que, em Heidegger, o autor faz da "des-re-territorialização", mostrando que o homem difere do animal por construir seu próprio espaço no "fazer-aparecer" de sua ação prática (*tecknè*), acentuando que a "ferramenta, feita de uma pedra, é a pedra reterritorializada pela mão" do homem, traz indagações não somente sobre a grandeza da técnica humana, mas no que esta impede de se exercitar uma ciência submetida a teorias que coloquem em permanente suspeita a sua dominação ideológica. Certamente que o *terroir* como linha de fuga às territorializações mantidas por um *Estado* de cunho liberalizante-republicanista-repressivo-corretivo (Estados vigilantes e assistencialistas) não concorre à formação social des-re-territorializante que engendre, por si, uma dinâmica de autoilustração sobre os fundamentos dos controles exercidos secularmente pelos não sentidos dos mitos, religiões, arte, culturas, que fazem do homem um ginasta secular de um voo cego ante o seu destino. O desenraizamento do sujeito pela desterritorialização é mais um degrau de angústia e desespero do que de liberdade virtual, porque o ciberespaço sofre a vigilância estriada do espaço *estatal*

[85] LEMOS, André. *Imagem* – Visibilidade e cultura midiática. Livro da XV COMPÓS. Porto Alegre: Sulina, 2007.

[86] LEAL, Rosemiro Pereira. *Uma pesquisa institucional de Estado, Poder Público e União na Constitucionalidade brasileira* – Significados equívocos e a interpretação do direito. Busca de um novo médium linguístico na teoria da constitucionalidade democrática. Belo Horizonte: Universidade FUMEC-FCH; Editora Del Rey, 2007.

no qual o "nômade" não consegue saltar a cerca de sua escravatura corporal (biosociopolítico-econômica), porque as estruturas maquínicas (Deleuze e Guattari) são *miméticas* quanto às suas formas mutantes e não *di-alógicas* na criação dos sentidos do significado de sua própria atuação. Vedam-se, nessa conjuntura, eixos teóricos a partir dos quais seria possível a autoconstrução dos modelos de *vida humana*, restando apenas a paranoia (maquinação) das pragmáticas seculares.

A comunicação social cibernetizada pelo *médium* linguageiro advindo da imagética natural mitificada do *Estado*, como fonte autorizativa das informações, não cria, por si mesma, uma rede linguística de estabilização da vida humana, tendo em vista que o homem não pode abandonar o "portal do corpo" (Valery) para se mostrar ao "outro" que lhe é inatamente assemelhado em espaço-tempo não cibernético. A "linha de fuga ao poder instituído", a que se refere André Lemos, parece-nos uma linha que se amarra no eixo de um *Estado* ainda concebido em paradigmas arcaicos (Estado-de-significados-equívocos),[87] conforme discorremos, cuja reestruturação não se fará pelas meras insurgências no âmbito do espaço reterritorializante da cibernética que, por ausência de linguagem processual discursiva, se equipara ao espaço físico-orgânico-atmosférico-pragmático. O lugar do pensar discursivo se inscreve em infinitas possibilidades da fala procedimental processualizada,[88] só escolhíveis pelas teorias que possamos previamente conjecturar e coletivamente testificar sobre os fundamentos da linguagem que elegemos para nos reger na construção de sociedades não mitificadas e não metabolizadas em gestos e imagens cujas fundações se edificam no anonimato das técnicas de dominação.

A desterritorialização que se faça por mobilidades em espaços que, compressivos, não permitem o esclarecimento (problematização) dos seus fundamentos estruturantes, repete o *pragma* da criação do sentido da vida embutido no fluir de um *fazer* historicamente alienante. O entupimento do espaço físico por uma dinâmica de "aparecimento" de coisas não adrede *consensadas* é que cria a sensação de que é possível fugir (*pulsão-deriva de morte*?) por um buraco que dispense qualquer compreensão da existência. A ausência de um *discurso* processualizado torna o homem ausente de si mesmo, impossibilitando-o criar (teorizar) um compartilhamento de sentidos para a sua própria vida social, o que leva à fragmentação do *espaço-humano* que não é físico, nem cibernético. De conseguinte, é da *pós-modernidade* a reflexão sobre a normatividade de nossas próprias invenções antes mesmo que elas possam acontecer e assumir versões de um progresso delirante e irrefreável. O *direito*, em *concepções processuais democráticas*, cuidará desses intricados entornos que, de certo, estão a merecer estudos continuados em prol de uma concepção de *homem* que não se circunscreva nos ditames de uma história que ainda não foi integralmente problematizada.

Por conseguinte, uma *teoria da constituição*, que se proponha como disciplina científica, há de explicar qual paradigma de *Estado* está encaminhando-se à compreensão de seus conteúdos programáticos. Não há uma teoria de uma constituição universal separada das teorias fundantes das *instituições* que compõem sua enunciação jurídica.

---

[87] LEAL, Rosemiro Pereira. *Uma pesquisa institucional de Estado, Poder Público e União na Constitucionalidade brasileira* – Significados equívocos e a interpretação do direito. Busca de um novo médium linguístico na teoria da constitucionalidade democrática. Belo Horizonte: Universidade FUMEC-FCH; Editora Del Rey, 2007.

[88] ALMEIDA, Andréa Alves. *Processualidade jurídica e legitimidade normativa*. Belo Horizonte: Fórum, 2005.

Esse aspecto é relevante à elucidação das bases de normação jurídica instituintes das intervenções das Administrações-Governativas (Estados) nos espaços natural e virtual de modo a não tolher pelo panóptico o ontóptico em seu "deixar-fazer-aparecer" por direitos fundamentais de *proceder-ser-ter-haver* nos espaços-tempos de compartilhamento linguístico. A permitir que o Estado seja o mesmo em sua ortodoxia opressiva e todista, a açambarcar todos os níveis de liberdade e privacidade em nome de uma segurança pública, a *constituição* em que esse Estado estivesse inserido não teria sido construída a partir do *espaçotempo-processualizado*, não se revestindo de qualificação democrático-econômica na concepção contemporânea de *democracia* aos moldes teóricos aqui desenvolvidos.

A informatização dos serviços forenses e administrativos no âmbito de um Estado arcaico cria, como registra André Lemos, "territorializações" a excluírem o exercício de direitos fundamentais do *processo* a pretexto retórico de "justiça rápida" e "celeridades efetivas" de direitos. Portanto, há de se predefinir prioritariamente o paradigma (*teoria processual*) de *Estado* numa *teoria constitucional* antes de se acolherem as ditas prodigiosas e progressistas revoluções científicas.

CAPÍTULO 4

TEORIA GERAL E ESTUDO DO PROCESSO E DA JURISDIÇÃO

4.1 Denominação da disciplina – Explicação didática

Como disciplina, a *teoria geral do processo* não pretende demonstrar que a concepção de processo já adquiriu um significado axiomático no elenco das matérias cientificamente autonomizadas. Muito menos que demonstrativa, é a TGP (teoria geral do processo) um conjunto de conhecimentos recolhidos e propedeuticamente organizados (*um programa de estudos*) para a compreensão dos elementos teóricos configuradores do processo no vasto campo do direito. Do *praxismo* dos séculos XVI – XVIII ao *procedimentalismo* das codificações até o século XIX, conforme anota Niceto Alcalá-Zamora y Castillo[1] em obra extensa, somente em 1868, com a publicação da obra de Bülow (*Teoria das exceções processuais e os pressupostos processuais*),[2] é que a palavra *processo* assume a versão de *relação jurídica* entre o juiz e as partes, ou de sequência progressiva de atos das partes, sob a direção do juiz, segundo interesses ou direitos subjetivos invocados pelos demandantes (autor e réu) para obter uma decisão que solucionasse a controvérsia existente.

Embora, como se vê do título da obra referida, Bülow tenha conjecturado a autonomia do processo por pressupostos que o distinguiam do *direito material* disputado pelas partes, ainda assim é, a nosso ver, exagerada a afirmação de que o "processo como ciência jurídica surgiu"[3] a partir da obra de Bülow em 1868, porque o processo não é, em si mesmo, uma ciência, mas *objeto de esclarecimento* pela *ciência do processo*. Bülow estabelecera, com sua obra célebre, marcos teóricos para o delineamento do processo, sustentando uma *teoria* para conceituá-lo. Entretanto, ao defini-lo, indicou um conjunto de pressupostos que emprestariam ao processo os fulcros de sua autonomia teórica.

1 ALCALÁ-ZAMORA Y CASTILLO, Niceto. *Estudios de teoría general e historia del proceso*. México: Unam, 1974.

2 BÜLOW, Oskar Von. *La teoría de las excepciones procesuales y los presupuestos procesales*. Buenos Aires: EJEA, 1969.

3 SILVA, Ovídio Baptista da; GOMES, Fábio Luiz. *Teoria geral do processo civil*. São Paulo: Revista dos Tribunais, 1997. p. 35 *fine*.

Não desenvolveu Bülow uma atividade científica, mas uma teoria do processo, segundo suas arraigadas convicções, como veremos em capítulo especial.

A TGP (teoria geral do processo) é uma introdução ao estudo do processo e, por não ser este mais civil, penal, trabalhista, administrativo, tributário, comercial ou que nome tenha, busca expor didaticamente o pensamento dos juristas sobre a temática das múltiplas *teorias* que influíram na produção das leis processuais e a interpretação (resultado hermenêutico) da leitura que os estudiosos do direito fizeram do discurso processual positivo (código e leis) surgido no correr da história. A TGP é, portanto, disciplina auxiliar da ciência do direito, porque apresenta a especial finalidade de fornecer ao iniciante uma visão geral dos institutos jurídicos, que se articulam na esfera de esclarecimento dos elementos conceituais e de atuação do processo.

A TGP não é uma *teoria geral* de determinado "método",[4] ou seja, de um programa acabado ou "direção regularmente seguida na operação do pensamento sobre um objeto",[5] *mas* uma amostragem geral dos conteúdos que integram a morfologia do processo, considerado em suas interfaces teoricamente institutivas imprescindíveis ao asseguramento da efetivação de direitos em paradigmas de ampla defesa, contraditório e isonomia assim institucionalizados por norma fundamental.

Não é a TGP uma nova teoria ou teoria nova que, em se propondo mais geral possível, abarcasse e sintetizasse de modo conclusivo todas as teorias surgidas ou a surgirem sobre o processo. Quando se fala numa *teoria geral do processo*, alude-se a uma *teoria disciplinar* (conjunto de conhecimentos agrupados) que se destina a mostrar, de modo gradualístico e organizado (propedêutico-topológico), o mais amplo painel de reflexões desenvolvidas ao esclarecimento do processo e sua utilização sistêmica na disciplinação da *jurisdição* e do *procedimento*. Por isso, são temas importantes do processo as diversas espécies de procedimentos (seus elementos figurativos e estruturais lógico-jurídicos), sua caracteriologia, seus objetivos, bem como a *atividade judicacional* que, sob comando processual, movimenta as estruturas procedimentais (ações) instauradas pelas *partes* a esse fim legitimadas pela lei processual, como adiante se explica.

4.2 Teorias do ordenamento jurídico e unificação do processo

O estudo das teorias que almejaram classificar as características normativas do ordenamento jurídico interessa à teoria geral do processo porque, conforme esteja o pensador do direito numa ou noutra corrente de entendimento, altera-se o enfoque da possibilidade ou *não* de se ter uma *teoria geral* para todas as especialidades de procedimento (civil, penal, trabalhista, tributário, econômico e outros). O mais representativo processualista que se filiou ao bloco daqueles que sustentavam a *unidade* do ordenamento jurídico (teoria unicista ou unitária) foi Carnelutti,[6] que, como outros, considerava que normas processuais e materiais se integravam de tal sorte que se tornavam complementos recíprocos e indissociáveis, permitindo estabelecer uma *teoria geral*, não

[4] COUTURE, Eduardo J. *Introdução ao estudo do processo civil*. 3. ed. Rio de Janeiro: Forense, 1995. p. 43.

[5] LALANDE, André. *Vocabulaire téchnique et critique de la philosophie*. Paris: Presses Universitaires de France, 1972. p. 679.

[6] *Apud* CINTRA, Antonio Carlos Araújo; GRINOVER, Ada Pellegrini; DINAMARCO, Cândido Rangel. *Teoria geral do processo*. 8. ed. São Paulo: Revista dos Tribunais, 1991. p. 41.

só do processo, como também do ordenamento jurídico, por uma hermenêutica de compreensão indivisível do direito formulado numa esfera soberana de poder (sociedade jurídico-política, *Estado*). Aliás, a arguta observação do prof. Wilson Hilário Borges[7] é que nos dá melhor a projeção de univocidade principiológica das diversas normatividades, se consideradas estas pela autonomia dos sistemas que as sustentam, ao dizer que a "norma jurídica e todo o ordenamento dogmático ficam dotados de uma rigidez protetora dos seus limites e princípios".

Ao contrário do que pensa a maioria dos processualistas, Chiovenda, ao preconizar uma *teoria dualista* para o ordenamento jurídico, distinguindo norma material e norma processual, como institutos autônomos e inconfundíveis, não disse, em explícita contraposição a Carnelutti, que tais normas, sejam materiais ou processuais, estivessem separadas em classes diferentes no bojo do ordenamento jurídico, mas tão somente afirmara que os institutos da *jurisdição* e da *ação* (procedimento) apresentavam qualidade normativa distinta dos conteúdos das normas materiais, porque aquelas (processuais) seriam normas de atuação[8] dos direitos materiais. Portanto, para Chiovenda, a dualidade, a que se referiu, não era do ordenamento jurídico, que jamais poderia ser dicotômico, mas das *normas*. A norma processual é regenciadora dos *atos jurídicos* formadores do *procedimento* e as *normas materiais* são, em bases processuais, criadoras de direitos, não se prestando a movimentar procedimentos para solução de interesses ou "conflitos de interesses",[9] porque instituintes de interesses e, por conseguinte, não procedimentais.

Assim, parecem inadequadas as observações de Ovídio Baptista da Silva,[10] quando, ao discorrer sobre as posições de Frederico Marques e Waldemar Mariz de Oliveira Jr., que abonam a construção de uma *teoria geral* para os procedimentos civil e penal, alinha objeções a ambos em bases de diferenciações de objeto, pressupostos, atuação do juiz e dos advogados, em cada qual das modalidades (civil e penal). É que, atualmente, para se falar de uma *teoria geral do processo*, não se consideram a clássica trilogia de Podetti[11] (ação, jurisdição, processo), o modo de atuação da jurisdição e dos sujeitos do processo, os "critérios ético-sociais",[12] os elementos figurativos e estruturais do procedimento nos segmentos cíveis, penais, trabalhistas, tributários e tantos outros, mas se levam em conta fundamentalmente os juízos lógicos institutivos do processo, que se definem na *ampla defesa*, no *contraditório* e na *isonomia*. Percebe-se que o equívoco do respeitável processualista gaúcho, em sua superficial análise do tema, decorreu de sua visão instrumentalista do processo que impede distinguir o *processo* (espécie de procedimento em contraditório) e *procedimento* (estrutura técnica de preparação do provimento).

A unificação do *processo* e seu estudo por uma *teoria geral*, quer no campo disciplinar, quer no âmbito sistemático, elaboram-se pela identidade conceitual e teórica de seus institutos na regência de quaisquer procedimentos e não mais em versões

---

7 BORGES, Wilson H. *Historicidade e materialidade do ordenamento jurídico*. São Paulo: Edusp, 1993. p. 151.

8 *Apud* CINTRA, Antonio Carlos Araújo; GRINOVER, Ada Pellegrini; DINAMARCO, Cândido Rangel. *Teoria geral do processo*. 8. ed. São Paulo: Revista dos Tribunais, 1991. p. 40. Fine.

9 COUTURE, Eduardo J. *Introdução ao estudo do processo civil*. 3. ed. Rio de Janeiro: Forense, 1995. p. 45.

10 SILVA, Ovídio Baptista da; GOMES, Fábio Luiz. *Teoria geral do processo civil*. São Paulo: Revista dos Tribunais, 1997. p. 38.

11 PODETTI, Ramiro J. *Teoría y técnica del proceso civil*. Buenos Aires: Ediar, 1963.

12 FLORIAN, Eugênio. *Elementos de derecho procesal penal*. Barcelona: Bosch, 1933. p. 20.

modais, pitagoricamente triológicas, da atuação autoritária da norma e dos atos jurídicos procedimentais. Mesmo a visão de Giovanni Leone, a que se reporta Carreira Alvim,[13] filiada à relação jurídica que, segundo ele, seria comum na esfera penal e civil entre autor, réu e juiz, não é adequada ao sustentar uma *teoria geral do processo*, porque não se obtém uma *teoria geral*, como se disse, pelos atores do procedimento, mas pelos enunciados normativos do processo, ainda que nas expansividades civis do modelo colocado por Andolina.[14]

Conclui-se que o que está em debate, em nossos tempos, não é a prevalência da teoria unicista ou de uma teoria pluralista do processo, todavia, o que se desponta é a inegável existência de uma *teoria geral do processo* pelo estudo convergente dos institutos fundamentais da ampla defesa, contraditório e isonomia, também referentes à instituição do *devido processo*, como aspectos inafastáveis da construção dos procedimentos quando se põem em conflito os direitos, sejam direitos-garantias assegurados pela norma constitucional ou outros direitos atinentes a bens da vida jurídica criados no nível da infraconstitucionalidade.

4.3 Direito processual – Conceitos

Escreve-se muito sobre *direito processual* sem o necessário esclarecimento do que se está a dizer. Ora se cuida de um direito processual com rasgos artificiais de uma ciência em si mesma (ciência dogmática do processo), ora se deixa ao leitor em pânico a tarefa de conferir sentido ao termo. Certo é que hoje não se pode mais atribuir à expressão *direito processual* outro significado a não ser o de *disciplina jurídica* e, por metáfora, o de conjunto de leis que disciplinam os procedimentos e a jurisdição. Usar a expressão direito processual como *ciência do processo* é inadmissível, porque o direito processual não corresponde a uma atividade investigatória para esclarecer os princípios e institutos do processo. Limita-se apenas a fornecer, por via propedêutica (expositiva), conhecimentos já cientificamente encontrados sobre os elementos de sua configuração teórica e dos demais institutos por ele regidos na estrutura positiva das diversas sistemáticas processuais. Quando se está, por conseguinte, na fase introdutória do estudo do *direito processual*, em que se buscam conhecimentos especializados e organizados sobre a temática fundamental de seu alcance científico, tais reflexões são desenvolvidas, como vimos, pela *teoria geral do processo*.

Confunde-se habitualmente *direito processual* com *processo*, como se as duas expressões se equivalessem. Sabemos que o *processo* é o *tema central* do estudo do *direito processual*. É o *processo* o eixo em torno do qual se desenrola o ensino do direito processual, sendo, portanto, uma *instituição nuclear* da disciplina que, sob o nome de *direito processual*, é oferecida nos cursos de direito.

Quando se fala que se estuda *processo*, o que se tem é um tropo de linguagem (sinédoque) em que se toma a fração pelo *todo*. Também se refere a *processo* quando se faz alusão ao *direito processual* criado por lei, o que, por óbvio, é também figura de linguagem (estilística) que quer significar aquilo que a norma jurídica (positivada) estabelece para atuar o direito. Porém, o erro mais grave que se ouve comumente é confundir *processo*

---

[13] ALVIM, J. E. Carreira. *Elementos de teoria geral do processo*. 7. ed. Rio de Janeiro: Forense, 1998. p. 37.

[14] ANDOLINA, Ítalo. O papel do processo na atuação do ordenamento constitucional. *Revista de Processo*, n. 87. p. 123.

com os *autos* do processo e este com *procedimento*. Claro que, sequer por cortesia, se admitiria, nessa última hipótese, tamanha licença literária na atualidade dos estudos jurídicos no mundo inteiro. Empregar o termo *processo* como meio ou método ou mesmo forma intrínseca ou extrínseca de atos sequenciais a serviço da *jurisdição* é um malefício didático de consequências desastrosas à ciência do direito. A fase retórica do ensino do direito processual já passou. Já estamos no terceiro milênio. Falar bonito já é coisa feia. Cientificamente, a luta da inteligência é contra a eloquência e o exagero abstrato, que escondem a deficiência do locutor. A precisão terminológica e a definição e demarcação de conceitos são requisitos que não podem mais ser negligenciados no estudo do direito.

Quando se diz enfaticamente que o direito processual "debe servir al hombre, a la justicia, a la vida",[15] teríamos um direito processual frustrante das expectativas de uma disciplina acadêmica contributiva da *ciência do processo* e essa frustração se agudiza quando se coloca o direito processual como o direito da jurisdição salvadora pelas mãos sábias e benevolentes dos juízes. As "garantias constitucionais de liberdade"[16] não se editam pela tramitação do procedimento, mas pela norma instituidora do processo e asseguradora de direitos fundamentais, cumprindo ao *direito processual* infraconstitucional formulado, por seus institutos, o suporte jurídico do exercício dessas garantias, se violadas ou ameaçadas. Resta hoje, ao estudioso do direito processual, para se livrar da armadilha retórica do palavreado da *pseudociência do processo*, aprofundar a linguagem jurídica em sua morfologia epistêmica para estabelecer postulados significativos de perenidade lógico-jurídica à teorização do *direito* em todas as suas ramificações.

4.4 As teorias do processo na história do direito

4.4.1 Teoria do processo como contrato

Segundo os estudiosos, essa teoria, de origem francesa e de cunho privatístico, tem à frente Pothier (1800) como seu principal divulgador e preconizava que o processo era um contrato entre os litigantes, que se firmava com o comparecimento espontâneo das partes em juízo para a solução do conflito. Vê-se facilmente que essa teoria se inspirava nas lições dos iluministas do século XVIII (máxime Rousseau) que, por empréstimo de Ulpiano, colocavam a vontade individual como única fonte de direito e dever, nada mais cabendo ao Estado senão atender aos pactos advindos dos particulares.

Essa teoria guarda semelhanças com o direito romano da fase formulista, que já estudamos, porque o *processo*, no enfoque de seus defensores, se constituía pela contratual aceitação prévia dos contendores em acatar a decisão do juiz. Para essa teoria, não estavam as pessoas obrigadas a comparecer ao juízo, mas, se a juízo fossem, comprometiam-se, por força da *litiscontestatio* ("a transformação do conflito, vago e indeterminado, em lide" – organização do conflito pela inteligência do pretor), a cumprir a decisão expendida pelo juiz. A *litiscontestatio* era, conforme ensina Tornaghi,[17] o ato testemunhal das partes (*cum testari*) da transformação do conflito extrajudicial em lide (*litis* – litígio judicial).

---

[15] LA RÚA, Fernando de. *Teoría general del proceso*. Buenos Aires: Depalma, 1991. p. 8.

[16] LA RÚA, Fernando de. *Teoría general del proceso*. Buenos Aires: Depalma, 1991. p. 8.

[17] *Apud* ALVIM, J. E. Carreira. *Elementos de teoria geral do processo*. 7. ed. Rio de Janeiro: Forense, 1998. p. 135.

Portanto, no entender de Pothier, instaurava-se o processo pela *litiscontestatio* (convenção das partes perante o juiz para acatar a decisão proferida), e o juiz seria o árbitro judicial e facultativo e não órgão jurisdicional monopolizador da jurisdição que independeria de prévia provocação unânime das partes para exarar provimentos. *Finalmente*, essa teoria revelou-se inadequada para explicar a "natureza" jurídica do *processo*, tendo em vista que, já no século XVIII, o juiz não precisava de prévio consenso das partes para tornar coativa a sentença.

4.4.2 Teoria do processo como quase contrato

Essa teoria, defendida por Savigny e Guényvau (1850), insistindo em enquadrar o processo na esfera do direito privado, afirmou que, em não sendo o processo tipicamente um contrato, deveria ser um *quase contrato*, porque a parte que ingressava em juízo já consentia que a decisão lhe fosse favorável ou desfavorável, ocorrendo um *nexo* entre o autor e o juiz, ainda que o réu não aderisse espontaneamente ao debate da lide. Porém, como a primeira teoria contratualista, esta também se mostrou insuficiente para o estudo da origem jurídica do processo, porquanto, em já sendo nessa época a jurisdição obrigatória, o juiz não precisava de *prévio consentimento* do autor para proferir a decisão que lhe fosse favorável ou desfavorável.

4.4.3 Teoria do processo como relação jurídica

Esta teoria, desenvolvida por Bülow em 1868, foi o marco da *autonomia* do processo ante o conteúdo do direito material. É que Bülow trabalhou *pressupostos* de existência e desenvolvimento do processo pela *relação juiz, autor* e *réu* em que, para validade e legítima constituição do processo, seriam necessários requisitos que o juiz, autor e réu, deveriam cumprir conforme disposto em lei processual, enquanto o direito disputado e alegado pelas partes se situava em plano posterior à formação do processo, distinguindo-se pela regulação em norma de direito material, criadora do *bem da vida* que define a matéria de *mérito*. Advertem os estudiosos desse tema que Bülow, para a construção dessa teoria, valeu-se da máxima de Búlgaro (jurista italiano do século XII) que dizia: *judicium est actum trium personarum: judicis, actoris et rei* (o processo é ato de três personagens: do juiz, do autor e do réu).

Essa teoria que predomina, até hoje, na confecção dos códigos e leis processuais foi aprimorada por Chiovenda, Carnelutti, Calamandrei e Liebman. Embora seus adeptos afirmem que essa teoria se destacou por fazer a distinção[18] entre *processo* e *procedimento*, o que dela se conclui é uma *confusão* tormentosa entre processo e procedimento, porque os seus adeptos, na tentativa desesperada de distingui-los, hermetizam, ainda mais, os conceitos de Bülow, ao proclamarem que o *procedimento* é a manifestação fenomênica do processo ou "meio extrínseco pelo qual se instaura, desenvolve e termina o processo".[19] Aqui, neste conceito, nada se explica sobre a origem desse "meio".

---

[18] ALVIM, J. E. Carreira. *Elementos de teoria geral do processo*. 7. ed. Rio de Janeiro: Forense, 1998. p. 145.

[19] CINTRA, Antonio Carlos Araújo; GRINOVER, Ada Pellegrini; DINAMARCO, Cândido Rangel. *Teoria geral do processo*. 8. ed. São Paulo: Revista dos Tribunais, 1991. p. 247.

Agravam-se as tentativas de classificação de processo e procedimento nesta escola da relação jurídica (hoje instrumentalista), quando, além de se perderem em elucubrações fenomenológicas e enigmáticas, os teóricos dessa escola conectaram o processo à jurisdição, em escopos metajurídicos, definindo o processo como se fosse uma corda a serviço da atividade jurisdicional nas mãos do juiz para puxar pela coleira mágica a justiça redentora para todos os homens, trazendo-lhes paz e felicidade. Falam que o processo é instrumento da jurisdição, sem observarem que a *jurisdição* hoje é função fundamental do Estado e este só se legitima, em sua atividade jurisdicional, pelo processo. É, portanto, o processo validador e disciplinador da *jurisdição* e não instrumento desta.

Como veremos adiante, o direito de ação instaura o procedimento e não a jurisdição, logo, é esta instrumento do processo e não vice-versa. O quadro de reflexão dessa teoria ainda é mais nebuloso, quando seus defensores resolvem, a exemplo de Wach, Hellwig e Köhler,[20] excursionar pela indagação inútil se a relação processual entre juiz, autor e réu é triangular (Wach), angular (Hellwig) ou linear (Köhler), o que, por óbvio, nada acrescenta ao seu perfil lógico que, ainda impregnado das teorias voluntaristas do velho direito subjetivo, vincula autor e réu em polos de subordinação (ativo e passivo), como se o autor pudesse, à margem da lei, por um impulso íntimo de um direito idiossincrático e *apriorístico*, exigir do réu uma obrigação.

4.4.4 Teoria do processo como situação jurídica

Embora ensine o prof. Aroldo Plínio Gonçalves[21] "que a teoria da situação jurídica evoluiu de sua consideração como complexo de normas para uma situação constituída por fatos e atos que a lei reconhece como idôneos para sua promoção", impõe-se fazer algumas digressões, porque Goldschmidt, o fundador dessa teoria surgida por volta de 1925, na Alemanha, não assinalou que a sua teoria projetava um *processo* estruturado em situações jurídicas egressas, todas elas, do complexo de normas ou de atos reconhecidos em lei prévia. Tais situações, segundo Goldschmidt,[22] poderiam ocorrer por *ato* processual da parte quando houvesse "esperança de êxito", uma possibilidade, não excluindo a própria antijuridicidade do ato, porque a sentença é "uma consequência não jurídica, mas judicial".[23] Daí a intervenção de Roubier,[24] que, rejeitando a tese de Bonnecase da divisão das situações jurídicas em concretas e abstratas no processo, polemizou a teoria de Goldschmidt ao ressaltar que as situações jurídicas, para sua legitimidade, validade e eficácia, devem obviamente surgir de atos jurídicos antes definidos em lei e aptos a provocar direitos, e não de atos estratégicos das partes para supostamente gerarem a seu favor esperanças e possibilidades de serem acolhidos, ao final, pela sentença.

Percebe-se que Goldschmidt, embora rompendo com a escola privatística e ortodoxa da relação jurídica, em que, como vimos, se põem as partes em vínculos subjetivos de subordinação, em que o juiz tem poderes e faculdades carismáticas na condução do processo, concebeu a sua teoria do processo, como situação jurídica, em moldes de

---

20 *Apud* BERMUDES, Sergio. *Introdução ao processo civil*. Rio de Janeiro: Forense, 1995. p. 76.

21 GONÇALVES, Aroldo Plínio. *Técnica processual e teoria do processo*. 1. ed. Rio de Janeiro: Aide, 1992. p. 93.

22 GOLDSCHMIDT, James. *Teoría general del proceso*. Barcelona: Editorial Labor, 1936. p. 67.

23 GOLDSCHMIDT, James. *Teoría general del proceso*. Barcelona: Editorial Labor, 1936. p. 65.

24 ROUBIER, Paul. *Théorie générale du droit*. Paris: Sirey, 1946.

realização do processo pela atividade jurisdicional em que o provimento final (sentença) definia simplesmente um *duelo* entre partes, como se fosse um jogo das partes em busca de uma vitória espetacular. Não precisava a sentença apontar fundamentos jurídicos para sua elaboração e conclusão, porque, segundo Goldschmidt, a sentença é uma resolução do conflito que não guardava uma "relação causal" com o processo, não passando os "direitos processuais" de meros prognósticos que poderiam ou não ser aproveitados pela sentença em prol de qualquer dos contendores.

Deduz-se que, em Goldschmidt, o direito subjetivo, que ele tanto combateu, migrou, em sua teoria, para a atividade jurisdicional do juiz que, conforme doutrinou, poderia emitir sentença sem nexo jurídico de causalidade imperativa com as situações criadas pelas partes no curso do processo. Para Goldschmidt, o juiz, ao errar, não violava a lei processual. Em sendo o processo um meio de seu livre manejo, incorreria o juiz nas sanções das leis materiais criminais ou civis, jamais processuais, porque, diz ele, não gera "consequências processuais, senão criminais ou civis, a consequência jurídica de uma infração da lei cometida pelo juiz".[25] Por fim, para Goldschmidt, o processo era uma forma alegórica de canteiro judicial em que as partes lançavam suas alegações que poderiam ou não germinar pelo adubo íntimo do entendimento do julgador. Por conseguinte, a *ciência do processo* só teve o seu *início* na concepção de atividade esclarecedora e dessacralizadora do conhecimento jurídico-processual, com Fazzalari e é o que veremos oportunamente.

4.4.5 Teoria do processo como instituição

Sequer se poderia nominar essa escola de teoria do processo como instituição jurídica, porque o espanhol Guasp, por volta de 1940, como acentua Jacy de Assis[26] em magistral monografia, em que descreve as razões de Couture para abandonar essa teoria que anteriormente abraçara, idealizou essa teoria sob o impacto do sociologismo reinante na época. Aliás, conforme anota Jacy de Assis, o eminente Couture, ao falar sobre ela, ponderou que, numa concepção primária e elementar, "podemos decir que el proceso es una institución: un complejo de atos, un método, un modo de acción, unitario, que ha sido reglado por el derecho para obtener un fin"[27] e acrescenta que a "concepção institucional do processo se apoia numa série de supostos mais sociológicos que jurídicos".

Destaque-se que Couture, ao se afastar da teoria, realçando o seu retorno à escola do processo como relação jurídica, registrou, com inexcedível lucidez, que tinha ela fundo sociológico sem qualquer balizamento jurídico da ideia de uma instituição processual e até ressalvou que, pelo menos até o dia em que a concepção institucional do direito projetasse suas ideias em planos mais rigorosos, não lhe era possível sustentar tal teoria que, como Renard, a via entre brumas que lhe provocavam vertigens inescapáveis. Quanto a nós, dissemos hoje o mesmo em referência à teoria do processo como

---

25 GOLDSCHMIDT, James. *Teoría general del proceso*. Barcelona: Editorial Labor, 1936. p. 66.

26 ASSIS, Jacy. *Couture e a teoria institucional do processo*. Uberlândia: Edições da Faculdade de Direito de Uberlândia, 1959.

27 ASSIS, Jacy. *Couture e a teoria institucional do processo*. Uberlândia: Edições da Faculdade de Direito de Uberlândia, 1959. p. 39.

relação jurídica, porque as palavras de Couture alusivas a uma concepção primária de processo servem perfeitamente aos instrumentalistas de nossos dias. É claro que Jaime Guasp, ao acolher o *processo como instituição*, não poderia mesmo assentar essa teoria em outros pilares, senão os sociológicos que, entre os anos 1930 e 1940, com a propagação das ideias positivistas, faziam sucesso entre os intelectuais.

Na época de Guasp, como também de Wach, Schonke, Hauriou e Renard, que já visualizavam o direito como *instituição*, o *processo* ainda se conduzia pelas mãos jurisdicionais dos juízes. Atualmente, o processo, desatando-se do fatalismo sociológico e historicista, vem assumindo o *status* de direito fundamental constitucionalizado. O *constitucionalismo*, como arcabouço de garantias no Estado Democrático de Direito, é um movimento do nosso tempo, a partir da reorganização do mundo após a Segunda Guerra Mundial (1939-1945). Procurou-se estabelecer instituições jurídicas (criadas pelas normas) e não mais um direito que reproduzisse servilmente a realidade sociológica ou a homologasse pelo discurso da jurisdição. O movimento constitucionalista, após 1945, afora o golpismo de caserna que ainda marca algumas nações atrasadas, aflorou-se em necessidade de assegurar direitos fundamentais de liberdade e dignidade dos povos, por sua autodeterminação, em estatutos jurídico-políticos básicos (*constituições*) votados e aprovados pelo povo, ou seus representantes diretos, como fonte, núcleo e paradigma dos ordenamentos nacionais.

A lei passou a *juridificar* (implantar) as instituições, dando-lhes os elementos de sua conceituação legal, e *não* mais a homologar (jurisdicizar) realidades históricas envelhecidas ou ineficientes ou herdadas de estruturas feudais que vão de uma imaginosa antijuridicidade concreta[28] aos horrores do atual e sobrevivente liberalismo desbragado.

Ante tais considerações, releva dizer que, ao se propor uma *teoria neoinstitucionalista do processo* em nossos dias, de minha autoria, não se levantam seus contornos teóricos e seus conteúdos lógicos pela acepção guaspiana de processo como instituição de índole sociológica, *mas* pela anterior e explícita construção constitucional de seus princípios claramente assegurados e agrupados como institutos inseparáveis de sua conceituação legal e vinculante da estruturação dos procedimentos na infraconstitucionalidade normativa.

4.4.6 Teoria do processo como procedimento em contraditório

Coube ao processualista italiano Elio Fazzalari a iniciação dos estudos para ressemantizar o instituto do *processo* em conceitos que o distinguissem do procedimento, que é a sua estrutura técnico-jurídica, bem assim resgatá-lo de teorias que o colocavam como mero veículo, método ou meio, fenômeno ou expressão, da atividade jurisdicional para produzir provimentos (sentenças). O ilustre processualista explicitou que o *processo* não se define pela mera sequência, direção ou finalidade dos atos praticados pelas partes ou pelo juiz, *mas* pela presença do atendimento do direito ao contraditório entre as partes, em simétrica paridade, no procedimento que, longe de ser uma sequência de atos exteriorizadores do *processo*, equivalia a uma estrutura técnica construída pelas partes, sob o comando do modelo normativo processual.

---

28 REALE JUNIOR, Miguel. *Antijuridicidade concreta*. São Paulo: José Bushatsky Editor, 1974.

Procedimento sem norma de comando estrutural é um amontoado de atos não jurídicos sem qualquer legitimidade, validade e eficácia. Mesmo que o *procedimento* se realize pelo modelo normativo, se não contiver o *dado legal do contraditório* em sua estrutura jurídica espácio-temporal, conforme em obra científica e incomparável relata o prof. Aroldo Plínio Gonçalves,[29] em estudo pioneiro no Brasil, não há processo. De outra face, a sentença (provimento) não é, nessa teoria, um ato sentimental e solitário do juiz, mas uma consequência e expressão jurídica, racionalizada e categoricamente conclusiva, dos atos realizadores do procedimento em contraditório entre as partes.

O que seria de anotar na teoria fazzalariana do *processo*, ponto fulgurante, neste século, do estudo do direito processual, é que Fazzalari,[30] ao distinguir *processo* e procedimento pelo atributo do contraditório, conferindo, portanto, ao procedimento realizado pela oportunidade de contraditório a qualidade de *processo*, não fê-lo originariamente pela reflexão constitucional de direito-garantia ou de instituição constitucionalizada regente dos procedimentos como preconiza minha teoria neoinstitucionalista do processo. Sabe-se que hoje, em face do discurso jurídico-constitucional das *democracias*, o contraditório é *instituto* do direito constitucional e não mais uma *qualidade* que devesse ser incorporada por parâmetros doutrinais ou fenomênicos ao procedimento pela atividade jurisdicional. É o *contraditório* conquista teórica juridicamente constitucionalizada em *direito-garantia* que se impõe como *instituto* legitimador da atividade jurisdicional no processo. Evidente que não se poderia exigir do insigne pensador e processualista italiano, na época inicial de suas lúcidas e contributivas cogitações sobre a escola processual que brilhantemente criou, inserções no movimento constitucionalista que só se afirmou, em paradigmas democráticos avançados, recentemente por estudos de Carpizo,[31] Pizzorusso,[32] Baracho[33] e Canotilho.[34]

4.4.7 Teoria constitucionalista do processo

Conforme já ressaltamos, os estudos do *processo* como *instituição constitucionalizada* apta a reger, em contraditório, ampla defesa e isonomia, o procedimento, como *direito-garantia* fundamental, despontaram-se, a nosso sentir, com a obra, inicialmente incompreendida pelas ideias moderníssimas que sustentava, do incomparável pesquisador e constitucionalista mineiro, prof. José Alfredo de Oliveira Baracho,[35] cujas reflexões e trabalhos no campo do direito constitucional são conhecidos em todo o mundo, principalmente na Alemanha, onde são difundidos nas universidades mais proeminentes. Ombreia-se a Baracho, consoante este mesmo reconhece,[36] no estudo pioneiro do tema *constituição* e *processo*, o jurista mexicano Hector Fix-Zamudio, que

---

29 GONÇALVES, Aroldo Plínio. *Técnica processual e teoria do processo*. 1. ed. Rio de Janeiro: Aide, 1992. p. 59-154.

30 FAZZALARI, Elio. *Istituzioni di diritto processuale*. 5. ed. Padova: Cedam, 1989. p. 60-80.

31 CARPIZO, Jorge. La soberanía del pueblo e el derecho interno y el internacional. *Revista de Estudios Políticos*, Madri, n. 28, jul./ago. 1982.

32 PIZZORUSSO, Alessandro. *Sistema istituzionale del diritto pubblico italiano*. 2. ed. Napoli: Jovene, 1992.

33 BARACHO, José Alfredo de Oliveira. Teoria geral da cidadania. *Revista Brasileira de Estudos Políticos*, n. 63-64, jul. 1986/jan. 1987.

34 CANOTILHO, José Joaquim Gomes. *Direito constitucional*. Coimbra: Gráfica de Coimbra, 1991.

35 BARACHO, José Alfredo de Oliveira. *Processo Constitucional*. Rio de Janeiro: Forense, 1984.

36 BARACHO, José Alfredo de Oliveira. *Processo constitucional*. Rio de Janeiro: Forense, 1984. p. 4-5.

dedicou várias obras e artigos ao assunto, assinalando que tal aproximação (constituição e processo) ocorrera após a Segunda Guerra Mundial. No entanto, só recentemente é que, sob a denominação de "modelo constitucional" do processo, ficou explícito, por estudos de Ítalo Andolina,[37] embora em bases ainda civilísticas, que o *processo*, em seus novos contornos teóricos na pós-modernidade, apresenta-se como necessária *instituição coinstitucionalizante* (conforme se afirmará na *teoria neoinstitucionalista do processo*), que, pela principiologia constitucional do *devido processo* que compreende os princípios da reserva legal, da ampla defesa, isonomia e contraditório, converte-se em *direito-garantia* impostergável e representativo de conquistas teóricas da humanidade no empreendimento secular contra a tirania, como referente constitucional lógico-jurídico, de *interferência expansiva* e fecunda, na regência axial das estruturas procedimentais nos segmentos da administração, legislação e jurisdição.

Aliás, não é outra a convicção do inconfundível processualista Aroldo Plínio Gonçalves,[38] que empresta atualmente ao contraditório o *status* de princípio constitucional. Saliente-se que, mesmo no Estado constituinte, entendemos que o *processo* é cláusula inderrogável de resistência jurídica com raízes na soberania popular (comunidade de legitimados ao processo) na construção da "*constituição*", porque, não seguida a principiologia do *processo* instituinte e coinstituinte, não se pode falar em legitimidade legislativa na geração da norma coinstitucional. O legislador, nas sociedades políticas democráticas de direito, uma vez eleito, submete-se aos princípios do *processo*, como instituição jurídica balizadora da soberania popular e da cidadania, cujos fundamentos, se não assentados juridicamente, de forma legal, preexistente e básica, como única fonte do poder constituinte, assumem significações conjunturais antagônicas ao conceito moderno de *Estado Democrático de Direito*. Aliás, como magistralmente observou Marcelo Campos Galuppo, em pesquisa especializada,[39] não é em qualquer regime político que se tem, na construção de uma lei, a possibilidade de o "procedimento converter-se em *processo*. O pressuposto básico é que estejamos diante de um Estado Democrático de Direito".

A lei é um ato jurídico que, para sua legitimidade, nos Estados Democráticos de Direito, há de passar, em sua elaboração e discussão, pela procedimentalidade regida pelo *processo* em seus *imperativos* (elementos institutivos de sua definição ôntico-constitucional) que são a ampla defesa e o contraditório, em regime de isonomia entre os legisladores, no debate amplo, plenário, do projeto legislativo até sua aprovação que é o *provimento* final denominado *lei*.

4.4.8 Teoria (proposição) neoinstitucionalista do processo

Como já dissemos, a palavra instituição em minha teoria não tem o significado que lhe deram Hauriou, Guasp ou que lhe possam dar os cientistas sociais e econômicos antigos ou modernos. É que *instituição* não é aqui utilizada no sentido de bloco de condutas aleatoriamente construído pelas supostas leis naturais da sociologia ou

---

[37] ANDOLINA, Ítalo. O papel do processo na atuação do ordenamento constitucional. *Revista de Processo*, n. 87.

[38] GONÇALVES, Aroldo Plínio. *Técnica processual e teoria do processo*. 1. ed. Rio de Janeiro: Aide, 1992. p. 148-149.

[39] GALUPPO, Marcelo Campos. Elementos para uma compreensão metajurídica do processo legislativo. *Teoria geral do processo civil – Caderno de Pós-Graduação da UFMG*, 1995. p. 17.

da economia. Recebe, em minha teoria, a acepção de *conjunto* de institutos *jurídicos* construtivos do discurso coinstitucional e das demais leis com a denominação jurídica de *devido processo*, cuja característica é assegurar, pelos institutos do contraditório, ampla defesa, isonomia, direito ao advogado e livre acesso à jurisdicionalidade, o exercício dos direitos criados e expressos no sistema coinstitucionalizado e infracoinstitucional por via de *procedimentos* estabelecidos em modelos legais (*devido processo legal*) como instrumentalidade manejável pelos juridicamente legitimados.

Infere-se que minha *teoria neoinstitucionalista do processo*[40] só é compreensível por uma teoria coinstitucional de direito democrático de bases legitimantes na cidadania (soberania popular – totalidade irrestrita dos legitimados ao processo). Como veremos, a instituição do processo coinstitucionalizante é referente jurídico-discursivo de estruturação dos procedimentos (judiciais, legiferantes e administrativos) de tal modo que os provimentos (decisões, leis e sentenças decorrentes) resultem de compartilhamento dialógico-processual na comunidade jurídica coinstitucionalizada, ao longo da criação, alteração, reconhecimento e aplicação de direitos, e *não* de estruturas de poderes do autoritarismo ordenamental dos órgãos dirigentes, legiferantes e judicantes de um Estado ou comunidade.

O que distingue a *teoria neoinstitucionalista do processo*, que criei, da teoria constitucionalista que entende o *processo* como modelo construído no arcabouço constitucional pelo diálogo de especialistas (numa assembleia ou congresso constituinte representativo do povo estatal) é a proposta de uma *teoria da constituição* que preconiza uma coinstitucionalização formalizada de direitos e deveres pelo *devido processo coinstitucionalizante* em que *qualquer do povo*, como, desde sempre e indistintamente, legitimado ao processo, possa exercer, de modo irrestrito e incessante, o direito de fiscalidade procedimental do sistema jurídico coinstitucionalizado sem qualquer ônus. Aqui se impõe a adoção de um **Código Processual de Fiscalidade Institucional.**

É claro que uma teoria com todas essas características passaria pelo exercício de uma completa cidadania como conquista teórica coinstitucionalizada de produzir e fiscalizar direitos fundamentais em enunciados jurídicos processualmente decididos. Busca-se, assim, legitimar uma instituição processual coinstitucionalizada de controle irrestrito dos atos legiferados como diretriz das regras de relacionamento na elaboração e operacionalização de um sistema de direitos.

Óbvio também que uma teoria da constituição de fundo dialógico-popular exigiria aptidão de todos os protagonistas à compreensão do sistema que estivessem a construir. Por isso é que a conquista teórico-jurídica da *cidadania*, como condição imprescindível à enunciação do *processo coinstitucionalizante*, em perfil de instituição democrática juridicamente concretizada, não poderá decorrer de simples programação (promessa) contida no discurso ordenamental do Estado. Tal conquista se afirmaria na contrafactualidade jurídica coinstitucionalmente assegurada (interpretação "ao pé da letra")[41] do direito amplo, líquido, certo e exigível, de se contrapor a qualquer realidade hostil às garantias coinstitucionais.

---

40 LEAL, Rosemiro Pereira. *A teoria neoinstitucionalista do processo*: uma trajetória conjectural. Belo Horizonte: Arraes Editores, 2013.

41 MÜLLER, Friedrich. *Quem é o povo?* 2. ed. São Paulo: Max Limonad, 2000. p. 103.

O *processo*, como instituição coinstitucionalizante, deflui de uma comunidade jurídica consciente de um projeto coinstitucional arbitrado pela atividade processualmente legiferante e não por órgãos de representação politiqueira de um povo ficticiamente considerado (povo icônico).[42] A partir do momento histórico em que a Constituição se proclama criadora e condutora de uma sociedade jurídica sob o signo de *Estado Democrático de Direito*, como se lê no art. 1º da CF/1988 do Brasil, é inarredável que, pouco importando o que seja o existir brasileiro, o *mundo jurídico* institucionalizado do Brasil é o contido no *discurso* coinstitucionalizado e não mais o das estruturas morais, éticas e econômicas do quotidiano nacional.

Nessa conjectura, **a garantia de direitos** pela instituição do *processo coinstitucionalizante e coinstitucionalizado* não decorre mais da autoridade de um Poder Legislativo ou Judiciário comprometido com a *administração pública* de uma realidade econômico-social extraordenamental, *mas* de um nível teórico-jurídico de uma comunidade de legitimados ao processo que não mais permitiria retrocessos em seus fundamentos constitucionais de processualização da atividade jurídico-procedimental.

O fato de a maioria do povo, por exclusão social ou cognitiva, não ter acesso à compreensão dos direitos processuais, instituíveis pela comunidade jurídica, suplica erigir a Constituição como *medium* institucional que, na contrafactualidade, há de tornar apto o povo, por direitos fundamentais líquidos, certos e exigíveis, a conjecturar, concretizar ou recriar o discurso da Lei Constitucional Democrática.

Portanto, a minha *teoria neoinstitucionalista do processo* não é uma ordem de pensamento acabado. Erige-se como atuação crítico-interenunciativa das *partes* juridicamente legitimadas à instauração de procedimentos em todos os domínios da jurisdicionalidade. Seriam estes os agentes de efetivação permanente ou de reconstrução ampliativa da cidadania, mediante o exercício de direitos em sua plenitude constitucional, agregando transformações sociais, econômicas e sociais, valendo-se dos institutos do *contraditório, ampla defesa* e *isonomia*, para a consecução do projeto jurídico coinstitucional de nivelamento de todos à resolução procedimental processualizada dos conflitos.

A minha *teoria neoinstitucionalista do processo* nenhuma relação apresenta com as demais teorias que, ao se proporem a instrumentalizar soluções de conflitos numa sociedade pressuposta, não se comprometem com a autoinclusão processual de todos nos *direitos fundamentais*, sem os quais se praticaria, a nosso ver, a tirania da ocultação dos problemas jurídicos e não sua resolução compartilhada.

O *processo*, nessa concepção, não se estabelece pelas forças imaginosamente naturais de uma sociedade ideal ou pelo *poder* de uma elite dirigente ou genialmente judicante, ou pelo diálogo de especialistas, *mas* se impõe por conexão teórica com a cidadania (soberania popular) constitucionalmente assegurada, que torna o *princípio da reserva legal do processo*, nas democracias ativas, o eixo fundamental da *previsibilidade das decisões*. A institucionalização coinstitucional do *processo* acarreta a impessoalização das decisões, porque estas, assim obtidas, se esvaziam de opressividade potestativa (coatividade, coercibilidade) pela deslocação de seu *imperium* (impositividade) do poder cogente da atividade estatal para a conexão jurídico-processual da vontade popular coinstitucionalizada.

---

[42] MÜLLER, Friedrich. *Quem é o povo?* 2. ed. São Paulo: Max Limonad, 2000. p. 42.

O *devido processo*, como instituição coinstitucionalizante e coinstitucionalizada, define-se, por conseguinte, como uma *conjunção* de institutos (contraditório, isonomia, ampla defesa, direito ao advogado e à gratuidade procedimental), o qual é referente jurídico-discursivo da procedimentalidade ainda que esta, em seus modelos legais específicos, não se realize expressa e necessariamente em contraditório. O *processo*, por concretização coinstitucional, é aqui concebido como instituição regente e atributo de legitimidade de toda criação, transformação, postulação e reconhecimento de direitos pelos provimentos legiferantes, judiciais e administrativos.

A teoria *neoinstitucionalista do processo* é uma proposição enunciativa que não se sustenta pela convicção única de um teorizador, prescindindo, à sua realização, da compreensão interprocessual do *povo total* (legitimados ao processo).

Na pós-modernidade, o cometimento teórico de um discurso não mais se afirma pela autoridade de seu autor. A individualidade atualmente não é mais impositiva dos conteúdos (relato) da justificação das ciências social, econômica e jurídica. Não mais sendo o indivíduo um polarizador ideológico da sociedade pluralística e excêntrica, o *medium* consensual se faz por uma interenunciatividade focalizada na processualidade e não por interações sociais de condutas isoladas ou coletivas.

De conseguinte, o que se busca com a *teoria neoinstitucionalista do processo* é a fixação coinstitucional do conceito do que seja juridicamente *processo*, tendo como base produtiva de seus conteúdos a estrutura de um *discurso* advindo do exercício permanente da cidadania pela plebiscitarização continuada no espaço processual das temáticas fundamentais à construção efetiva de uma *sociedade jurídica de direito democrático.*

De resto, a *teoria neoinstitucionalista* tem na coinstituicionalização o marco originário de sua possibilidade existencial; todavia, a própria constituição, ao se autoproclamar Democrática de Direito, pouco importando o âmbito legiferante de sua elaboração, como é a brasileira de 1988, já se põe sob regência da *instituição coinstitucionalizante do processo* como condição democratizante e jurídico-discursiva regente da realização, recriação e aplicação dos direitos assegurados no discurso coinstitucionalizado.

Com efeito, o *devido processo coinstitucional*, como instituição coinstitucionalizante, explicita-se pelos elementos do contraditório, ampla defesa e isonomia configurativos de sua teorização, afirmando-se como referente jurídico-discursivo da procedimentação em todos os níveis de atuação da comunidade jurídica. A *teoria neoinstitucionalista do processo* tem comprometimentos com a teorização do direito democrático, tornando-se impraticável num regime jurídico que esteja ainda identificado com os velhos conceitos de Estado de Direito ou Estado Social de Direito (**Estados Dogmáticos**), por suas variadas formas de gestão econômica e de governo (liberal, parlamentar, republicana, presidencialista, monárquica).

A *teoria neoinstitucionalista do processo*, ao contrário do pensamento de Häberle,[43] não trabalha em concepções de constituição aberta a intérpretes não juridicamente legitimados à procedimentação processualizada, sequer se oferece como instrumento de uma jurisdição constitucional jurisprudencializada por tribunais justiceiros. A instituição coinstitucionalizante do *processo*, por sua eidética institutiva, há de ser referencial de decisibilidade desde a criação da lei até sua incidência, aplicação, extinção ou transformação. A minha *teoria neoinstitucionalista do processo* é uma *teoria* da

[43] HÄBERLE, Peter. *Hermenêutica constitucional*. Porto Alegre: Sergio Fabris Editor, 1997. p. 24-34.

processualização testificante da validade normativo-democrática, porque propõe e atua um pensar jurídico na racionalidade sempre problematizável, por falibilidades revisíveis, da produção e aplicação do direito. Essa *teoria* torna o sistema jurídico uma instância de problematização dos enunciados resolutivos dos conflitos acessível a todos. Não há falar, como quer Habermas,[44] em procedimentalismo na base construtiva do direito, sem que, *antes*, se institucionalize o *devido* (o sentido teórico) *processo coinstitucional*, porque a fixação dos critérios jurídico-constitucionais do modo de produção e correição de direitos é que vai definir a qualidade democrática de uma sociedade jurídico-política.[45]

4.4.9 Teoria constitucionalista do processo e teoria neoinstitucionalista do processo (*distinções*)

Alinham-se aqui, na teoria constitucionalista do processo, seus principais significados de cunho liberalizante e comunitarista que a distinguem da teoria neoinstitucionalista do processo que tem o seu eixo epistemológico na teoria do *devido processo coinstitucionalizante*[46] no marco do direito democrático.[47]

Os seguidores do constitucionalismo processual, ainda agarrados ao modelo constitucional do processo (Andolina, Vignera) e suas variáveis perpassadas por reminiscências kantistas e hegelianas, axiológicas e historicistas (Menger, Klein, Picardi, Galleotti, Häberle, Habermas), imaginam, na aplicação do direito, uma *realidade* não decidida (lugar do decisor garantista, portador de autoridade-poder jurisdicional), à margem da existência legal fatalmente lacunosa que sempre suplicaria uma proteção proficiente (tutoria) por uma *atuação reflexiva* de mentes judicantes articuladoras de um *processo jurisdicional* a serviço de um sinergismo ético derivado de supostos discursos políticos e expansividades normativas preservadores de integração social.

Com essa posição, os filiados à teoria constitucionalista do processo (sem explicar qual teoria processual é informativa dessa constitucionalidade) acabam reproduzindo o ensino dos instrumentalistas bülowianos que transplantam, para o plano constitucional, o *processo* como instrumento de uma jurisdição constitucional (atividades de juízes guardiães da lei) com escopos metajurídicos cappellettianos de fazer *justiça social* em critérios não esclarecidos por supostas probidade e seriedade (pós-positivismo) de operadores virtuosos do direito.

Na teoria neoinstitucionalista, o *processo devido* como *devido processo* (direito a advir) é institucionalizante do sistema jurídico por uma demarcação autodiscursiva e autocrítica (contraditório, isonomia, ampla defesa) fundante de uma procedimentalidade a ser adotada como hermenêutica de legitimação autoincludente dos destinatários normativos nos *direitos líquidos, certos e exigíveis* já assegurados no discurso constituinte da coinstitucionalidade. Entretanto, os operadores processuais da teoria constitucionalista são apenas garantidores de uma ordem jurídica constitucional a ser concretizada pelo

---

[44] HABERMAS, Jürgen. *Direito e democracia (entre faticidade e validade)*. Rio de Janeiro: Tempo Brasileiro, 1997. p. 190. v. II.

[45] LEAL, Rosemiro Pereira. *Teoria processual da decisão jurídica*. São Paulo: Landy, 2002.

[46] LEAL, Rosemiro Pereira. *Teoria processual da decisão jurídica*. São Paulo: Landy, 2002.

[47] LEAL, Rosemiro Pereira. *A teoria neoinstitucionalista do processo*: uma trajetória conjectural. Belo Horizonte: Arraes Editores, 2013.

medium linguístico estratégico de uma jurisprudência das altas cortes de justiça (Cortes Constitucionais) que decidem em juízos de conveniência, equidade, proporcionalidade e adequabilidade, à resolução dos litígios e não na redução dos conflitos estruturais.

A jurisdição constitucional, na escola constitucionalista do processo, considerada *atividade tutelar* dos juízes e demais decisores provimentais, é instituto de condução de um processo instrumentador da autoridade jurisdicional, enquanto, na escola neoinstitucionalista, o *devido processo coinstitucional* (coinstitucionalizante) é instituição de problematização e testabilidade da deontologia positivista do discurso jurídico e não um *modelo constitucional de processo* garantista a partir da *base constituída* do direito a ser ainda acertado pela autoridade jurisdicional como se lê na *escola constitucionalista do processo.*

Em conclusão, a teoria constitucionalista do processo ainda não disponibilizou uma *teoria processual* que conferisse fundamento à constitucionalidade que pretende encaminhar na perspectiva democrática do direito, uma vez que ainda se encontra cravada nos marcos hermenêuticos dos Estados Liberal e Social de Direito. Os seus seguidores ainda admitem veto e sanção como saber máximo do soberano (Presidente da Nação) e intérprete exclusivo e último dos desejos (anseios) do povo icônico (mítico). A teoria neoinstitucionalista preconiza fiscalidade (controle de coinstitucionalidade (democraticidade) aberto a qualquer do povo) do processo legiferante nas bases instituintes e constituintes da legalidade, bem como na atuação, modificação, aplicação ou extinção do direito constituído, e trabalha a socialização do conhecimento crítico-democrático em fundamentos (direito fundamental) de autoilustração (dignidade) pelo exercício da cidadania como legitimação ao direito de ação coextenso ao procedimento processualizado.

A teoria constitucionalista do processo acolhe uma *sociedade civil* pressuposta e já construída por um *Estado* nacional pré-histórico como referente hermenêutico dos direitos a serem decididos pela *autoridade* jurisdicional. Ao contrário, a neoinstitucionalista propõe-se a construir uma *sociedade democrática* pelo povo legitimado ao processo (comunidade jurídica de cidadãos) em todos os níveis de produção, atuação, aplicação e extinção de direitos no marco teórico-institucional do *devido processo coinstitucionalizante.*

4.4.10 Aspectos Relevantes da Teoria Neoinstitucionalista do Processo

01- O processo é uma instituição jurídico-linguística autocrítica que se compõe dos institutos do contraditório, ampla defesa e isonomia;

02- O processo não é uma espécie de procedimento, mas uma instituição construtiva e regencial do procedimento;

03- A jurisdição é instrumento (atividade aplicativa) do processo, não é o processo mero instrumento da jurisdição;

04- A constituição, nesta teoria, é um título executivo extrajudicial quanto aos direitos fundamentais nela coinstitucionalizados;

05- Não recepciona o garantismo e o protagonismo judicial exercidos pela pessoa do juiz para assegurar e dizer o direito em juízos de conveniência e equidade;

06- O processo não é jurisdicional, é jurídico-sistêmico;

07- A jurisdição constitucional não é atividade tutelar dos juízes e demais decisores provimentais. A constituição é criada pelo devido processo coinstitucionalizante (concepção democrática), sendo regencial para todo o sistema jurídico;

08- Os direitos fundamentais de vida-contraditório, liberdade-ampla defesa, dignidade-isonomia, são direitos líquidos, certos e exigíveis;
09- Essa teoria não sustenta a existência de um Ente Estatal autopoiético e uma sociedade civil pressuposta, recebidos da história como referentes hermenêuticos de direitos a serem aplicados pela autoridade jurisdicional;
10- Essa teoria propõe-se a construir uma sociedade democrática pelo povo como conjunto total dos legitimados ao processo, também denominado comunidade jurídica;
11- A comunidade jurídica é, nessa teoria, fiscalizadora processual nos níveis de produção, atuação, aplicação e extinção de direitos no marco teórico-institucional do devido processo legal;
12- Essa teoria preconiza a criação de um **Código Processual de Fiscalidade Institucional.**

4.5 Processo e procedimento

Por tudo quanto já se disse do *processo* até aqui, é indispensável a distinção a se fazer entre os dois institutos. Vimos que as teorias formuladas sobre a caracteriologia jurídica do *processo* mostram-se, até Fazzalari, insatisfatórias, e até confusas, para discernir o instituto do *procedimento* em face do *processo*. Muitos processualistas, entretanto, quase a totalidade, continuam insistindo em conceituar o processo como relação jurídica entre juiz, autor e réu (escolas da relação jurídica e instrumentalista do processo), ainda fiéis às ideias de Bülow, que, como analisamos, refletem a sujeição entre partes pelo regime de direitos subjetivos, de conotação nitidamente voluntarista, em que o autor, no polo ativo, exige do réu, no polo passivo, cumprimento de direito de que se diz titular. Nessa versão, o *processo* é meio, método ou finalidade abstrata (metafísica) de se obter provimento, em nada se distinguindo do *procedimento* que, segundo os adeptos dessa escola, seria "meio extrínseco pelo qual se instaura, desenvolve e termina o processo; é a manifestação extrínseca deste, a sua realidade fenomenológica perceptível".[48]

Conclui-se que, entre os seguidores da escola instrumentalista e da relação jurídica (que não é jurídica, mas subjetivo-voluntarista), o "processo é essencialmente teleológico",[49] um instituto flutuante, etéreo, ritualístico, sem qualquer vínculo lógico-jurídico, porque, ao dizerem que o processo é "modo" ou força que impulsiona os atos do procedimento perceptível, o processo seria imperceptível, esotérico e inefável, sequer teria, como a música, a mais abstrata das artes, um modo (maior ou menor) que se distingue pela alteração qualitativa dos intervalos (isto é, da segunda para a terceira *nota* da escala fundamental). O processo, para tais processualistas, é de concepção milanesa (Escola Processual de Milão), cuja fórmula é alquímica, inacessível às inteligências inferiores, envolvendo-se num mundo ritualístico da tradição, da autoridade e do carisma judicantes.

Foi a necessidade da dessacralização dessa nociva e nebulosa mística processual que moveu Fazzalari a repensar o *processo*, não mais como instrumento etéreo da jurisdição ou a serviço da atividade jurisdicional que, para os instrumentalistas, também tem

[48] CINTRA, Antonio Carlos Araújo; GRINOVER, Ada Pellegrini; DINAMARCO, Cândido Rangel. *Teoria geral do processo*. 8. ed. São Paulo: Revista dos Tribunais, 1991. p. 247.

[49] CINTRA, Antonio Carlos Araújo; GRINOVER, Ada Pellegrini; DINAMARCO, Cândido Rangel. *Teoria geral do processo*. 8. ed. São Paulo: Revista dos Tribunais, 1991. p. 247.

escatologias redentoras, nas varas mágicas dos juízos, de concorrer para a paz social e a felicidade paradisíaca do homem pelo mito do juiz salvador, ético, irrepreensível, sábio, puro, vestal ou prodigamente justo e talentoso. Buscou Fazzalari, na lógica da estrutura do procedimento, o traço (a diferença específica), *não arquétipo ou cânone*, que pudesse distinguir o processo e o procedimento, chegando à seguinte conceituação que, desmitificando a ideia de processo e cientificizando os estudos do direito processual, pode ser assim colocada: *processo é espécie de procedimento em contraditório, entre as partes, em simétrica paridade, na preparação do provimento jurisdicional*.[50] Essa definição fazzalariana é rigorosamente taxionômica, porque, ao se articular o *contraditório* (qualidade *juris* principiológica constitucional) no *iter* (percurso) da estrutura do procedimento, surge o *processo*, como espécie procedimental, que se distingue pelo enunciado do contraditório no gênero estrutural do *procedimento* construído *secundum legis*.

Com efeito, o processo define-se em Fazzalari por uma *qualidade acrescida* ao procedimento denominado *contraditório*. Quando o procedimento não se faz em contraditório, tem-se somente *procedimento, não* processo. Isso não quer dizer que os procedimentos, sem processo, sejam ilegais, porque há vários procedimentos (legislativos, executivos, administrativos, judiciais e jurisdicionais) que, embora legais, dispensam o contraditório, já que muitos procedimentos não se fazem sob *regime* de contenciosidade ou de deliberação, no qual o *direito-garantia* do contraditório é imprescindível, em face de lesão ou ameaça a direitos fundamentais de vida, liberdade, igualdade, dignidade, conhecimento, imagem, privacidade, felicidade, propriedade, posse, segurança legal, conforme indicado nas constituições, leis básicas e jurisprudências (concentradas ou difusas) em vários sistemas democráticos de direito.

O *procedimento*, distinguindo-se do processo, pela ausência da *qualidade* constitucional principiológica do contraditório, é que deve merecer estudo especial para defini-lo, *não* mais como a ritualística manifestação perceptível do processo, *mas* como uma estrutura técnica de atos jurídicos praticados por sujeitos de direito, que se configura pela sequência obediente à conexão de normas preexistentes no ordenamento jurídico indicativas do modelo procedimental. De conseguinte, o *procedimento* é manifestação estrutural resultante do *complexo normativo* da positividade jurídica. É a estrutura extraída do texto normativo que a ela é preexistente e que lhe confere legitimidade, validade e eficácia pelo *princípio da reserva legal* que, na CF/1988, está inscrito no art. 5º, II. Há de se notar, a rigor,[51] que o procedimento, em sua construção espácio-temporal, ao reflexo da lei, impõe o encadeamento de atos, no qual o ato anterior há de ser pressuposto lógico-jurídico do posterior e este precondição do ato sequente que, por sua vez, é extensão do antecedente, até o *provimento final* (sentença, decisão, ato), o qual encerra uma etapa significativa ou o ciclo total do *procedimento*. Por óbvio, o *procedimento* não se concretiza pela lógica diretiva da atividade jurisdicional do juiz, mas atualmente pelas condicionantes-lógicas dos princípios (institutos) do *processo* coinstitucionalizante, como visto em minha teoria neoinstitucionalista.

---

[50] FAZZALARI, Elio. *Istituzioni di diritto processuale*. 5. ed. Padova: Cedam, 1989. p. 80 e ss.

[51] GONÇALVES, Aroldo Plínio. *Técnica processual e teoria do processo*. 1. ed. Rio de Janeiro: Aide, 1992. p. 108-109.

4.6 Princípios institutivos e informativos do processo

Veremos que, por terem sido confeccionados o CPC de 1973 e o Novo CPC de 2015 sob a influência marcante dos discípulos de Liebman pela ciência dogmática do direito, torna-se penoso, para o estudioso do direito processual no Brasil, lidar com o seu discurso estatalista, autocrático, anacrônico e pretoriano, em que o juiz comparece com poderes e faculdades congênitos; a jurisdição é *centro* gravitacional do processo; o juiz justiceiro supre a figura do advogado e a inércia da parte; procedimento e processo não se distinguem; os prazos são fatais somente para os advogados; o Estado e o Ministério Público têm tratamento privilegiado; os membros do Ministério Público não sofrem sanções por denunciação infundada ou caluniosa; os bens do Estado são impenhoráveis; liminar e antecipações de tutelas são regradas por expressões herméticas e pela sensibilidade do juiz; a agilidade do processo se dá pela quebra do contraditório. A linguagem do Código é ambígua em vários aspectos que, por numerosos, só nos foi possível comentar em obra especializada.[52]

Sabe-se que Liebman veio para o Brasil por volta de 1940, fundando, conforme anota Dinamarco,[53] a Escola Processual de São Paulo, em bases chiovendiana e carneluttiana, deixando aqui vários discípulos, incluindo-se Buzaid (autor do anteprojeto do CPC de 1973). Mesmo a reforma fisiológica e setorial, de cunho nitidamente judiciarista, que se fez ao longo da vigência do CPC de 1973, com importação de figuras anômalas e hostis às garantias de direitos fundamentais, só contribuiu para piorar o quadro das ambiguidades semânticas que já o maculavam desde sua redação original,[54] em que as expressões *processo* e *procedimento* (ação) se misturam numa profusa nebulosidade, com nefastas consequências ao ensino do direito processual no Brasil, que lamentavelmente ainda se realiza pela leitura dos códigos, e não pelo *esclarecimento* ou estudo científico do *processo*, seus institutos, estruturas, instituições acessórias e instrumentais e das diversas teorias que lhes são destinadas.

Acrescente-se às observações feitas a inteira indiferença que hoje se percebe ao surgimento de novos ramos do direito, de direitos novos e inovadores, mantendo-se um Código Processual de teleologia civilística, quando já deveríamos ter um Código de Processo Geral. Afirmando indistintos o processo e o procedimento, e tal se repete no CPC de 2015, por conceituá-los de modo obscuro, os adeptos da escola da relação jurídica e os instrumentalistas falam em princípios gerais do direito processual, numa mistura em que se agrupam, num amontoado de conceitos, as características do processo, do procedimento e da jurisdição. Por isso é que, num curso de *teoria geral do processo*, há de se indicar um quadro dos *princípios institutivos do processo* e outro dos *princípios informativos do processo*, porque a disciplina da *teoria geral do processo* irá reunir e discorrer sobre esses princípios e não, como querem muitos, apresentar os seus próprios princípios.

---

52 LEAL, Rosemiro Pereira. *Comentários à Reforma do Código de Processo Civil*: artigo por artigo – enfoques críticos. São Paulo: LED, 1996.

53 CINTRA, Antonio Carlos Araújo; GRINOVER, Ada Pellegrini; DINAMARCO, Cândido Rangel. *Teoria geral do processo*. 8. ed. São Paulo: Revista dos Tribunais, 1991. p. 110-111.

54 LEAL, Rosemiro Pereira (Coord.). *Comentários críticos à exposição de motivos do CPC de 1973 e os motivos para a elaboração de um novo Código*. São Paulo: Lemos & Cruz, 2011.

4.6.1 Princípios institutivos do processo

É atualmente o processo uma instituição jurídico-linguística autocrítica com caracteriologia própria definida nos princípios que lhe são integrantes, quais sejam, o contraditório, a ampla defesa e a isonomia. Esses princípios, por comportarem desdobramentos em seu âmbito jurídico com amplo grau de fecundidade, assumem, a nosso ver, a característica de autênticos **institutos**, porque, ao estudá-los, depara-se com vasto painel de implicações teóricas de conotações enciclopédicas.

Entretanto, em síntese, poder-se-ia dizer que, como elementos jurídico-existenciais do processo, em sua base institutiva, o *contraditório*, a *isonomia* e a *ampla defesa* são princípios (referentes lógico-jurídicos), sem os quais não se definiria o *processo* em parâmetros modernos de *direito-garantia* coinstitucionalizante e coinstitucionalizado ao exercício de direitos fundamentais pela *procedimentalidade* instrumental das leis processuais. Como princípios jurídico-institutivos do *processo*, o contraditório, a isonomia e a ampla defesa merecem estudo particularizado. Desde já, é relevante esclarecer que *princípios* na *teoria neoinstitucionalista do processo* não significam marcos dogmáticos que estabelecem a inegabilidade dos pontos de partida dos sistemas jurídicos, porque são eles autocríticos, logo não dogmáticos como interpretantes teóricos e fundantes dos sistemas jurídicos processualmente adotados.[55]

4.6.1.1 Princípio. Pressuposto. Fundamento. Noções

Para qualificar o *princípio* do contraditório como elemento definidor do *processo*, cabe indagar o que significaria na teoria do direito a categoria do *princípio* que, para muitos, é grosseira e dogmaticamente entendida como *fonte dogmática* de um texto, discurso ou exposição sobre determinado assunto. Entretanto, em direito, *princípio* é marco teórico que, introduzido pela linguagem do discurso legal como *referente* lógico-dedutivo, genérico e fecundo (desdobrável), é balizador dos conceitos que lhe são *inferentes*. Quando o princípio é específico, assume este o nome de *premissa legal* e não comporta generalizações maiores que seu explícito e próprio enunciado. Enquanto, portanto, o princípio é *referente* de invariância perene ou "memória"[56] legal da teorização do discurso jurídico por ele regido, as demais *consequências lógicas* dessa operação interpretativa expressam-se em *pressupostos e* fundamentos.

Os *pressupostos*, como *inferentes* lógico-jurídicos, inscrevem-se na órbita imperativa (prescritiva) do *princípio*, equivalendo a conceitos específicos, explícitos e infecundos que não permitem flexibilização incompatível com o conteúdo principiológico que lhes deu causa. Os *fundamentos* são pressupostos que atuam genericamente ao longo da estrutura da linguagem ou texto legal, irredutíveis a novas hipóteses, porque, no dizer de Heidegger,[57] decorrem da "liberdade finita" que o discurso impõe a si mesmo. O direito, como discurso sistematizado pela lei (provimento), estabelece seus princípios, pressupostos, premissas e fundamentos a partir do texto legal, pois tais elementos

[55] LEAL, Rosemiro Pereira. *Processo como teoria da lei democrática*. Belo Horizonte: Fórum, 2010. v. 1.

[56] LINHARES, José Manuel Aroso. Habermas e a universalidade do direito. *Boletim da Faculdade de Direito de Coimbra*, 1989. p. 148.

[57] HEIDEGGER, Martin. *A essência do fundamento*. Lisboa: Edições 70, 2007. p. 105.

lógicos não são preexistentes ao discurso jurídico, mas contemporâneos à existência da lei que os institui.

4.6.1.2 O contraditório

Por conseguinte, o *princípio* (instituto) *do contraditório* é referente lógico-jurídico do *processo* coinstitucionalizante, traduzindo, em seus conteúdos, a dialogicidade necessária entre interlocutores (partes) que se postam em defesa ou disputa de direitos alegados, podendo, até mesmo, exercer a liberdade de nada dizerem (silêncio), embora tendo *direito-garantia* de se manifestarem. Daí o direito ao contraditório ter seus fundamentos na liberdade jurídica tecnicamente exaurida de contradizer, que, limitada pelo tempo finito (prazo) da lei, converte-se em ônus processual se não exercida. Conclui-se que o *processo*, ausente o contraditório, perderia sua base democrático-jurídico-proposicional e se tornaria um meio procedimental inquisitório em que o arbítrio do julgador seria a medida colonizadora da liberdade das partes.

4.6.1.3 Isonomia e simétrica paridade (distinções)

4.6.1.3.1 A questão da dignidade

O *instituto da isonomia* é direito-garantia hoje constitucionalizado em vários países de feições democráticas. É referente lógico-jurídico indispensável do procedimento em contraditório (*processo*), uma vez que a liberdade de contradizer no processo equivale à *igualdade temporal* de dizer e contradizer para a implementação, entre partes, da estrutura procedimental. A asserção de que há de se dar tratamento igual a iguais e desigual a desiguais é tautológica, porque, na implementação do procedimento, o dizer e contradizer, em regime de liberdade assegurada em lei, não se operam pela distinção jurisdicional do economicamente igual ou desigual. O direito ao processo não tem conteúdos de criação de direitos diferenciados pela disparidade econômica das partes, mas é direito assegurador de *igualdade* de realização construtiva e implementadora do *procedimento*. Por isso, é oportuno distinguir *isonomia* e *simétrica paridade*, porque esta significa a condição já constitucionalmente assegurada dos direitos fundamentais dos legitimados ao processo quanto à vida digna, liberdade e igualdade (direitos líquidos e certos) no plano constituinte do Estado Democrático de Direito.[58]

4.6.1.4 Ampla defesa

O *instituto da ampla defesa* é coextenso aos do contraditório e isonomia porque a amplitude da defesa se faz nos *limites temporais* do procedimento em contraditório. A amplitude da defesa não supõe infinitude de produção da defesa a qualquer tempo, porém, que esta se produza pelos meios e elementos jurídico-sistêmicos por alegações e provas no tempo processual oportunizado na lei. Há de ser ampla, porque não pode ser estreitada (comprimida) pela sumarização da *cognitio* a tal ponto de excluir a liberdade

[58] LEAL, Rosemiro Pereira. O garantismo processual e direitos fundamentais líquidos e certos. *In:* MERLE, Jean-Christophe; MOREIRA, Luiz (Org.). *Direito e legitimidade*. São Paulo: Landy, 2003. p. 335-343.

de reflexão cômoda dos aspectos jurídico-fundantes de sua produção eficiente. É por isso que, a pretexto de celeridade processual ou efetividade do processo, não se pode, de modo obcecado, suprindo deficiências de um Estado já anacrônico e jurisdicionalmente inviável, sacrificar o *tempo* da *ampla defesa*, que supõe a oportunidade de exaurimento das articulações de direito e produção de prova.

Há de ser considerado com redobrada reserva o ensino de Aloísio Zimmer Júnior,[59] o qual, à procura de um *thelos* (finalidade) social para o processo, identificado com o movimento instrumentalista do processo como veículo de realização de justiça em bases de glorificação jurisdicional, propõe uma reforma da ordinariedade pela mutilação ou inversão do tempo de defesa, com explícito retorno ao processo inquisitório (apologia da jurisdiciariedade), mediante a sumarização da cognição e não do procedimento. A ampla defesa, no sistema jurídico do Estado Democrático de Direito, envolve a cláusula do *devido processo legal*[60] em sentido substancial (*substantive due process*), equivalente ao velho e cognominado direito material, mas já em concepções atualizadas, de garantias fundamentais do cidadão, como a do *devido processo em sentido processual* (*procedural due process*), em perspectivas de direito democrático, traduzindo a garantia da plenitude da defesa em tempo e modo suficiente para sustentá-la.

4.6.1.5 As proposições enunciativas do processo na teoria neoinstitucionalista

4.6.1.5.1 Processo ante o absolutismo do saber solitário

O processo é na pós-modernidade[61] um discurso argumentativo de compartilhada fixação procedimental *ad hoc*[62] do sentido normativo em níveis instituinte, constituinte e constituído do *direito*. Com isso, desabona-se a crença milenar de que o direito é uma dimensão congênita (autopoiética)[63] e intrínseca ao ser social à normatização (sistematização) comportamental do homem. A conjectura de dessubstanciação e dessujeição do direito torna possível ao homem lidar com um direito na acepção de *médium* linguístico-autocrítico de produção,[64] aplicação e extinção da normatividade. Esse direito discursivo, isto é, essa linguisticidade produtiva e institutiva de normas,[65] como *processo jurídico*, é que seria instituinte (constituinte-originário) e constituinte-constitucional de um *direito a ser ativado* (pós-ativo = positivo) e não mais um direito ativo miticamente surgido da natureza ou de um *poder* instituinte (constituinte) originário (egresso) do leito das culturas ou da razão pura ou apriorística.

---

[59] OLIVEIRA, Carlos A. et al. *Elementos para uma nova teoria geral do processo*. Porto Alegre: Livraria do Advogado, 1997. p. 24-39.

[60] NERY JÚNIOR, Nelson. *Princípios do processo civil na Constituição Federal*. 3. ed. São Paulo: Revista dos Tribunais, 1996. p. 34.

[61] HARVEY, David. *Condição pós-moderna*. São Paulo: Edições Loyola, 1992. p. 301.

[62] POPPER, Karl. *Conhecimento objetivo*. São Paulo: EDUSP, 1975. p. 26-27.

[63] LUHMANN, Niklas. *Legitimação pelo procedimento*. Brasília: UnB, 1980.

[64] LEAL, Rosemiro Pereira. *Teoria geral do processo*. 6. ed. São Paulo: Thomson/IOB, 2006. p. 98-105.

[65] LEAL, Rosemiro Pereira. Direitos fundamentais do processo na desnaturalização dos direitos humanos. *In:* GALUPPO, Marcelo (Org.). *O Brasil que queremos* – Reflexões sobre o Estado Democrático de Direito. Belo Horizonte: Editora PUC Minas, 2006. p. 665-675.

Portanto, esse direito *pós-ativo* (positivo) não é mais concebido no sentido de Kelsen (surgido *no depois* de uma norma fundamental pressuposta) ou dos culturalistas,[66] expressivistas e positivistas (ativado pelo estar-entre-os-homens – Cassirer, Smend, Carl Friedrich, H. Arendt, Brandom) por palavras persuasivas (*lexis*) oriundas do saber-viver (*ethos-phronesis*) inerentemente comunicativo (tópico-retórico[67] ou pragmático-linguístico) de manutenção de laços sociais (*contexto*) advindos de significados míticos historicamente colecionados e de tradições ou liberdades inatas indevassáveis em sua gênese. O *processo*, na teoria neoinstitucionalista, abre oportunidade à impugnação da fé sociológica criativa de uma *sociedade* historicamente hipotética (desde sempre: Rousseau) a se fragmentar e conflitar povos contra povos, a fundar Estados contra Estados, a criar direitos contra direitos por uma litigiosidade imanente e estruturante (dialética) congenitamente evolutiva ou involutiva.

A psicanálise ocupou-se pioneiramente do *não saber* (*o inconsciente*) como novidade científica trazida por Freud e discutida por Lacan[68] no fluir do século XX, o que permaneceu (e ainda permanece) olvidado pelos juristas, restando a estes alguns escorços pela escola legendriana[69] que, reforçando Kelsen (o nome do pai miticamente autocrático), traz um enfoque psicológico-corretivo (sancionário) que, por paradoxal, piora o quadro positivista do *direito* atualmente praticado, transformando distorcivamente a psicanálise em psiquiatria, psicologia e psicoterapia, como instrumento auxiliar da readaptação (ressocialização) do infrator a uma comunidade política paranoica, cujos começos e fins dogmáticos não são esclarecidos ou perquiridos.

O ensino de Legendre oriundo de um positivismo híbrido (Kelsen, Ross e Hart) e das lições de Freud repete um saber repressivo dos Estados Liberal e Social de Direito que concebem o homem como ser natural incestuoso (relutante à castração) e que elege um *pai* histórico e simbólico como lei a interditar-lhe esse desejo fatal de estar na mãe. Com isso, essa lei retira o homem da *mãe* (pressupostamente fálica e possessiva) e o insere na cultura jurídico-política do estado vigilante ou paternal que, transformando-o ficticiamente em cidadão e patriota, nacionaliza-o segundo leis (ainda mais perversas) de engodo e dominação em nome de uma garbosa civilização. Como Freud não desenvolveu uma teoria do Estado a que essa "civilização" prestaria contas, Legendre acaba piorando Freud ao aceitar uma visão hobbesiana de Estado-segurança doador benévolo de suposto bem-estar para todos e lugar comum (referencial) de autoafirmação e construção do "sujeito" humano. Daí o ímpeto de ressocialização pela pena que, em Legendre, há de ser imposta ao infrator (delinquente). O que não examina Legendre é que as leis postas pelo *pai* nacional são, por descoberta da pós-modernidade, formas puras de dominação (retorno a Weber) ainda persistentes e o direito assim produzido transfere aos "sujeitos" aculturalizados responsabilidade que o *pai estatal*, embora constitucionalmente obrigado, não acata e transgride. Por isso, é precária a leitura psicanalítica de Legendre, porque evita Lacan na sua melhor vertente interpretativa que é a de Althusser.[70]

---

[66] ARENDT, Hanna. *A condição humana*. Tradução de Roberto Raposo. 9. ed. Rio de Janeiro: Forense Universitária, 1999.

[67] VIEHWEG, Theodor. *Tópica e jurisprudência*. Brasília: Departamento de Imprensa Nacional, 1979.

[68] LACAN, J. Jacques. *Le Seminaire*. Livre XI. Les quatre concepts fondamentaux de la psychanalyse. Paris: Éditions du Seuil, 1973.

[69] PEREIRA, Rodrigo da Cunha. Direito e psicanálise: a subjetividade na objetividade dos atos e fatos jurídicos. *In:* GALUPPO, Marcelo (Org.). *O Brasil que queremos* – Reflexões sobre o Estado Democrático de Direito. Belo Horizonte: Editora PUC Minas, 2006. p. 635-651.

[70] ALTHUSSER, Louis. *Freud e Lacan* – Marx e Freud. 2. ed. Rio de Janeiro: Edições Graal, 1985. p. 47-72.

Em Legendre há uma generalizada *foraclusão* do nome do pai que não lhe é perceptível, porque, ao cuidar o direito como "tautologia" a serviço do equilíbrio e ascensão social de uma civilização (Estado-sociedade) pressuposta, limita-se a utilizar o conteúdo deontológico mítico-histórico-corretivo da norma jurídica como calibrador da paz social e a ordem jurídica mitificada como "sujeito" de um sistema social e político:

> [...] o funcionamento do direito deve ser esclarecido, pois, sendo tautológico pela própria natureza, a questão volta a se colocar: o direito é o direito porque é normativo, e é aliás assim que o sistema se apresenta em primeiro lugar, é sobre ele que as ciências sociais atualmente não deixam de se equivocar. Consequentemente, como poderemos então atribuir algum interesse ao direito, quanto à elaboração do princípio da Razão? A questão assume um outro viés, se a Referência absoluta é elevada ao *status* estrutural da palavra humanidade, isto é, essencialmente às próprias condições que tornam possível a manutenção de um discurso, que como todo e qualquer discurso remete a um sujeito. Eis precisamente aí o ponto de oscilação que permite conceber o duplo registro de onde se origina o direito; a) o registro dos enunciados jurídicos tais como se apresentam e cujo tratamento pertence exclusivamente aos juristas; b) o segundo registro do discurso, atribuível às representações de um sujeito suposto, isto é, *da própria ordem jurídica colocada como Sujeito no absoluto de um sistema social e político.*[71]

A aceitação de que o direito contém uma *força inefável* que lhe confere, "pela própria natureza" (*sic*), efeito normativo por enunciados só reveláveis aos juristas e provindos de um sujeito suposto personificado na ordem jurídica de um sistema social e político, exclui o *processo* como recinto *conjectural* (crítico-discursivo) de adrede escolha teórica à produção e balizamento do sentido normativo na criação, atuação, aplicação ou extinção do *direito*. O *livre-arbítrio* na criação e aplicação ou extinção da norma fora do núcleo discursivo do *processo*, a partir de uma *livre vontade* que não atende aos postulados autocríticos do *processo* na formação das opiniões e vontades, mistifica (mitifica) a produção e atuação do direito, tendo em vista que a vontade humana centrada num "eu" soberano (sábio em seu reinado) ou inatamente puro e isento de influências malévolas (razão pura ou dádiva metódica por certezas adquiridas na metodização) cria uma fé num direito natural fundador do justo e do certo e consequentemente delator obsessivo do injusto e do incerto.

O que a psicanálise lacaniana explicita (e Popper também antes dela) é que o livre arbítrio, como saber autoiluminado, é paranoico (taxativo) e que não há um "eu" *a priori* que seja neutro, verdadeiro e imperturbável (Descartes-Kant) na originalidade de seu querer. Na psicanálise, a autoconstrução ontológica da metafísica grega e da *res* e *actio* romanas cedem lugar, como também queria Heidegger, ao *ex-íntimo* como linguagem-mundo dentro da qual o homem nasce e cria formas de mundos no *intramundo* dos demais entes.

Essa reflexão de Heidegger, inaugurando uma radical virada ontológico-linguística, que arrancou o *ser* da gaiola da metafísica, colocando-o na rede da linguagem pela afirmação de que "já sempre pertencemos à linguagem"[72] porque "falar é escutar a

---

[71] LEGENDRE, Pierre. Seriam os fundamentos da ordem jurídica razoáveis? *In:* ALTOÉ, Sônia (Org.). *Sujeito do direito e sujeito do desejo* – direito e psicanálise. Rio de Janeiro: Revinter, 1999. p. 23.

[72] HEIDEGGER, M. *A caminho da linguagem*. Petrópolis: Vozes, 2003. p. 203.

linguagem que falamos",[73] ainda preconiza uma linguagem substancialista como *morada* (velamento) de um *ser* autônomo e diáfano de múltiplas possibilidades transcendentais da qual procederia a escuta humana do *ente* falante. Entretanto, a linguagem heideggeriana do *ser* fantasmal, embora *ex-sistente* a partir do *ente* humano (*dasein: o ser-aí* no intramundo dos entes), contrapõe-se ao fundamento psicanalítico freudiano (lacaniano) da *falta a ser* predicativa da linguagem humana e representada pelo significante de *um* desejo inomeável e de impossível satisfação absoluta, o que ensejaria o criacionismo (pelo homem) do seu *ser* na falta a ser (*significantes novos* como invenção).[74] Porém o lugar inventivo a partir do qual é criado na linguagem o *savoir-faire-avec* (saber-fazer-com) ainda não instala um recinto discursivo de compartilhamento primordial (*processo*) na produção do sentido a fundamentar (fundar) normativamente um *ser-fazer-ter-haver* para todos ao pleito deliberativo-construtivo de uma *sociedade política* por uma comunidade jurídica processualmente coinstituída (coinstitucionalizada).

A teoria *neoinstitucionalista* do processo conjectura, à sua compreensão, a pré-instalação de um *pacto* de significância (paradigma discursivo-linguístico) como *teoria da coinstitucionalidade* (teoria axial), a regenciar e balizar a construção, aplicação e extinção do *direito* que reclama, por conseguinte, ao seu exercício, falantes *dialógicos* (*legitimados ao processo*) que adotem princípios (institutos) autocríticos: *contraditório, ampla defesa e isonomia*. Em consequência, ao se sustentar, na perspectiva *neoinstitucionalista*,[75] que o *processo* é instituição coinstitucionalizante e coinstitucionalizada que se define por tais *princípios*, aqui o que se desconstrói e anarquiza (desordena) é a presunçosa autocracia (tirania) de "eus" solipsistas, inatos e pressupostamente contextualizados em seus absolutos e estratégicos saberes deontológicos e corretivos na justificação e aplicação do *direito*. Aqui também se desgarra de Günther,[76] que entende os discursos de fundamentação (justificação-aplicação) do direito pelo exercício de uma livre, natural e atomística liberdade (*em si*) organizativa (coerente) da fala entre comunicantes (assembleias), bem assim de horizontes de suposta *comunhão prévia* de sentidos intersubjetivamente inferidos de contextos sociais estabilizados (Rorty-Habermas).

Aliás, Habermas, dizendo alterar seu conceito de "intersubjetividade" antes sustentado, procura aliar-se mais fortemente aos neopragmáticos, o que vem confirmar que a virada que sempre propôs não é "linguística", mas pragmático-contextualista-linguageira por um agir (ação) comunicativo sócio-historicista-referencializante, veja-se:

> Mas, após a virada linguística, todas as explicações partem do primado de uma linguagem comum. Assim como a autorrepresentação das vivências subjetivas a que o sujeito tem acesso privilegiado, a descrição de estados e eventos no mundo objetivo também é dependente do uso interpretativo de uma linguagem comum. Por isso, a expressão "intersubjetivo" não se refere mais ao resultado de uma convergência *observada* de pensamentos ou representações de diferentes pessoas, mas à comunhão prévia – *pressuposta* da perspectiva dos próprios participantes – de uma pré-compreensão linguística ou de

---

[73] HEIDEGGER, M. *A caminho da linguagem*. Petrópolis: Vozes, 2003. p. 203.

[74] HARARI, R. *Como se chama James Joyce?* Bahia: Ágalma, 2003.

[75] LEAL, Rosemiro Pereira. *Teoria processual da decisão jurídica*. São Paulo: Landy, 2002.

[76] GÜNTHER, Klaus. *The sense of appropriateness*: application discourses in morality and law. Translated by John Farrel. Albany: State University of New York Press, 1993.

> um horizonte do mundo da vida no interior do qual os membros de uma comunidade linguística se encontram antes mesmo de se entender sobre algo no mundo.[77]

Portanto, torna-se consistente a denúncia de Popper (este sim, autor da virada linguística na pós-modernidade com a qual se afina a minha *teoria neoinstitucionalista*), de que Habermas ainda labora o *mito do contexto* a partir do qual retira (justifica) a validade (verdade) de suas pretensões comunicativas pertencentes a um mundo da vida como esfera pública poiética a gerar transformações sociais por uma cidadania (agir comunicativo) de uma sociedade civil apta a erradicar a dominação de sistemas jurídico-políticos estrategicamente implantados. Habermas equivocadamente entende que esses "contextos" (jurídico-ético-morais) seriam portadores de uma imanência instrutiva a levar a humanidade a estabelecer consensos para um entendimento progressivo. Ora, esquece-se aqui de que, sem um *médium* linguístico pré-escolhido entre "teorias" concorrentes, os "contextos" como concha acústica de saberes historicamente acumulados, não testificados ao longo de suas enunciações, repetiriam catástrofes advindas do inesclarecimento intercorrente de seus fundamentos. É o que lemos em Popper:

> O mito do contexto pode definir-se numa frase, como a que se segue. A existência de uma discussão racional e produtiva é impossível, a menos que os participantes partilhem um contexto comum de pressupostos básicos ou, pelo menos, tenham acordado em semelhante contexto em vista da discussão. Tal é o mito que vou criticar.[78]

"Como já atrás referi, o mito assemelha-se a um discurso moderado ou a uma recomendação sensata que se deve ter em conta de forma a prosseguir uma discussão racional. Alguns podem mesmo pensar que o que descrevo como mito é um princípio lógico ou algo baseado num princípio lógico. Pelo contrário: julgo não se tratar só de uma afirmação falsa, mas também viciada, e que, a ser acolhida de forma generalizada, minará a unidade da humanidade, contribuindo assim para o forte aumento da probabilidade de violência e de guerra. Esta é a razão principal pela qual desejo combatê-lo e refutá-lo".

Em Alexy,[79] o que se otimiza é a talentosa liberdade que se concede ao feitor e aplicador da lei em seus solitários saberes emersos de ideais universais ou colegiadamente pragmatizados (atividades jurisdicionais) aos moldes de Rawls e Dworkin.

Assim, o giro linguístico no sentido contemporâneo de dar suporte a uma *democracia discursiva* não equivale ao que a *modernidade* habermasiana registra pelo salto fantasístico (cultural) da "filosofia da consciência" para a "filosofia da linguagem" de um agir comunicativo,[80] porque este, por si só, sem dizer que linguagem está falando e significando, continua emitindo significados por significantes referidos a um *pragma* (experiência histórica) de um passado extralinguístico opacamente recebido[81] no presente como dogmas, valores (ética e moral) e saberes, a exigirem sempre uma *livre vontade* autoritária (livre passagem pela voz egoica impeditiva da tematização do pensar) para se perseverarem no futuro. Essa *livre vontade legiferante*[82] é que secularmente

---

77 HABERMAS, Jürgen. *Verdade e justificação*. Ensaios filosóficos. São Paulo: Edições Loyola, 2004. p. 240.

78 POPPER, Karl. *O mito do contexto*. Lisboa: Edições 70, 1996. p. 57.

79 ALEXY, R. *Revista de Direito Administrativo*, Rio de Janeiro, n. 217, p. 56-78, jul./set. 1999.

80 HABERMAS, Jürgen. *Discurso filosófico da modernidade*. São Paulo: Martins Fontes, 2000. p. 417.

81 OGDEN, C. K.; RICHARDS, I. A. *The meaning of meaning*. 1. ed. Routledge & Kegan Paul, 1923.

82 LEAL, Rosemiro Pereira. *Teoria processual da decisão jurídica*. São Paulo: Landy, 2002.

preserva as amarras do obscurantismo inçadas ao *status* das artes, esportes e cultura como "formas puras" (Weber) de continuada dominação social. O percurso protagoriano da linguagem, trabalhado por Montaigne, Popper, Bachelard e pela escola freudiana-lacaniana, sem esquecer a esquizoanálise (Guattari e Deleuze), marca a ruptura com o princípio platônico-aristotélico da *não contradição*, uma vez que possibilita considerar as *aporias* (não saberes) da linguagem o *locus* de oferta de atuação incessante, e aberto a todos, à fiscalidade procedimental (redução de lacunas) do sistema jurídico adotado e de concreção-fruição de direitos fundamentados, líquidos e certos[83] (inclusão social), processualmente constitucionalizados (pré-decididos) e garantidos (autoaplicáveis).

4.6.1.5.2 Processo e suas proposições institutivas (*contraditório, ampla defesa, isonomia*)

A começar pelo *contraditório*, assim se pronuncia Aroldo Plínio Gonçalves, louvando-se nos ensinamentos de Fazzalari:

> O contraditório não é o dizer e o contradizer sobre matéria controvertida, não é a discussão que se trava no processo sobre a relação de direito material, não é a polêmica que se desenvolve em torno dos interesses divergentes sobre o conteúdo possível. O contraditório é a igualdade de oportunidade no processo, é a igual oportunidade de igual tratamento, que se funda na liberdade de todos perante a lei. É essa igualdade de oportunidade que compõe a essência do contraditório enquanto garantia de simétrica paridade de participação no processo.[84]

Certamente a incursão (proposicional) transcrita já contempla uma *teoria* avançada de *processo*, a qual o retira dos escopos metajurídicos, rompendo, de vez, com a escola instrumentalista que o concebe arcaicamente como instrumento da jurisdição estatal (esta como atividade dos juízes). Entretanto, como já assinalamos por várias vezes, há expressões no horizonte fazzalariano que ainda ficam obscuras, quais sejam, "essência do contraditório", "igualdade de todos perante a lei", "igualdade de oportunidade no processo" e outras parecidas que poderiam ser destacadas.

Se o contraditório se define por uma "essência", esse ensino se tornaria tópico-retórico à medida que não explicasse o que seria igualdade de oportunidade ou liberdade de todos perante a lei. O corolário essenciante resolveu-se, como se lê no trecho mencionado, pela "simétrica paridade de participação no processo". Embutiu-se o *contraditório* na *isonomia* sem considerar a complexidade do instituto da "simétrica paridade" (isonomia), traduzindo-a nos estreitos limites da igual liberdade participativa para todos. Porém a isonomia supõe três vertentes de reflexão: isotopia, isomenia e isocrítica[85] com outras implicações topológicas mais ampliadas por Francis Wolff.[86]

---

83 LEAL, Rosemiro Pereira. Garantismo processual e direitos fundamentais líquidos e certos. *In:* LEAL, Rosemiro Pereira. *Relativização inconstitucional da coisa julgada* – temática processual e reflexões jurídicas. Belo Horizonte: Del Rey, 2005. p. 23-32. v. 1.

84 GONÇALVES, Aroldo Plínio. *Técnica processual e teoria do processo.* 1. ed. Rio de Janeiro: Aide, 1992. p. 127.

85 LEAL, Rosemiro Pereira. *Teoria processual da decisão jurídica.* São Paulo: Landy, 2002.

86 WOLFF, Francis. *A crise da razão.* São Paulo: Cia. das Letras, 1996.

Essa conjectura é, na teoria processual democrática,[87] de relevantíssima importância, porque igual oportunidade, como contraditório, poderia até mesmo ser garantida em Estados autocráticos ou judicialistas por uma constituição ou leis de fundo positivista ou pós-positivista.

O esforço cientificamente representativo de situar o *contraditório* no âmago da *isonomia* só se destacaria, nas democracias jurídico-discursivas, se essa "igualdade perante a lei" oportunizasse, antes, capacitação técnico-científica pelo domínio de "teorias jurídicas" para obviar testabilidade recíproca pelos sujeitos do processo quanto aos conteúdos argumentativos da interpretação (hermeneutização) das leis asseguradoras de possíveis liberdades iguais para todos em participarem do processo (isomenia-isocrítica) ou de se habilitarem ao exercício de uma escolha qualificada de um representante legal para se valer do *contraditório* como princípio (instituto) fundamental do direito ao *processo*. O velamento do que seja "igualdade de oportunidade" fetichiza uma abertura para ficar "perante a lei" e não dentro da lei a fruir da compreensão e debate (ampla defesa) de seus conteúdos no espaço da procedimentalidade processualizada pelo tempo-lógico-jurídico-discursivo (*prazos*). Aqui não se instala um gerencialismo-elitista da compreensão da lei, mas um direito fundamental ao lúcido (teórico) exercício da discursividade formalizada.

A considerar o contraditório por uma "essência" da oportunidade de estar no processo em igualdade com outros, esquece-se de como essa paridade se fundamenta para o exercício desse direito. A não colocar esse tema em cogitação, a *ampla defesa* se transmuta em tagarelice (lalação) ou presença vital de partes escreventes ou falantes (*praxis*) com igualdade gozosas de falas ou posições ingênuas. A *simétrica paridade* é princípio de conteúdos complexos que, ao seu esclarecimento, suplicam ingresso na demarcação teórica da *dignidade* que impõe, no plano instituinte-processual da *lei*, nas democracias não paideicas, acolhimento como direito líquido e certo[88] de autoilustração, para todos, sobre os fundamentos da existência jurídica. Outro equívoco é conceber os direitos fundamentais do *processo* e seus correlativos lógico-discursivos (vida, dignidade, liberdade) como direitos inatos ou historicamente humanos (direitos materiais), conforme já salientamos em longo artigo[89] no eixo da *teoria neoinstitucionalista do processo*.[90]

4.6.1.5.3 A produção do sentido legal como maldição (*mal-dicção*)

Os adeptos da incompletude ou completude atribuída à "natureza" da lei juridicamente legislada resolvem o problema da interpretação da lei pela jurisdição (saberes judicantes inerentes ao aplicador da lei) ou pela prodigiosidade analógica dos praticantes da lei. Então, a questão não é de se filiar aos incompleticistas ou aos completicistas,

---

87 LEAL, Rosemiro Pereira. Processo e democracia. *Virtuajus*, ano 4, n. 1, jul. 2005. Disponível em: www.fmd.pucminas.br.

88 LEAL, Rosemiro Pereira. Garantismo processual e direitos fundamentais líquidos e certos. *In:* LEAL, Rosemiro Pereira. *Relativização inconstitucional da coisa julgada* – temática processual e reflexões jurídicas. Belo Horizonte: Del Rey, 2005. v. 1.

89 LEAL, Rosemiro Pereira. Direitos fundamentais do processo na desnaturalização dos direitos humanos. *In:* GALUPPO, Marcelo (Org.). *O Brasil que queremos* – Reflexões sobre o Estado Democrático de Direito. Belo Horizonte: Editora PUC Minas, 2006.

90 LEAL, Rosemiro Pereira. *Teoria processual da decisão jurídica*. São Paulo: Landy, 2002.

porque, em não trazendo à fala o que pensamos por inteiro e não trazendo aos sistemas tudo o que queremos falar, a lacuna (hiância significacional) na *teoria neoinstitucionalista* só pode ser decidida[91] (resolvida) *ad-hoc* (nos sistemas jurídicos abertos à crítica) na malha discursivo-principiológico-processual instituinte e constituinte (construtiva) do direito coinstituído (coinstitucionalizado). Por isso é que seria uma *mal-dicção* (maldição) encaixotar (leito de Procusto) o tempo processual (tempo discursivo) no tempo cronológico-procedimental em nome da retórica (ideologia) da "duração do processo" como transcurso temporal do procedimento.

A novidade constitucional da "razoável duração do processo" (art. 5º, LXXVIII, CB/88) agregada aos "meios que garantam a celeridade de sua tramitação", se não compreendida aos moldes teóricos (paradigma) de *status* democrático no sentido neoinstitucionalista (*locus* jurídico-discursivo por uma *lexis* persuasiva processualmente ofertada),[92] cria óbices (exceções soberanas)[93] a interditarem os direitos ali colocados como fundamentais. É que, por ensino fazzalariano,[94] *processo*, em sendo espécie de procedimento em contraditório, não pode subordinar-se a "meios" ou "celeridade" impeditivos do exercício da *cognitio* como topologia (não tópica) coetânea a uma *ratio* contraditorial (técnico-intelectiva) pela sequência de atos jurídicos, compositiva da estrutura do *procedimento*, que estabeleça uma relação espácio-temporal hábil a assegurar uma linearidade ou justaposição trifásica (postulatória-instrutória-decisória) ilustrativa e definidora da *causa petendi* entendida na concepção publicística da *ordo judiciorum* advinda do encerramento do ciclo histórico do direito formular nos primeiros séculos da era cristã. A recepção teórica da *cognitio extra-ordinem* como direito à exauriência probatícia assegurado pelo Estado na resolução dos conflitos marca a época fundacional da *jurisdição* enquanto arbitragem monopolizada pelo Estado-juiz e contemporaneamente do *processo* enquanto monopolizador da jurisdição.

Com efeito, a "razoável duração do processo" é uma expressão que estigmatiza o "processo" (arcaísmo instrumentalista) como *meio* de os juízes fazerem *justiça rápida*, podendo imprimir uma esperada e prestante velocidade (celeridade) pela via de uma "razoabilidade" de senso-comum e satisfazerem os fundamentos de uma *sociedade civil* pressuposta.[95] Está-se vendo que "processo" nessa obsoleta concepção assume sentido vitalista: tempo de nascer, viver e morrer. Ora, o *processo*, como instituição coinstitucionalizante e coinstitucionalizada, fundadora do *status* democrático não paideico, não se desenvolve por relações métrico-temporais e espaciais (duração fatal), uma vez que, em sendo paradigma linguístico-discursivo por princípios autocríticos (*teoria neoinstitucionalista*), é interpretante que atua ao longo da validade e legitimidade do sistema jurídico sempre aberto a um *devir di-alógico* (crítico) procedimental construtivo, reconstrutivo, desconstrutivo, afirmativo ou extintivo dos conteúdos de legalidade que possam ameaçá-lo ou lesá-lo (contrapor-se ao *processo*). Portanto, mensurável é o *procedimento* que, em sendo a estrutura técnica regida ou regida-atuada pelo *processo*,

---

91 LEAL, Rosemiro Pereira. *Teoria processual da decisão jurídica*. São Paulo: Landy, 2002.

92 LEAL, Rosemiro Pereira. Processo e democracia. *Virtuajus*, ano 4, n. 1, jul. 2005. Disponível em: www.fmd.pucminas.br.

93 AGAMBEN, Giorgio. *Estado de exceção*. São Paulo: Boitempo, 2004.

94 FAZZALARI, Elio. *Instituições de direito processual*. 1. ed. Tradução de Elaine Nassif. Campinas: Bookseller, 2006.

95 LEAL, Rosemiro Pereira. Processo civil e sociedade civil. *Virtuajus*, ano 4, n. 2, dez. 2005. Disponível em: www.fmd.pucminas.br.

comporta uma *ratio* interlocutória de durabilidade (relação jurídica espácio-temporal) que só pode ser uma *razão* egressa dos conteúdos da *lei* (*ratio legis*) processualmente produzida *ex-ante* e que só é célere enquanto *efetivo* (assegurador de *eficiência sistêmica* redutora da massa de conflitos nas bases da comunidade jurídico-democrática de direito). Não há, nas democracias jurídico-processualizadas, como assegurar celeridade sem *ampla* defesa (esgotamento da *cognitio*) e isonomia (simétrica paridade de tempo procedimental e em direitos fundamentais já pré-cognita e processualmente garantidos na base instituinte da constitucionalidade).

4.6.1.5.4 Processo e tempo nas democracias não paideicas

O ponto temático de *processo* e *tempo* suplica, nas democracias não paideicas, mediação linguístico-discursiva pela *teoria do procedimento processualizado*[96] e não, como vimos, pelo *tempo* de uma retórica celeridade-garantista por um prodigioso pensar jurisdicional condutor de "direitos materiais" a exemplo das cogitações tópico-retóricas de Karl Engish,[97] Carlos Maximiliano[98] e José Rogério Cruz e Tucci.[99] A escolha de uma *teoria* do procedimento é decisiva à caracterização do *direito* que se pretenda adotar para situar a atuação de uma *comunidade jurídico-política*. A *renúncia* ao tempo cronológico-procedimental não afeta a teoria do direito democrático, porquanto mesmo as transações e desistência de direitos pressupõem o *estar* permanente no *thema* linguístico-discursivo (tempo teórico) do *devir* processualizado. A ausência de defesa ou do falar não torna ausente o processo como direito-garantia constitucionalizado ou torna a revelia ou a confissão passíveis de sanções ou de presunções punitivas, mas suscita o direito fundamental à substituibilidade ou representação processual de parte à produção efetiva (em contraditório) do discurso defensivo ou articulativo como exercício de cidadania.[100]

O que se põe de relevo a indagar, nesse passo, é se o silêncio, a ausência premeditada, a apatia, a negligência, a revelia da parte implicariam negativa ou prejuízo ao direito fundamental do *devido processo* nas democracias não paideicas que, por sua vez, só são realizáveis na exauriência dos direitos fundamentais pela **biunivocidade** discursiva de *contraditório-vida, ampla defesa-dignidade* e *isonomia-igualdade*. Na *teoria neoinstitucionalista*, a indiferença (alheamento) da parte (legitimado ao processo) ao exercício efetivo de direitos fundamentais processualmente produzidos e constitucionalizados é sintoma a explicitar frustrações continuadas ante aspectos de persistência de entraves ideológico-judicacionais à implementação do sistema democrático.

4.6.1.5.5 Conclusões

A principiologia do processo na *teoria neoinstitucionalista* exige o pressuposto jurídico-discursivo-autocrítico de exercício continuado de autoilustração e de fiscalidade

---

96 ALMEIDA, Andréa Alves. *Processualidade jurídica e legitimidade normativa*. Belo Horizonte: Fórum, 2003.

97 ENGISCH, Karl. *Introdução ao pensamento jurídico*. 3. ed. Lisboa: Calouste Gulbenkian, 1977.

98 MAXIMILIANO, Carlos. *Hermenêutica e aplicação do direito*. 15. ed. Rio de Janeiro: Forense, 1995.

99 TUCCI, José Rogério Cruz e. *Tempo e processo*. São Paulo: Revista dos Tribunais, 1997. p. 21.

100 LEAL, Rosemiro Pereira. Processo e democracia. *Virtuajus*, ano 4, n. 1, jul. 2005. Disponível em: www.fmd.pucminas.br.

incessante pelos sujeitos de direito (legitimados ao processo-*povo*) sobre os fundamentos do sistema jurídico adotado como destinatários, autores e coautores, da construção (efetivação) de uma *sociedade política* a partir do recinto (âmbito teórico-conjectural) de uma linguisticidade (texto) processualmente constitucionalizada. Caracteriza-se assim um paradigma teórico-linguístico de compartilhamento na produção do sentido democratizante da normatividade expressa em possibilidades juridificantes de uma *existência jurídica* não posta por *realidades sociais* autopoiéticas nas bases instituinte, constituinte e constituída dos direitos legislados.

4.6.2 Princípios (institutos linguísticos) informativos do processo

Destacaremos os *princípios informativos* do processo, que, como *variáveis* lógico-jurídicos dos *princípios institutivos*, não podem ser examinados como se fossem princípios gerais do direito processual, de vez que estes, sendo mais amplos, não devem, por clareza didática e científica, misturar-se aos princípios informativos do processo.

De outra face, não tendo o *processo* um *thelos* (finalidade) de criação da paz social, econômica ou política pela *judicação* (equivocadamente considerada *jurisdição*), posto que a tal se deve chegar pela norma processual fundante dos conteúdos de existência constitucional de direitos, torna-se claro que o *processo* não se afirma pela conjunção inesclarecida dos princípios lógico, jurídico, político e econômico, como querem Cintra, Grinover e Dinamarco,[101] ao confundirem o processo dos instrumentalistas com o direito criado pelo processo instituinte e constituinte no paradigma da teoria democrática. Quanto aos chamados princípios políticos e econômicos, que seriam fundamentos criados pela norma constitucional processualizada para garantia de direitos políticos e econômicos, não se encontram, pois, na esfera construtiva da jurisdição, mas do *processo* institucional constituinte. Estabelecidas essas ressalvas, passaremos a enumerar, a nosso entendimento, os *princípios informativos* do processo, como consectários de expansividade dos já discorridos *princípios institutivos*.

4.6.2.1 Princípio da oralidade

Este é um inferente lógico-jurídico que interessa ao direito da *ampla defesa* o qual, como vimos, faculta e assegura o esgotamento do tempo processual em módulo confortável e juridicamente irrestrito, para desenvolver e realizar meios e elementos de prova nas modalidades escrita, oral e documental.

O *princípio da oralidade* opera-se pela *imediação* ou imediatividade que consiste na aproximação das partes, juiz, demais sujeitos do processo, testemunhas, informantes, para, participando democraticamente da reconstituição argumentativa dos fatos suscitados no *iter* (andamento) procedimental, possam transmitir, uns aos outros, na presença do juiz, impressões e entendimentos sobre a realidade litigiosa regida pelo *processo*. A adoção da prova escrita e documental (instrumental), com exclusão da prova oral, mutilaria o princípio institutivo da *ampla defesa* que não se faria na plenitude articulatória assegurada por direitos fundamentais. A *oralidade* é, nas legislações

[101] CINTRA, Antonio Carlos Araújo; GRINOVER, Ada Pellegrini; DINAMARCO, Cândido Rangel. *Teoria geral do processo*. 8. ed. São Paulo: Revista dos Tribunais, 1991. p. 51-52.

modernas, atributo do direito fundamental da *ampla defesa* pela produção da prova, *não* se tratando de rito ou postura verbal rigorosamente solene que pudesse conter, em si mesma, como no "processo" romano arcaico, efeitos magicistas de produzir o direito pela inefável transubstanciação da palavra (o consórcio indissolúvel do verbo humano com o divino). Essa sacralidade, que alguns processualistas ainda chamam arcaicamente de "rito", foi retirada do conteúdo da oralidade no *processo* atual. Tem-se, hoje, a *necessária redução* da idiossincrasia jurisdicional na coleta e cognição da prova que assinala os novos tempos do *direito processual*, com subsunção de todos ao princípio magno da *reserva legal* a que já nos referimos.

4.6.2.2 Princípio da publicidade

A *publicidade* dos atos procedimentais e processuais envolve também a realização da *ampla defesa* para todos (*per omnes*), colocando os sujeitos do procedimento (processo) e possíveis terceiros alheios ao litígio em nível de igualdade. Daí o princípio da divulgação oficial dos atos procedimentais vincula-se, por aderência lógica, ao princípio institutivo constitucional do processo que é a *ampla defesa*, como fundamento do Estado Democrático de Direito. É certo que, em algumas legislações, tal princípio sofre restrição (ações que correm em segredo de justiça), mas, quando tal sucede, explica-se pelo atendimento do *princípio maior* da privacidade e dignidade dos demandantes ou interessados, quanto à preservação de sua imagem, em igual afirmação de direitos fundamentais que não podem ser postergados.

4.6.2.3 Princípio da lealdade processual

Esse princípio há de ser estudado sem a carga emocional que lhe emprestam vários processualistas. A lealdade processual não se refere ao exercício das virtudes intrínsecas das partes ou de seus procuradores, obtidas pela condição moral de cidadãos irrepreensíveis e puros, mas diz respeito ao dever legal de atuação processual em regime de reciprocidade de tratamento, segundo padrões de seriedade que a lei processual exige ao colocar as partes em nível isonômico, sem que qualquer delas possa utilizar de modo fraudulento ou doloso a atividade jurisdicional para fins ilícitos. A lealdade vinculada ao *princípio* aqui examinado não é um sentimento que devem as partes e seus procuradores manifestar no curso processual ao juiz supostamente leal e virtuoso, porém um comportamento legal que a lei estabelece para todos os sujeitos do processo, indistintamente, em prol da preservação da *isonomia*, que é direito fundamental assegurado na construção jurídica do procedimento.

São prestantes as lições do insigne processualista mineiro, prof. Ronaldo Brêtas de Carvalho Dias,[102] em obra especializada, no sentido de que "A violação do dever de lealdade e probidade, no processo civil, traduz ilícito processual. Esta ilicitude abrange a fraude e o dolo processuais, que são a antítese daquele dever". Assim, a lealdade é princípio informativo do processo, porque inferente do *princípio da isonomia* que repugna o desbalanceamento das posições dos sujeitos do processo, por vantagens, favores ou

[102] DIAS, Ronaldo Brêtas de Carvalho. *Fraude no processo civil*. Belo Horizonte: Del Rey, 1998. p. 87.

artimanhas, em rompimento à permanente condição de licitude e de equilíbrio jurídico assegurados em norma fundamental na realização dos atos processuais.

4.6.2.4 Princípios da disponibilidade e da indisponibilidade

A rigor, o que os escritores chamam *princípio da disponibilidade processual*, que garante a faculdade de as pessoas postularem ou não seus direitos, não seria um poder inerente ao exercício da atividade procedimental, mas direito de alguém exercer ou não o que a lei coloca à sua disposição.

A disponibilidade jurídica, por direito de ação (art. 5º, XXXV, CF/1988), não sofre qualquer restrição, seja na área cível ou penal, tanto que poderá qualquer pessoa, na omissão do Ministério Público, instaurar subsidiariamente a ação penal.

Portanto, os princípios da disponibilidade e da indisponibilidade não afetam o direito ao procedimento, que é sempre disponível, mas diz respeito à natureza do direito material criado em lei e colocado à disposição das pessoas. Estas é que, por força de função pública, não podem deixar de provocar atos procedimentais que a lei lhes impõe ou, quando não exercem função pública obrigante de condutas indisponíveis, poderão ativar ou não procedimentos disciplinados em lei.

Não se deve confundir os princípios da disponibilidade ou indisponibilidade, em função, como vimos, da qualidade das pessoas que podem ou devem ativar procedimentos, com o *princípio dispositivo* que segue a regra da parêmia latina: *iudex iudicare debet allegata et probata partium*. É que, no processo civil, o juiz deve, ao julgar, cingir-se aos fatos alegados e provados pelas partes, pondo-se, por consequência, no plano da *verdade formal*, sendo que, quando a lei determina que o juiz, por *impulso oficial*, provoque *ex officio* ato processual probatício, não age sob o que chamam de *princípio inquisitório*, porque só assim o seria se não existisse lei prévia determinadora da conduta jurisdicional.

No Estado Democrático de Direito não há mais falar em *princípio inquisitório*, isto é, em referente lógico da atuação jurisdicional sem conteúdo legal. Quando o juiz, *secundum legis*, toma a iniciativa probatória, seguindo o que os processualistas cognominam de princípio da *verdade real*, não está exercendo atividade inquisitória, porque tal conduta não tem bases no arbítrio ou na discricionariedade, porém o faz com apoio em norma prévia, pelo princípio da imperatividade legal de que não pode abster-se. Ademais, o juiz, mesmo obediente à imperatividade legal da livre investigação da prova, ainda assim não pode, a seu talante, exceder-se aos limites de atuação jurisdicional, porque quebraria, como bem acentua Ovídio A. Baptista da Silva,[103] a *imparcialidade* que é "pressuposto lógico do próprio conceito de jurisdição".

4.6.2.5 Princípios da economia processual e da instrumentalidade das formas

O *princípio da economia processual* não abrange, na modernidade, o conceito da redução das atividades processuais em violação ao direito fundamental da ampla

[103] SILVA, Ovídio Baptista da; GOMES, Fábio Luiz. *Teoria geral do processo civil*. São Paulo: Revista dos Tribunais, 1997. p. 48.

defesa e do contraditório. Não se trata do parâmetro econômico-financeiro do *custo-benefício.* No Estado Democrático de Direito, não há cogitar resultados financeiros e econômicos pelo encurtamento da atividade processual ou na rapidez (celeridade) dos procedimentos para otimização dos custos do serviço público ou do pronto atendimento dos pleitos judiciais, pois a única *vantagem* buscada pela lei processual é assegurar, de modo irrestrito, o *direito-garantia* da ampla defesa, contraditório e isonomia.

Quanto ao *princípio da instrumentalidade das formas*, pode-se afirmar que encontrou inteira recepção nos ordenamentos processuais modernos, porque afasta a decretação de nulidades relativas, quando os atos ditos anuláveis sejam suscetíveis de recuperação ou aproveitamento. Entretanto, o *princípio da instrumentalidade das formas* não induz que o juiz possa, de ofício, ante a configuração de nulidade relativa, mandar suprir o defeito dos atos processuais, porque há hipóteses em que é *faculdade* exclusiva da parte alegar os *vícios* do ato processual.

Em se tratando de *vícios* que cominam nulidade absoluta ao ato jurídico-processual, não se tem como convalescer a irregularidade, *não* porque esteja em foco um interesse de ordem pública, de vez que este *sempre* ocorrerá em qualquer hipótese pelo caráter público da norma; todavia, o ato é insuprível pela razão de a lei determinar o seu *não aproveitamento.*

4.7 Requisitos da jurisdição: atividade do juiz (judicação)

Este ponto que cuida dos *requisitos* para o exercício da atividade jurisdicional (judicacional) seria mais bem enquadrado na teoria do Estado e não na teoria geral do processo. Entretanto, a apuração dos requisitos para a prática da atividade jurisdicional (judicacional) é indispensável à validade dos atos praticados pelo juiz, porque tais aspectos entram na configuração da *competência* do juiz para dirigir os procedimentos e julgar os pedidos, conforme a lei. Ao juiz que não estivesse investido no cargo, faltar-lhe-ia o requisito de jurisdição (judicação), não sendo jamais *competente* para gerir qualquer procedimento. Daí não se revelam inúteis algumas considerações sobre o tema. Preferimos a expressão "requisitos" a "princípios" para discorrer sobre esse segmento de nosso programa, porque requisitos equivalem a condições que não causam a formação da estrutura lógica do *processo*, por serem qualidades externas e anteriores ao procedimento judicial e ao processo que definem os atributos legalmente exigidos ou conferidos pela lei para legitimar a atividade jurisdicional.

4.7.1 Requisito da investidura

Esse requisito impõe que o praticante da atividade jurisdicional esteja investido no cargo de juiz do Poder Judiciário, adquirindo, assim, a condição de magistrado, selecionado e aprovado por via de concurso público em que demonstrara ser diplomado por faculdade de direito regular, bem assim ter conhecimento técnico-científico para o exercício das funções. É claro que cada país tem suas particularidades jurídicas para habilitar alguém às funções de juiz. No Brasil, em que só as decisões judiciais têm eficácia vinculativa plena, quando proferidas pelo órgão jurisdicional (o juízo, unidade judicante do Poder Judiciário), ainda assim se convive com algumas anomalias de existência de juízes não magistrados.

Em sendo pública a função do juiz, porque a *investidura* é caracterizada pela posse em cargo estatal, é estranhável que se possa falar em imparcialidade do juiz e sua "posição equidistante com relação às partes",[104] para julgar causas contra a União, estado ou município ou órgão, entidade ou empresa estatal ou paraestatal, ainda mais quando se vê nos dias atuais o total descrédito do Estado-Nação, máxime no caso do Brasil e de muitos outros países, por ausência de substrato popular legítimo (exercício da cidadania com o grau de lucidez pela escolarização de nível médio ou superior), que altera a todo momento o ordenamento jurídico em proveito dos interesses governamentais e não públicos, escusando-se a acatar celeremente o direito nacional, estabelecendo privilégios a seu favor e provocando, por inúmeras inadimplências e transgressão de direitos fundamentais, enorme massa de conflitualidade entre a sociedade e o Estado-Nação.

Portanto, já é tempo de pensar a quebra do monopólio jurisdicional do Estado, com criação em lei, por consulta plebiscitária, de um Judiciário, em paralelo ao existente, cujos cargos de juízes sejam providos em sufrágio popular, mediante *requisitos* estabelecidos em lei para julgar as ações que envolvam litígios ligados à União, estado, município ou órbita de atividades de que participem, com a indicação de organização não governamental, também escolhida pelo povo, de modo temporário e rotativo, para exercer o controle administrativo desse novo Judiciário, com dotação financeira própria e direta no orçamento público, a fim de assegurar a total desvinculação dos *juízes populares* das manipulações ou pressões conjunturais das Administrações Públicas da estatalidade.

Também, há legislações, como a brasileira, que, em suas insólitas *leis de arbitragem*, na busca atônita de equivalentes jurisdicionais ou das idílicas justiças alternativas privadas, num retorno ao direito pretoriano, equiparam os árbitros aos juízes (magistrados), sem que se possa afirmar que esses árbitros cumpram o requisito da *investidura* que, como sabemos, pelas características da jurisdicionalidade brasileira, só se dá pela posse em *cargo público*. De consequência, *o requisito da investidura* apresenta-se hoje desfigurado pela anarquia legislativa nacional, não sendo mais observado para designar a qualidade de magistrado na acepção que aqui mencionamos, de vez que temos, na lei, a esdrúxula figura do juiz sem investidura e temos investidura *ex vi legis* nas funções de juiz sem o cargo público correlato (arts. 17 e 18 da Lei nº 9.307/1996 – Lei de *Arbitragem*).

4.7.2 Requisito da inércia

No campo dos direitos disponíveis, em que prevalece a liberdade das pessoas de movimentar ou não a jurisdição para exercê-los, não poderá o juiz substituir a parte para provocar a incidência da atividade jurisdicional. O *requisito da inércia* da jurisdição resulta da velha parêmia dos romanistas, que afirmavam: *nemo iudex sine actore* (nenhuma atividade jurisdicional sem a provocação do interessado) ou *ne procedat iudex ex officio* (o juiz não pode instaurar procedimento por iniciativa funcional própria para examinar e julgar alegações de direitos). O *requisito da inércia* é, às vezes, chamado impropriamente princípio da ação. No entanto, a ação, quando entendida como ato de movimentar a

[104] CINTRA, Antonio Carlos Araújo; GRINOVER, Ada Pellegrini; DINAMARCO, Cândido Rangel. *Teoria geral do processo*. 8. ed. São Paulo: Revista dos Tribunais, 1991. p. 58.

jurisdição, é direito-garantia constitucionalizado (art. 5º, XXXV, CF/1988) e não tem esbarro em nenhum princípio restritivo ou limitador, porque o direito de ação, como vimos, é direito material incondicionado. O *direito de agir* em juízo está subordinado a atendimento de pressupostos e condições procedimentais que até poderiam ser tidos como elementos formativos do *processo* regidos pelo princípio da ação, isto é, princípio regedor da existência legal de procedimento. Só assim se poderia imaginar um *princípio da ação* que, por evidência, nada teria a ver com a *jurisdição*, mas com as condições sistemático-processuais.

O *requisito da inércia* não veda o necessário impulso que, uma vez instaurado o procedimento pela parte, o juiz deve conferir ao andamento dos autos. Não pode, entretanto, o juiz, na tramitação processual, direcionar a causa para rumos de seu arbítrio, sem atentar para o *princípio da reserva legal*, decidindo as questões com ampliação do objeto do pedido formulado pela parte (*ultra petita*) ou de modo diverso da pretensão das partes (*extra petita*) ou aquém da pretensão das partes (*citra petita*). Também, o impulso processual, a que o juiz está obrigado, não permite que o juiz conceda direitos que foram precariamente alegados pelas partes ou que sequer foram fundamentados pelas partes, porque, no direito processual brasileiro, no que tange aos direitos disponíveis, não predomina o adágio latino do *iura novit curia* (ao juiz cabe dizer o direito e à parte, os fatos), porquanto, como frisamos, o direito processual brasileiro é formalístico, prescindindo, à formação do processo, de acatamento de pressupostos legais com rigorosa fundamentação e sistematização de condutas.

O juiz só pode suprir a incúria da parte quando a lei expressamente autorizar, o que se chama impropriamente de matéria de ordem pública apreciável *ex officio*. E essa é, a nosso ver, uma garantia jurídica inafastável, porque a abolição de pressupostos e condições do procedimento iria dispensar a enunciação técnico-científica do *processo*, transformando o juiz em *árbitro totalitário* de solução de controvérsias com aumento da conflitualidade social pelo estiolamento da cidadania que somente surge com o direito de amplo exercício do contraditório *secundum legis*, e não *secundum conscientia* como era na antiga *Roma* pelos éditos e fórmulas dos *pretores*.

4.7.3 Requisito da aderência territorial

A atividade jurisdicional é exercida em perímetros territoriais indicados na constituição e nas leis de divisão e organização judiciárias, quando o país adota a forma federativa (Estados-membros, Distrito Federal e municípios) em que o Estado Federal, representado pela União, é, por outorga do povo, detentor da *soberania*, podendo decidir, nos limites da lei, imperativamente, em nome de todas as unidades políticas internas, nas esferas nacional e internacional, enquanto os Estados federados são meramente autônomos, não podendo praticar atos no plano internacional, a não ser com especial autorização legislativa.

No Brasil, só o Judiciário tem a *função de julgar* com efeito vinculativo pleno. O Estado brasileiro (República Federativa do Brasil) delega ao Poder Judiciário o *dever* funcional de solução de litígios ou acertamento de direitos através dos juízos de direito exaradores de provimentos que assumem as características de *sentença*, porque revestida de atributos de definitividade, imutabilidade, indiscutibilidade, nos termos que a lei dispuser. Poder-se-ia falar numa jurisdição administrativa, quando o Executivo ou o Legislativo decide em suas esferas de competência (que é a especialização da jurisdição). Porém, as decisões administrativas, ainda que seguindo o modelo do *processo constitucionalizado*, são revisíveis pelo órgão jurisdicional (o Estado-juiz), por força do monopólio jurisdicional do *dever de julgar em definitivo* que a Constituição brasileira confere ao Judiciário.

A aderência da jurisdição (atividade do juízo de direito: singular ou colegiado) a determinado território (comarca, seção, circunscrição: unidade territorial judiciária) é que vai propiciar a demarcação dos limites geofísicos da atuação dos juízes, pouco importando a *especialização* da atividade jurisdicional exercida: se no procedimento penal, civil, trabalhista, tributário, previdenciário, comercial ou outro qualquer. Todos os juízes estaduais de uma única comarca teriam, portanto, os mesmos limites jurisdicionais, embora portassem competências diferenciadas. Quando o juiz precisa praticar ato, no território nacional, fora dos limites territoriais de sua jurisdição, utiliza-se das formalidades da *carta precatória* e, em território estrangeiro, da *carta rogatória*, como se lê no CPC (arts. 201, 210 e 368).

Atualmente, ao falar de aderência territorial como *requisito* da jurisdição, não se pode generalizar tal instituto, porque temos exemplos de jurisdições supranacionais nos espaços jurídicos das comunidades de nações a exemplo da União Europeia, cujos tribunais (Corte Superior de Justiça e Tribunal de Primeira Instância) julgam de modo vinculativo pleno em face de todos os Estados-nações associados, inclusive da entidade comunitária, sem que se possa afirmar que a jurisdição comunitária se faça pela aderência aos territórios dos Estados Signatários dos tratados da União Europeia. Os Estados-partes não perderam a *soberania*, mas, ao contrário, ampliaram a soberania popular e a própria cidadania ao decidirem a construção de uma União jurídico-político-econômica e ao estabelecerem os termos jurídicos desse imenso Estado-região que é inegavelmente o novo e sofisticado paradigma de agrupamento humano para a integração dos povos, com redução das complexidades das relações de troca e dos conflitos entre as nações e entre os indivíduos pelo desenvolvimento compartilhado em nível macroeconômico mundial.

4.7.4 Requisitos da inafastabilidade, inevitabilidade e indelegabilidade

Esses três requisitos, estruturalmente entrelaçados, decorrem da peculiaridade jurídica dos serviços públicos, nos quais a jurisdição se insere e que se traduzem no dever do Estado de exercer, em caráter contínuo, a função de administrar a ordem jurídico-socioeconômica constitucionalmente adotada. Por isso, o controle jurisdicional para assegurar a incolumidade do ordenamento jurídico é *função inafastável* do Estado que, através do Judiciário, há de resolver, em definitivo, lesões ou ameaça a direitos.

Atente-se que o juiz, a pretexto de lacuna ou obscuridade nos textos legais, não pode mais se escusar de proferir decisão segundo os *princípios da lei*, porque seria anciã a assertiva de que, após a edição das constituições modernas e de inúmeros tratados internacionais que contemplam, com ampla fecundidade principiológica, os direitos fundamentais do homem e, em particular, do brasileiro, o juiz pudesse decidir com base em princípios que não fossem jurídicos. A exemplo, veja-se a Constituição brasileira de 1988 (art. 5º, §2º; art. 60, §4º, IV; e art. 93, IX), que, de certo, afastou a aplicação do CPC, art. 126 e dos arts. 4º e 5º da LINDB, no que concerne a decisões com fulcro em analogia pelos costumes, fins sociais e bem comum, por serem valores culturalmente subjetivos, não podem ser fonte de direito num Estado Democrático em que só o povo, diretamente ou através do Legislativo, dirá, pela lei, qual o costume, o fim social ou o bem comum é norma de julgar (art. 5º, II, CF/1988).

A *inevitabilidade* da jurisdição confirma a característica pública da atividade que, uma vez provocada, há de ser prestante, útil e eficiente. É por isso que, quando o juiz, a qualquer pretexto, retarda a prestação jurisdicional, tornando morosa a resposta do Estado aos pleitos das partes, deveria ser alvo de representação indeclinável do Ministério Público; este, como *instituição popular* essencial à eficácia jurisdicional do Estado e defensora permanente da ordem jurídica (art. 127 da CF/1988), é pessoa legitimada, em primeiríssima qualidade, para promover, *ex officio*, o procedimento disciplinar conforme determina o art. 198 do CPC.

A *omissão* dos membros do Ministério Público que concorre para tornar evitável a jurisdição, por desídia do órgão jurisdicional ou pretexto de acúmulo de serviço da magistratura, configura crime contra a Administração Pública cuja apuração deveria ocorrer pelo Poder Legislativo (art. 52, II, CF/1988), que poderia destituir o Procurador-Geral (arts. 128, §§2º e 4º, da CF/1988), caso este se revele indiferente às iniciativas legais à responsabilização dos prevaricadores. Entretanto, como bem lembra um eminente professor universitário de Minas Gerais, Aloízio Gonzaga de Andrade Araújo, pergunta-se: *quis custodet custodem*? A resposta só seria concebível, a nosso juízo, pela teoria neoinstitucionalista do processo, ouvindo também a lição de Hobsbawm[105] que, confiante nas gerações vindouras, admite a construção de um futuro reconhecível que não seja o "prolongamento do passado ou do presente".

Quanto ao *requisito da indelegabilidade*, é este corolário dos atributos especificados na Constituição ou na lei de que, por si mesmo, não pode eximir-se o *juiz* no exercício da função jurisdicional. É-lhe vedado, a seu alvitre ou conveniência, delegar (transferir, repassar) suas funções a outrem, embora, por dispositivos de leis estaduais e federais, o juiz seja substituível por imperiosa necessidade do serviço judiciário ou por justa causa, enfermidades, força maior, estando, assim, mitigado o princípio ortodoxo que exigia irreversível identidade do juiz com a causa, isto é, o juiz da instrução deveria ser forçosamente o juiz da decisão.

4.7.5 Requisito do juízo natural

Preferimos a expressão *juízo natural* à antiquada denominação "juiz natural", porque, consoante anota o prof. Aroldo Plínio Gonçalves,[106] desde o Congresso Internacional de Direito Processual de Gand, de 1977, o provimento (sentença) já não é mais ato solitário do juiz, mas da jurisdição que se organiza pelo Poder Judiciário em grau de definitividade decisória, na órbita de toda a jurisdicionalidade estatal. Só podemos, assim, compreender o *juízo natural* como requisito que impõe a necessária coexistência de jurisdição e Estado, em que a *natureza jurídica* do Estado implicaria simultaneamente a existência da jurisdição. Poder-se-ia dizer, então, que os órgãos jurisdicionais seriam naturais se, e somente se, surgidos com a criação jurídica do Estado.

---

[105] HOBSBAWM, Eric. *Era dos extremos*. 2. ed. São Paulo: Cia. das Letras, 1995. p. 562.

[106] GONÇALVES, Aroldo Plínio. *Técnica processual e teoria do processo*. 1. ed. Rio de Janeiro: Aide, 1992. p. 180.

Um Estado que originariamente (naturalmente) não se manifestasse, de modo congênito, pela função de autocontrole jurisdicional e que nomeasse juízes para cada caso que lhe fosse submetido para julgar, não se legitimaria como Estado Democrático de Direito, porque o próprio Estado, em situações de conveniência e não por leis institutivas votadas pelo povo, por seus dirigentes, escolheria os juízes (tribunais de exceção) à medida das conjunturas e interesses governamentais. Daí se fala no requisito do *juízo natural* que estabelece, para garantia de direitos fundamentais de liberdade, dignidade e ampla defesa, a coexistência do Estado Democrático de Direito e de seus órgãos jurisdicionais, com competências predefinidas, ante os atos ou fatos a serem julgados. Não se trata de dizer que esse requisito assegura julgamento por juiz imparcial, porque a imparcialidade aqui não é qualidade intrínseca dos juízes, mas dever estatal constitucionalizado.

Sabe-se que, se equiparada a equívoca expressão *natural* a outras que se lhe assemelham, no linguajar forense (como razoável, comum, admissível, incensurável), jamais se poderia imaginar o chamado "princípio do juiz natural" com conotações de juízo de razoabilidade, de vez que, por leis várias, muitos ingressam na carreira de juiz sem que tenham, sequer, exercido um só dia de advocacia ou tenham lido, por inteiro, um só livro de direito.

4.7.6 Imparcialidade do juiz

Como bem observam Cintra, Grinover e Dinamarco,[107] "o caráter de imparcialidade é inseparável do órgão da jurisdição". Por isso é que, *não* sendo a imparcialidade do juiz princípio de direito processual, mas *dever* constitucional do Estado-juiz, como *direito-garantia* das partes, as leis processuais cuidam da suspeição e impedimento dos juízes como *vícios* insuperáveis e causadores da nulidade dos atos jurisdicionais. A imparcialidade exigida pela lei não é uma qualidade inata ou imanente ao juiz.

4.7.6.1 Fundamentos democráticos da imparcialidade judicial no direito brasileiro

Nos limites do direito brasileiro, com o advento da Constituição do Brasil de 1988, houve implicações, para o **exame da democraticidade** do direito, que não reproduzem fielmente o discurso constitucional de outros países. É que o art. 1º da CF/88, a meu ver, instituiu o Estado Democrático de Direito com afastamento do republicanismo, e do liberalismo mui especificamente pelo seu art. 170 que estabeleceu novo conceito para a compreensão do que se denomina "ordem econômica".

Disso decorre que o que se põe em exame na contemporaneidade brasileira é a prospecção sobre o paradigma de Estado Democrático concebido como **coinstituição** instrumental de execução compulsória dos direitos fundamentais de igualdade, liberdade e dignidade para todos indistintamente. Com isso, impor-se-ia o expurgo dos trechos constitucionais inconstitucionais que conflitem com o paradigma de Estado

[107] CINTRA, Antonio Carlos Araújo; GRINOVER, Ada Pellegrini; DINAMARCO, Cândido Rangel. *Teoria geral do processo*. 8. ed. São Paulo: Revista dos Tribunais, 1991. p. 52.

juridicamente conquistado no Brasil. Claro que se trabalharmos o *direito processual* nos âmbitos constitucional e das leis codificadas ou não, sem que essa filtragem aconteça, os institutos do direito processual não avançam em conjecturas (revisitações epistemológicas) que lhes possam conferir pertinência a uma teoria de democracia no que diz respeito à sua visão neoinstitucionalista de que os direitos fundamentais do processo, além de fundantes da constitucionalidade, são líquidos, certos e exigíveis e já pré-decididos (pré-cógnitos) nos níveis instituinte e constituinte dos direitos. Para melhor explicar, a constituição democrática equivaleria a um título executivo extrajudicial quanto aos direitos fundamentais ali constituídos (§1º do art. 5º da CF/88).

Então, o enunciado de base para o *estar em juízo democrático* é a imediata (não pressuposta ou eximível) implementação dos direitos fundamentais, de modo contínuo (ininterrupto) simultaneamente exercida pela instrumentalidade jurídica da atuação do Estado em suas funções administrativo-governativa, legiferativa e jurisdicional. Não há falar em "poderes" que possam autorizar, na visão arcaica de mero silogismo protocolar, o juiz assumir a condição de *dominus processus* para a altíssima e transcendente condução do procedimento de meras condutas procedimentais sem que *partes* ou interessados estejam, por requisito prévio, em *isonomia* em seus aspectos integrativos de isotopia, isomenia e isocrítica, conforme exponho em minha teoria neoinstitucionalista do processo. Também nesse passo, o autor não pode, em relação ao réu, ser considerado *dominus litis*.

O conceito de Estado-juiz do *frei recht* alemão é, na perspectiva democrática, afastado, porque, se imanente aos paradigmas de Estado Liberal, Social e Proceduralístico de Direito, por um sincretismo histórico ainda não exaustivamente perquirido na pesquisa científica do direito, os sentidos da lei se apresentam secundários ante o voluntarismo da *auctoritas*. Portanto, o ensino de Goldschmidt de que ao juiz, pelo dever de imparcialidade, cabe assegurar às partes a *imprevisibilidade* de suas decisões, não mais pode encontrar recepção no direito democrático.

Assim, o instituto jurídico-processual da *imparcialidade* há de migrar da órbita subjetiva (solitária, solipsista) do juiz para o recinto da legalidade paradigmática do *juízo de direito*, ou seja, para os juízos decisórios que compõem uma teoria contemporânea de Estado Democrático coinstitucionalmente formalizado a exemplo da brasileira a partir de 1988. Nessa conjectura, são para mim insustentáveis o garantismo e protagonismo judiciais, ainda que se adotasse a estranha e paradoxal expressão "dogmática crítica", porque não se explicaria se *crítica* aqui se remeteria à faculdade da livre razão kantiana (criticismo) ou a testificações lógico-discursivas (tensionamentos teóricos) à identificação de aporias na morfologia dos conceitos de protocolização das afirmações doutrinárias (indutivas) do senso comum e do senso comum do conhecimento.

O risco que ocorre em cuidar da *imparcialidade* do juiz em termos de virtude deontológico-jurisdicional em que o caráter oculto do sentido normativo (mente excetiva da autoproibição do *non-liquet* que não cogita do seu autoengano) exclui a fundamentalidade de direitos líquidos, certos e exigíveis, é o "estar em juízo" não democrático que, conforme assinalei em especial artigo em livro recente merecidamente publicado em homenagem à professora Thereza Alvim,[108] mostra-se como fonte decisional e gênese

[108] AURELLI, Arlete Inês et al (Coord.). *O direito de estar em juízo e a coisa julgada* – Estudos em homenagem a Thereza Alvim. São Paulo: Revista dos Tribunais, 2014.

de um saber de um sujeito (juiz) cognoscente inatamente ontológico-pedagógico de realização do mito de justiça. Certamente, uma vez desgarrados do juiz os juízos jurídicos que identificam o paradigma coinstitucional de Estado Democrático, os comumente chamados juízos-de-direito ficam confinados aos sentidos do *locus* administrativo das instâncias judiciais para mera fixação da competência.

A *imparcialidade* nessa circunstância estaria agregada ao "estado de exceção" em que o juiz se coloca *in-parte*, isto é, numa dimensão particular, privativa ao fetiche do seu poder de encarceramento dos sentidos normativos (e aqui lembro Foucault), de tal sorte a proclamar e sancionar de modo interdital a litigância de má-fé das partes sem que a sua própria seja suscetível a questionamento pela instituição do *devido processo*. Também aqui os estudos de Sartre sobre a distinção entre má-fé e boa-fé como engano ordinário e autoengano que só agora foram explicitados em singular dissertação de mestrado em direito processual na PUC Minas, tendo em vista a precariedade com que este importante tema e outros que se entregam à interditalidade jurisdicional são discorridos nos livros de doutrina processual comprometidos com o totalitarismo da dogmática analítica, do idealismo da zetética da hermenêutica filosófica ou do realismo metodológico do pragmatismo mecanicista.

A propósito do tema da *imparcialidade*, não seria mesmo possível admitir a isenção, como atributo personalíssimo, de um juiz virtuoso ou íntegro em seu dever indeclinável de ser justo, porque no direito democrático os fundamentos da decisão devem adrede estar nos conteúdos da teoria da legalidade legiferada e amparados pela coisa julgada constituinte acessível *ante-litem* a todos os sujeitos processuais em caráter isonômico a permitir uma *hermenêutica isomênica* excludente de juízos de conveniência que transformam ações judiciais como procedimentos regidos pelo *devido processo* em meras "ações afirmativas" de um judiciário culturalmente ideologizado em formas materiais de vida litigiosa que jurisprudencialmente é perpetuada pelo autoengano a que, segundo Sartre, a autoridade confortavelmente se entrega ao se dizer portadora de um *autossaber* advindo de um falso antídoto à sua má-fé inconfessa, tais como "sinceridade, honestidade e boa-fé". É a *boa-fé* a máscara, o véu, que encobre sua ignorância recôndita, inconfessa e perversa, não pesquisada, assumindo os nomes metajurídicos de imparcialidade, bom-senso, integridade, analogia, bons costumes, justiça, direito justo, bem-estar, paz social e bem comum nos paradigmas de Estado Dogmático (liberal e social de direito e similares).

A se decidir em paradigma de Estado Democrático no contexto histórico-dogmático dos Estados Liberal, Social e Proceduralístico de Direito, cria-se o *estado de exceção* como Estado-juiz, a abrigar uma sociedade pressuposta de civis patrimonial e predestinadamente patrimonializados, e que pertencem desde sempre como portadores mitificados de poderes ordálicos pelos quais alimentam a crença em suas virtudes pessoais de dadores de paz, segurança e justiça adquiridas *ex-ante* da existência do direito formalizado. Por isso, são fervorosos adeptos de um direito posto que se torna *pós-ativo* (positivo) pelo voluntarismo da judicatura que dirá o que o direito é *secundum conscientiam* dos juízos imparciais (transcendentais) dos juízes e decisores poderosamente autorizados. Assim, celebram, consagrando e sacralizando a cada dia mais, de modo ritualístico, o mito da justiça rápida e do processo de resultados civis e civilizatórios com supressão da imediatidade do atendimento a direitos fundamentais que nas democracias não paideicas reclamam autoaplicabilidade a colocar juízes e partes em isonomia discursiva como pré-requisito de *imparcialidade* (não hierarquização entre partes argumentantes e decisores ao contrário dos moldes bülowianos que em suas engenhosas mutações contemplam "teorias do processo" (ideologias?) que vão de Bülow a Fazzalari e destes aos neoconstitucionalistas).

4.7.7 Requisitos da persuasão racional do juiz, requisito da motivação das decisões judiciais e requisito do duplo grau de jurisdição

A *persuasão* do juiz, no Estado Democrático de Direito, é construída pelos critérios que a lei estabelece para seu autoconvencimento ante os fatos e atos examinados. O julgador não pode decidir, assumindo o papel paternalista ou do *magister* em juízos de desvinculada subjetividade. O juiz não pode, portanto, decidir em face de uma *lei vazia* à qual possa emprestar conteúdos de pessoal sabedoria, clarividência ou magnanimidade. O incomparável Luiz Alberto Warat,[109] a propósito, salientou:

> desde Roma até os dias atuais podemos encontrar sempre a produção jurídica construindo-se em torno da paternidade. As instituições também funcionam paternamente como produtoras da subjetividade. A paternidade opera, então, como um significante todo-poderoso, que permite evocar um relato legendário colegitimador de uma inquestionável sabedoria do comentário. Isto permite situar a lei como um lugar vazio, por onde circulam significações e alegorias, que fazem a lei falar. Assim, a lei se encontra como um lugar inicialmente vazio por onde transitam os doutores, fazendo desse vazio seu lugar de poder.

Após as constituições democráticas, aboliram-se os sistemas inquisitório e de livre convencimento, porque historicamente assentados em bases autocráticas e carismáticas de juízos de arbítrio, discricionariedade, conveniência e equidade, sem qualquer suporte no princípio da anterioridade e exterioridade normativas.

A reserva legal, como referente lógico-jurídico da legitimidade jurisdicional, erigiu-se em princípio constitucional de racionalidade na prolatação das decisões judiciais, o que torna imprescindível a *fundamentação* do ato jurisdicional em leis que lhe sejam precedentes.

No mundo de hoje, em que as conquistas teóricas de liberdade, dignidade e igualdade de direitos se firmaram, as decisões *secundum conscientiam* não têm substrato legal, porque adotam juízos de convicção íntima, sem que esta convicção esteja balizada em critérios legais. Atualmente, os princípios jurídicos se mostram fecundos em todas as legislações dos povos estudiosos, não sendo mais acolhível apoiar-se em juízos de sensibilidade, clarividência e magnanimidade como fundamento dos provimentos jurisdicionais.

Entrelaça-se aos requisitos analisados o do *duplo grau de jurisdição* (competência!) que se desponta como dever estatal de permitir a *revisibilidade* das decisões judiciais e, consequentemente, o reexame da motivação legal que sustentou o convencimento do juiz para exaração do provimento recorrido. A racionalidade jurisdicional motivada na lei e suscetível de recriação por novos juízos de reapreciação retira a autocracia

---

[109] WARAT, Luís Alberto. O monastério dos sábios: o sentido comum teórico dos juristas. *In:* WARAT, Luís Alberto. *Introdução geral ao direito II*. Porto Alegre: Fabris, 1997.

inquisitorial que governou o exercício da jurisdição nas épocas obscuras da humanidade, deixando sequelas de agressão a direitos, que persistem em nossa época. Portanto, quando se menciona a *autopersuasão racional* do juiz, como seu dever na produção dos atos jurisdicionais, é juridicamente indispensável que o convencimento do julgador tenha fundamentos na lei e que seja possível, como pressuposto legal de ampla defesa, a revisibilidade, por nível de jurisdição superior, das decisões expendidas em juízo monocrático.

4.8 Lei e norma

4.8.1 Teoria da norma

Entendemos que não é suficiente dizer que a *norma* legal qualifica e valora a conduta como devida, permitida ou vedada, porque é importante destacar que a *norma* não é algo escrito, mas uma categoria intelectiva que, inferida do texto da lei, indica o *padrão de licitude* adotado pelo paradigma processual de Estado na criação e disciplinação de direitos. A *norma*, portanto, é categoria de logicidade de todo o sistema jurídico com um único corolário, que é a fixação hermenêutica da *licitude* como *síntese* de permissão, dever e vedação. Para Kelsen,[110] basta a lei estabelecer uma proposição lógica de *condição-consequência* e estaria instalado o aparelho repressor do Estado pela *sanção* da lei, sem que se cogitasse da justificação, *explicação* ou questionamento dos conteúdos de *licitude* normativa, e sua *antítese* tautológica de *ilicitude*. Deduz-se que, em Kelsen, o dogmatismo jurídico é guindado a planos de alienação coletiva, em que a *norma* é fertilizada pela lógica pura (apodítica), sem qualquer indagação de disciplinarização política a serviço das camadas dominantes.

Deparamo-nos, muitas vezes, com o sentido da *norma*, descrevendo trajetória diversa e contrária ao texto da lei, conforme lembra Maria Helena Diniz,[111] rememorando a célebre anotação de Binding. Como exemplo, poder-se-ia estar de acordo com a conduta descrita na lei e em oposição à *norma*. Quando a lei fala "Matar alguém. Pena de 6 a 20 anos (art. 121 do Código Penal)", a *norma* é *não matar*, embora a lei, como se vê, não diz expressamente que seja proibido matar. *Aliás*, até mesmo a lei permite matar, desde que a *sanção* se faça pela pena cominada. Nesse quadro de reflexão podemos distinguir, então, a *norma jurídica* entendida pelo padrão lógico de *licitude* adotado no ordenamento jurídico de um Estado-nação ou Estado-região (comunidade de povos) e a *norma legal*, cujo sentido seria o estrito ao texto específico de um artigo, frase ou trecho oracional de uma lei. Como exemplo, poderíamos lembrar o *direito-garantia* de liberdade (CF/1988, art. 5º), em que o texto do artigo da lei constitucional já indica e determina *literalmente* a *norma*.

Em qualquer hipótese, poderíamos anotar que a *norma* é categoria lógica de dicção dos conteúdos jurídicos de uma estrutura jurídico-político-econômica, que se fazem pela dosagem de permissão-repressividade dos comandos estatais em face dos indivíduos. São os *conteúdos* normativos do ordenamento jurídico que informam o grau de ilustração dos Estados-nações: se explicitamente autocráticos, se retoricamente democráticos ou se

---

[110] *Apud* MACHADO, Edgard da Mata. *Elementos de teoria geral do direito*. 4. ed. Belo Horizonte: UFMG, 1995. p. 157.

[111] DINIZ, Maria Helena. *Compêndio de introdução à ciência do direito*. 8. ed. São Paulo: Saraiva, 1995. p. 332.

concretamente democráticos. Quando há sobreposição jurídica do que é permitido ao que é vedado e ao que é devido, tem-se a situação de *licitude*. A licitude é, de conseguinte, a *síntese* coexistencial e discursiva da permissão e vedação dos conteúdos normativos de um ordenamento jurídico, tornando-se um tema de enorme fecundidade filosófica para a elucidação dos graus civilizatórios das sociedades humanas.

Estamos ainda bem longe de assentarmos uma comunidade em padrões lógico-jurídicos de premialidade, promocionalidade, distributividade ou em técnicas de encorajamento legal[112] para substituir os perfis jurídicos de repressividade-permissibilidade que orientam as categorias de *licitude* das simuladas sociedades atuais, ainda sucessoras renitentes de um passado reinol, imperial, escravagista, estatalista, feudal e alienado, em que nada se afirmou pelos direitos, hoje fundamentais, de *cidadania*.

Vemos que a *norma* é direito enquanto síntese da permissibilidade-repressividade, pela harmonização desses elementos lógico-jurídicos para estabelecer a coerção apta, hábil e necessária à manutenção das estruturas dos privilégios da sociedade discriminadora e falsamente democrática como a que temos nos nossos dias. Mesmo os direitos fundamentais, quando engastados na estrutura normativa de alto teor repressivo e de permissibilidade disciplinarizada (de vigilância permanente), são retóricos e inócuos. Quando se fala que a maior regra de direito é *neminem laedere*, tal não basta para explicar o desejável nível de paz pretendido pelo homem, sequer a norma, seja legal ou jurídica, realiza a regra aludida, a não ser em novas estruturas de uma sociedade concreta e democraticamente avançada. Eis por que, quando se diz que a *norma* indica a licitude, não se pode dizer que licitude, como muitos pensam, seja um valor ou qualidade adequada e ideal, pura e justa, criada pelo direito.

4.8.2 Norma material e norma processual

A denominada *norma material* equivale a comandos de direitos, os quais, no direito democrático, são criados pelo processo legiferativo, estabelecendo critérios do *ser*, *haver* e *ter*, para que, em caso de julgamento, possa o julgador decidir o *jus in persona* (direito pessoal) ou *jus in re* (direito real). Embora entendamos que todo direito é pessoal, o direito material expressa-se num *bem da vida jurídica*, corpóreo ou incorpóreo, que, no âmbito do debate jurisdicional, será o objeto para cuja proteção se requer um provimento (sentença). O equívoco do juiz ao aplicar o chamado direito material se denomina *error in judicando*.

A *norma processual* compreende comandos de disciplinação da jurisdição, e do procedimento como estrutura e instrumento jurídico de exame e debate dos arcaicamente denominados direitos materiais e até processuais. As normas processuais estabelecem *critérios de proceder* para todos e especialmente para os que exerçam a jurisdição em nome do Estado. Quando cometem equívocos de atuação por essas normas, configura-se o *error in procedendo*. A *norma processual*, em se definindo pelos conteúdos dos princípios da ampla defesa e contraditório, distinguir-se-ia, a rigor, da *norma procedimental*, que corresponderia a comandos de construção dos procedimentos em que fossem dispensáveis o contraditório e a ampla defesa.

---

[112] BOBBIO, Norberto. *Teoria do ordenamento jurídico*. 10. ed. Brasília: UnB, 1999. p. 29.

4.8.3 Eficácia da norma processual

No espaço, a aplicação da norma processual orienta-se pelo *princípio da territorialidade*, em atenção ao que dispõe o art. 1º do NCPC e do CPP, ressalvados os aspectos de aplicabilidade da lei estrangeira (art. 7º, *caput*, e §2º, da LINDB). *No tempo*, a norma processual, quanto à sua regência, orienta-se pelo *princípio legal da intertemporalidade* estatuído pelo art. 1º, §§3º e 4º, da LINDB, dispondo que a *lei processual* começa a vigorar 45 dias após publicação e, se antes ocorrer nova publicação, a contagem do prazo recomeça. O tempo em que a lei, embora vigente, fica paralisada até entrar em vigor é chamado *vacatio legis*, que é o intervalo, o interstício, o interregno, existente entre a publicação da lei e o dia em que ela começa a vigorar. Os estudiosos afirmam que, em função do *sistema de isolamento dos atos processuais*, a lei processual nova não prejudica o ato jurídico perfeito, o direito adquirido e a coisa julgada e que não atinge os atos processuais já praticados, nem seus efeitos, mas os atos a praticar.

Entretanto, no direito processual penal, pelo princípio do *favor rei*, quando a lei nova, existente e não vigorante, é mais benéfica ao réu do que a lei em vigor, aplica-se, desde logo, a lei nova. Esse princípio é ainda mais elástico ao permitir aplicação da lei revogada, ao invés da lei revogadora ou outra lei nova, quando a lei revogada, se vigente ao tempo do delito, era mais benéfica.

4.9 Liquidez e certeza na processualidade democrática

4.9.1 O processo instituinte do melhor argumento

A impossibilidade de se retroagir à procedimentalidade estruturante do *devido processo* instituinte da formação da vontade e liberdade discursivas para obtenção do *melhor argumento*[113] ao tempo da criação e constitucionalização dos *direitos fundamentais* nas legislações já vigorantes é que nos remete inexoravelmente à compreensão de legitimidade *a posteriori* da construção constituinte do Estado Democrático de Direito,[114] porque este é que, por nova concepção teórico-paradigmática, se conceitua como *espaço* jurídico-hermenêutico de difusa e irrestrita fiscalidade, correição e executividade processuais dos conteúdos coinstitucionalizados e indeturpáveis da normatividade de aplicação imediata à realização da *integração social*. Emprega-se aqui a expressão *direitos fundamentais* no sentido de direitos fundamentados pelo *devido processo* como discurso do *decidir*[115] juridicamente adotado na criação e aplicação de direitos e *não* como ideia-vontade (*noema*)[116] adquirida no saber instantâneo (*noese*) de uma racionalidade inatamente pressuposta. Por isso, a compreensão da democracia envolve o conhecimento da *teoria do processo*.

Nessa quadra jurídica, em que o direito democrático se enuncia por uma autopermissão de fiscalidade processual como traço diferenciador de um direito

---

[113] HABERMAS, Jürgen. *Direito e democracia (entre faticidade e validade)*. Rio de Janeiro: Tempo Brasileiro, 1997. v. II. p. 215.

[114] LEAL, Rosemiro Pereira. Processo e hermenêutica constitucional a partir do Estado Democrático de Direito. *Revista do Curso de Direito da FUMEC*, Porto Alegre, v. 27, 2001. Coleção Acadêmica de Direito.

[115] LEAL, Rosemiro Pereira. *Teoria processual da decisão jurídica*. 3. ed. Belo Horizonte: Editora D'Plácido, 2017.

[116] LALANDE, André. *Vocabulário técnico e crítico da filosofia*. São Paulo: Martins Fontes, 1996. p. 1.282.

liberal de aplicação heterônoma (produtor-consumidor) ou ofertado a uma razão eficaz (instrumental ou estratégica) do pragmatismo social extrassistêmico de uma jurisprudência de valores, acolhe-se, como matéria inafastável de apreciação judicial, lesão ou ameaça a direitos fundamentais. Entretanto, é de se esclarecer que, para que haja lesão ou ameaça, o pressuposto é o da preexistência de *direitos fundamentais* já acertados por uma *liquidez* e *certeza* processualmente decididos nas bases coinstituintes a legitimarem *executividade* incondicionada.

Estranha-se, portanto, que direitos já acertados por uma *liquidez e certeza* processualmente pré-decididas em bases procedimentais coinstituintes sejam ainda submetidos a uma judicância pleonástica e garantista (ações afirmativas) centrada na razão estratégica decisória de um combate entre litigantes. A recusa judicial da concreção dos direitos fundamentais pelo artifício do acesso a uma *justiça rápida*, por justas e prodigiosas tutelas judicacionais (atividades dos juízes) de urgência resolutiva de conflitos resultantes do vazio da fundamentalidade jurídica esquecida, traz embaraços à compreensão do que seja lesão ou ameaça a direitos fundamentais de *vida, liberdade* e *dignidade* na teoria do direito democrático.

Também, à compreensão da teoria democrática do direito, em nada adiantaria sustentar um garantismo por um Estado Constitucional de Direito, como quer Ferrajoli,[117] que resolvesse antinomias e lacunas fatais do ordenamento jurídico por um juiz monológico e portador de uma interpretação portentosa e reparadora de "injustiças sofridas"[118] em face de alegados defeitos inatos da lei ou extintiva de uma opinião pública hostil ao discurso democrático-constitucional só acessível a um intérprete especialíssimo e julgador neutro e independente que exercesse a "função de averiguação, segundo as garantias de um processo justo, da verdade processual".[119] Nenhuma garantia, na concepção democrática, é assegurada na significância pragmático-linguística do decididor solitário e asséptico.

4.9.2 Liquidez e certeza na processualidade constituinte

O inconformismo acadêmico que provoca o desprezo à democracia por entendê-la inatingível em suas propostas de realização dos direitos fundamentais decorre, nas sociedades complexas que marcam a modernidade, da resistência pedagógica inibidora do salto qualitativo para a filosofia da linguagem processualizada. É óbvio que enquanto perdurar, por uma jurisprudência de eruditos, a filiação proselitista a uma dogmática solitária e taumaturga de salvação do direito pelo decisor, é mesmo impensável esperar de um intérprete-julgador, ainda não convencido do esgotamento do paradigma da filosofia da consciência, a teorização de um espaço processualizado de autoincludência, legitimado a todos, ao exercício de direitos *líquidos e certos* já acertados no plano coinstituinte originário.

[117] FERRAJOLI, Luigi. O direito como sistema de garantias. *In:* OLIVEIRA JÚNIOR, José Alcebíades de (Coord.). *O novo em direito e política*. Porto Alegre: Livraria do Advogado, 1997. p. 89-109.

[118] FERRAJOLI, Luigi. O direito como sistema de garantias. *In:* OLIVEIRA JÚNIOR, José Alcebíades de (Coord.). *O novo em direito e política*. Porto Alegre: Livraria do Advogado, 1997. p. 111 *fine*.

[119] FERRAJOLI, Luigi. O direito como sistema de garantias. *In:* OLIVEIRA JÚNIOR, José Alcebíades de (Coord.). *O novo em direito e política*. Porto Alegre: Livraria do Advogado, 1997. p. 102.

Suplica-se, por isso, distinguir, em direito democrático, o que sejam normas de aplicação imediata, porque produzidas no plano da processualidade coinstituinte e entregues a uma fiscalidade processual ampla (controle irrestrito de*democraticidade*) e asseguradora dos direitos instituídos, daquelas que, mesmo tendo origem e critérios idênticos de produção, reclamam acertamentos cognitivos no plano *in fieri* (operacional) da exigibilidade do sistema jurídico.

Se as normas de aplicação imediata, no âmbito da teoria coinstituinte da democracia, institucionalizam *direitos fundamentais*, há de se indagar dos critérios de construção de fundamentos que possam conceituar um direito caracterizador da *democracia* para que não se fale em "direitos humanos"[120] como se fundamentais se anunciassem numa concepção pré-estatal performativa à busca de origens numa ordem natural ou racional pressuposta e estranha ao *médium* dialógico de procedimentalidade processual legitimante de sua criação e coinstitucionalização.

A expressão *Estado Democrático* é que, no contexto das cogitações feitas, não pode mais significar instituição não conjecturável e agente fantasmal de direitos legislados ou adotados numa ordem jurídica qualquer, sequer pode esse Estado se jactar como recinto axiológico de uma decidibilidade governativa, administrativa e judiciária, comprometida com uma pauta de valores não juridificados e não processualmente dada à fiscalidade irrestrita. No direito democrático, o que primeiro se impõe é a despersonalização do Estado (*disregard doctrine*) para tornar visíveis as individualidades componentes da Administração Governativa em todos os segmentos da comunidade jurídica cuja proposta coinstitucional é sua transformação em *sociedade jurídico-democrática de direito* pela possibilidade cognitiva de todos no *espaço processual* (Estado Democrático) de produção, recriação, afirmação ou destruição da lei.

A *liquidez* dos direitos fundamentais, no plano coinstituinte-democrático, expurga um *non-liquet*[121] (anomia) que pudesse exigir uma decisão declaratória-constitutiva acessória, porque a *formação da vontade* instituinte desses direitos coinstitucionalizados, em tendo sido demarcada pelos princípios da isonomia, contraditório e ampla defesa, se habilita à criação de fundamentos (autoprivação de liberdades diferenciadas) pelos quais, por liberdades simétricas *processualmente* exercidas de modo ilocucionário (igualdade de momentos de fala), é constituído o direito a essa *liberdade* igual que, a seu turno, se radicará na corporalização teórica de igual direito à *vida com liberdade*, afastando a individualidade biológica para cuja sobrevivência não se exigiria um mundo juridificado e feitor de *dignidade* advinda de liberdade processual de autoincludência sistêmica e de fruição com simultânea fiscalidade dos direitos fundamentais.

4.9.3 A qualidade executivo-constitucional de direitos

Os direitos postos por uma vontade processualmente demarcada, ao se enunciarem coinstitucionalmente fundamentais, pertencem a um bloco de direitos *líquidos* (autoexecutivos) e *certos* (infungíveis) de cumprimento insuscetível de novas reconfigurações provimentais e, por conseguinte, só passíveis de *lesões ou ameaças* após

---

[120] HÖFFE, Otfried. *Justiça política*: fundamentação de uma filosofia crítica do direito e do Estado. Tradução de Ernildo Stein. Petrópolis: Vozes, 1991.

[121] LARENZ, Karl. *Metodologia da ciência do direito*. 3. ed. Lisboa: Fundação Calouste Gulbenkian, 1997. p. 414.

efetivamente concretizados *ex officio* pela Administração Governativa ou por via das ações constitucionais (*devido processo legal*) a serem manejados por todos indistintamente ao exercício da autoinclusão auferidora dos direitos fundamentais criados e garantidos no nível constituinte da normatividade indeclinável.

Assim, a constitucionalidade democraticamente cartularizada equivale a um título executivo extrajudicial que, em seus conteúdos de *liquidez e certeza*, se lança à imediata satisfação como devido *a priori* pela Administração Governativa, porque, se não adredemente executados os direitos titularizados pela constitucionalização, não há falar em lesão ou ameaça a *direitos fundamentais* do nada que pedisse reparos ou socorro por *tutelas de urgência* de um Judiciário mesmo que prestimoso e útil.

O anúncio de direitos fundamentais e intocáveis pela decisão processualmente coinstituinte torna imperativa sua existência institucional, uma vez que a *liquidez e certeza* desses direitos reclamam execução ininterrupta de *mérito* pressuposto já prejulgado (decidido) no horizonte instituinte do legislador originário da coinstitucionalidade vigorante. É óbvio que qualquer instituto procedimental à garantia desses direitos, em hipótese de lesão ou ameaça, seria inócuo e fantasioso se não antes adimplidos, para todos igualmente, como requisito de tutela jurídica, em grau liminar antecipado ou não, de conhecimento e acolhimento do objeto mediato do pedido mandamental.

É por isso que o mandado de segurança (liquidez e certeza) só é instituto de características democráticas quando, especialmente, se põe como ação (procedimento) constitucional de execução dos *direitos fundamentais* de vida, liberdade e dignidade, ante a ilegalidade da inadimplência dos agentes da Administração Governativa e não de proteção a direitos individuais, em face de outrem, sem origens nas bases já implementadas dos direitos fundamentais.

Afiguram-se de importância significativa a *liquidez e certeza* dos direitos fundamentais de vida, liberdade e dignidade, na linha coinstituinte de sua construção, porque a lei constitucional, nesse passo, é provimento de *mérito* não rescindível ou afastável por juízos cognitivos ou de conveniência ou equidade da decidibilidade judicial, cabendo a esta tão somente cumprir e conduzir a execução dessa fundamentalidade jurídica titularizada ou protegê-la de ilegalidades supervenientes. Com efeito, a qualidade de *liquidez e certeza*, ao se liberar de conotações comercialistas, é asseguradora de presentificação contínua, em âmbito constitucional, de procedibilidade vinculante de *mérito* pré-decidido no nível constituinte pelos *direitos fundantes* (devido processo instituinte) da base conceptiva da democracia.

O comprometimento sintático-discursivo dos conceitos jurídicos de *certeza e liquidez* com os *direitos fundamentais* é que legitima o atendimento tutelar *in limine litis* no direito democrático quando se destina à sumarização da *executio* em face da inadimplência dos agentes diretos e indiretos da Administração Governativa (ainda mitificada em vestes de *Poder Público*) quanto a direitos já integralmente acertados, por *coisa julgada constituinte*, em título executivo constitucional (provimento legislativo constitutivo) que impõe *certeza* plena (direito não cambiável) pelo seu aspecto *an-debeatur* e *liquidez* absoluta pela vedação de inexequibilidade do *dispositivo* provimental do *título* jurídico-constitucional.

4.9.4 A autoexecutividade dos atributos de certeza e liquidez

A decisão judicial determinante (mandamental) ou protetora desses direitos é autoexecutiva de *certeza e liquidez* advindas do *título* constituído pelo legislador constituinte. A menção de *direitos líquidos e certos*, ensejadores de *tutelas de urgência* na democracia, *não* é reconhecida, como preconiza Nelson Nery Júnior,[122] em nome de "interesse superior de justiça" ou da eficácia da "atividade jurisdicional", mas porque já pré-decididos no plano constituinte como *direitos fundamentais* que, uma vez pleiteados em bases pré-cógnitas e inequívocas da estrutura de admissibilidade das ações constitucionais, exigem execução judicial nos Estados Democráticos de Direito.

Mostra-se inquietante o volume de litígios que tanto assusta um Judiciário hostil à tematização da modernidade. O crescimento incontido dos fossos de desigualdade social e a fúria beligerante pela sobrevivência explicam-se pelo reforço hermenêutico que o aplicador da lei empresta à realidade contraposta aos conteúdos dos *direitos fundamentais* desatendidos no plano executivo da constitucionalidade vigorante. Utiliza-se o *processo* como instrumento mórbido de uma jurisdição judicial de resolução de conflitos emersos da constitucionalidade não cumprida a serviço de uma paz sistêmica metajurídica sentencialmente provimentada em critérios jurisprudenciados por valores de uma eticidade estranha[123] aos destinatários normativos a quem se nega o acesso processual à *execução* dos direitos fundamentais já acertados em cognição constituinte.

A mobilidade instrumental de um processo,[124] que ponha a jurisdição a serviço de uma paz social obtida pelo "prudente arbítrio"[125] do juiz, além de espancar a *cognição* pela *ratio* do princípio da reserva legal, desmonta o discurso constitucional em seu eixo de legitimidade exercível no *status* (espaço) democrático (discursivo) da processualidade (direito) pela atividade correicional da legalidade. A concreção dos direitos fundamentais de vida, liberdade, dignidade, não se faz *secundum conscientiam* do julgador sensível ou filantropo, porque já se encontra assegurada na processualidade instituinte e coinstituinte a impor realização que dispensa procedimentos liquidatórios por cálculos de conveniência ou equidade a serem formulados ou exigidos pelo aplicador jurídico.

Os que defendem, por apego nostálgico a um constitucionalismo do *laissez-faire* ou do *welfare state*, a proibição do *non-liquet* a justificar uma compulsoriedade decisória irreversível, mesmo na ausência de normas, aferem *liquidez* e *certeza* pela afirmação de incontestabilidade do direito (*jurisdiction de référé*)[126] sem apontar, no entanto, a origem dessa arraigada convicção e, nessa conjectura, certeza e liquidez do direito não se legitimam pela *decisão* ocorrida na dimensão do *processo coinstituinte* instituidor da normatividade positivada e suscetível de fiscalidade procedimental pelo *devido processo legal*, mas se louvam na razão imediata de um guia seguro por ideias de inequivocidade cogitada em níveis de ordálica evidência.[127]

---

[122] NERY JÚNIOR, Nelson. *Princípios do processo civil na Constituição Federal*. 3. ed. São Paulo: Revista dos Tribunais, 1996. p. 144.

[123] DWORKIN, Ronald. *O império do direito*. São Paulo: Martins Fontes, 1999.

[124] CITTADINO, Gisele. *Pluralismo, direito e justiça distributiva*. 2. ed. Rio de Janeiro: Lumen Juris, 2000. p. 129-139.

[125] LARENZ, Karl. *Metodologia da ciência do direito*. 3. ed. Lisboa: Fundação Calouste Gulbenkian, 1997. p. 311.

[126] BARBI, Celso Agrícola. *Do mandado de segurança*. 10. ed. Rio de Janeiro: Forense, 2000. p. 83.

[127] MARINONI, Luiz Guilherme. Tutela cautelar e tutela antecipada. *Revista dos Tribunais*, n. 26 e 58, 1992.

4.9.5 O plano cognitivo de acertamento dos direitos fundamentais

Já se vê que o juízo de cognição, na democracia, não deriva de fatos alegados suscetíveis de ajustamento subjetivista a escopos sociais e metajurídicos da idealidade judiciarista,[128] porque, quanto a *direitos fundamentais* de vida, liberdade e dignidade, a base de validade desses direitos se instala no processo coinstitucionalizante e sua legitimidade pela *autopermissão normativa* de sua fiscalidade processual (*médium linguístico*) na constitucionalidade vigente para execução desses direitos, ainda que seja na contrafactualidade de uma realidade sustentada pela razão estratégica. Assim, o garantismo em sede constitucional democrática não se configura *per se* em face de indicação literal de direitos humanos na Constituição ou em função de uma judicacionalidade centrada na filosofia da consciência de guardiães ou depositários infiscalizáveis detentores de uma fundamentação última e irreversível, mas no exercício processual aberto a todos de autoinclusão executiva pelo *devido processo coinstitucional* nos direitos fundamentais pré-garantidos, já integralmente resolvidos e acertados no plano da *procedimentalidade constituinte*.

O entrave a esse entendimento resulta da confusão paradigmática distorsiva dos rumos hermenêuticos do direito democrático, quando se utiliza dos contornos ideológicos do Estado Liberal a balizarem decisões calcadas numa visão atomística da sociedade política por uma esfera pública (Estado) atada ao privatismo jurídico (direitos subjetivos *ante-legem*) em que, erroneamente em nome da organização de um regime democrático, o juiz se lança na rede de valores do Estado Social e decide segundo tecnicismos metodológicos do Estado burguês por assembleia de especialistas ancorados no saber iluminista do século XVIII e no individualismo civilista do século XIX.

Não se conseguiu ainda, por apego às grades pedagógicas já envelhecidas do ensino jurídico, sair das amarras hermenêuticas do milênio passado em que a interpretação malabarística, com base em metodologias construtoras de uma jurisprudência de valores e de conceitos,[129] impede a transição da comunidade para a *sociedade política* pelo *status* democrático. Tem-se ainda a esdrúxula situação de se constitucionalizar o *status* (espacialidade de processualização) do direito e, no entanto, a correição de eficiência ou confirmação do ordenamento jurídico (fiscalização da coinstitucionalidade) ser desenvolvida por instâncias corporativas ante uma jurisdição de juízes guardiães e depositários infiscalizáveis[130] e *não* pelo legislador direto (individual ou coletivo) como legitimado universal a produzir, atuar e recriar o direito por via abstrata (concentrada) ou concreta (difusa, incidental) em ações (procedimentos) constitucionais, ordinários, codificados ou não.

No paradigma democrático, a atividade dúctil de uma judicação (jurisdição) a serviço de uma paz social por uma hermenêutica do "prudente arbítrio" do juiz, num mistifório conciliador da lógica de Savigny e da fenomenologia intuitiva (salvadora da anomia) de Husserl, é negativa da razão procedimental à medida que entende o processo como sequência de atos dirigidos por uma *cognitio* solipsista do julgador. A *liquidez e*

---

[128] CINTRA, Antonio Carlos Araújo; GRINOVER, Ada Pellegrini; DINAMARCO, Cândido Rangel. *Teoria geral do processo*. 8. ed. São Paulo: Revista dos Tribunais, 1991.

[129] MAXIMILIANO, Carlos. *Hermenêutica e aplicação do direito*. 15. ed. Rio de Janeiro: Forense, 1995.

[130] CLÈVE, Clèmerson Merlin. *A fiscalização abstrata da constitucionalidade no direito brasileiro*. 2. ed. São Paulo: Revista dos Tribunais, 2001.

certeza, de um direito, na democracia, não decorrem de presunção de inexplicada incontestabilidade absoluta, mas da institucionalização dos atributos de executividade da cártula constitucional que, quanto a direitos fundamentais, se atém à legitimidade provimental da *tutela já antecipada* e irreversível em sede de *coisa julgada constituinte*.

Nessa linha de cogitação, o argumento de *certeza e liquidez* do direito ao pleito das *tutelas de urgência* a direitos fundamentais contra a Administração Governativa há de se articular por matéria de ação e de *meritum* já na esfera de acatamento dos pressupostos subjetivos e objetivos de admissibilidade estruturantes do procedimento, porque só é jurídico o atendimento tutelar *in limine litis* no direito democrático, sem prévia instalação do contraditório, quando equivale a execuções antecipadas de direitos fundamentais já acertados no *título constitucional*.

A não se admitir *liquidez-certeza* como atributo de enunciação dos direitos fundamentais na constitucionalidade democrática, a hermenêutica de sua compreensão, atuação e aplicação fica à mercê do arbítrio de uma *phronesis* decisória comprometida com uma *práxis* social jamais erradicável, porque a "fruição *in natura* do direito afirmado",[131] acertada na cognição constituinte receberia *a posteriori* a obstrução ou filtragem por uma judicialidade estocada em *juízos* de verossimilhança, inequivocidade, relevância e transcendência, valorativos e condicionantes de sua aplicação imediata assentados em pretextos ou convicções (*topoi*) de ineficiência ou precariedade pressupostamente inerente ao Estado tradicionalmente vivido.

Com efeito, a rigor, no plano instituinte (processual-discursivo) da formação da vontade democrática, a *liquidez* (vedação de inexequibilidade) e *certeza* (infungibilidade) conferidas ao *devido processo* na discursividade coinstituinte como *médium* (*direito fundante*) da possibilidade fiscalizatória do sistema coinstitucional, por uma *procedimentalidade* juridicamente isonômica e incessante a ser exercida pelos destinatários normativos, é que fariam coercitivos e legitimariam, numa comunidade jurídica, os *direitos processualmente fundamentados* de vida, liberdade e dignidade para a sociedade jurídico-democrática coinstitucionalmente pretendida.

---

131 BUENO, Cássio Scarpinella. *Liminar em mandado de segurança*. 2. ed. São Paulo: Revista dos Tribunais, 1999. p. 379.

CAPÍTULO 5

CICLO HISTÓRICO DO DIREITO DE AÇÃO E A DINÂMICA DO PROCESSO

5.1 Ação e direito de ação

O estudo da *ação*, como instituto do *direito processual*, implica incursões conceituais para desfazer a confusão terminológica que esse tema tem provocado nas diversas exposições dos compêndios especializados. É que, atualmente, já não se pode confundir ação, no sentido de *procedimento*, e ação como palavra integrante da expressão jurídica *direito de ação*, destinada a significar direito constitucionalizado incondicional de movimentar a jurisdição. Por outro ângulo, caberia aqui esclarecer que *ação*, em significando *procedimento* e não mero ato de agir, assumiu, entretanto, pelas escolas dos pensadores que refletiram o tema, versões semânticas diferenciadas que suplicam dissertação, o que faremos no correr desse tópico.

Frequentemente, os autores aplicam o termo *ação* como se fosse direito de adentrar o juízo (uma espécie de *facultas agendi*, ora apoiada em lei processual, ora com raízes subjetivas sem respaldo legal). Também usam o termo *ação* como se fosse um *jus agendi* instituído pela lei positiva ou advindo de uma lei natural ou divinatória. Para nós, e é o que assinalamos neste livro, *ação* será sempre o mesmo que *procedimento* e o *direito de ação* será instituto de direito constitucionalizado que enseja o exercício do *direito de movimentar a jurisdição*, seja de modo juridicamente adequado ou não, não se misturando ao *direito de agir* que, para nós e perante várias legislações processuais, inclusive a brasileira, significa o *direito de estar no procedimento* apurável após a instauração do procedimento pela existência e observância de pressupostos e condições que a lei estabelecer para a formação técnico-jurídica do procedimento, o que a lei brasileira denomina impropriamente *formação do processo* (art. 312 a 332 do Novo CPC).

Assim, estudaremos, resumidamente, a *ação* e o *direito de ação* no curso da história do direito, segundo as escolas mais importantes do pensamento, procurando apontar os traços de significado que lhes emprestam os juristas com o sentido que esses temas instigam na atualidade.

5.1.1 Teoria imanentista

A *teoria imanentista*, consolidada por volta de 1840, tendo como expoente maior a figura de Savigny, preconizou que, conforme já ensinavam os romanos em seu modelo das *legis actiones*, a *ação* deveria seguir a natureza do *direito*, ou a cada *direito* corresponderia uma *ação*. Assim, para essa escola, o direito material (bem da vida jurídica) era *imanente* à ação para exercê-lo, o que queria dizer que ação e direito surgiam de modo geminado, não sendo possível separá-los. Percebe-se claramente que a palavra *ação*, nessa corrente histórica, tinha significado, ao mesmo tempo, de *direito de movimentar a jurisdição* e *direito ao procedimento* de modo *inerente* e sincrônico ao *direito material* instituído. Há, portanto, aderência do procedimento ao direito criado, formando uma só e única figura jurídica.

5.1.2 A ação como direito subjetivo, público e autônomo

Irrompeu-se, por volta de 1850, um célebre debate público entre dois grandes juristas alemães, Windscheid e Muther, sobre a *teoria da ação como direito autônomo*, ou seja, a ação (*direito à jurisdição*) concebida distintamente do direito material dito lesado pela parte. A tutela jurisdicional, na concepção desses dois pensadores, passa a significar um direito público e autônomo que não mais dependia da existência ou inexistência judicialmente declaradas ou não de um direito de natureza material.

Desse modo, adveio a ideia de direito à *jurisdição* interligado a um direito ao *procedimento*, significando, nessa escola, a *ação* como direito à jurisdição e ao procedimento que seriam de caráter *público*, porque devidos pelo Estado, e *autônomo*, porque desvinculado de outro direito que lhe pudesse retirar a ampla liberdade do respectivo exercício.

5.1.3 A ação como direito subjetivo, público e concreto

O acréscimo feito por Wach, jurista alemão, na década de 1860-1870, à teoria anterior pela utilização do conceito de *concreto* à ideia de *direito autônomo e público* trouxe o aspecto de que tais direitos, aludidos pela escola precedente, só poderiam ser reconhecidos a quem tivesse *razão*, porque, segundo Wach, era um *direito* a uma *sentença favorável*. Colhe-se que a *ação como direito concreto* representou um retrocesso às concepções de Windscheid e Muther, de vez que não seria mesmo possível saber se alguém teria alguma razão em face de direitos, antes mesmo de adentrar o juízo. Seguiram essa teoria, com insignificativas discordâncias, Bülow, Schmidt e Pohle.

O grande Chiovenda, ao formular sua teoria da ação como *direito potestativo*, embora não tenha dado uma visão clara de potestatividade como direito e poder, deixou tal mister a seus seguidores que o aproximaram de Wach, tendo em vista que o *direito potestativo* a que se referiu Chiovenda exibia, como assinala o insigne Ovídio A. Baptista da Silva,[1] características de "direito concreto atual, existente antes do processo e precisamente como uma *potestad* jurídica para obter, contra o adversário, um resultado

[1] SILVA, Ovídio Baptista da; GOMES, Fábio Luiz. *Teoria geral do processo civil*. São Paulo: Revista dos Tribunais, 1997. p. 106.

favorável no Processo". Em tendo a *ação*, do ponto de vista chiovendiano, o sentido de direito de movimentar a jurisdição por um *querer* que o Estado não poderia impedir, entende-se que, por esse ângulo, se lidas as constituições do Estado moderno, estaria Chiovenda plenamente justificado em antever na ação um direito incondicionado à jurisdição, o que o afastaria de Wach, se não fora o caráter privatístico de um *vínculo de sujeição*, imposto pelo autor ao réu, que Chiovenda imaginava existir antes mesmo de se instaurar o procedimento.

5.1.4 A ação como direito público, subjetivo, autônomo e abstrato

Coube a dois grandes juristas, Degenkolb, na Alemanha, e Plosz, na Hungria, em 1877, desenvolver a teoria da ação, como direito público, autônomo e abstrato. Esses dois autores foram os que, sem dúvida, conceberam a *ação* como direito incondicionado de movimentar a jurisdição, pouco importando o reconhecimento do direito material alegado. Nessa linha, estão processualistas da estirpe de Carnelutti e de Couture, sendo que este, com visão nitidamente constitucional, conceituou o direito de ação como *direito de petição*, sem cogitar do conteúdo da pretensão que a petição possa encaminhar.

Acentua-se a relevância da *teoria da ação* defendida por Pekelis que explicitamente afirmava que o *direito de ação* era o direito de fazer o Estado agir e *não* um direito de agir em juízo como se fora um direito ao procedimento ou a uma sentença justa, como queria *Bülow*. Outro que cuidou da teoria da ação foi *Liebman*, que a vinculou a uma pretensão de direito material, retornando ao imanentismo da corrente de Savigny, deixando mesmo de reconhecer no direito de ação qualquer implicação constitucional de direito incondicionado de movimentar a jurisdição.

5.2 Elementos configurativos e estruturais do procedimento (ação)

5.2.1 Elementos configurativos

Os processualistas classificam os *elementos configurativos* do procedimento (*ação*) em *subjetivos*, aqui se incluindo as partes, o juiz, representante do Ministério Público, quando a lei assim o exige, os auxiliares internos e externos do juízo (sujeito do processo), e *objetivos* os concernentes à *causa de pedir* e *pedido*.

A *causa de pedir* (*causa petendi*) desdobra-se em *próxima e remota*. A *causa próxima* expressa-se pelos fundamentos jurídicos existentes na lei positiva que dão suporte à pretensão manifestada, enquanto a *causa remota* se define pelas alegações de situação fática de *licitude* do pretendente ao reconhecimento de direitos em face de outrem que se lhe contrapõe em situação de *ilicitude*.

Articulam-se as referidas *causas de pedir* pelo princípio lógico-jurídico da *consubstanciação* que determina a explicitude de todos os aspectos de inteligibilidade da pretensão suscitada. Observe-se que a lei abstrata e os fatos da existência objetiva não se articulam por si mesmos para gerarem posições jurídicas em proveito das partes. Daí os atos e as alegações lógico-jurídicas, segundo o modelo legal, vão gerar a *estrutura* (fenômeno jurídico) dos procedimentos até o provimento final.

O pedido (*petitum*) apresenta, como elementos conclusivos da *pretensão*, dois *objetos*: *imediato* e *mediato*, sendo que o *imediato* é solicitação de sentença (provimento) para reconhecer um direito relacionado a um *bem da vida jurídica* que tem a denominação de *res in judicium deducta* (situação jurídica criada em norma legal e deduzida em juízo). É por isso que o *objeto mediato* do pedido sedia o *meritum causae* (mérito causal), sendo que o *mérito*, quando núcleo de direito (isto é: direito alegado na órbita enunciativa do mérito), abrange, portanto, questões que *não* estão ligadas à matéria de processo e à matéria de ação de que cuidaremos no ponto seguinte sob título de *Elementos estruturais da ação*. Em direito processual, atualmente, o que se anuncia é uma pretensão de *direito merital* e não mais a envelhecida concepção de "direito material". Pode-se ter alegação de *direito merital* como suscetível ou insuscetível de um reconhecimento provimental terminativo-definitivo, no procedimento, de existência, eficácia ou aplicação pelo *devido processo*.

Antes, porém, seria bom distinguir os institutos da *petição*, *pretensão* e *pedido* que comparecem, muitas vezes, como vocábulos do léxico coloquial, na linguagem forense, sem qualquer esclarecimento terminológico. Entendemos que a *petição* é a peça (gráfico-cartular) que instrumenta o texto da *pretensão* em sua inteireza. O *pedido* é o trecho conclusivo do texto pretensional contenedor dos dois *objetos* a que nos aludimos. O *pedido* tem que ser claro, completo, inteligível, técnico-jurídico, porque, se assim não o for, é considerado *inexistente* por não apresentar os elementos de sua definição, tornando-se imprestável para caracterizar ato jurídico procedimental válido e apto para provocar decisão.

Outro aspecto útil do estudo dos *elementos configurativos da ação* é o que se relaciona com a *identificação da ação*, porque, através dos elementos individuantes dos procedimentos, pelo *princípio da tríplice identidade* (*eadem partes, eadem causa pretendi, eadem res* – mesmas partes, mesma causa de pedir e mesmo pedido), pode-se verificar a existência de figuras jurídico-processuais (institutos) da *litispendência* (repetição de ação em curso com identidade de partes, causa de pedir e pedido), *exceção de coisa julgada* (repetição de ação já decidida por sentença de mérito transitada em julgado), *conexão* (quando comuns uma das causas de pedir ou o objeto) e a *continência* (identidade entre partes e causa de pedir e o objeto de uma ação abrange o da outra).

Destaque-se que a *conexão*, além do que a seu respeito se disse, pode ser admitida na hipótese de afinidade de questões surgidas em procedimentos distintos que recomendam a reunião dos autos perante um só juízo para evitar decisões díspares ou conflitivas.

Ressalte-se que, nos procedimentos de natureza contenciosa, não pode haver *parte* (litigante) sem adversário (*ex adverso*), regendo-se tal circunstância pelo *princípio da dualidade de partes*, porque, não tendo o autor ou o réu, por morte ou incapacidade absoluta de um deles, com quem demandar, evidente que, se já instaurado o procedimento, não havendo também sucessores legitimados, ocorreria *confusão de partes* em que o autor ou o réu enfrentaria a absurda hipótese de demandar contra si mesmo. As leis processuais determinam a *extinção do procedimento*, quando surge esse fato.

5.2.2 Elementos estruturais

O procedimento, para ser juridicamente gerado, tem que cumprir *pressupostos*, conforme lições de Bülow e seus seguidores, recepcionadas pela lei processual de vários países, máxime a brasileira que, sofrendo a influência direta de Liebman, além de pressupostos, estabelece *condições*. Por isso se fala em *elementos estruturais da ação* que, por certo, não são todos os elementos do procedimento (ação), mas aqueles (elementos fundacionais) que alicerçam o procedimento a ser construído pelas *partes* ao longo do tempo jurídico até o provimento (sentença).

Esses *elementos fundacionais* ou *formativos* do procedimento consistem na *matéria de processo* e *matéria de ação*, como se depreende também da leitura do Código de Processo Civil brasileiro. A matéria de processo equivale aos *pressupostos de constituição* do procedimento, classificados como *subjetivos* (competência do juiz e verificação de ausência de impedimento ou suspeição do juiz, do representante do MP ou dos auxiliares internos e externos do juízo, isto é: escrivães, oficiais, avaliadores, funcionários judiciários em geral e peritos não funcionários vinculados ao procedimento; *legitimatio ad processum* (legitimidade processual): personalidade civil, capacidade jurídica das partes, capacidade de ser parte em juízo, capacidade de estar em juízo, capacidade postulatória) e *objetivos* que são os *pressupostos de desenvolvimento válido e regular do processo* e que se manifestam pelos seguintes aspectos: petição apta, verificação de inexistência de coisa julgada, litispendência, perempção, confusão de partes, conexão, continência, prescrição, decadência, verificação de citação válida, presença de advogado habilitado, presença de curador (se legalmente necessária), presença do MP (se legalmente necessária), pagamento de custas, prestação de caução, bem como verificação de inexistência de vícios cominados e não cominados de anulabilidade dos atos procedimentais e verificação de existência de litisconsórcio necessário, quando a lei o exigir. Os pressupostos ligados à *matéria de processo* são chamados pressupostos subjetivos e objetivos de admissibilidade.

Quanto aos *pressupostos* ou *requisitos da matéria de ação* (condições da ação) e aqui, nesse ponto, temos lições de Liebman, são estes denominados pressupostos ou *requisitos de procedibilidade* que se evidenciam pelos seguintes aspectos: possibilidade jurídica do pedido, *legitimatio ad causam* – legitimidade para a causa ou qualidade para agir – e interesse processual. A *possibilidade jurídica do pedido* desponta-se pela existência, no ordenamento jurídico, de texto legal assegurador do direito pleiteado, embora Ernane Fidélis dos Santos[2] observe que "o pedido é sempre processualmente possível" e o que se afiguraria legalmente impossível seria uma sentença reconhecedora de direito material inexistente. A *legitimidade ad causam* é requisito que surge pela prova prefacial, inequívoca e indispensável da titularidade do direito alegado. *Interesse processual* é a relação de necessidade entre o pedido e a atuação jurisdicional, consoante ensina Moacyr Amaral Santos,[3] conquanto, no andar da jurisprudência, o que se vê é que, por interesse processual, entende-se a adequabilidade da formulação das pretensões em juízo, porque, a esse entendimento, os tribunais se orientam pelo *princípio da infungibilidade* das ações judiciais, ou melhor: não se admite o uso de um procedimento específico por outro que seja inadequado ao caso debatido em juízo.

Na linguagem forense, muitos falam, genericamente, ao se referirem aos pressupostos de constituição, desenvolvimento válido e regular do processo e requisitos

---

2 SANTOS, Ernane Fidélis dos. *Manual de direito processual civil* – processo de conhecimento. 4. ed. São Paulo: Saraiva, 1996. p. 46. v. 1.

3 SANTOS, Moacyr Amaral. *Primeiras linhas de direito processual civil*. 15. ed. São Paulo: Saraiva, 1993. p. 166-167. v. 1.

da ação, em *pressupostos de admissibilidade*, sem distinguir pressupostos subjetivos e objetivos de admissibilidade e pressupostos ou requisitos de procedibilidade, talvez porque, a rigor, por ser a *matéria de ação* apurável pelo *mérito*, como veremos, e não processualmente *a priori*, como a princípio quis Liebman.

5.3 A estrutura (espaço-tempo procedimental) do mérito

A *matéria de mérito* que se constitui do equivocadamente chamado direito material (direito alegado e examinável no espaço-tempo do mérito) passa a ser reconhecida judicialmente através do *processo* que especifica a *lide*, nos limites do *petitum*, a que se referia Carnelutti,[4] por indicar o ponto crítico (culminante-*meridium*) da litigiosidade entre as partes sobre *um bem da vida jurídica* – a *res in judicium deducta*, como já salientamos. Não havendo *lide*, claro fica também que o procedimento instaurado se torna inócuo, quando se pretenda, em juízo, solução de um conflito não demonstrado. Assim, a lide é condição do exame do *mérito*, embora a lide possa ser julgada antes do tempo merital. Situa-se, portanto, o *mérito* no espaço procedimental do objeto mediato do pedido. Estranhamente, a lei brasileira (Novo CPC, art. 332, IV, §1º) qualifica de sentença de mérito a que acolhe prescrição ou decadência, que é uma sentença não proferida no espaço-tempo estrutural do mérito, e é por isso que a denominada tutela antecipada não se aplica, a rigor, por uma sentença de mérito. Uma sentença pode ser merital, sem ser de mérito (lavrada no espaço-tempo do mérito). De conseguinte, as *liminares* se expressam em decisões meritais e não de *mérito* na esfera definitiva do objeto mediato do *petitum*.

5.4 Convalidação dos pressupostos processuais

As matérias de processo e de ação, na lei brasileira, quando ausentes, levam a resultados diversos, pois a *matéria de processo* (*legitimatio ad-processum*), se ausente e inconvalidável em qualquer um de seus aspectos, provoca a extinção do processo, enquanto a *matéria de ação* (*legitimatio ad-causam*), em igual circunstância, enseja a *carência de ação* com extinção do processo. O certo é que, quando o juiz aprecia o *mérito*, porque presentes os *elementos formativos* ou *fundacionais do procedimento*, fala-se que a sentença que julgou o pedido é de procedência ou improcedência (sentença de mérito) e, se transitada em julgado, é *sentença definitiva*, enquanto a sentença transitada que só julgou matéria de processo e (ou) matéria de ação é *sentença terminativa* – extingue o processo *ou* profere a carência da ação (instituto suprimido pelo CPC/15) e extingue o processo.

Aliás, são aberrantes na lei brasileira as expressões "extinção do processo" e "carência de ação", pois, se o Código de Processo Civil brasileiro, em todo o seu texto legal, não distingue processo e procedimento e, tendo ação o significado legal de procedimento, o mistifório vocabular é preocupante para quem cientificamente queira estudar *processo*, ainda mais quando se levam para o recinto das salas de aula teórica das faculdades de direito os códigos e as leis, como se neles estivessem as *lições* de direito para os estudantes.

---

4 CARNELUTTI, Francesco. *Lezioni di diritto processuale civile*. Padova: Cedam, 1986. p. 10 e ss. v. IV.

Para facilitar o estudo da matéria de processo e matéria de ação, indicaremos alguns elementos dessas matérias, que sejam ou não recuperáveis, assim resumindo:

- *Matéria convalidável* (convalescível) – verificação de ausência de advogado; incompetência relativa do juiz; impedimento ou suspeição dos sujeitos do procedimento; insuficiência de representação; falta de representação ou assistência da parte; falta de outorga marital ou uxória; defeitos de assistência, representação, consentimento, prestação de caução, pagamento de custas processuais e vícios não cominados.
- *Matéria inconvalidável* (inconvalescível) – incompetência absoluta do juiz, incapacidade absoluta, coisa julgada, litispendência, perempção, prescrição, decadência, confusão de partes, inépcia da inicial, falta de interesse processual, impossibilidade jurídica do pedido, ilegitimidade *ad causam* e vícios cominados em lei.

PROCESSO DE CONHECIMENTO, EXECUÇÃO E CAUTELAR (TUTELAR NO CPC/15) – E OUTROS PROCEDIMENTOS

6.1 Processo de conhecimento – Noções

Seria tautológico afirmar que o processo de conhecimento é o processo pelo qual o juiz toma conhecimento do processo. *Processo de conhecimento* é segmento importante da *teoria do processo*, porque é uma conquista teórica relevantíssima da humanidade que imprimiu novos rumos ao estudo do *processo* pelo princípio moderno da *reserva legal*, só se admitindo a *cognição jurisdicional* em bases normativas prévias (precedentes, anteriores) aos fatos e atos a serem jurisdicionalizados. O *processo de conhecimento* assenta-se no sistema probatício da *persuasão racional*, em que a *ratio legis* há de anteceder ao *logos* aleatório ou discricionário do julgador. O *processo de conhecimento*, como modalidade de direito fundamental processualmente coinstitucionalizado (ampla defesa, contraditório e isonomia pelo devido processo legal), proscreveu, de vez, os sistemas inquisitório e dispositivo de *livre convicção do juiz* que se fazia e ainda se faz em legislações retrógradas, como a brasileira, em bases de arbítrio e em juízos de poder, equidade e conveniência, num percurso histórico que se registra desde as tribos primitivas, passando pelos romanos, até o *common law* de nossos dias, como se vê, principalmente, nos judiciários ingleses e americanos.

Felizmente, com o advento das *comunidades*, como a União Europeia e outras que inevitavelmente surgirão pelo ciclo evolutivo dos blocos econômicos em função do regime mercadológico da atualidade mundial, a *institucionalização* desses *espaços jurídicos supranacionais* se faz, de modo procedimental e inafastável, pelo sistema de *civil law*, que impõe o acatamento do princípio da *reserva legal* (princípio da legalidade) e da constitucionalização, pelos *tratados*, dos direitos fundamentais do *processo* na gênese de implantação das *comunidades supranacionais*. Para quem estuda hoje a *teoria geral do direito e processo comunitário*, é inegável que a estrutura processual nas comunidades supranacionais avançadas (União Europeia) se assenta em bases epistemológicas do processo de conhecimento pela ordinariedade plena das fases postulatória, instrutória, decisória, com sanação contínua e obediência estrita aos princípios fundamentais do *processo*.

O *processo de conhecimento* atua na construção da estrutura procedimental, que tem objetivos de *acertamento de direitos* alegados ou negados pelas partes. O acatamento desses direitos é feito pelo provimento (sentença, acórdão). Daí os códigos de processo alinharem uma série de procedimentos (ações judiciais) para acertamento de direito dos postulantes. As decisões que definem esses direitos debatidos pela regência do *processo de conhecimento* são tituladas *sentenças declaratórias* quando apenas declaram afirmativa ou negativamente o direito discutido no procedimento; *sentenças condenatórias*, quando, além de declarar, impõem obrigação de pagar, entregar (dar), fazer ou não fazer, e *sentenças constitutivas*, que, mais que declararem, definem, modificam ou extinguem alegações de direitos, sendo certo que *não* criam ou instituem direitos, porque só o povo cria processualmente direitos direta ou indiretamente por seus representantes legais no Estado de Direito. As sentenças constitutivas, quando definem, modificam ou extinguem alegações de direitos, assim o fazem segundo o conteúdo da *norma jurídica* reguladora da situação de direito compreendida na estrutura procedimental.

O NCPC brasileiro de 2015 menciona o *procedimento comum* sem a dicotomia *ordinário* e *sumário*. O *procedimento comum* é expressão que equivale a processo de conhecimento, talvez porque o legislador entendeu, com casual acerto, que tanto a ordinariedade plena ou sumarizada não dispensaria as *fases* estruturais do *processo de conhecimento* (postulatória, instrutória e decisória), que, em tempo longo ou curto, em espaço amplo ou concentrado, ficariam, em qualquer hipótese, de *modo comum*, vinculadas, para validade legal do procedimento, aos pressupostos e condições de formação do procedimento e aos princípios institutivos e informativos do *processo* coinstitucionalizado.

6.2 Processo de conhecimento – *Preliminar e mérito*

6.2.1 Articulação estrutural do processo

Com o advento do NCPC brasileiro de 2015, o *processo de conhecimento*, ainda assim, não sofreu no Brasil perturbações estruturais que lhe alterassem a trinomia construtiva pela cognição progressiva[1] e cronológica da *matéria de processo, matéria de ação e matéria de mérito*. Sequer, como veremos, o instituto, dito novo, da tutela antecipada, regulada nos art. 303 e 304 do NCPC, abalou o perfil do processo de conhecimento, se rigorosamente estudado nas bases sistemáticas da produção da *defesa* do réu ali estabelecidas.

As raízes conceptivas do *processo de conhecimento*, na versão do Código, têm origem no ensino de Bülow[2] em obra que publicou em 1868, quando falou em *pressupostos processuais* como antecedente necessário da procedimentalidade, numa visão já instrumentalista do processo a serviço da *jurisdição* (poder do Estado-juiz: atividade do juiz e *não* do poder jurisdicional da lei), como divulgado pelos seus vibrantes discípulos, de Chiovenda a Liebman,[3] e deste à quase unanimidade dos processualistas atuais.

1 CHIOVENDA, G. *Instituições de direito processual civil*. 2. ed. São Paulo: Saraiva, 1965. p. 34. v. I.
2 BÜLOW, Oskar Von. *La teoría de las excepciones procesuales y los presupuestos procesales*. Buenos Aires: EJEA, 1964.
3 LIEBMAN, Enrico Tullio. *Estudos sobre o processo civil brasileiro*. São Paulo: Saraiva, 1947. p. 156 e ss.

Claro que, afora os redentistas (talvez) e os fazzalarianos, processo e procedimento são, para os instrumentalistas, institutos idênticos e a distinção que, por vezes, intentam fazer, presta-se, mais ainda, a obliterações de entendimento, porque, ao negarem a "metafísica" do direito processual do passado, criam uma *retórica* teleológico-jurisdicional de um direito processual do presente em que a sensibilidade político-social do juiz seria o único *instrumento* seguro para a realização da paz social.[4]

Vê-se, hoje, que, com a publicação de vasta literatura praxista e apostolar--doutrinária (não teórico-científica) em processo civil, penal e administrativo, a palavra *processo* assume polissemias ao gosto dos escritores, sem qualquer indicação criteriológica, confundindo-se o *direito processual* (disciplina-estudo) com a *sistemática processual* (textos legais), com a *ciência do processo* (atividade produtora de esclarecimento crítico dos institutos do direito processual), com *processo* (procedimento em contraditório ou instituição coinstitucionalizante e coinstitucionalizada garantidora do direito fundamental de ampla defesa na estruturação dos procedimentos judiciais e administrativos – art. 5º, LV, da CF/1988), com a *jurisdição* (dever do juiz de conduzir o procedimento e nele expender, *secundum legis*, decisões) e com *ação* (procedimento tecnicamente estruturado conforme modelo normativo).

Também, é de todo inútil pretender-se[5] incluir o instituto da *defesa*, ao lado da *ação*, *jurisdição* e *processo*, como mais um capítulo em destaque do direito processual ou da teoria geral do processo, porque, em não mais se podendo falar em ação (no sentido de procedimento da ordinariedade) sem processo, a defesa é desdobramento inafastável do estudo e atuação do *processo*. Poder-se-ia, isto sim, pensar em reduzir a impropriamente chamada "trilogia"[6] do direito processual (ação jurisdição, processo) ao estudo do *processo* e da *jurisdição*, já que ação (procedimento) é matéria estrutural de gênese *processual* e não mais uma sequência de atos presididos pelo voluntarismo jurisdicional expresso na velha parêmia do *jura novit curia* (sem vinculação a critérios de legalidade ampla ou estrita).

Na atualidade, a *instituição linguístico-normativa* do processo impõe comandos à jurisdição (judicação) por critérios de expansividade constitucional.[7] Os chamados escopos metajurídicos do processo, que, segundo Marinoni,[8] deveriam ser realizados por uma espécie salvadora de juiz moderno são, a nosso ver, versões taumaturgas do fetiche jurisdicional do *common law*.

Portanto, a articulação estrutural do procedimento (processo) há de decorrer de prévia modelagem normativa em observância ao princípio da reserva legal (base da cidadania[9] art. 5º, LV, CF/1988) e *não* da vocação social ou do talento do julgador. Nesse quadro de circunstâncias, a lógica da preliminar e do mérito, no processo de conhecimento estranhamente inserido no Livro I da Parte Especial do NCPC de 2015, não mais se limita aos conceitos de Bülow, Buzaid, Dinamarco e seus seguidores.

---

4 DINAMARCO, Cândido Rangel. *A instrumentalidade do processo*. 4. ed. São Paulo: Malheiros, 1994. p. 21; 60; 196.

5 DINAMARCO, Cândido Rangel. *Institutos fundamentais do direito processual civil moderno*. São Paulo: Revista dos Tribunais, n. 38. p. 72.

6 GRECO FILHO, Vicente. *Direito processual civil brasileiro*. 9. ed. São Paulo: Saraiva, 1995. p. 50. v. III.

7 ANDOLINA, Ítalo; VIGNERA, Giuseppe. *Il modelo constituzionale del processo civile italiano*. Torino: Giappichelli, 1990. p. 15.

8 MARINONI, Luiz Guilherme. *Novas linhas do processo civil*. 2. ed. São Paulo: Malheiros, 1996. p. 67.

9 BARACHO, José Alfredo de Oliveira. *Teoria geral da cidadania*. São Paulo: Saraiva, 1995. p. 55.

Embora, por interpretações ortodoxas, almeja-se, muitas vezes, radicalizar a teoria dos pressupostos processuais em padrões do século passado e do início do século XX, o NCPC reclama atualmente, à inteira compreensão do seu modelo de *processo de conhecimento*, cogitações hermenêuticas de maior expansividade principiológica em face da CF/1988, com adequada leitura do que ali se denomina *preliminar* ao lado dos elementos estruturais da ação (procedimento) que se desdobram na *rotulação clássica*: matéria de processo, matéria de ação e matéria de mérito.[10]

Em vestibular análise, a expressão "pressupostos de admissibilidade" ou "condições de admissibilidade" comparece na linguagem usual dos escritores no sentido de premissas legais de desenvolvimento válido e regular do processo e de condições da ação. É abundantemente utilizada sem explicitude das diferenciações entre pressupostos, requisitos e condições a não ser para lhes apontar finalidades práticas (*rectius* taxionômicas ou casuísticas).

6.2.2 Matéria preliminar e matéria de mérito

Resta saber, máxime no processo de conhecimento, tal qual posto no NCPC, a abrangência da matéria *preliminar*, a que alude o art. 337, e qual o significado da expressão preliminar, tão frequente e repetida pelos operadores do direito processual e que, a nosso ver, até agora não mereceu estudo adequado como *instituto* técnico-jurídico-processual (não elemento gramatical – substantivo ou adjetivo) para a realização da *resposta do réu* pela via contestatória (art. 335 do CPC) e qual justificativa teórica e estrutural de sua existência jurídica no arcabouço da *defesa*.

Modernamente, esse esclarecimento é de proveitosa relevância, porque muito se fala em *tutelas de urgência*, com sentido de pronto-socorro jurídico aos que se dirigem a um Poder Judiciário oneroso e ineficiente de uma nação miserabilizada como a nossa, do que em *urgência de tutelas* de direitos fundamentais de dignidade, liberdade (cidadania), ampla defesa, contraditório,[11] isonomia, que são, enfim, institutos-princípios que colocam o *processo* como "centro"[12] do sistema jurídico de garantias de produção e aplicação do direito e não como mero instrumento da *jurisdição* manejada pelo juiz-salvador, como querem os instrumentalistas. Entendemos que do instituto da *preliminar*, instituída no art. 337 do NCPC, decorrem cogitações sobre a gênese das decisões *liminares* proferidas em sede de cognição sumária do pedido de tutela formulado *initio litis*.

O instituto da *preliminar* no processo civil suplica reflexão sobre a largueza semântica que os pressupostos processuais vêm assumindo na dinâmica dos procedimentos, como acentuado por Couture[13] que, a propósito, lembrou que foram os alemães que trabalharam pioneiramente os conceitos de pressupostos, despontando-se Hellwig que os dicotomizou em "pressupostos de admissibilidade da demanda" e "pressupostos de fundamento da demanda".

---

[10] SANTOS, Ernane Fidélis dos. *Manual de direito processual civil* – processo de conhecimento. 4. ed. São Paulo: Saraiva, 1996. p. 46. v. 1.

[11] GONÇALVES, Aroldo Plínio. *Técnica processual e teoria do processo*. 1. ed. Rio de Janeiro: Aide, 1992. p. 127.

[12] FAZZALARI, Elio. Processo – teoria generale. *In:* AZARA, Antonio; EULA, Ernesto (Dir.). Novissimo digesto italiano. Torino: Unione Tipografico Editrice Torinese, 1968 *apud* DINAMARCO, Cândido Rangel. *A instrumentalidade do processo*. 4. ed. São Paulo: Malheiros, 1994. p. 60.

[13] COUTURE, Eduardo J. *Fundamentos del derecho procesal civil*. 3. ed. Buenos Aires: Depalma, 1993. p. 104 e ss.

O certo é que Couture, ao discorrer sobre pressupostos, concebeu-os como princípios sistemáticos do *processo* paralelos e isonômicos ao *direito de defesa* do réu numa relação de *necessitas defensionis* antes, portanto, da apreciação do *direito defendido* pelo autor. Assim, o *direito de defesa* está em plano simétrico ao *direito defendido*, seja sob os aspectos formativos do processo ou de direito material pleiteado, porque o princípio inerente aos pressupostos de constituição e desenvolvimento válido e regular do processo ao lado das condições da ação é do *audiatur altera pars*. O que se aproveita dessas considerações é que o instituto da *preliminar* no direito processual brasileiro (art. 337 do NCPC) é, a nosso sentir, o corolário da simetricidade entre pressupostos processuais e *defesa* do réu, que impede, no *processo de conhecimento*, a concessão de *liminares inaudita altera parte* (*retius* sem prévia oportunidade [*preliminar*] de manifestação possível do réu), a não ser que o direito pretendido já esteja assegurado como líquido e certo em suas bases constitucionalizadas.

Convence-nos, de conseguinte, que a matéria *preliminar* aludida no art. 337 do NCPC não se esgota em sua concepção enumeradora, mas se ergue como *instituto* jurídico da *defesa prévia*, como antecedente lógico fundamental a qualquer decisão no *processo*. Assim também deveria ser entendido no processo penal que *contrario sensu* admite, no direito brasileiro (396 do CPP), defesa prévia após o *decisum* de recepção da denúncia – o que caracteriza, também, uma esdruxularia execrável de desbalanceamento da inerência lógica da *ação* e da *defesa* (*exceção*). A estabilidade do processo não se dá pelo balizamento dos pontos controvertidos do pedido ou pelo saneamento e definição da prova, mas pelo equilíbrio de liberdade e oportunidade de *acusação* e *defesa*, esta considerada como a antítese (resistência) do réu inerente à pretensão do autor.

Muito se comenta sobre o indeferimento da petição inicial e da decretação da inépcia da inicial *in limine*. Entretanto, como já acentuamos em trabalho anterior,[14] após a Reforma de 1994, com o advento da nova redação do art. 294 o CPC de 1973 e sua reafirmação pelo art. 329, I, do NCPC, a peça inaugural do procedimento (petição inicial) é instrumento exclusivo do autor, podendo este aditá-la a seu modo *antes* que sobrevenha a citação válida do réu. Não poderá o juiz espancá-la, de plano, antes da citação do réu, ao argumento de inépcia ou indeferi-la pelos motivos alinhados nos arts. 330 e 321, parágrafo único, do NCPC, porque só ao réu, devidamente citado e se o quiser, poderá, em *preliminar*, levantar tais questões, uma vez que estas são matérias que integram o *instituto* da *preliminar* (art. 337 do NCPC).

Por força do art. 329, I, do NCPC, o indeferimento da petição inicial só é acolhível depois de consumada sua inalterabilidade textual pela superveniência da citação ou esgotamento do prazo de *resposta* sem manifestação do réu. Não cabe ao juiz indeferir ou julgar, de plano, inepta, por defeitos intrínsecos, uma petição que, por lei, somente se torna definitiva após a fluência do prazo contestatório e, consequentemente, suscetível de o juiz indeferi-la ou não ou julgá-la inepta ou não. Antes de citado o réu, deverá o juiz, por mero despacho (art. 321, *caput*), caso a petição inicial apresente erros ou omissões extrínsecas de qualificação das partes, mandar ajustá-la aos "termos" de inteligibilidade restrita à realização do ato citatório, nada mais.

---

14 LEAL, Rosemiro Pereira. O direito de aditamento da petição inicial no CPC reformado. *Boletim Técnico*, Belo Horizonte, v. 3, n. 2, dez. 1996.

A hipótese de o autor *não* atender à determinação é caso de arquivamento dos autos e não de extinção do processo que só poderá ocorrer com os ônus sucumbenciais. *Não* pode ser outra a teleologia do art. 329, I, do NCPC, como óbice à litigância emulativa e insensata, que, abrindo oportunidade ao autor de modificar a petição inicial até citação do réu, também lhe exige, sob vigilância do réu, correção técnico-jurídica e pretensão lícita e adequada na postulação judicial.

A atividade *ex officio* do juiz, no discurso processual do NCPC, frente ao *processo de conhecimento*, por esbarro do instituto da *preliminar*, hoje reforçado pelo disposto no art. 329, I, não se exerce aprioristicamente, ou a qualquer tempo, mas *a posteriori* do decurso do prazo da contestação ou em função desta. Por isso, é antinômico o disposto no §5º do art. 337 do NCPC. Daí não há que cogitar de *decisões liminares* antepostas ao instituto da *preliminar* criado pelo art. 337, *caput*, do NCPC, porque tal seria, até mesmo, uma *contraditio in terminis*, a não ser, como se afirmou, se constitucionalmente líquido, certo e exigível, o direito pretendido ou correlacionado a aspectos dessa liquidez, certeza e exigibilidade.

É claro que, como observamos, não se pode estender igual raciocínio aos demais livros do CPC ou leis processuais extravagantes, a não ser que, por integração heterotópico-normativa, os processos de cumprimento de sentença, execução e especiais ou qualquer texto legal façam remissão expressa ao perfil procedimental do *processo de conhecimento* como estrutura prototípica de atuação de direitos, o que seria valioso tema para estudos.

Se possível a extinção do processo com julgamento do *mérito* (art. 317 do NCPC), são também matéria preliminar da *defesa* do réu as indicadas no art. 337, porque não mais admissível o indeferimento da petição inicial antes da citação do réu (art. 329, I). Pode-se afirmar que o instituto da *preliminar* aborda *mérito*, porque não se limita a operar-se na órbita estrita dos "pressupostos de admissibilidade e fundamento da demanda",[15] porém erige exceções substanciais peremptórias (*rectius* prescrição e decadência) que, segundo Ovídio A. Baptista da Silva,[16] "não podem ser conhecidas de ofício pelo juiz", embora o art. 332, §1º, do NCPC admita tal excrescência e o parágrafo único do art. 487 rejeite.

6.2.3 A antecipação de tutela e o instituto da preliminar

O instituto genérico da tutela provisória, introduzido pelos arts. 294 a 311 do NCPC, é hoje assunto instigante da preocupação dos processualistas. Percebe-se que a tutela provisória, em caráter antecipado, de urgência e evidência, vem calcada em adjetivação hermética, cujos contornos semântico-jurídicos desafiam argutos decifradores, que se debruçam na confusa legislação processual brasileira. Alguns, como Marinoni,[17] preconizam obscuramente que "o grau de probabilidade" para a concessão do provimento antecipatório, "deve ser definido à luz do princípio da proporcionalidade" (*sic*). Também, não mitigam expressões variadas por menções a Pisani, que vão de tutela urgente ao antídoto do abuso de direito de defesa a justificarem o novo instituto, não

[15] COUTURE, Eduardo J. *Fundamentos del derecho procesal civil*. 3. ed. Buenos Aires: Depalma, 1993. p. 104 e ss.

[16] SILVA, Ovídio Baptista da; GOMES, Fábio Luiz. *Teoria geral do processo civil*. São Paulo: Revista dos Tribunais, 1997. p. 272.

[17] MARINONI, Luiz Guilherme. *Novas linhas do processo civil*. 2. ed. São Paulo: Malheiros, 1996. p. 135.

se falando em termos, que aludem à "verossimilhança", "prova inequívoca", "fundado receio", numa procissão carismática de termos que ficam à mercê da subjetividade do julgador.

Outros acham que, em nome da efetividade do processo, o juiz deve colocar as partes em isonomia, concedendo, *inaudita altera parte*, a antecipação da tutela para, em sua solitária e especial consciência judicante, colocar o autor em suposta paridade com o réu de modo prestante e emergencial.

Houve ostensiva transgressão hermenêutica ao buscar entendimentos para o disposto nos arts. 294 a 311 em desconectados livros do NCPC, extirpando o instituto da tutela antecipada (provisória em gênero) da rede normativa do processo de conhecimento, como se fosse um ente novo que, isolado, flutuasse no texto do NCPC, sem amarras procedimentais peculiares ao devido processo legal, a serviço de suposta infalibilidade do julgador em inferir evidências incontestes pela ginástica mental, a pretexto da abolição do dogma de que o autor só tem razão a final.

Apregoa-se que o *processo de conhecimento* é demasiadamente moroso para conviver com a dinâmica das *fatispécies instantâneas* que reclamam soluções velozes nas sociedades superpopulosas e problemáticas de hoje. *Entretanto*, o ato judicacional não é *ato legiferante* que possa abolir norma ou afastar sistemas jurídicos em nome de uma sonhada justiça social pela autocracia do *Judiciário*. Não se coloca aqui a proclamação da intocabilidade do processo de conhecimento, mas o óbice jurídico de concebê-lo segundo juízos de conveniência (vidência) e equidade vedados pelo art. 5º, II, da CF/1988.

Ora, a *cognitio* na procedimentalidade plena impõe, como bem acentua o prof. José Marcos Rodrigues Vieira,[18] que "nenhuma defesa poderá ser considerada abusiva, antes de produzida".

Em sendo de característica plenária o procedimento comum, neste não se poderia antecipar tutela de mérito, a não ser que constitucionalmente líquido, certo e exigível o direito pretendido ou a este correlato, sem que autor e réu se confrontassem em *processo*, cujos pressupostos de validade fossem matéria *preliminar* ao conhecimento da causa de pedir que é o *punctum* originário da antecipatória pela relação fato-direito desenvolvida em regime de contenciosidade (interesse em conflito). O litígio no *processo de conhecimento* não é anterior ou externo ao procedimento instaurado, mas fenômeno endoprocessual que se caracteriza pela prévia instalação do contraditório com a convocação do réu para responder à pretensão do autor.

No processo de conhecimento, só há lide (litígio) sobre um bem da vida jurídica se este é disputado pelo *processo* e quando o litígio se desenvolve no arcabouço de existência jurídica dos pressupostos processuais de admissibilidade (formação) do processo. A lide é fenômeno que só se manifesta após o transcurso do *tempo preliminar* de constituição válida do processo que, *prima facie*, é matéria de defesa do réu e, só em caso de revelia, é questão de apreciação *ex officio* do juiz, quando lhe é dado o momento das *providências preliminares* (art. 347 do NCPC) atinentes também, e principalmente, à matéria *preliminar*, que é prioritariamente de suscitação do réu.

Processo de conhecimento é modalidade procedimental de construção isotópica (em simétrica paridade) dos sujeitos do processo e não instrumento exclusivo da

---

18 VIEIRA, José Marcos Rodrigues. A ordinariedade reformada. *Boletim Técnico*, Belo Horizonte, v. 3, n. 2, p. 99-121, 1996.

voluntariedade jurisdicional, porque a *cognição* compreende geração de matéria de mérito (lide) que, em podendo ser, por ficção jurídica, antecipada, só o seria após atendida a atuação ou o *tempo de atuação* do instituto da *preliminar* abrangedor das matérias pertinentes à defesa do réu indicadas no art. 337 do NCPC. Assim, no *processo de conhecimento*, como está no CPC, não se permite *liminar*, sem *preliminar*, porque, a ocorrer tal hipótese, inverter-se-iam as fases lógicas da *cognição plenária*, que, deixando de se fazer pelo *processo* explicitador da lide (litigiosidade), se transformaria em matéria de autoconvencimento do juiz, não de implementação do modelo procedimental legalmente assegurado.

A emergência tutelar, em concessão liminar, *inaudita altera parte*, não cabe na ordinariedade, se não constitucionalmente líquido, certo e exigível o direito pretendido ou a este correlato, porque, como se disse, o *processo de conhecimento* não se rege pelo *contraditório diferido* ou pela sumarização da *cognitio*, tendo em vista que o instituto da *preliminar* do art. 337 do NCPC não tem, como simploriamente se menciona, o sentido vulgar (*retius* de adjetivo ou substantivo) daquilo que vem nas primeiras linhas das defesas, mas um *instituto* processual à disposição do réu que juridicamente deve anteceder ao *juízo liminar*, como pressuposto jurídico-cronológico da estrutura do *processo de conhecimento*.

Evidente que a tutela antecipada, por sentença incidente (art. 332 do NCPC), se grosseiramente entendida como antecipatória dos efeitos da sentença de mérito e em sendo *mérito* a matéria construída pela *cognitio*, no *iter* de processo já formado, não pode ser qualificada como *liminar* possível *antes* da oportunidade legal do exercício do instituto da *preliminar* assegurado no art. 337 do NCPC.

Embora Marinoni,[19] em observação de nítido pseudomodernismo, afirme "que o réu obtém vantagens imorais com aquilo que imagina ser o seu direito de defesa", insinuando que o instituto da ampla defesa é um dogma do mito liberal do processo, há de se frisar que tal afirmação rescalda-se no despotismo jurisdicional do século passado, já que no *Estado Democrático de Direito* não é o juiz que diz se um ato é ou não imoral, mas a lei, porque, no direito democrático, não existem dois mundos: o da moral e o da lei.

Cuida acentuar que naqueles procedimentos (cautelares, especiais e extravagantes) em que a modalidade de resposta do réu não se dá pelo modelo do processo de conhecimento, inexiste instituto da *preliminar*, mas simples matéria de defesa contra o processo ou contra o mérito (diretas ou indiretas), na generalidade exposta por Moacyr Amaral Santos,[20] que admite, por lei, a tutela antecipada ou cautelar em juízo liminar. Entretanto, se a antecipação da tutela legal por extensões da cautelaridade é atualmente permitida no bojo da cognitividade, a exigência constitucional de liquidez, certeza e exigibilidade do direito pretendido (§1º do art. 5º da CF/1988) não foi abolida. Lembre-se de que o instituto da tutela provisória, como está no NCPC, se não examinados os aspectos de constitucionalidade democrática, é fiel e velho companheiro das ditaduras no direito processual brasileiro.

---

19 MARINONI, Luiz Guilherme. *Novas linhas do processo civil*. 2. ed. São Paulo: Malheiros, 1996. p. 138.

20 SANTOS, Moacyr Amaral. *Primeiras linhas de direito processual civil*. 15. ed. São Paulo: Saraiva, 1993. p. 185-189.

6.2.4 Conclusões

Se acolhido o Livro I da Parte Especial do NCPC de 2015 (arts. 337, 355 e 356), estabelecendo marcos procedimentais das fases *preliminar* e *liminar*, não há afastar, no *processo de conhecimento*, a não ser nas hipóteses correlacionais constitucionalmente apontadas, o exame de pressupostos processuais de admissibilidade e procedibilidade como matéria exercitável pelo instituto da *preliminar* de defesa, antes, portanto, de concessão de sentença *liminar* antecipatória de julgamento de mérito, porque o *mérito*, no *processo de conhecimento*, só se manifesta e se desenvolve após instalação do procedimento em contraditório.

6.3 Verossimilhança e inequivocidade na tutela provisória em processo civil

6.3.1 Abertura temática

A demarcação temática do que se possa entender por *verossimilhança e inequivocidade* na reflexão processual implica elaboração de conceitos pela *teoria da prova*, não pela reflexão jurisdicional supostamente comprometida com a preocupação de evitar a "crise da Justiça",[21] porque a devastação do Judiciário ou as aflições do julgador são fatores conjunturais da decrepitude do Estado ou de sua omissão, não estruturais de racionalização do direito que atualmente se baliza pelos conteúdos de coinstitucionalidade democrática (CF/1988).

Não seria mesmo racional que o *processo* se prestasse, como um condão mágico, a ser algo capaz "de conduzir as pessoas à ordem jurídica justa"[22] pelas mãos do Judiciário. Justo é uma palavra de múltiplas e capciosas conotações, mesmo quando vantajosa aos seus usuários. Nem Calamandrei,[23] com sua prodigiosa autoridade, em obra clássica – quando pateticamente conclamou a todos abandonarem a ilusória infalibilidade do *processo de conhecimento* e abraçarem a convicção inabalável na ética e responsabilidade dos juízes –, arriscar-se-ia a anunciar, hoje, igual apelo numa comunidade em que as leis, por piores que sejam, e muitas vezes por serem cruéis, decorativas, enganosas ou inócuas, ainda são menos prejudiciais e danosas do que os homens alienados que as fazem e as aplicam.

Atualmente o *processo* é instituição coinstitucionalizante garantidora de *direitos procedimentais* pelos institutos do contraditório, da isonomia, da ampla defesa, da anterioridade da lei, do dever da jurisdição, do direito ao advogado, da liberdade incondicionada de requerer, caracterizadores do *devido processo*,[24] que abrange o chamado direito material modulador dos procedimentos para assegurar efetividade. Assim, o *ser* e o *proceder* do direito processual assumem significados unívocos pelo conceito de lei fundamental nos *Estados Democráticos de Direito*, não mais se concebendo a existência

---

[21] TUCCI, José Rogério Cruz e. Garantia de prestação jurisdicional sem dilações indevidas como Corolário do Devido Processo Legal. *RePro*, São Paulo, n. 66.

[22] DINAMARCO, Cândido Rangel. *A instrumentalidade do processo*. 4. ed. São Paulo: Malheiros, 1994. p. 297.

[23] CALAMANDREI, Piero. *Introduzione allo studio sistematico dei provvedimenti cautelari*. Padova: Cedam, 1936.

[24] NERY JÚNIOR, Nelson. *Princípios do processo civil na Constituição Federal*. 3. ed. São Paulo: Revista dos Tribunais, 1996. p. 34-35.

de procedimento sem *processo*, quando se coloca em debate a *efetividade* de direitos concernentes à vida – liberdade – dignidade – patrimonialidade.

Sendo os elementos de *verossimilhança e inequivocidade* aspectos colhíveis da estrutura procedimental processualizada, a sua conceituação demarca-se pelo *devido processo*, não se podendo imaginar antecipação de *tutela* que ocorra em critérios sentenciais antagônicos aos princípios de legalidade ou inexaurientes da *efetividade* do processo. Aliás – diga-se logo – a *efetividade* do processo é fenômeno (transparência lógica) da legalidade prévia, porque, como veremos, a *tutela* tem fonte na lei preexistente e não na atividade jurisdicional. Portanto, o *processo* só cumpre o atributo de efetividade se a jurisdição atuar segundo o princípio da *reserva legal*, não sendo cogitável, nas democracias plenas, a interdependência processo-jurisdição, mas *direito-processo*, como bem acentua o prof. José Marcos Rodrigues Vieira[25] ao "entender por efetividade a aptidão do processo ao desiderato de melhor servir ao direito material" (e diríamos: a aptidão de expressar o direito-garantia constitucional do *devido processo*). Assim, seriam envelhecidas até mesmo as afirmações chiovendianas de que o *processo* tem objetivo de "atuação da vontade da lei"[26] ou de fazer atuar a lei, porque o *processo* é, hoje, a própria lei atuando, pelos seus critérios, a jurisdição, a legiferação e Administração Pública. Não é o *processo* instrumento da jurisdição à margem da lei ou apesar da lei.

6.3.2 Processo constitucional e jurisdição (judicação)

Saliente-se que nas democracias, quando se fala em *processo jurisdicional*, não se alude a um processo (meio, método, modo) exercido pela jurisdição, mas à *instituição coinstitucionalizante* que jurisdicionaliza (institui e diz), pelos institutos que lhe são configurativos, o *modelo* devido e garantido à construção legítima dos procedimentos. Já não têm lugar na cogitação contemporânea do direito processual as chamadas correntes objetivista e subjetivista, que procuram situar o escopo do processo na atuação da lei pela vontade do Estado-juiz ou da parte em face da lei. Os conciliadores de tais correntes, como se lê em Betti,[27] nos meados do século passado, não mais aceitavam essa dicotomia, embora *não* se pudesse falar, à essa época, em *due process* nos conceitos hoje postos pelo pensamento jurídico.

O *processo*, na visão hodierna, é que já é, em si, jurisdicional, porque contém e assegura princípios e direitos dos quais a atividade do Estado não pode apartar-se ou dissuadir, sendo esdrúxulo, portanto, pensar "tutelas jurisdicionais diferenciadas", como quer Donaldo Armelin,[28] fora dos perfis do processo-garantia-constitucional (*devido processo*), porque, mesmo quando o direito alegado não existe, a declaração de inexistência pelo provimento judicante há de ser balizada pelo *processo*, não pelos requisitos ou *critérios* da atividade estatal da jurisdição. A jurisdição estatal é que é *meio* de obediência ao processo, não o processo um meio de obediência (serventia) à jurisdição. O equívoco de se imaginar a hipótese de vários processos com várias formas de tutelas

---

[25] VIEIRA, José Marcos Rodrigues. A ordinariedade reformada. *Boletim Técnico*, Belo Horizonte, v. 3, n. 2, p. 99-121, 1996. p. 104.

[26] CHIOVENDA, G. *Instituições de direito processual civil*. 2. ed. São Paulo: Saraiva, 1965. p. 45 e ss. v. I.

[27] BETTI, Emilio. *Diritto processuale civile italiano*. 2. ed. Roma: Societa Editrice Del Foro Italiano, 1936. p. 416 e ss.

[28] ARMELIN, Donaldo. Tutelas jurisdicionais diferenciadas. *In:* MARINONI, Luiz Guilherme (Coord.). *Processo civil contemporâneo*. Curitiba: Juruá, 1994. p. 103-115.

jurisdicionais decorre do ensino de Pisani,[29] que, não querendo distinguir *processo* e *procedimento*, supõe, como também conjectura Barbosa Moreira,[30] que modalidades de tutelas jurisdicionais (*pluralità de processi ed una pluralità di forme di tutela giurisdizionale*) possam dar origem a vários processos (meios, critérios, modos, métodos) engendrados pelos juízes e que seriam bem mais completos, justos e eficientes do que o *modelo processual* criado em leis, como se vê de permissão inconstitucional de flexibilização e modulação procedimentais pelas partes e juiz no NCPC (arts. 190 e 191) a pretexto de "negócios jurídicos".

6.3.3 Conceito de tutela na teoria do processo

A considerar, como preconiza Marinoni,[31] na trilha de Mauro Cappelletti, que há necessidade de "a prestação jurisdicional passar a ser pensada na perspectiva do consumidor de serviços jurisdicionais", não mais estaríamos no campo do direito processual, mas do direito do consumidor, e, como tal, ao Estado caberia responder pelo ressarcimento aos danos causados pela deficiência crônica qualitativa e quantitativa do aparato judicial, desligando-se, por consequência, esse tema das cogitações do *processo*, cuja *efetividade* não se anuncia pela boa ou má qualidade dos serviços jurisdicionais, mas pelos condicionamentos de garantias de direitos fundamentais na construção dos procedimentos. *Mutatis mutandis*, o pior ou melhor processo deve ser criado pela lei , não podendo a jurisdição estatal, que também deve ter fonte legal , piorar ou melhorar o *processo*, cujos conteúdos não são criados pela jurisdição, não cabendo a esta, como quer Montesano,[32] a "relativização do fenômeno direito-processo".

A jurisdição, quando entendida como atos decisórios, não tutela ou cria (apenas reconhece, define) direitos vigentes, processuais ou materiais, pelo provimento. A não ser nas autocracias, não há técnicas para manejo da cognição, antecipação e atuação de direitos, que escapem à principiologia coinstitucional do *processo* e do *procedimento* e que, privilegiadamente, pertençam à órbita de uma lucidez especialíssima do juiz, de vez que, se assim o fosse, retornar-se-ia ao romantismo clássico-liberal por aceitar-se a ingênua fatalidade da lacuna da lei como fato não pretendido pelas classes determinantes, que, louvando-se numa jurisdição supletiva (*common law*), privam o povo da liberdade processual direta e permanente de rever, fiscalizar, construir, destruir, reconstruir ou modificar o ordenamento jurídico nacional.

A diferença sugerida por muitos entre tutela de cognição exauriente, tutela sumária e tutela antecipada e outros tipos de tutela, não esclarece o que é *tutela* para efeito de sua caracterização teórica. A exemplificação poderá, com múltiplas nominações, aumentar a dúvida conceitual do que seja *tutela*, porque não deixa claro *se* é ato da jurisdição dos decisores ou conteúdo da lei. Resta saber se o *instituto* da tutela, tal qual se encontra nos arts. 294 a 311 do NCPC brasileiro, significa mera proteção ou amparo provimental por antecipação dos efeitos parciais ou totais de uma *sentença final* ainda

29 PISANI, Proto. Breve promessa a un corso sulla giustizia civile. *In:* PISANI, Proto. *Apunti sulla giustizia civile*. Bari: Cacucci, 1982. p. 11.

30 MOREIRA, José Carlos Barbosa. *Temas de direito processual*. 2. ed. São Paulo: Saraiva, 1980. p. 22.

31 MARINONI, Luiz Guilherme. *Antecipação de tutela*. 4. ed. São Paulo: Malheiros, 1998. p. 27.

32 MONTESANO, Luigi. *La tutela giurisdicionali dei diritti*. Bari: Caccuci, 1983.

inexistente, ou se é decisão interlocutória de antecipação dos efeitos da *tutela da lei* já vigente e criadora de um direito pretendido em juízo.

A falsa e anacrônica distinção entre *tutela legal* e o que é impropriamente chamado *tutela jurisdicional* é que vem dificultar a dilucidação da espécie excêntrica da *antecipação da tutela*, porque, em nenhum trecho de todo o contexto dos referidos artigos se afirma que o juiz antecipará os efeitos de futura sentença (provimento *vulgarmente* denominado tutela jurisdicional). Logo, infere-se que não se trata de antecipação dos efeitos do julgamento final (ato sentencial finalizador do procedimento que ainda será proferido), *mas* de antecipação (aplicação) da *tutela da lei* por via de uma decisão interlocutória.

Por influência dos clássicos, e atualmente de Pisani, Tarzia,[33] Tommaseo[34] e Cappelletti, o instituto da *tutela legal* pelo *processo* transmuda-se inexplicavelmente em *tutela jurisdicional* pela jurisdição (juiz-juízo) no procedimento com o nome de "sentenças" e "provvedimenti d'urgenza", como se o ato provimental (sentença), por reminiscências carnelutianas, criasse um tipo novo e *sui generis* de tutela (proteção), cujos efeitos pudessem ser parcial ou totalmente antecipados. Para eles, sendo *tutela* um ato protetivo concedido pela atividade do juiz, não pela atuação da lei, seriam seus efeitos passíveis de captação prévia pelo juízo sentenciante.

Ao entendimento de tais escritores, e de muitos que lhes seguem as lições, a sentença (provimento) é instituto jurisdicional tutelar autônomo, não decorrente das alegações estruturadoras do procedimento. A sentença, nessa absurda versão, agasalharia o que a *lei* estabelecesse, desde que a lei propiciasse "ter em vista as condições sociais e econômicas"[35] das partes, o "pleno desenvolvimento da pessoa humana"[36] e uma justiça rápida, porque, em caso contrário, o *provimento* poderia, segundo eles, suprir todas as lacunas e defeitos da lei, criar direitos de justiça social e afastar o procedimento ordinário que é, como apregoam, "injusto às partes mais pobres" e causador da "lentidão da justiça" e "demora do processo".[37] Está-se vendo que processo, procedimento e jurisdição, nesse discurso, transfiguram-se em *meio* de ideação que tem sua catarse na *sentença* que seria a verdadeira *tutela jurisdicional*. É bom que se fale em nova ordinariedade, mas que não seja pela autocracia da jurisdição como se vê dos arts. 311 e 332 do NCPC.

Muitos intérpretes dos arts. 294 e 311 do NCPC imaginam, ao conferirem equivalência aos institutos da sentença e da tutela legal, que ali se cuida de *antecipação dos efeitos da tutela* do juiz ou do juízo e não da *lei*, enfocando a tutela jurisdicional como instrumento de salvação dos males do Judiciário pela "responsabilidade ética e social" de um juiz corajoso que trata de "novos direitos",[38] ainda que na *lei* não estejam. Para esses hermeneutas, *a tutela jurisdicional* não seria o conteúdo tutelar da *lei* aplicada pela sentença, mas a *própria* sentença, que pode ou não tutelar a *lei* para emitir julgamentos. Acham que a sentença não é preparada pelas *alegações* das partes, mas ato jurídico tutelar e solitário outorgado pelo juiz.

---

33 TARZIA, Giuseppe. *Lineamenti del nuovo processo di cognizioni*. Milano: Giuffré, 1991. p. 186 e ss.

34 TOMMASEO, Ferruccio. *Il provvedimenti d'urgencia, struttura e limiti della tutela antecipatoria*. Padova: Cedam, 1983. p. 257 e ss.

35 ALVIM, J. M. de Arruda. *Tratado de direito processual civil*. São Paulo: Revista dos Tribunais, 1990. p. 112. v. I.

36 MARINONI, Luiz Guilherme. *Antecipação de tutela*. 4. ed. São Paulo: Malheiros, 1998. p. 22.

37 MARINONI, Luiz Guilherme. *Antecipação de tutela*. 4. ed. São Paulo: Malheiros, 1998. p. 22.

38 MARINONI, Luiz Guilherme. *Antecipação de tutela*. 4. ed. São Paulo: Malheiros, 1998. p. 22.

6.3.4 Verossimilhança e inequivocidade – Tentativa de ressemantização

Respeitados os fundamentos legais do Estado Democrático de Direito (art. 1º da CF/1988) pela consideração aqui sustentada de que a *tutela jurisdicional* é o *conteúdo* da lei (tutela legal) aplicado pelo provimento (sentença) segundo o princípio da reserva legal, a *tutela* que se antecipa em seus efeitos pela decisão do juízo (art. 300 do NCPC) só poderá ser legitimamente reconhecida a favor do postulante se ocorrentes na estruturação procedimental os aspectos de *verossimilhança das alegações* produzidas. Assim, na rede teórica das "alegações" é que se devem situar esses *aspectos*. Cumpre indagar em que hipóteses essas *alegações* apresentam verossimilhança. A existência de prova inequívoca é fundamento legal e antecedente lógico-jurídico da *verossimilhança*, de vez que, inexistente prova inequívoca, estaria impossibilitado o convencimento pela verossimilhança. Teoriza-se, por conseguinte, que a inequivocidade da prova é *pressuposto* procedimental da caracterização da *verossimilhança* da alegação. Fique claro que *prova* é *instituto* jurídico de demonstração, e *não* a evidência em si mesma.

Observa-se que a verossimilhança só é aferível pela estrutura procedimental em que *elemento, meio e instrumento* de prova integram a alegação, não se admitindo a ausência de qualquer desses tópicos, porque tal falta acarretaria o absurdo de prova *inequívoca* sem seus próprios fundamentos constitutivos. *Inequivocidade* seria a presença lógico-jurídica do *elemento* de prova (fato, ato, coisa, pessoa) articulada pelo *meio* legal de prova (alegações ensejadas em lei) e expresso no *instrumento* (documento formal) de prova. Se tal ocorresse, pelos conteúdos técnico-estruturais da *prova*, esta seria *inequívoca*, não porque insuscetível de induzir o julgador a erro quanto à realidade extraprocessual, mas pela *univocidade* (presença induvidosa das bases morfológicas) da teorização do *instituto* da prova.

Assim a *inequivocidade* não seria meras impressões de certeza jurisdicional sobre a prova exibida, mas demonstração, em decisão do juízo, de *univocidade dos aspectos* que compõem a base empírica do *instituto* legal da *prova*. Só seria *verossímil* a alegação que se construísse pela univocidade (similitude, coexistência) das *bases* da prova (*elemento, meio, instrumento*), e não porque parecesse eloquente, relevante ou verdadeira a alegação ou compatíveis os fatos e a relação de direito material alegado.

Na elucidação do termo jurídico verossimilhança, há de se afastar a semântica aristotélica que situa o vocábulo como atributo de representação do que "poderia acontecer", sem ter pretensão de ser verdadeiro, ou com o que é semelhante à verdade.[39] Acrescente-se que também as definições de *verdade* que marcam a filosofia das escolas estoica, hegeliana, fenomenalista e até os semioticistas de hoje desservem à reflexão sobre o tema, porque, na epistemologia jurídica, o pensamento hermenêutico se faz a partir do processo jurídico-construtivo da lei e de sua vigência e incidência, e não de uma "realidade pressuposta"[40] ou suposta (verdade causal) *a-jurídica*.

A *verossimilhança* não é, em direito processual, o que se apresenta semelhante à verdade, mas o que se pode *ver* (inferir) pela similitude (conjectura sobre base físico-corroborativa – verossimilitude)[41] das alegações condutoras dos *conteúdos de materialidade*

[39] ABBAGNANO, Nicola. *Dicionário de filosofia*. São Paulo: Martins Fontes, 1998. p. 1.000.
[40] GRAU, Eros Roberto. *O direito posto e o direito pressuposto*. São Paulo: Malheiros, 1996.
[41] POPPER, Karl. *Conhecimento objetivo*. Belo Horizonte: Itatiaia, 1976.

da prova instrumentalizados e vistos (já existentes) nos autos do procedimento. O esclarecimento da verossimilhança pela *verossimilitude* encontra, neste século, em Popper, testabilidade máxima ao apontar a verossimilitude como *asserção* que se torna forte pela *amplitude de conteúdos* sobre os quais se elabora, ainda que refutáveis ou falseáveis. Colhendo-se essas lições, entende-se que a expressão "elementos que evidenciam a probabilidade do direito" refere-se à existência demonstrada dos *conteúdos legais* da prova (elemento, meio, instrumento), como *matéria* necessária das "alegações".

Do exposto, a quebra do hermetismo das expressões "evidência" e "probabilidade", no texto dos arts. 330 e 311 do NCPC, passa pela explicação do que sejam, em processo, *alegações* (art. 311, II, do NCPC). O termo *alegação* assume, a nosso ver, conotações de *meio legal de prova* (em critérios lógico-jurídicos não vedados) apto a explicitar o *elemento* de prova calcado em *instrumento* formalizado. A verossimilhança (probabilidades) da alegação configura-se pela articulação jurídica *sobre* o instrumento preexistente (documento judicial ou extrajudicial: gráfico, técnico, testemunhal, fotográfico, sonoro ou, enfim, sensoriável) à instauração do procedimento litigioso e trazido a juízo, não cabendo puras alegações de probabilidade (não vinculadas a instrumentos), ainda que sintaticamente bem elaboradas. No instituto processual da *antecipação de tutela*, a lógica autorizada em lei (alegações) é de característica *indutiva-dedutiva, id est*: a hipótese de probabilidade só pode ser levantada com prévia *base empírica* (instrumento da prova) exibida em juízo, e *não* a se verificar no *iter* (curso) procedimental (lógico-dedutiva em que a hipótese é formulada *antes* da obtenção da base empírica).[42]

Portanto, evidência ou probabilidade, em *processo*, há de ser conteúdo instantâneo da alegação (*meio* lógico-jurídico) pelo nexo material do *elemento* e do *instrumento* de prova *já existentes* nos autos,[43] não sendo a *evidência* mera cogitação de possibilidade ou probabilidade pela qual o julgador compatibilizasse alegações de fatos e a lei, porque, como se discorreu, a sua caracterização é induzida da *base empírica* precógnita, ou seja, pela já existência, nos autos (suporte físico) do procedimento, do *instrumento pré-constituído* da prova. Pretensão de antecipação de tutela sem prova instrumentária descaracteriza as alegações de fato para gerarem comprovações jurídicas.

Seria tautológica (asserção de conteúdo zero)[44] a *verossimilhança* se sua aferição estivesse adstrita ao senso absolutista de verdade (juízos incontroversos) ou probabilidades engenhosas e não na *verossimilitude* que traduz, com efetividade, os conteúdos da *teoria da prova* articulável pelas *alegações* autorizadas na lei. A *ratio legis* opõe-se, aqui, a um *logos* aleatório, por isso as "alegações" deverão ser juridicamente instrumentadas (documentadas), não abstratamente enunciativas. De conseguinte, as razões de convencimento do julgador, ao antecipar a *tutela da lei*, não são motivações dedutivas ou de clareza e precisão linguísticas, mas de integral *fundamentação* na inequivocidade (existência) demonstrada das bases empírico-morfológicas da *prova* em sua *inteireza* jurídica (*elemento, meio, instrumento*).

[42] POPPER, Karl. *A lógica da pesquisa científica*. São Paulo: Cultrix, 1996. p. 30.

[43] LEAL, Rosemiro Pereira. A lógica da preliminar e do mérito no processo de conhecimento. *Rev. do Tribunal de Contas do Estado de Minas Gerais*, ano XVI, n. 3, p. 15 e ss., jul./set. 1998.

[44] TARSKI, A. *Semantics, matemathematics*. Oxford: Claredon Press, 1956. p. 152-278.

6.3.5 Conclusões

O exercício hermenêutico aqui desenvolvido é um esforço introdutório ao esclarecimento do discurso legal da tutela antecipada sob fundamento de *evidência* pela *inequivocidade* da prova, não se pretendendo, em nenhum momento, excluir aspectos de inconstitucionalidade dos arts. 311 e 332 do NCPC, que, vindo de uma redação abrupta, lesa frontalmente o princípio constitucional de *isonomia* (art. 5º da CF/1988), porquanto não cogita de aspectos de constitucionalidade democrática e não põe autor e réu em plano de igualdade defensiva de seus direitos, além de provocar polissemias incontornáveis na teorização do direito processual brasileiro, que se vem fazendo pelo laconismo da lei, causador de grandes perplexidades aos processualistas (não aos idólatras do praxismo judiciário).

6.4 Fundado receio de dano irreparável na antecipação de tutela no processo civil

6.4.1 Memória temática

Em artigo publicado[45] concluímos que, numa concepção de Estado de Direito Democrático, não há falar em *tutela*, a não ser da lei de fonte popular, tornando-se, por isso mesmo, anacrônica a expressão tutela jurisdicional pela sentença que, no patamar da reflexão jurídica deste início de século, não mais pode ser entendida como ato de construção do direito ou supletivo de direito não legislado. Assim, *antecipar tutela* não é antecipar sentença futura, mas aplicar, por antecipação, os conteúdos tutelares da lei pelo ato sentencial interlocutório, se examinado o tema na perspectiva da teorização empreendida nos institutos da *probabilidade e evidência* em juízo lógico da existência de prova inequívoca no procedimento como fundamento de convicção do juiz.

Sustentamos que a *inequivocidade* é resultado conceitual da presença lógico-jurídica do *elemento* de prova (fato, ato, coisa, pessoa) articulada pelo *meio* legal de prova (alegações autorizadas em lei) e expresso no *instrumento* (documento formal) de prova na estrutura procedimental como pressuposto de "evidência" a ser desenvolvida pelo juízo. Assim a *inequivocidade* não seria mera impressão de certeza jurisdicional sobre a prova exibida, mas demonstração, em decisão do juízo, de univocidade dos aspectos que compõem a base empírica do instituto legal da prova. Só seria "evidente" a alegação que se construísse pela univocidade (similitude, coexistência) das bases da prova (*elemento, meio, instrumento*), e não porque parecesse eloquente, relevante ou verdadeira a alegação ou compatíveis os fatos e a relação de direito material alegado. Na elucidação dos termos "evidência" e "probabilidade" (arts. 300 e 311 do NCPC), há de se afastar a semântica aristotélica que situa o vocábulo "verossimilhança" (aqui como evidenciação de probabilidade – art. 300 do NCPC) como atributo de representação do que "poderia acontecer", sem ter pretensão de ser verdadeiro, ou com o que é semelhante à verdade.[46] Acrescente-se que também as definições de *verdade* que marcam a filosofia das escolas estoica, hegeliana, fenomenalista e até os semioticistas de hoje desservem à reflexão

---

[45] LEAL, Rosemiro Pereira. Verossimilhança e inequivocidade na tutela antecipada em processo civil. *Revista Síntese de Direito Civil e Processual Civil*, Porto Alegre, ano I, n. 2, p. 17 e ss., nov./dez. 1999.

[46] ABBAGNANO, Nicola. *Dicionário de filosofia*. São Paulo: Martins Fontes, 1998. p. 1.000.

sobre o tema, porque, na epistemologia jurídica, o pensamento hermenêutico se faz a partir do processo jurídico-construtivo da lei e de sua vigência e incidência, e não de uma "realidade pressuposta"[47] ou suposta (verdade causal) *a-jurídica*.

De conseguinte, não pode haver antecipação de tutela legal, a pretexto de estancamento instantâneo de conflito, sem que se tornem facilmente aferíveis da estrutura procedimental os aspectos lógico-jurídico-indutivos da *probabilidade* e *evidência* nos moldes aqui refletidos, também erigidos da principiologia do processo constitucionalizado. A *antecipação de tutela* da lei só é legítima se atendidos direitos fundamentais do *processo* em concepção do *devido processo* (teoria neoinstitucionalista).

A tendência orquestrada de mitificação de um Poder Judiciário salvador pela abolição das leis processuais, ditas como entrave ao radioso anúncio de *justiça rápida*, com apoio em Pisani, Tarzia,[48] Tommaseo[49] e Cappelletti, traz sérias preocupações para a reflexão universitária do direito processual em nossos dias. Resolver questões vem assumindo a perigosa versão de solução de conflitos, sem qualquer indagação se *conflito* é o *fato* surgido da crise de cooperação entre interessados ou é o *fato* controvertido pelo exercício do direito fundamental do contraditório, porque, conforme adverte Andolina,[50] não se imagina a "justa composição dos conflitos" fora do *modelo* constitucional do processo, porque "justa composição", ainda que concebida em plano de direito alternativo ou dispositivo, suplica coexistência de lei autorizadora da transação e de *critérios* de controle jurisdicional da *correlata* garantia desse direito.

Não há, portanto, mecanismos lógicos de *equivalentes jurisdicionais* de realização de *justiça* além ou aquém do *processo* pela atuação de mediadores, conciliadores, árbitros e juízes, de vez que a *garantia* de validade das transações havidas se faz *ante* a existência disponível e constitucional do *processo* e não da atividade pessoal dos figurantes do procedimento.

Seria, portanto, absurdo imaginar que a solução de conflitos, no Estado Democrático, pudesse ser obtida com postergação (renúncia) de direito fundamental, a pretexto de *realização de justiça* pelo juiz talentoso. Se o acordo é obtido com aviltamento (desbalanceamento procedimental) de uma das partes, quebra-se o princípio da isonomia, do contraditório, da ampla defesa, por induzir-se a parte ao acordo ou a desestimulá-la ao debate em face dos custos de um advogado, quando impossível um defensor público, ou pela morosidade das demandas. A conciliação das partes, nessas circunstâncias, equivale a coonestações explícitas com a omissão do Estado em prestar atividade de jurisdição gratuita pelo *processo* a serviço da cidadania (art. 5º, LXXVII, CF/1988).

6.4.2 Perigo de dano (não presunção ou suposição)

A expressão "perigo de dano" comparece, no NCPC (art. 300), como requisito imperativo das situações jurídicas de "probabilidade" e "evidência", o que, por claro,

[47] GRAU, Eros Roberto. *O direito posto e o direito pressuposto*. São Paulo: Malheiros, 1996.

[48] TARZIA, Giuseppe. *Lineamenti del nuovo processo di cognizioni*. Milano: Giuffré, 1991. p. 186 e ss.

[49] TOMMASEO, Ferruccio. *Il provvedimenti d'urgencia, struttura e limiti della tutela antecipatoria*. Padova: Cedam, 1983. p. 257 e ss.

[50] ANDOLINA, Ítalo. O papel do processo na atuação do ordenamento constitucional. *Revista de Processo*, n. 87. p. 63 e ss.

coloca o *fundado receio* como elemento inapartável (não alternativo) do juízo lógico-antecipatório da tutela legal se com ele não concorre o do *abuso do direito de defesa* e *manifesto propósito protelatório da parte* (art. 311, I).

Entretanto, o que provoca inquietação hermenêutica é saber se o *perigo de dano* é cogitação do juízo sentenciante em face das alegações do autor ou é *aspecto* alegado por este que se encontre fundado em prova inequívoca. O eminente Humberto Theodoro Júnior[51] anota que "pode-se ter como verossímil o receio de dano grave que concorra de *fato objetivamente demonstrável* e não de simples receio subjetivo da parte" (grifos nossos). Acrescentaríamos que a "evidência" das alegações atinentes ao perigo de dano deve decorrer de fato objetivamente *demonstrado* (evidenciado ou indiciariamente mostrado) no procedimento.

Portanto, o *perigo de dano* ou risco de resultado útil do processo, como categorias configurativas de requisito autorizador da antecipação de tutela legal, decorre do *elemento* de prova, já integrante da estrutura procedimental, apto a persuadir o julgador, não sendo, por conseguinte, manifestação de mero temor alegado pela parte. Assim, a hipótese do *perigo de dano* autorizativo da antecipação tutelar da lei no *iter* procedimental é categoria lógica, não presumida ou suposta, a ser inferida pelo julgador da *estrutura concreta* de procedimento instaurado, não de divagações (vazias, sem fundo probatício) aduzidas no procedimento.

A persuasão no juízo antecipatório não se faz na esfera subjetiva do juiz desvinculado da estrutura procedimental em bases de "probabilidade de certeza", como quer Ricardo Raboneze,[52] mas em face dos elementos incontroversos (fatos, atos, pessoa, coisa) prefixados no procedimento, mesmo porque, a ser de outra maneira, quebrar-se-ia o princípio da reserva legal (art. 5º, II, da CF/1988) com *inefetividade do processo coinstitucionalizado* e fidelidade a um *justo* efetivado despoticamente pela sentença e "captado de algo metafísico, religioso e revelado por este novo homem sagrado da sociedade moderna, o magistrado", conforme anota com inexcedível perspicácia o eminente Calmon de Passos.[53] Por isso é que, na atualidade, manifesta-se inconstitucional a "presunção" supletiva de ausência de elemento de prova no procedimento, porque é o *elemento probatício* a base empírica de fundamentação do provimento (art. 93, IX, CF/1988).

6.4.3 Perigo de dano irreparável

O requisito de irreparabilidade de dano possível, iminente como pressuposto legal da tutela antecipada, forma-se, por ser enunciativo do juízo, a partir da existência estratificada de *elemento de prova do perigo* na estrutura procedimental. O perigo da possibilidade ou iminência do dano não são, portanto, corolários de elucubrações do juiz sobre fato presumível, mas, consoante já salientamos, é juízo lógico-jurídico de base procedimental indutivoanalítica inequívoca.

---

51 THEODORO JÚNIOR, Humberto. *Código de Processo Civil anotado*. 2. ed. Rio de Janeiro: Forense, 1996. p. 124.

52 RABONEZE, Ricardo. Antecipação de tutela initio litis e inaudita altera parte. *Rev. Síntese de Direito Civil e Processual Civil*, Porto Alegre, ano I, n. 1, p. 49 *fine.*, set./out. 1999.

53 PASSOS, J. J. Calmon de. Cidadania e efetividade do processo. *Rev. de Direito Civil e Processual Civil*, Porto Alegre, ano I, n. 1, p. 33, set./out. 1999.

Tem-se exaltado a presteza das *tutelas de urgência* e *evidência* como se estas fossem atos mágicos que, à guisa de pronto socorro jurídico pela ambulância do Judiciário, soassem, quando quisessem, e a seu modo, a sirene do amparo incondicional a direitos que livremente supusessem ameaçados ou lesados. Entretanto, sentença não é tutela, mas ato jurídico *técnico-judicacional* que, adotando o conteúdo da lei (tutela legal), dirime questão posta no procedimento processualizado. Ora, se não contidos na estrutura procedimental os *elementos* mínimos, inequívocos de prova para atendimento dos pressupostos de "probabilidade" das alegações da parte, não há falar em possibilidade de "tutela jurisdicional" (sentença) substitutiva da tutela da lei, porque tal equivaleria a exercer jurisdição sem processo: prática já banida pelas constituições democráticas, embora lamentavelmente ainda privilegiada pelo atavismo absolutista dos judiciaristas.

O NCPC, repetindo o CPC da ditadura de 1973 (art. 285-A *caput*), autoriza *antecipação de tutela* em juízo liminar (*inaudita altera parte*) sem prévia instalação do contraditório (art. 332 do NCPC), o que já rebatemos em trabalho publicado sob o título *A lógica da preliminar e do mérito no processo de conhecimento*.[54] O NCPC, ao evitar a teratologia de se acolher *antecipação de tutela de mérito*, no processo de conhecimento, sem adrede instalação do contraditório, criou, de modo mais monstruoso, o *Livro V* dedicado ao que denominou "Da Tutela Provisória", com grande carga jurissatisfativa, completamente desgarrado do "Processo de Conhecimento" que absurdamente passou a integrar o *Livro I* da *Parte Especial* do NCPC.

6.4.4 A questão insólita do perigo de dano (irreparável!?)

O juízo cognitivo sobre o denominado perigo de dano ainda suplica, além de amarras contextuais na *teoria da prova*, análise econômica adequada sobre o que seja, na linguagem apressada dos bacharéis, "dano irreparável".

Inicialmente, em face do Código Civil Brasileiro (art. 927) não existe a figura do "dano irreparável", uma vez que é assegurada a reparação de quaisquer danos causados a outrem por culpa ou dolo. Assim, dano irreparável, por reflexão apriorística (receio), seria redobrado *absurdo* que jamais autorizaria cogitação de acolhimento. Ante tais antinomias, parece que o legislador, ao se referir a "perigo de dano" (art. 300 do NCPC), talvez quisesse explicitar o dano iminente a coisas de fungibilidade difícil por via de satisfação integral (direta ou subsidiária) ao prejudicado, porque – é óbvio – o dano, como efeito do ato ilícito, é sempre juridicamente reparável pelo devido ressarcimento, ainda que não plenamente compensatório.[55]

Digam-se iguais observações quanto ao dano material ou moral à pessoa. Ao se justificar, como quer Marinoni, que a irreparabilidade do dano depende *a priori* "das condições econômicas"[56] do agente, é criar um direito em que ricos e pobres seriam discriminados ou em que a impossibilidade de precisão do *quantum* reparatório gerasse isenção de ressarcimento. O que se tem por certo em direito econômico é que só é

---

[54] LEAL, Rosemiro Pereira. A lógica da preliminar e do mérito no processo de conhecimento. *Rev. do Tribunal de Contas do Estado de Minas Gerais*, ano XVI, n. 3, p. 15 e ss., jul./set. 1998. (com as inserções e modificações feitas nesta edição da TGP, nos itens 6.2.2 e 6.2.3 do Capítulo 6).

[55] POSNER, Richard. *Economic analysis of law*. Boston: Little Brown, 1977.

[56] MARINONI, Luiz Guilherme. *Antecipação de tutela*. 4. ed. São Paulo: Malheiros, 1998. p. 131.

infungível a vida humana,[57] mas não mais irressarcível a tal ponto de só compensável pelo mito da privação de liberdade ou morte do ofensor.

Aprende-se muito bem com o insigne civilista, prof. César Fiuza, que "dano é expressão material de prejuízo. Pode ser material ou pessoal, este físico ou moral, ambos indenizáveis"[58] pelo dever legal de repará-los. É inconcebível, pois, que exista "dano irreparável" como instituto jurídico ou como efeito do ato ilícito em qualquer legislação do planeta. Não havendo a figura jurídica do "dano irreparável ou de difícil reparação", claro que dela nenhum "receio" ou "perigo" poderia haver, a não ser por uma singular patologia do intérprete. O receio ou perigo, por si mesmo, não gera evidência de dano, mas a comprovação técnica e inequívoca, por inspecção *in loco* (laudo), é que pode identificar procedimentalmente *dano iminente* a suplicar amparo preventivo e urgencial.

6.4.5 Conclusões

A infelicidade da exclusão da cognominada *tutela provisória* do livro de processo de conhecimento no Novo Código Processual Civil já não se limita à inadequação discursivo-legal e sistemática que retira do instituto adotado a cognitividade imprescindível ao paradigma jurídico processual de Estado Democrático de Direito, mas, como se anotou, o texto implantador é de imprestável aproveitamento hermenêutico pela obscuridade da linguagem que, almejando erudição, deixou propositadamente ao *julgador* o manejamento do instituto em parâmetros autocráticos de indevassável subjetividade que inviabilizam o atendimento da exigência legal da indicação, de modo claro e preciso, das razões de seu convencimento, nos termos do art. 93, IX, da CF/88, e art. 1º do NCPC de 2015.

6.5 Antecipação de tutela legal em face de defesa abusiva e manifesto propósito protelatório na teoria do processo

6.5.1 Considerações introdutórias sobre a lei brasileira

Interpretar o art. 80 do NCPC, como condição restritiva de defesa pelo "comportamento desleal do demandado",[59] sem justificação teórica dos critérios de abusividade, é conferir ao juiz o domínio total sobre o significado intencional da defesa, sem que, por reciprocidade, se indicasse o que significaria também uma decisão abusiva do juiz em face da postulação do autor ou do réu. Ora, defesa abusiva é inegável paradoxo, porque, se é *direito* de defesa, não pode ser abusivo. Direito de defesa é *instituto processual* que se define atualmente pelos conteúdos de *garantia* constitucional, não tendo, por conseguinte, *in se*, abusividade intrínseca. O abuso é ato do *operador* do direito e *não* de direito de defesa em si. As questões de abusividade devem ser resolvidas em procedimentos judiciais autônomos ou pelos órgãos de fiscalização profissional ou funcional dos sujeitos procedimentais, por iniciativa dos pretensos prejudicados para fins indenizatórios e não pelo juízo que, inerte por requisito jurisdicional quanto a direitos

---

57 FARIA, Guiomar T. Estrella. *Interpretação econômica do direito*. Porto Alegre: Livraria do Advogado, 1994. p. 94.

58 FIUZA, César. *Direito civil*. Curso completo. Belo Horizonte: Del Rey, 1998. p. 115 *fine*.

59 DINAMARCO, Cândido Rangel. *A reforma do Código de Processo Civil*. 2. ed. São Paulo: Malheiros, 1995. p. 146.

disponíveis, assumiria a estranha posição de corregedor procedimental para, em vez de se limitar a anular atos, punir as partes e lhes impor *ex abrupto* ressarcimentos em quaisquer procedimentos judiciais.

Aliás, como bem acentua o Prof. Ronaldo Brêtas, em obra especializada,[60] a "teoria do abuso do direito no processo civil jamais poderá implicar *negativa do direito* de demandar ou de defesa a quem quer que seja [...] mas visa a evitar que o *exercício* de tal direito seja abusivo" (grifos nossos). Assim, o equívoco textual do NCPC brasileiro está em transformar a Lei Processual vigente, tal qual se encontrava no CPC de 1973, em estatuto disciplinar das partes e advogados, com a exclusão majestosa do juiz, cuja penalidade possível por ato abusivo não se dá na estrutura procedimental da abusividade, mas em autos destacados de procedimento autônomo se o prejudicado porventura quiser apurá-lo.

A equiparação da *fraude processual* e o *abuso de direito* é que tem provocado sérias distorções interpretativas a ponto de impedir a eficácia legal de direitos fundamentais de defesa a pretexto de retardo voluntário do curso procedimental. Poder-se-ia falar em fraude processual pela atuação abusiva no exercício jurisdicional, quando a demora do Estado-Juiz em decidir frustra a inevitabilidade (presteza) legal da jurisdição, o que não tem atraído a atenção do Ministério Público e dos dóceis juristas alinhados ao *judiciarismo* da Escola Instrumentalista do Processo.

6.5.2 Uso e abuso de defesa e fraude processual

Considerando que só excepcionalmente a parte produz em juízo sua própria defesa, claro que a expressão "fique caracterizado o abuso de direito de defesa ou o manifesto propósito protelatório da parte" tem sua teleologia internada na pessoa do advogado da parte e esta, em caso de lhe serem atribuídas tais condutas insidiosas que lhe possam resultar sanções judiciais por enquadramento na litigância de má-fé (arts. 80 e 81 do NCPC), poderá responsabilizar, em ação regressiva, o seu advogado.

Portanto, o mau *uso* do instituto de defesa afeta *in genere* o advogado. É questão ético-profissional que se resolveria pelos Tribunais de Ética e Disciplina da OAB por iniciativa dos interessados, não sendo matéria estrutural do procedimento judicial alheio ao advogado, porque o mau *uso* da defesa torna inválida a *defesa* por não revestir requisitos preconizados em lei. A seu turno, hipótese de uso lícito de defesa para fins ilícitos (fraude) é questão ínsita à subjetividade das partes ou de seus procuradores que, se evidenciada na dinâmica procedimental em curso, apesar de declarável pela anulação do ato que lhe deu causa, não é matéria integrante do procedimento e, como tal, só discutível em juízo ressarcitório ou criminal, por via de procedimento específico e autônomo no âmbito administrativo ou judicial.

Logo, não é o procedimento em tramitação o âmbito adequado para decidir sobre o mérito do abuso de direito de defesa ou outro modo insidioso de manejar direitos alegados, porque, pouco importando se simulação, dolo ou abuso, estes resultam em *fraude à jurisdição* no processo e *não* diretamente ao modelo procedimental ou às partes ou outros sujeitos do processo. A parte só seria enganada caso a decisão (sentença)

[60] DIAS, Ronaldo Brêtas de Carvalho. *Fraude no processo civil*. Belo Horizonte: Del Rey, 1998. p. 37.

encampasse a fraude perpetrada ou quando o próprio juiz, o MP ou os servidores e auxiliares do juízo fraudassem suas funções.

Ora, se o NCPC, no inc. I do art. 311, se refere ao "abuso de direito de defesa" (*sic*), colocando-o ao par do "manifesto propósito protelatório do réu", consequentemente em ambas as hipóteses a ilação dessas circunstâncias implica insólita procedibilidade da pretensão do autor na estrutura do procedimento cognitivo de antecipação de tutela que é, por atributo histórico,[61] processo não disciplinar ou ressarcitório por conduta capciosa das partes. Em sendo o *abuso* o exercício ilícito de defesa para fins lícitos[62] e a *fraude* o uso de defesa lícita para fins ilícitos,[63] não seria mesmo possível que a certeza das reparações (ressarcimentos) por tais atos se operasse em regime interdital na estrutura procedimental de cognição de pedidos originariamente não destinados a penalizações das partes, como impropriamente posto pelo legislador para a litigância de má-fé, multa e condenações compensatórias (arts. 80 e 81), já que tais danos, nas modalidades indicadas no NCPC, não são ao processo, como muitos pensam, mas ao Estado-juiz.

Mais grave que se colhe no trecho do inc. I do art. 311 é o legislador ter inserido o abuso ou a fraude perpetráveis pelo réu como um dos *pressupostos de mérito cautelar* necessários para viabilizar a tutela de evidência a favor do autor. Aduz-se que a redação do *caput* do art. 311 agrega a si própria, por conjunção adicional continuativa, o abuso ou a fraude como *conduta* provocadora da antecipação dos efeitos tutelares (inc. I).

O NCPC assemelha situações incompatíveis (inc. I do art. 311 e *caput* do art. 300 – perigo de dano ou do risco ao resultado útil do processo), emprestando-lhes qualidades equipotentes para obviar a antecipação, ou seja, a conduta insidiosa do réu na formação de sua defesa como elemento autônomo a integrar possibilidade legal de antecipação tutelar ao lado do "perigo de dano ou do risco" a que nos aludimos.

Assim, ao contrário de aspectos estabelecidos no direito processual francês pelo instituto de *régeré provision*, a antecipação tutelar da lei brasileira pode ser decidida com base acessória única no inc. I do art. 311. Não se ignora que a sanção por condutas das partes, conforme dispõem os arts. 80 e 81 do NCPC, não é ato de fundamentação sentencial de *juízo cognitivo*, mas ato decisório interdital implicador em solução ressarcitória entre partes ou entre o Estado e as partes, cuja discussão escaparia, portanto, ao espaço estrutural do procedimento instaurado com outra destinação. Entenda-se o mesmo quanto às hipóteses lançadas nos arts. 80 e 81 do NCPC que, por tormentoso desvio teórico, são arbitradas, em juízo volitivo, sem a necessária discussão de mérito em estrutura procedimental cognitiva pertinente e específica à apuração de eventuais danos por litigância de má-fé, dolosa, abusiva ou fraudulenta.

A prática de penalizar as partes (seus procuradores) em ações (procedimentos) não instauradas a esse fim, como está nos arts. 80 e 81 do NCPC, com sanção simultânea à declaração autoexecutiva de direitos ressarcitórios, é negação explícita do *devido processo legal* (art. 5º, LIV, CF/1988) para a construção de sentença de *mérito ressarcitório* ou criminal que, no direito brasileiro, em face do paradigma constitucional de Estado de Direito Democrático, não pode revestir a forma de ato interditivo. Daí a inconstitucionalidade dos arts. 80 e 81 do NCPC, bem como do item I do art. 311, que não geram validade no

---

61 SILVA, Ovídio Baptista da. *Jurisdição e execução*. 2. ed. São Paulo: Revista dos Tribunais, 1997.

62 DIAS, Ronaldo Brêtas de Carvalho. *Fraude no processo civil*. Belo Horizonte: Del Rey, 1998. p. 34.

63 DIAS, Ronaldo Brêtas de Carvalho. *Fraude no processo civil*. Belo Horizonte: Del Rey, 1998. p. 34.

Estado de Direito Democrático em razão de admitirem decisão interditiva por fatos só suscetíveis de verificação de certeza pelo processo legal específico.

6.5.3 Protelação e tempo legal

Sabe-se que não é possível protelar o que está dentro do tempo legal e o que estiver fora do tempo legal já seria atingível pela decadência, prescrição, preclusão e perempção, não havendo como protelar. Ademais, a protelação só é configurável no procedimento instaurado, porque não há situação abusiva sancionável na extraprocedimentalidade. Não há que falar em ato protelatório se praticado no tempo legal de defesa, porque o tempo legal da defesa é insuprimível e irredutível. Protelação é o que vai além do tempo legal oportunamente utilizado. É o excesso legalmente vedado de tempo para atuar no procedimento e não a ausência ou demora de demonstração ou argumentação insatisfatória no tempo legal da prova. Se o réu levanta uma exceção substancial indireta no tempo legal, não pode ser esta considerada uma alegação protelatória sob argumento de que, de pronto, não exclui o direito do autor, porque a possível inconsistência ou impertinência da matéria de defesa, oportunamente apresentada, não traduz intenção protelatória, como quer Marinoni,[64] mas inocuidade da defesa que, se assim produzida, tornaria incontroverso o direito alegado pelo autor.

O disposto no *inc. I* do art. 311 é que é inconstitucional, feito às pressas, como aconteceu com a midiática elaboração do NCPC sob os influxos obsessivos do mito autocrático de uma "justiça rápida", não comportando, por isso mesmo, interpretação condizente com os conteúdos do direito processual democrático e da teoria do processo na contemporaneidade dos estudos científicos. De conseguinte, a inocuidade da defesa do réu é que seria fundamento técnico de verossimilhança das alegações do autor, se exibida por este prova inequívoca consoante já discorrida, e não o abuso de direito de defesa ou o suposto propósito protelatório do réu manifestado, *no tempo legal*, em peça contestatória adequada, porque, em nenhuma hipótese, pode haver *protelação* sancionável dentro do tempo legal de defesa ou da prova.

6.5.4 Conclusões

As razões de convencimento do juízo merital para antecipar a *tutela da lei* não são aferíveis de possível abuso de direito de defesa ou propósito protelatório do réu, mas da circunstância de o autor apresentar prova inequívoca a tornarem verossimilhantes as alegações da inicial, não podendo a concessão de tutelas legais "provisórias" (antecedentes ou incidentais) resultar de sanção ao réu por litigância de má-fé, porque tecnicamente inconfigurável o propósito protelatório do réu se os atos da irresignação se articularam ou se desenvolveram no tempo legal da defesa.

6.6 Processo de execução, cautelar e outros procedimentos – Noções

Em sendo o *processo de conhecimento* um tipo da categoria lógica do *processo* que busca pela via instrumental dos procedimentos (ações) acertamento de direitos

---

[64] MARINONI, Luiz Guilherme. *Antecipação de tutela*. 4. ed. São Paulo: Malheiros, 1998. p. 144.

pela certeza do discurso sentencial, o *processo de execução*, assim chamado em várias legislações, inclusive a brasileira, preside procedimentos de satisfação de direitos acertados pelas sentenças ou por títulos extrajudiciais que *ex vi legis* têm qualidades de direito acertado. Por isso é que os juristas fazem menção aos *títulos extrajudiciais* e *títulos judiciais*, ambos com força executiva. Os *judiciais* são as *sentenças condenatórias* (líquidas ou ilíquidas), porque só elas abrem oportunidade legal da instauração do *procedimento executivo* (atualmente pela via de acoplamento continuativo – procedimento de cumprimento: art. 513 do NCPC com ou sem *liquidação prévia* – arts. 509 a 512), e os *extrajudiciais*, dos quais a lei exige imediatas qualidades de certeza, liquidez e exigibilidade, como o cheque, a promissória, a letra de câmbio, a duplicata acompanhada do comprovante da entrega da mercadoria, a escritura de confissão de dívida, o crédito documentário do contrato de câmbio, o documento assinado pelo devedor e por duas testemunhas, créditos advindos de escritura pública em geral e muitos outros que a lei designa executivos extrajudiciais e suscetíveis de execução judicial por procedimentos que dispensam antecedentes processuais de cognitividade (art. 771 do NCPC).

Percebe-se que, no caso dos títulos judiciais, em sendo exigíveis os direitos reconhecidos na sentença, mas dependentes de manejamento judicial para se tornarem *líquidos* (individuados quanto ao objeto em quantidade, valor ou qualidade), é necessário que se realizem atos de *liquidação*. Esta pode ser extraprocessual, quando o credor realiza os cálculos da condenação a seu favor para instruir e instaurar o *procedimento executivo*, o que se chama *liquidação por cálculo*, que também, antes da reforma setorial do anterior CPC brasileiro a partir de 1994, conforme já comentamos,[65] era feita judicialmente pelo contador do juízo e que, por isso, instaurava autêntico procedimento liquidatório que precedia o procedimento executivo, reclamando sentença julgadora da liquidação por cálculo. *Atualmente*, como se lê de primoroso comentário do prof. Humberto Theodoro Júnior,[66] e pelo art. 509 §2º do NCPC, eliminou-se a liquidação judicial por cálculo do contador e, por óbvio, e assim entendemos, a instauração, nessa hipótese, de procedimento liquidatório prévio que reclamasse desate por sentença de mérito. Ao devedor, conforme adverte o referido e eminente processualista, "restará a oportunidade de arguir, em embargos, o excesso de execução, caso discorde do levantamento efetuado pelo credor" (art. 914 do NCPC).

Portanto, na atualidade da lei brasileira, a liquidação por cálculo é extraprocessual e feita pelo credor por *memória de cálculo* que instruirá o procedimento executivo a ser instaurado em continuidade e aproveitamento dos autos da "ação" originadora da sentença. O NCPC não esclarece se ao juiz não cabe mais homologar o cálculo efetuado pelo credor ou abrir ensejo ao devedor para discuti-lo em insólito procedimento judicial precedente à execução.

Quanto às outras modalidades de *liquidação* (por arbitramento e procedimento comum – arts. 511 e 512 do NCPC), a instauração de procedimento liquidatório que equivale à *ação de conhecimento* em alguns de seus perfis teóricos peculiares, como conduta precedente à execução, é impostergável para o credor que não poderá, *ex abrupto*, promover o cumprimento executivo se o título judicial de que dispõe reclama prévio arbitramento e esclarecimentos (articulações) em seu valor ou objeto, a fim de

---

[65] LEAL, Rosemiro Pereira. *Comentários à Reforma do Código de Processo Civil*. São Paulo: LED, 1994.

[66] THEODORO JÚNIOR, Humberto. *Código de Processo Civil anotado*. 2. ed. Rio de Janeiro: Forense, 1996. p. 271.

lhe conferir certeza e liquidez plena, porque a condenação, em qualquer hipótese, por sentença líquida ou ilíquida, é *conteúdo exigível* pela imperatividade da existência legal do provimento.

Processo de execução quanto à execução de títulos, a rigor, não é processo, porque não se constrói em contraditório entre partes com vistas a um provimento de mérito (sentença), porque o que assume características de processo são os *embargos do devedor* (art. 914 do NCPC) e a *impugnação* (art. 513 do NCPC).

O *processo cautelar* é procedimento auxiliar que, de modo preventivo, preparatório ou incidental, pode ser instaurado em juízo para assegurar os efeitos de uma futura sentença ou de sentença já expendida ou a *efetividade* de procedimento em tramitação ou a ser instaurado. A característica teórica que distingue o "processo cautelar" é a *provisoriedade*, porque, como auxiliar do procedimento de conhecimento e do de execução, busca tutela de urgência para resguardar direitos expostos a danos iminentes e "irreparáveis". Funda-se, por isso, nos princípios do *fumus boni juris* e no *periculum in mora*, isto é: na plausibilidade do bom direito e no perigo da demora jurisdicional, porque nenhum provimento cautelar pode ser proferido, caso não demonstre o postulante que o seu direito é induvidoso e que deve ser imediatamente garantido para evitar dano.

Diz-se que as cautelares antecedentes são *preventivas*, quando visam a registrar uma situação jurídica que a lei estabeleça como necessária ao exercício de direito futuro. Como exemplo, temos a notificação, a interpelação, o protesto judicial, a produção antecipada de provas e a justificação judicial. São *preparatórias* as que se realizam em função de assegurar direitos ou atos em processo principal que será movido. Exemplos: a busca e apreensão de pessoas ou coisas, o arresto, o sequestro, a caução, a exibição de coisa, documento, escrita comercial ou balanços. As *incidentais*, que se postulam no curso de procedimentos em tramitação, são as que têm finalidade de, em meio a um procedimento de conhecimento, execução ou mesmo especial, especialíssimo, ou extravagante, socorrer direitos que suplicam tutelas emergenciais. Os códigos de processo instituem procedimentos cautelares *típicos* e *atípicos*, alargando sempre o campo dos atípicos ou inominados para que a cautelar não sofra restrições de deferimento por rigores de especificidades procedimentais. O exemplo maior dessas esdruxularias é a chamada "tutela de evidência" (art. 311 do NCPC) em que pode haver sentença terminativa-definitiva-liminar de *mérito inaudita altera parte*.

Menciona-se um *poder geral de cautela do juiz* que, como se sabe, não é poder, mas *dever* de cautela, porque a lei impõe ao juiz que preste jurisdição. Entretanto, o NCPC brasileiro, ao misturar os termos *medida* e *atuação cautelar* (art. 139), não define, com clareza, o que é medida (se mero ato cautelar do juiz) ou procedimento (se sempre aos moldes da ordinariedade), porque, em sendo da natureza da cautelar a *urgência* da tutela jurisdicional, as medidas *liminares*, como atos que antecedem a instalação do contraditório na modalidade de concessão *inaudita altera parte* (sem oitiva da parte contrária), provocam situações jurídicas inconstitucionais.

Contudo, um curso de *teoria geral do processo* não pode ater-se à casuística, porque o importante é o estudo dos *institutos* do processo em seus perfis teóricos de conceituação para que o estudante possa, com obtenção de conhecimento lógico-científico, fundamentar, com segurança de linguagem, as suas articulações jurídicas na sua vida profissional de futuro operador do direito nas diversas especialidades que a prática oferece. O NCPC brasileiro não adotou a tipologia processual hierárquica em seus troncos básicos (processo de conhecimento, execução e cautelar). Encampou tutelas e *procedimentos especiais* que perderam vínculo à tricotomia clássica da sistemática processual. No entanto, o que se deve saber é que os cognominados *procedimentos especiais*, embora apresentem particularidades finalísticas, devem guardar afinidade estrutural com o processo de conhecimento que, como vimos, é o *protótipo* e eixo teórico do sistema processual democrático.

Pode-se variar o modelo procedimental, como queiram, em heterotopias normativas imaginosas, em leis codificadas ou não. Todavia, o *processo de conhecimento* será sempre fonte referencial de perene reflexão do direito processual, que dificilmente será afastada na modelação procedimental para solução de conflitos nas comunidades jurídico-democráticas, de vez que os direitos fundamentais assegurados em instituições jurídicas hoje já implantadas, mesmo precariamente, pela humanidade, não sinalizam retrocesso ou barbarização maior do que a já experimentada em tempos idos.

Quando assinalamos os *procedimentos especialíssimos* e *extravagantes*, estamos fazendo referência a procedimentos que, não codificados como *procedimentos especiais*, afeiçoam-se, ainda que não idênticos, aos padrões teóricos da ordinariedade, executividade ou cautelaridade que, como acentuamos, estruturam-se pelo modelo do *processo de conhecimento*. Os *procedimentos especialíssimos* poderiam ser os não constitucionais e de duvidosa legitimidade ou os constitucionais correspondentes ao *habeas corpus, mandado de segurança, habeas data, mandado de injunção*, que se caracterizam pelo amparo a direitos fundamentais e os *extravagantes*, embora não inseríveis numa categoria rígida, seriam aqueles procedimentos criados em leis ordinárias e não explicitados na constituição, que guardassem pontos de amarração sistemática com as leis codificadas processuais e com os institutos constitucionalizados do processo.[67]

[67] Observação: abrimos, na 13ª edição, revista e aumentada, o Capítulo 11 para apontar flagrante assistematicidade, anomias e antinomias, provocadas pelo veloz advento do NCPC de 2015, com graves restrições ao pleno exercício democrático da advocacia assegurada no art. 133 da CF/1988.

CAPÍTULO 7

CONCURSO DE AÇÕES E CUMULAÇÃO DE PEDIDOS

7.1 Cúmulo – Concurso de ações e cumulação de pedidos

A dissertação frequente sobre o *instituto* processual do *litisconsórcio* deveria vinculá-lo ao estudo do *cúmulo* que, para nós, significaria a ideia designativa de reunião de atos, fatos, coisas, pessoas, que possam ser agrupados pelas identidades ou semelhanças que guardam entre si. Em consequência, achamos essa palavra adequada para se destacar como *instituto-gênero* do título em epígrafe que cuida do *concurso de ações* e *cumulação de pedidos*.

Muitos escritores do direito processual abordam o tema sob título de "concurso e cumulação de ações". Entretanto, como a palavra "ação" é, na linguagem dos códigos, polissêmica e dificilmente esclarecida, entendemos que, em sendo *ação* sinônimo de *procedimento* no sentido que emprestamos ao longo deste trabalho, seria próprio falarmos em *concurso de ações* (concurso de procedimentos) e *cumulação de pedidos ou pessoas* (conjunto de pedidos ou pessoas).

O *concurso de ações*, no sentido de *pluralidade* de procedimentos, como espécie de *cúmulo*, seria a variedade de procedimentos colocada à disposição do interessado para a solução de interesses ou de situações, segundo a pertinência lógico-jurídica estabelecida entre a característica de determinado problema a ser dirimido e a finalidade do procedimento indicado na Lei Processual. Assim, o *leque de ações* suplicaria, para sua exata utilização, um *diagnóstico* do direito e dos fatos, porque *electa una via non datur regressus ad alteram*, adequando-os a um procedimento (ação) existente no ordenamento jurídico processual para instrumentar, em juízo, o pleito a ser articulado. Essa operação de escolha de um procedimento entre vários antes do ajuizamento da pretensão é que define, a nosso ver, *a pluralidade de ações* que não se faz pelo agrupamento de procedimentos instaurados em juízo, mas ocorre pela presença de várias ações (procedimentos) no ordenamento jurídico processual à escolha do interessado para dirimir controvérsias de determinado ato ou fato.

Também se fala em *concurso de ações*, quando, após adentramento judicial pela escolha de um procedimento, outros surgem ou estão tramitando em paralelo ao previamente instaurado e, porque enlaçados, por conexão, continência, afinidade de propósitos jurídicos, reclamam a reunião dos autos de todas as ações ante o juízo prevento (juízo de prevenção) que é o juízo a quem primeiro foi distribuído o procedimento de atração dos demais.

A *cumulação*, também como *espécie* de *cúmulo*, é que comporta a seguinte classificação: *cumulação de pedidos* (cumulação objetiva) e *cumulação de pessoas* (cumulação subjetiva), sendo que a primeira surge com a formulação de vários *pedidos* compatíveis pela via de um único procedimento, enquanto a segunda consiste no agrupamento de várias *partes* ou *contrapartes*, o que impropriamente, em processo civil, ainda se chama de autores e réus ou, ainda na feudal e hierárquica linguagem de Ortolan, como já mencionamos, de sujeitos ativos e passivos situados em polos ativos e passivos, como se de classes escravizadas ou de eletricidade se tratasse e não de direito processual. Exatamente pela reunião de pessoas, como partes ou contrapartes, é que se configura o *litisconsórcio* que pode ser *necessário* por força de lei ou *voluntário* (facultativo) pela livre deliberação dos interessados.

Várias classificações de *litisconsórcio* frequentam prodigamente a mesa dos juristas, tais como: ativo (vários autores); passivo (vários réus); inicial (na instauração do procedimento); ulterior (no iter procedimental); simples (quando a sentença decide de modo *não* uniforme para os litisconsortes); unitário (quando a sentença decide de modo uniforme para os litisconsortes); e, por último, o multitudinário que é aquele que se faz por um número considerável de partes sobre o qual falamos em nosso livro de comentário à Reforma.[1]

Anota-se, também, uma *cumulação de pedidos contrapostos* no instituto da *reconvenção* apresentada pela contraparte em procedimento que lhe é movido. Embora se tenha a *reconvenção* como uma "ação dentro de outra ação", o que se percebe é a existência de *pedidos* em direções opostas, em que a parte requerente da ação passa a figurar como contraparte (reconvindo) na *reconvenção* intentada e a contraparte da ação antes movida em *parte* requerente (reconvinte), com ampliação do *thema decidendum*, ou seja: com ampliação do pedido constante do procedimento primeiramente instaurado. Muitos escritores veem afinidades entre o instituto da *reconvenção* e a *ação declaratória incidental*, quando é esta promovida pelo réu por pedido contraposto em ação em curso.

---

1 LEAL, Rosemiro Pereira. *Comentários à Reforma do Código de Processo Civil*. São Paulo: LED, 1994. p. 23-25.

CAPÍTULO 8

ATOS PROCESSUAIS E PRAZOS

8.1 Atos processuais – Ato processual. Ato procedimental. Vícios. Nulidades

Afirma-se a esmo que os *atos* praticados no processo são processuais, porém, os *atos* que compõem a atividade processual, para serem processualmente jurídicos e produzirem efeitos validamente construtivos do procedimento, precisam ser praticados conforme o modelo, condições e requisitos contidos em norma legal. O *ato processual* há de ser, portanto, o reflexo concretizado pelos sujeitos do processo do que contém a norma que lhe dá suporte de legitimidade e validade, embora possa ter *eficácia* até que sobrevenha a respectiva decretação de nulidade. É preciso conhecer a teoria dos atos jurídicos para se ter suficiente compreensão do ato processual que, como óbvio, é ato jurídico-processual. Para essas lições teóricas, remetemos o leitor às aulas de direito civil ou teoria geral do direito. Entendemos que, ante a escola moderna do *processo,* o *ato processual* já não significa *ato procedimental,* porque, como salientado, pode-se ter *procedimento* sem que haja *processo,* não sendo, é claro, a recíproca verdadeira.

Nesse tópico, o que mais nos chamaria a atenção é o debate que abriu o nosso saudoso prof. Valle Ferreira sobre os conceitos de *nulidade de pleno direito,* que retrata a linguagem envelhecida de sistemas jurídicos superados, e *anulabilidade* por defeito (*vício*) do ato jurídico, recebendo do prof. Aroldo Plínio Gonçalves[1] primorosa obra que elucida, com talento inexcedível, aspectos desse intrincado tema, ao ensinar que, apesar de se falar, na linha de Carnelutti, que a nulidade do ato é inerente ao vício nele contido, a nulidade no procedimento é ato de sanção, posterior à verificação do *vício.* Não há ato nulo *pleno jure,* mas ato suscetível de anulabilidade, porque a anulação é ato jurisdicional e não vício fatal do ato em si mesmo.

Por outro lado, ainda ensina o incomparável processualista mineiro, na mesma obra,[2] em lições pioneiras, que "entre nulidade do ato processual e a nulidade do

[1] GONÇALVES, Aroldo Plínio. *Nulidades no processo.* Rio de Janeiro: Aide, 1993. p. 86-89.

[2] GONÇALVES, Aroldo Plínio. *Nulidades no processo.* Rio de Janeiro: Aide, 1993. p. 40-41.

processo existe, portanto, uma diferença de grau". Explica que a *nulidade do processo* ocorre pela inexistência, na cadeia procedimental, de ato exigido por lei, "cuja falta não possa ser suprida ou, podendo, não o seja". E, em não podendo ser declarado nulo um ato *inexistente*, é claro que o processo será atingido pela *declaração de nulidade* "a partir do momento em que o ato inexistente deveria ter integrado a cadeia de atividades do procedimento". De outra face, a *nulidade no processo* é a nulidade decretada pelo pronunciamento jurisdicional em referência a ato processual *efetivamente realizado* de modo irregular na estrutura procedimental, não se tratando de ato inexistente.

O que é mais significativo nesse estudo das nulidades do *ato processual* é que a *nulidade do processo,* mesmo em razão de nulidades de atos no processo, como adverte o brilhante processualista mineiro, "só pode ser decretada a partir de ato posterior à petição inicial", porque a decretação de *inviabilidade* legal de *todo o procedimento* provoca a *extinção do processo* (procedimento instaurado), tal ocorrendo também pela inépcia da inicial ou ausência de pressupostos ou condições de ação, não *se* confundindo, por conseguinte, com o *instituto* das *nulidades processuais.*

8.2 Autos. Auto. Termo. Ata

Já dissemos que *autos* é o conjunto cartular registrador dos atos procedimentais ou processuais. *Auto* é a narrativa legal de fato extraprocessual lavrada pelo agente do juízo, por força de *mandado* judicial, para integrar a estrutura procedimental. *Termo* é também narrativa legal de ato endoprocessual. *Ata* é narrativa legal de ato praticado *extra* ou *intra*processual por determinação do juízo. A *ata,* quando lavrada intra-autos, não deixa de ser uma espécie de *termo* judicial.

8.3 Prazo – O tempo legal. Preclusão. Perempção. Prescrição. Decadência

A cogitação sobre o *instituto do prazo* em direito processual é ampla, porque abrange reflexões acerca dos institutos da *preclusão, perempção, prescrição e decadência.* O prazo é o tempo de duração, porque o tempo é infinito, enquanto a duração é um *módulo do tempo* com marcos de começo e de fim. O *marco* temporal de início do prazo é, em direito processual, chamado de *dies a quo* e o *marco* final de *dies ad quem.* A expressão marco temporal, no sentido de limite, assume a designação jurídica de *termo* inicial e *termo* final do prazo. A palavra *termo* tem vários significados em direito, porque significa limite do tempo legal, narrativa jurídica solene, dispositivo de lei. A regra geral de contagem dos prazos judiciais consiste em excluir o dia do começo (dia da publicação oficial do ato ou da intimação da parte ou de seu procurador) e incluir o dia do fim. Prazo não começa nem termina em feriados. O sistema de contagem dos prazos é claramente estabelecido nas leis processuais, não havendo qualquer dificuldade em contá-los corretamente, se observados os critérios legais e jurisprudenciais (o NCPC em seus arts. 218 a 232 nada inovou em relação ao CPC anterior).

O que mais preocupa o advogado é a perda do prazo, porque ao juiz, ao Ministério Público, ao serventuário, nenhuma preocupação acarreta, porquanto não lhes traz sanções automáticas pela omissão de função, o que, a nosso ver, constitui lesão ao princípio legal da *isonomia* dos sujeitos do *processo.* Também lesiona o princípio da isonomia a concessão de prazos diferenciados para os sujeitos do processo e indivíduos em geral, porque redunda em quebra do princípio constitucional da *igualdade* assegurado na Constituição (art. 5º, CF/1988). Em países de formação estatalista rígida, como o Brasil, o ente público ou paraestatal goza de prazos privilegiados, colocando os interesses do Estado acima dos direitos dos cidadãos, como se o Estado, com feições de Leviatã, não estivesse sob comando do *ordenamento jurídico* e fosse dono do destino das pessoas.

A perda ou o fluir do prazo para se manifestar no procedimento resulta em *preclusão* que é o trancamento do tempo legal que não retorna, a não ser em circunstâncias que a lei considere justificáveis. Por isso é que os prazos podem ser *dilatórios* ou *peremptórios*, sendo que os dilatórios são suscetíveis de restituição, repetição, devolução ou prorrogação, enquanto os peremptórios, a rigor teórico, não comportam dilação ou devolução. A *preclusão* é a maior garantia que têm as partes de que a estrutura do procedimento não pode ser alterada ou anulada por atos de arbítrio, conveniência, revisão, retorno, reabertura, cancelamento, recomeço, senão pelos modos que a lei rigorosamente impuser. Entendemos que não é satisfatória a classificação da *preclusão* em *temporal, lógica* e *consumativa*, porque a *preclusão* é sempre lógico-jurídico-temporal.

Poderíamos fazer até mesmo uma distinção entre *situação jurídica*, ato, fato e fator jurídico-processuais, valendo-nos da figura da *preclusão*, porque, se o *ato* (ação ou omissão) não é voluntariamente construtivo do procedimento, mesmo assim teríamos, em direito processual, *situações jurídicas*, de vez que estas ocorrem pela sucessão de *atos-fatos* (ação ou omissão) que se consolidam pelo esgotamento do tempo legal de sua realização, não comportando, como se disse, reabertura discricionária. A estrutura do procedimento em construção ou acabado compõe-se de *situações* que são as resultantes lógico-jurídicas dos atos comissivos ou omissivos das partes e dos fatos ausentes ou ocorridos na construção dos procedimentos já irreversíveis pela *preclusão*. Assim, a *preclusão* seria *fator* de consolidação estrutural do procedimento composto desses atos e fatos e do *tempo vazio* não oportunamente utilizado, cujos contornos teóricos, em sua dinâmica e estática procedimental, demandariam reflexão e pesquisas alentadas, o que não é o propósito desses primeiros estudos de *teoria geral do processo*.

A *perempção* é a perda de oportunidade legal de repetir determinado procedimento por mais vezes que as permitidas em lei. É de se lembrar que a *faculdade* de postular *judicialmente* qualquer pretensão ninguém perde, porque o *direito de ação*, como vimos, é permanente. O que se perde, na preclusão e perempção, é o *tempo legal* ou oportunidade que confere validade ao ato ou procedimento, se praticado ou instaurado. Tanto a preclusão quanto a perempção não ocorrem por si mesmas, mas se configuram pelo reconhecimento jurisdicional no procedimento, como óbices àquele que queira praticar atos fora dos prazos ou modalidades legais.

A *prescrição* e a *decadência* também, como institutos jurídicos, configuram-se pela perda do prazo para o exercício de direitos. A *prescrição* é a perda do prazo de obter ato ou sentença reconhecedora de direitos em procedimento instaurado e a *decadência* é a perda do prazo para agir em juízo a pleitear direitos, porque, como frisamos, a prescrição e a *decadência* não decretam, por si, a morte de direitos para as pessoas, mas são *institutos* a serem acatados pelo órgão jurisdicional para dizer se o direito está prescrito em face do interessado ou se o interessado decaíra da oportunidade de agir em juízo para pleitear o reconhecimento do direito. Ouve-se dizer, pela voz dos códigos e leis malfeitas, que os direitos prescrevem ou alguém decaía de direitos em certos prazos.

A prescrição e a decadência, no entanto, são *institutos* do direito processual, porque a perda do prazo de exercício de direito só é aferível pela declaração jurisdicional, não se operando *pleno jure*. A lei não impede que alguém, a pretexto de perda de direitos pela fluência do tempo legal indicado na norma *in abstrato*, ingresse em juízo para pleitear tais direitos, embora saiba da impossibilidade de sentença favorável, porque o *direito de ação* (*facultas agendi*), como direito de movimentar a jurisdição, é incondicionado, imprescritível e não suscetível de decadência, tal como se lê no art. 5º, XXXV, CF/1988.

CAPÍTULO 9

PRETENSÃO E RESISTÊNCIA NO PROCESSO CIVIL

9.1 Teoria da pretensão e da defesa no processo civil

9.1.1 Pretensão e defesa

A pretensão, como exercício incondicionado do direito de ação, instala-se procedimentalmente, como já salientamos, pelo atendimento de pressupostos processuais. A complexidade que envolve a resposta do réu (contraparte) implica reciclar os institutos jurídico-processuais que se ergueram, ao longo da história do direito, para sua elaboração.

Modernamente, a *teoria da defesa*, no processo civil, não mais se edifica no estrito âmbito da lei instrumental, porque o contraditório, na concepção simplista de "forma antitética à pretensão",[1] não supõe "bilateralidade"[2] simétrica das partes, refletindo apenas o vetusto balizamento da existência hierárquica de dois polos desbalanceados e antagônicos: o autor, no polo ativo, a exigir do réu, no polo passivo, uma conduta supostamente devida, aos moldes concebidos por Ortolan (1802-1873) e Roguin, conforme anota Claude Du Pasquier,[3] ao discorrer sobre a história da natureza voluntarista do *vinculum juris* entre dois sujeitos.

A escola de Ortolan influiu decisivamente na elaboração do modelo teórico do processo como *relação jurídica*, de Windscheid a Bülow, que, com Liebman,[4] migrou para o Brasil e se entranhou, fundamente, pelas mãos de seus discípulos, na sistemática processual civil.

É tão arraigada a cultura processual brasileira nessa linha teórica da autonomia da vontade do século XIX que, em sendo o CPC de 1939 e o de 1973 um espelho autocrático de enlaces subordinantes de uma parte a outra ou destas ao juiz, surgem

[1] CINTRA, Antonio Carlos Araújo; GRINOVER, Ada Pellegrini; DINAMARCO, Cândido Rangel. *Teoria geral do processo*. 8. ed. São Paulo: Revista dos Tribunais, 1991. p. 241.

[2] SICHES, Recaséns. *Fundamentación de la filosofía del derecho*. México: [s.n.], 1945. p. 150.

[3] PASQÜIER, Claude. *Introdution à la théorie générale et la philosophie de droit*. 4. ed. Neuchâtel: Niestlé, 1967. p. 102-103.

[4] LIEBMAN, Enrico Tullio. *Manual de direito processual civil*. Rio de Janeiro: Forense, 1984.

óbvias dificuldades para a revisitação do instituto da defesa na contemporaneidade dos estudos do *processo civil*, mesmo com o advento do NCPC de 2015.

Sabemos que Liebman não distinguiu claramente as figuras do processo e do procedimento, chegando mesmo a confundir este com o direito de ação que, segundo seu entendimento, findava-se com a extinção do processo como estampado na exposição de motivos de Buzaid no anterior CPC pelos textos dos arts. 3º, 267, *caput*, e 269. Tais ambiguidades só foram, muito posteriormente, extirpadas pelas teorias de Fazzalari.[5] Entretanto, no NCPC prevalece a confusão ação, procedimento, processo, pedido, tutela.

No NCPC, o juiz ainda mantém uma relação pitagórica com as partes, em parâmetros de poder sobre elas, mediante faculdades sensitivas do que é bom ou ruim numa posição trigonométrica, como queriam Adolf Wach[6] e Hellwig, que ainda concebiam o processo como ato *trium personarum*: juiz, autor e réu, numa relação de subordinação das partes à sabedoria do juiz, como que a repetirem a concepção jurisdicional pretoriana das *fórmulas* do direito romano arcaico.

A partir de Alcalá-Zamora y Castillo,[7] com sua teoria teleológica do *processo*, multiplicaram-se as convicções de que o processo, além de veículo de sujeição de uma parte à outra, é *meio* ou *método* e *instrumento* do poder jurisdicional do Estado nas mãos do juiz "com vistas ao objetivo de fazer justiça".[8] O processo seria, assim, o instrumento da subjetividade do juiz na pacificação dos conflitos, cumprindo objetivos sociais, políticos e jurídicos.[9]

Veja-se que, nessa linha teleológica, o termo *justiça* é usado na linguagem jurídica, na maioria dos autores, com significação equívoca, como também se encontra no texto de leis brasileiras e estrangeiras. Não se sabe se *justiça* é o Poder Judiciário, se é o resultado de um julgamento popularmente aplaudido, se um valor só perceptível pelo solipsismo da jurisdição ou um valor que esteja acima da lei e que seja o fim último de uma sociedade ideal e carismática ainda a se construir sobre princípios não esclarecidos de uma eticidade social de vocação hegeliana.

Se a ideia de *justiça* for entendida, como ensina o eminente professor Joaquim Carlos Salgado,[10] "como ordem racional da livre convivência dos homens", claro que nada teria essa "ideia de justiça" com a ideia de "fazer justiça" particularizada nos órgãos jurisdicionais não submissos à positividade sistêmico-normativa da ordem jurídica do Estado Democrático de Direito.

Ressalve-se que, enquanto os clássicos defensores da corrente teleológica do processo desenvolvida por Alcalá-Zamora y Castillo colocavam no "poder jurisdicional" do Estado a finalidade última de tornar o processo efetivo, os chamados instrumentalistas de hoje, de Dinamarco[11] a Watanabe e deste a Ruy Portanova, com sua "justiça alternativa", preconizam que o juiz pode melhorar a lei e ser o intérprete nato dos valores

[5] FAZZALARI, Elio. *Istituzioni di diritto processuale*. 5. ed. Padova: Cedam, 1989. p. 7-50.

[6] BERMUDES, Sergio. *Introdução ao processo civil*. Rio de Janeiro: Forense, 1995. p. 76.

[7] ALCALÁ-ZAMORA Y CASTILLO, Niceto. *Estudios procesales*. Madrid: Tecnos, 1975.

[8] CINTRA, Antonio Carlos Araújo; GRINOVER, Ada Pellegrini; DINAMARCO, Cândido Rangel. *Teoria geral do processo*. 8. ed. São Paulo: Revista dos Tribunais, 1991. p. 147.

[9] CINTRA, Antonio Carlos Araújo; GRINOVER, Ada Pellegrini; DINAMARCO, Cândido Rangel. *Teoria geral do processo*. 8. ed. São Paulo: Revista dos Tribunais, 1991. p. 42-43.

[10] SALGADO, Joaquim Carlos. *A ideia de justiça em Hegel*. São Paulo: Edições Loyola, 1996. p. 506.

[11] DINAMARCO, Cândido Rangel. *A instrumentalidade do processo*. 4. ed. São Paulo: Malheiros, 1994. p. 37.

sociais e políticos. Acham possível o *processo* transcender a estrutura procedimental para, nas mãos do juiz, assegurar a estabilidade das instituições, segundo personalíssimos "critérios vigentes de justiça"[12] (NCPC, art. 140).

É de se observar que o *subjetivismo* autoritarista do século XIX está sendo, às nossas vistas, substituído por uma teoria que a ele se iguala, que é a do *personalismo hermenêutico* que atribui a uns poucos, porque investidos de dever-função estatal de julgar ou fiscalizar a lei, melhor inteligência e "senso de justiça" do que a outros que seriam meros operadores do direito, como os advogados a que sequer se reconhece a imprescindibilidade de sua atuação como pressuposto fundamental irrestrito (art. 133 da CF/1988) de validade, legitimidade, eficácia e *controle* da atividade jurisdicional.

Conceber o *processo* como instrumentador da jurisdição e, ao exercício dessa jurisdição, obstar a participação do advogado em todo o *iter* estrutural dos procedimentos, é, paradoxalmente, negar a efetividade do *processo* como direito-garantia constitucional de construção dos provimentos e da jurisprudência *pelo contraditório* e ampla defesa.

É certo que, conforme lembra Barbosa Moreira,[13] o juiz não se limita a "uma postura de estátua", mas, por outro lado, como adverte o prof. Aroldo Plínio Gonçalves, "a participação do juiz não o transforma em um contraditor, ele não participa em contraditório com as partes [...] ele não é um interessado ou contrainteressado no provimento".[14] Segundo Liebman,[15] o Código de Processo Civil não é outra coisa a não ser a *lei regulamentar* de garantias contidas na Constituição, revelando o que hoje se chama de *jurisdição constitucional*, que, segundo Sagüés,[16] se faz pelo *direito processual constitucional* e não mais pela atividade do juiz ou por um poder totalitário do Estado. Aliás, o NCPC (art. 1º) dispõe reger-se pela CF/88, mas com esta conflita e se põe em colisão intrassignificativa com seus próprios dispositivos como propositada estratégia de reforçar o *voluntarismo* da autoridade judicante para conduzir a interpretação e aplicação do direito.

9.1.2 *Due process* e contraditório

Por isso, releva acentuar que outra finalidade não pode ter o *processo* para o juiz, senão, por sua principiologia instituída em norma fundamental, ensejar às partes o pleno exercício do *contraditório*, da ampla defesa, da simétrica paridade (isonomia) de oportunidades e de efetiva participação na construção do provimento. O *dever-função* jurisdicional cinge-se a garantir a vigência do instituto constitucional do *devido processo legal* criado por norma fundamental no direito brasileiro (CF/1988, art. 5º, LIV, LV), cuja teorização, na proposta de Juan Montero Aroca e Di Iorio,[17] desenvolve-se como *direito jurisdicional* criado pela instituição coinstitucional do *processo*.

No magistério de Mello Filho,[18] a locução *devido processo legal* tem o sentido da cláusula *due process of law* do direito processual americano que, em suma, significa

---

12 DINAMARCO, Cândido Rangel. *A instrumentalidade do processo*. 4. ed. São Paulo: Malheiros, 1994. p. 37.
13 MOREIRA, José Carlos Barbosa. *Participação e processo*. São Paulo: Revista dos Tribunais, 1988.
14 GONÇALVES, Aroldo Plínio. *Técnica processual e teoria do processo*. 1. ed. Rio de Janeiro: Aide, 1992. p. 120-121.
15 LIEBMAN, Enrico Tullio. Diritto constituzionale e processo civile. *Rivista di Diritto Processuale*, 1952. p. 329.
16 SAGÜÉS, Nestor. *Derecho procesal constitucional*. Buenos Aires: Astrea, [s.d.].
17 DI IORIO, Alfredo J. *Lineamientos de la teoría general del derecho procesal*. Buenos Aires: Depalma, 1995. p. 99-103.
18 MELLO FILHO, José Celso de. A tutela judicial das liberdades. *Revista dos Tribunais*, 526, 1979. p. 298-299.

direito à citação, direito ao contraditório, direito à assistência judiciária, direito à prova plena. O instituto do devido processo legal, mais que conjunto normativo de regência principiológica do proceder, há de ser entendido, também, tal qual se vê das lições de Michel Stassinopoulos,[19] como *substantive due process of law*, porque tem fonte no *princípio da legalidade* (*reserva legal*). Com a edição da Constituição da República Federativa do Brasil de 1988, o *princípio da legalidade* foi instituído por norma fundamental inscrita no art. 5º, II.

Eis por que não se pode aceitar, na atualidade do direito brasileiro, a versão trivial e emotiva de que o *processo* é instrumento da jurisdição e que esta, em se fazendo pelo juiz, tenha escopos metajurídicos que possam medir-se pelo sentimento de justiça do julgador e não pelos comandos e paradigmas da lei. O *due process* significa, em primeiro lugar, no quadro constitucional brasileiro, que o conteúdo da jurisdicionalidade é a legalidade (*nullus actum sine lege*): é a precedência da lei à vontade jurisdicional e, se a lei constitucional assegura o *contraditório*, é este *conditio sine qua*, como afirma Comoglio,[20] tanto do "direito de ação" quanto do "direito de defesa" que também é um "direito de ação contrária".

9.1.3 Direito de ação e ação (procedimento)

Admitindo-se que o *direito de ação* é o direito de movimentar a jurisdição e, no direito pátrio, é direito-garantia constitucional (art. 5º, XXXV, CF/1988), porque, ao seu exercício, não se impõe qualquer condição ou qualidade para agir, em juízo, tem-se, portanto, o direito de ação como instituto constitucional que se opera e se esgota na via instrumental da petição. Assim, nenhum sentido faz o art. 312 do NCPC, se interpretado como texto instituidor do *direito de ação*, já que tal instituto, como vimos, não mais se encontra regulado em nível infraconstitucional. A "ação" a que se refere o art. 312 do NCPC é o procedimento, cuja formação e desenvolvimento válido e regular dependerão de cumprimento de pressupostos e requisitos condicionantes endoprocessuais e *não* o direito de ação que tem fonte constitucional incondicionada.

Assim, pressupostos e requisitos do procedimento são aspectos endoprocedimentais apuráveis no correr da estruturação do procedimento, após a instauração deste pelo instrumento da petição formalística, ou até inepta, em observância, ou não, ao rigor dos termos dos arts. 319 e 320 do NCPC.

Explicite-se que a petição não é o pedido. O pedido é que está formalmente contido na peça gráfico-peticional. Quando se instaura o procedimento pela petição, exercita-se o direito de ação que é de conteúdo constitucional. Nada se suplica ao Estado. Exige-se do Estado o dever da atividade jurisdicional pelo juiz, porque a pretensão é exercitada como direito-garantia (liberdade) de requerer por via peticional e não como súplica reverencial ao juiz. Rememore-se que Couture,[21] ao discorrer sobre o que denominou "direito de petição", preconizou um *direito à jurisdição*, não um direito ao procedimento ou ao processo.

Portanto, a nosso ver, a petição inicial é instrumento do *direito de ação* e instaura o procedimento, antes mesmo do conhecimento do juízo, quando se faz pela distribuição

---

19 STASSINOPOULOS, Michel. *Traité des actes administratifs*. Paris: Libr. Generale de Droit et de Jurisprudence, 1973. p. 19.

20 COMOGLIO, Luigi Paolo. La Corte Constituzionale ed il processo civile. *Rev. Dir. Proc.*, n. XXIII, 1968.

21 COUTURE, Eduardo J. *Introdução ao estudo do processo civil*. 3. ed. Rio de Janeiro: Forense, 1995. p. 15.

(modalidade de protocolo) – art. 312 do NCPC. A petição, por conseguinte, instaura o procedimento pelo ato de sua distribuição (protocolo).

A petição não põe em andamento, até a sentença, o *direito de ação*, pois, ao se propor a *ação* (procedimento), o direito de ação, como direito-garantia constitucional (liberdade legal e fundamental de ativar o juízo) abstrato, público, autônomo e irrestrito, ao contrário do que entendia Liebman,[22] já está inteiramente exercido, podendo-se repetir em tantas ocasiões quantas forem as ações (procedimentos) provocadas.

Com efeito, se a ação é procedimento instaurado, proposto ou inaugurado pelo *instrumento* da petição inicial, o *processo* – que é o procedimento em contraditório –[23] só ocorrerá com a oportunidade legal ao réu, mediante citação válida, de se contrapor ou não ao pedido do autor. O contraditório, no ensino de Aroldo Plínio Gonçalves,[24] é "garantia de participação, em simétrica paridade, das partes", é garantia de liberdade de dizer e contradizer, não é a *contestação gráfica* o ato de excepcionar expressamente a ação do autor, *mas a liberdade* de as partes desdizerem ou não, de resistirem ou não, pretensões divergentes.

Daí entendermos que, na atualidade do direito brasileiro, o *processo* é instituição coinstitucionalizante e coinstitucionalizada, não em linhas histórico-culturais dispersas, como pioneiramente admitira Guasp,[25] mas por institutos jurídica e linguisticamente delineados e integrados, regenciadores dos procedimentos (ações) jurisdicionais. Não há falar, pois, no direito brasileiro, em *processo* sem o direito fundamental do contraditório. Por isso é que nos pareceu importante o art. 294 do CPC revogado, introduzido pela Lei nº 8.718, de 14.10.1993, ao qual dedicamos algumas digressões em trabalho publicado,[26] uma vez que o art. 329, I, do NCPC, reproduziu o seu texto.

Com o advento do art. 329, I, do NCPC, reafirma-se o direito-garantia do *contraditório*, porque, a nosso entender, revogado, por conflitivo e incompatível (§1º do art. 2º da LINDB), o art. 321 do NCPC que permite ao juiz, antes de completada a citação do réu e antes de escoado o prazo para defesa, determinar emendas à inicial ou indeferir, de plano, a inicial. Em sendo intocável, senão pelo autor, a petição inicial até a citação do réu, somente este poderá combalir a peça vestibular pelas *preliminares* (matéria de processo e ação) indicadas no art. 337 do NCPC e, com base no art. 336 do NCPC, pelas alegações de fato e de direito (matéria de mérito) excludentes do pedido do autor, não cabendo mais ao juiz triar, *sponte sua*, a petição vestibular *antes* que sobrevenha a *defesa* do réu ou ocorra o escoamento integral do respectivo prazo, que, como vimos, não é mais o prazo de contestar, mas termo legal de instalação do contraditório que será, por sua vez, fator de estabilização do processo.

Atualmente, o processo estabiliza-se e se efetiva pela oportunidade do contraditório e não pela solitária criteriologia, acertamento e ligeireza da prestação jurisdicional.

---

22 *Apud* CINTRA, Antonio Carlos Araújo; GRINOVER, Ada Pellegrini; DINAMARCO, Cândido Rangel. *Teoria geral do processo*. 8. ed. São Paulo: Revista dos Tribunais, 1991. p. 225.

23 FAZZALARI, Elio. *Istituzioni di diritto processuale*. 5. ed. Padova: Cedam, 1989.

24 GONÇALVES, Aroldo Plínio. *Técnica processual e teoria do processo*. 1. ed. Rio de Janeiro: Aide, 1992.

25 GUASP, Jaime. *Derecho procesal civil*. Madrid: [s.n.], 1968.

26 LEAL, Rosemiro Pereira. O direito de aditamento da petição inicial no CPC reformado. *Boletim Técnico*, Belo Horizonte, v. 3, n. 2, dez. 1996.

9.1.4 Ação e exceção

A *exceção* é defesa técnica de exclusão da ação. Não é qualquer resistência à *pretensão* contida na ação. A demanda já não é mais um duelo de desfecho aleatório, num regime de sujeição de direitos de uma parte à outra ou de ambas ao juiz.

Mesmo que o réu produza defesa *contra o processo e contra o mérito*,[27] segundo o *modelo liebmaniano* acolhido no NCPC brasileiro, pela negação de existência dos pressupostos de constituição, validade e regularidade do processo ou dos requisitos da ação ou pela apresentação de fatos impeditivos, modificativos e extintivos do direito do autor, ainda assim os institutos instrumentais da contestação e da exceção previstos no NCPC não mais são, *per se*, no ordenamento jurídico brasileiro, sinônimos de *direito de ampla defesa*. Este, como vimos, não é o simples dizer ou o contradizer, mas o direito-garantia constitucional de que o debate jurídico no procedimento reger-se-á pelo processo e consequentemente matriciado pelo *devido processo* ao asseguramento do contraditório, *defesa ampla* e isonomia das partes em todo *iter* processual e efetiva participação destas na *construção* do provimento (decisão).

Antes da Constituição de 1988, poder-se-ia falar em ação, contestação e exceção, sem que o direito de defesa estivesse plenamente caracterizado, porque não estavam expressamente os institutos do NCPC regidos pelo *devido processo* que exclui, por norma fundamental, qualquer conduta jurisdicional que ponha as partes em disparidade de direitos, sujeitas à sumarização cognitiva, com restrições à ampla defesa ou submetidas a contraditórios diferidos. Ou seja, formalização de defesa após antecipação abusiva de tutelas ou cautelas, com exclusão do advogado na estruturação do procedimento, a pretexto de legalidade em parâmetros herméticos, tais como: verossimilhança;. dano irreparável; prova inequívoca; *fumus boni juris; periculum in mora*; o-juiz-poderá; se-for-o-caso; fica-facultado-ao-juiz; preço-vil; juiz-decidirá-o-processo-com-liberdade; juiz-adotará-decisão-que-reputar-mais-justa-e-equânime; enfim, um relicário ordálico da Lei Processual Civil brasileira só decifrável pelo transcendental "poder do juiz" e não pelo "direito das partes" que deveria ser expresso em normas claras, facilmente inteligíveis e cumpridas em contraditório.

9.1.5 Excetividade das preliminares

A matéria preliminar de defesa (resposta do réu), indicada no art. 337 do NCPC, abrange, na sistemática do Código, a *excetividade genérica*, de vez que o termo *preliminar*, usualmente empregado e utilizado na *praxis* da confecção da peça constestatória (art. 336 do NCPC), é ambíguo e significaria aquilo que vem primeiro, *id est*: defesa contra o processo, teoricamente designada *preliminar*, para, na feliz expressão de Moacyr Amaral Santos, "estendê-lo ou trancá-lo".

Entretanto, o NCPC excluiu o termo *exceção* que genericamente nomeava no CPC/73 as exceções incidentes, também chamadas instrumentais (arts. 304 e ss. do CPC/73). O NCPC não distingue os dois institutos tão caros a Liebman: contestação e exceção. O NCPC acolheu na contestação as defesas contra a formação do processo e contra o mérito (arts. 336, 337 e 485), denominando *preliminares* as alegações contra o

[27] SANTOS, Moacyr Amaral. *Primeiras linhas de direito processual civil*. 15. ed. São Paulo: Saraiva, 1993. p. 188. v. 2.

processo, sejam diretas, indiretas, (dilatórias ou peremptórias) ou mesmo substanciais (prescrição e decadência), e as meramente incidentais-instrumentais constantes de alegações de incompetência, impedimento ou suspeição, como, aliás, observa José da Silva Pacheco[28] em demorada análise.

Para nós, cumpre ressaltar que *via exceptionis* é toda matéria da defesa, inclusive a reconvenção, que visa a excluir a pretensão do autor por dedução de direito contraposto, porque, ao se defender, agindo ofensivamente, no bojo de procedimento em trâmite, exerce também o réu, se vitorioso na reconvenção, uma defesa para rejeição do pedido do autor, conquanto haja, como leciona Moacyr Amaral Santos,[29] ampliação, na reconvenção, do *thema decidendum* (objeto do pedido do autor) ou, como observa Vicente Greco Filho,[30] a existência de ação e reconvenção até com "pedidos contraditórios e de natureza diferente", mas não deixa a reconvenção, segundo pensamos, de ser um procedimento endoprocessual de *defesa do réu* produzido, de modo incluso, no procedimento (ação) instaurado pelo *autor*. Dificilmente se pacificará a "doutrina" no debate sobre a cogitação de ser a reconvenção uma forma procedimental ampliada de defesa ou tipo de ação incidente e autônoma de contra-ataque do *réu*.

Em existindo uma ação em andamento (procedimento) contra alguém, resta evidente que é a *exceção* forma de exclusão da ação, mesmo que se emprestem à *exceção* vestimentas nomenclaturais ao sabor de sistemáticas processuais variadas. Para a reflexão que aqui colocamos, o instituto da *defesa* extravasa os conceitos "regulamentares" do NCPC para, em face da Constituição vigente, assumir excetividade plena pelo contraditório e ampla defesa (*chancengleicheit-Waffengleicheit*), como fundamento do Estado Democrático de Direito, conforme acentuam Rosenberg, Schwab e Gottwald (*Zivilprozeßrecht*) na proveitosa exposição de Nelson Nery Júnior.[31]

9.1.6 Direito de ampla defesa e o direito ao advogado

O *direito de ampla defesa*, como instituto constitucional expresso pelo *devido processo legal* (art. 5º, LIV e LV, CF/1988), com os balizamentos teóricos aqui expostos, só se ergue, em sua efetividade, no direito brasileiro, pela participação dos advogados das partes ou interessados na estruturação dos procedimentos jurisdicionais, sejam ordinários, sumários, especiais ou extravagantes, porque qualquer ato jurisdicional sem a vinculação do *advogado* é ato ilegítimo pela falta de suporte *constitucional* à sua validez, conforme estabelece claramente o art. 133 da CF/1988: "O advogado é indispensável à administração da justiça, sendo inviolável por seus atos e manifestações no exercício da profissão, nos limites da lei". A expressão "administração da justiça" equivale, tecnicamente, à *atividade jurisdicional* e não à administração do Poder Judiciário, ao qual o advogado não pertence, sequer à ministração de justiça (direito justo) que é conteúdo só dimensionável e aferível por via de prévia edição de norma pelo Poder Legislativo (art. 5º, II, CF/1988).

28 PACHECO, José da Silva. *Direito processual civil*. São Paulo: Saraiva 1976. p. 815 e ss.

29 SANTOS, Moacyr Amaral. *Primeiras linhas de direito processual civil*. 15. ed. São Paulo: Saraiva, 1993. p. 188. p. 189 e ss. v. 2.

30 GRECO FILHO, Vicente. *Direito processual civil brasileiro*. 9. ed. São Paulo: Saraiva, 1995. p. 124 e ss. v. 2.

31 NERY JÚNIOR, Nelson. *Princípios do processo civil na Constituição Federal*. 3. ed. São Paulo: Revista dos Tribunais, 1996. p. 131.

9.1.7 Controle da jurisdição pelo advogado

Por imperativo constitucional, o pressuposto subjetivo de admissibilidade concernente à capacidade postulatória, para a existência legítima de *processo, ação* e *jurisdição*, não pode sofrer, no direito brasileiro ou em outro qualquer direito democrático, restrição, dispensabilidade, flexibilização ou adoção facultativa, porque os procedimentos jurisdicionais estão sob regime de normas fundamentais que implicam o *controle da jurisdição pelo advogado* (art. 133 da CF/1988) e que somente se faz pela *presença indeclinável do advogado* na construção estrutural dos procedimentos jurisdicionais (*litigiosos ou não*, pouco importando o valor da causa).

O que se extrai do art. 133 da CF/1988 é que, muito mais que o retórico controle do Judiciário, há de se restabelecer, de imediato, por consectário constitucional, com pronta revogação ou declaração de inconstitucionalidade de leis adversas, o *controle pleno e irrestrito* da atividade jurisdicional pelo *advogado*.

9.2 Teoria da prova – Sistemas históricos

Sem dúvida, o *instituto* processual da prova é de enorme complexidade teórica, porque provar é representar e demonstrar os *elementos* da realidade objetiva pelos meios intelectivos autorizados em lei. Os *meios* de prova são lógico-jurídicos, porque indicados na lei para que se possa, valendo-se de conhecimentos, dos sentidos e técnica de demonstração, por via do intelecto, verbal ou expressamente, transportar os elementos de prova encontrados na realidade objetiva para o bojo dos autos do procedimento. Os *meios* (métodos) de prova são, portanto, argumentos e arguições lógico-jurídicos aptos à demonstração lícita da existência de *elementos* suscetíveis de sensibilização ou compreensão concernentes a *ato, fato, coisa, pessoa*. A *prova*, como instituto criado pela lei, instiga, à sua conceituação, reflexões nas dimensões do *espaço, tempo* e *forma*, em que o *espaço* seria a condição da existência do *elemento* de prova, o *tempo* seria o *meio* de consciência da *existência* do elemento de prova e a *forma* seria o modo de concretização instrumental (verbal ou documental) pela síntese explicativa cartularizada do meio e elemento de prova.

Assim, os *princípios* conceituais da *prova* consistem na *indiciariedade* (existência de elemento sensível na realidade objetiva), na *ideariedade* (apreensão, somatização e transmissão do elemento de prova pelo intelecto) e na *instrumentalidade* (materialização gráfico-formal desses elementos pelos meios intelectivos ou técnico-jurídicos permitidos). Exemplifica-se pelo *instituto da perícia judicial* que, como *meio* de prova autorizado em lei, há de se fazer, através de perito, pela coleta intelectiva de *elementos* de prova existentes na realidade objetiva, sendo que o *laudo* é o *instrumento* (documento) expositivo do trabalho realizado. Outro exemplo é a testemunha que é *elemento* de prova e o seu testemunho é *meio* legal de prova.

Por apego à didática, os autores costumam dizer que os *elementos* de prova são o *objeto da prova* e que a *finalidade* da prova é a formação da convicção do *destinatário* da prova ou do próprio agente da demonstração, o que suplicaria maiores esclarecimentos dos que assim preconizam.

No estudo desse palpitante tema, pode-se conjecturar que a prova se opera num *ciclo mutativo* (metamorfósico) infindável em que os *instrumentos* de prova transformam-se em *novos elementos* de prova que, pela atuação dos *meios* de prova, produzem *novos instrumentos* de prova. Quando o elemento da prova é pessoa, transforma-se em *meio* expositor de novos elementos de prova que se instrumentam, e assim sucessivamente. Nesse quadro de ideias, o *procedimento* teria suas *bases epistemológicas* na *teoria da prova* que, pelo conteúdo dos critérios legais de sua produção (autocráticos ou críticos), indicaria o grau de avanço enunciativo no asseguramento dos *direitos fundamentais* de liberdade e dignidade humana.

Em face do exposto, é que se divulga a parêmia latina *ex autis, ex mundi,* para dizer que o que está fora dos autos está fora do mundo, porque o que não integrasse a estrutura procedimental não poderia mesmo ser considerado como juridicamente existente. É certo que a prova produzida nos autos não é o axioma da verdade, porque, como já dizia Carnelutti,[32] a finalidade da prova é a *fixação dos fatos no processo.* Provar não quer dizer a demonstração da verdade dos fatos discutidos, mas "determinar e fixar formalmente os fatos".

Foi Echandia[33] que mais estudou a *prova* em seus contornos taxionômicos, examinando-a de ângulos diversos, segundo objeto, forma, estrutura, função e outros múltiplos aspectos, como categoria, função, sujeito, utilidade, oportunidade, licitude. Falaremos dos principais. *Quanto ao objeto,* referiu-se a *provas diretas* (testemunho ocular); *provas indiretas* (laudo pericial); *provas principais* (inspeção judicial); *provas secundárias* (testemunha auditiva). *Quanto à forma,* mencionou as *escritas* (documento, laudo pericial); *orais* (testemunhas, confissão em audiência). *Quanto à estrutura, pessoais* (prova testemunhal, de parecer técnico) e *materiais* (mapa, fotografia, arma, objeto físico). *Quanto à função, histórica* (fato ocorrido no passado) e *lógica* (presunção, indício, representatividade).

Os sistemas históricos de apreciação de prova é que marcaram a dolorosa caminhada do homem para se libertar das atrocidades. O *sistema da certeza legal* é o mais primitivo, porque a certeza dos fatos dependia da manifestação de lei natural ou divina, por isso é que se denominou critério probatício da "certeza legal". Aqui "legal" significa atributo da *lei da natureza* reveladora dos juízos de Deus (as ordálias). Nessas épocas tenebrosas, a absolvição ou inocência de alguém era aferida pelo grau de suas virtudes, do acaso protetor, de sua santidade, seu poder mítico ou místico. Aceitava-se o juramento como prova de certeza da fidelidade ou compromisso com a verdade. O vencedor dos duelos (a prova *per pugnam*) era o escolhido por Deus, dando prova de sua inocência ou de sua bravura sustentada por uma força superior. As pessoas nobres tinham suas palavras tarifadas em graus de importância para demonstrar a verdade em confronto com os figurantes de classes sociais inferiores que quase nada valiam. Esse *sistema* foi base do *processo inquisitório,* em que o *arbítrio,* pela voz dos predestinados a governarem e conduzirem os povos, era o único comando de *revelação de justiça* e ratificação das intenções divinas.

O *sistema da livre convicção,* que orientou o sistema de *common law,* tem suas bases em juízos de *equidade e conveniência* pela apologia dos julgadores nobres e magnânimos, em que o interesse coletivo é regrado *secundum conscientiam* por temperamentos cívicos e humanitários e pela discricionariedade na escolha da melhor conduta, legal ou não,

---

[32] CARNELUTTI, Francesco. *La prueba civil.* Tradução de Niceto Alcalá-Zamona y Castilho. Buenos Aires: Depalma, 1982. p. 44-45.

[33] ECHANDIA, Hernando. *Teoría general de la prueba judicial.* Buenos Aires: Zavalia, 1970. p. 51 e ss.

para a solução dos conflitos na sociedade. Os critérios desse sistema geraram o *processo dispositivo* que, ainda na Inglaterra e Estados Unidos, mostra-se exitoso pela hegemonia econômica que ostentam, dispensando leis prévias para assegurar direitos fundamentais de sobrevivência e dignidade econômica para a maioria de seus povos, porque estes vivem em padrões privilegiados pelo aprofundamento da miséria e dominação que infligem ao Terceiro Mundo.

Finalmente, temos o *sistema de persuasão racional* que se faz em *bases normativas* com apoio no princípio da *reserva legal*, pelo qual a convicção do julgador se condiciona a juízos *secundum legis*. Esse sistema deu origem ao *processo de conhecimento*, que assume denominação de *processo comum* no cível e *processo acusatório* no âmbito penal. Em razão de estudos que fizemos, em itens anteriores, dos meandros técnicos do *processo de conhecimento*, achamos que a observação de que tal *instituto* do direito processual decorre do sistema de prova de bases normativas é suficiente para discorrer sobre este segmento importante do direito.

9.2.1 A prova na teoria do processo contemporâneo

9.2.1.1 Instituto jurídico da prova

Já tivemos oportunidade de argumentar que a prova não é evidência em si mesma, sequer seria, como quer o professor Tércio Sampaio Ferraz Júnior,[34] "uma espécie de simpatia capaz de gerar confiança". Aliás, o descaso pela teorização adequada do *instituto da prova* decorre, em nossos tempos, da propagação ordálica de que existe o "primado do direito"[35] que se faz pelo juiz realizador da *justiça*, sendo o *processo* "um sistema de óbices e dificuldades"[36] criados pelo legislador. Quando se fala em *instituto jurídico* da prova, numa concepção sistemática, entende-se que, *por lei escrita*, são constituídos juízos lógicos compatíveis[37] dentro dos quais há de se operar o raciocínio do intérprete do direito, como *esquema* de incidência e aplicação da *lei*.

Claro que esses institutos podem ter historicamente origem nas conjecturas teóricas do direito processual didático ou na ciência do direito processual. A vinculação da prova (no conceito trivial daquilo que é exibido para convencer) à sensibilidade do julgador, sem qualquer passagem reflexiva pelos aspectos de sua configuração teórico-construtiva que lhe confere o caráter de *instituto jurídico*, é deveras preocupante numa época em que se pretende tapar os defeitos de um Estado agônico pela presteza retórica de um Judiciário do bem-estar social e garantidor exclusivo da segurança coletiva. Por *instituto jurídico*, entende-se um conjunto de princípios que se unificam pela *conexão normativa* determinante de seu significado e aplicação. A *prova*, portanto, como *instituto jurídico*, para cumprir sua finalidade de "fixação dos fatos no processo",[38] enuncia-se pelos conteúdos lógicos de aproximação dos seguintes princípios: a) *indiciariedade* (caracterizada pelos *elementos* integrativos da realidade objetivada no espaço); b) *ideação*

[34] FERRAZ JÚNIOR, Tercio Sampaio. *Introdução ao estudo do direito*. 2. ed. São Paulo: Atlas, 1994. p. 318.

[35] DINAMARCO, Cândido Rangel. *A instrumentalidade do processo*. 4. ed. São Paulo: Malheiros, 1994. p. 254.

[36] DINAMARCO, Cândido Rangel. *A instrumentalidade do processo*. 4. ed. São Paulo: Malheiros, 1994. p. 254.

[37] POPPER, Karl. *A lógica da pesquisa científica*. São Paulo: Cultrix, 1996. p. 97.

[38] CARNELUTTI, Francesco. *La prueba civil*. Tradução de Niceto Alcalá-Zamona y Castilho. Buenos Aires: Depalma, 1982. p. 44-45.

(exercício intelectivo da apreensão dos elementos pelos *meios* do pensar no tempo); c) *formalização* (significa a *instrumentação* da realidade pensada pela *forma* legal).

Com efeito, o princípio da indiciariedade aponta o *elemento* de prova no *espaço*. O princípio da ideação rege o *meio* intelectivo legal da coleta da prova no *tempo* do pensar. O princípio da formalização realiza o *instrumento* da prova pela forma estabelecida em lei.[39] De consequência, a *prova*, como instituto jurídico, enuncia-se a partir do mundo da realidade dos *elementos* sensoriáveis pelos *meios* de ideação jurídica para elaboração do *instrumento* de sua expressão formal. Depara-se, portanto, na base teórica do instituto da prova, com princípios que, como veremos, são conceptivos de validade e eficácia dos atos probantes em juízo.

Não se pode, à altura dos estudos processuais no Brasil e no mundo, desconhecer o direito probatório que, como bem salienta Ovídio A. Baptista da Silva, exige do processualista "estudo e domínio seguro".[40] Entretanto, o que se observa é que o *conceito de prova* assume contornos diferenciados nas autocracias, ao contrário de uma *teoria da prova* numa proposta *democrática* que suplica equacionamento técnico-jurídico pela garantia do *devido processo* coinstitucionalizante.

9.2.1.2 A prova em direito

Desservem ao direito, na contemporaneidade, os estudos da prova, se concebida, como assinalado, em moldes judiciaristas, mediante avaliação de sua eficácia probante pelo "poder" da sensibilidade e talento da apreensibilidade jurisdicional. A afirmação de que a "prova tem por objetivo a verdade"[41] demanda cogitações sobre a controvertida acepção de "verdade", porque a busca obsessiva da certeza há de se conter, em direito, nos limites dos *meios* de obtenção da prova legalmente permitidos. A existência do *elemento* de prova, ainda que de certeza inegável, não autoriza, por si mesma, a coleta da prova *contra legem*. A liberdade de apreensão do *elemento* de prova no *espaço* real há de sofrer o controle dos *meios* legais indicados na lei para se lavrar o *instrumento* de prova. Provar em direito é representar e demonstrar, instrumentando, os *elementos* de prova pelos *meios* de prova. A exemplificar, a *perícia* é um *meio* de prova para o exame de *elementos* de prova com elaboração final do laudo que é *instrumento* de prova.

Ao exercício da atividade pericial, exigem-se conhecimentos especializados e autorizados em lei. Quando se fala "requerer perícia", emprega-se um tropo de linguagem (sinédoque-metonímia), tomando-se uma etapa de investigação probatícia (*meio* intelectivo-legal) pelas demais fases periciais de indicação do *elemento* da prova e da elaboração do *instrumento* da prova. Muitos falam impropriamente que *laudo* é meio de prova.

A obtenção do *instrumento* de prova por *meios* ilegais (assinatura sob coação) ou livre indicação expressa dos *meios*, como está nos arts. 370 a 372 do NCPC, é exemplo de inobservância dos critérios técnico-jurídicos na produção e avaliação da prova e que implicam invalidade do ato probatício. Parece-nos equivocado ensinar que o objeto da

---

39 LEAL, Rosemiro Pereira. *Teoria geral do processo*: primeiros estudos. 2. ed. Porto Alegre: Síntese, 1999. p. 149.

40 SILVA, Ovídio Baptista da; GOMES, Fábio Luiz. *Teoria geral do processo civil*. São Paulo: Revista dos Tribunais, 1997. p. 289.

41 DELLEPIANE, Antônio. *Nova teoria da prova*. 2. ed. Rio de Janeiro: José Kanfino Editor, 1958. p. 40.

prova é o "fato narrado na ação ou na defesa",[42] porque o *objeto* do *instituto da prova* é a *produção* da estrutura do procedimento como requisito de causalidade da *fundamentação* legal (art. 93, incs. IX e X, CF/1988) do *provimento* (ato decisório), não sendo, portanto, o "fato" que, como vimos, é tão somente *elemento* de prova. Também, por igual argumento, o destinatário da prova não é fisicamente o juiz, mas o *juízo*[43] competencial da *quaestio* a partir do qual (órgão jurisdicional estatal) cabe ao juiz valorizá-la em nome da valoração.[44] O direito probatório está a exigir urgente ressemantização teórica na atualidade, porquanto, por estudos antanhos, ainda se cinge a taxionomias de gosto pessoal.

É mítica a assertiva de que a prova revela a verdade, como se fora um instrumento mágico de transposição do concreto em abstrato ou vice-versa. Afigura-se paradoxo incontornável falar em livre convencimento do juiz na apreciação da prova e persuasão racional como critério de convicção, porque a *ratio* nas democracias não é dos leitores da prova, mas das categorias lógicas do discurso legal popular. A fonte da razão já está no povo real[45] e não mais nos iluminados circuitos cerebrais do decididor. Daí imprestáveis os clichês de que "a prova é o farol do juiz" (Ordenações Filipinas) ou que a prova é "instrumento (?) por meio (?) do qual se forma a convicção do juiz".[46] Aliás, o pernicioso discurso jurídico do NCPC com suas raízes ainda pandectistas irrigadas pela corrente instrumentalista em marcha pretoriana acelerada é que tem desestimulado novas visitações ao direito probatório, cujas bases didáticas infelizmente estão assentadas em ideologias de autores célebres não comprometidos com a leitura da teoria das constituições democráticas.

9.2.1.3 A prova e a estrutura procedimental

A rigor, a prova em juízo não se limita a uma fase instrutória, mas, na acepção de *instituto jurídico*, é estruturadora do procedimento. A estrutura procedimental, como sequência de atos jurídicos numa relação espácio-temporal, compõe-se de *elementos* teóricos exigidos em leis pelo acatamento de pressupostos e condições que deverão ser claramente explicitados pelos *meios* (articulações, alegações) que a lei determina e pela via de *instrumentos* (petições e peças documentais) que formam os *autos* do procedimento (processo). O *espaço* procedimental é construído pelo *tempo* (prazo) das articulações na *forma* legal. Daí os binômios teórico-processuais *espaço-elemento*, *tempo-meio* e *forma-instrumento* serem categorias jurídicas que, ao integrarem a compreensão do instituto lógico-científico da prova, também propiciam o entendimento da teoria da procedimentalidade nas democracias. Infere-se que a supressão de qualquer categoria lógica do *instituto da prova* é descaracterizadora de sua existência legal no discurso jurídico-democrático.

A anomalia ideológica, tão fascinante e enganosa da *jurisdição sem procedimento* (processo) pela qual hoje se identificam as autocracias engenhosamente disfarçadas em

42 PAULA, Jônatas Luiz Moreira de. *Teoria geral do processo*. 1. ed. São Paulo: LED, 1999. p. 292-293.

43 GONÇALVES, Aroldo Plínio. *Técnica processual e teoria do processo*. 1. ed. Rio de Janeiro: Aide, 1992. p. 180 (Congresso de Gand de 1997).

44 LEAL, Rosemiro Pereira. *Teoria geral do processo*: primeiros estudos. 2. ed. Porto Alegre: Síntese, 1999. p. 151-152.

45 MÜLLER, Fredrich. *Quem é o povo?* 2. ed. São Paulo: Max Limonad, 2000. p. 105.

46 CINTRA, Antonio Carlos Araújo; GRINOVER, Ada Pellegrini; DINAMARCO, Cândido Rangel. *Teoria geral do processo*. 8. ed. São Paulo: Revista dos Tribunais, 1991. p. 312.

democracias com suas aberrações sob rótulos de tutelas de urgência, ritos sumaríssimos e dos equivalentes jurisdicionais de justiça rápida, instantânea, alternativa, especial, há de passar forçosamente pelo estudo aprofundado da *teoria da prova* nos Estados de Direito Democrático. Nesse paradigma, a existência do procedimento (processo) como estrutura técnica de asseguração de direito probatório do exercício da liberdade política (prática de cidadania pela relação jurídico-espácio-temporal probante da construção do procedimento), situando a parte como sujeito processual da *procedimentação argumentada juridicamente* da qual promana uma decisão (sentença) que afetará seu universo jurídico, é direito fundamental (*devido processo legal*) constitucionalmente garantido, não manejável pelas conveniências conjunturais de uma jurisdição salvadora. É de se lembrar que todo o esforço habermasiano[47] em prol da emancipação política dos povos se assenta no postulado de o destinatário da norma se reconhecer também como seu produtor, desde que seja este legalmente legitimado ao exercício do *devido processo* conforme expõe a *teoria neoinstitucionalista do processo*.

9.2.1.4 Cogitação democrático-constitucional do instituto da prova

Como enfatizado ao longo do texto, o *instituto jurídico da prova*, em sua composição teorética, tem eixo fundamental na categoria tempo-meio a assegurar a conquista teórica do *processo* coinstitucionalizado que se configura pela conjunção-garantia dos institutos jurídicos da isonomia, ampla defesa, contraditório, *devido processo legal* (direito à procedimentação das alegações de direitos pela conexão normativa de fonte democrática e não pela relação jurídica entre os sujeitos do procedimento). Advém do art. 5º, LVI, da CF/1988 o condicionamento da realização procedimental da prova à utilização de *meios lícitos*. De conseguinte, não é procedimentalizável, tornando-se ato inexistente (não nulo, ou anulável), a obtenção do *elemento* ou *instrumento* de prova produzido por *meios* ilícitos (ilegais), porque a prova se ressentiria de aspecto teórico de sua configuração legal (licitude do meio empregado). Não seria ato viciado, mas ato ausente pela supressão de licitude na estrutura de sua produção. Se jurisdição sem processo é inconstitucional (art. 5º, LIV, CF/1988),[48] a teoria da prova, como instituto jurídico, é imprescindível à compreensão da procedimentalidade democrática.

Vê-se que o modelo probante adotado no ordenamento jurídico estatal, interestatal ou supraestatal é que vai definir a *característica democrática* da realidade jurídico-política vigente. A Constituição brasileira em vigor estabelece, no art. 1º, que a República Federativa do Brasil é um Estado Democrático de Direito, e no art. 5º, incs. LV e LVI, acrescenta que: "LV - aos litigantes, em processo judicial ou administrativo, e aos acusados em geral são assegurados o contraditório e ampla defesa, com os meios e recursos a ela inerentes; LVI - são inadmissíveis, no processo, as provas obtidas por meios ilícitos".

Proibindo-se meios ilícitos, a expressão *meios* lícitos significaria articulações lógico-jurídicas em espaço estrutural amplo, porque seria uma incongruência assegurar *ampla defesa* pela sumarização cognitiva, isto é: estrangulamento ou supressão do tempo-espaço de *provar* como se faz nos regimes autocráticos, nos quais se castigam, com uma

---

47 LINHARES, José Manuel Aroso. Habermas e a universalidade do direito. *Boletim da Faculdade de Direito de Coimbra*, 1989.

48 BARACHO, José Alfredo de Oliveira. *Processo constitucional*. Rio de Janeiro: Forense, 1984.

justiça rápida, aqueles que por querelas desvaliosas e insignificativas vivem a ocupar o Poder Judiciário, a tranquilidade dos governantes e o bem-estar da Pátria.

Por exemplo, a expressão "procedimento sumaríssimo" é hoje, ante a cogitação de um Estado de Direito Democrático e da ciência processual avançada, um equívoco terminológico e figurativo grosseiro, porque:

a) Se é sumaríssimo não é procedimento, porque procedimento, à sua configuração, exige base estrutural em que se possa divisar as fases lógicas da cognição (postulatória, instrutória, decisória),[49] ainda que justapostas ou concentradas, como ocorre no procedimento sumário.
b) O meio lícito de obtenção da prova nas democracias é desenvolvido em paradigmas do *devido processo legal* que impõe a participação lógico-procedimental probatícia das partes na preparação do provimento (sentença) e não como sujeitos passivos (privados de liberdade procedimental) de um provimento em tempo insuficiente e em espaço vazio do *procedimento* que se define pela radicalização do "princípio da oralidade" para realização de direitos. A radicalização do princípio da oralidade, como acontece no chamado "procedimento sumaríssimo" da jurisdição do trabalho, resulta na anomalia de institucionalização do *espaço vazio* como veículo de atuação do *processo*, o que é uma aberração, porque não há incidência de *processo* sem procedimento.
c) O *procedimento*, nas democracias, em que há de se atender ao devido processo legal, é estrutura técnica por conexão normativa em que o tempo e espaço legais (âmbito de liberdade) é que comandam (balizam) a conduta das partes e de todos os figurantes do procedimento. O princípio da isonomia nas democracias é assegurado pela paridade de distribuição normativa do tempo-espaço procedimental para todos os sujeitos do processo na preparação do *provimento* e não pela autoridade do juiz.

O comando da prova, quando se faz pela índole onisciente, sensibilidade e suposto poder do juiz para dizer o que é ou não é conveniente, cabível ou oportuno, a pretexto de um Judiciário "célere",[50] é retrocesso histórico e científico em que a técnica do julgamento se coloca a serviço das conjunturas estatais, com estrangulamento de direitos fundamentais. Ora, se o Estado é deficiente, o que se tem a fazer é substituí-lo por outro e não se compactuar com ele para negar cidadania, cujo suporte é o *devido processo coinstitucionalizante*.

Procedimento é, portanto, nas democracias, instituto (direito-garantia processual) de impessoalização do referente lógico-jurídico probatício informador dos provimentos (decisões). O provimento, nas democracias, não tem causa justificadora na convicção ou talento do julgador, mas *fundamento* na estrutura formal (cartularizada) do procedimento. A sentença ou decisão há de ter seus *fundamentos* egressos da lógica procedimental formalizada e desenvolvida argumentativamente pelos sujeitos do processo. Em direito processual democrático, a ausência dessa vinculação descaracteriza o conceito de *fundamento decisório* nas democracias a que alude o art. 93, incs. IX e X, da CF/1988. As leis são balizadores hermenêuticos das decisões, mas processualmente os *argumentos fundantes* são, nas democracias, inferentes (conceitos inferidos) da estrutura escritural do procedimento.

---

[49] ALVIM, J. E. Carreira. *Elementos de teoria geral do processo*. 7. ed. Rio de Janeiro: Forense, 1998. p. 215.

[50] SALEM, Luciano Rossignolli. *Prática no procedimento sumaríssimo*. 2. ed. São Paulo: LTr, 2000. p. 13.

O *fundamento* deverá ser apropriado da base estrutural do procedimento. Uma decisão *extra, ultra* ou *citra petita* será tida como decisão juridicamente *não* fundamentada, porque seus fundamentos não são derivados dos eventos procedimentais em sua inteireza.

9.2.1.5 Conclusões

A prova é fator de visibilidade da argumentação jurídica. O procedimento torna-se dimensionável pelos limites físico-hermenêuticos de ordenação cronológica (autos) dos instrumentos e elementos de prova. Pelo exame das características do procedimento é que sabemos se houve *processo,* isto é, se foi assegurado o direito-garantia da ampla defesa, do contraditório, da isonomia. O princípio da reserva legal impõe que o direito só é praticável pela existência da *lei* processualmente coinstitucionalizada que é o elemento probatício e fundante do *espaço jurídico fundamental* e instrumento indicador dos meios intelectivos de sua concretização.

Portanto, a "Lei Constitucional" é elemento e instrumento de *prova* da existência ou não do Estado de Direito. Se a *lei* é produzida por meio do *devido processo legislativo,* na acepção aqui estudada, é ela também elemento e instrumento de prova da existência do Estado de Direito Democrático. Quando o NCPC (art. 369) contempla "meios moralmente legítimos" e "livre" conjectura do juiz (art. 370) para se provarem fatos, além de cometer a impropriedade de afirmar a existência de uma moral válida sem norma jurídica definidora, permite coleta de prova numa realidade externa ao direito, em critérios personalíssimos e sumaríssimos (instantâneos), com negativa de vigência do princípio da legalidade estrita adotado pelo art. 5º, II, da CF/1988.

No art. 370 do NCPC, provar é ato reconhecido pela jurisdição e não atividade de demonstrar pelo *instituto da prova.* O NCPC, nesse passo, é de irretocável autocracia. Não tem eixo teórico no paradigma do Estado de Direito Democrático, não adota o *instituto da prova* em sua plenitude enunciativa de operacionalização de direitos fundamentais.

Assim, quando é suprimida a produção de provas em nome do livre convencimento do juiz ou de uma *justiça rápida* ou pela retórica da singeleza dos casos, temos a ilusória resolução das demandas pelo delírio enganoso do consenso ou pela utopia do diálogo inesclarecido ou a terminação do caso pelo esquecimento do conflito. Exercer *jurisdição sem procedimentação* é abolir a prova legal de existência do *devido processo legal,* porque, para existir *processo,* é preciso produzir procedimento (espaço-tempo-formalizado), segundo a lei asseguradora da ampla defesa, contraditório, isonomia, direito ao advogado e gratuidade dos serviços judiciários na defesa de direitos fundamentais.

O procedimento processualizado é a prova das provas. Sem procedimento (relação espácio-temporal formalizada) não há como operacionalizar democraticamente o *instituto da prova.* A lei constitucional brasileira (CF/1988), ao adotar o "devido processo legal" (art. 5º, LIV), institui a hermenêutica cognitiva como meio legal amplificado de verificação dos fatos. A cognição é modo legal de verificação pelo procedimento instrumentalizado. A prova procedimental (existência de procedimento) é direito-garantia inafastável da *cognição,* porque somente a interpretação volitiva das autocracias ou democracias imperfeitas é que afastam a prova, em sua plenitude teórica, em troca dos devaneios e ideações judicantes.

9.2.2 Valoração e valorização da prova

A *valoração* da prova é, num primeiro ato, perceber a existência do *elemento* de prova nos autos do procedimento. Num segundo ato, pela *valorização*, é mostrar o conteúdo de importância do elemento de prova para a formação do convencimento e o teor significativo de seus aspectos técnicos e lógico-jurídicos de inequivocidade material e formal. Assim, a sensorialização ou percepção dos elementos de prova não é suficiente para o observador decidir. É necessário que o observador se encaminhe para a *valorização* da prova, comparando os diversos elementos de prova da estrutura procedimental, numa escala gradativa de relevância, fixando sua convicção nos pontos do texto probatício que a lei indicar como preferenciais a quaisquer outros argumentos ou articulações produzidas pelas partes.

Não basta valorar os elementos de prova, dizer que eles existem na estrutura procedimental, é imperioso que sejam valorizados (comparados em grau de importância jurídica) pelos *pontos* legalmente preferenciais. A *valoração* é ato de apreensão intelectiva do elemento de prova e a *valorização* é ato de entendimento legal dos conteúdos dos elementos de prova. O que mais se lamenta, na prática, é o julgador escusar-se de *valorar* a prova, isto é, sequer dizer que *viu* a prova nos autos, motivando interposição de embargos de declaração que, muitas vezes, também não são lidos pelo julgador ou são interpretados como procrastinatórios, mesmo se sabendo que cientificamente a parte precisa *pré-questionar* aspectos dúbios do procedimento para lhe ensejar a devolutividade recursal das questões ao conhecimento dos níveis superiores de jurisdição, embora o NCPC/2015 não cogite de tais aspectos. Em linhas gerais, o NCPC/2015 teratologicamente aboliu a **preclusão**.

9.3 Sentença e coisa julgada (ainda na concepção de Liebman)

Sentença é espécie de provimento que encerra o procedimento, como ato lógico-jurídico preparado pelas partes e proferido pelo órgão jurisdicional. O provimento jurisdicional (sentença) assume também o nome de decisão e, como *decisão*, pode ser *interlocutória* quando proferida no curso do procedimento sem encerrá-lo. A *sentença*, para existir juridicamente, há de acatar, em seu contexto, *requisitos técnicos* que se articulam em três segmentos em ordem sucessiva: *relatório* (indicação dos nomes das partes demandantes com o histórico da causa); *fundamentos* (normas em que se fundaram a pretensão e a resistência ao direito debatido, bem como os textos legais e argumentos jurídicos que servirão de suporte ao julgador); *dispositivo* (a conclusão resolutiva das questões submetidas ao juízo, como corolário do discurso sentencial). Também, como *requisitos de inteligência* da sentença, exigem-se os atributos de clareza, concisão e correção vernacular. Diz-se que as sentenças são *terminativas* quando não julgam o mérito e *definitivas* quando apreciam e julgam mérito. A sentença, quando proferida por um só juiz é *decisão monocrática* e por mais de um juiz é *decisão colegiada* ou *acórdão*.

Quando os prazos se esgotam para enfrentamento recursal do que foi decidido pela *sentença*, ocorre a *preclusão máxima* e a sentença transita em julgado, tornando-se irrecorrível, irretratável. *Coisa julgada* e sentença transitada em julgado *não* têm significados equivalentes, porque a *coisa julgada* (*res judicata*), na concepção de Liebman, é *qualidade* autônoma dos efeitos da *sentença de mérito*, enquanto a sentença transitada em julgado pode não fazer *coisa julgada* por não ter julgado o mérito e, não julgando o mérito, não tem *autoridade de coisa julgada*.

Eis por que os autores falam em *coisa julgada formal* e *coisa julgada material*, que é, a nosso ver, uma classificação que, em vez de distinguir dois institutos jurídicos, obscurece o entendimento do tema. É que a figura da *res judicata* assumiu, com Liebman, segundo Ovídio A. Baptista da Silva,[51] o sentido de instituto autônomo que, embora egresso dos efeitos da sentença de mérito, deles se destaca para consolidar em seu conteúdo jurídico os *aspectos indiscutíveis* do julgado. Nota-se hoje, pelo advento das constituições democráticas, o *status* constitucional conferido à *coisa julgada*, erigindo-a como *direito fundamental* ante os efeitos da sentença de mérito ou não, que se tornem indiscutíveis, irreversíveis *erga omnes*, e não somente *inter partes* ou *ultra partes*, garantindo assim a estabilidade das decisões transitadas em julgado por não suscetíveis a reaberturas sem o *devido processo legal*.

A contribuição de Liebman foi à época auspiciosa em conceituar a coisa julgada como *qualidade* dos efeitos da sentença de mérito, distinta desses efeitos. Questão ainda não mencionada pelos processualistas são os direitos aos honorários do advogado reconhecidos pela sucumbência (posição legal) do litigante não contemplado pela decisão judicial. É que o advogado, não sendo parte, presta no *processo*, por atributo constitucional, serviço privado de natureza pública em defesa permanente da *incolumidade* sistemática e hermenêutica do ordenamento jurídico, conferindo, ao longo do processo, legitimidade à atividade jurisdicional (art. 133 da CF/1988), que se evidencia pela adequabilidade jurídica de suas articulações no processo e não pela vitória num *duelo* grosseiro de interesses entre cliente e adversário. Daí seus honorários se protegerem pela *coisa julgada* constitucional.

Também (por falta de estudos científicos) indevolutíveis, em nome da coisa julgada, as custas judiciais recebidas pelo Estado por ocasião da instauração e tramitação do procedimento, bem como não cogitável a responsabilidade do Estado pela danosa atuação do juiz e de todos os serventuários judiciais, inclusive ganhos de peritos que atuaram em ação, cuja sentença (ou acórdão) venha a ser desfeita em juízo recursal ou de rescisão (*rescindens et rescissorium*) ou pelo sucesso na repetição de procedimento anteriormente extinto por sentença. Os direitos de pensionamento obtidos em ação de alimentos, ainda que a sentença de procedência seja desfeita, são indevolutíveis por força da concepção arcaica da *coisa julgada* asseguradora dessa estranha realidade jurídica irreversível. Diga-se o mesmo de proventos de aposentadoria já quitados por força de sentença judicial transitada em julgado, quando tais ganhos são indispensáveis à sobrevivência do ex-funcionário.

Por outro lado, se acolhidos esses conceitos vetustos de coisa julgada, não poderia haver *coisa julgada*, por sentença de mérito, quando se atribuísse paternidade a quem não seja pai, porque o direito de negar ou pleitear paternidade não poderia ser decadencial, sequer as sentenças, que reconheçam ou neguem, vínculo filial, poderiam fazer *coisa julgada*. A coisa julgada originária da atividade procedimental não guarda igual característica pública dos direitos fundamentais de defesa, liberdade e dignidade, que, por força constitucional, lhe sobrepõem. O debate, portanto, sobre a *res judicata*

[51] SILVA, Ovídio Baptista da; GOMES, Fábio Luiz. *Teoria geral do processo civil*. São Paulo: Revista dos Tribunais, 1997. p. 322.

atualmente já não pode ser tratado em órbita exclusiva de direito processual codificado, porque a *coisa julgada*, como efeito ou qualidade das sentenças, não mais se define como instituto jurídico pelos estreitos *limites objetivos* procedimentais da "relação" de direito material que repugna os julgamentos *extra petita* (estranhos ao pedido), *ultra petita* (além do pedido) ou *citra petita* (aquém do pedido) ou pelos *limites subjetivos* do *universum jus* (universo jurídico) das partes do processo, mas ganha feições de *direito-garantia* constitucional de estabilização das decisões estatais.[52]

Registre-se que muitos processualistas de antanho, com o peso de seu saber jurídico, já vislumbravam o *sentido público*, abstrato e autônomo, da *coisa julgada*, como o insigne Chiovenda que ensinou que a sentença adquiria a autoridade de coisa julgada pela *vontade estatal*, e Ugo Rocco que via na coisa julgada a palavra final do Estado pelo esgotamento da atividade jurisdicional.

9.3.1 A relativização inconstitucional da coisa julgada (concepção neoinstitucionalista)

9.3.1.1 Introdução

A *coisa julgada*, com a vigência da Constituição Brasileira de 1988, assumiu contornos teóricos de instituto jurídico autônomo, perdendo a inerência significativa de mero atributo, qualidade (como quis Liebman e atualmente Dinamarco)[53] de efeito da sentença de mérito com autoridade a suscitar ainda, em preliminar, exceção substancial extintiva do procedimento instaurado. Daí impõe-se a distinção entre a *sentença transitada em julgado* como ato jurisdicional afetado pela *preclusão máxima* e a *coisa julgada*, esta agora como *garantia* constitucional de existência, exigibilidade e eficácia de provimentos meritais pelo atendimento ao direito fundamental do *devido processo*.

Com a Constituição brasileira de 1988, a expressão "coisa julgada" contida no item VII do art. 337 do NCPC desgarra-se de uma coexistência com a sentença transitada em julgado, irrecorrível e irretratável, a exemplo do que já se colhia das lições de Ernane Fidélis dos Santos.[54] Atualmente, só seria sustentável que a *sentença de mérito* transitada em julgado (título judicial) é garantida pelo instituto da *coisa julgada constitucionalizada* e não mais fonte originária da coisa julgada constitucional como se egressa do julgamento da *res* merital do objeto mediato do pedido. A sentença de mérito transitada em julgado, a partir da CF/1988, *não* faz coisa julgada, mas tão somente se torna terminativa-definitiva pela *preclusão máxima*.

Assim, a *coisa julgada*, ao perder as conotações primitivas de *res judicata* advinda da *res in judicium deducta* como objeto mediato do pedido, torna estéril o debate sobre se a coisa julgada merital é impeditiva do exercício de direito de ação assegurado no art. 5º, XXXIV e XXXV, da CF/1988, como público, autônomo e abstrato, ainda que sobre *lide* pré-decidida. Por igual fundamento, afiguram-se excêntricas e impróprias as expressões: coisa julgada inconstitucional, coisa julgada relativa e relativização da coisa julgada.

---

52 LEAL, Rosemiro Pereira. *Relativização inconstitucional da coisa julgada* – temática processual e reflexões jurídicas. Belo Horizonte: Del Rey, 2005.

53 DINAMARCO, Cândido Rangel. *Revista da Faculdade de Direito* – PUC Minas, v. 4, n. 7-8, p. 9-35, 1º/2º sem. 2001.

54 SANTOS, Ernane Fidélis dos. *Manual de direito processual civil* – processo de conhecimento. 4. ed. São Paulo: Saraiva, 1996. p. 502. v. 1.

A garantia da *coisa julgada*, como anteriormente exposto, não tem escopo de gerar segurança, porque, no Estado Democrático, não é da segurança em si que se cogita como fundamento dos atos jurídicos, mas da *legitimidade* obtida pelo *processo* jurídico que venha a estabelecer a segurança almejada, mesmo que seja esta ainda concebível em escopos metajurídicos do obsoleto e paternal Estado Social de Direito como está em Dinamarco.[55] Entender o contraditório como empecilho à segurança, à efetividade de uma justiça célere e de um "processo justo" é mesmo trazer ao Estado Democrático Constitucional brasileiro ensinamentos de Calamandrei e Carnelutti que, louvados merecidamente em sua época social-liberal, já não socorrem os eixos de complexidade teórica do paradigma democrático do direito (devido processo coinstitucionalizado e devido processo legal), como tenho sustentado e se vê em Cattoni[56] e Del Negri.[57]

9.3.1.2 Distinção imprescindível: coisa julgada e sentença transitada

O discernimento impõe-se, considerando que, desde 1988, a sentença de mérito transitada em julgado só pode ter origem em procedimento processualizado no qual haja atendimento ao disposto no art. 5º, LV, CF/1988, porque, se tal não ocorrer, o Estado-juiz deve ser responsabilizado por exercer atividade judicacional (judicial-jurisdicional) sem observar o *due process* constitucionalizado, conforme ensino em obra pioneira e atualíssima do prof. Ronaldo Brêtas de Carvalho Dias[58] (tese de doutoramento com nota máxima).

Assim, sentença de mérito pressupõe obediência ao direito fundamental do *devido processo* e este é que é objeto de expansão pela *coisa julgada constitucional*, *ut* art. 5º, XXXVI, da CF/1988, porque também criada pelo *devido processo constituinte* para esse fim. Portanto, não é mais a sentença (ato judicacional do juiz) que adquire autoridade de *coisa julgada*, mas esta é instituto impositivo do *devido processo legal* para tornar juridicamente existente, líquida, certa, exigível e eficaz (eficiente-efetiva) a sentença de mérito transitada em julgado *ou* tornar inexigíveis e ineficazes os efeitos da sentença de mérito transitada em julgado.

O que suplica *ab initio* esclarecimentos quanto ao tema da coisa julgada é o que seja *efeito* da sentença de mérito transitada em julgado. Ora, somente as sentenças condenatórias e as arroladas no art. 515 do NCPC é que equivalem, no direito processual brasileiro, a título executivo judicial a terem cumprimento (jurissatisfação) pela *execução* indicada no Livro I, Título II do NCPC. Outro tipo de sentença, ainda que de mérito, refugiria do âmbito de encaminhamento executivo do aludido Título II.

O art. 525, §12, do NCPC cria e acrescenta *vícios cominados* à concepção legal da *exigibilidade* do título judicial, quais sejam: lei ou ato normativo declarados inconstitucionais pelo Supremo Tribunal Federal *ou* aplicação e (ou) interpretação de lei ou ato normativo *tidas* por incompatíveis com a Constituição Federal. Por isso, são aqui

---

[55] CINTRA, Antonio Carlos Araújo; GRINOVER, Ada Pellegrini; DINAMARCO, Cândido Rangel. *Teoria geral do processo*. 8. ed. São Paulo: Revista dos Tribunais, 1991. p. 42-43.

[56] CATTONI, Marcelo. *Direito constitucional*. São Paulo: Saraiva, 2002.

[57] DEL NEGRI, André. *Controle de constitucionalidade no processo legislativo*. Belo Horizonte: Fórum, 2003.

[58] DIAS, Ronaldo Brêtas de Carvalho. *Responsabilidade do Estado pela função jurisdicional*. Belo Horizonte: Del Rey, 2004.

prestantes as lições de Aroldo Plínio Gonçalves,[59] ampliando as do saudoso Valle Ferreira, ao advertir que não se pode confundir *vício* do ato jurídico com *nulidade* que é *sanção*. Para aqueles que ainda embaralham vício e sanção, devido às suas arraigadas e ortodoxas convicções civilistas, não é mesmo possível explicar que, no direito processual brasileiro, em níveis constitucional e infraconstitucional, essa confusão implica entendimento inconstitucional de que há possibilidade de nulidades *pleno jure*, isto é: sanções *ex abrupto* ou auto-orgânicas (automáticas-ontogenéticas) emersas do próprio ato vicioso a recomendarem ágil pronunciamento (passagem ao ato) pelo juiz.

O que não se tem lembrado, nesse quadro de cogitações, é que a *coisa julgada constitucionalizada* repugna decretações de *nulidade* (sanções decisórias) com supressão do *devido processo legal*, porque a Constituição, em seu art. 5º, XXXVI, estabelece que a lei não "prejudicará" (*sic*) a coisa julgada e consequentemente não poderá qualquer lei criar uma judicação prévia (pré-judicação) de ato jurídico protegido (garantido) pela *coisa julgada constitucional* sem antes instaurar-se e esgotar o procedimento adequado à observância do *devido processo legal*. Isso vale também para o *ato jurídico perfeito* e o *direito adquirido*. Então, o que se imaginaria possível de relativização é a *eficácia* da sentença de mérito e *não* da *coisa julgada*, porque esta não mais se faz pela *sentença*, mas se define como *instituto constitucional* garantidor do devido processo legal na obtenção ou discussão da liquidez, certeza, exigibilidade, eficácia (eficiência-efetividade) da sentença de mérito transitada em julgado com todas as suas implicações legais.

Para o deslinde desse polêmico tema jurídico, urge de logo esclarecer o instituto da *eficácia* da sentença de mérito, situando-o em suas demarcações conceptivas no atual direito processual brasileiro. A nós nos parece que a eficácia é efeito potencial da *exigibilidade* aqui considerado como possibilidade jurídico-executiva do ato decisório titularizado (sentença de mérito transitada em julgado). A exigibilidade, como *quod debeatur*, é atributo de fixação do *dies a quo* da *eficácia* da sentença de mérito transitada em julgado. Em face do §5º do art. 535 do NCPC, ficaria, nas hipóteses ali postas, insuscetível de *exigibilidade* e *eficácia* (eficiência-efetividade) a sentença de mérito não transitada em julgado (título judicial – art. 535 – *caput*), mesmo apresentando os outros atributos de liquidez (*debeatur*) e certeza (*quantum debeatur*).

Como o instituto da exigibilidade diz respeito ao tempo a partir do qual seria possível pretender, atuar ou cumprir um direito ou dever, percebe-se que tal instituto jurídico afeta a cognição da *causa de pedir próxima* que, segundo aquele §5º, jamais poderia ser indicada com base em lei erradicada ou inaplicável por inconstitucionalidade declarada pelo STF, criando ainda a esdrúxula hipótese de inexequibilidade por retroatividade infinita dos efeitos jurisdicionais declaratórios de inconstitucionalidade de lei ou ato normativo (*impossibilidade jurídica de pedido desde sempre*) ou em *aplicação* ou *interpretação* de lei ou ato normativo vigente "tido" (*sic*) por incompatível com qualquer trecho do texto da Constituição ou por uma hermenêutica filosófica de um decisor hercúleo (Dworkin).

Depreende-se que a palavra "tido" (*sic*) inserida no §5º do art. 535 é que não explicita, por seu caráter ambíguo e insólito, o sujeito para arcar com a autoria procedimental (*legitimatio*) e decisória (órgão judicante competente). No direito democrático, trabalha-se com pressupostos subjetivos e objetivos de admissibilidade regidos pela

---

[59] GONÇALVES, Aroldo Plínio. *Nulidades no processo*. Rio de Janeiro: Aide, 1993. p. 17.

instituição constitucionalizada do *devido processo legal*, não se aclamando um anonimato decisório que se faça por qualquer juiz em qualquer lugar da *judicatura* nacional.

Se não é possível falar numa ação rescisória *ex officio* ou outro procedimento com equivalência *rescindens* na hipótese de inexigibilidade da sentença de mérito (título de crédito judicial como ato decisório cartularizado com efeito executivo), a *coisa julgada* perdura como garantia constitucional de que a declaração de inexigibilidade só se conceberia pelo *devido processo legal*. E no direito processual brasileiro a questão da inexigibilidade (inexequibilidade) do título judicial só é tangível, embora precariamente, em juízo de *embargos à execução* como *garantia* do *devido processo* advinda da *coisa julgada*.

O texto arcaico do art. 502 do NCPC, ao falar de "coisa julgada material", e do art. 966, ao se referir à "sentença de mérito transitada em julgado", elegendo ainda no seu item IV ofensa de uma indefinida "coisa julgada", implantou uma polissemia tormentosa à compreensão do instituto da *coisa julgada constitucional* como direito-garantia da eficácia das decisões construídas pelo *devido processo legal*.

Embora ainda admitindo a coisa julgada como "qualidade que, por questão de ordem pública, a sentença adquire: a imutabilidade e a indiscutibilidade", Ernane Fidélis dos Santos vislumbrou pioneiramente que "a coisa julgada não é nenhum efeito da sentença, já que desta ela não decorre. Nem ficção de verdade, nem fonte de direito material para o caso concreto"[60] (*sic*). De consequência, com a CF/1988, mais nítida ficou a distância que se mostra entre *sentença transitada* e *coisa julgada* que, como instituto jurídico do processo constitucional, desprende-se do conceito vetusto de efeito (qualidade, atributo) da sentença para adquirir a significação de instituto autônomo impeditivo de sentenças (decisões) sem *processo*.

Ora, o §5º do art. 535 do NCPC, permitindo ao juiz, por sua solitária interpretação, negar exigibilidade ao título executivo judicial (sentença) por incompatibilidade com o texto constitucional é esquecer que este ato que negaria cumprimento à sentença exequenda é também *decisão judicial* e esta não poderia advir, tendo em vista a garantia da *coisa julgada constitucional*, sem formação procedimental prévia pelo *devido processo legal*. O art. 535, §5º, abona o risco (eventualidade) do *juízo interdital* por objeções desjuridicizadas de executividade, isto é: jurisdição radical (ato decisório) sem *processo*, o que é, em vários ângulos, negativa de vigência da CF/1988 e retorno a uma odiosa autocracia só mesmo pensável nos idos de 1964-1988, que marcaram o Estado de Exceção que muitos ainda querem, em nome da celeridade, justiça rápida, efetividade de um processo calamandreico ou carneluttiano (processo justo por fundamentos axiológicos indefinidos e personalíssimos). Essa leitura nos passa a lamentável versão de que muitos processualistas brasileiros ainda são adeptos do direito adjetivo (de adjetivação entregue ao juiz), arrimando-se em processualistas que jamais atuaram o direito no paradigma democrático que é uma conquista teórica que só foi ofertada a partir dos anos 80 do século passado.

Porque a *coisa julgada* não é direito *per se* absoluto (absolutista) que adquire na constitucionalidade democrática a característica de instituto articulado a outros para afastar uma jurisdição milagreira que escolhe, a seu alvitre, quais casos devem merecer a aplicação dos direitos fundamentais do *devido processo*: ampla defesa, contraditório e

[60] SANTOS, Ernane Fidélis dos. *Manual de direito processual civil* – processo de conhecimento. 4. ed. São Paulo: Saraiva, 1996. p. 502. v. 1.

isonomia. São essas *ações afirmativas*[61] de um operador ligeiro, utilitarista e magnânimo, residente fixo em juizados especiais da *summa cognitio* em contraposição aos postulados democráticos já constitucionalizados no direito brasileiro, que distorcem a compreensão de um direito em bases discursivas e includentes de todos na fruição dos *direitos fundamentais* de vida, dignidade e liberdade.

9.3.1.3 Coisa julgada e a exclusão da interditalidade

A *coisa julgada*, como instituto-garantia constitucionalizado no Brasil, é insuscetível de revogação, relativização ou desconsideração, porque é ela que vai vedar ao Estado-juiz tornar inexequível (inexigível), por gesto interdital como inscrito no espúrio §5º do art. 535, um *ato jurídico* (sentença) sem antes perquirir a capacidade jurídica (mental) do agente que o produziu, e não só a competência do juízo e as hipóteses alinhadas no art. 966 do NCPC. A acatar a interditalidade por ato instantâneo negativo da exigibilidade, sem preocupação indenizatória aos prejudicados, isto é: àqueles que estão sendo atingidos por uma *pré-judicação* axiológica sem garantia do *devido processo legal*, consolida-se de público a suspeita de um Judiciário prepotente, em que a carreira do juiz continua sendo um itinerário geográfico e cronológico e não uma escalagem gradual por conhecimentos jurídico-científicos criteriosamente aferidos por exames periódicos.

Acrescente-se que o direito-garantia da *coisa julgada* como pressuposto constitucional, cognoscitivo-constitutivo e extintivo de conflitos jurídicos pela via plenária (última) da judicialidade (art. 5º, XXXV, CF/1988), é que impede que o *ato jurídico perfeito* e o *direito adquirido* por provimentos terminativos ou transitados em julgado *não* sejam desfeitos por atos de discricionariedade ou livre arbítrio, porque assegura aos prejudicados o *devido processo legal* para que haja julgados por sentenças como provimentos decorrentes de procedimentos em contraditório com exaurimento da *ampla defesa*. Incorre em equívoco, portanto, a asserção de que a *coisa julgada* precisa ser relativizada ou mitigada em nome de *justiça das decisões* e de *resultados* ou do binômio *justiça-segurança* (preocupações inerentes ao velho Estado Social de Direito) como quis Pontes de Miranda e querem, ainda, Dinamarco,[62] Humberto Theodoro Júnior, Nigro Mazzilli, Ada Pellegrini Grinover e outros, rotulando-se inspirados em lições de Jorge Miranda, Cappelletti, Liebman e Couture.

Não percebem os ilustres seguidores do instrumentalismo que a *coisa julgada* não é mais inerente fenômeno autoimunizante das decisões como efeito da sentença de mérito transitada em julgado. Não há mais a imanência da *coisa julgada* à sentença de mérito maximamente preclusa. A *auctoritas rei judicata* não é mais atributo (qualidade ou efeito) emerso (surgido) de uma sentença de mérito (ontogênese da imutabilidade e indiscutibilidade do decisório transitado em julgado pela eclosão preclusiva máxima). Não é que Couture, Cappelletti ou Jorge Miranda apoiem as teses dos instrumentalistas brasileiros. Tais juristas não trabalham, nem trabalharam, o direito processual democrático como posto na Constituição brasileira vigente. Os juristas brasileiros é que são

---

[61] LEAL, Rosemiro Pereira. Isonomia processual e igualdade fundamental a propósito das retóricas ações afirmativas. *Revista Síntese de Direito Civil e Processo Civil*, n. 30, p. 38-45, jul./ago. 2004.

[62] DINAMARCO, Cândido Rangel. *Revista da Faculdade de Direito* – PUC/MG, v. 4, n. 7-8, p. 9-35, 1º/2º sem. 2001.

nostálgicos e, portanto, extemporâneos à sua própria Constituição ao acompanharem referidos juristas estrangeiros.

A *coisa julgada* é direito-garantia constitucionalizado (isto é: independe de referência analógica à determinada relação jurídica procedimentalmente definida entre partes ou de um sujeito de direito em face de outrem). Por isso, é instituto jurídico autônomo que assegura a todos indistintamente um julgamento judicial da *res* (coisa), como situação jurídica corpórea ou incorpórea, pelo *devido processo legal* condutor da *judicação judicial* por uma sentença (decisão) última alcançada pela preclusão máxima. A *coisa julgada*, como se reafirmou, é obstativa de atos administrativos ou decisões terminativas (conclusivas-definitivas) plenárias sem passagem pelo *devido processo legal*.

9.3.1.4 O mito da onipotência turbinada

De conseguinte, a sugerida erradicação ou mitigação dessa garantia a ser exercida na órbita judicial é negativa de direito fundamental com transformação do Poder Judiciário no Frankenstein de Mary Shelley (mito do Prometeu moderno tão bem narrado por Roudinesco)[63] que, dotado de uma racionalização integral pela fabricação de um homem capaz plenamente (o juiz), acima de qualquer Deus (onipotência turbinada), pretenderia assumir a condição eterna e exclusiva de criador do direito (teologia leiga), podendo também desfazê-lo em nome de um saber absoluto. Seria a queda do suposto absolutismo da coisa julgada (*auctoritas rei judicata*) com ascensão do julgado judicial tirânico: uma troca sutil e estratégica de um dogma por outro humanamente encarnado na judicialidade (*auctoritas hominis judicialis*). Claro que a doutrina norte-americana, coerente com as suas tradições, já fez essa permuta há muito tempo.

A insistência de fazer aportar no Brasil os *hard cases* americanos, como exemplares (protótipos) do bom julgar e pensar, vestidos garbosamente da doutrina italiana de um direito culturalmente autocrático, desconhece a vigência da Constituição brasileira que não guarda similitude com práticas de um direito iluminado pelo subjetivismo redentor do *Aufklärung* ou de um locutor privilegiado do povo icônico (liberalismo republicanista com rótulos ideológicos de democracia). É mesmo difícil para muitos viver numa democracia constitucionalizada quando já se encontrem captados pela já implantada utopia do "espírito do capitalismo".[64] Colhe-se no cotidiano da escola instrumentalista um caprichoso e insólito entendimento de que o *devido processo legal* é anárquico, perturbador de uma razão revelada pelo talento prestante do julgador autossuficiente e de que as conquistas teóricas da Constituição brasileira são um devaneio (delírio) conjectural de uma época histórica de artificialismo libertário. Parece que querem, a qualquer custo, abolir a abolição da escravatura.

É induvidoso que a teoria da processualidade democrática tem enorme carga de subversão na medida em que não recepciona uma ordem pressuposta ou suposta[65] advinda de uma razão luminosa ou da ideologia cultural tão bem investigada por Adorno

---

[63] ROUDINESCO, Elizabeth. *Por que a psicanálise?* 1. ed. Rio de Janeiro: Jorge Zahar Editor, 2000. p. 59-60.

[64] WEBER, Max. *A ética protestante e o espírito do capitalismo*. São Paulo: Companhia das Letras, 2004.

[65] GRAU, Eros Roberto. *A ordem econômica na Constituição de 1988 (interpretação crítica)*. 2. ed. São Paulo: Revista dos Tribunais, 1991.

e Horkeimer.[66] Entretanto, preconiza uma *ordem* que se caracteriza por um direito que se ofereça, por institutos que o componham, à fiscalidade incessante pelo discurso da instituição garantidora do *devido processo coinstitucionalizante* em todo o espaço-tempo da estatalidade (ou interestatalidade ou supranacionalidade) juridicamente sistematizada. Em tal conjectura, não é mesmo concebível um lugar em que se produz o direito e outro em que o direito é consumido (heterotopia).

Popper já antevia a dificuldade (avareza cognoscente) de operadores anacrônicos de sistemas jurídicos fechados (por uma jurisdição onisciente) de desistirem de suas ideologias e lidarem com a teoria de uma *sociedade aberta*. Até Habermas ainda se depara com esse embaraço em sua extensa, multidisciplinar e proveitosa obra filosófica escrita em face de uma modernidade inibidora de correções contrafáticas e reforçada por um cientificismo antropológico e sociológico persistente que parasita a compreensão de um *direito processualizado* em suas bases de produção, aplicação e extinção. Ainda se acha que o *processo* é mero instrumento de uma *jurisdição* como atividade de juízes-guardiães ou depositários fiéis e irremovíveis das leis. Esse cenário denunciado pelo gênio de Kafka é que a *teoria processual democrática* já por direitos constitucionalizados no Brasil pretende elidir.

9.3.1.5 O substancialismo anacrônico da *coisa julgada material*

A digressão que se fez não refoge do debate do tema da *coisa julgada*, uma vez que a leitura que se divulga sobre seus conteúdos é feita numa perspectiva invertida, partindo-se do legislado pelo NCPC (que insistiu em assimilar ensinamentos da moldura jurídica do Estado Liberal e Social de Direito) para o exame da *coisa julgada* na plataforma constitucional democrática vigorante. Com isso, desfiguram-se os novos contornos teóricos assumidos pelo instituto da *coisa julgada* que, retirando-se da teoria jurisdicionalista do Estado-Juiz produtor de decisões por uma vontade soberana (Chiovenda), se inscreve na constitucionalidade democrática como *direito-garantia* articulado ao *devido processo* na fixação criteriológica das pretensões de validade e legitimidade decisória por uma fiscalidade processualizada dos destinatários normativos.[67]

A quebra do *substancialismo* do anacrônico conceito de *coisa julgada material* é que incomoda os velhos pensadores do atual direito constitucional da *coisa julgada*. É que estão sempre agarrados à antiga convicção fetichizada de que o *mérito* significa a existência de um objeto (direito material) integrante de um *pedido mediato*. No entanto, a *questão merital* pode abranger um direito de defesa lesado ou ameaçado que pertença a um patrimônio jurídico incorpóreo, tal como o direito ao nome, à dignidade, à liberdade, sem que se enuncie qualquer substancialidade (matricialidade jusnatural). Assim, não é desta substancialidade que decorre a *coisa julgada* referida no texto constitucional, mas da *garantia* de que, pouco importando se a *questão merital* seja considerada substancial ou formal, para sua revisibilidade (sindicalidade) sempre se exigirá obediência ao *devido processo legal* – instituto estrutural de cogarantia da *coisa julgada* constitucionalmente assegurada como direito fundamental de uma jurisdicionalidade procedimentalizada em contraditório para julgar (*res judicata* pelo devido processo legal).

---

66 ADORNO; HORKHEIMER. *Dialética do esclarecimento*. Rio de Janeiro: Jorge Zahar Editor, 1994.

67 LEAL, Rosemiro Pereira. *Teoria processual da decisão jurídica*. São Paulo: Landy, 2002.

A *coisa julgada*, como instituto constitucional autônomo de garantia co-originária ao direito fundamental do contraditório, significa o asseguramento de um *resto* (coisa) argumentativo que se impõe perenemente aberto (vazio) a todos para que, mesmo ante um debate jurídico findo pelo provimento judicial de mérito ou administrativo-jurisdicional (ato jurídico perfeito ou direito adquirido), louvando-se no enunciado de falibilidade normativa qualificativo do sistema democrático de direito, seja passível de reabertura, atendida a principiologia do *devido processo coinstitucionalizante* (ampla defesa, contraditório, isonomia), quanto a questões (*facti quaesti*) que tornem impossível, na exequibilidade, aferição de certeza, liquidez e exigibilidade de direitos jurisdicionalmente declarados.

De conseguinte, a sentença, na acepção do direito democrático, ou quaisquer atos suscetíveis de anulabilidade não contêm em si mesmos vícios intrinsecamente cominados de nulidade *pleno jure* de tal sorte a provocarem uma invalidade instantânea por um olhar magicamente escópico de uma autoridade judicante. É estéril a assertiva de que uma sentença que acolhe um pedido impossível não teria, *per se*, eficácia (exigibilidade) no plano executivo, porque não é esse o único aspecto que interessa à compreensão do instituto da *coisa julgada* na teoria da constitucionalidade brasileira. O que é relevante é que a *coisa julgada*, como instituto integrante do *devido processo coinstitucionalizante* nas democracias, impede a solipsista decretação radical (interdital) de inexistência ou nulidade de qualquer ato juridicamente formado. Não existe uma realidade de direito como *habitat* de uma jurisdição autossuficiente que possa, sem o *devido processo legal*, negar existência a ato transitado em julgado (coberto pelo tempo de seu advento jurídico-terminativo).

Quando Dinamarco[68] afirma que "efeitos impossíveis não se produzem nunca", não atenta para o aspecto de que a possibilidade ou impossibilidade do direito é apurada no *espaço-tempo* da estrutura procedimental processualizada instaurada à realização de uma pretensão jurídica e não no *espaço nu* (kafkiano) de uma realidade envolvente de um decisor racionalmente poderoso ou intérprete solitário do óbvio. A inexigibilidade de uma sentença que acolhe um pedido impossível há de ser pretendida, em juízo de execução ou cautelar antecipado, por ações (procedimentos) constitucionais ou de ordinariedade cognitiva, não só para declarar a inexigibilidade, mas principalmente para responsabilizar o Estado pelo ato demencial, doloso ou culposo do decisor.

Vale, nesse quadro de cogitações, ressaltar que a resistência a uma sentença incumprível (ausência de condições de exequibilidade), se no âmbito do Judiciário que a proferiu, impõe impetração de mandado de segurança *ex officio* do coagido (*juízo da execução*) em face do Estado coator (*juízo da cognição ou juízo mandamental*), instaurando-se assim o *devido processo legal* com ampla integração procedimental dos interessados, tendo em vista que o juízo de declaração de nulidade (esse *não* ao *nada* sentencial ou decisório) deve obediência prévia ao *devido processo legal* como procedimentalidade discursivo-garantista da *coisa julgada* ao desfazimento de atos judicantes ou jurisdicionais de vinculação terminativa ou plenária.

Também o descumprimento voluntarioso de ato decisório jurisdicional, por conduta tácita ou expressa, exorta o *Ministério Público* à imediata instauração procedimental (art. 127, CF/1988) para responsabilização do juiz ou *administrador governativo*

---

68 DINAMARCO, Cândido Rangel. *Revista da Faculdade de Direito* – PUC/MG, v. 4, n. 7-8, p. 9-35, 1º/2º sem. 2001. p. 25.

pelo dano causado ao *Estado jurisdicional* por erro, desperdício e utilização indevida de atividade judicial ou administrativa na produção do ato cominado. *Coisa julgada* não mais significa proteção invulnerável de que se revestem os atos transitados em julgado, mas direito-garantia constitucional de vedação de descumprimento de julgados (decisões) com exclusão do devido processo legal. Para se dizer se um ato é ou não é jurídico, é ou não é sentença, não basta fala (ou escrita) da *autoridade* decisória, porque exatamente a *autoridade* (forma pura de dominação)[69] é que *não* é mais legitimadora da declaração da vontade jurídica no Estado Democrático de Direito, sequer é a *autoridade* o lugar humano de segurança jurídica.

O absolutismo clássico da coisa julgada nos ensinamentos chiovendianos foi extinto nas democracias com a criação do *devido processo coinstitucionalizante* que hoje a tem incluída em seu arcabouço teórico como coinstituto-garantia do *devido processo legal* para se desfazer ou descumprir decisões sentenciais, o ato jurídico perfeito e o direito adquirido, afastando a *autotutela* nulificatória proferida em nome do bom-senso e onividência do juízo de execução. Daí a *incolumidade da coisa julgada* em face dos erros grosseiros ocorridos em decisões teratológicas. A *coisa julgada* não é mais fenômeno de esfera causal ou consequencial dos atos judicantes, como acolhido de Chiovenda a Liebman (efeito ou qualidade da sentença de mérito).[70] Atualmente, a *coisa julgada* tem por si, na lei democrática, uma incidência garantista de tornar os provimentos válidos (ainda que de eficácia impossível) e só suscetíveis de *rescisoriedade* pelo *devido processo legal*.

O instituto da *coisa julgada* em sua nova concepção constitucionalizada não é, *em si*, permissivo (comissivo) de revisibilidade de sentenças de mérito transitadas em julgado ou de atos performativos (determinativos) de direitos de base constituinte (ato jurídico perfeito ou direito adquirido), *porém* é preventivo e assegurador de que a possível abertura legal à retificação ou rejeição dos julgados e de outros provimentos há de obedecer à hermenêutica de fundamentação do sistema jurídico constitucionalmente adotado. Percebe-se, assim, que a *coisa julgada*, atualmente à sua compreensão, sugere uma revisitação aos vetustos conceitos de rescisoriedade jurídica ainda expressos em prazo radicalmente fatalizado ou em decisões salvacionistas (interditais), bem como uma reconcepção dos vigentes conceitos de exceção substancial, competência, preclusão, prescrição, decadência, perempção, inépcia.

9.3.1.6 Coisa julgada e devido processo

Portanto, ao contrário de a *coisa julgada* exercer uma autoridade sobre os efeitos sentenciais, a *coisa julgada* é instituto assegurativo de que o reconhecimento ou não desses efeitos, considerados ou não os seus graus de eficácia coercitiva, não se configura *in solo* (razão solitária), isto é: pelo esbarro autocrático (evidência máxima por uma autotutela interpretativa do juízo de execução). Não é a *coisa julgada* que precisa ser relativizada para mitigar o *imperium* impossível de uma sentença de mérito, mas há de ser recepcionada em sua nova plenitude teórica, como instituto autônomo do direito constitucional processual brasileiro, para impor o *devido processo legal* na relativização,

---

[69] WEBER, Max. Três tipos puros de dominação legítima. *In:* COHN, Gabriel (Org.). *Sociologia*. São Paulo: Ática, n. 13. Grandes Cientistas Sociais.

[70] LIEBMAN, Enrico Tullio. *Manual de direito processual civil*. Rio de Janeiro: Forense, 1984.

declaração ou reconhecimento de eficácia dos efeitos da sentença de mérito. O que não se vem percebendo nos diversos escritos sobre o tema é que, na teoria democrática do direito, as evidências não se mostram sem um *médium* linguístico jurídico-discursivo quanto às decisões terminativas ou terminativas definitivas (aboliu-se a interditalidade decisória nos sistemas democráticos).

O que seria relativizável (rescisoriável) é a *preclusão máxima* que qualifica os efeitos da sentença de mérito como óbice de revisibilidade dentro ou fora do mesmo *iter* procedimental de sua produção. A *coisa julgada* assegura que a possibilidade jurídica de reabertura (rediscussão) do julgado somente ocorra nos limites acionais do ordenamento jurídico pelo *devido processo legal*. Se o ordenamento não dispõe do meio procedimental a esse objetivo, não é a *coisa julgada* que deve sofrer abalos em seus contornos teórico-constitucionais pelo talento de um decisor hercúleo,[71] mas o que falta é a via democrática (criada em lei) para encaminhar tal finalidade. A criação legal dessas *vias democráticas* (devido processo constitucional pelos procedimentos) também se sujeita ao controle de constitucionalidade para obtenção de legitimidade.[72]

Na democracia, não há situações perpetuamente imunizadas ou imunizantes (imutáveis), porque a democracia se caracteriza como sistema autodiscursivo pelo *devido processo coinstitucionalizante*. Entretanto, não há qualquer ponto (conteúdo) no sistema jurídico democrático que possa ser flexibilizado, a pretexto de razoabilidade, ponderabilidade e proporcionalidade operativa,[73] pela *razão solipsista* de um julgador que portasse a primeira e última vontade (Kant e Peirce).

Pelo exposto, afigura-se inconstitucional, na teoria do Estado Democrático de Direito, o §5º do art. 535 do NCPC que, conferindo ao juiz condutor da normatividade executiva a possibilidade de exercer uma *autotutela eximitória* de acatamento de efeitos de sentença que lhe caberia cumprir, estabelece a resolução do impasse por uma via não democrática e pertinente ao Estado Liberal ou Social-Direito[74] que outorga ao juiz a *presunção transcendental* de um saber já, *a priori*, coincidente com o desejo do povo e preservação de seu acervo jurídico ou moral (republicanismo acéfalo).

A busca de relativização de uma *autoridade* que não mais integra, desde a CF/1988, o instituto da *coisa julgada* assume conotações inócuas à medida que se tenham como fundamento dessa pretensão exemplos jurisprudenciais que, ante o vazio de uma legislação infraconstitucional, oferecem respostas (tópico-retóricas) pelo talento (*phronesis*) ou sindérese do julgador, erigindo ementários e súmulas à frente (ou fora) do sistema ordenamental constitucionalmente vigorante para preconizar uma esdrúxula *coisa julgada inconstitucional*. Claro que não se descartam inconstitucionalidades na Constituição,[75] porque esta não é um texto cartográfico que emerge da redação sintático-normativa, mas uma teoria jurídico-linguística que se formaliza e se identifica por paradigma processual como referente interpretativo para todos indistintamente (produtor e destinatário normativo).

---

[71] DWORKIN, Ronald. *Law's empire*. Cambridge, Massachussetts: Harvard University Press, 1986.

[72] LEAL, Rosemiro Pereira. *Teoria processual da decisão jurídica*. São Paulo: Landy, 2002.

[73] ALEXY, Robert. *Teoria da argumentação jurídica*. São Paulo: Landy, 2001.

[74] CITTADINO, Gisele. *Pluralismo, direito e justiça distributiva*. 2. ed. Rio de Janeiro: Lumen Juris, 2000.

[75] BACHOF, Otto. *Normas constitucionais inconstitucionais?* Coimbra: Almedina, 1994.

9.3.1.7 A ideologia tecnicista da modernidade

O eminente Ovídio Baptista da Silva, em brilhante artigo – o que não lhe é raro –, escreveu sob título "Coisa julgada relativa",[76] fazendo de início um mote à modernidade como época demolidora da qual não vem escapando "a instituição da coisa julgada" (*sic*), ressaltando, com apoio em Wallerstein, o paradoxo da modernidade que, ao tempo que propugna uma mudança obsessiva, também, e simultaneamente, procura manter a ideologia da modernidade. Sustenta-se uma *técnica* que, como afirma Habermas,[77] comentando Marcuse, racionaliza a falta de liberdade em nome da promessa de um conforto que se realiza prazerosamente à custa de controles legais artificiosos (Luhmann) e autoritários ainda recepcionados pelos deslumbrados devotos de um direito reprodutor de um *sistema realístico* oponível ao direito fundamental ao *processo*. E tudo isso em prol de uma *jurisdição* que, por um bom senso inato do decisor, flexibilize a lei a seu modo, segundo princípios de moralidade, ponderabilidade, razoabilidade, proporcionalidade e de um "justo", cuja justiça se faça em parâmetros de adequação a uma realidade que, embora não democrática, se pretenda, como a melhor, eternizar (modernizar sempre).

Esse ímpeto interminável de ajustar as leis aos fatos pela inteligência sensitiva do decisor hercúleo ou kantianamente moralista é que tem estacionado a modernidade pela eternização de uma *justiça* autocrática (técnica) de uma *ratio* veloz e dita confortadora como lugar insubstituível de tornar justo o direito. Daí, também, conforme anota Ovídio Baptista, os eminentes Humberto Theodoro Júnior e Paulo Otero (jurista português) partilharem da convicção de que o que é absoluto em direito "é apenas o direito justo" (*sic*). Logo o "justo" jurídico ainda é procurado por sua contraposição a um vício de inconstitucionalidade que, no caso da *coisa julgada*, torná-la-ia inadmissível *pleno jure* pelo saber solitário do juiz, mediante declaração *incidenter tantum* ou *ex officio*, de inexigibilidade do título judicial (sentença) como autorizado pelo *§5º do art. 535 do NCPC*.

Ovídio Baptista, ao discorrer sobre o alvoroçado tema da cognominada relativização da coisa julgada, adverte que "será necessário, porém, conceber instrumentos capazes de atender a essa nova aspiração jurídica", sugerindo, entre outros aspectos, que "esses instrumentos devem ficar limitados" a uma

> sistematização adequada da *querela nullitatis*. Nunca, porém, para permitir o afastamento da coisa julgada suscitado sob a forma de uma questão incidente, no corpo de outra ação [...] e nunca tornando a coisa julgada relativa a partir de pressupostos valorativos como injustiça da sentença, sentença abusiva, moralidade administrativa ou outras proposições análogas [*sic*].[78]

O que nos impressionou no artigo do ilustrado professor é que, ao arrematá-lo, lança suspeita sobre essa modernidade eternizante (essas mudanças velozes resolvidas prestantemente pelo retorno ao neoconservadorismo) de uma inteligência judicante

---

[76] SILVA, Ovídio Baptista da. Coisa julgada relativa. *Revista dos Tribunais*, São Paulo, ano 93, v. 821, p. 29-38, mar. 2004.

[77] HABERMAS, Jürgen. *Técnica e ciência como ideologia*. Lisboa: Edições 70, 1997. p. 49.

[78] SILVA, Ovídio Baptista da. Coisa julgada relativa. *Revista dos Tribunais*, São Paulo, ano 93, v. 821, p. 29-38, mar. 2004.

privilegiada (pretoriana) acolhedora abrupta de uma *exceptio rei judicata* com ausência do *devido processo* e sob os auspícios do *digesto*.

O insigne processualista Luiz Guilherme Marinoni[79] também dedicou ao tema um artigo sobre a chamada "relativização da coisa julgada material". Em sua introdução empresta ao termo entre aspas o significado de "possibilidade de relativização de coisa julgada material independentemente do uso da ação rescisória" (*sic*). Entende ainda, na linha instrumentalista do processo, que a jurisdição é uma atividade de zeladoria da "coisa julgada material peculiar ao processo de conhecimento" (*sic*) e logo em seguida diz que "a coisa julgada material é indispensável ao Estado Democrático de Direito" (*sic*). Entretanto, em nenhum trecho do seu valioso artigo esclarece o que torna a coisa julgada material indispensável ao Estado Democrático, uma vez que, para ele, seria também "inerente ao Estado de Direito" (*sic*).

É certo que a "coisa julgada", desde Chiovenda, assume autoridade por um Estado-juiz, que lhe é garantidor, com base no dever legal de preservação (segurança) do sistema jurídico e não pela vontade salvífica do juiz por via de um conhecer realista aos moldes do *freirecht* alemão. Também não é da dimensão democrática a análise do direito em perspectivas de segurança e justiça a serem regradas pela inteligência solipsista do decisor, porque a tensão faticidade e validade (já ensina Habermas) é estabilizada pelo direito positivo[80] em obediência, portanto, ao *princípio da reserva legal*. Não há vazio na democracia que possa ser preenchido por uma razão monológica, daí tenho afirmado que a *jurisdição* nas democracias não é mais a atividade racional dos juízes para atuar as leis, mas os conteúdos da lei atuados conforme os próprios enunciados da *teoria* de sua construção normativa que lhes hermeneutiza os sentidos de existência, aplicabilidade e fiscalidade para todos.[81]

Parece que o insigne articulista adota a linha da reserva legal ao tratar a coisa julgada, mas o faz por um conceito equívoco de jurisdição ante o paradigma do Estado Democrático de Direito, porquanto ainda ensina que "o juiz deve ler o texto legal em face da sociedade em que vive, adequando-o às novas realidades" (*sic*), o que significa ficar numa *modernidade* suspeitíssima para Ovídio Baptista (aquela que, em face de mudanças bruscas da realidade, põe o juiz como zelador privilegiado da lei para não deixá-la à margem da realidade). Aqui, as "necessidades da vida" (*sic*), numa singular visão jurisdicional, sobreporiam aos textos legais sem qualquer *médium* linguístico processual democrático para não retardar a realização de uma *teoria da justiça da consciência* aos moldes de Rawlls.[82]

Embora os processualistas mencionados já tenham identificado a posição de Humberto Theodoro Júnior e Juliana Cordeiro de Faria, no que diz respeito ao tema em debate, com as lições do jurista português, Paulo Otero, que, ao hostilizar a conversão do Estado de Direito em Estado Judicial, acaba paradoxalmente admitindo que o Estado Judicial é que tem de declarar um *direito justo*, a declaração de inconstitucionalidade da *coisa julgada* nesses autores ainda concebe a coisa julgada como estratificação

---

[79] MARINONI, Luiz Guilherme. Relativização da coisa julgada material. *Mundo Jurídico*. Disponível em: www.mundojuridico.adv.br.

[80] HABERMAS, Jürgen. *Direito e democracia*. Rio de Janeiro: Biblioteca Tempo Universitário, 1997. p. 35 *fine*. v. I.

[81] LEAL, Rosemiro Pereira. *Teoria processual da decisão jurídica*. São Paulo: Landy, 2002.

[82] RAWLLS, J. *Théorie de la justice*. Paris: Le Seuil, 1987.

infraconstitucional dos efeitos da sentença de mérito. No entanto, vão mais longe. Ao profligarem um *princípio da constitucionalidade* das decisões judiciais, elegem os juízes, em sua onipotente singularidade, como portadores de "um poder geral de controle incidental da constitucionalidade da coisa julgada"[83] (*sic*) e "dever oficioso de recusar aplicação de normas contrárias à Constituição" (*sic*).

Como colocado por esses juristas, está se vendo que trabalham um esdrúxulo Estado de Direito Democrático sem *processo* em nome de um Estado schmittiano, que também é de Direito, doador de segurança e justiça conforme valores constitucionalizados e entregues à guarda da inteligência solitária (soberana) dos decisores instantâneos. Evocam, como exemplo dessa proeza, o antigo *parágrafo único* do art. 741 do CPC da ditadura repetido pelos incautos democratas do NCPC de 2015 (art. 535, §5º) que, segundo entendem, expressa o que estabelecem as legislações "mais modernas, no trato do controle de constitucionalidade". Aqui, a modernidade é ainda mais tirânica, ao afirmarem que "em face da coisa julgada, que viole diretamente a Constituição, deve ser reconhecido aos juízes um poder geral de controle incidental da constitucionalidade da coisa julgada" e, mais adiante, arrematam: "dúvida não pode mais subsistir que a coisa julgada inconstitucional não se convalida, sendo nula, e, portanto, o seu reconhecimento independe de ação rescisória e pode se verificar em qualquer tempo e em qualquer processo, inclusive na ação incidental de embargos à execução". No direito brasileiro os *embargos à execução* são monológicos (não há *ficta confessio* pela ausência de impugnação do credor). Entretanto, estes ainda se prestam a um atípico controle difuso de constitucionalidade por um juízo que em *numerus clausus* decretaria a eventual inexigibilidade do título executivo judicial sem perquirir a capacidade mental do seu emissor e a consequente responsabilização do Estado-juiz e sem fazer convocação à lide do Estado e Ministério Público.

Criou-se com o §5º do art. 535 do NCPC a teratologia de uma exceção de inconstitucionalidade da *coisa julgada*, a pretexto de inexigibilidade do título judicial, no bojo dos autos de embargos à execução sem que o *devido processo* se instaure entre o juízo autor da lesão (juízo de conhecimento) e o juízo da execução, entregando-se absurdamente ao credor a defesa de ato (sentença) do *Estado-juiz*. Por isso, têm razão os insignes Ovídio Baptista da Silva e Luiz Guilherme Marinoni ao advertirem para uma necessária e demorada reflexão sobre o tema que pede a criação de procedimentos legais adequados e não o aproveitamento (ou reciclagem) da instrumentalidade arcaica do CPC/1973 e NCPC/2015.

De outra face, tratar a *coisa julgada*, após a CF/1988, como dogma a ser removido pelo *poder geral de cautela do juiz*, é outra vertente com as mesmas implicações que apontamos no comentário das convicções de Humberto Theodoro Júnior e Paulo Otero. É que *coisa* não mais significa algo intransponível que se concretiza juridicamente (*res*) pela prática de ato terminativo de um procedimento legal. E, no caso, como efeito da sentença de mérito. O discurso jurídico, na legislação democrática, assinala um pressuposto (reserva) de um vazio (coisa) constante (dimensão espácio-temporal da ampla defesa e contraditório) a ser perquirido nas conexões normativas e a ser preenchido pelo *devido processo legal* como estruturante das argumentações para a construção, aplicação

[83] THEODORO JÚNIOR, Humberto; FARIA, Juliana Cordeiro. *In:* NASCIMENTO, Carlos Valder do (Coord.). *Coisa julgada inconstitucional*. 4. ed. Rio de Janeiro: América Jurídica, 2004. p. 97.

e correição incessante do direito na sociedade democrática, conforme a teoria da constitucionalidade adotada por uma comunidade jurídica e expressa em texto constitucional. Só a teoria da democracia[84] (para mim pelo *devido processo coinstitucionalizante*) é que nos concederia essa reserva espácio-temporal de indagar sobre os defeitos, as falhas, os vícios (os vazios) dos conteúdos de decidibilidade que orientam a vigência, validade e legitimidade do ordenamento jurídico.

A *coisa julgada* é esse instituto jurídico atualmente constitucionalizado a garantir um resto de constitucionalidade a ser acertado pelo *devido processo legal*, de vez que, na democracia, não há uma completude ou incompletude decisória que se imutabilizasse para sempre. Os julgados são, na constitucionalidade democrática, garantidos por uma possibilidade de rediscussão processual consoante procedimentos e limites que o ordenamento jurídico estabelecer. E isso não se faz pelo ato abrupto de um "poder geral de cautela" de uma só consciência judicante.

Pelo *parágrafo único* do art. 741 do CPC/73 e §5º do art. 535 do NCPC, o juiz podia e pode declarar inexigível um título judicial se fundado "em aplicação ou interpretação" (*sic*) de lei ou ato normativo incompatíveis com a Constituição. Conceder ao juiz essa *interpretação* absolutamente certa em face de outra *interpretação* ou *aplicação* absolutamente errada é vedar o *contraditório* como *médium* linguístico na preparação e formação (construção) do provimento judicial-retificatório ou ratificatório. A coisa julgada constitucional é atualmente o *instituto* que nega a legitimidade dessa rescisoriedade (desconstituição) instantânea (jurisdicional-interdital) do título exequendo já sob a sua garantia como sentença de mérito transitada em julgado. A aceitar uma sempre eventual interpretação e aplicação absolutamente certas no *devir* perene da atuação dos atos jurídicos por juízes oniscientes que se sucedessem na linha do tempo judicante, eliminar-se-ia o *contraditório* como *crítica* processual e o erigia a um simples *corretivo* que se faria solitariamente em nome de uma *técnica* jurídica fetichizada em *razão universal* como "base de legitimação".[85]

Daí, a inconstitucionalidade do §5º do art. 535 do NCPC é ostensiva, porque se contrapõe à *coisa julgada constitucional* e ao *devido processo legal*. Ademais, a inclusão desse §5º no Título da Execução (cumprimento da sentença), com a redação ali colocada, assume feições de um ardil legiferante (ideologia legal), tendo em vista que se prestaria amplamente a uma decretação, em *summa cognitio*, de nulidades, pouco importando o âmbito da executividade na tipologia procedimental do ordenamento jurídico brasileiro (o que preconiza Humberto Theodoro Júnior por um *poder geral de cautela do juiz*).

Se se entender que, no direito processual brasileiro, os *embargos e impugnação à execução* ou do *devedor* podem atingir a desconstituição do título e da obrigação que nele se contém e essa via seria a adequada ao atendimento do *devido processo legal*, outros também se abririam (ação rescisória com antecipação de tutela, mandado de segurança). No entanto, o que ainda não está resolvido é a apuração do erro judiciário e a responsabilização do Estado-juiz, bem como a flagrante inconstitucionalidade de se permitirem declarações de inexigibilidade (inexequibilidade) de título judicial (expresso em sentença transitada) por um poder intercorrente (incidental) e geral de cautela do juiz (adeptos sociologistas do *summum jus, summa injuria*).

---

84 HABERMAS, Jürgen. *Direito e democracia*. Rio de Janeiro: Biblioteca Tempo Universitário, 1997. p. 158. v. I.

85 HABERMAS, Jürgen. *Técnica e ciência como ideologia*. Lisboa: Edições 70, 1997. p. 48.

A reelaboração do conceito da *coisa julgada* delineada na CF/1988 e em nossa compreensão jurídico-democrática abre oportunidade ao debate de outro tema significativo que é o de *duplo grau de competência* (impropriamente *jurisdição*) como *direito-garantia* fundamental de *ampla defesa*. Sabe-se que a possibilidade de desconstituição (rescisoriedade) de uma sentença transitada em julgado, ante o pressuposto instituinte de estabilização (*isotopia*)[86] do sistema democrático pelo *devido processo*, há de se revestir de vias procedimentais exaurientes de *isonomia, contraditório e ampla defesa*. Logo, o desfazimento de ato preparado e formado em contraditório ou exposto ao contraditório há de passar por igual *processo*. O *contraditório* é construído pelo exercício da *ampla defesa*, que, para ser *ampla*, não caberia nos estreitos limites de instância única ou de juízo único, monocrático ou colegiado. O direito recursal, uma vez constitucionalmente assegurada a *ampla defesa*, já pressupõe o encaminhamento de pretensões em duplo grau (instâncias sobrepostas) de tal sorte a garantir o exame da *quaestio juris* pela *regra da maioria* em juízo último e hierarquicamente superior. A *regra da maioria*, nas democracias, segundo Habermas, não pode ser excluída (daí a repugnância ao juízo monocrático ou de única instância) na formulação das decisões, porque a regra da maioria é que constitucionalmente limita a *maioria* "por meio de uma proteção dos direitos fundamentais das minorias".[87] É sempre preciso que a decisão última se elabore por um órgão colegiado superior mediante a *regra da maioria*. Abolindo-se tal critério (o chamado duplo grau de jurisdição), coloca-se em risco todo o sistema.

Do exposto, a seminarização temática do instituto constitucional da *coisa julgada* requer visitações transdisciplinares que percorrem toda a área das ciências humanas com ênfase na compreensão da *teoria do direito democrático*, não podendo se restringir aos escaninhos da sabedoria solipsista de um decisor poderoso, o que reforça as considerações do eminente professor Ovídio A. Baptista da Silva ao concluir que é "indispensável revisar o sistema de proteção à estabilidade dos julgados", e "será necessário, porém, conceber instrumentos capazes de atender a essa nova aspiração jurídica".[88] Entretanto, a nós nos parece que o instituto da *coisa julgada* em concepções já constitucionalizadas, tal como aqui estudado, daria o *rumo hermenêutico* das decisões a serem proferidas quanto ao cumprimento ou inexigibilidade de título judicial constante de sentenças transitadas em julgado.

9.3.1.8 Precedentes no NCPC e Coisa Julgada

1 Introdução

Algumas questões são básicas para situar o que se entende por ***precedentes*** no discurso sistemático do Novo Código de Processo Civil de 2015 a partir do que dispõem os seus arts. 926 e 927:

a) A expressão *precedentes* assume autonomia lógico-jurídica a se tornar requisito imprescindível à elaboração de *enunciados de súmula*?

[86] LEAL, Rosemiro Pereira. *Teoria geral do processo*. 5. ed. Porto Alegre: Síntese, 2004. p. 72.

[87] HABERMAS, Jürgen. *Direito e democracia*. Rio de Janeiro: Biblioteca Tempo Universitário, 1997. p. 224. v. I.

[88] SILVA, Ovídio Baptista da. Coisa julgada relativa. *Revista dos Tribunais*, São Paulo, ano 93, v. 821, p. 29-38, mar. 2004. p. 37.

b) A *jurisprudência dominante* há de ser a via de edição pelos tribunais de *enunciados de súmula* indicativos das *circunstâncias fáticas* que motivaram a criação dos *precedentes*?
c) Não existindo *precedentes*, fica vedada a criação de enunciados de súmula pelos tribunais destinados à formação de sua *jurisprudência dominante* com omissão do dever de uniformizá-la e *mantê-la estável, íntegra e coerente*?
d) Podem os tribunais, por normas regimentais de sua própria legiferação, definir *ex-officio* ou *extra petita* o sentido das *circunstâncias fáticas dos precedentes* para edição de súmulas e enunciados?
e) Devem os tribunais também uniformizar sua jurisprudência já editada, atendo-se ao instituto do **precedente** tal qual posto pelo NCPC (art. 926, §2º)?

Os comentaristas, quanto a tais indagações, estão mais preocupados em distinguir os conceitos históricos de precedentes, enunciados, súmula e jurisprudência, pouco se referindo às mutações semânticas do **instituto processual** do *precedente* ao ingressar no ordenamento jurídico brasileiro para guiar a construção jurisprudencial dos tribunais. Em judiciosa obra, valendo-se de densas referências bibliográficas, o professor Daniel Mitidiero[89] ressalta que, em linhas gerais, a partir dos estudos do Direito inglês por William Blackstone (1723-1780), que apontou as decisões dos juízes ingleses como provas vivas da existência do *Common Law*, erigiu-se a figura dos juízes como *oráculos do direito*, enquanto que na tradição francesa do *Civil Law* os juízes eram tidos como *seres inanimados*, na célebre expressão de Montesquieu (1689-1755) em sua obra *De L' Esprit des Lois* de 1748, o que acarretou duas soluções míticas pelos *living oracles* e *juges inanimés* à realização dos anseios de *segurança pública*.

Embora essas decisões judiciais fossem proferidas a esse intento, eram, desde a época medieval, consideradas como mera ilustração e explicação (persuasão) do Direito praticado, não fundando *critérios decisórios* (normas), mas exprimindo apenas a *experiência judicial*, o que significaria atualmente mera prática dos tribunais sem intenção de rigorosa uniformização. O *Common Law*, como um Direito historicamente encontrado (achado) pelos juízes, elegeu como forma de declaração, conforme acentua o professor Mitidiero, o critério do *case law* (caso a caso), promovendo a "interconexão entre o *case law*, os precedentes e a teoria declaratória da jurisdição: supõe-se que o Direito inglês é formado por costumes imemoriais e é evidenciado a partir do caso, cujo resultado é um **precedente** que apenas declara o *Common Law* preexistente"[90] (o gr. é nosso!).

Para nós, o que sobressai na obra do professor Mitidiero, abonando parcialmente estudos de Losano,[91] que é relevante ao que aqui discorremos, é o seguinte trecho: (*sic*)

> A doutrina começa a perceber e a conscientizar-se dessa interconexão, contudo, apenas nos séculos XVI e XVII, quando os *precedentes* incorporam um papel concernente ao processo de tomada de *decisão judicial*. A partir daí o precedente começa a servir de critério para decisão do caso desde que conforme ao *Common Law* (grifo nosso).[92]

---

89 MITIDIERO, Daniel. *PRECEDENTES – Da persuasão à vinculação*. São Paulo: Revista dos Tribunais, 2016, p. 32-34
90 MITIDIERO, Daniel. *Ob. cit.*, p. 31.
91 LOSANO, Mário G. *Os Grandes Sistemas Jurídicos*: introdução aos sistemas jurídicos europeus e extraeuropeus. Tradução de Marcela Varejão. São Paulo: Martins Fontes, 2007.
92 MITIDIERO,Daniel. *Ob. cit.*, p. 32-33.

Vale-se o professor Mitidiero das anotações de Neil Duxbury[93] ao registrar que o **precedente**, como processo de tomada de **decisão judicial**, assumiu a qualidade de *critério* para decisão do caso com base em trabalhos doutrinários (*reports*) dos juristas Edmund Plowden (1518-1585), Edward Coke (1552-1634), máxime Matthew Hale (1609-1676), que publicou uma história do *common law* da Inglaterra, sendo do século XVI a primeira utilização documentada do termo **precedente** e aqui se faria oportuno frisar que a grafia inglesa *preceding* ou *preceeding* é mais antiga que a *precedent* aludida em obras dos séculos XVI, XVII e XVIII. Entretanto, o importante é que, nesse passo, se impunha distinguir espécies de precedente, porque o precedente, em seu percurso histórico, cumprira inicialmente um papel exemplificativo (ilustrativo) e persuasivo em juízos de livre escolha e conveniência dos juízes, sendo que o seu efeito *vinculante*[94] se afirma com o advento de obras de Jeremy Bentham (1789) e John Austin (1790-1859) nos séculos XVIII e XIX e pela reforma dos *Laws Reports* e dos *Judicature Acts*[95] de 1873-1875.

2 O *dog law* e a *childish fiction*

É que Bentham, ainda segundo transcrições do professor Mitidiero,[96] foi defensor ferrenho da codificação do Direito inglês, porque, para ele, o sistema de precedentes ilustrativos e persuasivos nada mais seria que um *dog law* (direito para cães), ou no posterior diagnóstico de Austin um *childish fiction* (ficção infantil), daí nenhum efeito vinculante de decisões criariam, de vez que não eram *normas* e, por isso, não adquiriam uma autodeterminação para gerar *efetiva segurança jurídica* tão enfatizada nas obras de Hobbes exaltadas por Bentham. Todavia, mesmo quanto ao *precedente vinculante*, ao se respaldar na doutrina dos séculos XVIII e XIX na Inglaterra, o judiciário inglês só obteve uma estruturação hierárquica (*High Court of Justice* e *Court of Apeal*) entre 1873-1875 pelos *Judicature Acts*,[97] mas ainda permanecendo a *House of Lords* como tribunal excelso do judiciário até a criação da *Supreme Court* do Reino Unido por ato da reforma constitucional de 2005, iniciando suas atividades em 2009.

Nesse transcurso de assentamento de competência, os precedentes, tidos como vinculantes, passaram por interpretações variadas que buscavam afirmar sua autoridade à efetivação de *segurança jurídica* para seus destinatários que reclamavam *isonomia* de decisões iguais para **casos** iguais. Na tentativa de estabilizar esse anseio, os ingleses criaram o dever de edição de *repertórios* (repositórios) como referentes de julgamento de casos futuros, mas uma nova questão se despontou ao perceberem que o enrijecimento (não modulação) na aplicação dos precedentes repertoriados impedia a *evolução social* do Direito, o que trouxe permissões de os juízes superarem os seus próprios precedentes, mas nunca se desgarrando da "percepção de que o direito é fruto de uma prática interpretativa a partir de fontes dotadas de autoridade".[98] Logo, o precedente deveria ser fonte em si imperativa, despersonificando, assim, a pessoa do juiz como mito que acha e diz o Direito.

[93] DUXBURY, Neil. *The Nature and Authority of Precedent*. Cambridge: Cambridge University Press, 2008.

[94] PLUCKNETT, Theodore. *A Concise History of Common Law*. 5. ed. New Jersey: The Lawbook Exchange, 2001.

[95] DAVID, René. *Os Grandes Sistemas do Direito Contemporâneo*. 4. ed. Tradução de Hermínio A. Carvalho. São Paulo: Martins Fontes, 2002.

[96] MITIDIERO, Daniel. *Ob. cit.*, p. 38-39.

[97] DAVID, René. *Ob .cit.*

[98] MITIDIERO, Daniel. *Ob. cit.*, p. 44.

Nessa vertente é que maior complexidade de aspectos jurídicos afluiu para os adeptos do **precedente vinculante** no Direito inglês, apesar dessa questão no Direito francês do *civil law* já se resolvesse pela aceitação cultural da supremacia da lei do rei (*Code Louis* de 1667)[99] sobre o intérprete judicial (*interpretatio cessit in claris*) e eventuais incorreções e lacunas da lei se saneassem pelo legislador, mediante novas leis. Ainda havia dissensões pelo sincretismo, no curso dos séculos XVI, XVII e XVIII, quanto a condutas normativas (de Direito consuetudinário germânico no norte francês e de Direito romano no sul da França), só se pacificando com a edição do Código Napoleônico de 1804 pela influência da *École de l'Exégese* que pugnou pelo abandono das teses de Portalis que sustentava a elevação do juiz a *"ministre d'équité"* e titular do dever de autoproibição do *non-liquet*,[100] o que se retoma atualmente pelas teses metajurídicas e adscritivas de conjunção do *stare decisis et non quieta movere* do *common law* e do *equity* que se reportam ao Direito romano pelo Código de Justiniano, conforme expõe Chamberlain.[101]

3 A formação da ciência dogmática do direito

Ao se afirmar que o êxito da Escola da Exegese trouxe o nefasto retorno ao *cognitivismo interpretativo* e ao *logicismo aplicativo* (lógica dedutiva) influindo estes também no fracasso da estabilização de sentidos para o **precedente vinculante**, contaminando ambas as tradições (*Common* e *Civil Law*), ficou no esquecimento que uma *ciência dogmática do Direito* se fortalecia no correr dos séculos XVI a XX em nome de correntes e movimentos econômicos e filosóficos que se despontaram com nomes empolgantes: o mercantilismo, o liberalismo, o iluminismo, o idealismo alemão, o classicismo, o socialismo, a filosofia analítica, as escolas de Viena e de Frankfurt, a escola de fenomenologia, que ora entregavam o destino da interação humana às leis naturais, ora às leis da história, resultando em crenças coletivas a instituírem **dogmas** de que o empirismo lógico (*epagoge*) de uma razão natural da natureza é congênita à razão do homem (Bacon-Kant) ou a contextualidade histórica da Ciência Nova[102] (Vico-Hegel-Marx) é que criava sentidos inescapáveis para a linguagem humana.

Dessa obscura trama filosófica e sociológica é que, por derivações, surgiram pragmatismos em múltiplas interfaces: o pragmatismo do materialismo histórico da social-democracia constitucional de Lassalle,[103] a pragmática transcendental, a universal, o giro pragmático-linguístico da linguagem ordinária, o giro ontológico-pragmático-linguístico, os quais, ao preconizarem o homem como um ser da linguagem, pretendiam anular as subjetividades e fundar um mundo objetivo de sentidos normativos postos pela história dos homens (rede linguística), que, condutora de pré-compreensões (pré-conceitos), já instalaria uma linguagem subjacente à milenar interação humana como depositária de uma inerência ao entendimento humano, cabendo ao decisor apenas descobri-la (desvelá-la, achá-la), porque ela própria já estabeleceria os limites de sua validade, nada podendo ocorrer além da estrutura informativa de seu-próprio-ser-único universal.

---

99 PICARDI, Nicola. *"Introduzione" ao Code Louis, Testi e Documenti per la Storia del Processo*. Milano: Giuffrè, 1996.

100 LEAL, Rosemiro Pereira. *Teoria Processual da Decisão Jurídica*. 2. ed. Belo Horizonte: D'Plácido Editora, 2016, p. 61.

101 CHAMBERLAIN, Daniel Henry. *The Doctrine of Stare Decisis*: its reasons and its extent. New York: Baker, Voorhis & CO. Publishers, 1885, p. 6 e 22.

102 VICO, Giambattista. *A Ciência Nova*. Rio de Janeiro/São Paulo: Editora Record, 1999.

103 LASSALLE, Ferdinand. *A Essência da Constituição*. 7. ed. Rio de Janeiro: Lumen Juris, 2007.

Essa mitificação (fetichização) da linguagem pragmática é que, perene e irremovível, embasou uma **ciência dogmática do direito** que, fincada na lógica dedutivo-analítica do **realismo crítico** do cognitivismo fregeano,[104] impõe uma interpretação (*inter-parare*) como criadora de sentidos por um intelecto privilegiadamente pensante a serem certificados pelo senso comum do pragmatismo universal da linguagem, tanto para o sistema de *common law* quanto para o *civil law*, porque, nessa perspectiva semântica, é que seria possível falar em **segurança jurídica**: uma segurança não mais pretendida pelo poder da força repressora dos Estados, mas uma segurança que decorreria da autoridade jurídica do texto (discurso) e de elementos não textuais como **norma** resultante da interpretação jurisdicional como visto do ensino de Giovani Tarello, conforme mencionado e adotado por Mitidiero.[105]

Exatamente nesse ponto, por admitir que textos escritos e normas são ambíguos e vagos, é que os **precedentalistas** poudianos[106] invocam, em sua ansiosa busca por segurança jurídica, o exercício de uma *racionalidade* por uma atividade interpretativa jurisdicional justificada num resultado "**coerente e universal**".[107] Aqui o intérprete prodigiosamente desenvolve uma compreensão por *argumentos* (cuja lógica e teoria da linguagem não se explicitam) que se rotulam linguísticos e sistemáticos habilmente manejáveis pela experiência e talento (razão) pseudocientífico do julgador. Claro que ninguém exclui a interpretação, como leitura da palavra escrita, para experimentar operações mentais, entretanto dizer que a palavra escrita (*Written Word*) não traz em si sentido algum na formação de juízos oracionais, cabendo somente à atividade interpretativa, ante as palavras, gerar por si uma **norma** a estabelecer coerência e universalidade pelas intenções de *segurança jurídica* do decisor judicial, é negar por milênios a comunicação humana, ainda que só eficiente na organização dos exércitos, das guerras, da técnica da fabricação das armas, das sentenças interditais da criação estratégica de incontáveis (infinitos) tipos de dominação que cruelmente marcam a história planetária do homem.

O apelo cartesiano-ovidiano[108] que faz o professor Daniel Mitidiero pela radical exclusão do *cognitivismo interpretativo* para o êxito do **precedente judicial** no Brasil não suscita o painel histórico da **cognição**, como método da ordinariedade procedimental, para tornar possível a teoria do *processo de conhecimento* que é a propedêutica da possibilidade de *acertamento* de direitos de Chiovenda a Fazzalari.[109] Essa via da *ordinariedade jurídica cognitiva* é **prototípica** para a construção e atuação dos sistemas jurídicos que se identificam por conteúdos normativos de **democraticidade** (teoria neoinstitucionalista) do nível instituinte ao nível coinstituído das leis pelo direito fundamental (fundante do sistema) do **devido processo** em suas espécies legiferativa, judicial e administrativa, a caracterizarem o paradigma contemporâneo de Estado Democrático (Estado não-Dogmático)[110] que renuncia ao dogma dos juízos reconstrutivos analíticos da **ciência dogmática do direito** (própria dos paradigmas de Estado Liberal e Social de Direito)

---

[104] HAAK, Susan. *Filosofia das Lógicas*, Editora UNESP, 2002, p. 309-314.

[105] MITIDIERO, Daniel. *Ob. cit.*, p. 63.

[106] POUND, Roscoe. *Justiça Conforme a Lei*. São Paulo: Ibrasa, 1965, p. 94-98.

[107] MITIDIERO, Daniel. *Ob. cit.*, p. 68.

[108] BATISTA DA SILVA, Ovídio. *Jurisdição e Execução*. 2. ed. revista. São Paulo: Revista dos Tribunais, 1997, p. 219.

[109] LEAL, Rosemiro Pereira. *Teoria Geral do Processo*. 13. ed. Belo Horizonte: Fórum, 2016, p. 145-161.

[110] LEAL, Rosemiro Pereira. *A Teoria Neoinstitucionalista do Processo*. Belo Horizonte: Arraes Editores, 2013, p. 3.

que confere ao decisor a estabilização do sentido dos fatos (*casos*) por uma interpretação em si normativa (inegável, segura, coerente) emanada de sua própria *auctoritas*.

Os **precedentalistas** poundianos,[111] crédulos na razão universal e experiência virtuosa da *auctoritas*, confundem caso e pedido, texto e discurso, conotação e denotação linguísticas, acham que o *texto* é a escritura legal (o estatuto, o estatuído, grafado) e o *discurso* é a *norma* advinda da interpretação do decisor em face do texto, este que por si não oferece significados para a fértil atividade judicial interpretativa. O *texto*, que seria os juízos mentais para a criação do raciocínio, é para os precedentalistas poundianos a linguagem escriturada, cujos sentidos não estão nela mesma, mas "*adscritos*"[112] (sentidos *a-latere*), só capturáveis pela *auctoritas*, como agregados ao texto a serem apreendidos "por uma jurisdição reconstrutiva da ordem jurídica", assim está em Mitidiero, que proclama:

> Vale dizer: para entender como é possível chegar a uma adequada harmonização dos conceitos de lei, jurisprudência, súmula e precedente são dois caminhos distintos que foram paulatinamente trilhados e posteriormente amalgamados pelo direito brasileiro. Em segundo lugar, é preciso ter presente as vicissitudes que esses conceitos e seus correlatos experimentaram ao longo do desenvolvimento do nosso direito. Tudo isso deve ser feito levando-se em consideração a interpretação como uma atividade adscritiva de um sentido possível empreendida por uma *jurisdição reconstrutiva da ordem jurídica*. Portanto, deixando-se de lado uma perspectiva cognitivista da interpretação e declaratória da jurisdição que presidiu ao longo de todos os Novecentos a cultura jurídica brasileira. (o gr. é nosso!)[113]

É fácil concluir que a "perspectiva cognitivista da interpretação e declaratória da jurisdição", tão desdenhadas pelo referido autor, não dizem respeito à cognição (*cognitio*) como instituto jurídico que ocupou os clássicos do direito processual, chegando a Liebman e Fazzalari,[114] a possibilitar uma "*teoria processual da decisão jurídica*"[115] nas conotações da minha teoria neoinstitucionalista do processo que repudia também uma *decisão judicial* (**de-cisão**) pelo *cognitivismo* cartesiano de um sujeito eternamente conhecedor por um pensamento inerente a um dever congênito de racionalidade. Porém, ao cuidar do precedente como um *critério* da decisão judicial, não jurídico-processual, à destopicização do caráter retórico do **princípio da legalidade** que propicia a interdição da lei pela própria lei, entregando o sentido do *discurso jurídico* da coinstitucionalidade (e aqui a brasileira pelo art. 5º, II, da CF/88) a uma interpretação judicial destinada a reconstruir o direito de "forma analítica", é cair na circularidade da Ciência Dogmática do Direito que tem seu sistema de frenagem, a tornar a linguagem estável, íntegra e coerente, pelas hermenêuticas da proibição do *non-liquet* na imposição do dever judicacional de julgar, mesmo ante a ausência de normas legais, por princípios (primeiros-últimos) transcendentais da boa-fé e do bem-estar social, como está no NCPC e na LINDB.

---

111 POUND, Roscoe. *Justiça Conforme a Lei*. São Paulo: Ibrasa, 1965, p. 94.

112 POUND, Roscoe. *Ob. cit.*

113 MITIDIERO, Daniel. *Ob. cit.*, p. 80.

114 LEAL, Rosemiro Pereira (Coord.). *Estudos continuados do processo*. São Paulo: Editoras Síntese, IOB, Thomson, 2000/2005, vols. I a VI.

115 LEAL, Rosemiro Pereira. *Teoria Processual da Decisão Jurídica*. 2. ed. Belo Horizonte: D'Plácido Editora, *ob. cit.*, 2016.

4 Precedentes e decisão judicial

De conseguinte, se o *precedente* é formado a partir de uma **decisão judicial**,[116] à instância do ensino do professor Mitidiero, como recinto reconstrutivo do direito pela interpretação jurisdicional já balizada no Brasil como supletiva da lei e guardiã de uma segurança jurídica indemarcada (arts. 4º e 5º da LINDB – Lei nº 12.376/2010) que se estabiliza pela prática indutiva (proibição do *non liquet*) extraída da realidade (presunção de verdade, fatos notórios e incontroversos), tal se fundamenta no senso comum ou senso comum do conhecimento da autoridade decisora (art. 375 do NCPC/2015). A adoção de *precedentes* no Direito brasileiro, se acolhida nessa perspectiva, pouco importando as fontes históricas de sua criação, nenhuma *segurança jurídica* traria para a implementação de um projeto de Estado Democrático (Estado não Dogmático), a não ser que previamente se acatassem, desde a base *pré-cognita* do discurso processual da coinstitucionalidade, os biunívocos direitos fundamentais (*interpretantes*[117] linguístico-jurídicos intradiscursivos) de vida-contraditório, liberdade-ampla defesa, isonomia-igualdade (dignidade) como preconiza minha *teoria neoinstitucionalista*,[118] que trabalha *decisão jurídica*, não **de-cisão** judicial afeta aos praticantes do mito baconiano (**epagoge**).

É inócua a pretensão de efetividade de direitos com vistas à *segurança jurídica* pelo **precedente** se conduzido pela *dogmática analítica* ao êmulo do entusiasmo inovador dos apressados elaboradores do NCPC, porque o ordenamento jurídico brasileiro é uma colcha de retalhos normativos (restos históricos de encarceramentos jurídicos sucessivos por legislações contingenciais) sem qualquer preocupação prévia de harmonização legislativa pelo *devido processo cointitucionalizante* a criar uma ampla fiscalidade procedimental, irrestrita e incessante, nos níveis instituinte, coinstituinte e coinstituído dos direitos aberta aos destinatários normativos como *legitimados ao processo* (povo). O paradigma de **Estado Democrático** na contemporaneidade, como conjecturável pela minha teoria neoinstitucionalista, é identificável por uma autofiscalidade sistêmica sob regência de uma instituição linguístico-jurídico-autocrítica, que lhe é fundante e interpretante nuclear, denominada *devido processo*, como metalinguagem certificadora, construtiva e reconstrutiva, da dinâmica de instituições compatíveis com a concepção de **sociedade aberta**, não tribalizada por castas intelectivas jurisprudentes.

Precedentes em qualquer das vertentes de *common* e *civil law* pressupõem solução de casos específicos gestada por *argumentos* egressos de uma razão jurisdicional performativa[119] de uma lógica indutivo-analítica sem que as fontes de conflitualidade jurídica sofram refreamento (redução) jurídico (preventivo e comissivo) em seus efeitos devastadores e multiplicativos da massa social das contradições (problemas). Quando se suplica por uma colaboração entre **legislação** e **jurisdição** ao intento de afastar a arraigada crença (dogma) na *dupla indeterminação do direito*, ou seja, a impossibilidade de excluir o princípio da reserva legal nos Estados de Direito e de desconsiderar a pessoa física do juiz para dizer o que é o direito, é tornar, assim, a lei um simulacro jurídico cuja normatividade decorre da interpretação jurisdicional com perenização da

---

[116] MITIDIERO, Daniel. *Ob. cit.*, p. 96.

[117] LOPES, Eduard. *Discurso, Texto e Significação* – uma teoria do interpretante. São Paulo: Cultrix, 1978, p. 5.

[118] LEAL, Rosemiro Pereira. *A Teoria Neoinstitucionalista do Processo*. Belo Horizonte: Arraes Editores, 2013.

[119] KAUFMANN, Mathias. Discurso e Despotismo. *In:* MERLE Jean-Christophe; MOREIRA, Luiz (Coord.). *Direito e Legitimidade*. São Paulo: Landy Editora, 2003, p. 94-106.

indeterminação semântica (imprevisibilidade decisória) pelo *caráter oculto do sentido normativo*[120] só exorcisável à força da *discricionariedade* (abdução) da interpretação prodigiosa (performativa) da *auctoritas*. O que se suprime nessa cogitação é o estudo da milenar abstinência de pensar o *nível instituinte* da lei (porque já mitificado como oficina sagrada do poder constituinte originário) para, de modo *precógnito*, como evitação da atuação da *jurisdictio* ao acertamento interpretativo do direito, estabilizar os sentidos da lei pelos atributos de **liquidez** (inflexibilidade), **certeza** (jurissatisfatividade) e **exigibilidade** (autoaplicabilidade imediata).[121]

Com efeito, é certo que casos iguais jurisprudencialmente não podem provocar julgamentos desiguais, mas, para isso, o *precedente* há de equivaler a uma processual *regra-critério* (enunciado de base), não mais um mero juízo dispositivo (protocolar silogístico ou algorítmico) evitando, destarte, que a autoridade jurisdicional, por um anseio de uma racionalidade mítica (natural e universalizante), gerasse, ao ímpeto de sua própria **de-cisão** (monocrática ou colegiada – ampliada ou não), uma **norma referencial** com apoio em *normas interna corporis* de sua própria volição, em falacioso sentido reconstrutivo e *seguro* para o Direito. A formação do sentido jurídico, *ex-nunc* de sua produção legiferativa, por uma desejada e performativa *ratio decidendi*, ainda que purificada de trechos ilustrativos (*ad-argumentandum*) do senso comum, próprio do *obiter dicta* do decisor jurisdicional, não lhe retira o risco sempre iminente de juízos apofânticos se misturarem a valorações axiológicas. A harmonização de decisões futuras por um *a priori* referencial de *segurança jurídica* a ser prestada a toda comunidade jurídica como um benévolo assistencialismo de um **poder judiciário**, anunciadamente identificado como guardião dos fundamentos primeiros-últimos do sistema jurídico, não cumpre o dever democrático de "uniformizar sua jurisprudência e mantê-la estável, íntegra e coerente" (art. 926, *caput* do NCPC/2015), porque trabalharia o "juiz-rei"[122] do *freirecht* hitlerista como amparo a uma "sociedade órfã" em direitos fundamentais do *devido processo*.

5 A leitura procedimental do precedente

É o artigo 926 do NCPC/2015 que, ao reclamar leitura literalíssima a partir do instituto não jurisdicionalmente otimizável da reserva legal constitucionalizado no Brasil (CF/88, art. 5º, II), estabelece, para elementar compreensão de todos, que a **jurisprudência** é o gênero de decisões judiciais que, como *locus* dos enunciados de súmula a serem editados pelos tribunais, se identificará pelas *circunstâncias fáticas* a serem delineadas no *iter* procedimental (**precedentemente**) antes mesmo da **decisão** completar-se pelo requisito disposicional (dispositivo) de fechamento (conclusão) de seu juízo judicativo. Se é que há novidade no novo CPC, esta é o que pediria maior atenção dos juristas, porque a importância agora de distinguir jurisprudência, enunciados, súmula e precedente, não está precipuamente em fazer longas incursões nos sistemas histórico-jurídicos do *common* e *civil law* para buscar as raízes do que se supõe um novo instituto do Direito Processual brasileiro a ser conceituado pelos estudiosos do Direito estrangeiro.

---

120 LEAL, Rosemiro Pereira. *Teoria Geral do Processo*. 13. ed. *Ob. cit.*, p. 365-374.

121 LEAL, Rosemiro Pereira. O Garantismo Procesual e Direitos Fundamentais Líquidos e Certos. *In:* MERLE Jean-Christophe; MOREIRA, Luiz (Coord.). *Direito e Legitimidade*. São Paulo: Landy Editora, 2003. p. 335-343.

122 MAUS, Ingeborg. Judiciário como Superego da Sociedade: o papel da atividade jurisprudencial na "sociedade órfã". *Revista Novos Estudos*, CEBRAP, SP, n. 58, p. 197-199, 2000.

O que muda no Direito brasileiro, com a introdução desse instituto, é a estrutura lógica de compreensão e aplicação (atuação) do Direito no Brasil, que assume a seguinte propedêutica: a *jurisprudência* não é mais um repertório (repositório) de decisões dominantes dos livres juízos tribunalícios, mas um bloco (compêndio) progressivo de decisões meritais cujos fundamentos se assentam nas *circunstâncias fáticas* das *pretensões jurídicas*, indicativas da *causa petendi*, como *precedentes* (antecedentes) lógicos do julgamento do *petitum*, de tal sorte a possibilitar a enunciação de uma singularidade fática sumulável e criativa de um **juízo sintético** para eventuais decisões que apresentem igual correlação de causalidade jurídica. Não se busca uma identidade de *pedidos* (*a* é *a*) à configuração dessa igualdade, porque, em sendo a identidade de casos em si um juízo apriorístico (analítico), é que os **casos** (fatos) podem ser iguais (predicativos) em suas circunstâncias fáticas quanto à **causa remota** de pedir (efeito vinculante), mas nunca idênticos em todos os aspectos que compõem os elementos configurativos e estruturais do procedimento pelo qual é *a causa petendi* examinada processualmente e discutida (debatida) pelas partes e demais sujeitos do procedimento.

6 Precedentes *versus* o primado da jurisdição

Portanto, os **precedentes** não podem servir para prover equiparação de tratamento jurídico em casos similares, análogos ou semelhantes, tendo em vista que, se forem similares, afins, assemelhados, terão, por cada qual deles, de se procedimentar de modo autônomo para obter suas próprias singularidades. Só *casos iguais* pela *causa petendi* é que podem gerar entre si coerência, integridade e estabilidade, para comporem uma cadeia precedencial absolutamente correlacionável à formação de uma *jurisprudência dominante* objetiva sem que mecanismos psicologistas (descritivos e prescritivos) da interpretação jurisdicional (*overrulling, overturning*)[123] de origens do *Common Law* convertam-se em abusos de superação dos precedentes em nome de regras vagas (nomológicas) do *stare decisis*[124] ou por personalismos hermenêuticos (*overriding* e *distinguishing*) como se já estivessem autorizados pelo art. 927, em afronta aos arts. 485 e 489 do novo CPC.

O que se põe em relevância à compreensão do instituto do *precedente* é o afastamento do **primado da jurisdição** que caracteriza o Estado Dogmático (Liberal e Social de Direito) para, em seu lugar, instituir o *devido processo* como centro do sistema jurídico de Estado Democrático, exigindo sempre, à formação jurisprudencial por cadeia de precedentes, a ser uniformizada, na construção das decisões, o crivo construtivo do *devido processo legal*, que é o conjunto de procedimentos processualizados à consolidação da "segurança jurídica, liberdade e igualdade" (tão solicitadas pelos jurisdicionalistas!) como direito fundamental constitucionalizado no Brasil (art. 5º, LIV e LV, da CF/88). Nos Estados Democráticos não é a atividade jurisdicional *per se* que vai promover a tão almejada unidade do direito por uma fundamentação *secundum conscientiam* (cognitivismo interpretativo do positivismo lógico), mas uma fundamentação egressa da **cognitividade objetiva** das estruturas lógico-discursivas da procedimentalidade processualizada que legitima a construtividade dos **precedentes** no âmbito de uma *decisão jurídica*, não mais de uma instrumental **de-cisão judicial** a partir de uma razão performativa[125] do saber jurisdicional.

---

123 EINSENBERG, Melvin. *The Nature of Common Law*. Cambridge: Harvard University Press, 1988.

124 CHAMBERLAIN, Daniel Henry, *ob. cit.*

125 KAUFMANN, Mathias. *Discurso e Despotismo, ob. cit.*, p. 94-106.

O apelo preventivo e repressivo de estabilização do direito pela interpretação jurisdicional, sem subsunção ao *devido processo*, é peculiar às autocracias, tanto é que o Brasil da ditadura de 1964, ao editar o seu CPC de 1973, não regateou esforços ao desenvolver mecanismos procedimentais e interditais de unificação dos sentidos normativos do ordenamento jurídico então em vigor, conferindo poderes aos relatores de recursos para proferirem decisões monocráticas com base em jurisprudência e (pasmem!), bem como a criação de *súmulas vinculantes* pela Emenda Constitucional nº 45, de 2004, na vigência da constituição democrática de 1988. Assistiu-se a uma verticalização hierárquica das decisões a partir do tribunal excelso com total força vinculante, não só para o STF, seu emissor, mas para todos os órgãos jurisdicionais subalternos e órgãos da Administração Pública. Também, com os mesmos propósitos, editaram-se decretos-leis, atos institucionais, portarias, avisos, resoluções e regimentos internos com *força de lei*.[126]

À vista desse quadro logomáquico (indistinção entre juízos lógicos: o *agonístico* da linguagem) em que estava inserido o CPC de 1973, é mesmo difícil encontrar grandes avanços no atual CPC/2015, se, em sua maioria, artigos do velho CPC se repetem na íntegra no novo CPC. O império da jurisdição como direito[127] que marcou o pleito de unidade do direito, no regime jurídico brasileiro de 1964 a 1988, dentro do qual estava alojado o CPC/1973, prolonga-se, por audaz tautologia, no Brasil democrático da CF/88, com aprofundamento de uma atual jurisprudência impeditiva do pleno exercício do *devido processo* na formação das decisões com redação de *súmulas vinculantes*, súmulas impeditivas de recursos, jurisprudência dominante, enunciados interditais, incidente de uniformização jurisprudencial (*federal quaestio*) e outras técnicas repressivas e preventivas a conferir o controle da atuação e aplicação do direito à *integridade* das inteligências das altas autoridades jurisdicionais do país. Por isso é que provoca perplexidade afirmar, como fez o professor Daniel Mitidiero,[128] que o "Código de 2015 aparece em um outro quadro teórico" (*sic*!), se o mesmo professor adverte: - *litteris* - p. 98:

> ... Embora o novo Código tenha introduzido legislativamente o conceito de precedente entre nós, a autoridade do precedente obviamente dele não decorre. Na verdade, a autoridade do precedente decorre do fato desse encarnar o significado que é adscrito ao direito pelo Supremo Tribunal Federal e pelo Superior Tribunal de Justiça. Vale dizer: *a autoridade do precedente é a própria autoridade do direito interpretado e a autoridade de quem o interpreta.*[129] (o gr. é nosso!)

Se essa *interpretação* é concebida como dogmática (doutrina) pela convicção de que a *norma* jurídica é uma criação da interpretação da autoridade jurisdicional ante a escrita legal, fica explícito que o disposto na escritura dos arts. 926 e 927 não traria qualquer ganho democrático (sentido neoinstitucionalista) para o Direito brasileiro, porque o *forte efeito vinculante dos precedentes* (*strong binding-force*) seria uma força (violência) nascida da atuação intelectiva da autoridade[130] com afastamento do *medium* linguístico do *devido processo* (sentido neoinstitucionalista). De consequência, nessas cogitações, a chamada

[126] DERRIDA, Jacques. *Força de Lei*. São Paulo: Martins Fontes, 2007.

[127] DWORKIN, Ronald. *O Império do Direito*. São Paulo: Martins Fontes, 2007.

[128] MITIDIERO, Daniel. *Ob. cit.*, p. 85 e 98.

[129] MITIDIERO, Daniel, *ob. cit.*, p. 98.

[130] DERRIDA, Jacques. *Força da Lei, ob. cit.*

novidade jurídica do instituto do *precedente* apresentar-se-ia inócua à obtenção de um salto democrático pela submissão das disposições do CPC/2015 às *normas* fundamentais da CF/88 (at. 1º do CPC/2015).

Do exposto, e em se ressaltando que o Brasil não tem "Supremas Cortes", mas **tribunais recursais**, uma vez que nossos STF e STJ não podem, em paradigma de Estado Democrático (Estado não-Dogmático), atuar pela judicialização da política na qualidade de guardiães míticos (tutores, mentores) de um sacratíssimo **livro constitucional** brasileiro, como apregoam os seus próprios ministros em sua excelsa e estranha nomenclatura, o instituto processual do **precedente** adotado pelo §2º do art. 926 do CPC/2015 há de ser dimensionado (semanticamente demarcado) a partir da intrassignificatividade normativa posta pelo *caput* do art. 926 e seu §1º a estabelecer o seguinte e novo roteiro configurativo da formação e uniformização da *jurisprudência* no Brasil ao fim de, reduzindo seus erros e fracassos históricos, torná-la "estável, íntegra e coerente" (*sic*!): *súmulas* estão condicionadas à prévia produção de seus respectivos *enunciados* explicitadores das *circunstâncias fáticas* constitutivas dos *precedentes* como antecedentes lógico-jurídicos compositivos da *causa petendi* instrutiva do objeto decisional do *petitum* em procedimentos (ações) processualmente instaurados pelo legitimado ao *devido processo legal*.

Nesses percursos procedimentais processualizados é que se poderia compendiar uma cadeia de *enunciados objetivos*, com exclusão dos sujeitos naturalmente cognoscentes (portadores natos e contínuos de uma *ratio dicidendi* autoperformativa), à uniformização da jurisprudência aos termos do *caput* do art. 926. Entretanto, o que pode trazer grande frustração a toda a engenharia jurídica da nova concepção de *jurisprudência* a servir conteúdos normados de *democraticidade* (sentido neoinstitucionalista), já assegurados na CF/88, é a preconização contida no §1º do art. 926 de que os *enunciados de súmula* (eixo de uma singular jurisprudência precedentária a ser construída no Brasil a partir da vigência do CPC/2015) serão elaborados "na forma estabelecida e segundo os pressupostos fixados no regimento interno dos tribunais".

É esse trecho do §1º do art. 926 (absolutamente eivado de inconstitucionalidade que reclama urgentíssimo expurgo no Brasil) que, por modulações *interna corporis* dos próprios órgãos jurisdicionais, abre oportunidade de, a todo o tempo, os tribunais gerarem a esmo normas em que juízos de ponderabilidade, otimização, proporcionalidade, repercussão geral, boa-fé, clamor público, bem-estar social e segurança jurídica, em elásticos espectros semânticos, orientem, como pressupostos interpretativos, a realização de escopos metajurídicos a reafirmarem a dogmática positivista (kelseniana) de que, por interpretação autêntica, *a lei é o que o juiz diz que ela é*, reforçando, assim, as máximas assistencialistas do *jura novit curia* e do *summum jus, summa juria*, que transformam a autoridade em fonte doadora de entimemática justiça social por **ações afirmativas** e **políticas públicas**.

Ressalte-se que **regimentos internos** no Brasil, ao longo de sua história jurídica e de vários outros países, são instrumentos de perpetuação do mito do poder da **razão** performativa[131] da *auctoritas* jurisdicional que, por trabalhar regras do discurso regimental já em si de validade universal e já sabendo o que é bom para todos, não se vergam a argumentos que possam confrontar, por uma metalinguagem de uma

[131] KAUFFMANN, Mathias. *Discurso e Despotismo, ob. cit.*, p. 94-106.

constitucionalidade externa ao discurso de sua própria razão, os saberes desvelados numa clarividência (*cognoscibilidade*) adquirida pela ritual investidura nas sagradas funções de juiz. Toda essa carga ordálica dos arcaicos sistemas de enunciação da *prova*,[132] em que leis universais da verdade já habitam inatamente a consciência dos juízes predestinados à realização do engodo de prestação de Justiça, não se desgarra do *ensino jurídico* que ainda é ministrado, por séculos, no eixo da doutrinal **Ciência Dogmática do Direito**, na qual a *dogmática jurídica* é posta pelas leis advindas do **mito** do *poder constituinte originário*[133] e a **ciência** tem origens nas categorias transcendentais de uma razão natural universalmente corretiva[134] e jurisprudencial dos juízes integrantes de Cortes Excelsas de Justiça.

Repita-se que ao entendimento do instituto do *precedente* no vigente Direito Processual brasileiro é preciso compreender que o paradigma de Estado do Brasil é o Democrático no sentido neoinstitucionalista de *Estado não Dogmático*, logo é-lhe infungível o instituto da reserva legal (art. 5º, II, da CF/88), sendo a legislação o suporte de legitimidade do que se nomeia por *jurisprudência dominante* tal como disposto no §1º do art. 926 do novo CPC, a fim de os tribunais cumprirem o dever de sua uniformização para "mantê-la estável, íntegra e coerente" (art. 926, *caput*). Aqui se percebe a grande distância entre o instituto do *precedente* brasileiro e o advindo do sistema de *common law*, seja inglês ou americano, de raízes históricas pela via de aplicação mecanicista ou sociologista que confere aos aléxicos *hermeneutas* de Estados Dogmáticos uma larga faixa de *discricionariedade* para decidir se a jurisprudência tem ou não *efeito vinculante* por juízos solipsistas de flexibilidade, similaridade, analogia, interesse social, proporcionalidade, ponderabilidade, conveniência ou equidade, a justificar superações pelo hermetismo conjuntural do *stare decisis*, *distinguishing* e *overruling*, que bem definem o sistema probatício do livre convencimento em que entimemas desfilam prodigamente na linguagem jurisdicional do *Common* e *Civil Law*. O §5º do art. 927 do novo CPC, ao determinar que os tribunais devem dar publicidade aos seus *precedentes*, impõe que terão de fazê-lo pela via vinculante de enunciados de súmula advindas de *precedentes* a comporem sua *jurisprudência dominante* (art. 926, §1º).

7 Precedente e demandas repetitivas

É certo que o acórdão proferido em julgamento de incidente de resolução de demandas repetitivas (IRDR) decide *lide* (questões de direito material ou processual) a exigir, como **antecedentes lógicos** de sua configuração, a *causa de pedir* e *pedido* (inciso I, §1º, do art. 330 do NCPC) que integram por suas circunstâncias fáticas o **núcleo construtivo do *precedente***, devendo imperativamente convertê-lo em **enunciado de súmula** compositivo de sua *jurisprudência dominante* (art. 926 do NCPC). O instituto do IRDR (art. 976 e segs. do NCPC) há de ser sempre fonte de *precedentes* a fixar rumos jurisprudenciais estáveis e isonômicos (art. 976, II, do NCPC) que atendam aos reclamos democráticos de uma **segurança pública** não egressa de um protagonismo jurisdicional clarividente e intuitivo bem próprio dos sistemas de *Common Law* ou de uma legislação liberal retórica e axiológica aos moldes do *Civil Law* a afastarem o *devido processo* como

[132] LEAL, Rosemiro Pereira. *Teoria Geral do Processo*, 13. ed. Belo Horizonte: Fórum, 2016, p. 288-298.

[133] LEAL, Rosemiro Pereira. *Processo como Teoria da Lei Democrática*. Belo Horizonte: Fórum, 2010, p. 51-53.

[134] KANT, Emmanuel. *Crítica da Razão Pura*. 2. ed. São Paulo: Brasil Editora S.A., 1958, p. 75-95.

medium jurídico-linguístico-autocrítico na produção, atuação, aplicação, modificação e extinção de direitos. Estendeu-se o regime jurídico do IRDR ao julgamento de *recursos repetitivos* e da *repercussão geral* em recurso extraordinário (§3º do art. 979), com a novidade de sua aplicação, com prazo favorecido, aos "efeitos" que envolvam réu preso e ao *habeas corpus* (art. 980).

Pela leitura do art. 926 do NCPC, o instituto do *precedente* construído pela conjunção lógico-jurídica da *causa petendi* e do *petitum* é conexo à formação da *jurisprudência dominante,* não equivalendo a um mero consectário de uma decisão interdital de uma autoridade, sem perquirir qual teoria da **procedimentalidade** processual deu suporte à construção do *precedente* que não é, em si, um procedimento, mas uma suma descritiva das características dos **elementos de procedibilidade** (art. 330, §1º, I) que compuseram a estrutura do procedimento instaurado segundo prévio acatamento de pressupostos de admissibilidade (art. 485, IV e VI), colimando numa **decisão merital** processualizada de Estado Democrático (não Dogmático). É adequada a expressão do professor Cássio Scarpinella Bueno[135] ao denominar o *precedente* do NCPC "precedente à brasileira", desde que se entenda que tal instituto do Direito Processual há de assumir significado compatível com o paradigma de Estado Democrático, que, na perspectiva da minha teoria neoinstitucionalista, é uma coinstituição a serviço executivo de um sistema jurídico processualmente coinstitucionalizado desde o nível instituinte ao nível constituído das leis, estas como atos jurídicos que se abrem, por normas expressas, à fiscalidade processual irrestrita por procedimentos processualmente legiferados. O Estado Dogmático assume a configuração hobbesiana de entidade poderosa, holística, regido pelo voluntarismo das autoridades jurisdicionais que lhe conferem escopos metajurídicos de, como Estado-juiz, realizar uma *transcendental justiça* para todos pela retórica do ativismo e garantismo de direitos fundamentais nunca implementáveis.

8 Precedente e lide processualizada

O *precedente à brasileira* não pode ser instituto de livre construção, modulação e reconstrução, a partir da crença em uma jurisdicidade ou antijurisdicidade concreta (Miguel Reale) a provocar mutações no sistema jurídico ao sabor consuetudinário e axiológico em nome do interesse social e bem comum por uma *boa-fé* compreensiva e exclusiva da *auctoritas* que marca o sistema de *common law* e por um legislador prodigioso do sistema de *civil law* que ainda é adepto fervoroso do mito iluminista do "poder constituinte originário".[136] O art. 1º do NCPC, quanto à construção de precedente pela *decisão jurídica,* está jungido a um *contraditório* que não é da jurisdicionalidade arcaica do processo como relação jurídica (Bülow e seus modernos seguidores), mas a juízos lógicos egressos de um Sistema Jurídico que há de assegurar *coerência e integridade* pela possibilidade procedimental de uma fiscalidade processual irrestrita, aberta a todos os legitimados ao processo (povo) desde o nível instituinte da normatividade. O que o NCPC determina é a uniformização da jurisprudência a partir de um crescente repertório (repositório) precedencial de tal modo a vedar o julgamento decisional diferenciado para *pedidos* por igual *causa de pedir,* porque a sistemática processual brasileira cuida de **pedidos,** não de **casos** (*cases*) que evolvam aspectos fáticos *accidentaliter et incidentaliter.*

---

[135] BUENO, Cássio Scarpinella. *Novo Código de Processo Civil Anotado.* São Paulo: Saraiva, 2015, p. 568.

[136] LEAL, Rosemiro Pereira. *Processo como Teoria da Lei Democrática, ob. cit.*, p. 51.

Entretanto, a referida *igualdade* de pedidos há de ser aferida por precedentes (antecedentes lógicos da *causa petendi*) construídos (ementados, sintetizados) *a posteriori* de *lides* instaladas pela via procedimental processualizada, não pelo bom senso, ritos sumaríssimos, tutelas interditais, monocráticas, solipsistas, interpretação criativa, talento, intuição, sensibilidade, da autoridade jurisdicional, mediante *hermenêuticas* de índole historicistas ou universalistas de sociedades tribais, forte e sofisticadamente tecnologizadas, que bem caracterizam ideologias travestidas de teorias, colocando a idealidade ou a pragmática dos juízos de qualquer direito a ditar a forma correta, adequada e justa, de estabilizar o sentido normativo, a exemplo das teses blackstonistas, dworkianas, poundianas e gadamerianas (as quais, para Henrique Garbellini Carnio,[137] são *tonificantes* para as *mentes embotadas*). Ora, o *common law* jamais teoriza um igual direito de interpretação para todos por ajustes *pré-cógnitos* na base instituinte do Direito a dispensar uma *jurisdictio* pleonástica, supletiva ou criativa de normas pela *auctoritas* alucinada e delirante, cravada no realismo jurídico (positivismo sociológico) de estruturas sociais perversamente implantadas pelo que sabemos da violência secular do vandalismo legífono e jurisdicional do Estado Dogmático.[138]

9 Conclusão

O *precedente* adotado pelo NCPC há de ser concebido como instituto processual *ad-nunc* a redimensionar todo o percurso decisório brasileiro na gradual remoção do entulho autoritário e dogmático da jurisprudência, súmulas vinculantes, súmulas corretivas, enunciados preventivos e repressivos e outros arranjos jurisdicionais, que, produzidos pela sanha interditiva de direitos fundamentais do processo de 1964 a 1988 e, mesmo com a vigência da CF/88, prosseguem ainda vigorantes em sua marcha autocrática, já adentrando o século XXI, sem que tenhamos procedimentos específicos no bojo do *devido processo legal* para excluí-los dos conquistados parâmetros de *democraticidade* do discurso coinstitucional brasileiro, porque, em 1988, tivemos a **processualização da coinstitucionalidade** no Brasil, não a constitucionalização do processo por um histórico estatuto magno que devesse, em toda a sua plenitude normativa, prevalecer imune à reconstrução de *lege ferenda* pelo **Processo Legislativo** no que tem a conflitar com o caráter autoaplicável dos direitos fundamentais. O simples controle de constitucionalidade ao feitio kelseniano (*judicial revew*)[139] não abre ensejo à declaração de inconstitucionalidade de normas constitucionais como as que amparam a existência de *súmulas vinculantes* (EC nº 45) e outras anomalias jurídicas que abonam a autofiscalidade do Estado pelos seus próprios **aparelhos ideológicos**[140] estruturados em concepções holísticas e repressivas de Estados Liberal e Social de Direito (Estados Dogmáticos).

---

[137] CARNIO, Henrique Garbellini. Precedentes Judiciais ou "direito jurisprudencial mecânico"? *In: Revista Brasileira de Direito Processual – RBDpro*, Belo Horizonte, ano 24, n. 93, p. 79-94, jan./mar. 2016.

[138] LEAL, Rosemiro Pereira. *Processo como Teoria da Lei Democrática, ob. cit.*, p. 97-108.

[139] LEAL, Rosemiro Pereira. *O Due Process* e o Devir Processual Democrático. *In:* SOARES, Carlos Henrique; DIAS. Ronaldo Brêtas de Carvalho (Coord.). *Direito Processual Latino-Americano*. Belo Horizonte: Arraes Editoras, 2013, p. 01-11.

[140] ALTHUSSER, Louis. *Ideologia e Aparelhos Ideológicos de Estado*. São Paulo: Martins Fontes, 1980.

9.4 Recursos: aspectos históricos, teóricos e práticos

9.4.1 História

Denominou-se *appellatio* o recurso surgido em Roma no período da *cognitio extra ordinem*. Época em que o conhecimento e julgamento dos litígios se faziam diretamente pelo *pretor* que, por sua vez, também apreciava e julgava os recursos que hostilizassem suas decisões. A *supplicatio*, outra espécie de recurso, é o apelo que se fazia ao rei para invalidação ou reforma das sentenças inapeláveis. Após Roma, com as sociedades medievais, os senhores feudais presidiam e julgavam os conflitos de modo irrecorrível. No século XII, com o aparecimento dos grandes impérios, as decisões dos senhores feudais eram revisíveis pelo imperador. Poder-se-ia falar, nessa época, dos juízes proprietários dos cargos de julgar, em que a grande quantidade de recursos resultava em bons ganhos para os juízes. No século XVIII, com a Revolução Francesa e a reação contra a venalidade irrefreável da atividade judiciária, surgiu o *duplo grau de jurisdição*, atenuando a autocracia dos julgamentos solitários e intangíveis.

9.4.2 Duplo grau de jurisdição como duplo grau de competência

O *duplo grau de jurisdição* consiste em oferecer ao povo oportunidade de conhecimento e decisão de suas causas por, pelo menos, dois órgãos judicantes hierárquicos, sucessivos e autônomos. Por conseguinte, tendo em vista a isonomia institucionalizada pelo art. 5º, *caput*, e LV, da CF/1988. Manifesta-se absolutamente inconstitucional o art. 496 do NCPC, que enseja o duplo grau de jurisdição, e com efeito suspensivo, a hipóteses restritas, o mesmo podendo dizer-se de outras leis brasileiras que estabelecem, *paradoxalmente*, duplo grau de jurisdição no mesmo nível instancial, além de óbices recursais, em violação à *ampla defesa*, como se lê nos §§3º e 4º do art. 496 do NCPC.

9.4.3 Conceito de recurso

Confere-se à palavra *recurso* a ideia de retomada de um caminho já percorrido (do latim *re currere*).[141] No campo do direito, assoma-se de importância o regramento, pela norma, dos termos jurídicos, porque só assim se delimitam os significados que compõem a sistematicidade legal garantidora de direitos e faculdades. Sob esse aspecto, é que, em primeira mão, impõe-se distinguir o *instituto do recurso*, que se viu criado e assegurado por *norma fundamental* no direito brasileiro (art. 5º, LV, da CF/1988), e os *meios recursais* estampados na lei infraconstitucional, por diversas denominações, como se vê no Livro III, Título II, seus capítulos e seções do NCPC vigente.

Claro que o *meio recursal* pressupõe a instrumentação adequada para concretizar o instituto do *recurso in abstrato*. Pode-se dizer, portanto, que o *recurso* é um *meio* legal de impugnabilidade dos provimentos (decisões) jurisdicionais e administrativos elencados pela lei como suscetíveis de revisibilidade em outra instância diversa daquela em que foram exarados. Tal direito à recorribilidade é exercido por via das petições ou alocuções *apud acta*, que se definem como *instrumento* eficiente da explicitação dos

---

[141] FORCELLINI, Egidio. *Totius latinitatis lexicon*. 3. ed. Schneeberg: [s.n.], [s.d.]. t. III.

recursos. Também é de se acrescentar que, nos sistemas atuais de direito processual constitucionalizado, o *recurso* não tem mais aquele sentido químico de *remédio* a que aludiu Carnelutti,[142] em que a legalidade do ato recursal se aferia por critérios personalíssimos de conveniência e justiça, como se lê em aspectos vetustos da *ZPO* alemã, conforme anotam Rosenberg, Schwab e Gottwald[143] em obra especializada.

Também, para o nosso estudo e perante o processo civil brasileiro, é irrelevante alongar-se sobre a gênese jurídica do recurso: se o recurso é uma ação autônoma como afirmaram Betti,[144] Gilles e Helwig ou um prolongamento do direito de ação, como queria Rocco.[145] Em nossa sistemática jurídica, o direito de ação tem raízes na plataforma constitucional (CF/1988), sendo que o *recurso* é instituto de garantia revisional exercitável na estrutura procedimental, como *meio* de alongar ou ampliar o processo pela impugnação das decisões nele proferidas e *não* meio de dar continuidade ao exercício do *direito de ação* que se exaure, em cada caso, com a propositura do procedimento.

Em consequência, os requisitos de construção do processo atinentes aos pressupostos de admissibilidade e procedibilidade, ao se assemelharem aos requisitos de manifestação e atuação dos recursos, não geram dois compartimentos ou duas ações: uma originária (a ação) e outra secundária (o recurso), porque o direito positivo brasileiro elege, de modo claro e específico, os recursos interponíveis no *iter* processual e aquelas ações e formas impugnativas autônomas (rescisória, agravo de instrumento, mandado de segurança, embargos de terceiros, reexame necessário, avocação de causas, uniformização de jurisprudência), manejáveis em razão da preexistência de ações, atos em curso ou já encerrados que lhes possam dar origem, consoante acentua Ovídio A. Baptista da Silva em capítulo destacado de seu valioso *Curso de processo civil*.[146]

9.4.4 Aspectos tipológicos de recursos

A distinção entre *recurso ordinário* e *extraordinário* não se faz no direito brasileiro pelos critérios adotados por alguns sistemas como o português, o francês,[147] o suíço, o holandês, o dinamarquês, o belga, o iugoslavo, o luxemburguês, o grego, inspirados no Código Francês, em que o recurso *ordinário* é reservado para decisão não transitada em julgado e o *extraordinário* contra aquela já transitada. Será, para nós, ordinário ou extraordinário o recurso assim definido em lei, porque tanto o recurso ordinário quanto o recurso extraordinário, são, no Brasil (arts. 102 e 105 da CF/1988), espécimes que só afrontam provimentos não qualificados pela *res judicata* liebmaniana, exatamente em razão de serem recursos típicos e *não* ações autônomas ou formas recursais atípicas.

A tipicidade formal dos recursos, como adotado pelo direito processual brasileiro, reflete a sistemática atual da Alemanha, da Itália,[148] da Áustria, Principado de Liechtenstein, embora, na Itália, autores, como os insignes Fazzalari[149] e Lugo Provinciali,

---

142 CARNELUTTI, Francesco. *Instituzioni de processo civile italiano*. 5. ed. Roma, 1956. v. I.

143 ROSENBERG; SCHWAB; GOTTWALD. *Zivilprozessrecht*. 14. ed. Munique: Beck, 1986. p. 390-399.

144 BETTI, Emilio. *Diritto processuale civile italiano*. 2. ed. Roma: Societa Editrice Del Foro Italiano, 1936. p. 638-639.

145 ROCCO, Ugo. *Trattato di diritto processuale civile*. 2. ed. Turim: [s.n.], 1966. p. 292 e ss. v. III.

146 SILVA, Ovídio Baptista da. *Curso de processo civil*. 3. ed. Porto Alegre: Sergio A. F. Editor, 1996. p. 405-410. v. I.

147 MOREL, René. *Traité élémentaire de procedure civil*. 2. ed. Paris: [s.n.], 1949. p. 2. n. 1.

148 COSTA, Sérgio. *Manuale di diritto processuale civile*. 5. ed. Turim: [s.n.], 1980. p. 415.

149 FAZZALARI, Elio. *Istituzioni di diritto processuale*. 4. ed. Padova: Cedam, 1986. p. 136 e ss.

têm insistido na divisão dos recursos pelo critério teleológico da existência ou não da coisa julgada, por achá-lo menos confuso e didático, ainda que contra texto expresso do Código italiano de 1940 que, além de afastar a dicotomia recursal referida em relação à *res judicata*, *não* mais inclui as ações autônomas de enfrentamento de sentenças transitadas em julgado no rol dos recursos. Historicamente, nas Ordenações Filipinas, conforme observa Pereira e Souza,[150] foi utilizado o recurso extraordinário como aquele dirigido ao Príncipe, o que o aproximava da *supplicatio* do direito romano e canônico.

Colhe-se que, em nosso direito, o traço legal diferençável dos recursos ordinário e extraordinário supõe, de modo particularíssimo, a análise das características da fundamentação, que, segundo lições de Alcides Mendonça Lima e Barbosa Moreira,[151] podem ser de *fundamentação ilimitada* e de *fundamentação vinculada* ou *limitada*. O recurso ordinário, a nosso ver, estaria, de certo, na esfera criteriológica da *fundamentação ilimitada*, porque, *ex vi* dos arts. 1027 e 1028 do NCPC, para sua admissibilidade, como ressalta o prof. Ovídio A. Baptista da Silva,[152] exige-se apenas a sucumbência do recorrente, enquanto os antigos embargos infringentes, o recurso extraordinário e o recurso especial, "além da sucumbência", pressupõem outros requisitos de admissibilidade.

9.4.5 Impropriedades terminológicas no NCPC

O NCPC, ao utilizar, no art. 1027, *caput*, a expressão "serão julgados em recurso ordinário: os mandados de segurança, os habeas data e os mandados de injunção", confunde os institutos do MS, HD e MI com o meio recursal eleito para hostilização das *decisões denegatórias* (terminativas ou definitivas) proferidas no procedimento dos referidos institutos magnos de garantia de direitos, porque o que se julga é o recurso legalmente instrumentado por via peticional e não o instituto, *em si*, criado e assegurado *in abstrato* pela norma constitucional. Daí melhor seria a redação de que seriam julgados pelos tribunais ali indicados os *recursos* manifestados contra *decisões denegatórias* proferidas naqueles procedimentos elencados pelo art. 1027, *caput*, e *não* como, a nosso ver, incorretamente está no texto da Lei Processual.

9.4.6 Juízos de admissibilidade e de mérito

Ex vi do art. 1028 do NCPC, a formulação do RO atém-se aos mesmos ditames estabelecidos para o *recurso de apelação*, havendo de ser interposto *por petição* que conterá os requisitos indicados no art. 1010, com plena devolutividade ao tribunal *ad quem* da matéria impugnada (de processo, de ação e de mérito). Por isso, recomenda-se nele arguir todas as questões suscitadas no processo (§§1º e 2º do art. 1009 do NCPC), segundo a máxima *tantum devolutum quantum appelatum*, principalmente quando o *decisum* não compreenda todo o conteúdo da matéria *sub judice* ou apresente vícios de juízo de apreciação *in procedendo* ou *in judicando*. É, nesse tema, oportuna a advertência

[150] SOUSA, Joaquim José Pereira e. *Primeiras linhas sobre processo civil*. Lisboa: Na Typographia Rollandiana, 1958. t. 1.

[151] MOREIRA, José Carlos Barbosa. *Comentários ao Código de Processo Civil*. 5. ed. Rio de Janeiro: Forense, 1985. p. 247.

[152] SILVA, Ovídio Baptista da. *Curso de processo civil*. 3. ed. Porto Alegre: Sergio A. F. Editor, 1996. p. 348. v. I.

de Oliveira e Cruz[153] no sentido de que o reexame no juízo destinatário do recurso não pode extrapolar o âmbito do pleito recursal, já que a devolutividade se implementa nos exatos limites da *vontade* do recorrente.

Em qualquer hipótese, sujeita-se o recorrente, na elaboração do recurso, ao acatamento dos *requisitos extrínsecos* de admissibilidade (tempestividade, regularidade formal e preparo) no aviamento da pretensão recursal em primeiro grau de jurisdição.

O que nos parece mais polêmico na atual conjuntura do processo civil, em relação aos recursos, é exatamente a ausência de divisas legais nítidas na fixação das competências para recebimento, conhecimento e julgamento dos recursos que sofrem exames dúplices nos juízos *a quo* e *ad quem*, com subversão competencial do duplo grau de jurisdição pelo *processo* constitucional do exercício da ampla defesa em todos os níveis do Poder Judiciário (art. 5º, XXXV e LV, da CF/1988).

A expressão juízo de admissibilidade, adotada pela Lei Processual Civil e pelos regimentos internos dos tribunais, é das mais nebulosas e ambíguas ao regular e permitir a análise dos requisitos legais de viabilidade e julgamento dos recursos, porque não estabelece, com a necessária exatidão, os limites jurídicos das matérias de competência do juízo recebedor do recurso e do juízo de conhecimento e julgador do recurso, tornando possível, em ambos os juízos, a prospecção dos *requisitos intrínsecos* (cabimento, legitimação, interesse, inexistência de fatos jurídicos obstativos do recurso) e dos requisitos *extrínsecos* (tempestividade, regularidade formal e preparo), instalando-se competências recíprocas e absolutas, com prejuízo de pleno esgotamento das instâncias recursais, em seus níveis hierárquicos de julgamento privativo, vedando o controle da jurisdicionalidade, em sua inteireza, pelo *processo coinstitucional*.

Veja-se, por exemplo, que a *apelação* é um recurso da espécie ordinária, cujos paradigmas procedimentais são estendidos ao RO por força do entrelaçamento dos referidos dispositivos do NCPC; entretanto, em não se delimitando e esclarecendo, para o juízo *a quo* e juízo *ad quem*, as matérias dos seus respectivos exames de admissibilidade, propicia-se cumulativamente a afirmação ou negação, por qualquer deles, da *existência* do direito de recorrer e do *exercício* do direito de recorrer, como se fossem indissociáveis esses dois aspectos do instituto recursal.

Até o advento do art. 1009, §3º do NCPC, a pretexto do juízo absoluto de admissibilidade em todos os níveis, como estava na Lei Processual Civil brasileira e pelos regimentos internos dos tribunais, as decisões monocráticas vinham-se sobrepondo ao exame colegiado em negativa ao Estado Democrático de Direito e à principiologia constitucional do Processo (art. 1º, *caput*, e art. 5º, LV, e §2º, da CF/1988), merecendo, por isso mesmo, lúcidas observações do eminente Barbosa Moreira,[154] quando fala que, "atento à distinção entre os dois juízos, não deve o órgão de interposição indeferir o recurso por entendê-lo infundado: a procedência não é requisito de admissibilidade", e acrescenta que escapam ao controle do órgão de interposição (juízo *a quo*) as causas de "inadmissibilidade supervenientes ao recebimento do recurso".

---

[153] CRUZ, João Claudino de Oliveira e. *Do recurso de apelação*. Rio de Janeiro: Forense, 1949. p. 161.

[154] MOREIRA, José Carlos Barbosa. *Comentários ao Código de Processo Civil*. 5. ed. Rio de Janeiro: Forense, 1985. p. 139.

9.5 Outros aspectos recursais

9.5.1 Da legitimidade e interesses recursais

A legitimação e o interesse para recorrer (não o direito incondicionado de recorrer) decorrem da existência de prejuízo ou gravame ao vencido ou terceiro prejudicado ou, por dever, a outrem que a lei indicar. Se ambas as partes forem vencidas, ambas são legitimadas para recorrer, sendo que é vedada ao órgão *ad quem* a *reformatio in pejus* (reforma para pior) da decisão hostilizada, quando somente uma parte recorrer.

9.5.2 Pressupostos do recurso (requisitos do recurso)

Podem ser *subjetivos* os relacionados à capacidade processual e legitimação para recorrer (*legitimatio ad processum* e *ad causam*), e *objetivos* os atinentes à *recorribilidade* legal do ato decisório; à *tempestividade do recurso* (o prazo para recorrer é peremptório, fatal, improrrogável, não transigível pelas partes, *salvo* suspensão do processo. Interrupção – art. 1004, do NCPC); à *singularidade do recurso* (não se admite a interposição simultânea de mais de um recurso, pelo princípio da unirrecorribilidade; à *adequação do recurso* (interesse processual); ao *preparo do recurso* (pagamento prévio das despesas com seu processamento, sendo que a ausência causa deserção – princípio da inadimplência recursal – justo impedimento, erro escusável). Observe-se que o NCPC brasileiro ergue privilégios de preparo em ostensiva lesão ao princípio da *isonomia* das partes (art. 1007, §1º, do NCPC: União, estados, municípios, autarquias). Observação: "dos despachos de mero expediente não cabe recurso" (art. 1001 – propulsores da estrutura procedimental – ordenatórios ou ordinatórios).

9.5.3 Fase da abordagem jurisdicional do recurso

- *Recebimento*: requisitos externos da manifestação postulatória recursal – preparo, tempestividade.
- *Conhecimento*: adequabilidade, recurso próprio.
- *Admissão*: atendimento aos pressupostos e condições do recurso interposto.

Observação: a sobreposição de juízos de admissibilidade viola o princípio da especialização competencial.

9.5.4 Recursos no novo processo civil brasileiro

Livro III, Títulos I e II do CPC/2015.

9.5.5 Efeitos do recurso

- *Efeito suspensivo*: qualidade do recurso de suspender a certeza da decisão recorrida.
- *Efeito devolutivo*: qualidade do recurso de remeter a matéria do discurso procedimental, máxime do provimento hostilizado, ao tribunal recorrido.

- *Efeito expansivo*:
  a) *Objetivo interno* – quando provoca decisão (acórdão) que alongue o procedimento, com retorno dos autos ao juízo *a quo* pela invalidação do mérito (*inutiliter data*) e recepção de preliminar de cassação do *decisum* hostilizado.
  b) *Objetivo externo* – quando provoca decisão (acórdão) que invalida atos externos concernentes a procedimento em tramitação (decisão no agravo de instrumento que invalida atos da ação originária motivadores do agravo).
  c) *Subjetivo* – quando o efeito do recurso intentado aproveita outras partes que não as recorrentes (litisconsórcio).
- *Efeito translativo*: qualidade do recurso que transfere ao julgador tribunalício (ou de segundo grau) as questões atinentes a pressupostos processuais inconvalescíveis e condições da ação, mesmo que não as tenha o recorrente expressamente indicado.
- *Efeito substitutivo*: qualidade do recurso que provoca a substituição da decisão recorrida pelo acórdão ou decisão proferida em grau recursal.

CAPÍTULO 10

TEMAS SIGNIFICATIVOS

10.1 Judiciário: poder ou função. Órgãos

Com o advento do Estado moderno, torna-se arcaica a divisão da atividade estatal pela afirmação de poderes, porque, em face do discurso jurídico-democrático avançado das sociedades modernas, a única fonte de poder é o povo, conforme acentua o eminente Jorge Carpizo,[1] em lúcida dissertação sobre a teoria da soberania. Assim, embora se defronte com a designação pomposa de Poder Judiciário encampada pela terminologia constitucional brasileira, o que se tem é, *por outorga do povo*, o monopólio da função jurisdicional pelo Estado que a delega, como dever, ao órgão jurisdicional (Estado-juiz).

Os órgãos do Poder Judiciário estão elencados, por ordem de importância, no art. 92 da CF/1988, a saber: o STF (Supremo Tribunal Federal); o STJ (Superior Tribunal de Justiça); os tribunais regionais federais e juízes federais, os tribunais e juízes do trabalho, os tribunais e juízes eleitorais, os tribunais e juízes militares, os tribunais e juízes dos estados e do Distrito Federal e territórios.

10.2 Competência: critérios determinativos

10.2.1 Considerações relevantes

A *jurisdição* foi exaustivamente dissertada em capítulos anteriores, o que nos remete ao consequente estudo da *competência* como especialização da atividade jurisdicional pelo que dispõem as leis de organização judiciária, a Constituição Federal, as constituições estaduais, leis diversas e os regimentos internos dos tribunais.

Os *critérios determinativos da competência*, na legislação brasileira, estão particularizados nos arts. 42 a 69 do NCPC, bem como em normas da Constituição brasileira

[1] CARPIZO, Jorge. La soberanía del pueblo e el derecho interno y el internacional. *Revista de Estudios Políticos*, Madrid, n. 28, jul./ago. 1982.

e leis de organização judiciária (LOJs) dos estados-membros, considerados também os dispositivos dos regimentos internos dos tribunais. A *competência internacional* é aferida pelos arts. 21 a 41 do NCPC, desde que verificados os elementos de internacionalidade, louvando-se subsidiariamente na Lei de Introdução às normas de Direito Brasileiro – LINDB. Nos *afluxos recíprocos* de bens e valores entre dois ou mais sistemas jurídicos, a *fixação da competência* do foro, para dirimir conflitos entre partes de *contratos internacionais de comércio*, suplica enquadramento legal de tormentosa complexidade.

Muito se tem feito para reduzir o impacto empírico-subjetivo na conceituação e identificação dos contratos internacionais do comércio. Os redatores de tratados e convenções internacionais, fiéis muitas vezes à jurisprudência predominante ao tempo da edição dos textos convencionais, procuram estreitar o âmbito da subjetividade do intérprete, buscando indicações claras e incisivas para as situações de internacionalidade, como se pode facilmente inferir da "Lei Uniforme sobre a Formação dos Contratos de Venda Internacional de Objetos Móveis Corpóreos", de 1º.7.1964, Haia e, na mesma data, a "Lei Uniforme sobre a Venda de Objetos Móveis Corpóreos", ora excluindo a nacionalidade das partes, ora privilegiando o território onde a coisa deve ser entregue ou dando maior importância ao tráfego transfronteiriço, como elemento diferencial de situações jurídicas do contrato internacional do comércio.

Em face dos dissídios jurisprudenciais, exegéticos e conflitos normativos decorrentes da apuração da estraneidade e *fixação do foro* nos contratos internacionais, é que se tornou inevitável a conjugação de vários critérios no exame da internacionalidade, fundados num ecletismo realista, em que se procurou afastar o empirismo elementar da simples interpretação literal. A intensidade ou importância do elemento estrangeiro na relação contratual, do ponto de vista econômico e jurídico, passou a ser fator de verificação fundamental da internacionalidade. O Brasil, pelo Decreto-Lei nº 857, de 1969, ao permitir a utilização de moeda estrangeira em negócios celebrados entre residentes e não residentes no Brasil, deu importância ao lugar e à moeda de pagamento como elementos de aferição da internacionalidade dos contratos. Adotou-se, com efeito, o ecletismo na apuração da internacionalidade, porque, na hipótese brasileira, internacional é o contrato que, vinculado a diferentes sistemas jurídicos, tem por objeto operação que acarreta o tráfego transfronteiriço oneroso de bens, serviços e tecnologia.

Diante de tamanha turbulência de legislações conflitantes, incompletas e insuficientes, avulta-se a importância do estudo dos elementos de conexão entre o contrato e a lei que o regerá e as pertinências que possam conter em relação aos sistemas jurídicos envolvidos. Tem-se buscado na doutrina internacional socorro nas lições de Mancini, o grande jurista do fim do século XIX, que erigiu a autonomia da vontade das partes como determinante da aplicação sistemática da lei. No entanto, foi Dumonlin, no século XVI, que primeiro deu ênfase ao foro de eleição para identificação da lei a ser aplicada.

As dificuldades não se esgotam com a mera identificação (tipicidade) da internacionalidade do contrato, quando se elege a *lex fori*. A questão é deveras tormentosa no momento em que se passa, como destacou Van Hecke,[2] "da vontade declarada à vontade presumida ou implícita". A doutrina, almejando implantar estabilidade e certeza das relações jurídicas internacionais, vem sugerindo, como elemento de conexão,

---

2 HECKE, Van George. *Problème juridique des emprunts internationaux*. 2. ed. Leyden: E. J. Brill, 1964. p. 1.

os usos das leis do local da conclusão do contrato, as do local de sua execução, a nacional das partes, as do domicílio ou da nacionalidade do credor ou do devedor e a *lex fori*. O direito brasileiro tem usado o ecletismo doutrinário; quando as partes não fazem a escolha da lei aplicável, além do Brasil, a Áustria e a Itália vêm adotando o princípio da *lex loci contractus* (a lei do lugar e da conclusão do contrato) e *lex loci conclusionis*.

Entretanto, com o advento de inúmeros contratos que se fazem entre ausentes pela via do *e-mail*, do fax, do telefone ou por correspondência, ficou difícil estabelecer o momento e o local da celebração ou de sua conclusão. Lerebours-Pigeonniére,[3] na tentativa de evitar inconvenientes dessa situação, propôs que, nos contratos por correspondência, fosse aplicada a lei do país da parte que ditou o contrato, mas, como se vê, tal solução estaria restrita aos contratos de adesão. A nossa LINDB em seu art. 9º deixou livres o local da celebração dos contratos e a autonomia da vontade das partes na sua escolha. No contrato entre ausentes, a LINDB (§2º, art. 9º) fixou o local da residência do proponente como o da conclusão do contrato, porque o avençado entre presentes é considerado concluído no lugar em que as partes o celebraram, disposto no *caput* do art. 9º da LINDB.

Os pontos de aferição dos elementos de conexão ligados aos princípios da *locus regit actum*, da *lex loci solutionis* e da *lex loci executionis*, inscritos no §1º do art. 9º da LINDB brasileira, não resolvem plenamente a variedade de problemas surgidos, porque a pluralidade de locais de execução (v. contratos de transporte) requer a necessidade de estabelecer qual o principal deles, de modo explícito e preciso. A opção pelo domicílio ou nacionalidade do devedor ou credor, no direito brasileiro, só encontra solução pacífica para se estabelecer a jurisdicionalidade na hipótese de se identificar o proponente (§2º do art. 9º da LINDB) numa difusa troca de correspondência. Tal não passou despercebido pelo eminente Oscar Tenório,[4] que disse preponderar a oferta inicial em caso de contrapropostas várias.

Com efeito, os elementos de conexão que entram na verificação de internacionalidade dos contratos a cada dia ganham maior caráter de externalidade, porquanto as legislações internas dos países não são, por si mesmas, capazes de oferecer fórmulas que possam atrair de modo inexorável para o campo magnético do direito pátrio soluções completas de jurisdicionalidade. É certo que países de maior potencial econômico e financeiro têm em seus residentes grande peso na determinação ou imposição dos elementos de conexão que vinculam os contratos internacionais aos seus sistemas jurídicos ou a sistemas jurídicos que mitigassem melhor os interesses em caso de um conflito ou inadimplência.

O direito do comércio internacional, que cuida, em especial, dos contratos mercantis de efeitos internacionais, tem registrado uma tendência dos doutrinadores, tribunais e câmaras de comércio para convalidar, como elemento decisivo de conexão de internacionalidade, o princípio da autonomia da vontade, sem, no entanto, tornar soberana a vontade dos contratantes em oposição a qualquer lei, mas, no ensinamento de Jessup,[5] a liberdade de contratar, conferida, definida e limitada pela lei. O vetusto *jus dispositivum* não corresponde ao arbítrio absoluto da vontade, mas decorrente da

---

3 LEREBOURS-PIGEONNIÉRE. *Précis de droit international privé*. 9. ed. Paris: Dalloz, 1970. p. 655.

4 TENÓRIO, Oscar. *Direito internacional privado*. Rio de Janeiro: Freitas Bastos, [s.d.]. p. 180. v. II.

5 JESSUP, Phillip C. *Direito transacional*. Rio de Janeiro: Fundo de Cultura, 1965. p. 63 e ss.

existência da lei. É o que se chamou doutrina da *proper law* que vem predominando. A liberdade para escolher a lei aplicável ao contrato internacional, localizando-o em determinado sistema jurídico, é que se desponta regra preponderante atualmente na indicação da competência jurisdicional. É este sítio jurisdicional (*lex fori*) que, em última análise, vai determinar o alcance da autonomia da vontade e aplicação das normas atinentes, ainda que estas tenham caráter transnacional, isto é: semelhanças ou identidade em sistemas jurídicos diferentes, como se *lex mercatoria* o fossem. Por conseguinte, a possibilidade levantada por Jean Lalive[6] da existência de uma autonomia de vontade capaz de criar um sistema jurídico *sui generis* dentro do contrato num arranjo *self-containing* (autossuficiente) não é mais que uma simulação de efeitos meramente didáticos, porque a vontade tem autonomia apenas para escolher a lei aplicável ao contrato internacional, submetendo assim os efeitos do contrato à lei escolhida e, por consequência, ao juiz para exercer a jurisdicionalidade segundo critérios de convencimento que, por evidência, se vincula ao princípio da *lex fori*. A escolha da lei aplicável, embora contemple o princípio da autonomia da vontade, vincula a jurisdicionalidade aos postulados da *lex fori* do sistema jurídico eleito pelas partes contraentes. Seria bastante inusitado que as partes escolhessem a lei aplicável e elegessem foro diverso do sistema jurídico em cujo bojo se devesse apreciar o contrato internacional. Na hipótese, o juiz deveria aplicar a lei estranha ao seu ordenamento jurídico, o que, por cautela, tem sido evitado na prática dos contratos internacionais, a não ser em casos de juízo arbitral ou de competência – *ex officio* de tribunais ou câmaras internacionais *in ratione personae* ou *in ratione materiae* pelos critérios da *lex locus contrahendi*, da *lex reisitae* ou pela romanesca máxima *locus regit actum*, tão cara aos glosadores e, por fim, das chamadas limitações da ordem pública internacional.

A figura ambígua da ordem pública internacional, apesar de oferecer margem a dificuldades de compreensão, sempre foi invocada para validar critérios de conexão quando a aplicação da lei estrangeira possa ofender concepções fundamentais da figura do Estado, como ente da teoria geral do direito. Em razão desse subjetivismo do elemento de conexão na prestação jurisdicional é que o mestre Amilcar de Castro[7] sugeriu a expressão ordem social para substituir o que se denomina ordem pública internacional, sem qualquer repercussão na práxis judicante internacional. O princípio da Ordem Pública Internacional apresenta, às vezes, operacionalidade eficaz como obstáculo a eventuais intenções fraudulentas das partes contratantes. Por outro lado, o princípio da ordem pública interna exibe aparência formal bem definida nos ordenamentos jurídicos dos países. Assume fundamental relevância na aplicação da lei e, em particular, na dirimência dos contratos como elemento de conexão da jurisdicionalidade.

No Brasil, o princípio de ordem pública vê-se configurado expressamente no art. 4º da CF/1988, como paradigma impostergável da jurisdicionalidade, vincando tanto a ordem pública quanto a jurídico-econômica. A Lei nº 4.137, de 10.9.1962 (abuso do poder econômico), e outras normas de natureza cambial e de transferência de tecnologia traduzem claramente esse princípio que sempre esteve presente nas constituições brasileiras, seja de modo específico, seja de maneira dispersa no texto magno. Até

---

[6] LALIVE, Jean-Flavien. Contracts between a state or state agency and a foreign company. *International and Comparative Law Quarterly*, Londres, v. 13, n. 1/4, p. 987-1021, jan./dez. 1964. Supplementary publication. p. 989-990.

[7] CASTRO, Amilcar de. *Direito internacional privado*. Rio de Janeiro: Forense, [s.d.]. p. 264 e ss.

mesmo o nosso Código Civil (art. 104, II), ao condicionar a validade dos atos jurídicos à existência de objeto lícito, claro que dispõe de modo a consagrar o princípio referido. A lei brasileira, portanto, veda a construção dolosa de um elemento de conexão que possa afastar uma regra de conflito. Diga-se o mesmo, na chamada ordem internacional pública, quando é pretendida configuração artificial e maliciosa de "circunstância reputada como elemento de conexão" indispensável à aplicação da lei, conforme leciona Wilson Batalha.[8] A prática dos contratos internacionais assenta-se hoje na liberdade de eleição do foro, desde que este guarde relação com o contrato e que a escolha não resulte tentativa de fraude à lei.

A Súmula nº 335 do STF brasileiro endossou essa conduta como corolário das rotinas internacionais *in specie*, reafirmando oportuna lição de Arnoldo Wald.[9] A liberdade de eleição do foro vem assumindo grande destaque na situação do elemento de conexão na esfera da exata prestação jurisdicional, erigindo-se em paradigma, com maior elasticidade, de solução em casos antes conflitivos e intrincados. O nosso NCPC é exemplo da ampliação feita pelo direito brasileiro quanto à cláusula da eleição do foro. Todavia, essa ampliação não vincula o juiz brasileiro ao foro de eleição estrangeiro, nem o impede de conhecer e julgar idêntica relação jurídica *sub judice* numa ordem jurídica de outro país. Essa posição resulta dos termos expressos do art. 24 do NCPC que estabelece: "A ação intentada perante tribunal estrangeiro não induz litispendência, nem obsta a que a autoridade judiciária brasileira conheça da mesma causa e das que lhe são conexas".

Finalmente, na fixação da *competência internacional do foro*, se brasileiro ou não, quando se põe a exame a internacionalidade dos contratos, não podem o intérprete e o juiz nacional prescindir de conhecimentos jurídicos sobre os elementos de conexão conflitual que os informam em seu perfil e realidade, traduzidos, em suma, em: 1) suporte em moeda estrangeira; 2) duplo fluxo de bens; 3) transfronteiricidade; 4) estraneidade; 5) relação mercantil; 6) situações cambiais; 7) princípios de ordem pública interna e externa; 8) teoria geral dos contratos, tratados, convenções, leis, jurisprudência e a doutrina jurídica em geral.

10.2.2 Competência absoluta e competência relativa

A classificação da competência em *absoluta* e *relativa* se faz pela possibilidade de sua derrogabilidade ou inderrogabilidade pela convenção das partes. Os arts. 62 e 63 do NCPC estabelecem que a competência em razão da matéria (*in ratione materiae*) e da hierarquia é insuscetível de modificação e as em razão do valor (*in ratione valoris*) e do lugar (*in ratione loci*) poderão ser alteradas por acordo das partes, pelo que se chama foro de eleição. A competência em razão da pessoa (*in ratione personae*) é também imodificável, logo, absoluta, o que também ocorre na competência pelas situações dos imóveis (*rei sitae*), como dispõe o art. 47 do NCPC.

Quanto ao que se rotula de competência funcional, no plano vertical ou horizontal, afora a competência originária dos tribunais superiores, equivale à chamada competência

---

8 BATALHA, Wilson de Souza Campos. *Tratado de direito internacional privado*. 2. ed. São Paulo: Revista dos Tribunais, 1977. p. 246-252. v. VI.

9 WALD, Arnoldo. *Validade das convenções sobre o contrato*. Estudos e pareceres do direito comercial. São Paulo: Revista dos Tribunais, 1972. p. 261-271.

hierárquica. Diz-se que a competência do juízo se prorroga quando a contraparte (réu) não opõe a *exceptio declinatoria fori* (exceção declinatória do foro), fixando-se, por conseguinte, a competência do juízo de ingresso da causa (arts. 65 do NCPC). No tema da competência, ocorre a *prevenção*, quando, havendo juízes com idêntica competência para a mesma causa, torna-se prevento aquele a quem primeiro se destinou a respectiva distribuição. Com o advento dos controles eletrônicos de distribuição das causas, estão praticamente afastados os casos de demandas conexas em que possa a prevenção ocorrer pelo juiz que despachou primeiro, porque o juízo a quem foi distribuída a causa é que, mesmo não tendo exarado qualquer despacho na petição inaugural, vai ficar prevento em face de outros procedimentos que possam oferecer identificação figurativa com o inicialmente dado à distribuição judicial.

10.3 Juiz. Juízo. Vara. Comarca. Foro. Fórum. Entrância. Instância

O *juiz* é a pessoa física representante e atuadora exclusiva do órgão jurisdicional (*juízo*) de que é titular. Lembre-se que, em harmonia às correntes teóricas modernas, a sentença não é mais ato solitário do juiz, mas decisão do *juízo* que impessoaliza a atividade jurisdicional, porquanto, ao se proferir julgamento no sistema de *civil law*, não se conta a sensibilidade do juiz, mas a observância do princípio da legalidade que se lhe sobrepõe por força constitucional, como dissertado longamente em tópicos deste trabalho.

Pode-se conceituar a expressão *vara*, na repartição das competências dos juízos, como sendo a subdivisão da especialização jurisdicional, porque teríamos o exemplo de um *juízo* cível, significando, muitas vezes, *toda* a especialidade competencial para causas que versam direitos de origem civil, com múltiplas *varas*.

A *comarca*, podendo compreender um ou mais municípios, é a *unidade geofísica* que demarca o campo jurisdicional da atuação dos juízos, ainda que assumindo competências diferenciadas. O juiz sempre tem jurisdição para toda a *comarca*, entretanto, a competência lhe especializa a atividade jurisdicional para conhecer e julgar causas que lhe destinam as leis de organização judiciária de cada estado-membro da Federação. Assemelham-se à comarca as unidades denominadas *seção*, *região* e *circunscrição* judiciárias, configurando-se, também, unidades geofísicas de atuação jurisdicional.

O *foro* é esfera jurisdicional escolhida pelas partes ou estabelecida em lei para fixar a competência do juízo de conhecimento e julgamento de causas, enquanto *fórum* é a sede física do juízo de primeira instância, sendo esta o primeiro nível em que os procedimentos são instaurados e decididos. Pode-se falar, também, num *primeiro instante* competencial em nível tribunalício, quando a causa é de conhecimento originário dos tribunais. Portanto, temos um juízo de *primeira instância* (primeiro grau) e um juízo de *segunda instância* (segundo grau), sendo que este último sofre desdobramentos hierárquicos superiores para efeitos de apreciação recursal. De outra face, entende-se por *entrâncias* a gradação das *comarcas* pelo grau de importância geopolítico-econômica que lhes emprestam as leis de organização judiciária dos diversos estados federados.

CAPÍTULO 11

A JUDICIARIZAÇÃO DO PROCESSO AINDA NO NCPC BRASILEIRO

11.1 Introdução

O que se deve colocar em debate com a edição do NCPC/2015 é a volúpia da celeridade com negativa do *devido processo*. É nessa perspectiva que se instala o *furor sanandi* de um Judiciário que instiga o Executivo e o Legislativo a praticarem aberrações em cascata, sem qualquer consulta prévia à produção científica *stricto sensu* das faculdades de direito de renome nacional e internacional. O aumento crescente dos *poderes dos juízes*, com preterição de *defesa plena* e dos *juízos de direito* para que se exercite o *contraditório* como direito fundamental de argumentação jurídica, desfigura o pensar discursivo de uma sociedade que se pretenda democrática e condena ao horror alguns poucos decisores que ainda preservam sua fidelidade ao saber científico-jurídico.

O que já acentuamos em artigo pertinente[1] é que a judiciarização do processo civil é inevitável enquanto for *civil* o processo. A cultura do *processo civil* já traz consigo uma histórica carga autocrática que está a exigir das gerações atuais pesquisas continuadas para desmascarar essa *sociedade civil* presunçosa e mítica que ao longo dos séculos ocupa o lugar soberano[2] (espaço de anomia invulnerável à fiscalidade processual) de onde interdita até mesmo a lei freudiana da castração. É como se os decisores do *Judiciário* dissessem a todos: somos o senhor da linguagem jurídica que nos torna oniscientes. Ou dissessem: somos perversos convictos, a democracia é que se dane! A universidade é que fique fora do *real*! É com esse deboche explícito que é enfrentado o maior problema da atualidade: índices alarmantes de exclusão social pelo bem-sucedido confisco tributário estatal[3] do trabalho digno (êxito do Estado tardo-capitalista) e a fúria

---

1 LEAL, Rosemiro Pereira. Processo civil e sociedade civil. *Virtuajus*, ano 4, n. 2, dez. 2005. Disponível em: www.fmd.pucminas.br.

2 AGAMBEN, Giorgio. *Estado de exceção*. São Paulo: Boitempo, 2004. p. 92-93.

3 HABERMAS, Jürgen. *Técnica e ciência como ideologia*. Lisboa: Edições 70, 1997. p. 76.

legiferativa de resolver questões estruturais por via de leis estratégicas (Luhmann)[4] à redução autoritária dos conflitos sociais dolosamente criados pelos aparelhos de Estados Liberal e Social de Direito.

A tragédia (para alguns pedagógica) que desaba sobre o país, com alucinações como estas que se apontam, tem ainda repercussões mais graves quando provoca a retirada da *advocacia*, ante a impossibilidade da produção de defesa em sua plenitude constitucional, de brilhantes alunos e profissionais que se recusam ao trabalho servil de compactuação com um *Judiciário* pragmático, conjunturalista e arrogante. Às vezes é maior o holocausto quando tais profissionais, premidos pela sobrevivência, entregam-se a serventias mais frustrantes pela aprovação em concursos públicos que os transformam em burocratas alienados, deixando a advocacia *ancorada* numa militância trivial e mercantilizada.

11.2 O fetiche das urgencialidades

Também é bom lembrar, nesse percurso, que processualistas, hipostasiados numa escola que vai de Calamandrei a Cappelletti, a pretexto de sólida reputação acadêmica, ainda insistem em escrever o romance de sedução e divinização da magistratura, ora pela viabilização interpretativa de leis teratológicas, ora pelo aceno ufanista da proibição do *non liquet*. A propósito das *urgencialidades* que marcam o desmonte da Constituição brasileira, o talento do processualista ortodoxo é sugerir a emenda (ou abandono) da Constituição onde possa emperrar a sabedoria dos juízes. Certa vez, escandalizado, ouvi de um eminente (medalhado) processualista pátrio, num simpósio jurídico nacional, que o dever do jurista é tornar a lei factível e aplicável. Daí o *fetiche* que aqui quero ressaltar.

Só para testar o grau de incompreensão generalizada do que é direito democrático, leia-se no livro *Antecipação da tutela*,[5] de Teori Zavascki, o seguinte, que é a mesma coisa que se lê em vários manuais que cuidam das *urgencialidades* ainda na vigência do CPC/73, *verbis*:

> A antecipação dos efeitos da tutela, prevista no art. 273 do Código de processo Civil, não foge à regra. Efetivamente, ao estabelecer que "o juiz poderá, a requerimento da parte, antecipar, total ou parcialmente, os efeitos da tutela pretendida no pedido inicial", o legislador ordinário está, sem dúvida, estabelecendo restrição ao direito à segurança jurídica, consagrado pelo art. 5º, LIV, da Constituição. Justamente por isso, e conforme evidenciam os incisos do artigo, *tal restrição somente é admitida quando outro direito fundamental (o da efetividade da jurisdição) estiver em vias de ser desprestigiado*. O desprestígio pode ocorrer (a) quando "haja fundado receio de dano irreparável ou de difícil reparação" (situação que põe em xeque a utilidade prática da futura sentença ante o possível comprometimento do próprio direito afirmado na inicial), ou (b) quando "fique caracterizado o abuso de direito de defesa ou o manifesto propósito protelatório do réu" (fatos que comprometem, injustificadamente, a celeridade da prestação jurisdicional). Sendo notória, em casos dessa natureza, a impossibilidade de convivência simultânea e plena entre os dois citados direitos fundamentais, justificada está, pelo princípio da necessidade, a formulação da regra legislativa, destinada à obtenção de uma concordância prática entre eles. E a opção

[4] LEAL, Rosemiro Pereira. *Teoria processual da decisão jurídica*. São Paulo: Landy, 2002.

[5] ZAVASCKI, Teori Albino. *Antecipação da tutela*. 4. ed. São Paulo: Saraiva, 2005. p. 74-75.

do legislador, de adotar como técnica de solução a antecipação provisória do bem da vida reclamado pelo autor, revela claramente que, na ponderação dos valores colidentes, ficou estabelecida uma relação específica de prevalência do direito fundamental à efetividade do processo sobre o da segurança jurídica. (Grifos nossos)

Percebe-se que o autor, por inocência ou desconhecimento, trabalha escancaradamente um modelo de Estado que *não* é o brasileiro (Estado-segurança). Acolhe paradoxalmente que o legislador ordinário pode restringir o direito fundamental ao *devido processo* (art. 5º, LIV, da CF/1988) em nome da "efetividade do processo" como "efetividade da jurisdição" em critérios solipsistas e realistas (ditos democráticos) de ponderação principiológica (Alexy).[6] Entende que as *tutelas de urgência* têm amparo na atuação do *Judiciário* e não pela garantia do *devido processo* legal. Em sua alocução, o *Judiciário* é que é garantista e tutor do direito, uma vez que, ao fundamentar as *tutelas de urgência*, se arrima no inc. XXXV do art. 5º da CF/1988 e não nos seus incs. LIV e LV que, no direito constitucional democrático, são os balizadores da legitimidade das decisões em qualquer esfera estatal. Entretanto, certamente que aqueles que colocam a *tutela-padrão* no âmbito do inc. XXXV do aludido artigo constitucional lidam com o direito processual brasileiro sem acatar as peculiaridades das teorias do Estado e até podem achar que isso é desnecessário e inútil. Para estes, o importante é a perenização do *fetiche* da justiça rápida, cuja velocidade pode ser aumentada pela supressão do *processo* e, até mesmo, do *procedimento*, com a altaneira supremacia da *jurisdição*. É nesse vértice que nos incumbe analisar a coerente judiciarização do *processo civil* como instrumento de eficiência tirânica de uma *jurisdição* justiceira.

Observe-se que, com o advento da Constituição de 1988, o *processo civil* sofreu uma processualização em suas bases patriarcais, abalando a sua estrutura de apoio ao regime ditatorial instituído no país de 1964 a 1988. Esse fenômeno é que merece reflexão demorada, isto é: o Brasil declara-se, em 1988, Democrático de Direito, enquanto seus órgãos judicantes (decisores) e a quase totalidade das faculdades de direito continuaram engastados na ideologia bülowiana e kelseniana de produção e operacionalização do direito. Engendra-se um "sujeito constitucional" à moda Rosenfeld[7] pela imagética de uma cidadania prévia e de uma hermenêutica dos horrores em que o pré-revolucionário, numa isonomia e paridade positivistas e historicistas (*rule of law*), duela com o pós-revolucionário no *real* tribunalício do país ocupado pelos saudosistas do Estado oracular e por uma jurisdição constitucional subjetiva à procura delirante e intuitiva de uma identidade nacional *fora* da instituição formalizada do *devido processo coinstitucionalizado*.

11.3 A dialética da desprocessualização

A dificuldade dos operadores do direito, que ainda o concebem em termos historicistas, portanto à margem da contemporaneidade, é a de descartar o mito hegeliano[8] do idealismo da dialética histórica: suposta (crível) vocação do *direito* para se construir

---

6 ALEXY, Robert. Direitos fundamentais no Estado Constitucional Democrático. *Revista de Direito Administrativo*, Rio de Janeiro, jul./set. 1999.

7 ROSENFELD, Michel. *A identidade do sujeito constitucional*. Belo Horizonte: Mandamentos, 2003. p. 40-41.

8 LEAL, Rosemiro Pereira. *Relativização inconstitucional da coisa julgada* – temática processual e reflexões jurídicas. Belo Horizonte: Del Rey, 2005. p. 162-168. v. 1.

no balanço de *forças* apofânticas atribuídas ao acaso construtor de justiça (*ethos*) e paz para a humanidade. A maior conquista teórica da *pós-modernidade* (aqui compreendida na concepção de David Harvey),[9] só possível no final do século XX, no âmbito das ciências jurídicas, foi o *conceito de processo* como referente conjectural de produção, aplicação, modificação e extinção de direitos a partir de princípios autocrítico-discursivos de neutralidade deontológica da fala jurídica. Antes, o direito ainda emergia da *physis* ou de consciências epistêmicas (apodícticas) ou crédulas na razão consensualista reveladora da natureza (Rousseau) ou na verdadeira razão iluminista da natureza humana (Kant), expressando-se numa *sociedade civil civilizadora*[10] em modelos de um saber pressuposto e não interrogável.

Entretanto, essa *sociedade civil* que, apesar de Habermas, ainda não é a almejada esfera pública, persiste na desprocessualização do direito como forma secular de dominação social já bem explicitada em Weber[11] pela rede (tarrafa) burocrática que esvazia as leis de seus próprios conteúdos, restando-lhes os fios normativos (institucionais) que aprisionam os seus operadores, alienando-os a um sistema (meios de sobrevivência) cujos começos e fins não são esclarecidos. Esse é o cenário deprimente dos decisores tardios que se prestam a realizar o jogo mortífero dos cavaleiros (sociedade civil) da paz perpétua. No Brasil, já no começo dos anos 90 do século XX, a fúria dos *civis* se manifesta em reformas do CPC para pior, estacionando-o bem longe da Constituição de 1988, tida pelos neoconservadores como inviável e utópica. Jamais se pensou, de pronto, numa nova lei processual ajustada à Constituição de 1988. Diga-se o mesmo de várias leis especialíssimas ou extravagantes que, criadas na ditadura, engenhosamente se repetiram ou se mantiveram, com reforço jurisprudencial, após a CF/1988. O NCPC de 2015 atrela-se à CF/88 de modo utópico-retórico, porque herdeiro de quase todos os dispositivos do CPC/73 da ditadura militar de 1964.

11.4 Alguns aspectos antinômicos do NCPC ante a CF/88

O art. 1º do NCPC dispõe (determina) que – *litteris*:

> Art. 1º O processo civil será ordenado, disciplinado e interpretado conforme os valores e as normas fundamentais estabelecidos na Constituição da República Federativa do Brasil, observando-se as disposições deste Código.

Inicialmente, há de se entender que "valores e normas fundamentais" são direitos normados pelo sistema jurídico constitucional, logo não há admitir "valores" que sejam anormativos, ou melhor, que sejam induzidos de uma realidade não juridicamente vincada pela normatividade constitucionalizada no Brasil a partir de 1988, *ex-vi* do inc. II do seu art. 5º que estabelece total ausência de validade e eficácia ao que for exigido de alguém *extra-legem*. Aliás, embora tenham os mentores do NCPC insistido em confundir

---

9 HARVEY, David. *Condição pós-moderna*. 13. ed. São Paulo: Edições Loyola, 2004. p. 44.

10 LEAL, Rosemiro Pereira. Processo civil e sociedade civil. *Virtuajus*, ano 4, n. 2, dez. 2005. Disponível em: www.fmd.pucminas.br.

11 WEBER, Max. Três tipos puros de dominação legítima. *In:* COHN, Gabriel (Org.). *Sociologia*. São Paulo: Ática, 1965. v. 13. Grandes Cientistas Sociais.

processo com autos do procedimento, assim se expressaram na Exposição de Motivos: "O processo há de ser examinado, estudado e compreendido à luz da Constituição e de forma a dar o maior rendimento possível aos seus fundamentos".[12]

Portanto, nada se expressará com clareza no discurso normativo do NCPC se não for "[...] à luz da Constituição", isto é, a harmonização das normas do NCPC com as da Constituição deve ocorrer pela primazia regencial dos dispositivos constitucionais quanto ao exame, estudo e compreensão dos conteúdos normativos codificados. Daí, o que se infere não é, como muitos pensam, a constitucionalização do processo pelo advento do NCPC, mas uma exigência legal do NCPC de adotar uma hermenêutica que se reporte ao fundamento gestativo da normatividade constitucional pelo *devido processo legislativo* (art. 59 da CF/88) que impõe o acatamento dos seus elementos configurativos (contraditório, ampla defesa e isonomia) para validar e legitimar a produção, modificação, atuação, aplicação e extinção de direitos. Assim, nem mesmo a Constituição, se de Estado Democrático por ela mesma instituído, poderia firmar-se em suporte diverso do *devido processo*.[13] A relevância, nas democracias plenárias, está na *processualização do direito* desde o nível instituinte ao constituído, não na *constitucionalização do processo*, como se a *Constituição* fosse um fetiche livresco que sacralizasse (consagrasse) e abarcasse todas as instituições jurídico-político-econômicas.

11.4.1 A coinstitucionalização do direito pelo processo[14]

Com a *processualização da Constituição* em 1988, é certo que nenhuma lei codificada com vigência anterior ou posterior à Constituição poderia ter validade e legitimidade, senão produzida em conformidade com os ditames do *processo legislativo* em sua configuração plena que impõe uma *procedimentalidade ordinária* instaurada pelos legitimados ao processo legislativo (art. 61 da CF/88) e conduzida pelos legisladores aos quais compete também o exercício do contraditório e da ampla defesa quanto aos pressupostos subjetivos e objetivos de admissibilidade da iniciativa postulatória legiferante, decidindo, em forma de *lei*, a matéria que compõe o objeto (*meritum*) da pretensão normogênica. De conseguinte, a exemplo, poder-se-ia dizer que o CPC de 1973, debatido e aprovado por um *Poder Legislativo* já submetido a um sistema de atos institucionais, o qual, à época, restringiu e ceifou direitos fundamentais do *processo*, haveria de ter sua vigência revogada com o advento da CF/88, como também artigos do atual NCPC que afrontassem os fundamentos processuais da CF/88. Seria um paradoxo, por antinomia, o próprio NCPC determinar sua própria subsunção à CF/88 e ele próprio adotar dispositivos que negam vigência, validade e eficácia ao *devido processo legal* que é a procedimentalidade técnico-jurídica em sua exauriência estrutural, criada e regida pelo *devido processo* coinstitucionalizante desde a instância legiferativa, para gestar e legitimar as decisões.

---

12 Exposição de Motivos, nota nº 9.

13 LEAL, Rosemiro Pereira. O *due process* e o devir processual democrático. *In:* SOARES, Carlos Henrique; DIAS, Ronaldo Brêtas de Carvalho (Coord.). *Direito processual civil latino-americano*. Belo Horizonte: Arraes Editores, 2013.

14 LEAL, Rosemiro Pereira. *Processo como teoria da lei democrática*. Belo Horizonte: Fórum, 2010.

Note-se que a comissão de juristas que elaborou o anteprojeto do NCPC, ao pretender a constitucionalização dos *procedimentos* (não do *processo* que foi a instituição jurídico-linguística fundante do discurso constitucional de 1988 no Brasil), atribuindo-lhes qualidade de *devido processo legal* em concepção constitucionalizada (art. 5º, LIV e LV, da CF/88), afirmou na Exposição de Motivos (1º trecho) estar aderindo à teleologia constitucional de implementação do Estado Democrático de Direito. Entretanto, o discurso normativo do NCPC, em vários aspectos, atenta contra a própria adesão expressamente declarada, uma vez que tal intencionalidade se deu aos moldes da *teoria constitucionalista do processo*, colocando retoricamente a *jurisdição constitucional*, em concepções bülowianas, como fonte hermenêutica de geração, atuação e aplicação, do processo civil codificado. Portanto, sem que a estrutura da procedimentalidade contida no NCPC guardasse, em seu contexto, significância, coerência com a *teoria estruturalista (fazzalariana) do processo* tão bem exposta por Aroldo Plínio Gonçalves[15] (em sua obra célebre *Técnica processual e teoria do processo*), porque, no Brasil, o *processo* constitucionalizou o direito na abertura política de 1988 em viés nitidamente fazzalariano[16] em que a *lei constitucional* assumiu equivalência de um provimento (decisão definitiva egressa do *devido processo legislativo* como procedimento em contraditório no âmbito legiferativo estatal).

11.4.2 Aspectos antinômicos exógenos e endógenos

Ao repetir o velho CPC da ditadura, um impasse normativo NCPC-CF aflora-se no *caput* do art. 332 do NCPC que estabelece: "Nas causas que dispensem a fase instrutória, o juiz, independentemente da citação do réu, julgará liminarmente improcedente o pedido [...]". Ora, como se sabe, a sentença de procedência ou improcedência é uma sentença de *mérito*, logo a permissão legal do NCPC, na vigência da CF/88, para se expender, em regime *liminar*, um julgamento de mérito implica afastar a concreção procedimental pelas partes, preparatória da decisão (sentença), quanto ao debate dos pressupostos, causa de pedir e pedido, portanto com supressão do *devido processo legal* na demanda litigiosa assegurado no inc. LIV do art. 5º da CF/88. Aqui temos uma antinomia *endógena* (do Código consigo mesmo pelos arts. 1º e 322) e *exógena* do Código ante a CF/88. O NCPC, ademais, no *caput* do mesmo art. 322, ainda levanta a possibilidade de proferimento de *sentença de mérito* com dispensa da citação do réu e da fase instrutória. Claro que, nesse passo, ausente a fase instrutória, estaria afetado o exercício do contraditório e ampla defesa como direitos fundamentais constitucionalizados (art. 5º, LV, da CF/88).

Com negativa de direito fundamental de recursos inerentes ao exercício da ampla defesa e contraditório (art. 5º, LV, da CF/88), o NCPC, em seu art. 382, §4º, dispõe que "não se admitirá defesa ou recurso" no procedimento de produção antecipada de prova. Também, aqui, as *antinomias endógenas e exógena* se configuram de modo irretorquível. De outra face, pode-se considerar *dupla antinomia*, entre várias outras apontáveis, a coleta unilateral de prova pelo juiz, com exclusão da interferência das partes, como dispõe o §3º do art. 464 do NCPC em contraposição aos seus arts. 6º e 7º, máxime o 10º que

[15] GONÇALVES, Aroldo Plínio. *Técnica processual e teoria do processo*. 1. ed. Rio de Janeiro: Aide, 1992.

[16] FAZZALARI, Elio. *Instituições de direito processual*. 1. ed. Tradução de Elaine Nassif. Campinas: Bookseller, 2006.

veda decisões jurisdicionais fundamentadas em vértices formais ou probatícios sobre os quais as partes adredemente não foram chamadas a se pronunciarem.

Muitos comentaristas do NCPC ainda se valem de expressões enigmáticas (retóricas) para apontar supostos avanços que o NCPC (lei ostensivamente sincrética em seu contexto normativo) possa ter empreendido com sua substantiva adesão ao CPC da ditadura de 1973. Depreende-se de ligeira leitura de sua escritura legal que é, na maior quantidade de seus artigos, uma redundância do CPC de 1973, uma versão absolutamente compatível com o *Estado de Exceção* instalado no Brasil da época. Por isso, comentaristas do NCPC escavam nomenclaturas tautológicas para designar a alardeada relevância que a comissão de juristas diz ter emprestado ao seu empreendimento no que diz respeito à "constitucionalização do processo". Falam em "comparticipação" e "influência" das partes na construção decisória como novidade a erigir a primazia dos direitos fundamentais do processo, esquecendo-se de que "comparticipação" (debate entre partes) é uma imanência secular do pressuposto de existência da litigiosidade sobres direitos e bens desde o *direito romano arcaico*, e "influência" é uma metáfora goldschmidtiana a significar o manejamento tópico-retórico de palavras fertilizadoras, colhidas do acervo jurisprudencial e doutrinário, que possam estrategicamente render "posições de vantagens" às partes perante o julgador imparcial (guardião da *imprevisibilidade* do seu próprio saber e decisão).

11.4.3 A logomaquia do NCPC

A terminologia do NCPC tornou-se uma falácia, na medida em que tudo que dispõe é perpassado por um arranjo logomáquico que cria para as partes um labor metafísico em seus pleitos ditos democráticos, porque encaminhados no sentido de um discurso aberto ao povo jurídico de "boa vontade" que kantianamente busca racionalidade para reforçar e prestigiar o saber das autoridades judicantes e jurisdicionais. Em verdade, o NCPC desconheceu, desde a sua redação, as diretrizes interpretativas a que todo o direito brasileiro estava submetido pela determinação dos arts. 4º e 5º da Lei nº 12.376 de 30.12.2010 (Lei de Introdução às Normas do Direito Brasileiro) que repete os dispositivos do dec.-lei da Ditadura Vargas (LICC), *litteris*:

> Art. 4º Quando a lei for omissa, o juiz decidirá o caso de acordo com a analogia, os costumes e os princípios gerais de direito.
> Art. 5º Na aplicação da lei, o juiz atenderá aos fins sociais a que ela se dirige e às exigências do bem comum.

Assim, aos juízes continua entregue, desde sempre no direito brasileiro, o privilégio de desvendar o caráter oculto do sentido normativo pela *livre interpretação* do direito escrito e atribuição de produção do direito na hipótese de ausência de normas ao enfrentamento dos conflitos jurídicos (proibição do *non liquet*), pouco importando a existência de súmulas vinculantes e das hipóteses arroladas nos incs. I a IV do art. 332 do NCPC, bem como do disposto nos seus arts. 489 e 926 a 928. É que a referida Lei nº 12.376, de 2010, abre aos juízes a oportunidade de flexibilizar e interditar a norma jurídica legislada, sempre em nome do atendimento "aos fins sociais e às exigências do bem comum" ou, na alegada omissão de norma escrita, criar o direito, reportando-se a analogias, costumes e princípios ao seu "prudente e livre arbítrio" (escolha).[17]

A omissão crônica de o MP e a OAB principalmente fiscalizarem os níveis instituintes, constituintes e constituídos do direito, ao longo de décadas, fez acumular um entulho normativo autoritário que gera para as gerações sucessivas de juristas grande perplexidade na compreensão e prática do direito. Nada se propugnou contra a *execução imprópria*, os prazos privilegiados, foros especiais, os precatórios, os critérios de ascensão à carreira pública (máxime da magistratura), a negação dos efeitos da lei processual no espaço pela via esdrúxula de *resoluções* e *enunciados* corporativos (a exemplo dos enunciados da Enfam – Escola Nacional de Formação dos Magistrados, enunciados do Fórum Permanente de Processualistas Civis, Jornadas de Direito Civil do Conselho de Justiça Federal, Resolução nº 203 do TST suspensiva da aplicação de artigos do NCPC), o exame de ordem, o quinto constitucional, a capitalização das faculdades de direito pelo ensino. Nada se fez em prol da indissolubilidade do *ensino e pesquisa* nos cursos de direito, da introdução de novas disciplinas nos currículos jurídicos, da valorização dos diplomas de cursos *lato* e *stricto sensu* em direito, da qualificação e valorização do professor universitário de cursos jurídicos, da premiação de juristas por trabalhos de *dissertação e teses* em direito, da assinatura de convênios nacionais e internacionais para estudos avançados do direito.

Nunca se opuseram à criação de regimentos internos por órgãos judicantes e legislativos que desafiam normas constitucionais, preenchendo lacunas do ordenamento jurídico que existem por voluntária e estratégica omissão legislativa. Claro que ausência de atuação, ao longo do tempo, da OAB e do MP, na erradicação de normas e práticas funcionais que distorcem a configuração de *Estado Democrático de Direito* assumida pelo Brasil a partir da CF/88, traz impasses jurídicos que entravam a compreensão e aplicação das leis no Brasil.

11.5 Análise crítica do Novo CPC na perspectiva da teoria geral do processo

Embora Cândido Dinamarco, em obra especializada,[18] tenha posto em dúvida o reconhecimento da "legitimidade científica" da *teoria geral do processo* por alguns de seus pares de cátedra, é a ele mesmo que, com admirável dedicação ao tema, coube incursionar por seus diversos vértices desde a obra clássica que, em parceria com Antônio Carlos de Araújo Cintra e Ada Pellegrini Grinover, introduziu em 1974 o título e ensino da disciplina que veio a firmar-se no Brasil com a carinhosa denominação de TGP. Dinamarco salientou o significado da disciplina, louvando-se nas lições de Liebman que não regateou palavras favoráveis à *teoria geral do processo*, porque através de seus conteúdos é que se buscaria a "unidade de raciocínio e estruturas teóricas" (*sic*), bem como é ela um horizonte de conhecimentos que transcendem a "dogmática processual, não lhe sendo própria a indagação ou formulação de regras, ou normas de direito positivo" (*sic*).

---

[17] LEAL, Rosemiro Pereira. *Teoria geral do processo*. 12. ed. Rio de Janeiro: Forense, 2014. p. 243-250.

[18] DINAMARCO, Cândido Rangel. *A instrumentalidade do processo*. 4. ed. São Paulo: Malheiros, 1994. p. 58 e ss.

Lembra também a posição de Celso Lafer que postulava para a disciplina caráter *problematizante*, se bem que Dinamarco não abandona a sua linha de reflexão pela qual pretendeu com a teoria geral do processo "organizar a realidade abrangente do processo segundo a *perspectiva instrumentalista*" (grifos nossos), ou seja, "a partir de uma visão externa, dando realce, pois, *à relação dialética de complementaridade existente entra ela e a ordem sócio-política e jurídico-substancial da sociedade*" (grifos nossos). Vale-se também do saber de Boaventura de Souza Santos que recomenda um "*método transgressivo* com plena consciência de suas dificuldades, mas com muita esperança nos benefícios que pode trazer". Por outro lado, Dinamarco ressalta as lições de Fazzalari quanto ao esforço de unificação do sistema processual pelo exemplo da Suécia, que tem código único para o processo civil e penal e das garantias constitucionais para todas as "espécies do processo" (*sic*). As propostas avançadas da teoria *generali* do processo em Fazzalari provocaram em Cândido Dinamarco a confissão de que, enquanto o professor de Roma punha o *processo ao centro* do sistema, o que se propunha era ali se colocar a *jurisdição*, apesar de a denominação da disciplina mencionar uma *teoria geral do processo*.

Em sendo Dinamarco a grande expressão da teoria processual na perspectiva de uma instrumentalidade ofertada ao exercício da jurisdição em escopos metajurídicos, ou seja, colhidos pela inteligência dos juízes na dialeticidade dos valores sociopolíticos e *jurídico-substanciais* de uma "sociedade" que sempre é primordial e pressuposta ao próprio direito legislado, caberia aos juízes fazer a *síntese* desse silogismo valorativo em que a premissa maior é a realidade social e a menor as conquistas substancialmente feitas por um pragmatismo jurídico do senso comum do conhecimento jurisdicional. Tal entendimento trouxe atualmente grandes dificuldades para distinguir os institutos do procedimento, da ação e do processo, em face da autonomia jurídico-institucional do *processo* como atualmente estudamos em concepções de um direito conforme o paradigma de Estado Democrático, não mais de Estado-nação em modelos liberal, social ou procedimentalista de direito como entidade omniabarcante (absoluta) das relações sociopolítico-jurídico-econômicas de um agrupamento humano de fundo nacional e patriótico.

É certo que, desde Wilhelm Sauer, um pioneiro do estudo do processo,[19] já por volta de 1910 foi editada sua obra que denominou *Alfgemeine Prozessrechtslehre* (teoria geral do direito processual) com viés dogmático em virtude de extrair indutivamente seus conceitos principiológicos da *práxis* jurídica de índole romano-canônica e anglo-germânica, como também se observa na obra de Enrique Véscovi (*Teoría general del proceso*) e em Couture em seus *Fundamentos de derecho procesal civil*.[20] Tarzia, por sua vez, outro importante processualista italiano, compreendia a *teoria geral do processo* como reflexão ligada ao valor humano pelo "justo processo", segundo as observações do próprio Dinamarco em obra indicada.

11.5.1 Noções de sistemas em processo

A partir das considerações introdutórias, é de se refletir como Dinamarco, em sua obra,[21] concebeu a teoria geral do processo como "uma disciplina altamente teórica",

[19] LEAL, Rosemiro Pereira. *Teoria geral do processo*. 13. ed. Rio de Janeiro: Editora Gen, 2015. p. 252.

[20] COUTURE, Eduardo J. *Fundamentos del derecho procesal civil*. 3. ed. Buenos Aires: Depalma, 1993.

[21] DINAMARCO, Cândido Rangel. *A instrumentalidade do processo*. 4. ed. São Paulo: Malheiros, 1994. p. 61.

atribuindo-lhe a finalidade de determinar as funções que a jurisdição, ação, defesa e processo desempenham num *sistema* jurídico adotado, segundo uma "correta visão política do processo" (*sic*). Ora, a acepção *política* de uma *teoria geral do processo* como disciplina a orientar a compreensão institucionalizante (fundante) e de atuação de um *sistema* jurídico de Estado Democrático, nos moldes da Constituição brasileira de 1988, traz grandes dificuldades para os estudiosos, tendo em vista que, não explicitada a *teoria jurídica* a dar suporte à concepção política da realidade a ser criada e operacionalizada por um *sistema normativo*, acolhe-se uma realidade social *a priori* do ordenamento jurídico, a qual, por intrínsecas jurisdicidade e antijurisdicidade concretas, bem próprias da "teoria" (ideologia?) tridimensional do direito de Miguel Reale (fato, valor e norma), seria apta pela privilegiada e alta sensibilidade da *auctoritas* jurisdicional a referenciar e homologar escopos adequados para estabilizar e demarcar estruturas comportamentais historicamente produzidas e indicativas do lícito e do ilícito no sentido de estabelecer segurança e paz social.

O problema com o qual nos deparamos nessa incursão temática é saber de qual *sistema* se trata ao cuidarmos de uma *teoria geral do processo* destinada, como disciplina das diretrizes curriculares do ensino do direito, a organizar o conhecimento jurídico-processual para a abertura do esclarecimento e compreensão dos *direitos fundantes* (fundamentais) da argumentação jurídica nos Estados Democráticos, quais sejam o contraditório, a ampla defesa e a isonomia, compositivos da instituição linguístico-jurídica que, em minha teoria neoinstitucionalista, denomino *devido processo*[22] como gênero a se desdobrar nas espécies do *devido processo legislativo* regencial da construção e atuação dos procedimentos legiferativos e do *devido processo legal* que, também de origem legiferativa, é o conjunto procedimental (procedimentos jurisdicionais e administrativos), legalmente implantado, bem como das demais normas integrantes de um sistema jurídico vigorante por uma *coinstitucionalidade* processualizada.

Portanto, a minha teoria não rende vinculação ao ensino de Fazzalari quanto à construção de uma *teoria geral do processo*, porque Fazzalari tem o processo como espécie de procedimento, enquanto sustento a acepção de *processo* como instituição jurídico-linguístico-autocrítica pelos institutos do contraditório, ampla defesa e isonomia, em conceitos já exaustivamente expostos em meus escritos, que apresenta *espécies processuais* implementadoras e legitimantes dos procedimentos. Enquanto Fazzalari submeteu o processo ao gênero procedimental, embora trabalhando avançadamente uma teoria do procedimento, entendo que conjecturei uma *teoria do processo* como gênero gestativo e fundamento da legitimidade das espécies procedimentais e de toda a normatividade processualmente (sistemicamente) criada em perspectivas paradigmáticas de direito democrático a colocar o Estado como uma das instituições instrumentais da *coinstitucionalidade* que é um discurso sistêmico processualmente elaborado em forma de *lei* matricial. Assim, releva-se de importância perquirir as características de um *sistema jurídico* para situar o que significa mesmo o que os instrumentalistas chamam de "método teleológico" na movimentação de um sistema normativo (legislado ou não) que ressalte o "valor do fim do direito" a compor o tema central de uma *teoria geral do*

---

[22] LEAL, Rosemiro Pereira. O *due process* e o devir processual democrático. *In:* SOARES, Carlos Henrique; DIAS, Ronaldo Brêtas de Carvalho (Coord.). *Direito processual civil latino-americano*. Belo Horizonte: Arraes Editores, 2013.

processo, uma vez que, nesse passo, fica obscuro identificar qual "direito" constitui um "valor" finalístico tão almejado pelos titulares da atividade jurisdicional.

Dizer que o *sistema*, como quer Tércio Sampaio Ferraz Jr., lembrado por Dinamarco,[23] é uma "ordem complexa, dotada de estrutura interna e cujos elementos se diferenciam entre si, mas se unificam pelos objetivos comuns", chegando mesmo à radicalidade semântica de se afirmar, a exemplo de Luhmann em seus arroubos ideológicos, que "o próprio sistema diferencia-se dos elementos exteriores e tem a sua própria autonomia", contendo em si mesmo uma unidade e harmonia a ser reafirmada por uma *teoria geral do processo*, é excluir o *processo* na construção do próprio sistema que tais autores exaltam pelo fetiche de uma autopoiese cujas bases materiais de vida reprimida, em sua rede histórica e social, não se oferecem à *pesquisa* jurídica de seus fundamentos. Com esse velamento da fundamentalidade teórica dos sistemas, a entrega da agregação dos seus elementos aos cuidados de uma *teoria geral do processo* retiraria dessa disciplina os ganhos de sentido obtidos pelo confronto que atualmente se propõe entre tópica, retórica, jurisprudência (que contemplam a dogmática analítica e a zetética) e a lógica da processualidade democrática que, construtiva dos próprios sistemas pela instituição crítico-jurídico-linguística do *processo*, empresta estabilidade na fruição de direitos fundamentais de *formas de vida*,[24] liberdade e dignidade,[25] desde o nível instituinte das leis vigentes.

O problema da eleição de um *sistema*, a partir do qual é extraído um "valor teleológico" ao alvitre da *auctoritas* (*expert*), cria dificuldades para esclarecer a importância de uma *teoria geral do processo*, como profliga Dinamarco,[26] que se destinasse a "colher os elementos da diversidade representada pelas variadas espécies de processo e reduzi-los à unidade" (*sic*). Tratar-se-ia a disciplina como bloco de enunciados instrumentais de amparo, reforço e consolidação de uma unidade de saberes jurídicos produtores de "elementos da diversidade" de "espécies processuais" como meras *ações*, confundindo-se, aqui, como sói acontecer aos adeptos da instrumentalidade processual, por coleta em Bülow e Goldschmidt, as dimensões lógicas de processo e procedimento, este como meio, modo, método, de "fazer justiça" pela atividade jurisdicional em múltiplas áreas jurídicas. Ante tal equívoco é que a expressão "processo jurisdicional" adquiriu fôlego de uma cientificidade paradoxal e fortemente dogmatizada, não se percebendo que a qualidade "jurisdicional" do processo retira deste a característica de logicidade argumentativa aberta a todos indistintamente (*hermenêutica isomênica*) a propiciar a legitimidade do próprio exercício da atividade decisória na perspectiva de Estado Democrático (Estado não dogmático). Ao se aliar processo e *poder estatal*, convocando uma *teoria geral do processo* para abonar tal conexão, o Estado assume, nesse horizonte de compreensão, o sentido de entidade totalizante (republicanista) portadora de um absoluto ético (convicções de Hegel) só aferível pela mente prodigiosa de outro mito que é o *Estado-juiz*.

---

[23] DINAMARCO, Cândido Rangel. *A instrumentalidade do processo*. 4. ed. São Paulo: Malheiros, 1994. p. 62 *fine*.

[24] AGAMBEN, Giorgio. *Meios sem fim* – Notas sobre a política. Belo Horizonte: Autêntica, 2015. p. 13-21.

[25] LEAL, Rosemiro Pereira. *A teoria neoinstitucionalista do processo*: uma trajetória conjectural. Belo Horizonte: Arraes Editores, 2013. p. 102-103.

[26] DINAMARCO, Cândido Rangel. *A instrumentalidade do processo*. 4. ed. São Paulo: Malheiros, 1994. p. 67.

11.5.2 O Novo CPC e sua ideologia normativa

Não é difícil inferir das primeiras linhas que compõem os artigos iniciais do Novo CPC (Lei nº 13.105/15) que, compatíveis com a sua Exposição de Motivos, cumprem o saudoso objetivo do realismo positivista da velha escola historicista do direito ao propugnar um processo resolutivo de conflitos como forma de realização dos "valores constitucionais", compreendendo estes, por remissão expressa a Sálvio de Figueiredo Teixeira, "como um conjunto de instituições voltadas à realização da paz social" (*sic*). Torna-se evidente que essa visão mítico-utópica de *paz social* que erroneamente se emprestou ao paradigma de Estado Democrático de Direito referido pela CF/88 (art. 1º) é, para os mentores do Novo CPC, de uma entidade política envolta num sincretismo de Estados Liberal e Social de Direito em que a *auctoritas* jurisdicional deve dizer quais os *valores constitucionais* que se ajustam à realização da paz social como fator protetivo de direitos "ameaçados ou violados". Excluem-se dessa proteção aqueles que, por nada terem, não estão suscetíveis a serem ameaçados ou violados em direito.

Entendo, no entanto, que o Novo CPC (2015), talvez por um louvável equívoco de seus elaboradores, ao se vincular ao princípio da *eficiência* sistêmica, impõe *ex-oficio* ao juiz, por determinação incontroversa de seu art. 8º, o dever de *resguardar e promover a dignidade da pessoa humana ao aplicar o ordenamento jurídico*. Logo, o Novo CPC atrela-se ao art. 170 da CF/88 como lei instrumental a permitir ações (procedimentos inominados), em caso de omissão do agente jurisdicional, aos interessados diretos e indiretos e, por dever constitucional, ao Ministério e Defensoria Públicos, para que, na base instituinte das leis do planejamento, do plano e das diretrizes orçamentárias (arts. 165 e 174 da CB/88), sejam especializadas verbas em programa de duração continuada ao atendimento de implementação imediata do direito fundamental de dignidade pela atividade jurisdicional e, na hipótese de não previsão e disponibilidade orçamentárias, a tal fim, que se faça pela via requisitiva ao Tesouro Nacional (União) sob pena de responsabilização dos agentes públicos. Compor conflitos jurídicos pela via da mediação, conciliação, cooperação, sem indagar do mínimo equilíbrio econômico entre transatores, é preservar a *fonte dos conflitos* na base fundante de uma sociedade a que se propusesse criar por conquista constitucional democrática, bem como confundir o instituto da transação de direitos com a submissão à violência da vontade do economicamente amparado em suas necessidades mínimas. Tive oportunidade, em obra específica, de desenvolver o tema em que identifico uma distinção entre *sujeito natural, sujeito individual* e *sujeito de direito*, este último como sujeito natural que, ultrapassando seu patrimônio biológico, é juridicamente investido de direitos fundamentais de vida humana, liberdade discursiva e dignidade socioeconômico-intelectiva.[27]

Outro aspecto relevante, numa acepção-macro do Novo CPC (2015), é o disposto no art. 7º: "É assegurada às partes paridade de tratamento em relação ao exercício de direitos e faculdades processuais", porque, nesse passo, tornam-se inconstitucionais, em face do Novo CPC (art. 1º) que presta obediência expressa à CF/88, os dispositivos do próprio Código que cuidam da *execução imprópria* (arts. 534, 535 e 910), ou seja, a execução por título judicial e extrajudicial contra a Fazenda Pública, em que esta se põe

[27] LEAL, Rosemiro Pereira. Modelos processuais e Constituição Democrática. *In:* MAGALHÃES, Joseli Lima (Coord.). *Temas de direito processual democrático*. Teresina: EDUFPI, 2012. p. 73 e ss.

em flagrante descompasso com o direito fundamental de *isonomia* entre partes (art. 5º *caput* da CB/88), bem como se aproveita de instrumento torpe à liquidação do débito pela Fazenda Pública a que se denomina *precatório*, sendo que este recebe impropriamente amparo constitucional (art. 100 da CF/88), o que acarreta inconstitucionalidade da norma constitucional instituinte de tal aberração jurídica, porque também se confronta com direito fundamental da *isonomia* constitucionalmente assegurado. Aliás, escrevi longo artigo intitulado *A persistente inocuidade da execução imprópria* no direito brasileiro, com publicação em obra coletiva com ilustrados professores e juristas.[28]

11.5.3 Posições antagônicas: TGP e poder

Por isso, apontar, como expõe Dinamarco,[29] que é o "tronco, como *poder* da árvore do processo", que fornece a "seiva" para os demais ramos do direito, devendo a *teoria geral do processo* encampar "grandes princípios", "grandes garantias" e "grandes esquemas lógicos" como objeto de ordenação ao *exercício do poder*, não ficam explicitados os fundamentos da força desse *poder* que mais se assemelha à "força de lei"[30] que, a talante da jurisdição, pode até mesmo interditar a própria lei em nome do metajurídico enigma de dominação social traduzido em largos espectros de bem-comum, bem-estar e paz social (valores tão caros à dogmática analítica de uma ciência do direito egressa de saberes solipsistas e do indutivismo do empirismo lógico de mentes epagógicas).

De conseguinte, o que se espera de uma *teoria geral do processo* na contemporaneidade[31] é o trabalho de crítica pela via da instituição linguístico-jurídico-autocrítica do *processo* (aqui na concepção de minha teoria neoinstitucionalista) nos diversos discursos da legalidade para testificar o grau de democraticidade e antidemocraticidade de seus conteúdos normativos ao esforço incessante de eliminação de erros (casos de ignorância), à redução dos níveis de *problemas* que entravam o exercício de uma *vida humana* que não seja naturalizada[32] em seu vitalismo orgânico a serviço de sistemas biopolíticos de insistente potencial repressor institucionalizados em forma de *poder estatal* ao longo dos séculos. O que aqui propugnamos é um curtíssimo ensaio crítico por uma conjectural *teoria geral do processo* em face da atual (2015) lei processual civil codificada.

Vislumbrei, portanto, o intento de aqui destacar alguns aspectos que possam concorrer à construção do projeto constitucional de Estado Democrático de Direito, buscando harmonizar, por indeclinável prioridade, o art. 1º do CPC (2015) e o art. 1º da CF/88 – suponho que este deverá ser o marco crítico-epistemológico de auspiciosa temática para uma nova geração de processualistas no Brasil.

---

28 LEAL, Rosemiro Pereira. A persistente inocuidade da execução imprópria. *In:* SANTOS, Ernane Fidelis dos *et al.* (Org.). *Execução civil*: estudos em homenagem ao Professor Humberto Theodoro Júnior. São Paulo: Revista dos Tribunais, [s.d.].

29 DINAMARCO, Cândido Rangel. *A instrumentalidade do processo*. 4. ed. São Paulo: Malheiros, 1994. p. 73.

30 DERRIDA, Jacques. *Força de lei*. 1. ed. São Paulo: Martins Fontes, 2007.

31 AGAMBEN, Giorgio. *O que é o contemporâneo e outros ensaios*. Chapecó: Argos, 2009.

32 LEAL, Rosemiro Pereira. Os direitos fundamentais do processo na desnaturalização dos direitos humanos. *Virtuajus – Revista Eletrônica*, v. 5, n. 1, jul. 2006. Disponível em: http://www.fmd.pucminas.brvirtuajus/1-2006. Acesso em: 20 abr. 2010.

CAPÍTULO 12

A CONTINUIDADE DO CARÁTER OCULTO DO SENTIDO NORMATIVO NO DIREITO BRASILEIRO

12.1 O vandalismo da vontade legífona na gestação normativa

Cumpre divulgar, como abertura do que se discorrerá adiante, que o mais grave vandalismo sistêmico sofrido pelo país, após a CF/1988, é a continuidade da vigência da chamada LICC (Dec.-Lei nº 4.657 de 4.9.1942 da Ditadura Vargas) que estabeleceu normas introdutórias para a interpretação do Código Civil revogado de 1916, tendo sua validade reafirmada no Novo CC de 2002 quando já em vigor a CF/1988. Entretanto, numa desrespeitosa amostragem da indigência científico-jurídica do Congresso Nacional, tal *decreto-lei* recebeu recentemente o rótulo de "Lei de Introdução às Normas do Direito Brasileiro" (Lei nº 12.376 de 30.12.2010) com preservação, na sua integralidade, do texto do velho *dec.-lei* da Ditadura Vargas. Houve apenas troca de nome de decreto-lei para *lei*, isto é, intentou-se democratizar, com o rebatismo, a fachada de um *dec.-lei* que instalou (açodou totalmente) a tirania da *vontade legífona* do Judiciário. Assim, aos juízes continua entregue o privilégio da *livre interpretação* do direito escrito e a atribuição de produção do direito na hipótese de ausência de normas ao enfrentamento dos conflitos jurídicos (proibição do *non liquet* – arts. 4º e 5º da Lei nº 12.376/2010), *litteris*:

> Art. 4º Quando a lei for omissa, o juiz decidirá o caso de acordo com a analogia, os costumes e os princípios gerais de direito.
> Art. 5º Na aplicação da lei, o juiz atenderá aos fins sociais a que ela se dirige e às exigências do bem comum.

Certamente que a ninguém escapa a óbvia conclusão de que a escola do *frei recht* que deu suporte ao nazifascismo ítalo-germânico ainda perdura na geração e aplicação do direito brasileiro, apesar da CF/1988. Sabe-se, também, porque elementar em direito, que normas interpretativas são de índole sistêmico-operacional, logo pertencem ao âmbito de reflexão do *direito processual* que não é mais, por estudos avançados, instrumento da jurisdição.

O anterior CPC, também de fontes ditatoriais (1973), foi coerente em reafirmar por vários artigos (126, 131 e 462) a *livre interpretação* e dicção do direito e da prova pelo juiz, o que também se verifica no NCPC, art. 8º. Percebe-se que, numa reviravolta esdrúxula a tudo que se possa aprender em *semântica*, as ditaduras, quando se abdicam do lugar de *sujeito da enunciação* de uma salvífica ordem jurídica,[1] delegam ao Judiciário a condição de fiel depositário da perenidade de sua eficácia excetiva. Portanto, o que não vem sendo respondido pelos *processualistas*, em face da inexistência de *pesquisa* científica nos currículos universitários do direito (que só contemplam o *ensino* repetitivo), é a causa de o Judiciário aceitar o messianismo do "fazer justiça" pelas normas mantenedoras ou ampliativas de seu *poder* de julgar em grau derradeiro.

Em primeiro lugar, as faculdades de direito não renovaram, a partir de 1988, suas matrizes curriculares, com introdução de novas disciplinas, para a operacionalização das conquistas constitucionais democráticas da CF/1988. Também, institui-se um *exame de ordem* que privilegia uma prática forense sem cogitar dos fundamentos do sistema jurídico a que esta *práxis* presta obediência. Os concursos públicos, na área do direito, ao aprovarem candidatos, que nada disso indagam, oneram a já elevadíssima carga tributária do país com remuneração de operadores de saberes jurídicos redundantes, triviais, inócuos e alienados. A ascensão às carreiras jurídicas nos diversos âmbitos da Administração Governativa (Executivo, Legislativo, Judiciário) ainda se fazem por critérios deontocronológicos de merecimento e antiguidade, o que não impõe aos servidores de funções complexas a frequência a cursos de especialização, atualização e, *principalmente*, de pós-graduação *stricto sensu* como forma de lhes criar horizonte crítico adequado a colocar em interrogação as suas exaltadas vocações míticas de predestinação e talento para julgar e "fazer justiça" com seus dotes ditos imanentes e intuitivos de bom-senso, sensibilidade, equilíbrio, sobriedade, clarividência e imparcialidade. Aliás, o que se legislou foi a permissão de implantar *escolinhas interna corporis* anexas aos Tribunais Superiores (parágrafo único, I, do art. 105 e §2º, I, do art. 111-A da CF/1988) para titulação de saberes já ideologizados pela construção jurisprudencial em moldes do *Welfare State* do cotidiano tribunalício em afronta ao paradigma constitucional democrático pelo *devido processo* que qualifica o Estado brasileiro.

12.2 A incompossibilidade da dogmática jurídica e o processo coinstitucionalizante

Na medida em que se ponham em relevo inerentes atributos justiceiros aos decisores judiciais, ceifam-se aspectos científico-institucionais da judicacionalidade quanto ao seu comprometimento com a *teoria da constitucionalidade* que possa distinguir um direito de caracteriologia democrática de outro de origem diversa. A *ciência dogmática do direito* ainda dorme ninada nos braços e abraços de gerações seculares de julgadores nostálgicos cujo *saber* é retirado do seu *poder* de decidir. Pratica-se o *dogma* da compulsoriedade das decisões em nome da celeridade e efetividade do processo sem nem mesmo saber qual *processo* se adota entre as múltiplas teorias que encaminham a construção de um

[1] CARRIÓ, Genaro. *Sobre los límites del lenguaje normativa*. Buenos Aires: Editorial Astrea, 1973. p. 78-85.

sistema jurídico-democrático.[2] Admite-se que tudo que está na Constituição é constitucional, ainda que expressamente a Constituição eleja o *paradigma jurídico* de atuação processual de Estado Democrático como indicativo do indeclinável dever de expurgo de antinomias obstativas da concreção dos direitos fundamentais constitucionalizados, destacando-se o da *dignidade* (art. 170 da CF/1988).

O *tonus* do NCPC é a efetividade como realização célere do direito. Entretanto, a celeridade assegurada na CF/1988 (art. 5º, LXXVIII) não significa aceleração pela decisão *secundum conscientiam*, porque tal colidiria com o inc. II do art. 5º da Constituição.[3] Sequer poderia o juiz, a seu alvitre, dar cumprimento aos arts. 126, 131 e 462 do CPC/73 que se repetem em conteúdos nos arts. 140, 375 e 493 do NCPC, porque, em sendo o Brasil um Estado Democrático de Direito (art. 1º da CF/1988), o *direito* a que se refere a Constituição não é aquele advindo de qualquer fonte (usos e costumes, consciência do juiz, princípios gerais, constantes do ex-dec.-lei da Ditadura Vargas), uma vez que a *lei* (ato jurídico provimental) aludida no inciso constitucional (art. 5º, II) é a produzida e vincada pelo *devido processo* como instituição constitucionalizante e operadora de direitos fundamentais do processo, *líquidos e certos*, entre os quais o da *isonomia* que põe todos os integrantes da comunidade jurídica constitucionalizada em *isotopia* compreensiva (ante uma língua comum a partir da escritura legal) quanto ao exercício de *direito igual* de interpretação normativa,[4] não incluídas aqui, por óbvio, normas morais, éticas ou consuetudinárias, do pragmatismo linguístico da fala coloquial ou tecnológica do decisor dogmático (mítico).

O desaviso dos *processualistas* do novo milênio é o mesmo registrado nos séculos passados: admite-se um direito produzido, atuado, modificado e extinto, segundo a *linguagem natural* dos seus praticantes que, destinatários de uma ciência dogmática do direito, repassam aos especialistas (doutrinadores) a tarefa de explicitarem quais *dogmas* devam apofanticamente prevalecer por uma nomenclatura categoremática que, embalados nas asas de uma tópica e retórica nadificantes e sedutoras, são insuscetíveis de arguição quanto à sua validade e legitimidade paradigmáticas a não ser pelo confronto com outros *dogmas* jurisprudencialmente assentados por tribunais excelsos. Aliás, para todos os crédulos numa *linguagem natural*, máxime Habermas e demais culturalistas (prudencialistas)[5] e historicistas na atualidade, o próprio discurso constitucional é construído por uma jurisdição histórica de integrantes de esferas públicas (agorismo) a não permitir para os juridicamente concernidos uma *metalinguagem* fundada em estofos estáveis de intrassignificação de um sistema jurídico que ensejassem o exercício de uma *hermenêutica isomênica*,[6] isto é: de um *direito igual* para todos de interpretar a *lei* a partir de balizamentos semânticos processualmente estabilizados nos âmbitos instituinte e constituinte da sistematicidade jurídica, porque, nas democracias não paideicas, o decisor não pode ser portador prodigioso de melhores argumentos e de melhor razão ao interpretar a lei ante a comunidade jurídica de legitimados ao processo (povo).

---

2 LEAL, Rosemiro Pereira. *Teoria processual da decisão jurídica*. São Paulo: Landy, 2002.

3 DIAS, Ronaldo Brêtas de Carvalho. *Processo constitucional e Estado Democrático de Direito*. Belo Horizonte: Del Rey, 2010. p. 118-123.

4 LEAL, Rosemiro Pereira. *Processo como teoria da lei democrática*. Belo Horizonte: Fórum, 2010. p. 271-283.

5 VIEHWEG, Theodor. *Tópica e jurisprudência*. Brasília: Departamento de Imprensa Nacional, 1979. p. 5 *fine*.

6 LEAL, Rosemiro Pereira. *Processo como teoria da lei democrática*. Belo Horizonte: Fórum, 2010. p. 274.

Por vários artigos do Novo CPC, a exemplo dos CPCs anteriores (1939 e 1973), suprime-se o exercício de uma *metalinguagem*, transformando a Lei Codificada Civil, por violação ao *devido processo* no Estado Democrático de Direito, em peça exclusiva do manipulador do sentido normativo (juiz) pela *auctoritas*[7] de que está investido. A mítica da autoridade na dicção do direito submete a interpretação jurídica à regência de juízos ordálicos e de conveniência e equidade que escapam à cognitividade probatícia de democratização decisória pelo contraditório e ampla defesa, excluindo o discurso jurídico (escritura legal) como eixo polarizador de sentidos para todos os argumentantes *processualmente* legitimados. Nesse quadro, a heterossignificatividade do discurso jurídico, em razão da recusa judicial infiscalizável de acatar o *paradigma teórico* da estatalidade constitucionalmente adotado, é deslindada pela intuição, sensibilidade e clarividência do magistrado na esfera de sua solitária consciência.

É certo que o *caráter oculto do sentido normativo* é preservado pelo Judiciário nos Estados Liberal e Social de Direito como forma de reafirmar um *saber interpretar* que, extrapolando o sujeito da enunciação da norma (o legislador), só adquire *intelegibilidade fora* do próprio discurso normativo (*lei*) que é o lugar extraceptivo (estado textual de exceção) no qual a *auctoritas* interdita o sentido da lei por consentimento da própria lei. Esse é o artifício (simulacro)[8] acolhido pela ciência dogmática do direito que, ao tempo em que coloca o *princípio da reserva legal* como garantia de uma interpretação democrática (pressuposto do embuste), dele simultaneamente se utiliza para, *por lei*, dispensar a existência de *lei* nas hipóteses em que não haja normas escritas específicas à compulsória resolução judicial dos conflitos. A *norma fundamental* de Kelsen é exemplo que abona o artifício autoritário de se colocar fora do sistema jurisdicizado a norma primeiro-última (hipotética), que é fundamentante de todo o sistema jurídico, a ser extraída de um mundo não primariamente legiferado[9] e que se expressa em forças ético-morais ou sociais (*grundnorm*) que se integram como precedente ideológico da coesão normativo-jurídico de um sistema a ser legiferativamente constitucionalizado (*direito pós-ativo* retoricamente denominado *direito positivo*). A *completude* do sistema jurídico em Kelsen é assegurada por normas já postas por uma pauta de crenças e valores primordiais (*direito* ativo) só acessível ao decisor investido de *autoridade*.

12.3 Isomenismo *versus* garantismo e ativismo

Portanto, a querela que se trava entre *garantismo* e *ativismo* é mera falácia, de vez que tanto o garantismo (primazia da constituição) quanto o ativismo (atuação judicial jurisprudencializada) depositam a *interpretação do direito* nos dogmas de certeza do sentido normativo ditado pela *auctoritas*. No paradigma de Estado Democrático de Direito, que não é o observado pelo *Novo CPC*, o juiz não é árbitro, mediador ou Estado, para individualmente dizer o que o direito legislado é, mas mero operador, como as demais partes e interessados, do sistema jurídico criado e estabilizado por *direitos fundamentais líquidos e certos* do *processo* (não por cláusulas pétreas do discurso prático-moral) desde

---

7 LOPES, Edward. *Discurso, texto e significação*: uma teoria do interpretante. São Paulo: Cultrix, 1978. p. 4-5.

8 MOREIRA, Luiz. *A Constituição como simulacro*. Rio de Janeiro: Lumen Juris, 2007. p. 94.

9 BARZOTTO, Luís Fernando. *O positivismo jurídico contemporâneo* – Uma nova introdução a Kelsen, Ross e Hart. São Leopoldo: Editora Unisinos, 1999. p. 70-71.

seus âmbitos instituinte e constituinte. As decisões egressas do nível constituído de direitos, codificados ou não, hão de lhes prestar vinculação plena, possibilitando, assim, uma *hermenêutica isomênica*[10] a toda comunidade jurídica constitucionalizada, bem como uma *fiscalidade processual* incessante, ampla e irrestrita, à fruição, por todos, de direitos fundamentais de vida-contraditório, liberdade-ampla defesa, isonomia-dignidade (igualdade), conforme preconiza a minha *teoria neoinstitucionalista do processo*.[11]

O que restaria examinar – o que já fizemos por pesquisa colegiada – são as linhas ideológicas, em seus meandros tópico-retóricos, da *Exposição de Motivos* do CPC de 1973,[12] para que se tivesse, com a possível edição de um Novo CPC (que certamente não será inovador em conteúdos paradigmático-jurídico-democráticos na perspectiva constitucional brasileira do *devido processo*), a oportunidade de promover uma visitação comparada de exposições de motivos. Há de se aferir o grau tecnológico da atuação da procedimentalidade pela aliança da técnica jurídica à ciência dogmática do direito (lugar do saber doutrinal) que obstrui a investigação dos fundamentos dos ordenamentos jurídicos e a sua historicamente comprovada imprestabilidade à prevenção das guerras genocidas e dos desastres humanos e ambientais que, por séculos, nos afligem.

O que se testemunha é o *ativismo-garantismo* de um direito homologatório de realidades políticas miticamente implantadas em que decisores (autoridades) já pertencem a uma *sociedade pressuposta* antes mesmo de se considerarem integrantes de um projeto de uma sociedade democrática de direito constitucionalizado, negando a esta existência real e atribuindo àquela uma existência verdadeira e portadora de valores aos quais historicamente aderiram sem qualquer reflexão sobre suas bases fundantes e operacionais. É essa mesma *sociedade pressuposta*, denominada *civil* em suas camufladas origens, que torna indiscerníveis tirania e democracia, em que democracia é a promessa a ser cumprida pela tirania e esta a necessária condição para restabelecer a democracia.

A *democracia* entendida dos gregos ao iluminismo firmou a falsa convicção de que é democrática a sociedade que assegure direitos de ir e vir, de liberdade de expressão e de aquisição da cidadania pelo voto. Exclui-se dessa reflexão a *teoria da lei jurídica*[13] a criar esses direitos. Tudo viria da *physis* ou da *ratio* de modo autopoiético por meio de uma história tida como absolutamente racional e inocente em seus propósitos a gerar para os homens exemplaridades axiológicas como herança indescartável. O que fica oculto nessa cômoda e cruel perspectiva são os critérios semânticos da normatividade jurídica para assegurar esses direitos. Primeiro, porque assegurar não é criar, estabelecer ou implementar. Segundo, porque é retórico o asseguramento de direitos para quem nenhum direito historicamente tenha para ser assegurado.

Diga-se o mesmo do art. 5º, XXXV, da CF/1988 (que aqui não é democrático) ao impedir retoricamente qualquer lesão ou ameaça a direitos sem a providencial intervenção do "Poder Judiciário", pois, nessa hipótese, fica descoberto aquele que já não seja, antes mesmo da vigência da Constituição, portador de direitos suscetíveis de lesão

---

[10] LEAL, Rosemiro Pereira. *Processo como teoria da lei democrática*. Belo Horizonte: Fórum, 2010. p. 271-283.

[11] LEAL, Rosemiro Pereira. Os direitos fundamentais do processo na teoria neoinstitucionalista. *In*: DIDIER JÚNIOR, Fredie; JORDÃO, Eduardo Ferreira (Coord.). *Teoria do processo* – panorama doutrinário mundial. Salvador: Juspodivm, 2008. p. 905 e ss.

[12] LEAL, Rosemiro Pereira (Coord.); ALMEIDA, Andréa Alves (Org.). *Comentários críticos à exposição de motivos do CPC de 1973 e os motivos para a elaboração de um novo Código*. São Paulo: Lemos & Cruz, 2011.

[13] LEAL, Rosemiro Pereira. *Processo como teoria da lei democrática*. Belo Horizonte: Fórum, 2010.

ou ameaça. Esse é o *modelo civil*[14] de *processo*: o processo se confunde com a atividade judicial (dita jurisdicional) e direitos são assegurados antes de serem implementados em sua fundamentalidade para todos indistintamente. Aliás, o Judiciário exclui-se da implementação de *direitos fundamentais* líquidos, certos e exigíveis, como se estivesse fora do sistema jurídico (e sempre estará se inalteráveis as regras vigentes de qualificação de bacharéis, advogados e magistratura, para a prática do direito no paradigma do Estado processualmente democrático).

12.4 O despotismo da jurisprudencialização do direito

Contudo, tratando-se de lei nova (Novo CPC) editada no âmbito de um Estado Democrático de Direito constitucionalizado, como o brasileiro, a principal cogitação que se nos pesa logo à primeira vista é saber qual a linha interpretativa de seu próprio discurso jurídico definida em sua *Exposição de Motivos* e se os artigos que compõem a sua escritura guardam fidelidade ao *paradigma jurídico-linguístico-processual* coinstitucionalmente adotado. É nesse vértice que é possível, na atualidade, saber se um estatuto jurídico é democrático ou não. A característica democrática de um *discurso jurídico*, com os avanços que a semântica obteve no século passado, só é conjecturável pelo atributo de *coletivização do sentido* normativo (interpretante) que o próprio discurso possa oferecer no transcurso da procedimentalidade processualizada desde o âmbito instituinte da *lei*. O que afasta o despotismo de *incidentes de coletivização* de sentidos normativos pela jurisprudência da *auctoritas* é a designação de um *direito democrático* da contemporaneidade na visão neoinstitucionalista do *processo*. Aqui a importância da pesquisa científica em direito se impõe para, aprofundando saberes produzidos no século XX não trazidos para os programas do ensino jurídico, apreender conceitos de áreas de um novíssimo conhecimento que colocou em interrogação a radical crença indutivista da Escola de Viena (a epagógica prática jurídica) e o fervor historicista da Escola de Frankfurt (a sociologia como base do direito) pelas ousadas descobertas da linguística, da psicanálise, da metodologia da pesquisa científica e da filosofia das ciências, da lógica do racionalismo crítico, entre outras.

Não pode, nas democracias processualizadas, prevalecer a máxima da dogmática jurídica de que "cada cabeça é um mundo" ou "cada mundo tem suas principais cabeças" na operacionalização do direito na contemporaneidade. Tanto as regras de interpretação de Savigny quanto as de Carlos Maximiliano, as de Alexy, as de Perelman, e de todos aqueles que põem o intérprete (não o interpretante) no centro da compreensão do discurso jurídico, não trabalham o nível instituinte da produção normativa como recinto de fixação, identificação e fiscalização teóricas, do sentido das *leis*. Por isso, é que só com escolha entre teorias da *linguisticidade jurídica* (atualmente denominada *processo*), porque assentada em postulados autocríticos (contraditório, ampla defesa e isonomia), é possível identificar um *sistema democrático* pela coinstitucionalização respectiva de direitos à vida humana, liberdade e dignidade, para toda a *comunidade jurídica de legitimados ao processo*.

---

[14] LEAL, Rosemiro Pereira. Modelos processuais e Constituição Democrática. *In*: MACHADO, Felipe Daniel Amorim; CATTONI, Marcelo. *Constituição e processo*. Belo Horizonte: IHJ e Editora Del Rey, 2009. p. 283-292.

O hiato que se configura entre Novo CPC e a CF/1988 elide qualquer cogitação de ser o *discurso coinstitucional* brasileiro, para os fabricantes de leis, quanto a direitos fundamentais líquidos, certos e exigíveis, processualmente criados e assegurados (art. 5º, §1º, e itens LIV e LV, da CF/1988), o *interpretante lógico-jurídico* de todo o ordenamento jurídico. Percebe-se atualmente no direito legislado um *convívio promíscuo* de normas textuais (totalitárias, passíveis de interpretação extrassistêmica) e normas discursivas (endossignificativas) a esfacelar o sistema jurídico, imprimindo-lhe ideologias luhmannianas e habermasianas de Estado Liberal e Social de Direito que são inconstitucionais no Brasil. A perdurarem essas antinomias, o *contraditório e a ampla defesa*, quando disponibilizados em lei, são meras tagarelices de uma *linguagem praxista* que, impossibilitada de se converter em *argumentações jurídicas* egressas da intradiscursividade sistêmica (democrática) da coinstitucionalidade processualmente gestada, traduz apenas um duelo linguageiro (não teórico) entre intérpretes do ordenamento jurídico em que prevalecerá a vontade imperiosa da *auctoritas*.

12.5 Conclusão

Assim, em sendo a *auctoritas* regente da interpretação, é inevitável a manipulação (monopólio) do sentido normativo pelo Estado-juiz, tornando *não refutável* e não falseável o saber-poder da autoridade-intérprete que exerce sua judicância como integrante dogmático de uma *sociedade tribal* (Popper) não aberta à crítica teórica em seus fundamentos jurídico-intradiscursivos de construtividade, validade e fiscalidade (legitimidade) gênicas, ceifando, portanto, a dessujeitização do sentido normativo sistêmico (suporte de fundamentação do direito democrático) com reafirmação da manipulação jurisprudencial (tribunalícia) da teleologia das leis em que *civil e common law* se articulam à celebração autoritária do império do *saber-poder* da *auctoritas* gloriosa em seu reinado indevassável. Com isso, a advocacia torna-se atividade infortunística ao lidar com um ordenamento jurídico cuja significação está fora do discurso normativo e só conotável em suas denotações por *juízos* (compreensões textuais) imanentes à autoridade "jurisdicional".

CAPÍTULO 13

A CRISE DO DOGMATISMO E IMPLICAÇÕES JURÍDICO-POLÍTICAS

A *crise* atual do dogmatismo não encontra solução pela velha concepção de Saint-Simon (1807)[1] que balizou as obras de Hegel a Marx e dos demais discípulos do historicismo. Não mais é possível entender a "crise" como lugar histórico da *crítica* para corrigir os desacertos da modernidade iluminista que avança insistentemente como *técnica* que se aperfeiçoa por uma *ciência* que não investiga os fundamentos da técnica, ocupando-se apenas de seus efeitos economicistas (mercantilistas) imediatos. Fazer e desfazer litígios de modo fecundo e abundante é uma ambição enfermiça que vai muito além do princípio do prazer que tanto empolga a comunidade jurídica de nossos dias. Esse é um *tema* que interessa à contemporaneidade dos estudos do direito, se visto também na concepção de Agamben.[2] Entretanto, limita-se aqui a uma exposição sucinta das interfaces mais complexas do tema sem que se pretenda adentrá-lo em forma de artigo jurídico-científico de abertura e fechamento em largas implicações no discurso das diversas áreas do direito.

13.1 O *non liquet* e a crise do direito

A proibição do *non liquet*[3] por séculos a fio promoveu a construção do direito por uma ciência dogmática caracterizada pela lógica das decisões egressa de juízos de certeza, conveniência e equidade, e por uma racionalidade induzida da natureza ou da natureza humana. A decisão judicial autodeterminou-se ante a decisão jurídica em face do caráter retórico do princípio da legalidade.[4] Nesse cenário, a judicialização da política e a politização da magistratura se fazem pela jurisprudência dos interesses na base instituinte e constituinte do direito e pela jurisprudência dos conceitos no nível

---

[1] SAINT-SIMON, Claude Henri. Introduction aux travaux scientifiques du XIXe siècle. In: ABBAGNANO, Nicola. *Dicionário de filosofia*. São Paulo: Martins Fontes, 1998. p. 222.

[2] AGAMBEN, Giorgio. *O que é o contemporâneo e outros ensaios*. Chapecó: Argos, 2009.

[3] LEAL, Rosemiro Pereira. *Teoria processual da decisão jurídica*. São Paulo: Landy, 2002. p. 37.

[4] LEAL, Rosemiro Pereira. *Processo como teoria da lei democrática*. Belo Horizonte: Fórum, 2010. p. 131.

constituído dos direitos como resultante da atividade jurisdicional abonadora dos mesmos interesses de uma sociedade política pressuposta[5] a que pertencem os decisores antes mesmo de decidirem.

O Estado, nessa conjuntura, identifica-se com o mercado de troca de vantagens pessoais, funcionais e institucionais, pouco importando se o sistema é aberto ou fechado em concepções luhmannianas, positivistas, jusnaturalistas, hermenêuticas, logicistas, crítico-verificacionistas ou sociologistas-justificacionistas. A democracia é um emblema pelo simulacro de uma constitucionalidade jurídica suscetível a flexibilidades em seus conteúdos pelos juízos de livre convencimento de seus intérpretes engastados em tribunais de excelsos saberes já pré-compreendidos no empirismo lógico, no convencionalismo e no realismo mecanicista[6] que orientam a ideologia da dominação social. Direitos fundamentais confundem-se com direitos individuais com prevalência da retórica dos direitos humanos[7] implementáveis pela via de ações afirmativas[8] de cunho político-judicialista. Veda-se, assim, distinguir paradigmas de Estado que são a maior conquista teórica da atualidade dos estudos jurídicos à busca de uma nova conceituação de democracia que não é mais herdeira da Paideia grega e de seus consectários mítico-totalitaristas.

A tópica de Viehwig[9] foi o reforço que faltava à obra de Vico[10] para a mistificação aculturalizada do direito em que o Estado é o cinturão mítico protetor de uma sociedade (rede linguística) achada no fluxo dos séculos como doadora e fonte de direitos para os civis[11] (os patrimonializados) guiarem a criação e o sentido das leis para todos. Assim, o debate que se trava entre o *direito*, *política* e *crise* há de adrede explicitar qual paradigma de direito e Estado encaminha a existência de uma coletividade de pessoas a propiciar o exercício da *práxis* e da *lexis* caracterizadoras da formação da *politeia*. Esta que é a atividade do bem-estar-entre-os-homens (isegoria), não podendo desgarrar-se, segundo o sansimonismo, de sua imanente *organicidade* historicamente estruturada e, por isso, devendo, ela própria, inaugurar um momento *crítico* ante possíveis ambiguidades e contradições para debelar a *crise* (ruptura histórica) que seria prejudicial à preservação de sua unidade estabelecida desde sempre (mito da sociedade universal).

O que Popper adverte é que a crise é permanente, não há um momento de crise na história a implantar uma crítica como análise irrefutável dos fatos hostis a uma ordem originária e universal continuadamente portadora de "organicidade" (harmonia e paz) para os homens. A política como arte do convívio social do homem para torná-lo mais solidário é um mito que se dogmatizou pelo ensino de Aristóteles numa de suas obras mais densas: *A política*. Nesta, Aristóteles[12] concebe o homem como "um animal sociável em grau mais elevado que as abelhas e todos os outros animais que vivem juntos".

---

5 LEAL, Rosemiro Pereira. *Processo como teoria da lei democrática*. Belo Horizonte: Fórum, 2010. p. 36.

6 POPPER, Karl. *Conhecimento objetivo*. São Paulo: EDUSP, 1975. p. 41-107.

7 LEAL, Rosemiro Pereira. *A teoria neoinstitucionalista do processo*: uma trajetória conjectural. Belo Horizonte: Arraes Editores, 2013. p. 62.

8 LEAL, Rosemiro Pereira. Isonomia processual e igualdade fundamental a propósito das retóricas ações afirmativas. *In*: LEAL, Rosemiro Pereira. *Relativização inconstitucional da coisa julgada* – temática processual e reflexões jurídicas. Belo Horizonte: Del Rey, 2005. p. 78-86.

9 VIEHWEG, Theodor. *Tópica e jurisprudência*. Brasília: Departamento de Imprensa Nacional, 1979.

10 VICO, Giambattista. *A ciência nova*. Rio de Janeiro e São Paulo: Record, 1999.

11 ARISTÓTELES. *A política*. 5. ed. São Paulo: Atena, 1957. v. XXXIX. Biblioteca Clássica. p. 13-15.

12 ARISTÓTELES. *A política*. 5. ed. São Paulo: Atena, 1957. v. XXXIX. Biblioteca Clássica. p. 18.

E acrescenta que "o Estado se coloca antes da família e antes de cada indivíduo, pois o todo deve, forçosamente, ser colocado antes das partes", sendo o Estado, portanto, "uma reunião de famílias". Também afirma que a "sociedade constituída por diversos pequenos burgos forma uma cidade completa [...] nascida principalmente da necessidade de viver, ela subsiste para uma vida feliz. Eis por que a cidade se integra na natureza, pois foi a própria natureza que formou as primeiras sociedades".

Vê-se que o Estado para Aristóteles se reporta a um conjunto de famílias que formam uma cidade que, por sua vez, é produto da natureza criadora das sociedades. Em Aristóteles a natureza é prodigiosa, generosa e benévola, porque, além de gestar as instituições políticas e sociais, já lhes confere a inerência do bem e do justo que devem sobrepor-se ao mal e ao injusto. O homem, nessa contingência, é mera extensão instrumental da razão de ser da natureza. Não seria absurdo concluir das induções aristotélicas que os modelos liberal e social de Estado têm gênese nessas cogitações em que o econômico-individual cede lugar ao todo social que devia prevalecer sobre as partes (os indivíduos). Aqui o binômio universalismo-comunitarismo se vislumbra na *política* de Aristóteles, mas, em qualquer dos vértices dessa dualidade, há falanges, também produzidas pela natureza, dos que devem mandar e dos que devem obedecer, o que se daria por igual virtude para todos.

Exsurge em Aristóteles a inteligência predestinada da autoridade para comandar o sentido das coisas para os que obedecem. Para Aristóteles, a grandeza da autoridade se faz pela perfeição dos "que a ela se submetem".[13] Se a autoridade falha, a culpa é sempre dos desobedientes, transgressores das leis da autoridade. O delinquente (rapinoso) é o que arruína e rouba a paz social, é para Aristóteles o que viola o saber inato da autoridade. Nesse passo, é que se pode estabelecer um elo histórico entre a *tópica* que institui juízos que proíbem o *non liquet* e a autoridade que os tem imanentes a si mesmos como fonte inesgotável de suprimento das lacunas que possam ocorrer na aplicação do direito.

Por isso, a democracia em Aristóteles, como governo de um povo desobediente, é em si uma degenerescência do republicanismo (governo em que todos são bons e justos), significando que o republicanismo é que viabiliza a democracia autêntica como promotora da igualdade social. Aliás, a Constituição brasileira vigente não perde o lastro republicanista em seu discurso jurídico como ênfase a afirmar a existência de democracia. Em Aristóteles, o importante é que, pouco importa se tirania, aristocracia, oligarquia, democracia, o *imperium* da autoridade não se desfaz. O Estado como doação da natureza e ente totalizador das partes (indivíduos) é imanente à própria autoridade que é a mantenedora natural de seus fins agregadores. A expressão Estado-juiz é herdeira desse imanentismo. A autoridade é o antídoto contra a *crise* do Estado e, de conseguinte, o Estado sempre se mostra homogêneo e perene em sua totalidade ética (Aristóteles-Hegel) advinda da natureza, cujas contradições são aparentes pelos vícios da vontade humana e não pela essência benévola e harmoniosa da própria natureza (daqui o justo, o belo, o bom).

[13] ARISTÓTELES. *A política*. 5. ed. São Paulo: Atena, 1957. v. XXXIX. Biblioteca Clássica. p. 18.

13.2 A relação direito e política

Como salientado, a relação direito e política exige esclarecimento entre direito e sociedade a partir das teses de Aristóteles. Certamente o direito, como expressão de largo espectro semântico desde a antiguidade clássica aos nossos dias, não se distingue da lei, assumindo o caráter de gênero normativo do qual a lei é espécie. A política, nesse marasmo jurídico, apresenta-se como atividade gestora do direito antes mesmo de criar a lei. O direito, por normas *interna-corporis*, já se faz presente antes mesmo de encontrar sua validade como lei para todos indistintamente. A lei é, de longo tempo, interditada por um *direito político* que é subjacente a uma sociedade pressuposta que antecede a comunidade jurídica constitucionalizada.

De conseguinte, impor-se-ia distinguir Estado-de-Direito e Estado-Democrático-de-Direito que, na contemporaneidade, não acolhe um direito que não tenha fonte no princípio da reserva legal. Acontece que, por ser retórico o princípio da legalidade, a lei que lhe presta obediência autoriza a sua própria transgressão em situações em que a lei é lacunosa, estabelecendo assim um círculo vicioso da lei para o direito e do direito para a lei. Então, o Estado-Democrático-de-Direito, diferente dos modelos de Estado Liberal e Estado Social de Direito, contrapõe-se a um direito que propicia essa mutabilidade (metamorfose) crônica e obscurantista. É esse o grande desafio do século XXI que não pode dispensar o estudo do mito do poder constituinte originário.

Em torno desse problema, escrevi as obras *Processo como teoria da lei democrática*, que foi mencionada na introdução desta exposição, bem como conjecturei uma teoria do Estado e da Constituição que denominei *Teoria neoinstitucionalista do processo* resumida em ensaio que compõe a coleção da Arrais Editores, de Belo Horizonte, que recebeu merecidamente o nome do insigne professor Álvaro Ricardo de Souza Cruz. As obras referidas de minha autoria, ao se ampararem em pesquisas de temas não examinados (proibidos) pela ciência dogmática do direito (que fundamenta a operacionalização dos paradigmas anacrônicos de Estados Liberal e Social de Direito), preconizam a elaboração de um *Código Processual de Fiscalidade Institucional* com especializada densidade procedimental e de acesso irrestrito pelo direito fundamental de petição a reger uma atuação ampla de todos os destinários normativos quanto à vigilância incessante da eficácia do sistema jurídico à obtenção de *transparência preventiva* da gestão pública. Assim, a democratização procedimental processualizada é impeditiva de práticas delituais que, por não sofrerem fiscalidade *ex-ante* de sua consumação, geram danos gravosos à coletividade com a fantasiosa exaltação dos órgãos repressores (policiais) que se louvam em tarefas detetivescas a se notabilizarem como exímios combatentes da criminalidade reforçados por uma judicatura não identificada com o Estado Democrático de Direito.

SINOPSE DA 16ª EDIÇÃO
20 PONTOS

A sinopse revista e atualizada destina-se a estimular reflexões do professor (ou aluno) sobre os temas do índice da obra em ordem programática, levantando interrogações, perplexidades, lacunas discursivas, incompletudes, necessidades de pesquisa científica e, ao mesmo tempo, projeta um roteiro de tópicos para lecionar a TGP.

Belo Horizonte, 2023
O autor

PROGRAMA EM SINOPSE

1 – Teoria Geral do Processo. Introdução. Consectários Lógicos do Processo
2 – O sincretismo jurídico em Max Weber
3 – Estado e tutela jurisdicional
4 – Origem histórica da jurisdição
5 – Ciclo histórico da "justiça privada" para a "justiça pública"
6 – Teorias do ordenamento jurídico
7 – Teorias do processo na história do direito
8 – Ciclo histórico do direito de ação
9 – Norma processual
10 – Teoria do procedimento
11 – Elementos configurativos da ação (do procedimento)
12 – Elementos estruturais da ação
13 – Cúmulo
14 – A defesa no processo civil
15 – Instituto da prova
16 – Sentença e coisa julgada
17 – Competência
18 – Atos processuais
19 – Prazo e sua contagem
20 – Teoria dos recursos

PONTO Nº 1
TEORIA GERAL DO PROCESSO (TGP). INTRODUÇÃO. CONSECTÁRIOS LÓGICOS DO PROCESSO

Disciplina → conjunto de conhecimentos especializados e programados numa área do ensino científico.

A Teoria Geral do Processo é uma disciplina que se compõe de conhecimentos propedêuticos (requisitos) para o estudo (pesquisa) dos conteúdos do direito processual e de suas respectivas fontes filosóficas, lógicas, linguísticas, teóricas e ideológicas, ao crescimento do esclarecimento jurídico e refundação das instituições e institutos da LEGALIDADE.

SAUER, Wilhelm → "Algemein Prozess Rechtslehre" → Teoria Geral do Direito do Processo (± 1910).

O que é TEORIA GERAL DO PROCESSO? → é uma disciplina!

O jurista tem de estar em permanente atividade IDEONÔMICA, que é ENCONTRAR nomes para as ideias e EXPLICÁ-LAS, à construção e reconstrução do direito.

A LÓGICA do PENSAMENTO CIENTÍFICO impõe discernir:

IDEALIZAR → atividade subjetiva de produzir ideias sobre pessoas, coisas, atos, fatos (apofântica, ideológica).

PENSAR → atividade interativa de articulação de IDEIAS advindas de uma comunidade linguística (pacto de sentido) a partir da EPAGOGE (o real como racional) – Ideologias.

CONJECTURAR → argumentar por via de teorias como pensamentos problematizantes (racionalismo crítico).

PARADIGMAS (MODELOS) DO PENSAR

1. EPISTEMOLOGIA

Estudo sistemático e geral do conhecimento humano numa relação Sujeito – Objeto, **Consciência – Existência,** Linguagem – Mundo. CONSCIÊNCIA INSERIDA NO EXISTIR → *DEVIR* (sentido moderno) → EXISTÊNCIA: futuridade temporal do ser-homem.

EPISTEME (ideia de certeza) → LOGIA (estudo) → **MODELO DO PENSAR (um dos modelos da atividade mental) → Lógica do pensamento científico** (dedutiva ou indutiva) no sentido moderno do DEVIR. EPISTEMOLOGIA → estudo da ideia de certeza (absoluta ou relativa).

EPISTEMOLOGIA JURÍDICA → estudo da realidade numa relação LEI – NORMA. SER (lei) e NORMA (enunciado imputativo criado pela ideologia ou teoria da lei → DEVER).

EPISTEMOLOGIA JURÍDICA → tem **bases** morfológicas (marcos de sustentação teórica ou ideológica sistematizados).

LEI (como "SER JURÍDICO") "o SER JURÍDICO" → condutor da NORMA: o "SER DEVER". O HOMEM-INTÉRPRETE RECLUSO NA EXISTÊNCIA JURÍDICA CRIADA PELA LEI. O direito como autolimitação humana criador do MUNDO DA VIDA JURÍDICA.

2. GNOSEOLOGIA

Estudo do pensamento e conhecimento humano numa relação do sujeito consigo mesmo. É psicológica.

Obs.: poderá organizar-se pela EPISTEMOLOGIA.

3. FILOSOFIA

Modelo do PENSAR sem referenciais rígidos na realidade ou nos pensamentos sobre a realidade. Especulação ampla. Poderá organizar-se pela EPISTEMOLOGIA. Modernamente, a FILOSOFIA tem funções CRÍTICAS e não mais de busca de VERDADE ou CERTEZA absolutas.

MORFOLOGIA DA EPISTEMOLOGIA
Enunciados gerais básicos
BASES MORFOLÓGICAS (fundamentais)

TÉCNICA - CIÊNCIA - TEORIA - CRÍTICA → conceituar

1 - TÉCNICA → conjunto de **procedimentos**, numa relação meio-fim, visando a resultados úteis.

(Empíricos → experimentais)

(Pragmáticos → para a ação – entendimentos entre pessoas – Perlocucionários)

Teorias da técnica:

Desenvolvimento conceitual sobre habilidades e estratégia de utilização do mundo instrumental.

PROCEDER ORDENADO → FAZER

Ex.: ARCO e FLECHA → sem nenhuma indagação sobre as relações geométricas no círculo ou de forças → esta é uma atividade científica que veremos em seguida.

2 - CIÊNCIA → racionalização da técnica. Recriação da técnica: MIMESE (explicação, estudo e recriação do arco e da flecha e de seu sistema de forças).

Atividade produtora de esclarecimentos do conhecimento ou conjunto de conhecimentos esclarecidos e fundamentados.

SABER ORDENADO

Obs.: ciência → é atividade produtora de conhecimentos e de esclarecimentos do conhecimento (conceitos e enunciados) para desenvolver, aperfeiçoar, melhorar (adaptar o humano?) a TÉCNICA.

Obs.: conhecimento → hipóteses teorizadas (testificadas) ainda resistentes a novos enunciados. Não imunes a novos enunciados!

3 - TEORIA → Resultante discursiva (proposição conclusiva) de uma conjectura satisfatória (proibitiva, afirmativa ou negativa) da existência **numa especialidade temática**.

Obs.: "As teorias preservam seu interesse pela possibilidade de não serem verdadeiras ou de serem falseáveis" (Popper). "Imperativo da dissidência" (Javier Mugerza) em face do "imperativo da concordância" (Habermas).

4 - CRÍTICA CIENTÍFICA → indicação de conteúdos ausentes na lógica (estrutura) do DISCURSO DO CONHECIMENTO.

Obs.: **não** é indicação de erro ou lacuna sintática, literária; **não** é deboche ou censura.

Obs.: **conteúdo** → relato, cometimento, repertório, mensagens, hipóteses testificadas, como conjecturas transmissórias ou ampliadoras dos aspectos significativos das diferenças teóricas na estrutura do discurso do conhecimento.

RESUMO:
A) BASES MORFOLÓGICAS DA EPISTEMOLOGIA
TÉCNICA - CIÊNCIA - TEORIA - CRÍTICA
(Enunciados gerais) = protocolos de base conjectural.

B) **ELEMENTOS DAS BASES MORFOLÓGICAS DA EPISTEMOLOGIA**
(Unidades mentais - conceitos elementares, específicos) → unidades proposicionais compositivas da estrutura do RACIOCÍNIO.

Elementos das bases morfológicas da EPISTEMOLOGIA: (acepções extraídas de várias correntes filosóficas).

ELEMENTOS DO DISCURSO DO CONHECIMENTO:

a – categorias
b – juízos
c – proposições (nominação das coisas (significante) e o entendimento sobre essa nominação – ideonomia – é o significado/proposição conceitual ou enunciativa)
d – princípios (monovalentes, plurivalentes, onivalentes)
e – regras
f – normas (princípios + regras)
g – postulados
h – premissas
i – pressupostos
j – fundamentos
k – correlações lógicas

Obs.: esses elementos são fundantes dos teoremas, teorias, institutos e instituições no campo das ciências por enunciados comuns (E), semelhanças teóricas (S), correlações lógicas (CO), pontos coincidentes (PO), fundamentos correlatos.

PESQUISA

Identificação pontual dos significantes e significados (semiótica → estudo do grau de permanência – axiomas – significativa) dos elementos das bases estruturais da linguagem textual nos MODELOS DO PENSAR.

Obs.: pesquisa não é leitura de compreensão, mas de entendimento (discernimento) CRÍTICO.

PESQUISA → investigação qualitativa de TEXTOS e DISCURSOS pelo grau de sua falseabilidade (TESTIFICAÇÃO CONTINUADA) em face de um TEMA proposto, seja epistemológico, gnosiológico ou filosófico.

Obs.: até a FILOSOFIA tem bases técnico-linguísticas.

Obs.: quando não há achamentos (encontros) de textos explicativos (indicativos) do TEMA PROPOSTO, a pesquisa é insuficiente para elaborar TEORIAS, gerando necessidade de enunciações (asserções de teste) científicas sobre o TEMA como forma de RECRIÁ-LO.

Obs.: a PESQUISA é indicativa do crescimento científico (da possibilidade do crescimento científico ou teórico da ciência), não é um fim em si mesma, mas instrumento de CONVICÇÃO (argumento) da **INVESTIGAÇÃO CIENTÍFICA** → fonte epistemológica de produção de teorias sobre o discurso científico.

Pesquisa → critério lógico-conjectural de procura de conceitos elucidativos do discurso do conhecimento.

PESQUISA – MONOGRAFIA – DISSERTAÇÃO – TESE
MARCO TEÓRICO

PESQUISA

- postulação teórica (lógico-conjectural) de possibilidade de transformação de uma situação indeterminada numa totalidade discursiva provisoriamente unificada (Rosemiro).
- apontamento de existência ou inexistência de conteúdos discursivos para investigação científica (Rosemiro).

MONOGRAFIA → esforço anunciativo pela **indicação** de conceitos da BASE ESTRUTURAL das TEORIAS de um TEMA ESCOLHIDO e PESQUISADO. Resultante gráfico-expositiva → texto. POPPER: "as palavras estão impregnadas de teorias".

DISSERTAÇÃO → esforço anunciativo sobre **possibilidades de recriação ou ampliação** de conceitos da base estrutural das teorias de um tema do discurso do conhecimento.

TESE → esforço crítico – enunciativo com **novas proposições** sobre os conceitos já existentes ao esclarecimento de um TEMA do discurso do conhecimento (a TESE é produtora de TEXTO e novo TEMA para TEXTOS).

Obs.: as **ideias** e pensamentos assumem o significado de CONCEITOS ou ENUNCIADOS ELEMENTARES das BASES morfológicas da epistemologia.

MARCO TEÓRICO → a partir de Popper, pode-se afirmar que **marco teórico** significa a **teoria referencial** de testabilidade de outras teorias para conjectura de textos (e discursos) e de erros e ideologias no discurso da problematização do conhecimento científico.

DISTINÇÃO ENTRE TÉCNICA E CIÊNCIA

Marco da GRANDE REVOLUÇÃO DO PENSAMENTO JURÍDICO → BONNECASE → 1820-1920

- Desmitificação do direito? (desencantamento)
- Recriação de conceitos.
- Afastamento de arquétipos (formas eternas), cânones (padrões invariáveis e naturais), mônadas, enteléquias (ideias eternas e cósmicas); dogmas; enigmas.

POPPER – toda palavra está impregnada de TEORIAS → temos que explicitar e explicar essas teorias! (de fundo ideológico ou não!)

Obs.: quaisquer **teorias** terão que expressar possibilidades de não serem verdadeiras ou serem falseáveis para se tornarem relevantes ao discurso científico (Popper). **Só as "teorias formuladas" (formalizadas) são objetivamente criticáveis (Popper).**

TEORIA GERAL DO PROCESSO

– Anotações históricas

• **1776** – Faleceu – HUME – influenciou Austin.

Austin foi advogado brilhante, lecionou na University of London, estudou em Heidelberg e Bonn (Alemanha). **Savigny** – Escola Histórica (Romântica) do Direito – 1820.

Savigny foi orientador de Austin.

• **1790 – 1859** John Austin → 1875 = John Austin → Prof. University of London "Lectures on General Jurisprudence" (Lições Gerais de Direito ou Teoria Geral do Direito) ou *Philosophy of Positive Law* = "Teoria Geral do Direito" vigorante (Direito Legislado) – (Campbell) – **Rompimento com o direito natural** – A história interpretada pelo homem e não uma história natural.

→ Direito britânico das ilhas (*common law*) + direito continental (*civil law*).

→ (*Common law*) + *Civil law* (estudou na Alemanha) Heidelberg + Bonn {pandectistas, positivistas}.

→ Direito dos tribunais + direito das leis → reserva legal.

→ Direito romano moderno – séc. XI ao séc. XVIII → pandectistas (romanistas).

Aproximação de legislações e de sistemas jurídicos

ELEMENTOS (IDEIAS)

Das bases epistemológicas do direito

Enunciados comuns

Semelhanças teóricas

Correlações lógicas

Pontos coincidentes

Fundamentos

EPISTEMOLOGIA DO DIREITO compreende em Austin:

1. **Topologia** → isolamento de um **tema** (proposição – tópico – assunto a decidir) do conhecimento humano (TGP).
2. **Metodologia** → critérios de demarcação teórica. Ex.: método comparativo (Austin).
3. **Teleologia** → estruturação de um discurso com fins de esclarecimento (explicações).
4. **Propedêutica** → conjunto gradualístico de informações temáticas: o PROGRAMA DA DISCIPLINA.

O PROGRAMA DA DISCIPLINA

EPISTEMOLOGIA DO DIREITO

Objeto = realidade jurídica "O SER – DEVIDO" – a lei (conjunção da existência-realidade).

Obs.: "SER" (lei) contém "DEVER SER" (norma) → a **lei** e seus conteúdos → PÓS-POSITIVISMO (Friedrich Müller). Norma: só existe norma interpretada (Peter Häberle). Norma como imperativo lógico e não como sanção coercitiva ou coativa (Rosemiro).

Obs.: o mundo empírico → David Hume e o "mundo 3" de **Popper** → a trialética.

→ Indutivismo cético de Hume e o dedutivismo evolucionário de Popper.

Obs.: a **dialética** (leitura crítica em interfaces da consciência e da existência – dualismo lógico). Hermenêutica comunicacional.

A **dialógica** (leitura crítica nas interfaces da consciência). Hermenêutica investigativa.

A **trialética** (método – lógica – popperiano → sujeito-objeto e a realidade hermeneutizada – autônoma).

Obs.: (**Popper**):

OBJETO → mundo real (MUNDO 1)

SUJEITO → mundo ideal (MUNDO 2)

Acervo de teorias (MUNDO 3) → **mundo objetivo** → mundo do conhecer (mundo-real-ideal interpretado) **não** somente mundo-objeto e mundo-ideal em si mesmos.

TEORIA DO PENSAMENTO CIENTÍFICO

1. **Pensamento abstrato** → preventivo das contradições → igualdade de todas as coisas, unificador da consciência e existência! **Faz presentes coisas ausentes** (exercício imaginativo → fantasia → irrealidade).

(Distinguir / compreender)

(Metafórico, imaginário)

→ Pensamento literário, figurativo, simbolizado, lírico, metafórico, *por tropos* (mítico – **confusão** de esferas da consciência e da existência pela ficção).

2. Pensamento criticista → o entender sobre os aspectos contraditórios da existência → Escola Marxiana.

(discernir/entender)

(epistemologia-científica)

(Racional – Investigatório) → provocador e produtor de contradições por conteúdos diferenciados da existência e da consciência.

TEORIA CRÍTICA → discurso justificado de elaboração, reforço ou invalidação de ideias num ramo do conhecimento. Discurso: conjunto de proposições que se encadeiam.

Ex.: Astronomia → Galileu (sistema heliocêntrico) *versus* Ptolomeu (geocêntrico).

Obs.: Dos elementos da BASE Epistemológica da **T**EORIA **G**ERAL DO **D**IREITO é que é construída a **Teoria Geral do Processo** (TGP).

TGD – surge das BASES epistemológicas da **ciência** crítica do direito e **não** exclusivamente da filosofia do direito.

TEORIA GERAL (UNIFICADORA, ORGANIZADORA) DO PROCESSO

- 1 (**teoria**) – Organização programática de hipóteses do conhecimento científico sobre o PROCESSO. A TGP é unificadora dos campos processuais, embora não signifique teoria definitiva, acabada, totalizadora ou completa.
- 2 (**geral**) – Reunião dos dados informativos (advindos do MÉTODO comparativo) dos elementos comuns extraídos da leitura de diversos estatutos e obras jurídicas no campo do DIREITO PROCESSUAL e respectivos comentários!
- 3 (**processo**) – Instituição jurídico-coinstitucionalizante que se define pela conjunção dos institutos do contraditório, ampla defesa e isonomia, para assegurar a criação, o exercício e o reconhecimento de direitos pela estrutura dos institutos procedimentais também criados em lei. Conceito pela teoria neoinstitucionalista do processo (Rosemiro).

PROCESSO → Instituição jurídico-linguística autocrítica de direitos fundamentais coinstitucionalizantes regenciadores da estrutura espácio-temporal dos procedimentos (Rosemiro).

O processo é, portanto, uma instituição linguística coinstitucionalizante de direitos fundamentais de ampla defesa, contraditório e isonomia, direito ao advogado, gratuidade jurisdicional, modeladores da estruturação (espácio-temporal) do procedimento.

O direito processual, como sistemática, tem como objeto a técnica da incidência e aplicação da conexão jurídico-normativa. A conexão normativa processual é conquista teórica que precede a produção do direito – Rosemiro – (problema epistemológico).

Obs.: não confundir "*processo* com movimento da jurisdição"! (atividade judicial) ou com o movimento do PROCEDIMENTO!

→ Movimento = é modo de manifestação das dimensões espacio-temporais do procedimento (Rosemiro).

Obs.: o *movimento* é condição estruturante do modelo procedimental e este um discurso jurídico criado pelo processo nos Estados de Direito Democrático (Rosemiro).

TEORIA GERAL DO PROCESSO – CONCEITO

Organizativa e epistemológica

1. Conceito de TGP: conjunto de conhecimentos para unificação e estudo dos princípios, pressupostos e fundamentos gerais dos **institutos** que compõem o processo, o direito processual didático e sistemático. (**Trabalha a existência do direito processual.**)

2. Direito processual didático: disciplina jurídica que equivale a um PROGRAMA (Método? Propedêutica) sobre a técnica da incidência e aplicação esclarecidas do PROCESSO e do PROCEDIMENTO. (Trabalha a incidência do direito processual.)

Mecanicista (aplicação do direito vigorante).

METÓDICA – METAS DA LÓGICA? → método de concretização normativa (Canotilho).

3. Direito processual positivo → sistemática processual (procedimental, sistemático) = direito processual positivo (formulado). **Conjunto de "textos" de lei processual vigorante**.

Obs.: direito processual positivo → conjunto de leis processuais vigorantes em determinado país ou região. Positivo (direito afirmativo pela permissão, dever, vedação). Positivo → não negativo! Não há proibição absoluta em direito, porque se fundamenta na LIBERDADE.

A TEORIA GERAL DO PROCESSO é disciplina expositiva que estuda o direito processual (etiologia) pela organização unificadora de conhecimentos acumulados.

O direito processual (didático) é narrativo dos diversos aspectos dos sistemas e institutos processuais e de sua aplicação (finalidade técnica). Didático, propedêutico.

Obs.: O direito processual didático é voltado ao estudo e exposição da SISTEMÁTICA PROCESSUAL (norma processual positiva), suas teorias, incidência e aplicação.

Obs.: a) *direitos de 1ª geração*: direitos fundamentais processuais;
b) *direitos de 2ª geração*: direitos sociais → educação, saúde (clientelistas);
c) *direitos de 3ª geração*: direitos difusos → ambientais, consumidor, políticos.

ENUNCIADOS BÁSICOS DO PENSAMENTO JURÍDICO-CIENTÍFICO

Princípio → referente lógico-jurídico de invariabilidade perene, estabelecido na lei positiva (texto legal), como limite originário da interpretação e aplicação do direito legalmente formulado. Marco teórico que, introduzido pela linguagem do discurso legal como referente lógico-dedutivo, genérico e fecundo (desdobrável), é balizador dos conceitos que lhe são inferentes.

Premissa legal → é um princípio específico e autônomo que não comporta generalizações maiores que seu explícito e próprio enunciado.

Pressuposto → como inferente lógico-jurídico, inscreve-se na órbita imperativa (prescritiva) do princípio, equivalendo a conceitos específicos, explícitos, infecundos, que não permitem flexibilização incompatível com o conteúdo principiológico que lhes deu causa.

Fundamentos → são pressupostos de justificação estrutural de validade do **discurso** ou texto legal, irredutíveis a novas hipóteses, porque, no dizer de Heidegger, decorrem da "liberdade finita" que o discurso impõe a si mesmo.

Processo → instituição coinstitucionalizada que se define pela conjunção dos institutos linguístico-jurídicos da ampla defesa, isonomia, contraditório e do instituto do devido processo legal, para assegurar a produção, o exercício, reconhecimento ou negação de direitos alegados e sua definição pelos *provimentos* nas esferas judiciária, legislativa e administrativa.

Instituto → agrupamento de **princípios** que guardam unidade ou afinidades de conteúdos lógico-jurídicos no discurso legal.

Instituição → agrupamento de *instituto(s)* e princípios(s) que guardam unidade ou afinidade de conteúdos lógico-jurídicos no discurso legal.

Ciência do processo → tem como objeto o esclarecimento dos diversos aspectos do *processo* ou das interfaces lógicas do *processo*. É o conjunto de conhecimentos esclarecidos ou atividade produtora de conhecimento para **polemizar e esclarecer** os princípios, os sistemas, os institutos que compõem o **processo** e o direito processual.

CIÊNCIA DO PROCESSO

DEFINIÇÃO: ciência do processo é o conjunto de **explicações do** conhecimento e atividade produtora de conhecimentos conjecturados para polemizar, suprimir, criar ou recriar técnicas e teorias do direito ao estudo do **processo**, sua existência, incidência e aplicação.

ENDOSMOSE: compressão (da experiência sobre a reflexão). Pressão, abafamento, obstrução, mistura de sensações, tamponamento da inteligência pela experiência (Bergson *versus* Simmel).

BACHELARD: quando a experiência (MEMÓRIA) ocupa todo o espaço-tempo da RAZÃO, tem-se a ENDOSMOSE DO ASSERTÓRICO NO (SOBRE) APODÍCTICO.

1. O ASSERTÓRICO = experiência → memória pragmática (empírica). Lógica Prescritiva (Deontologia).
2. NO (SOBRE) = de fora para dentro da mente.
3. APODÍTICO = limite racional/inteligência/intelecto → condição de discernimento (silogismo).

Ciência do processo

Objeto: consiste no esclarecimento e produção de conhecimentos esclarecidos sobre o processo e o direito processual.

Justificar ou recriar o objeto para polemizar (dialetizar)? (da TGP e do direito processual). Identificar, comparar.

- Objeto da TGP → processo e direito processual.
- Objeto do direito processual didático → estudo dos institutos sistematizados do "processo".

OBS.: até aqui explanamos o **processo** em suas variáveis da antiguidade à modernidade. A visão contemporânea de **Processo** é uma proposição da Teoria Neoinstitucionalista do Processo (**TNIP**) pelo seu teorométodo que se expressa na Lógica da Processualidade Democrática (**LPD**).

CONSECTÁRIOS LÓGICOS DO PROCESSO

(Teoria Neoinstitucionalista do Processo)

Em sendo o **Processo**, na acepção de minha teoria neoinstitucionalista, uma instituição jurídico-linguística autocrítica de criação, atuação, modificação e extinção de direitos e deveres (*de lege lata* e *de lege ferenda*), compondo-se dos institutos metalinguísticos do contraditório, ampla defesa e isonomia, como juízos lógico-argumentativos biunívocos, respectivamente, à vida, liberdade e dignidade-igualdade humanas, assume denominações direcionadas à implantação e operacionalização (implementação) do paradigma processual de **Estado de Direito Democrático** numa intradiscursiva concepção coinstitucional contemporânea desvinculada das ideologias paideicas e iluministas. Assim, o **Processo** apresenta os seguintes consectários lógico-jurídicos:

a) **Devido Processo** é a instituição do processo voltada a um *devir* redutor de incertezas irreparavelmente danosas a uma existência minimamente digna para o homem, aqui considerada a *dignidade* o direito irrestrito de autoilustração sobre os fundamentos do sistema jurídico processualmente implantado.

b) **Devido Processo Legislativo** (legiferativo ou legiferante) é o **devido processo** destinado à criação e atuação das instituições jurídico-normativas (*de lege lata*) a comporem uma coinstituição (constituição) em forma de lei básica e fundacional de um sistema jurídico.

OBS.: na hipótese mencionada, o devido processo legislativo é também coinstitucionalizante ou coinstitucional (fundante da Constituição).

c) **Processo Legislativo** é o devido processo legislativo com a nomenclatura adotada em nossa Constituição de 1988 (art. 59) para a criação, modificação e revogação de leis e exercício de atos deliberativos sobre normas *de lege ferenda* da Constituição em vigor.

d) **Devido Processo Legal** é um conjunto de procedimentos e atos procedimentais legiferativamente criados e regidos pelo **devido processo** para operar, fiscalizar e assegurar direitos e deveres contidos no discurso coinstitucional.

OBS.: as expressões direito processual, direito processual constitucional, direito constitucional processual e processo constitucional são títulos de disciplinas cujos programas cuidam do ensino e aplicação das teorias da *ciência processual* em suas múltiplas vertentes.

PONTO Nº 2
A TEORIA DO SINCRETISMO EM MAX WEBER

- SINCRETISMO/HIBRIDISMO em MAX WEBER → mistura de técnica, ciência, mítica, religião na construção do DIREITO.
- PENSAMENTO JURÍDICO PROCESSUAL ainda não se distingue do **RITO** na atualidade.
- As prescrições MÍTICAS (deuses), MORAIS (costumes) E POLÍTICAS (administração).

MÍTICO → é o que não tem apoio na consciência esclarecida.

DIREITO RACIONAL, TRADICIONAL E CARISMÁTICO

(Formas puras de dominação legítima em Weber)

RACIONAL → bases na legalidade formal.

TRADICIONAL → bases na nomeação consuetudinária, histórica (míticas).

CARISMÁTICA → bases na idiossincrasia do líder ou decisor predestinado, sábio, onisciente (mítico-sobrenatural).

Obs.: formas puras, em **Weber**, porque criam um **vazio** autoral impessoalizador da dominação político-jurídico-institucional (formas instrumentais e estratégicas).

Narrativas míticas

Oráculo de Delfos. Apolo domina a serpente (PÍTON) e esta passa a receber as ordens de Apolo. Ilha de Píton. Pitonisa (recipiendária do oráculo!), sacerdotisa!

Hierofanta: hierofântico pelas figuras do Sacerdote, do Profeta; do Oráculo; das ordálias e dos Manes em que o RACIONAL se mistura ao IRRACIONAL, porque ainda temos segundo WEBER na LINGUAGEM das LEIS e dos CÓDIGOS estas formas de dominação:

1. **Direito material irracional** fundado no sentimento do julgador (déspota).
2. **Direito material racional** com base no princípio da reserva legal.
3. **Direito formal (processual) irracional** expresso em sentenças com base no talento, sensibilidade, clarividência, magnanimidade, bom-senso (senso comum) do juiz ou numa revelação pelo RITO (magicismo) como arte inefável de "fazer justiça" rápida (instantânea).
4. **Direito formal (processual) racional**: julgamento centrado em leis processuais preexistentes aos fatos ou atos a serem examinados pelo julgador.

FINALIDADES do PROCESSO jurisdicional na modernidade

Assegurar a previsibilidade das decisões jurídicas (Aroldo Plínio) com afastamento de provimentos (sentenças) apoiados na sensibilidade, talento, clarividência, ideologia e magnanimidade dos juízes.

PONTO Nº 3
ESTADO E TUTELA JURISDICIONAL

O ESTADO é uma instituição criada e regulada pelas normas legais que formam o sistema jurídico coinstitucional de um povo (legitimados ao processo), vejamos:

• Estado – pessoa jurídica coinstitucionalizada.

Ordenamento jurídico: apresenta a característica de univocidade (harmonia), e de sistematicidade (nos Estados Democráticos na contemporaneidade).

• Formas de Estado: (Aristóteles)

1. Unitário
2. Federalista
3. Confederalista

• Formas de governo: (Aristóteles)

Puras	**Impuras**
1. Monarquia	Tirania
2. Aristocracia	Oligarquia
3. Democracia	Anarquia

• Forma moderna

Democrático - O Estado é laico, criado, recriado e dirigido pelo povo legitimado ao processo.

Democracia é forma, sistema e regime jurídico-popular, de construção processualizada do Estado e das instituições controladoras do Estado (Rosemiro).

• Séc. XVI e XVII: Estado → domínio do Rei → Maquiavel, Bodin, Hobbes.

• Séc. XVIII e XIX: Estado → (povo, território, soberania → elementos)? → FICÇÃO CAPITALISTA → Estado → figura totalitária: concepção hegeliana → **HEGEL – 1800**. ESTADO como mediador e árbitro espiritual e permanente dos conflitos da sociedade política. Ente abstrato da segurança total para sociedade. Invólucro ético da vontade universal.

→ Teoria hegeliana do **Estado Absolutista** como síntese de unificação (ontológica) dos indivíduos e de sua realização plena pela catarse de todos numa só entidade política → o Estado Mítico → ENTE abstrato que equivale à personificação do PENSAMENTO GERAL que se movimenta por suas próprias leis (intrínsecas) éticas de harmonização social como reflexo da GRANDE ideia (espírito?) universal e eterna da união dos homens. Ente de conciliação dos contrários.

HEGEL → "El Estado es la realidad de la idea ética: el espíritu ético que se manifiesta como voluntad substancial, clara por sí misma".

"La unidad esencial de la voluntad subjetiva y de lo universal en su forma concreta, el Estado".

HEGEL → Fenomenologia do "espírito redentor" pelo massacre oculto dos fracassados como forma de **eliminação das contradições**. ESTADO como "bando" (banda) soberano como espaço "escópico" da matalidade (só os onividentes percebem! – Agamben).

GRAMSCI → diz que o direito é o aspecto negativo e repressivo de toda atividade positiva, civilizadora, empreendida pelo ESTADO, mas com Poulantzas, enfatiza-se a "função pedagógica do Direito" → como guerra de posições dentro das instituições políticas. Linguagem como instrumental do discurso da "DESCOBERTA" científica. CIÊNCIA.

ESTADO HEGELIANO

→ Estado totalizador

→ Estado-bolha (*Bubble-State*)

Que envolve uma sociedade pressuposta para sua "síntese" (interação espiritual).

"Epistemologia do Espírito" → (referente estável): visão uterina do Estado. O manto sagrado, a bolha maternal imaginária dentro da qual se acha a sociedade política! (HEGEL.)

ESTADO

– Séc. XX → Estado → detentor da soberania → Jellineck, Villeneuve, Gropali. Estado como reprodutor do sistema capitalista!

– Séc. XX → Estado Moderno → Instituição jurídica criada pelo POVO – única fonte de PODER ± 1932 → Hermann HELLER (alemão), CARPIZO (espanhol) (teoria jurídica do Estado → unívoca). Não é segmentado (Aroldo Plínio Gonçalves).

– HELLER → Estado, como busca de estabilidade pelo POVO e **não** ente vindo de um passado supostamente estável pelo qual "sempre foi" – o *status* – invariavelmente bom (episteme?) → MÍTICO? – sim!

SOBERANIA, CIDADANIA, ESTADO (conceitos clássicos)

– SOBERANIA: atributo conferido ao Estado outorgado pelo POVO (soberania → instituição jurídica coinstitucionalizada).

– CIDADANIA: instituição jurídica de direitos fundamentais de criação, atuação e recriação do Estado e das instituições jurídico-coinstitucionalizadas de direito democrático.

– ESTADO MODERNO: instituição criada e regida pelo ordenamento jurídico de fontes iluministas como instrumento jurídico de atuação das funções públicas e privadas criadas constitucionalmente.

– ESTADO CAPITALISTA: ficção entitiva do capitalismo para impessoalizar a troca desigual: fundamento da constitucionalidade.

– ESTADO DEMOCRÁTICO: instituição (pessoa jurídica) coinstitucionalizada do espaço processual, estabilizadora da preservação do espaço processual de criação, recriação e revisibilidade permanente do sistema jurídico pela comunidade de legitimados ao processo (povo) – (Rosemiro).

FONTE DE PODER NA DEMOCRACIA

FONTE PRIMÁRIA (originária) E PESSOAL DE PODER
(Vontade conjecturalmente processualizada na perspectiva neoinstitucionalista configuradora da soberania popular)

FONTE SECUNDÁRIA (DERIVADA) E IMPESSOAL DE PODER
(Vontade legitimada pelo *devido processo coinstitucionalizado*)

POVO

No sentido de **sociedade jurídica de direito democrático** pelas cláusulas de autoinstituição (cláusulas de resistência – núcleo dos direitos fundamentais) das coinstituições democráticas!

CF/1988 → ambígua: fala em soberania do Estado e em soberania popular pela história da formação política do Brasil. O povo (comunidade jurídica) ainda não construiu a sociedade jurídica democrática de direito pelo paradigma da teoria do *status* crítico racionalista de direito democrático contemporâneo.

TUTELA JURISDICIONAL (CONTEÚDO DA LEI, NÃO É A ATIVIDADE DE DECIDIR)

Atuação da lei pelo provimento (sentença judicial).

Só esta tem vinculação plena (teoria orgânica da jurisdição – Chiovenda! – no âmbito do **Poder Judiciário** → pelo **ÓRGÃO JURISDICIONAL**(?) – (JUDICACIONAL).

ESPÉCIE DE PROVIMENTO (decisão) denominada → **Sentença** (efeito de vinculação plena no direito brasileiro) que é proferida pelo ESTADO-JUIZ → art. 5º, XXXV, da CF/1988.

a = **administrativo** → decisão administrativa
Provimento
b = **legislativo** → LEI
(espécies)
c = **judicial** → sentença (decisão judicial)

Obs.: expressões carismáticas → dar ou negar provimento; dar despacho; dar sentença!

TUTELA JURISDICIONAL

Numa visão orgânica e não democrática, a "tutela jurisdicional" seria a sentença ou decisão judicial proferida pelo JUÍZO instantâneo do senso comum ou pelo senso comum do conhecimento.

→ **Tutela** → (conceito democrático): atuação dos conteúdos da lei pela DECISÃO JURISDICIONAL por enunciados sistemático-jurídicos básicos.

→ Jurisdicional (tutela jurisdicional → só da lei!) no paradigma do Estado de Direito Democrático.

Obs.: a Sentença (ou acórdão) é ATO do JUÍZO que é ÓRGÃO JUDICACIONAL, cujo titular é o JUIZ. A sentença (provimento) é ato decisório judicial e, nas democracias, só a lei conjecturalmente sistematizada fornece a **tutela jurisdicional**.

Portanto, a sentença é ATO judicacional **pela tutela jurisdicional da lei** (Estado Democrático). A chamada JURISDIÇÃO CONSTITUCIONAL são os conteúdos da lei coinstitucional vinculantes dos atos decisórios em toda a estatalidade democrática, não significando, como querem os mais ortodoxos, a **atividade dos juízes** sobre a escritura constitucional.

A sentença é ato do Estado-juízo → Congresso de Gand – 1977 – Paris-França! Não é a sentença um ato solitário do juiz.

Ex.: temos procedimento com atuação de vários juízes e uma só SENTENÇA!

SENTENÇA é ato finalizador do PROCEDIMENTO! É ato da "JURISDIÇÃO" (judicação) por uma de suas unidades que é o JUÍZO – o **juiz** é o representante e titular do JUÍZO (órgão judicante estatal).

Obs.: o juízo expressa-se pelo seu titular → o juiz fala e decide, segundo as **normas jurisdicionais.**

Obs.: a rigor, só o ORDENAMENTO JURÍDICO contém JURISDIÇÃO. Mas a atividade de julgar, com **vinculação plena**, é exercida pelo "PODER (ESTADO) JUDICIÁRIO", com algumas ressalvas legais (*vide* CADE e CF/1988).

Quando o ESTADO exerce a "JURISDIÇÃO", como atividade de julgar com vinculação plena, falamos que o ESTADO exerce o MONOPÓLIO DA "JURISDIÇÃO" por via do órgão jurisdicional do Estado → **o juízo.**

Obs.: aqui a concepção de "jurisdição" é ainda estatalista de base não democrática!

→ No Brasil, só através do "Poder Judiciário" → art. 5º, XXXV, da CF/1988.

→ "Não se pode excluir da apreciação do Poder Judiciário lesão ou ameaça a direitos".

FUNÇÕES DO ESTADO

- Administração
- Legislação
- Jurisdição (judicação)

PONTO Nº 4
ORIGEM HISTÓRICA DA JURISDIÇÃO (JUDICAÇÃO)

Obs.: O ESTADO, na hipermodernidade, pelos seus chamados "poderes" judiciário, legislativo, executivo, ainda tem o monopólio da jurisdição (judicação). Como isso ocorreu? Ocorreu porque o **Estado Dogmático** tem sempre o seu destino decretado sentencialmente pelo Estado-juiz.

QUADRO DE RESOLUÇÃO DE CONFLITOS NA HISTÓRIA DO DIREITO

MODALIDADES DE RESOLUÇÃO DE CONFLITOS NA HISTÓRIA DO DIREITO:

1 – **AUTOTUTELA** → emprego da violência privada

2 – **AUTOCOMPOSIÇÃO** → renúncia – desistência – submissão – transação

3 – **MEDIAÇÃO** → para pacificar

4 – **ARBITRAGEM** → para decidir (o juiz)

5 – **JURISDIÇÃO** → monopólio da arbitragem pelo Estado → o magistrado (Estado-juiz)

6 – **PROCESSO** → instituição coinstitucionalizante de comando da jurisdição (judicação-decisão) – (Rosemiro).

1 = Autotutela → emprego da violência privada.

Resquícios de autotutela → direito de retenção; penhor legal; desforço incontinenti; legítima defesa; estado de necessidade.

2 = Autocomposição

– **Renúncia**: consiste em deixar de praticar ato em defesa de direito.

– **Desistência**: interromper ato já iniciado à defesa de direitos.

– **Submissão**: aceitação sem resistência legal de condições impostas.

– **Transação**: solução (equilibrada) negociada dos direitos discutidos.

Obs.: ilusão dos acordos → não há transação entre pessoas em desigualdade econômica estrutural.

Diferença entre mediação e arbitragem

3 = **Mediação** → busca-se a pacificação sem existir decisão formal (provimento). Na **arbitragem**, há decisão formal.

4 = **Arbitragem** → atuação de um terceiro, estranho ao conflito, para decidi-lo. Surgiu na esfera privada e ampliou-se para a pública, com o nome de jurisdição. A jurisdição surgiu da arbitragem.

5 = **Jurisdição** → a partir do momento em que o Estado assumiu uma posição de independência, passando a exercer um poder mais acentuado de controle social. Surge primitivamente pela atividade do julgador, constituindo monopólio estatal de arbitrar o direito. O pretor romano tinha jurisdição e ditava os procedimentos a seu modo para resolver os litígios.

6 = **Processo** → surgiu na contemporaneidade para criar e balizar a jurisdição e conter a livre vontade do julgador. Os comandos da jurisdição são estabelecidos pelo PROCESSO: define-se por institutos jurídicos que se destinam a criar e disciplinar os procedimentos de resolução das controvérsias.

Com a evolucionariedade do direito e, principalmente, do PROCESSO, não precisamos mais nos louvar na herança do passado. Urge que depuremos formas arcaicas de entender o direito, fazendo uma filtragem dos conceitos para nos livrar das amarras dogmáticas do direito romano.

PONTO Nº 5
CICLO HISTÓRICO DA "JUSTIÇA PRIVADA" PARA A "JUSTIÇA PÚBLICA"

ISTO É:

CICLO HISTÓRICO DA ARBITRAGEM FACULTATIVA (**justiça privada**) PARA A JURISDIÇÃO (**justiça pública** → ARBITRAGEM OBRIGATÓRIA ESTATAL MONOPOLIZADA → jurisdição pelo magistrado).

Arbitragem facultativa:

• **1ª FASE** → **sacerdotal** (pré-romana)

Até séc. VIII a.C. (arbitragem facultativa) → carismática pelos ritos e poderes mágicos e divinos (veda-se a autotutela). Séc. VIII a.C.: fundação de Roma. Lenda: Rômulo-Remo (loba). O que vemos hoje é uma cena atávica (história romana: monarquia, república, império).

Arbitragem obrigatória:

• **2ª FASE → direito romano arcaico**

PERÍODO do sistema das *legis actiones* (séc. VIII a.C. ao séc. V a.C. – Lei das XII Tábuas). Atos ritualísticos designados na lei para revelar, materializar, concretizar o direito: tirá-lo da abstração! Ato místico (*verba certa* – liturgia da palavra).

PERÍODO *per formulas* – **direito formular** (séc. V a.C. ao séc. II a.C. – *lex aebutia*). O julgamento dos conflitos fazia-se em **duas etapas**:

→ *in jure*: perante o pretor (na forma do direito dito pelo pretor) → a fórmula.

→ *apud judicem*: segundo o modo indicado na fórmula para o árbitro julgar.

JURISDIÇÃO: ato de declaração do direito pelo procedimento cognitivo → **primórdios** da verificação compartilhada da realidade.

Litiscontestatio → ato pretorial, ritualístico. Procedimento judicial? Ato público que deslocava o fato conflituoso entre partes para o âmbito de uma nova situação jurídica vinculada ao ESTADO-PRETOR pela FÓRMULA. Surge a **lide**, o conflito a ser decidido segundo a vontade do Estado.

Obs.: pretor: magistrado → estabelecia os limites da controvérsia na fórmula. O fato testemunhado (*cum testare*) tornava-se LIDE (o conflito saía do mundo dos fatos para o mundo sagrado do julgamento → o FATO mutava-se em LIDE – submetido ao direito do Estado) → rito da sacralidade → **lide**: fato entregue ao pretor para deslindá-lo pelo seu poder e carisma (Estado Sacral).

→ **Fórmula**: roteiro de julgamento a ser realizado pelo árbitro escolhido pelas partes → palavras solenes.

• **3ª FASE → Direito romano clássico**

PERÍODO ainda *per formulas* (**direito formular**) → séc. II a.C. (*lex julia* – séc. I a.C.) até séc. III d.C. Surge a *arbitragem obrigatória Estatal* (nepotismo?) – pretor nomeia árbitro.

• **4ª FASE → Direito romano pós-clássico** → séc. III d.C. em diante. Pretor conhece da pretensão e julga a causa. Surge a *Cognitio Extra Ordinem*. Marco do encerramento da *Ordo Judiciorum Privatorum* – tem-se a jurisdição plena → monopólio da jurisdição pelo Estado (**arbitragem estatal integralmente publicizada – jurisdição e os *INTERDICTA* – atos do imperador**).

→ **Fato-ato**: fato ou ato gerador da pretensão (CAUSA!).

→ **Conflito**: pretensões opostas – faticidade (extra-autos) – crise de cooperação.

→ **Controvérsia**: resistência procedimental à pretensão posta em juízo. Contraversão → atos entre controversistas.

→ **Litígio**: pretensão de mérito colocada em debate judicial legalmente procedimentalizada até a sentença (LIDE carnelutiana).

→ **Lide** (litígio): conflito processualizado de pretensões sobre um bem da vida Jurídica na esfera judiciária. *Lis, litis.*

→ **Lide** é mais do que mérito? Porque "**mérito** é a lide nos limites do pedido" (Prof. José Marcos R. Vieira).

→ **Causa**: o fato conflituoso levado a juízo.

→ **Ação**: procedimento com lide ou sem lide. Sequência de atos jurídicos estruturados segundo o modelo legal. Arcabouço judicial do conflito ou pretensão.

→ **Ação**: envolve pluralidade de atos → *vis activa* – Hanna Arendt! (conotação política – "condição humana").

JURISDIÇÃO E PROCESSO

Obs.: a jurisdição, para os romanos, surge com o "processo formular" → o "processo de conhecimento do direito, para somente DECLARÁ-LO" – A JURISDIÇÃO como atividade de afirmação do direito encontrado no procedimento. Não de execução!

Obs.: A JURISDIÇÃO SURGE DA ARBITRAGEM OBRIGATÓRIA, **NÃO** DO PROCESSO.

Obs.: atualmente, no paradigma do Estado de Direito Democrático, o "ordenamento jurídico (como sistema) é que tem o monopólio da jurisdição". Só a lei contém TUTELA JURISDICIONAL. Não a sentença (provimento).

→ **Constantino** → mudou a capital do Império Romano para Bizâncio (Constantinopla), hoje, Istambul = Turquia → império romano do oriente. Orientalizou o romanismo (300 anos d.C.).

→ **Justiniano** → império romano do ocidente – capital = Roma (história: 585 d.C. → Justiniano).

Obs.: para os romanos, não havia **jurisdição** na execução, porque esta se fazia pelos INTERDITOS do pretor em face de direitos evidentes em conceitos personalistas do PRETOR (independentes de declaração procedimental formular).

Pretor conhece do conflito e julga a causa com definição do direito material (o mérito). *Petitum + res in judicium deducta* – justiça pública.

A *COGNITIO* vai até épocas do império romano com a morte de Justiniano – séc. VI d.C.

→ PORTANTO, a jurisdição surgiu da ARBITRAGEM obrigatória e o PROCESSO só na modernidade com o conceito de CIDADANIA (Estado de Direito Democrático).

Obs.: o processo não é mero instrumento da jurisdição. Atualmente a **jurisdição** é que é **meio** instrumental e função do **processo** e o procedimento é **condição** estrutural do PROCESSO.

→ Rosemiro → *Due process* (procedimento) *of law* (inicialmente lei natural na *common law*) → devido procedimento legal: mesmo que o procedimento não se faça pela principiologia do Processo.

→ Em sua origem histórica (*common law*), *substantive due process of law* – devido processo (substancial) legal são direitos fundamentais positivados de condutas na produção e aplicação da lei no ESTADO DE DIREITO ou SOCIAL DE DIREITO. *Procedural due process of law* é (devido processo (procedimental) constitucional) o direito aos procedimentos de controle jurisdicional e de exercício de direitos fundamentais positivados. (Devido processo constitucional = *substantive due process of law* + *procedural due process of law*!)

Direito constitucional processual → *substantive due process* (princípios processualizados) em sentido moderno.

Direito processual constitucional → *procedural due process* (procedimentos legais – expansividade – ações constitucionais e similares).

DEVIDO PROCESSO CONSTITUCIONAL

Substantive + procedural due process of law constitucionalizados → fonte do chamado "processo jurisdicional" que deve ser sempre *coinstitucionalizados* no Estado de Direito Democrático.

Obs.: falam, às vezes, que o processo nasceu da arbitragem obrigatória → equívoco grosseiro.

O **devido processo**, como instituição linguístico-jurídica (sentido neoinstitucionalista), rompe com o conceito mítico de direito subjetivo pela fidúcia estatal, para assumir significação de direito fundamental assegurado por todos para todos na sociedade de direito democrático.

Obs.: **direito-garantia** → instituto jurídico democrático destinado à desprivatização e despersonalização da fidúcia. Direito-protegido sem vínculo jurídico de sujeição de uma pessoa a outra.

PONTO Nº 6
TEORIAS DO ORDENAMENTO JURÍDICO

a) **Unicista ou unitária** → Carnelutti (direito material complementado p/ normas processuais).
b) **Dualista** → Chiovenda (direito material e direito processual autônomos).

ATIVIDADE JUDICIAL OU JUDICACIONAL

Mera atividade de aplicar e executar a lei. Atividade de atuar (ditar o direito criado pela lei) o direito, segundo a lei. O controle **jurisdicional** é da lei, não mais do juiz. Estado de Direito Democrático. A lei diz o direito e o juiz dita o direito legal → interpretação cognitiva, não volitiva.

- PODER (legitimidade) jurisdicional decorre do ordenamento jurídico.
- A atividade "jurisdicional" é FUNÇÃO do Estado.
- dever "jurisdicional" é do Juiz pelo Estado-juiz!

Obs.: *jus dictare* → atividade de o juiz aplicar a lei (judicacional). *Jus dicere* → dicção do direito pela lei (jurisdicional) → Só da lei.

Obs.: Atualmente JURISDIÇÃO é o atuar dos conteúdos da LEI ESCRITA no Estado nas esferas do Executivo, Legislativo, Judiciário e, com vinculação plena, pelo JUÍZO (órgão estatal de DIRIMIR DIREITOS).

Requisitos para o exercício da "jurisdição" no Poder Judiciário (requisitos da jurisdição)

– **Judicação**

• **Investidura**: posse no cargo de juiz (pode haver juiz sem juízo? Sim. Só quando assume as funções é que é agente do juízo).

Obs.: o exercício (por designação) do cargo – funções – faz-se pelo juízo (unidade judicacional do judiciário).

• **Aderência territorial**: atributo jurídico de vinculação do exercício da jurisdição ao território demarcado pela lei. Atividade jurisdicional em limites indicados na própria lei (geofísica – LOJ).

• **Inércia**: impõe ao juiz o dever de se abster de instaurar o procedimento. Este requisito tem origem nas seguintes máximas latinas: *nemo judex sine actore; ne procedat judex ex officio versus jura novit curia* (o juiz não atuará *ex officio versus* o tribunal fornecerá o direito *ex officio* ou ante as alegações de fato).

• **Indelegabilidade**: requisito que estabelece o dever do juiz de não repassar a outrem a prática de atos inerentes às suas funções, a não ser que a lei determine o contrário.

• **Inevitabilidade**: requisito de presteza (diligência, não procrastinação, não demora) da tutela jurisdicional. MP tem que fiscalizar. Repugna procrastinação → demora. Entrelaçamento com o próximo requisito.

• **Inafastabilidade**: dever do juiz de se vincular permanentemente ao procedimento. Não é faculdade, por isso não pode desligar-se. Abster-se de julgar: pode, se não houver lei. Não quer dizer que a jurisdição é irrenunciável pelo juiz → o juiz não pode julgar sem normas prévias. A jurisdição é atividade de exercitar a LEI nos Estados de Direito Democrático! A lei é que cria as condições de decidibilidade. O princípio do *non liquet* não pode, a rigor, ser absoluto nos Estados de Direito Democrático que se regem pelo princípio da RESERVA LEGAL.

• **Juízo natural**: requisito de não ocasionalidade da JURISDIÇÃO que, coexistente ao Estado, impõe aos juízes neutralidade ante as partes ou interessados. O juiz não pode ser *ad hoc*, não pós-constituído a determinado fato que vai julgar ou a um conjunto de fatos predeterminados para julgamentos OCASIONAIS.

• **Juízo natural**: ocorre quando a jurisdição é coexistencial ao Estado (jurisdição da lei coexistente à criação do Estado). Na origem do Estado – jurisdição coexistencial ao Estado. Veda os tribunais de exceção (ocasionais) – CF/1988.

Requisito da não ocasionalidade da jurisdição → atividade vinculada à existência e natureza (características) do Estado Democrático de Direito.

JUÍZO NATURAL (nato, para sempre; desde o existir do Estado. Órgão fundamental de julgar) (Rosemiro).

JUÍZO de direito

Órgão estatal de julgar integrante do "Poder Judiciário", mediante decisões com vinculação plena.

JUIZ de direito

Agente e representante do juízo (magistrado).

JURISDIÇÃO

Atuação dos conteúdos da lei ao proferir decisões (judiciais) em nome do Estado com vinculação plena em limites geofísicos indicados na LEI.

Obs.: não pode ser voluntária; nem penal, cível, trabalhista. O procedimento é que poderia ser cível, penal (Amilcar de Castro).

COMARCA

Unidade administrativo-judiciária caracterizada por limites geofísicos para o exercício das atividades do juízo ou juízos de direito.

COMPETÊNCIA

Especialização da atividade jurisdicional exercida pelo juízo ou juízos de direito.

INSTÂNCIA

Nível de exercício da competência jurisdicional.

VARA

Segmento divisionário da competência.

FORO

Conjunto de juízos que compõem os níveis de competência.

FÓRUM

Sede física do FORO (edifício-local).

ENTRÂNCIA – ordem de classificação das comarcas pelo grau de importância geopolítico-econômica como *critério científico*:

Inicial → Borda da Mata – MG; Espera Feliz – MG; Luz – MG
Intermediária → Itamarandiba – MG; Serro – MG; Congonhas – MG
Final → Teófilo Otoni – MG; Juiz de Fora – MG; Uberaba – MG
Especial → Belo Horizonte – MG

Órgãos do Poder Judiciário → TJ, TA, TJM, TJúri, juízes de direito (órgãos estatais ao sentenciar).

Obs.: as comarcas poderão constituir circunscrição judiciária, subdividindo-se em distritos e subdistritos.

Obs.: MUNICÍPIO → unidade administrativa como pessoa jurídica de direito público interno. PREFEITURA é sede física do MUNICÍPIO, não é pessoa jurídica.

Criação de ENTRÂNCIAS (LODJ) – Lei de Organização e Divisão Judiciária, cada qual com suas peculiaridades classificatórias.

Teorias da jurisdição

1. Atividade de aplicação de sanção → Redenti.
2. Garantia de obediência das normas → Calamandrei (só os juízes salvam o processo).

3. Atividade de justa composição da lide → Carnelutti (realização de justiça – sentença com força de lei).

Obs.: necessidade de impessoalização da jurisdição na modernidade. Atividade institucional do Estado e não pessoal do juiz. Jurisdição é UNA, por isso não é penal, civil, especial, comum → procedimento é que pode apresentar características variadas, como penal, civil, especial, e o **processo** é único para reger todos os procedimentos.

PONTO Nº 7
PROCESSO

Teorias do processo na história do direito

1. Teoria do processo como contrato → Pothier → 1800 – TEORIA PRIVATISTA. Processo é o instrumento de aceitação pelas partes da atuação do juiz; vínculo contratual (instituto) de aceitação pelas partes do que fosse decidido pelo juiz; fórmula judicial-contratual para fazer cumprir o contrato social preexistente entre as partes.

Obs.: o processo era um contrato acessório ao hipotético contrato social livremente estabelecido pelos homens para convivência e solução pacífica de seus conflitos.

Teoria de bases rousseaunianas → os direitos subjetivos estavam na gênese da vontade social em algum momento da história (teoria do pacto social). Rousseau não explica quando e como ocorreu.

2. Teoria do processo como quase contrato (CONTRATO ATÍPICO) → Savigny, Zimmern, Guényvau → 1850 – TEORIA ainda PRIVATISTA. Negaram que o processo fosse mero contrato judicial entre as partes (autor e réu) de se sujeitarem à decisão do juiz em decorrência de um **hipotético** CONTRATO SOCIAL livremente firmado entre os homens no curso da HISTÓRIA. Diziam que o processo parecia contrato, mas não era contrato, nem delito, por isso era um quase contrato (CONTRATO ATÍPICO), porque o processo tinha força coativa para obrigar o réu, pela *in jus vocatio* (condução judicial à força), a comparecer a juízo. Logo, não era necessário prévio e bilateral consentimento das partes para que o processo tivesse eficácia. **Processo**, nesta escola, tem sentido de atos imperativos da jurisdição, uma vez instaurado o procedimento pelo autor, embora houvesse vestígios de contratualidade em aceitarem as partes a decisão do juiz. Teoria muito nebulosa, confusa, que não foi bem explicada pelos seus defensores.

3. Teoria do processo como relação jurídica (*judicium est actus trium personarum: judicis, actoris et rei*) → Oskar Von Bülow → 1868 – Bulgarus, séc. XII.

Vínculo de subordinação de um sujeito a outro e de ambos ao juiz.

Afirmação de um direito subjetivo – *facultas agendi* de alguém perante outrem. Autoritarismo do séc. XIX → autoritarismo da vontade. Já em 1840, **Ortolan** (1802 – 1872) afirmava que todo direito tinha um **sujeito ativo** e **outro passivo**, *ut Du Pasquier* (A. Plínio, p. 76). **Teoria dos polos – ORTOLAN**.

Obs.: ainda direito e vontade imperavam antes da norma (ex.: tenho direito a esse quibe, aí, eu vi primeiro – Rosemiro) → DIREITO SUBJETIVO (o voluntarismo) → vínculo de sujeição de uma pessoa a outrem.

Obs.: o autor exigia do réu cumprimento de uma obrigação, porque *jus et obligatio sunt correlata* (a todo direito – subjetivo – corresponderia uma obrigação devida pelo **poder de vontade** de quem exige) (ROGUIN).

Obs.: existia um "vínculo jurídico exercitável pelo constrangimento e opressão" (tirania, dominação) – J. B. Vilella.

Época ainda dos direitos subjetivos: faculdades e prerrogativas das quais alguém pode prevalecer em face de seus semelhantes (Bertrand).

Direito subjetivo → vínculo de exigibilidade ligando sujeito ativo e passivo por um poder de vontade. (*Cet enfant monstrueux* – criatura monstruosa – Michel Villey.)

Colin e Capitant → transpuseram, em 1900, esse conceito para o direito público.

Bülow → processo – relação jurídica entre pessoas – "complexo de direitos, poderes, deveres, faculdades das partes e do juiz que se desenvolvem até a sentença" em que o autor é parte ativa, o réu é parte passiva e o juiz o comandante do combate judicial.

Conexão de vontades (até séc. XIX) *versus* **enlace normativo** (conexão de normas) Estado Democrático de Direito (séc. XX) (impessoalização). Relação jurídica (*vinculum juris* – ainda no CPC como vínculo normativo **entre sujeitos**). Vínculo de sujeição → sujeito ativo *versus* sujeito passivo.

No Estado de Direito Democrático, asseguram-se atos *ex vi legis*. Posições autônomas de atos jurídicos *ex vi legis*. Vontade tem eficácia por dotação da norma (Cariota Ferrara → teoria do negócio (*nexum*) normativo-jurídico).

Teorias da representação gráfica da relação jurídica: (Escola de Bülow)

→ **Wach** → TRIANGULAR

→ **Hellwig** → ANGULAR

→ **Köhler** → LINEAR

4. Teoria do processo como situação jurídica → James Goldschmidt → 1910. Sacraliza o direito subjetivo (*facultas agendi*). Culturalista: processo como situação jurídica. Processo como MEIO (circunstância-fonte) de obtenção de reconhecimento ou não reconhecimento de direito alegado. Processo, nessa Escola, é atividade de risco, jogo, meio utilizado pelas partes para sensibilizar o juiz (direito estratégico), devendo o juiz assegurar a **imprevisibilidade** da decisão a ser expendida como forma de garantia de sua própria neutralidade e imparcialidade.

Goldschmidt → processo surgia da dinâmica (energia?) das atividades das partes sob comando do juiz. Jogos de argumento, linguagem, estratégia; esperanças, expectativas, possibilidades, posições de vantagem perante a lei (PROCESSO como MEIO de DUELAR). Vencedor e vencido (sucumbente).

→ Bonnecase → situações concretas geradas pelas partes e abstratas geradas pela lei (encontro dessas vontades – o processo). Duas vontades: do homem, concreta; da lei, abstrata.

Crítica a Goldschmidt e Bonnecase:

→ Roubier → atos jurídicos são atos do homem ou fatos da natureza regulados pelas normas. Diz que não há duas vontades. Uma só vontade: a legal → *ratio legis versus logos*.

Obs.: só o ato jurídico humano é que, *secundum legem*, cria situação jurídica.

A norma "valora" a conduta como DEVIDA, permitida ou VEDADA (valora ou qualifica?).

Obs.: a vontade tem eficácia por dotação da norma. (CARIOTA FERRARA) Direito assegurado pela norma. Teoria do negócio jurídico, nexo com a vontade/norma, **nexo de validade do ato humano pela razão normativa**; *ratio legis*.

1900 → surgem obras de **Duguit e Kelsen**. Dessacralização do direito; socialização do direito; inexistência de relação de subordinação entre sujeitos.

→ **Kelsen** → teoria pura do direito, "norma como ato prévio, lógico, abstrato", geral → lei → única fonte de vontade. (Rosemiro → conteúdos de direito democrático).

Kelsen →direito é a norma. Decreta a morte do direito subjetivo, do direito sem lei da *facultas agendi* contra Ihering (direito protegido pela norma).

Kelsen: a quebra do dogma e da idolatria da jurisdição, como fonte primária de direito.

5. Teoria institucionalista do processo → 1948 → Jaime Guasp. **Instituição** de direitos decorrentes dos costumes, ética social e do direito praticado pelos tribunais. Bases sociológicas. **Instituição** em Guasp é um conjunto de condutas que se articulam pela jurisdição dos juízes. Em GUASP, o julgador personifica, no procedimento, os valores morais e éticos da sociedade. Processo, nesse sentido, é meio institucional de transposição dos valores sociais para decisão dos conflitos pelos juízes.

Obs.: os *instrumentalistas* de hoje acompanham essas concepções arcaicas, voluntaristas, subjetivistas, realistas sob o signo de escopos metajurídicos.

Inspiração em Hauriou. Seguidor → Morel → falando em direitos adotados (prévios) pela Constituição natural (direito pré-normativo).

Obs.: para Puffendorff, a moral e a ética pertencem ao mundo da morte e o direito ao mundo da vida.

Obs.: Couture foi a favor de Guasp. Após, em 1952, desligou-se dessa teoria e se refiliou a Bülow, dizendo que essa teoria tinha linguagem de BABEL. Instituição → expressão de elementos complexos. Renan → a expressão "instituição" dava-lhe vertigem pela polissemia (variações de sentido) que encerrava!

6. Teoria (Escola Estruturalista) do processo como procedimento em contraditório → 1978 → Elio Fazzalari. Negativa da estruturação da sentença como ato de sensibilidade do juiz. Início da democratização do discurso processual.

Estruturalista, porque o procedimento é uma estrutura técnica espácio-temporal. **Processo** é espécie de procedimento em contraditório entre as partes, em simétrica paridade, na preparação do provimento jurisdicional (provimento, decisão, sentença → providência, conclusão, ato jurídico final, encerrador do procedimento).

Obs.: pode-se dizer que o "direito formular" romano apresentava vislumbres de procedimento em contraditório.

→ **1º: processo**: "estrutura técnico-jurídica de atos lógico-temporais realizada em contraditório".

→ **2º: procedimento**: estrutura técnica de atos jurídicos sequenciais numa relação espácio-temporal, **segundo o modelo legal**, em que o ato inicial é sempre pressuposto (condição) do ato conseguinte e este como extensão do ato antecedente e, assim, sucessivamente, até o provimento final. Estrutura espácio-temporal (relação normativa, não entre pessoas). Espaço medido pelo tamanho (duração) do tempo. **Não** é espaço físico, mas enunciativo-estruturante: espaço-tempo conceitual de oportunidade legal de realização ou não de ato jurídico.

Obs.: o **espaço conceitual** (referente lógico do regime jurídico-político adotado na ordem constitucional dos países) só é possível pelo transcurso gradual de instantes perceptíveis. O registro de ideias no espaço conceitual (ou enunciativo) do procedimento só é possível pelo tempo (o prazo: tempo cômodo do pensar) para construção estrutural do procedimento no Estado de Direito Democrático.

Qual o fator de estruturação do procedimento? A preclusão!

OBS.: o CPC/2015 desfigurou a preclusão em suas conotações fazzalarianas.

Teoria estruturalista *versus* relação jurídica (instrumentalista)

- Processo, procedimento e jurisdição → distinção possível só pela teoria estruturalista.

7. Teoria constitucionalista do processo → 1979 → Fix-Zamudio, Baracho, Andolina (modelo geral constitucional do processo). Essa teoria trabalha o *modelo* geral constitucional do processo ainda como instrumento da jurisdição constitucional e esta como atividade judicatória dos juízes em face dos conteúdos da lei constitucional. A teoria constitucionalista do processo pode servir os paradigmas do Estado de Direito (Liberal) e do Estado Social, porque o "modelo constitucional" do processo ainda se vincula às concepções de Bülow e Dinamarco que entendem o processo como instrumento da jurisdição dos juízes orientada por uma hermenêutica de bases axiologizantes a serem preservadas ou resgatadas pela consciência do julgador. Há, nessa teoria, uma vertente que entende por jurisdição constitucional uma "constituição dirigente", cuja deontologia é de fundo positivista (normativismo kelseniano). Adota-se a relação condição-consequência, sem perquirir os fundamentos do sistema jurídico: se aberto ou fechado e como operá-lo com exclusão do saber imanente à *auctoritas*.

8. Teoria neoinstitucionalista → "processo: instituição linguístico-jurídica de fundamentos coinstitucionalizantes à construção da estrutura do procedimento" (Rosemiro). Processo: não mais uma espécie de procedimento, mas instituição regencial do procedimento (contencioso ou não). Essa teoria, ao contrário da anterior, coloca a JURISDIÇÃO como instrumento do processo aberto a qualquer do povo, propiciando uma fiscalidade irrestrita (concreta e abstrata) pelo controle procedimental de coinstitucionalidade e democraticidade, contemplando uma hermenêutica adequada ao paradigma do Estado Democrático de Direito no eixo de uma *teoria intradiscursiva* que exige compreensão única para todos os operadores do direito, não somente para segmentos privilegiados da comunidade jurídica.[1]

PROCESSO como instituição linguístico-jurídica, coinstitucionalizante por seus institutos: contraditório, ampla defesa e isonomia, direito ao advogado, gratuidade na defesa de direitos fundamentais.

→ **Processo**: "conjunto de institutos de direito fundamental coinstitucionalizantes (ampla defesa, contraditório, isonomia, direito ao advogado, gratuidade da atividade jurisdicional) regente da construção estruturante (relação espácio-temporal normativa, não entre pessoas) dos procedimentos" (Rosemiro).

Obs.: Di Iorio e Sagüés falam num "**direito jurisdicional**" pelo processo (acho interessante) → processo constitucional jurisdicional (normas de resistência?) → direito criador de DIREITO? Acho que sim! (art. 60, §4º, CF/1988 c/c art. 5º).

PROCESSO CONSTITUCIONAL LEGIFERATIVO→ como direito processual para criação de direitos → "processo legislativo" (pelas cláusulas de resistência) como garantias e reserva de condutas para a produção do direito, conforme visto na CF/88, art. 59.

PROCESSO CONSTITUCIONAL → disciplina jurídica para estudo, pesquisa e ensino da instituição do *devido processo* (Rosemiro).

TEORIA CONSTITUCIONALISTA DO PROCESSO E TEORIA NEOINSTITUCIONALISTA DO PROCESSO – *distinções*

Alinham-se aqui, na teoria constitucionalista do processo, seus principais significados de cunho liberalizante e comunitarista que a distinguem da minha teoria neoinstitucionalista do processo, que tem o seu eixo epistemológico na teoria do **devido processo coinstitucionalizante e coinstitucionalizado**[2] como marco do direito democrático.

Os seguidores do constitucionalismo processual, ainda agarrados ao modelo constitucional do processo (Andolina, Vignera) e suas variáveis perpassadas por reminiscências kantistas e hegelianas, axiológicas e historicistas (Galleotti, Häberle, Habermas), imaginam, na aplicação do direito, uma **realidade** não decidida (lugar do decisor garantista, portador de autoridade-poder jurisdicional), à margem da existência legal fatalmente lacunosa que sempre suplicaria uma proteção proficiente (tutoria) por uma **atuação reflexiva** de mentes judicantes articuladoras de um **processo jurisdicional** a serviço de um sinergismo ético derivado de supostos discursos políticos e expansividades normativas preservadores de integração social.

Com essa posição, os filiados à teoria constitucionalista do processo (sem explicar qual teoria processual é informativa dessa constitucionalidade) acabam reproduzindo o ensino dos instrumentalistas bülowianos que transplantam, para o

1 LEAL, Rosemiro Pereira. *Teoria processual da decisão jurídica*. São Paulo: Landy, 2002.
2 LEAL, Rosemiro Pereira. *Teoria processual da decisão jurídica*. São Paulo: Landy, 2002.

plano constitucional, o **processo** como instrumento de uma jurisdição constitucional (atividades de juízes guardiães-da-lei) com escopos metajurídicos cappellettianos de fazer JUSTIÇA SOCIAL em critérios não esclarecidos por supostas probidade e seriedade (pós-positivismo) de operadores virtuosos do direito.

Na teoria neoinstitucionalista, o **processo devido** (direito a advir) é institucionalizante do sistema jurídico por uma proposição autodiscursiva (contraditório, isonomia, ampla defesa) fundante de uma procedimentalidade a ser adotada como hermenêutica de legitimação autoincludente dos destinatários normativos nos direitos líquidos, certos e exigíveis já assegurados no discurso processualmente constituinte da coinstitucionalidade. Entretanto, os operadores processuais da teoria constitucionalista são apenas garantidores de uma ordem jurídica constitucional a ser concretizada pelo *medium* linguístico estratégico de uma jurisprudência das altas cortes de justiça (cortes constitucionais) que decidem ainda em juízos de conveniência, equidade, proporcionalidade, ponderabilidade, razoabilidade e adequabilidade, na resolução dos litígios, nunca na redução dos conflitos estruturais.

A jurisdição constitucional, na Escola Constitucionalista do Processo, considerada **atividade tutelar** dos juízes e demais decisores provimentais, é instituto de condução de um processo instrumentador da autoridade jurisdicional, enquanto, na escola neoinstitucionalista, o **devido processo coinstitucionalizante** é instituto de neutralização da deontologia positivista do discurso jurídico-político e não um **modelo constitucional de processo** garantista a partir da **base constituída** do direito a ser ainda acertado pela autoridade jurisdicional como se lê na Escola Constitucionalista do Processo.

Em conclusão, a teoria constitucionalista do processo ainda não disponibilizou uma **teoria processual** que conferisse fundamento à constitucionalidade que pretende encaminhar na perspectiva democrática do direito, uma vez que ainda se encontra cravada nos marcos hermenêuticos dos Estados Liberal e Social de Direito. Os seus seguidores ainda admitem veto e sanção como saber máximo do soberano (presidente da nação) e intérprete exclusivo e último dos desejos (anseios) do povo icônico (mítico). A teoria neoinstitucionalista preconiza fiscalidade (**controle de democraticidade** aberto a qualquer do povo) do processo legiferante nas bases instituintes e constituintes da legalidade, bem como na atuação, modificação, aplicação ou extinção do direito constituído, e trabalha a socialização do conhecimento crítico-democrático em pressupostos (direito fundamental) de autoilustração (dignidade) pelo exercício da cidadania como legitimação ao direito de ação coextenso ao procedimento processualizado.

A teoria constitucionalista do processo acolhe uma sociedade civil pressuposta e já construída por um **Estado** nacional pré-histórico como referente hermenêutico dos direitos a serem decididos pela **autoridade** jurisdicional. Ao contrário, a neoinstitucionalista propõe-se a construir uma sociedade democrática pelo povo legitimado ao processo (comunidade jurídica de cidadãos) em todos os níveis de produção, atuação, aplicação e extinção de direitos no marco teórico-institucional do devido processo coinstitucionalizante (direito coinstitucional processual).

OBS.: *ALGUNS ASPECTOS EXPONENCIAIS DA TEORIA NEOINSTITUCIONALISTA DO PROCESSO*:

01- O processo é uma instituição jurídico-linguística autocrítica construtiva e regencial do sistema jurídico democrático e seus procedimentos, compondo-se pelo *devido processo* dos institutos metalinguísticos do contraditório, ampla defesa e isonomia;

02- O processo não é uma espécie de procedimento, mas uma instituição construtiva e regencial do procedimento;

03- A jurisdição é instrumento (atividade aplicativa) do processo, não é o processo mero instrumento da jurisdição;

04- A constituição, nesta teoria, é um título executivo extrajudicial quanto aos direitos fundamentais nela coinstitucionalizados;

05- Não recepciona o garantismo e o protagonismo judicial exercidos pela pessoa do juiz para assegurar e dizer o direito em juízos de conveniência e equidade;

06- O processo não é jurisdicional, é jurídico-sistêmico;

07- A jurisdição constitucional não é atividade tutelar dos juízes e demais decisores provimentais. A constituição é criada pelo devido processo coinstitucionalizante (concepção democrática), sendo regencial para todo o sistema jurídico;

08- Os direitos fundamentais de vida-contraditório, liberdade-ampla defesa, dignidade-isonomia são direitos líquidos, certos e exigíveis;

09- Essa teoria não sustenta a existência de um Ente Estatal autopoiético e uma sociedade civil pressuposta, recebidos da história como referentes hermenêuticos de direitos a serem aplicados pela autoridade jurisdicional;

10- Essa teoria propõe-se a construir uma sociedade democrática pelo povo como conjunto total dos legitimados ao processo, também denominado comunidade jurídica;

11- A comunidade jurídica é, nessa teoria, fiscalizadora processual nos níveis de produção, atuação, aplicação e extinção de direitos no marco teórico-institucional do devido processo legal;

12- Essa teoria preconiza a criação de um **Código Processual de Fiscalidade Institucional** e a autoinclusão nos direitos fundamentais estabilizados no nível instituinte da coinstitucionalidade.

9. Teorias diversas que ainda não se mostram satisfatoriamente esclarecidas:

1. Processo como entidade jurídica complexa (Foschini).
2. Processo ontológico, a serviço do Estado (um ente instrumental do Estado) (João Mendes Jr.).
3. Processo como serviço público (Gaston Jèze).

PONTO Nº 8
CICLO HISTÓRICO DO DIREITO DE AÇÃO

Direito de ação:

AÇÃO – Acepções histórico-mitológicas e jurídicas

Ação → primitivamente como "símbolo" institucional para o exercício de direito. Nome como forma sacralizante de "legitimação" (poder) ao exercício de direitos!

Ação → "palavra de passe" ao exercício de direito inato ou pretendido ou assegurado em lei divinatória.

Ação → senha do exercício de um direito natural (inato).

Ação → palavra sagrada de ingresso no direito.

AÇÃO → *ACTIO* → como nome de ingresso no direito subjetivo do poder de agir.

Obs.: nome → o "**nome**" criava o "Eu" como "sujeito de direito" → a filiação homoparental: o "nome do pai" como legitimado à ação.

AÇÃO → expressão ambígua, imprecisa, vaga, polissêmica, indeterminada. Para Liebman → direito a uma sentença de mérito (merecimento-prêmio) ou "direito processual de exteriorização do direito material" → seria este (direito material) um direito decorrente da razão de um legislador inspirado por princípios de certeza que devessem ser exteriorizados pelo direito processual? (Estado Liberal).

Ação → senha de acesso ao "direito material" advindo de uma maternalidade de princípios imutáveis. O nome que recebemos ao nascer como *legitimatio* dada pelos avatares (Lei da Tradição).

→ *Facultas agendi* → direito de ação (contemporaneamente constitucionalizado → direito de movimentar a jurisdição) – Rosemiro.

→ *Jus-agendi* → direito de agir: direito ao procedimento; é endoprocessual. Rosemiro (legitimação *ad causam* e *ad processum*).

Obs.: para a Escola da Relação Jurídica (desde Bülow), a "ação" tem sentido de atuação ritualística e reveladora do direito material e **não** ato incondicionado de movimentar a jurisdição. **AÇÃO** também assumiu um sentido de ANSPRUCH (PRETESA, PRETENSION) → *jus agendi* – direito de exigir conduta de outrem, *conforme a lei*. KLAGE → *jus exigendi* – direito de exigir conduta do Estado em face de outrem.

Modernamente ⚜ **ação = procedimento** (estrutura jurídico-instrumental de acertamento, prevenção, asseguramento ou satisfação de direitos).

Obs.: o prof. Amílcar de Castro pioneiramente assim entendia, como também entendo com os acréscimos fazzalarianos.

Instrumento legal a que se deve submeter a jurisdição e segundo o qual a jurisdição atua.

Direito de ação → *facultas agendi, jus exigendi* da atividade judicial.

É o direito de movimentar a jurisdição. Direito de petição (Couture).

Direito de agir → *jus agendi.*

É o direito de estar em juízo, apurável no procedimento instaurado pelo direito de ação.

Direito de ação → direito de movimentar a jurisdição pelo ato instaurador do procedimento (Rosemiro).

OBSERVAÇÃO IMPORTANTE: o juiz extingue o ato instaurador do procedimento ou a estrutura parcial do procedimento e **não** o **modelo** procedimental ou o processo!

Obs.: Estrutura procedimental → espaço conceitual do procedimento enunciado pela LEI e realizado pelos sujeitos procedimentais.

Direito de ação → direito-garantia (incondicionado) de movimentar a jurisdição pela instauração de procedimentos (art. 5º, XXXV, CF/1988).

TEORIAS DO DIREITO DE AÇÃO

1. Teoria imanentista do direito de ação

1840 – Savigny

Imanentista → inerência do procedimento (ação) ao direito material alegado.

Confunde "ação" com direito de ação, **direito de agir** e exercício do direito material. Remonta aos romanos "a cada direito corresponde uma ação" (livro I, título III, Parte Especial do CPC/2015 - Procedimentos Especiais). Para essa Escola, direito sem ação não existe. A norma processual não tem autonomia. Para essa Escola, a palavra tem força criadora. O **nome** da ação cria o direito nela encaminhado.

Para essa escola, "a ação segue a natureza do direito". Modelo da *legis actiones* dos romanos (LITURGIA DA PALAVRA → o encantamento a que se referia Weber).

A liturgia da palavra → a **ação** como instrumento de substanciação do inefável. **Poder** de transformar o abstrato em concreto. O direito como doação divina → o "ter" dado por Deus.

"O direito assumia o nome da ação respectiva" (lista dos pretores). A lei reconhecia uma faculdade de agir preexistente ao ser humano? Acho que sim.

Hoje:

→ *facultas agendi* (criada pela lei; direito incondicionado à jurisdição procedimentalizada);

→ *jus agendi* (direito ao procedimento – ao procedimento legal – reconhecido endoprocessualmente pelo juízo);

→ *norma agendi* (a que cria o direito-garantia de movimentar a jurisdição).

Direito de ação: direito incondicionado de movimentar a jurisdição pela instauração de procedimentos (não direito ao procedimento).

2. Teoria do direito de ação como direito subjetivo, público e autônomo

1856 – Windscheid – 1857 – Müther → **subjetivo**: Anspruch (*actio*) inerente à pessoa e direito de exigir conduta de outrem. **Público** (Klage) → contra o Estado, logo direito de exigir conduta do Estado em face de outrem. **Autônomo** → independente do direito material alegado.

Obs.: apontam-se nessa TEORIA vislumbres de **ação como procedimento**.

COGITAÇÕES COMPARATIVAS COM A TEORIA ANTERIOR

Obs.: *actio* → concepção ainda de direito subjetivo → inerente à pessoa (inato?)

→ *Actio*: ato de revelação subjetiva do direito material oposto contra alguém perante o pretor (concepção romano-arcaica).

→ *Legis actiones*: a fórmula legal da *actio* (ato de revelação do direito material).

Obs.: ação no sentido material é o ato instantâneo de exteriorização do "direito subjetivo" material.

Ex.: o desforço *incontinenti* → exercício da "ação" na sua concepção original.

Müther afirmou que a *actio* era igual à Klage (contra o Estado). Se era contra o Estado, era **autônomo** – sem vínculos de direito em face de outrem. Disse que além de subjetivo e público era autônomo, ou seja, independente do direito material alegado, porque era um direito contra o Estado, pouco importando se o interessado tivesse direito em face do adversário – não estava em jogo a relação material. Windescheid e Müther **retiraram o caráter privado do direito de ação**. Distinguem direito de ação e direito lesado.

Obs.: do direito de ação surgiam dois direitos: o direito do ofendido à tutela do Estado e o direito do Estado à eliminação do conflito ou lesão, como KLAGE.

3. Teoria do direito de ação subjetivo, público e concreto

1865 – Wach

Contra o adversário (subjetivo) e contra o Estado (público).

Concreto: direito a uma decisão favorável. **Concreto**, porque um direito de quem tem razão; um direito a uma sentença favorável → **Wach** falava em "evidência do direito" **antes** de sua "procedência".

Aproveitada pelo **CPC** → interesse processual; legitimação *ad causam*; possibilidade jurídica do pedido – "condições da ação" – (eis por que não é autônomo). RETROCESSO!

Seguidores → Bülow: direito a uma sentença justa. Hellwig, Chiovenda (direito positivo, também de cunho privatístico, mas contra o Estado – direito-poder contra o adversário e o Estado – direito de quem tem razão) → direito potestativo!

4. Teoria do direito de ação subjetivo, público, autônomo, abstrato

1877 – Degenkolb (Alemanha) e Plósz (Hungria)

Abstrato: independe de sentença justa ou favorável → é o *jus exigendi*: direito de movimentar a jurisdição, sendo esta uma função-dever do Estado em caráter declaratório, executivo ou acautelatório de direitos alegados.

→ **Couture** → denominou direito de petição.

Para mim → abstrato: não é a antiga e subjetiva *facultas agendi* (poder de agir contra alguém), não é *jus agendi* (direito de atuar no processo), mas direito independente de sentença justa ou injusta de mérito ou não e coextenso ao procedimento.

→ Alfredo Rocco → Itália → defensor.

→ Carnelutti → com a observação de que o direito de ação (ação) é contra o juiz.

Obs.: Rosemiro → a **situação legitimada** dá-se pelo direito ao procedimento indicado na lei e não pelo direito de ação. A **situação legitimante** dá-se pela indicação na sentença do universo jurídico afetado pelo comando provimental. Sujeito passivo só após a sentença? Sim!

5. Teoria eclética do direito de ação

1930-1950 – **Liebman** – (escolheu a pior teoria → de Wach)

Direito de ação (direito à jurisdição pelo reconhecimento judicial do direito a uma sentença de mérito).

• Direito a ser exercido depois de atendidos pressupostos processuais e condições da ação no procedimento judicial instaurado.

• Direito subordinado a pressupostos e condições → Wach.

Porque, para **Liebman**, o processo é instrumento da jurisdição. Com o atendimento de pressupostos e condições referidos é que se formaria o **processo** e, a partir daí, este seria o **instrumento** do qual se serviria a **jurisdição** para enfrentar o **mérito** → **Escola** da Relação Jurídica entre pessoas (juiz, autor, réu) e da Instrumentalidade do Processo (processo como relação jurídica entre pessoas sob comando do JUIZ e INSTRUMENTO deste para no **mérito** "fazer justiça" – **Escola Processual de São Paulo** fundada por Liebman). **Seguidores** → Dinamarco, Grinover, Cintra, Watanabe, Barbosa Moreira, Ovídio Baptista, Calmon de Passos, Humberto Theodoro Júnior, Frederico Marques, como principais divulgadores e centenas de outros processualistas brasileiros e estrangeiros. Para Liebman, jurisdição só atua após a "formação do processo". Só há jurisdição na abordagem do MÉRITO.

Processo → sequência de atos instrumentais, atos rítmicos, ritualísticos, ou modo, meio, método instrumental da jurisdição (Liebman).

Liebman → "direito de ação conexo a uma pretensão de direito material" (*actio*? – pretensão) → Anspruch? Sim! Direito de ação pelo atendimento de "condições prévias" a serem demonstradas após instauração do "procedimento".

Ação – *actio* – pretensão ritualizada em que forma e conteúdo se unificam por única vontade do pretor. **Transfiguração** (direito romano arcaico).

Obs.: para Liebman, o direito de ação é direito subjetivo que, embora demonstrável no "processo", já deveria existir antes da instauração do procedimento. É um direito por "condições" existentes antes do atendimento a pressupostos do processo (direito de agir por aderência à norma material? Ação de direito material?).

Em direito penal, tem-se o direito de ação como dever de ação, dever de movimentar a jurisdição (ação pública). O Ministério Público deve movimentar a jurisdição (Estado-juiz). Por isso, o MP é instituição popular, não estatal.

O *jus puniendi é debitum agendi.*

Reserva legal: *nullum crimen, nulla poena, sine lege. Nulla poena, sine judicio.*

Outras teorias

→ Pekelis: direito de ação como direito subjetivo de fazer agir o Estado. (Direito subjetivo antes da lei ou em razão da lei? Direito subjetivo ou não? Não explicou.)

→ Outros autores: falavam em dever de se dirigir ao Estado e não de alegar direitos em face do Estado, porque a jurisdição é obrigatória, pouco importando se os direitos são disponíveis ou indisponíveis.

PONTO Nº 9
NORMA PROCESSUAL

Norma: narrativa legal que qualifica a conduta como devida, permitida ou vedada.

Norma: agente emissor (oculto); agente receptor (intérprete, destinatário, aplicador). Norma é hoje uma palavra banalizada pelo dogma da inexplicação.

Norma: direção legal de conduta; unidade mental de indicação de sentido legal.

Regra: norma legal criadora e asseguradora de direitos (de aplicação ou sanção), sempre deontológica (pelo correto).

Princípio: norma de justificação ou de fundamentação da regra jurídica. Permite **preferibilidade** relativa, não absoluta, perante situações jurídicas caracterizadoras do modelo jurídico-político-econômico constitucionalmente adotado.

Norma: padrão de **licitude** deduzido do texto legal, compreendido pelo intelecto do leitor ou do ouvinte como **síntese** de permissibilidade do que é autorizado, vedado, assegurado ou devido pela *teoria do discurso* do **ordenamento jurídico**.

Licitude: âmbito de liberdade permissível.

- Lícito é o que **não** é juridicamente vedado.
- Lícito é o que é permitido ou assegurado, logo **permitido**.
- Lícito é o que é devido, logo **permitido**.
- Lícito é o que pode ser vedado para assegurar o **permitido**.

Obs.: ilicitude → situação de contraposição ao âmbito de liberdade permissível.

Padrão de licitude: medida normativa do espaço comportamental de permissibilidade e dever indicada na lei.

Padrão de licitude: resultante lógico-jurídica de permissibilidade no que é autorizado, vedado, assegurado ou devido pelo discurso do **ordenamento jurídico**.

→ **NORMA LEGAL**: sentido literal da lei, **não** hermeneuticamente interpretado segundo a *teoria do discurso* do ordenamento jurídico.

→ **NORMA JURÍDICA**: sentido literal da lei, hermeneuticamente interpretado segundo a *teoria do discurso* do ordenamento jurídico constitucionalmente adotado.

Absolutismo

JUSTO → jusnaturalismo (conforme a ordem natural adotada pelo Poder).

EFICÁCIA DO JUSTO → realismo (o que é conforme a realidade → espaço estatal).

PRECEITO: direito não normado é preceito (Baracho).

NORMA: padrão de licitude ordenamental. Padrão de licitude inferido do ordenamento jurídico, segundo a *teoria do discurso* nos Estados Democráticos de Direito. Só ATO LÍCITO GERA DIREITOS.

→ **Sociedade democrática de direito**: aquela que o povo (comunidade jurídica) processualmente legitimado instala sob a denominação de Estado Democrático de Direito.

Obs.: padrão de licitude → medida do que pode, deve ser ou não realizado conforme disposto no ordenamento jurídico. Direito surge pelo ato ou situação de licitude → ideário do que é juridicamente permitido, vedado ou devido pela **medida** do permitido.

Obs.: só ato lícito (ato de licitude → pré-autorizado no discurso do ordenamento jurídico) gera direito.

→ Cariota Ferrara → (direito moderno): *mens legis* (inteligência da lei). Reserva legal – *ratio legis* ***versus*** *logos* e ***versus*** autonomia da vontade ou do acaso (*lex mercatoria*). Mercado: ente fantasmagórico. **Conexão de normas** (vínculo, limite, elo de normas "a vontade só tem eficácia por dotação da norma") ***versus*** **conexão natural de vontades**.

Nexum jurídico: negócio, vínculo, acoplamento, encaixe, ajuste da vontade e norma. (NEGÓCIO JURÍDICO → não tem mais conotações privatísticas).

Então, não há lacunas no direito moderno, porque os princípios no discurso jurídico moderno são muito fecundos, tendo em vista o campo do paradigma teórico constitucionalmente adotado.

Rosemiro → a incolumidade do ordenamento jurídico pelo padrão de licitude da norma (*ratio legis*).

Obs.: o que gera **direito** é a conduta em conformidade (consonância, harmonização) com a "existência jurídica" da **licitude** e **não** a lesão ou ameaça de lesão ao ordenamento jurídico que é incólume. "Ato ilícito" não gera direitos.

Situação de licitude → fonte geratriz do direito.

Obs.: veremos que só em Kelsen – grande inspirador das autocracias – no Estado de Direito não normado (padrão de licitude pela não instituição processual popular de direitos fundamentais) é que a **violação** da norma (de origem hipotética) gera direitos.

→ **Rosemiro** – **Obs.:** a sanção é consequência de contraposição à situação de licitude → **direito não surge da violação da norma, mas pelo ato ou situação de licitude**.

Obs.: nunca se está em violação da norma jurídica, mas em contraposição à norma jurídica, daí esta ensejar direitos em face do ato ilícito (o ato que lhe é contraposto). O direito surge não por causa ou em razão do ato ilícito, mas porque é oponível ao ato ilícito: **o direito é sempre situação de licitude**.

Ex.: se é vedado e eu não pratiquei, estou numa situação geradora de direitos; se é devido, eu pratiquei – *idem*; se é permitido, eu pratiquei – *idem*.

LICITUDE → síntese lógico-jurídica pela conexão normativa do permitido.

TEXTO (NORMA) LEGAL (pode-se estar de acordo com o sentido literal da lei e em contraposição à norma jurídica).

Ex.: matar alguém: pena, reclusão de 6 a 20 anos. Padrão de conduta (preceito) → o matar (padrão de conduta). Padrão de licitude → não matar.

Teoria geral da responsabilidade

... aquele que causar danos a alguém fica obrigado a repará-los... C. Civil → teoria da responsabilidade.

→ Padrão de conduta → causar danos.

→ Padrão de licitude → não causar danos.

CONCEITO DE LICITUDE

LICITUDE não significa níveis ou condutas ideais ou justas. Aliás, a licitude se faz ainda normativamente numa relação de repressão-permissão (coercibilidade, coatividade – Kelsen) e não de fiscalidade processual ampla e irrestrita ou de premialidade-encorajamento-riqueza (Bobbio).

Obs.: a *licitude* tem ainda grande carga mítica pelo "justo", equidade, "justiça social", assistencialismo, ajuda, na visão dos "sociólogos" e dos adeptos da Escola Instrumentalista e da Relação Jurídica entre pessoas (Escola Processual de São Paulo).

PARADIGMA DO DIREITO INOVADOR CONTEMPORÂNEO

Teorema: equilíbrio jurídico-econômico (EJE) dar-se-ia numa proposição de DJ (distribuição de justiça) como MRC (maximização da riqueza coletiva) numa relação de RA (reciprocidade absoluta) (Rosemiro – teorema).

$$EJE = \frac{DJ: MRC}{RA}$$

Exclusão do mito do "justo" (dar a cada um o que lhe é devido ou *neminem laedere*).

Adoção da coletivização da riqueza para tornar efetiva a reparação de danos causados pela impossibilidade de comutar a morte de alguém pela perda de liberdade de outrem. A **vida é infungível**, não comporta cambialidade compensatória, mas ressarcitória!

Obs.: **prisão** é castigo mítico que vinga o ofendido, o morto (*o manes*).

A NORMA EM KELSEN
PADRÃO DE CONDUTA, NÃO DE LICITUDE

Norma: padrão de conduta → padrão lógico, **não** de licitude! (**Kelsen**).

1910 (teoria pura do direito).

Conexão normativa → forma lógico-jurídica sem nenhum conteúdo de valor cultural, moral, político, mas paradoxalmente impositivo de uma cultura!

Em Kelsen → norma é juízo legal silogístico por uma *condição-consequência.* O direito revela-se pela lesão ou atendimento à condição da lei, como *consequência* → ônus ou bônus! Sanção ou afirmação.

Norma jurídica em Kelsen: proposição hipotético-condicional (relação de condição-consequência).

- **1ª proposição**: se o motorista não obedece à lei de trânsito (hipótese-condição).
- **2ª proposição**: aplica-se-lhe uma multa (consequência-sanção).

Obs.: tais enunciados **não** supõem valor moral ou político (não se preocupam com o padrão de licitude → teor, conteúdo de civilidade, civilizatório – cidadania).

O direito revela-se pela lesão: violação normativa, ônus, sanção (caução). Teoria da imputabilidade *versus* teoria da causalidade.

IMPUTABILIDADE *versus* CAUSALIDADE

Direito é de natureza coercitiva por uma VONTADE LEGAL (seja autocrática ou democrática) – KELSEN.

Se A é, B deve ser (imputabilidade). Se A é, B tem que ser (causalidade). A + B = C, se A = 1 e C = 3, B tem que ser igual a 2. 1 + B = 3. B = 3 – 1 = 2 → causalidade.

Imputabilidade → **A** deve ser qualquer número por força de lei. → **B** deve ser qualquer número por força de lei.

Obs.: no direito kelseniano, não há relação automática de causa-efeito, mas efeito dado à causa por conexão normativa.

Pode haver delito brando e pena alta.

Não há em Kelsen preocupação de construir juridicamente uma civilização avançada pelas "políticas jurídicas" (conteúdos).

Para Kelsen → direito é instrumento de ordenação e punição em qualquer realidade, não de sustentação de valores processualmente teorizados ou de paradigmas teórico-jurídicos!

NORMAS MATERIAIS

As **normas materiais** estabelecem *critérios de decidir* (julgar). São **normas do ser, do ter, do haver.**

As **normas materiais** qualificam (valoram) a conduta como permitida, vedada, devida. Têm como matéria **situações jurídicas** de que emanam direitos e deveres (critérios de decidir e juízos de decidir). As **normas materiais** são geradas processualmente nos Estados Democráticos de Direito, o que enfraquece a dicotomia e hierarquia clássica do direito material e direito processual.

Direito material:

- *Jus in personam* (direito em relação à pessoa – direito das obrigações).
- *Jus in rem* (direito das pessoas em relação às coisas – direito das coisas).

ERROR IN JUDICANDO → **erro de aplicação ou inaplicação da norma material.**

NORMAS PROCESSUAIS

As normas processuais estabelecem *critérios de proceder* que "disciplinam a jurisdição e criam o procedimento e o processo". Disciplinam a atuação e aplicação da norma material (aplicação do direito).

ERROR IN PROCEDENDO → **erro de aplicação dos critérios de proceder.**

Ex.: proferir sentença sem os requisitos técnicos criados em lei (relatório, fundamentos, dispositivo).

→ **Objeto da norma processual**

Regular a jurisdição, criar e regular o procedimento e o processo.

→ **Objeto da norma procedimental**

Criar e regular o procedimento que não se dá em contraditório → "processo de jurisdição voluntária?"

→ **Natureza da norma procedimental (natureza é origem teórica! Não é índole ou vocação natural!)**

Natureza de "direito público".

Cogente ou dispositiva → proc. civil → sempre dispositiva → ônus e não sanção.

Proc. penal → às vezes, cogente → crime de ação pública.

EFICÁCIA DA NORMA PROCESSUAL

No espaço:

Rege-se pelo princípio da **territorialidade**. Art. 13º, CPC. Ressalva: aplicação da lei estrangeira, CPC art. 13 e LINDB, art. 7º da Lei nº 12.376 de 30.12.2010 (Dec.-Lei nº 4.657/42).

No tempo:

Rege-se pelo princípio da **intertemporalidade** → demarcação do tempo de vigência. Ex.: salvo disposição em contrário, a Lei Processual começa a vigorar no 45º dia útil após a publicação; se, nesse intervalo, ocorrer nova publicação, recomeça-se a contagem do prazo (LINDB, art. 1º e §§3º e 4º – *vacatio legis* – Lei de Introdução às Normas do Direito Brasileiro) – Dec.-Lei nº 4.657/42.

Vacatio legis → tempo entre a publicação e a vigência da lei.

No direito processual, a *vacatio legis* é um intervalo, interstício, interregno. O *favor rei* (princípio) consiste em aplicar a lei nova (existente), se mais benéfica que a vigente.

Obs.: aplica-se a lei revogada, se mais benéfica, quando o ato "ilícito" é contemporâneo à lei revogada? – Há hipóteses amparadas pelos "doutrinadores"!

Obs.: não são atingidos pela lei processual nova:

– *res judicata*

– ato jurídico perfeito

– direito adquirido

PRINCÍPIO GERAL (no direito brasileiro e outros) → adota-se o sistema de isolamento dos atos processuais. A lei nova não atinge os atos processuais já praticados, nem seus efeitos, mas os atos a praticar.

PONTO Nº 10
TEORIA DO PROCEDIMENTO

PROCEDIMENTOS:

1. Judicial

O **procedimento judicial** é conduzido pelo Estado-juiz (órgão judicial, ainda equivocadamente denominado órgão jurisdicional), conforme conexões normativas legalmente criadas.

Categorias de procedimentos judiciais: **a**) procedimentos tutelares (provisórios) de urgência (antecedentes ou incidentais) e de evidência (em caráter cautelar preventivo, incidental ou preparatório) – arts. 294 a 311 do CPC/15; **b)** procedimentos de conhecimento (ações de conhecimento: ações de direito pretendido); **c)** procedimentos de execução (ações de satisfação de direitos acertados); d) procedimentos especiais (ações nomeadamente específicas); e) procedimentos extravagantes (ações não codificadas); **f)** procedimentos especialíssimos (ações especialíssimas).

Obs.: as ações de conhecimento apresentam elementos procedimentais **comuns** pelos modelos ordinário, sumário, sumaríssimo(?). Todos esses procedimentos, para sua compreensão, suplicam um estudo do instituto da *cognitio* que historicamente marcou uma nova ordem jurídica de resolução de conflitos na história do direito processual, conforme estudamos em pontos anteriores.

2. Administrativo

O **procedimento administrativo** é conduzido por agentes funcionais do Judiciário, Executivo e Legislativo, consoante o que determinam as conexões normativas legalmente criadas. De conseguinte, o **procedimento administrativo** pode ser instaurado nos seguintes âmbitos:

2.1 do Judiciário

2.2 do Executivo

2.3 do Legislativo

Obs.: o juiz, no procedimento administrativo, é agente da ADMINISTRAÇÃO PÚBLICA, não é órgão estatal judicante com vinculação plena.

3. Legiferante

O **procedimento legiferante** é conduzido pelos órgãos legislativos.

Procedimento legiferante → condutor: órgão legislativo pelo "DEVIDO PROCESSO LEGISLATIVO" – *vide* obra do prof. Marcelo Cattoni → *Devido processo legislativo*,[3] e obra do prof. Ronaldo Brêtas de Carvalho Dias → *Processo constitucional e Estado Democrático de Direito*.[4]

Obs.: não é o Poder Legislativo que faz as Leis, mas os órgãos legiferantes estatais, pouco importando se no âmbito federal, estadual ou municipal (Congresso Nacional, Assembleias Legislativas, Câmaras Municipais, Corte de Juízes – Regimentos Internos. Atos regulatórios e de gestão → Executivo), porque a produção do direito é sempre atividade jurisdicional-estatal, segundo devido processo constitucional.

Obs.: os **três poderes** integram a Administração Pública quando exercidos por atividades que não são jurisdicionais ou legiferativas.

Obs.: o órgão legiferante do Poder Legislativo e o órgão jurisdicional do Poder Judiciário são órgãos da estatalidade atuadores da soberania como fonte legítima de legislar e julgar em nome do POVO.

Obs.: Pode-se declarar inexistência do direito ao procedimento (direito de agir) mas nunca ao ato de sua instauração (direito de ação).

---

[3] CATTONI, Marcelo. *Devido processo legislativo*. Belo Horizonte: Mandamentos, 2000.

[4] DIAS, Ronaldo Brêtas de Carvalho. *Processo constitucional e Estado Democrático de Direito*. Belo Horizonte: Del Rey, 2011.

O juiz extingue os atos procedimentais instaurados ou sua estrutura (concreta) – pelas nulidades – **não** o modelo procedimental ou o direito de ação.

Procedimento (conceito)

• Estrutura técnica de atos jurídicos sequenciais, segundo o modelo legal, numa relação espácio-temporal, em que o ato inaugural é pressuposto do ato consequente e este como extensão do ato antecedente, e assim sucessivamente até o final **provimento** (ato encerrador do procedimento).

EXEMPLOS DE PROVIMENTO: ato administrativo; lei (legiferante); sentença (judicial).

PROCESSO E PROCEDIMENTO (AÇÃO)

Para Amilcar de Castro → ação como procedimento. Categorias gerais do "processo".

Categorias gerais do "processo"

• Processo de conhecimento
• Processo de execução
• Processo cautelar (Tutelar - CPC/15)
• Procedimentos especiais

Obs.: o direito processual civil brasileiro não distingue "processo" e "procedimento" (processo como método, movimento – Calamandrei: "procedimento é aspecto exterior do fenômeno processual") → Escola Processualista de São Paulo – o instrumentalismo do séc. XIX.

PROCESSO DE CONHECIMENTO

"Instituto dos estudos de direito processual"

→ Conhecimento: cognição: verificação pelo direito escrito; pela estrutura procedimental de modelo normativo prévio. Bases normativas. Não pela razão pessoal do juiz. *Ratio Legis versus Logos*.

Processo inquisitório (complexo de atos da jurisdição → bases de ARBÍTRIO – o juiz é a lei) e **processo dispositivo** (bases de equidade e conveniência – traços de discricionariedade, clarividência, magnanimidade, ideologia, temperamento).

"**Processo de conhecimento**" → "processo" para acertamento de direito; "processo" de direito pretendido.

Obs.: Em direito processual penal é **processo acusatório** → processo de conhecimento.

Obs.: assume a denominação de "Procedimento Comum" no CPC/15

Bases normativas:

Anterioridade e exterioridade da lei – RESERVA LEGAL – princípio. Tais bases normativas devem implantar inteligibilidade não entregue à flutuação das inteligências jurisprudencializantes.

PROCESSO DE EXECUÇÃO

Finalidade *jurissatisfativa*, não continuativa.

É procedimento de direito já acertado, *não* de direito pretendido (conhecimento).

Para título judicial e extrajudicial

FORMAS DE EXECUÇÃO (CPC de 2015):

Títulos judiciais

- Por quantia certa contra devedor solvente (obrigações de pagar) → cumprimento procedimental executivo por sucessividade ao processo de conhecimento – arts. 513 a 538 do CPC.
- De obrigação de fazer ou não fazer → ação de cumprimento executivo – arts. 797 a 823 do CPC.
- Entrega de coisa (obrigações de dar) → ação de cumprimento executivo – arts. 797 a 805 do CPC.

Títulos extrajudiciais

Processo autônomo de execução → a defesa realiza-se exaurientemente pela via de embargos do devedor (ação incidente – ação de oposição à execução) – Araken de Assis.

Obs.: quanto à forma de execução de título judicial por ação de cumprimento de obrigação de fazer ou não fazer ou obrigações de entrega de coisa, a tutela específica, se obtida na modalidade antecipada, é jurissatisfativa plena e não terminativa-definitiva já existente na instauração do procedimento (ação) de cumprimento.

"PROCESSO CAUTELAR" como tutelas provisórias de urgência e evidência (CPC/15 – LIVRO V, TÍTULO I, arts. 294 e seguintes)

Heterotópico → normas de várias origens procedimentais.

Finalidade → procedimento autônomo (CPC/15: quando satisfativo?) ou por tutelas provisórias incidentais: atividade auxiliar (e subsidiário) no procedimento de **conhecimento** e **execução** para evitar danos às partes ou frustração da "efetividade do processo".

Efetividade: eficiência pela lei, não pela agilidade, vigor ou truculência do juiz!

Procedimento cautelar é sempre provisório (instrumentalidade hipotética – Calamandrei).

O **processo cautelar**, como tutelas provisórias, faz-se pela:

- Tutela cautelar provisória (atípica)
- Tutela provisória específica (típica)

Pode ser:

- Preventiva
- Preparatória
- Incidental (intercorrente)

Obs.: o instituto da antecipação de tutela é processo cautelar, porque sempre ocorre em face de ação principal requerida ou a requerer.

Pressupostos

- Verossimilhança
- Inequivocidade (prova inequívoca)
- Reversibilidade dos efeitos da sentença antecipatória

O trinômio (trilogia?) estudado que compõe a **tipologia do "processo"** no DPCB agrupa (comporta) os seguintes PROCEDIMENTOS CORRELATOS.

PROCEDIMENTOS CORRELATOS DAS "CATEGORIAS GERAIS PROCESSUAIS"

Classificação

- Ações tutelares (cautelares) – CPC/15
- Ações de conhecimento (Procedimento Comum)
- Ações de execução
- Ações especiais

Ações → estruturas a serem construídas pelas partes, segundo o modelo legal. É meio legal para obter do órgão jurisdicional uma decisão sobre um conflito, uma controvérsia.

Quaestio → aspectos da *res dubia* do conflito já submetido a juízo.

Ação de conhecimento

Que se exprime como **procedimento comum** é ação de direito complexo; de cognição plenária – fases nítidas (perfil longo ou estreito). **Ações de direito pretendido.**

Procedimento comum → ordinário e sumário

Obs.: direitos sempre criados pela lei.

→ Posições jurídicas: atos jurídicos do sujeito.

→ Situações jurídicas: circunstâncias provocadas pelos fatos ou pelas pessoas, segundo modelo legal. Situações jurídicas processuais: pessoas (partes) e por estas fixadas no procedimento (aglutinadas ao procedimento em curso).

As ações de conhecimento podem ser (Redenti – classificação pela característica da "tutela legal" solicitada):

– Declaratórias: **objetivo** → busca da certeza positiva ou negativa ou de situação jurídica pelo **provimento**. Declaram conteúdo jurídico da lei (o que a lei assegura ou não) para afetar ato de vontade, a não ser cumuladas com anulatória que é declarativa negativa.

– Condenatórias: **objetivo** → imposição de uma obrigação de entregar, dar, fazer, não fazer, pagar.

– Constitutivas: **objetivo** → visam a declarar, definir (criar?), modificar ou extinguir direitos alegados. Estabelecem situação jurídica (conforme a lei) pela definição, modificação ou extinção de atos de vontade (fatos).

Ações de execução

Visam a cumprir sentença condenatória pelos procedimentos de cumprimento ou pelos conteúdos de título extrajudicial.

De direito acertado.

Defesa: impugnação ou embargos do devedor ou à execução.

Obs.: Liebman fazia distinção entre ação executória (baseada em sentença) e ação executiva (baseada em título extrajudicial).

Obs.: nas execuções, às vezes, há necessidade de prévia instauração de:
Procedimento liquidatório: cálculo, arbitramento, artigos (fato novo).
A execução é jurissatisfativa. Procedimento autônomo.

Ações de execução (exemplos de execuções de títulos extrajudiciais)

1. Entrega de coisa certa e incerta.
2. Cumprimento de obrigação de fazer e não fazer.
3. Para pagar quantia certa contra devedor solvente ou insolvente.
4. Contra a Fazenda Pública.

Ações cautelares como Procedimentos Tutelares

Princípios da cautelaridade e provisoriedade.
Pressupostos de mérito cautelar:

- *Fumus boni juris* (plausibilidade do direito alegado).
- *Periculum in mora* (perigo de demora).

Objetivos:
– prevenir direitos alegados,
– evitar perecimento de coisas, e
– evitar dano iminente.

Asseguram os efeitos (efetividade) de uma futura ou já expedida sentença ou efeitos (efetividade) do próprio "processo" instaurado ou a ser instaurado (Carnelutti).

Obs.: às vezes, jurissatisfativa, apesar dos efeitos de provisoriedade (dada a característica legal do procedimento).

Tutela antecipada é jurissatisfativa, quando específica, porque antecipa aplicação da lei em matéria de mérito integral.

Outras classificações de ações
Quanto ao direito reclamado

- Prejudiciais: declaratória incidental (*actio furti* dos romanos: demonstrar que a coisa furtada era sua, após é que haveria recuperação).
- Reais: tutela de direitos sobre coisas.
- Pessoais: cumprimento ou extinção de obrigações.

Quanto ao objeto:

- Mobiliárias: entrega de coisa móvel ou direitos sobre coisa móvel.
- Imobiliárias: versam sobre imóveis.
- **Pública** – condicionada: declaração (representação) de que não se opõe à ação do poder público.
  – incondicionada: denúncia do MP.
- **Privada** – exclusiva: queixa (solicitação de apuração dos fatos).
- **Subsidiária: inércia do MP, iniciativa particular**.

Ação trabalhista

- Individual ou coletiva.

Obs.: o **mérito** nos procedimentos cautelares é **sobre** a lide, não é a lide.
– Tutela antecipatória tem origem na cautelaridade do direito italiano.

– Tutela antecipada: sempre que o objeto seja reversível ou bens fungíveis, mediante caução, podendo ser plenamente satisfativas.
– Cautelares: às vezes satisfativas.

MÉRITO CAUTELAR:
Pelos pressupostos do *fumus boni juris* e *periculum in mora*.
Mérito cautelar e liminar → como condição de procedibilidade do pedido.

Espécies de procedimentos

Procedimento comum (de elementos conceituais semelhantes – em tipos legais indicados no CPC).

• **Ordinário**: perfil longo. Procedimento de cognição pelas fases lógicas, rigorosas: postulatória, instrutória e decisória.

• **Sumário**: redução do perfil (curto, compacto). Mistura, embutimento de fases, articulação (interpenetração ou justaposição de fases).

• **Sumaríssimo**: prevalência da jurisdição sem processo. Atualmente frequente na chamada Justiça do Trabalho e Juizados Especiais.

Distinguir: sumarização do procedimento e sumarização da cognição.

• **Sumarização do procedimento** → redução do tempo-espaço estruturador do procedimento.

• **Sumarização da cognição** → redução do tempo-espaço necessário à ampla defesa.

Obs.: estudaremos cognição, quando estudarmos a prova e seus sistemas.

• Procedimentos especiais → codificados.

• Procedimentos extravagantes → não codificados. Seguem o modelo do Código.

• Procedimentos especialíssimos → não codificados, com estrutura singular.

Direito de instaurar o procedimento: direito de movimentar a jurisdição, direito de ação. *Jus exigendi*. Para Couture: direito de petição.

Obs.: a extinção é da estrutura viciosa do procedimento e não do MODELO PROCEDIMENTAL ou "processual" criado em lei!

Ações constitucionais – ação direta de inconstitucionalidade; ação popular; mandado de segurança; *habeas corpus*; mandado de injunção; *habeas data*; ação de arguição de descumprimento de preceito fundamental; ação direta de inconstitucionalidade – arts. 101 a 103 da CF/88.

PONTO Nº 11
ELEMENTOS CONFIGURATIVOS DA AÇÃO (do procedimento)

Obs.: distinguir PETIÇÃO, PRETENSÃO, PEDIDO.

Petição → instrumento gráfico-formal condutor da pretensão.

Pretensão → toda a articulação textual contida na petição.

Pedido → escopo (alvo) da pretensão. Os objetos do pedido contêm a finalidade do pedido.

Elementos configurativos da ação (procedimento):

Configurativos **ou individualizantes da ação**: unidade lógica (individuar *versus* individualizar; unidade de ideia versus unidade para indivíduos – pessoas).

Subjetivos: **sujeitos do "processo"** (partes + juiz + MP + aux.) – princípio da dualidade das partes.

Obs.: não confundir sujeitos do processo com legitimados ao processo que são qualidades a mais dos sujeitos-partes do processo.

Objetivos: **causa de pedir** (próxima e remota).

Causa de pedir (causa petendi) – princípio da substanciação (**consubstanciação**):

- **próxima** → origem legal do fundamento assegurador do direito pretendido.
- **remota** → origem fática das alegações lógico-jurídicas ou ato-fato gerador de direitos.

Pedido (objeto imediato e mediato).

Obs.: a causa de pedir remota constitui-se de alegações, articulações intelectivas instrumentalizadas (petição), de direitos e fatos e **não** de fato ou ato em si.

Obs.: Rosemiro → é possível extinguir obrigações, deveres, situações, pelo direito, nunca os próprios direitos, a não ser pela lei ou pelo controle judicial de constitucionalidade.

Obs.: os fatos e atos (simples) são fenômenos da incidência normativa, não geram, por si, direitos, deveres ou obrigações. Se o ato ou fato traduz o padrão de licitude do ordenamento jurídico é ato ou fato jurídico.

Obs.: a demonstração da **situação jurídica de licitude** é que gera o direito e não o ato ilícito. (A questão da "lesão ou ameaça a direito" → CR.) Para mim, o *direito* é incólume, não suscetível de ameaça ou lesão, porque o direito é não lesionável! (A *teoria organicista* é que adotou tal terminologia → metáfora jusnaturalista – panteísta.)

Obs.: o **direito** é objeto de reconhecimento pelo LÍCITO e *não* personagem encarnador da LICITUDE!

Pedido (*petitum*): compõe-se de dois objetos:

- imediato → solicitação de sentença para assegurar direito.
- mediato → bem da vida jurídica (*res in judicium deducta* – bem corpóreo ou incorpóreo criado – assegurado – pela lei).

*Ex.: cominatória (**procedimento tutelar de urgência ou evidência em caráter preparatório ou incidental – CPC/15**) contra o roqueiro barulhento.*

→ A causa de pedir próxima → lei que assegura silêncio (situação de licitude).

→ A causa de pedir remota → o barulho, o ruído (situação de ilicitude) em face da situação legal de silêncio → situações de licitude → *RES DUBIA* em *QUAESTIO* pelas **alegações jurídicas**!

→ pedido imediato → visa ao reconhecimento de direito p/ sentença (provimento). Solicitação de sentença!

→ pedido mediato → direito ao silêncio e à reparação dos danos.

IDENTIFICAÇÃO DAS AÇÕES

Pelo princípio da tríplice identidade dos elementos configurativos do procedimento (ação).

Partes, causa de pedir e objetos do pedido: *eadem partes, eadem causa petendi, eadem res*.

Obs.: os *institutos excetivos* de exclusão ou aproximação de *procedimentos* (ações) são compreensíveis somente pela análise dos **elementos configurativos da ação**.

Advieram conceitualmente desse estudo os seguintes institutos → figuras jurídicas processuais pelos critérios de identificação das ações (procedimentos) como matéria de contestação:

- **Litispendência**: instituto impediente da repetição da ação em curso. Identidade das partes, causa de pedir e pedido.
- **Coisa julgada**: instituto impediente da repetição de ação decidida por sentença de mérito (**ou não)** transitada em julgado (CPC/15 art. 966, V, § 2°, I e II).
- **Conexão**: instituto indicativo de coincidência, em duas ou mais ações, da causa de pedir ou do objeto do pedido.
- **Continência**: instituto indicativo de identidade de partes e causa de pedir, sendo que o objeto de uma ação abrange o da outra.

Obs.: conexão → finalidade → evitar decisões díspares, conflitivas sobre situações jurídicas iguais ou afins.

PONTO Nº 12
ELEMENTOS ESTRUTURAIS DA AÇÃO

Princípio da triplicidade estrutural.

Formação do processo. "Processo" como arcabouço técnico (visão dos clássicos).

- Matéria de processo: extinção, hipóteses.
- Matéria de ação: carência + extinção, hipóteses.
- Matéria de mérito: *res in judicium deducta* (hoje direito deduzido "pelo procedimento", não no procedimento, juízo ou processo)

Mérito → Streitgegenstand → direito alemão → "pretensão de mérito"; "objeto litigioso"

Obs.: a contestação da matéria de mérito dá-se pelos fatos (alegações de fatos ou circunstâncias legais – jurídicas) impeditivos, modificativos ou extintivos do pedido do autor.

O **AUTOR** tem que articular fatos-atos (jurídicos) constitutivos do direito pretendido.

MATÉRIA DE PROCESSO

Criação de Bülow. Expressa-se em pressupostos.

PRESSUPOSTOS DE ADMISSIBILIDADE

→ Princípio jurídico: referente (limite causal) lógico-dedutivo de existência da realidade imputável.

→ Pressuposto: eferente (limite derivado) lógico-jurídico, deduzido do princípio, determinado pela lei, imprescindível à formação do processo pela matéria de processo.

→ *Facultas agendi*: direito-garantia material. Direito de ação. Direito-faculdade-constitucional de fazer atuar a jurisdição da lei pelo Estado-juiz (Rosemiro).

→ *Jus agendi*: direito de agir em juízo pelo procedimento – atendimento de pressupostos e condições da ação (aferição endoprocessual – Rosemiro).

→ Aferição do *jus agendi* pela norma *agendi*.

(Quadro) Pressupostos subjetivos de admissibilidade

– Pressupostos de constituição do processo (asserções afirmativas).

– **Subjetivos**: no direito processual o que existe é absolutamente capaz ou relativamente capaz e não absolutamente incapaz, porque personalidade civil todos temos (art. 70 do CPC).

– Verificação e constatação de competência do juiz, ausência de impedimento ou suspeição.

Legitimação *ad processum*: capacidade jurídica para ser parte, capacidade para estar em juízo em nome próprio.

Direito de postular em nome próprio ou de outrem (*jus postulandi*) por quem tenha capacidade postulatória (adv.).

– **Pressupostos objetivos da admissibilidade** (pressupostos de desenvolvimento válido e regular do processo) → asserções afirmativas e negativas. Interesse processual (CPC).

– **Objetivos**:

Verificação de:

1 – Petição apta
2 – Inexistência de coisa julgada
3 – Inexistência de litispendência
4 – Inexistência de perempção
5 – Inexistência de confusão de partes, prescrição, decadência
6 – Citação válida
7 – Presença de advogado habilitado
8 – Intimação do MP (Ministério Público)
9 – Presença de curador
10 – Inexistência de conexão, continência e litisconsórcio
11 – Caução, pagamento de custas
12 – Verificação de inexistência de vícios provocadores de nulidades

OBS.: O CPC/2015 suprimiu a expressão "condições da ação". De conseguinte, os **pressupostos ou requisitos de procedibilidade** passam a integrar os pressupostos objetivos de admissibilidade, a saber:

1. Possibilidade jurídica do pedido (existência do direito no ordenamento jurídico).
2. Legitimidade *ad causam* (legitimidade para a causa; qualidade para agir) → titularidade do direito alegado.
3. Interesse processual.

→ **Requisitos** → atributos legais de existência da realidade imputável antes da procedimentalização (Rosemiro).

Possibilidade jurídica do pedido

Obs.: Ernane Fidélis dos Santos diz que "'o pedido' é sempre **processualmente possível** (autonomia do processo), mas a providência indicada não tem permissibilidade, *in abstrato*, no ordenamento jurídico".

Ex.: pedido de declaração de direito ao casamento pelo tempo de convivência do casal. Pedido de reconhecimento de dívida de jogo!

→ **Cobrança de dívida de jogo** só aferível no curso da lide – Vicente Greco Filho – caso de improcedência, não carência.

→ Pedido de despejo por causa imprevista em lei – VGF – improcedência, não carência.

Legitimidade *ad causam*

Condição ligada à titularidade do direito.

Ernane Fidélis dos Santos → titularidade apurável pelo mérito.

Aroldo Plínio Gonçalves → titularidade apurável pelo provimento (condição legitimada pela lei; condição legitimante pelo provimento).

"Carência da ação" ou improcedência do pedido?...

Interesse processual

"Relação de necessidade entre o pedido e a atuação jurisdicional" – Moacyr Amaral Santos.

(adequabilidade do pedido?)

Princípio de não fungibilidade → "economia" e efetividade do processo?

"Processo a serviço do direito material"? José Marcos R. Vieira.

Ex.: falta de interesse processual:

- Inépcia da inicial?
- Declarar direitos já contidos num título de crédito.
- Ausência de interesse processual (filha move ação c/ pai que já lhe reconheceu a filiação).
- Inadequação: ação de consignação em pagamento pelo "rito" ordinário (teoria da *legis actiones*).

INSTITUTOS DERIVADOS DOS ELEMENTOS CONFIGURATIVOS E ESTRUTURAIS DA AÇÃO (Procedimentos)

- "**coisa julgada material**" → qualidade da decisão que analisou e julgou o mérito.
- **litispendência** → instituto processual indicativo de repetição de ação em curso.
- **perempção** → instituto obstativo de repetição de ação por mais de três vezes, sem exame do mérito.
- **prescrição** → instituto indicativo de perda temporal judicialmente declarada de direito ao procedimento ou ao direito pretendido.
- **decadência** → instituto indicativo da constatação de perda temporal de direitos.
- **conexão, continência** → *vide* ps. anteriores.
- **nulidades** → instituto indicativo de sanção por defeito recuperável ou irrecuperável do procedimento.

Obs.: a ausência desses chamados pressupostos provoca sentença terminativa (coisa julgada formal) de extinção do processo (expressão inadequada) sem julgamento do mérito, **mas** quando aprecia (prescrição e decadência) extingue o processo, por sentença definitiva, com julgamento do mérito. Também na renúncia do direito sobre o qual se funda a ação.

Obs.: nos acordos → renúncia do direito em que se funda a ação e não desistência. A sentença homologatória faz coisa julgada material (é definitiva).

MATÉRIA DE MÉRITO

Bem da vida criado em lei e debatido no "processo" → **MÉRITO** (espaço jurídico-processual de discussão do objeto mediato do pedido).

Lide → mérito → conflito sobre um bem da vida "jurídica" (direito material - HTJ).

Res in judicium deducta → apreciação e julgamento do objeto mediato do pedido.

Obs.: a sentença (expressão arcaica) - provimento - reconhece uma situação jurídica ou impõe uma situação jurídica existente na lei; não cria direitos (como queriam Carnelutti e Cossio).

Carnelutti → "composição da lide pela criação do direito pela sentença".

Distinguir juízo e juiz.

Sentença *pro judicato* → não havendo lide. Só para julgar e não para decidir mérito. Sentença transitada em julgado. Coisa julgada formal.

Extinção do processo com julgamento do mérito

- Acolher ou rejeitar o pedido.
- Quando o R. reconhece o pedido do autor.
- Quando as partes transigirem sobre objeto do pedido.
- Quando o juiz pronunciar a decadência (do direito material) ou prescrição (do procedimento) e não do direito de ação.
- Quando o A. renunciar ao direito sobre o qual se funda a ação.

Obs.: em nosso direito, fala-se em extinção do processo sem julgamento do mérito, quando ocorrem perempção, litispendência e coisa julgada.

→ Acho que a sentença seria confirmatória de mérito no caso de litispendência e coisa julgada.

Distinguir improcedência e carência.

Obs.: a parte teria *jus postulandi* genérico, mas a capacidade de postular em juízo é do advogado, porque "essencial" para legitimar a atividade da jurisdição (art. 133 da CF/1988).

CONVALIDAÇÃO DOS PRESSUPOSTOS PROCESSUAIS

Pelo saneamento - sanação

Matérias recuperáveis (convalidáveis, supríveis, convalescíveis):

- Ausência de advogado constituído
- *Jus postulandi* sem representação do advogado
- Incapacidade relativa (não absoluta)

- Insuficiência de representação da parte
- Falta de outorga uxória ou marital
- Defeitos de assistência, representação, consentimento, caução – pagamento de custas

Matérias irrecuperáveis (fatais, inconvalidáveis, insupríveis, inconvalescíveis):

- Incompetência absoluta
- Coisa julgada, litispendência
- Perempção, prescrição, decadência
- Confusão de partes
- Inépcia da inicial

→ **Aditar** é mais que emendar. Erro técnico do advogado é dano à parte. Diagnose errada. O autor pode aditar a inicial até a citação do réu.

Obs.: o processo – procedimento – jurisdição → compõem o quadro teórico do direito processual, embora entendo que jurisdição é matéria da *teoria do Estado*. Não é "trilogia", "tríade" – trindade – **algo mítico**.

A QUESTÃO EQUÍVOCA DA EXTINÇÃO DO PROCESSO

Nulidades são consequências (sanções pelo reconhecimento de vícios cominados ou não cominados).

Extinção seria do ato instaurador do procedimento (processo) ou da estrutura parcial do procedimento, **nunca** do "processo" ou do procedimento como instituto jurídico!

Não há ato nulo *pleno jure*. Nulidade é sanção cominada ao vício! (Prof. Valle Ferreira – UFMG).

Nulidades do processo

- Afetam pressupostos de constituição e desenvolvimento válido e regular do processo + condições do procedimento. (?)
- Afetam pressupostos de admissibilidade + procedibilidade. Extinção de todo o "processo" (procedimento) ou declaração de inexistência do "processo" (procedimento) → vícios cominados. (?)

Nulidades no processo

- Vícios não cominados.
- Afetam os pressupostos e as condições, mas os vícios são convalescíveis (no tempo não encerrado) pela reparação ou repetição dos atos viciosos.
- Provocam a extinção de atos viciados no "processo" e não extinção do processo (que jamais ocorrerá, mas extinção parcial do procedimento – mesmo assim da estrutura do procedimento instaurado e não deste como **instituto** do direito processual) – Rosemiro.

PONTO Nº 13
CÚMULO

(Agrupamentos de procedimentos, pessoas, pedidos)

Concurso de ações e cumulação de pedidos e de pessoas. Modalidade de cúmulo.

Obs.:

- Cúmulo de procedimentos → concurso de ações
- Cúmulo de pessoas ou pedidos → cumulação (subjetiva ou objetiva)
- Concurso de ações (pluralidade de procedimentos)
- Cumulação de pedidos → objetiva
- Cumulação de pessoas, litisconsórcio → subjetiva

Rosemiro (concurso eletivo):

- *ante litem* (diagnose)
- *Post litem* (para a maioria dos processualistas)
- Concurso: conjunto de ações ajuizáveis ou ajuizadas para objetivos idênticos ou semelhantes (*ante litem* ou *post litem*).

Eletivo *electa una via, non datur regressus ad alteram* → infungibilidade.

Cumulação: princípio da (economia) economicidade do processo.

- Objetiva → vários pedidos no mesmo procedimento.
- Subjetiva → várias partes no mesmo procedimento (pluralidade ou agrupamento de partes → demandantes ou (e) demandados).

Cumulação de pedidos (Lopes da Costa), espécies:

- Simples → vários pedidos de igual natureza – motivos.
- Sucessiva → 2º pedido, se não possível o 1º.
- Alternativa → um ou outro modo de cumprimento da obrigação.
- Eventual → entrega de coisa ou o valor respectivo (equidade → equivalência).

Condições da cumulação de pedidos:

- Compatibilidade de pedidos.
- Se diferentes os procedimentos, é possível cumular pelo procedimento comum.

Cumulação contraposta de pedido → *simultaneus processus*, a reconvenção (falaremos na defesa do réu).

Litisconsórcio (cumulação de pessoas): pluralidade de partes ou litigantes.

ESPÉCIES

- Ativo: vários autores
- Passivo: vários réus
- Inicial: na instauração do procedimento
- Ulterior: no *iter*
- Necessário: indispensável
- Facultativo: não obrigatório
- Multitudinário: coletividade de partes.
- Quanto à sentença, o litisconsórcio pode ser: simples (sentença decide de modo não uniforme) ou unitário (uniforme para todos).

Obs.: não estabelecido o litisconsórcio necessário, o juiz pode decretar carência de ação por ilegitimidade *ad causam* e "extinguir o processo".

PRINCÍPIO DA AUTONOMIA DOS LITIGANTES

Cada litigante pode constituir advogado próprio e alegar o que a lei assegurar ou o que quiser.

Aspectos processuais nos litisconsórcios:

1. Contagem de prazo → em dobro, se diferentes os procuradores.
2. Efeitos de revelia.
3. Efeitos da confissão e transação.
4. Solidariedade passiva – efeitos.

PONTO Nº 14
A DEFESA NO PROCESSO CIVIL

Dispensa-se inconstitucionalmente a citação do réu e de outras hipóteses (ilegitimidade, falta de interesse processual) nos casos de inépcia da inicial que se decretam pelo voluntarismo jurisdicional: arts. 321, 330, 331, 485, I, e § 3º, do CPC/2015.

Obs.: por muitos artigos do CPC brasileiro, seus dispositivos são de cunho autocrático: o juiz é o "salvador" do DIREITO. Flagrante violação ao art. 133 da Constituição Brasileira de 1988.

Pretensão resistida → surge a DEFESA.

Direito de defesa:

Direito de ação (direito de movimentar a jurisdição, direito material, instituto constitucional) (Rosemiro).

Ocorre processualmente (instrumentalmente) pelo instituto da RESPOSTA DO RÉU, segue o princípio da concentração (princípio da eventualidade → *numerus clausus*). Quando não restritivos → *numerus apertus*.

Instituto genérico – resposta do réu – teoria de Liebman.

Espécies de institutos da **resposta do réu** – teoria de Liebman

- Contestação (+ impugnação)
- Exceção (só instrumentais)
- Reconvenção

Obs.: deveria ser um só instituto da excetividade – a exceção (defesa). *Actio* x *exceptio* (*actio* x *ex actio*) – evolução etimológica. Ação excludente da pretensão.

CONTESTAÇÃO

Defesas (produção de defesa) – modalidades

- **Diretas**: contra o "processo", falta de pressupostos de admissibilidade e procedibilidade. Através de preliminares (articulações que apontam ausência de pressupostos ou condições lógico-jurídicas de formação do PROCEDIMENTO).
- **Exceções substanciais**: exceções peremptórias arguíveis na petição de defesa.
- **Contra o mérito**: contra o pedido mediato.

Defesas diretas

Afetam os pressupostos, objetivos e subjetivos, e condições legais do processo por defeitos estruturais (CPC/15 não distingue processo e procedimento).

Apontam falhas na estrutura do discurso processual do autor (crítica).

Obs.: faz-se (no DPCB) por preliminares: obstáculos – argumentos excetivos que integram o "texto" da peça contestatória (preliminar).

Produção de argumentos, arguições, alegações que excepcionam a formação do "processo", antes da fronteira do mérito.

Obs.: **defesas diretas** são pretensões do réu excludentes da formação do processo.

Defesa contra o mérito

Defesas contra o pedido (mediato) do autor, contrapõem-se ao objeto mediato do pedido (negação do fato alegado ou, admitindo-o, opondo-lhe outros impeditivos, modificativos ou extintivos das alegações de direito do autor).

DEFESAS INDIRETAS – INSTRUMENTAIS

Defesas indiretas

Afetam circunstâncias exteriores ao "processo" que impedem o andamento do "processo" por via de exceções. Articulações próprias do instituto da exceção no CPC/15 não são mais por via de petição autônoma (específica, isolada).

Procedimento em andamento.

Obs.: *julg. conf. o estado do processo*: não envolve lide.
julg. conf. o estado da lide: envolve matéria de mérito!

TEORIA DAS EXCEÇÕES NO PROCESSO CIVIL

Taxionomia das exceções

- **Substanciais**: defesa direta na contestação.
- **Instrumentais**: defesa indireta. Afetam circunstâncias exteriores ao processo que deslocam a competência. Para o réu no prazo da contestação. Via contestatória: **impedimento**, **suspeição** – se o fato já ocorreu ou está ocorrendo ao tempo da contestação. A **incompetência relativa** não mais se levanta em autos apensos, mas pela contestação nos autos da ação principal.
- **Dilatórias**: distendem (dilatam) o curso do procedimento – instrumentais.
- **Peremptórias**: trancam, encerram, perimem o procedimento. Ex.: litispendência, coisa julgada, perempção, incompetência absoluta, **prescrição** (declaração sentencial de perda do direito ao procedimento pelo prazo legal transcorrido), **decadência** (constatação de perda do prazo ao exercício de direito).

Obs.: o Min. Moreira Alves distinguia decadência e prescrição assim:

→ *Prescrição* → obstáculo legal do não exercício, no prazo legal, de um direito a partir de sua violação por outrem. Ex.: ação trabalhista, anulação de ato administrativo.

→ *Decadência* → não exercício de um direito não violado pelo prazo conferido em lei: ação do adotado para se desligar de adoção, a partir de sua maioridade.

Para Darcy Bessone, a **prescrição** é perda judicialmente declarada do direito ao procedimento e a **decadência** é a constatação extrajudicial da perda do direito pelo decurso do prazo para a instauração de procedimento.

Excipiente → aquele que alega a exceção.

Excepto → aquele contra o qual se produz a exceção.

RECONVENÇÃO

Cumulação reversa de pedido → (Rosemiro). Reação ampliada ao pedido do autor.

Simultaneus processus → cumulação reversa de pedido. Modalidade de resposta do réu oferecida no prazo da contestação (concomitantemente), na peça contestatória, em contra-ataque ao pedido do autor, quando há conexão com a "ação principal" e esta com o fundamento da defesa (reconvinte e reconvindo).

Obs.: a contestação versa sobre o *thema decidendum* e a reconvenção amplia o *thema* (pedido, mérito, lide) da ação e de modo contraposto.

Conventio e reconventio.

Reconvinte → suscitante da reconvenção.

Reconvindo → contraparte da reconvenção.

Obs.: não cabe reconvenção no "processo de execução" → reconvenção já seriam os embargos?

Não cabe nas cautelares (tutelares – CPC/15) → devido à provisoriedade do provimento.

Reconvenção é reação ampliada ao pedido do autor. Julgamento por um só provimento.

Obs.: a reconvenção não é mera defesa, porque esta se põe nos limites da pretensão (*sententia debet esse conformis libello – paralellum*).

Pressupostos da reconvenção:

1. Existência de *causa petendi* conexa à da ação.
2. Identidade de procedimentos pela conexão ou fundamento da defesa.
3. Juiz competente para ação e reconvenção.

PONTO Nº 15
INSTITUTO DA PROVA

O **instituto da prova** integra o direito fundamental ao *devido processo legal* constitucionalizado no Brasil (CF/1988 art. 5º, LIV e LV). O direito processual não só criou o **instituto da prova** como também o modo de produzi-la pelo procedimento (Rosemiro).

O instituto (unidade lógico-jurídica) da prova define-se pela aglutinação (conjunto) dos seguintes princípios (enunciados proposicionais):

1. Princípio da indiciariedade (percepção) – condição da existência – **espaço** → recinto do elemento de prova.
2. Princípio da ideariedade (ideação – somatização) – condição da consciência – verbalidade – evidência lógica – **tempo** → meio de produção da prova.

3. Princípio da instrumentalidade (formalização/ representatividade – concretização) – **forma** → instrumento de explicitação da prova.

Princípios (atributos) institutivos da prova

1. Indiciariedade ou objetivação
2. Ideariedade ou enunciação
3. Instrumentalidade ou documentação

- Indiciariedade-objetivação: a inteligência humana trabalha na realidade objetiva → **espaço**.
- Ideariedade-verbalidade: inteligência humana trabalha no **tempo lógico**.
- Instrumentalidade: a inteligência humana trabalha **forma (formalização)**.

Indiciariedade → *espaço* → **elementos** de prova → pessoa, coisa, fato, ato, situação. Ex.: coisa ou fato a ser periciado.

Enunciação → *tempo* → **meios** de prova – lógico-jurídicos → Ex.: a perícia é meio de prova permitido em LEI.

Instrumentalidade → *forma* → **instrumento** de prova → Ex.: o laudo da perícia.

Metamorfose do ciclo da prova → transmutação do **instrumento** de prova em **elemento** de prova pelos **meios** de prova.

Prova tem que ser produzida pelos **meios** criados na lei, obedecendo aos **princípios** (institutos) da ampla defesa, isonomia e contraditório.

Elementos da prova

Espaço da existência

Meios de prova → atividades intelectuais na órbita da consciência (observação juridicamente permitida).

Modalidades lógico-temporais, técnicas de provocação ou apreensão de ato ou fato (inquirição de test.; perícia; interrogatório).

Instrumento da prova → representatividade sensoriável (gráfico-formal).

Registro gráfico-formal do elemento da prova apreendido ou provocado pelo meio de prova.

Obs.: refrão → direito é prova (não! Acho que o direito processual se assenta na teoria da prova).

→ Direito é o que é criado e assegurado em lei por permissão, dever ou vedação, para impor um **padrão de licitude** conveniente a determinadas sociedades políticas.

→ **Prova** é o que a lei define para explicitar uma situação de existência ou inexistência de um direito pretendido.

→ **Prova**: categoria lógico-jurídica (instituto) de condutas regidas por princípios.

A teoria da prova regra-se pelo:

1. Espaço: *res* → objeto da prova – **elemento** → coisa

2. Tempo: *logos* → entendimento – **meio** → perícia

3. Forma: *scriptum* – **instrumento** → laudo – pela formalização, caracterização (aspectos lógicos)

Conceito jurídico

Prova é um instituto criado pela lei para o exercício lógico da demonstração de existência ou inexistência de pessoa, coisa, fato, ato ou situação jurídica.

→ Provar:

É representar e demonstrar, **instrumentando**, os **elementos** de prova pelos **meios** de prova (Rosemiro).

→ Prova:

Instituto jurídico.

→ Elementos de prova:

Realidade extraprocessual ou intraprocedimental.

→ Meios de prova:

Modalidades lógico-jurídicas de **enunciação** dos elementos de prova.

→ Instrumentos de prova:

Peça (doc.) gráfico-formal de explicitação sensível dos **elementos** de prova pelos **meios** de prova. Veículo de lançamento gráfico da ideação dos elementos de prova.

Elemento de prova: (ex.: coisa a periciar).

Res (pessoa, ato, fato, coisa, situação, verificável por autorização legal). Objeto legal da perícia.

Meio de prova: (ex.: perícia)

Modalidade técnica de averiguar, agir e refletir tecnicamente indicada na lei.

Instrumento de prova: (ex.: laudo)

Peça gráfico-formal definida e indicada na lei, laudo.

– Lei – nomênico – *noumenon* → ato-fato inerte, não interpretado, pensado, apreensível.

– Direito – fenomênico – *fenoumenon* → ato mentalizado (compreensível).

– Ente → coisa existente → espaço perceptível.

– Ôntico → coisa apreensível (ente – ser) → no tempo intelectivo.

– Ontológico → coisa pensada como unidade lógica, sistêmica, organizada pela ideação instrumental (narrável por via instrumental → documental) → forma.

Obs.: os **meios** de prova são veículos (ideações) lógico-jurídicos de transportação → transposição da realidade extraprocessual para a realidade processual.

Objeto da prova:

Pessoa, coisa, fato, ato ou situação (consciência ou presença de ato, fato ou pessoa).

Finalidade:

Via métodos: formação da cognição.

Destinatário:

O próprio agente da demonstração (autor da prova) ou outrem.

Sistema lógico da reprodução cíclica da prova

O ciclo metamorfósico da prova

O metabolismo = a mimese da prova

Obs.: os **meios** de prova (de provar) → lógico-jurídicos pelos procedimentos e técnica de demonstração – apreendem, interpretam, reproduzem (intelectualmente) e transportam, pelo **instrumento** de prova, os **elementos** de prova para construir (ocupar) o procedimento – e o **instrumento**, como **novo elemento** de prova, vai provocar a cognição legal (meio) dos julgadores que se expressará no **instrumento** (ato formal) da sentença que, por sua vez, será **novo elemento** que será apreendido pelos **meios** lógico-jurídicos do recurso por via do **instrumento** da petição recursal que se transformará em novo **elemento** de prova sobre o qual recairá o julgamento (meios), gerando decisão instrumentada (e assim indefinidamente).

Provar é representar e demonstrar legalmente os elementos de prova pelos meios de prova, mediante formalização.

Ex.:

Perícia → *meio* de prova

Objeto da perícia → *elemento* de prova

Laudo → *instrumento* de prova

Elementos do instituto de prova (referentes lógicos objetivos)

Ex.: ente (*res*) → pessoa, coisa, ato, fato, situação.

Meios do instituto da prova (inferentes lógico-jurídicos que se expressam nos modelos procedimentais).

Os **meios** jurídicos de exposição intelectiva dos elementos de prova é que realizam o instituto jurídico da prova.

Meios de prova – argumento, arguição lógico-jurídica, articulação. Ex.: prova lícita (sentido contrário ao **meio ilícito** vedado pela CF/1988).

O ciclo produtivo e reprodutivo da prova (elemento-meio-instrumento...): a demonstração lógica dos elementos probandos (pressupostos, condições, elementos figurativos e de mérito) ocorre pela dinâmica – meios lógicos – da principiologia do instituto jurídico da prova que obedece ao fenômeno do **ciclo vegetativo da materialização do ato de provar pela relação elemento-meio-instrumento**.

Obs.: quando o instrumento da prova (ex.: petição inicial) não apresenta elementos para o juiz suficientes de caracterização de *pressupostos* e condições da ação ou elementos figurativos, a *falta de* elementos no instrumento provoca a "extinção do processo", "carência da ação" ou "improcedência".

Distinguir, em direito processual:

• Alegações jurídicas do fato → articulação lógico-jurídica de atos-fatos definidos em lei.

• Fatos alegados → fatos simples não estritamente definidos em lei.

Obs.: a **transformação** (transmutação) de "**fatos alegados**" pelo cliente em **alegações de fatos** pelo advogado → enquadramento jurídico.

Carnelutti → "o objeto da prova não são os fatos, mas as afirmações (revestimento legal) que deles fazem as partes" – *La prueba civil*.

SISTEMAS HISTÓRICOS DE ENUNCIAÇÃO (ideação) DA PROVA

1) Certeza legal → 2) Livre convicção → 3) Persuasão racional

SISTEMA DA CERTEZA LEGAL (processo inquisitório)

Bases de arbítrio (arbitrariedade). Certeza dada pela lei da natureza (mítico-religiosa, não pela lei dos homens). **Eixo ideológico do processo inquisitório**.

Modalidades:

• Critério legal: juízos da lei divina (ordálias). Ex.: jogar aos leões. Juramento aceito, os conspurgadores – abonadores do juramento; o juramento de formatura e das posses (sequelas modernas).

• *Per pugnam*: combate, duelo, habilidades inatas (dadas pela natureza ou por Deus): o carismático diz-se vencedor e hábil por natureza. Diz lutar contra os problemas sociais para vencer os problemas.

• Tarifamento das provas: pelo grau de confiabilidade social (posição na sociedade); 2 (dois) pontos → test.-plena; 1 (um) ponto → test.-semiplena; test.-rei; test. comerciante; test. estudante; pobre, rica → prova ponderada pelo julgador; se a testemunha é o juiz, o desembargador, o presidente da República, o membro do MP → **a prova é tarifada já pelo privilégio de sua coleta**!

SISTEMA DA LIVRE CONVICÇÃO (processo dispositivo)

Bases de discricionariedade, sensibilidade, talento, bom-senso, clarividência, magnanimidade do destinatário (julgador e intérprete) da prova.

Convicção *secundum conscientiam*, **juízos de equidade e conveniência. Eixo ideológico do processo dispositivo**.

• Critérios personalíssimos: idiossincrásico, peculiar, subjetivo (por temperamentos). Bases → juízos de equidade e conveniência.

Calamandrei → *Veritá e verossimilhança nel processo civile* – Milano.

Alexy → mandados de otimização; Peter Häberle → *amicus curiae*

SISTEMA DA PERSUASÃO RACIONAL (processo de conhecimento)

Bases normativas (*ratio legis* orientando o *logos*; surge a hermenêutica jurídica). **Processo acusatório** pela retórica do princípio da reserva legal nos Estados Dogmáticos, ditos democráticos.

Eixo teórico (teorético) do processo de conhecimento. Convicção *secundum legis* (não *nous* aleatório).

• Bases normativas: *ratio legis* como fonte do *logos*: princípio da reserva legal. Princípio da legalidade. *Ratio legis* como fonte do *logos*.

• Critério normativo – lei dos homens; não de Deus ou da natureza.

Pela hermenêutica jurídica – interpretação compartilhada pelo PROCESSO procedimentalizado.

O CPC/15 adota um **critério híbrido** (polissêmico) → livre convicção + persuasão racional.

A linguagem do CPC/15 → hipostasia (hipóstase)? Sim, porque agrupa conceitos inconciliáveis, antitéticos, não democráticos de direito (o art. 369 é inconstitucional: permite meios "moralmente legítimos" para "influir eficazmente na convicção do juiz").

Hipostático: integração arbitrária de conceitos → **teologia**

Linguística → morfologia: técnica da montagem das palavras comunicantes.

Sintaxe: técnica do encadeamento das palavras.

Fonética: técnica da combinação vocal das palavras.

Linguística → instrumento comunicacional.

Da linguística: comunicação – idioma. Sintaxe.

Transmissão de ideias – coerência – discurso sincrônico.

Linguagem → instituição

Instrumento de descoberta e de construção do conhecimento esclarecido (Rosemiro). Instrumento de esclarecimento da comunicação. Estrutura lógica do esclarecimento da comunicação humana.

– O discurso diacrônico (Rosemiro).

O CPC assenta-se ainda no quadrilátero ideológico de Chiovenda, Carnelutti, Calamandrei e Liebman.

TAXIONOMIA DA PROVA – Classificação

Prova judiciária: instituto regulado pela lei processual.

Classificação de Malatesta (não tem preocupação em distinguir elemento, meio e instrumento de prova):

Provas (no plural: elementos) sempre obtidas pelos meios de prova.

Quanto ao objeto

- Diretas: aquelas que se identificam pelo próprio fato probando materializado (o doc.).
- Indiretas: aquelas que se representam por presunções e indícios para se chegar ao fato probando.

Quanto ao sujeito

- Pessoal: toda afirmação ou negação feita por pessoas (ato) – elemento.
- Real: toda ilação de uma coisa (divisas geográficas ou benfeitorias).

Quanto à forma

- Testemunhal: pessoa.
- Documental: instrumento.
- Material: corpo de delito, exame, perícias, instrumentos do crime. Afirmação inferida das coisas – elemento ou meio.

PROVA DOCUMENTAL

Docere (ensinar, elucidar).

Documento → instrumento (coisa) produzido pelos meios de prova que se prestam a descrever ideias ou fatos.

Elementos do documento quanto ao:

1. Autor: autógrafo (um) ou heterógrafo (vários).
2. Meio de exteriorização: escrito (literal); gráfico (planilhas); direto (fotografia).
3. Conteúdo: declaratório (afirmativo do direito); constitutivo (definidor do direito).

Classificação dos documentos

- Públicos
- Privados (particulares)
- Autógrafos
- Heterógrafos
- Assinados e não assinados
- Autênticos e autenticados

Procuração é instrumento do instituto do mandato. **É instrumento jurídico e elemento de prova.**

Documento	**Instrumento**
Peça narrativa, não solene.	Peça narrativa solene: forma estrita em lei.
	Público ou privado (ex.: testamento).

Força probante → originais; cópias; traslados.

Vícios dos documentos

1. Internos: na substância (formação) do ato documentado. Intrínsecos.
2. Formais: por forma diversa da lei (Rosemiro).
3. Externos: defeitos cartulares – emendas, entrelinhas, dilacerações, adulteração. Extrínsecos.

Obs.: doc. feito por oficial incompetente (vício interno), mas assinado pelas partes, tem eficácia probante.

Hipóteses por vícios intrínsecos ou formais

- Falsidade ideológica → atestado médico para evitar fazer prova. É falso o ato ou fato fornecido pelo documento. Autoridade competente ou pessoa legitimada atesta falsamente.
- Falsidade material → Alteração de documento para fazê-lo exprimir diversamente do que originalmente atestava ou certificava.

Obs.: o vício externo nunca é **falsidade** (seria sempre adulteração cartular ou eletrônica → uma possível **falsificação** material).

Arguição de falsidade:

- Preventiva (procedimento autônomo – não amparado pela jurisprudência)
- Incidente (no curso do processo – *incidenter tantum* → art. 430, CPC/15) – Questão Incidental.

Obs.: depois de encerrada a instrução → em apenso aos autos principais, no tribunal: perante o relator por analogia ao art. 430.

O incidente suspende o processo principal.

Se incidente, é **questão**, não ação.

Prazo: na contestação → art. 430. Também por suscitação peticional, autônoma e intra-autos na réplica ou em 15 dias a partir da juntada do documento nos autos (art. 430). Na ação rescisória (art. 966, VI).

EXIBIÇÃO DE DOCUMENTO

Ação exibitória (*actio ad exhibendum*): arts. 396 a 404 do CPC/2015

Pode ser preparatória ou incidental.

Obs.: não exibição gera confissão ficta. Sentença desafia apelação (condenatória).

PROVAS EM ESPÉCIE

- Depoimento pessoal + interrogatório da parte (também por "ato atentatório à Justiça")
- Confissão
- Docs.; test.; perícias; vistoria; inspeção judicial

INDEPENDEM DE PROVA (elementos de prova pelos meios de prova)

- Fatos afirmados por uma parte e confirmados por outra
- Fatos não contestados
- Fatos legalmente presumidos (*comunis opinio*)

Máxima → *ex autis, ex mundi*

O conhecimento da lei é obrigatório, não é, em geral, obrigatório provar que a lei existe → *nemo ignorare legem non potest* (art. 3º LINDB).

Obs.: leis municipais + estrangeiras + costumeiras têm que ser exibidas em juízo, se o juiz determinar, mesmo contra o princípio do *jura novit curia* (o tribunal conhece o direito).

Princípios da inércia, infungibilidade, dispositividade. Sanção, consequência de não cumprimento do dever legal.

ÔNUS DA PROVA

Dever de provar, não!

ÔNUS é o encargo oriundo de uma faculdade legal.

Obs.: faculdade legal (encargo) → condição facultativa para implementar direitos.

Encargo legal pelo exercício de uma faculdade ou direito.

Romanistas → encargo exclusivo do autor.

Máxima → *onus probandi incumbit qui dicit, non qui negat.*

Princípio da isonomia (Chiovenda, Calamandrei) → tanto autor quanto réu.

CPC → seguiu Carnelutti → **art. 373**.

→ Ao autor cabe a prova constitutiva do direito alegado.

→ Ao réu, o fato impeditivo, modificativo, ou extintivo do direito alegado pelo autor.

MOMENTOS DA PROVA

- Proposta
- Admissão
- Produção

PRINCÍPIOS DA PROVA

- Da imediatidade.
- Da concentração da causa num único juízo (direito comunitário quebra esse princípio – protocolo de Buenos Aires – Mercosul (94), as cautelares podem ser movidas em juízo diverso da causa principal).
- Da identidade física do juiz.

PROVA FORA DA TERRA

Fora da jurisdição territorial da causa.

PROVA *AD PERPETUAM*

Prova antecipada nas cautelares, preventivas + preparatórias.

PROVA EMPRESTADA

De um "processo" para outro – partes iguais + fato probando idêntico ou semelhante.

PROVAS DE OFÍCIO

1. Interrogatório + depoimento pessoal
2. Inquirição de testemunha
3. Acareação de testemunhas
4. Requisição de documentos
5. Esclarecimento das partes e assistentes

VALORAÇÃO E VALORIZAÇÃO DA PROVA

Valorar: indicar o elemento de prova como existente nos autos. É perceber o instrumento (elemento) da prova e expressamente dizer que foi visto e examinado o seu conteúdo.

Valorizar: é conferir valor (relevância) a um ou vários aspectos do elemento de prova em comparação com outros elementos de prova (instrumentados nos autos).

Obs.: primeiro valorar, depois valorizar (Rosemiro).

Obs.: valorar e valorizar abrem possibilidade da "**comprovação**", não somente do acerto probatório inerente ao Estado Dogmático. É que o destinatário da prova (juiz) tem que conhecer a teoria da prova no Estado Democrático de Direito, porque a argumentação juridicamente coinstitucionalizada integra a prova.

PONTO Nº 16
SENTENÇA E COISA JULGADA

SENTENÇA

Sentença → instituto do DPC e da TGP → espécie de provimento. Ato resolutivo jurisdicional que encerra o procedimento (processo).

Autor da sentença → juízo (princípio da congruência). Sentença, nas democracias plenárias, não é ato maiêutico, mas ato de compartilhamento hermenêutico preparado pelas partes e concretizado pelo JUIZ (Rosemiro).

Espécies de sentença

- Terminativas: não decidem o mérito (lide).
- Terminativas-definitivas: decidem o mérito (lide). Não podem ser *ultra petita, extra* ou *citra petita* (além, fora, aquém do pedido, respectivamente) pelo princípio da congruência – juiz só pode decidir nos limites da lide posta.
- Interlocutórias: não confundir com mero ato de impulsão do procedimento (despacho?). Ordinatórios (determinar condutas legais) e ordenatórios (colocar em ordem cronológica).
- Finais: sentenças terminativas-definitivas irretratáveis, irrecorríveis, imutáveis.

Requisitos técnico-jurídicos da sentença

Vários trechos geram *texto* ou *contexto* → discurso sentencial provimental.

(contexto – discurso lógico-jurídico = trechos, textos) – a ausência de requisitos técnicos ou defeito textual gera inexistência da declaração sentencial.

1. **Relatório**: trecho de individuação dos autos do procedimento. Menção dos nomes das partes e suma – resumo histórico – da pretensão e resistência.
2. **Fundamento**: trecho de argumentos (*devido processo*) lógico-jurídicos (leis/fatos) sobre direitos alegados. *Res dubia* em *quaestio*.
3. **Dispositivo**: corolário (trecho conclusivo resolutivo), julgamento das questões → matérias (de direito ou de fato) postas no procedimento.

Requisitos de inteligência da sentença

A ausência gera nulidade – cassação (decretação de nulidade):

- **Clareza**: inteligibilidade, explicitude das questões decididas.
- **Concisão**: mínima extensão narrativa com máxima compreensão.
- **Correção vernacular**: atendimento às regras gramaticais do país. Fonética, morfologia, sintaxe. Acentuação correta (ortoépia).

Efeitos primários ou principais da sentença (de procedência ou improcedência)

Obs.: a sentença de procedência ou improcedência é sempre declaratória!

- **Declaratórios** consistem na afirmação de certeza da existência ou inexistência de direitos alegados ou exigidos.
- **Condenatórios** impõem obrigações de pagar, entregar (dar), fazer e não fazer.
- **Constitutivos** consistem no reconhecimento (definição, **não** criação), modificação ou extinção de direitos alegados.

Efeitos secundários da sentença:

- **Continuativos** ou reflexos: passíveis de critérios de integração por outras decisões (atualização da verba alimentícia – cláusula *rebus sic stantibus*).
- **Anexos**: decorrentes da consequência lógica do comando (ordem) "jurisdicional" do provimento → ex.: extinção do dever da fidelidade pela decretação da separação de corpos; dever da partilha dos bens pela decretação da separação judicial e dever do não uso do nome do marido na separação litigiosa, com procedência a favor do cônjuge-varão. Perempção → perda do direito de demandar o mesmo pedido. Hipoteca judiciária → direito de registro da sentença no Reg. Imobiliário (só requerer ao juiz).

Efeito diferido: pelo reexame necessário *ex officio* por remessa à instância *ad quem*, já que se considera interposto *ex lege*. Ex.: sentença anulatória de casamento; sentença contra a União, estado ou município; ou que julga improcedente a dívida ativa da Fazenda Pública.

Obs.: se o juiz não ordenar a remessa, o tribunal pode avocar os autos, haja ou não recurso voluntário.

COISA JULGADA

Obs.: exposição segundo teorias não compatíveis com a CF/1988.

→ **Atributo** da sentença irretratável (após publicada) e irrecorrível pela preclusão – escoamento do tempo legal para recurso: trancamento do tempo legal para prática ou discussão do ato jurídico-procedimental.

Obs.: imutabilidade (sempre constitucional – da coisa julgada, **não** da sentença). Para mim é da "coisa julgada constitucional" e não da sentença que pode sofrer mutações (substituição – troca de conteúdos) pela **revisibilidade**, mesmo após apresentar os atributos de irretratabilidade e irrecorribilidade, por via de ação rescisória.

Obs.: irrevisibilidade e imutabilidade → só após perempção ou transcurso do prazo de rescisão!

Sentença recorrida é possibilidade de sentença, não é sentença (Chiovenda) → o Estado não falou ainda conclusivamente pela *lex loquens* (voz da lei).

Obs.: só após transitada (trânsita?) em julgado (passada em julgado) está concluída, como ato "jurisdicional" no procedimento.

Rosemiro → os atos jurisdicionais são diretivos (função) do procedimento ou integrativos (estrutura) do procedimento? Pesquisa interessante no "Estado de Direito Democrático".

Ato jurisdicional como ato jurídico garantidor do *status* democrático pelo procedimento (processo) e atos procedimentais como estruturais da conduta legal efetivadora de direitos? – Matéria de pesquisa!

Qual o trecho da sentença que faz coisa julgada? **Dispositivo**. Daí não pode ser a sentença *extra, ultra* ou *citra petita*.

- Diz-se **coisa julgada formal** o atributo resultante da sentença terminativa sem julgamento do mérito (extintiva – irretratável, irrecorrível – modificável em seus conteúdos lógicos por outra sentença em igual nível competencial por novo procedimento). Ressalvam-se as hipóteses no DPCB → prescrição e decadência (arts. 333, § 1º, do CPC/15).
- Diz-se **coisa julgada material** o atributo resultante de sentença definitiva (no sentido de definidora do mérito – lide). Irretratável, irrecorrível, imutável.

Obs.: Liebman disse que são degraus do mesmo fenômeno processual → a coisa julgada formal e material. Mérito → *res in judicium deducta* – lide nos limites objeto mediato do pedido (JMRV).

Res → sempre direito material? → para pesquisa: sentido processual (matéria procedimental: pode até ser de mérito?).

O instituto da "autoridade da coisa julgada" (material) consiste no comando emergente da sentença que impede o reexame da "situação jurídica" (lide + mérito) decidida ou seu julgamento em outro processo (visão de Liebman).

Obs.: atente para a teoria da coisa julgada *SECUNDUM EVENTUM LITIS IN UTILIBUS* → efeitos ultrapartes ou (*erga-omnes*) para todos os que se encontrarem em situação jurídica idêntica à que foi debatida em procedimento judicial alheio (direitos difusos ou coletivos).

Obs.: ação rescisória, para mim, é da sentença para a reabertura da sentença transitada em julgado (sentença de mérito ou não merital - art. 966. V, e § 2°, I, II) e não mais da "**coisa julgada**" que hoje é instituto constitucional (direito-garantia) de proteção das sentenças de mérito, ou não, transitadas, porque só revisíveis pela via do *devido processo legal* (art. 5º LIV e LV, c/c art. 5º, XXXVI, CF/88).

TEORIAS DOS FUNDAMENTOS JURÍDICOS DA COISA JULGADA

1. Ulpiano – digesto → teoria da presunção de verdade = *res judicata pro veritate habetur*.

2. Savigny → teoria da ficção da verdade. Sentença justa ou injusta faz coisa julgada.

3. Pagenstecher → sentença cria um direito novo. Um "quid" a mais é a coisa julgada (*plus*). Força de lei.

4. Hellwig → teoria da eficácia da declaração → "na parte declaratória da sentença é que se encontra a coisa julgada".

5. Ugo Rocco → teoria do esgotamento da função jurisdicional no procedimento instaurado.

6. Chiovenda → teoria da vontade definitiva do Estado.

7. Carnelutti → coisa julgada como comando da sentença, que tem força de lei, não como império da lei. **Obs.**: "o comando da sentença tem força de lei" (Carnelutti).

8. *Teoria de Liebman* → "coisa julgada **não** é um dos efeitos da sentença, mas uma **qualidade** especial da sentença de mérito".

→ A metáfora de Calamandrei → o casulo (a sentença). Trecho dispositivo da sentença → lagarta. Borboleta → coisa julgada → nada mais tem a ver com a sentença.

- Sentença → casulo
- Dispositivo → lagarta
- Coisa julgada → borboleta

Casulo = provimento = sentença

Lagarta = dispositivo (decisão)

Borboleta = coisa julgada (autonomia teórica e de incidência jurídica própria)

Res judicata = (Liebman) → graus de reflexão jurídica:

- 1º grau → imodificabilidade da sentença – preclusão *pro judicato*.
- 2º grau → imodificabilidade dos efeitos da sentença pela imutabilidade (procedimento irreparável, irrenovável – sentença definitiva).

No CPC → sentença que acolhe prescrição e decadência é definitiva de mérito; não admite outra sentença, em igual nível de competência, para substituí-la.

Decisões interlocutórias → somente preclusão *pro judicato*.

Obs.: para mim, decisão intercorrente, não terminativa, porque não encerra o procedimento.

PRECLUSÃO

→ PRECLUSÃO → perda de faculdade processual pelo decurso do tempo (prazo) – Chiovenda.

→ PRECLUSÃO → esgotamento do tempo legal num ponto do espaço estrutural do procedimento (Rosemiro).

- **Preclusão** → é **fator de transformação** dos fatos, atos ou situação (prática ou ausência de ato) em ponto estrutural do procedimento (Rosemiro).
- **Preclusão** → instituto processual de **fixação de fato-ato ou registro de ausência de fato-ato no espaço procedimental pelo transcurso do tempo** – Rosemiro.

PRECLUSÃO → instituto criador de situação jurídica pela consumação do tempo legal em fases da estrutura procedimental.

Obs.: o ato (jurídico) inexistente e ato anulável: distinções! O emprego abstruso da expressão "ato nulo"

Obs.: "situação jurídica" → fenômeno de prática ou ausência de ato procedimental. A prática de ato ou ausência de ato-fato no tempo da lei gera existência (estrutura) procedimental (Rosemiro).

PRECLUSÃO: "a estrutura procedimental é uma ordem sucessiva de preclusões" (J.M. Rodrigues Vieira).

PRECLUSÃO → fator de garantia de distribuição isonômica, entre os sujeitos do processo, do tempo-espaço procedimental.

Obs.: o CPC, ao modo CPC/73, descaracterizou os efeitos preclusivos com perda jurídico-democrática: art. 493.

PRECLUSÃO:

– Classificação:

• **Temporal** → obstativa de prática de ato no procedimento pelo transcurso do prazo (tempo legal). **Fator de fixação no espaço estrutural do procedimento de ponto irreversível de ausência de ato-fato**. Decurso do tempo legal sem prática de ato procedimental (Rosemiro).

• **Lógica** → obstativa de prática de ato incompatível com o já praticado (purga de mora e contestação), ainda que no tempo legal em curso.

• **Consumativa** → ocorre no momento ou ao tempo da prática do ato procedimental. **Consuma-se pela prática do ato. Pela prática do ato no tempo processual** → apresentação de defesa antes de esgotamento total do prazo: preclusão consumativa no momento da prática do ato. **Não há sobra temporal**.

Obs.: se houve apelação no 1º dia do prazo, não é possível "trocar a apelação por outra" nos dias restantes.

Coisa julgada resulta de **preclusão máxima** → (pela sentença transitada) situação jurídica irreversível de todo o procedimento.

Limites objetivos da coisa julgada

São os aspectos e conteúdos jurídicos demarcadores e identificadores do objeto mediato do pedido abrangidos pela sentença.

Obs.: a "coisa julgada" é fenômeno procedimental que se configura no limite do objeto mediato do pedido (o bem da vida jurídica – a *res in judicium deducta*).

Por isso, o julgamento não pode ser:

→ *Extra petita* (fora do pedido)

→ *Ultra petita* (além do pedido)

→ *Citra petita* (aquém do pedido)

Porque violaria o elo jurídico vinculante do provimento ao limite do pedido mediato.

Qual o trecho da sentença que faz coisa julgada?

O dispositivo.

Para Liebman, só a sentença que faz coisa julgada material é suscetível de ação rescisória em juízo tribunalício.

Dois juízos:

→ *rescindens* (de desfazimento)

→ *et rescissorium* (de novo julgamento)

Obs.: para Carnelutti só há "coisa julgada" quando a lide é decidida.

Obs.: portanto, os limites objetivos da "coisa julgada" são demarcados pelo **pedido** que deve ser, em regra, certo e determinado.

Obs.: os limites objetivos da "coisa julgada" definem a repercussão do julgado em função do objeto imediato e mediato do pedido.

Indicam também os juízos de falibilidade do julgado (*error in judicandum* ou *error in procedendum*) (Rosemiro).

Limites subjetivos da coisa julgada

Conceito: referem-se às pessoas atingidas pelos efeitos diretos da sentença transitada em julgado.

→ Quais as pessoas alcançadas pela *res judicata* em seu *universum jus*?

→ Esses limites respondem a essa pergunta.

→ Ordenações manuelinas → *res inter alios judicata, aliis non prejudicare.*

Jhering → efeitos diretos da coisa julgada ocorrem *inter partes*. Efeitos indiretos *inter alios* ou *erga omnes.*

Liebman → "**eficácia**" natural da sentença vale para todos (*erga omnes*), mas a **autoridade** da coisa julgada "existe somente para as partes".

→ Para mim, autoridade significa autonomia teórica (coisa julgada constitucional). Entendo que a **autonomia** existe para terceiros também, quando lhes assegura direitos → ao Estado (custas), ao advogado (honorários).

TEORIAS DA COISA JULGADA

- Savigny: coisa julgada obriga a terceiros.
- Ihering: coisa julgada apresenta efeitos diretos (entre partes) e indiretos (entre terceiros).
- Rosemiro: a **eficácia** da "coisa julgada" vale para todos (*erga omnes*) e os **efeitos** somente entre as partes ou para quem esteja em situação idêntica – direitos difusos (coisa julgada *secundum eventum litis in utilibus*).

Obs.: "autoridade da coisa julgada" (qualidade da coisa julgada) gera efeitos, às vezes, em face das partes ou de terceiros, de caráter constitucionalmente irreversível.

A **coisa julgada material** no plano infraconstitucional não significa atributo de sentença imutável ou irreversível, porque, no prazo da lei, admite reversão pela rescisória.

A **coisa julgada constitucional** é qualidade que se destaca da sentença e assume autonomia teórica no plano constitucional, sem qualquer vinculação teórica com a sentença que lhe deu origem (honorários de advogado, alimentos, custas: não retornam com a rescisória) → Rosemiro.

Tópicos para pesquisa:

Há coisa julgada na ação de paternidade? Há coisa julgada na sentença criminal? E na revisão criminal, como ficaria?

PONTO Nº 17
COMPETÊNCIA

→ **Competência** é especialização da jurisdição.

→ Delimitação, repartição e divisão da jurisdição.

→ É matéria de política judiciária instituída pelas LODJs + REG. INT + estatutos da magistratura.

• Competência interna ou especial → repartição da jurisdição entre órgãos administrativos do Estado Federal (União) ou Estados Federados.

• Competência geral externa ou internacional → limitação jurisdicional pelo espaço de incidência normativa de um Estado-nação em face de outros Estados-nações ou Estados-regiões.

Protocolo de Buenos Aires no Mercosul (1996).

Protocolo de Buenos Aires → "foro cautelar diverso da ação principal":

1. Quebra do princípio da concentração da prova.
2. Quebra do princípio da prevenção do foro e da unidade procedimental.

Obs.: esse rompimento (quebra) se faz pelo **princípio maior da competência**, quando há perigo de demora ou de "dano irreparável".

Critérios determinativos:

Antigos praxistas:

• *In ratione loci*: lugar, domicílio, sede
• *In ratione personae*: qualidade da pessoa
• *In ratione materiae*: natureza do objeto

Obs.: *In ratione valoris* → em razão do valor da causa.

Carnelutti:

• Em razão da função do juiz
• Em razão da matéria

Chiovenda, Redenti, Betti, Goldschmidt, Shönke, Rosenberg:

CRITÉRIOS

• Objetivo: p/ natureza do objeto da demanda. Natureza da causa + valor + pessoas em lide + elementos externos da lide + *in ratione loci* + foro de eleição. Em razão da matéria (ADIN + RE + RO + Ação Resc.), em razão das pessoas (físicas, jurídicas, públicas) e em razão do valor da causa (alçada*).

* Valor de alçada → quantia monetária em cujos limites o juiz pode julgar uma pretensão de direito (Rosemiro).

• Territorial: circunscrição do juízo onde o fato ocorreu. Ação trabalhista contra o Estado. Limites circunscricionais da jurisdição: comarca, estado, União.

• Funcional: pelas atribuições do juízo conferidas em lei. Atuação das competências no mesmo "processo" ou procedimento → juiz da sentença, juiz do recurso.

Obs.: causas alheias à competência em razão do valor → falência; estado civil e capacidade das pessoas.

Foro

Unidade judiciária de competência. Jurisdição territorial demarcada em lei.

Fórum

Edifício-sede do juízo ou juízos de 1ª instância ou de ciclo de debates.

Domicílio

Lugar onde se exerce atividade comercial ou funcional.

Residência

Lugar de moradia (art. 71 CC confunde domicílio e residência).

Domicílio

Legal: é o indicado pela lei (incapazes, mulher casada, funcionário público).

Voluntário: livremente escolhido para exercer atividades econômicas ou morar.

Obs.: o agente diplomático tem de indicar o seu domicílio.

Obs.: ações reais ou pessoais sobre bens imóveis: regra → domicílio do réu.

Foro geral:

Domicílio do réu.

Foros supletivos a favor do autor, quando o réu apresentar domicílio:

1. Incerto (onde o réu for encontrado)
2. Desconhecido (via editalícia)
3. Fora do Brasil

Foro de sucessão (foro do inventário):

1. Domicílio do autor da herança: *de cujus*
2. Da situação dos bens
3. Local do óbito, quando houver vários bens em vários lugares

Foro do ausente:

Último domicílio da pessoa não encontrada.

Foro especial:

Estabelece-se em razão da situação da coisa, em razão da pessoa, ou em razão dos fatos.

Foro privilegiado:

Foro único para todas as causas, seja qual for a natureza (foro da Faz. Pública Estadual, Municipal, Federal).

PONTO Nº 18
ATOS PROCESSUAIS

"As atividades dos sujeitos do processo convertem-se em atos processuais" – Moacyr Amaral Santos.

Vícios

1. Cominados: inconvalescíveis (declaração de inexistência do procedimento).
2. Não cominados: convalescíveis (extinção parcial da estrutura procedimental).

→ Ato inexistente → nulidade no processo pela declaração de sua inexistência. Declarar inexistência não é declarar o **nada**, é declarar existência de vício cominado (Rosemiro). Não confundir com ato anulável por vícios não cominados. Não existe ato nulo *pleno jure*.

→ Ato jurídico → vontade manifestada e reduzida à forma legal (manifestada pela forma legal)

→ Ato jurídico → elementos de sua validade:

- sujeito capaz
- objeto lícito
- forma prescrita ou não defesa em lei

Efeitos

- constituir (criar)
- conservar
- desenvolver
- definir
- modificar ou
- cessar situação jurídica

→ Ato jurídico → é sempre ato lícito, porque só ele tem força de criar direitos ou ativar direitos criados em lei.

→ Ato jurídico → "a vontade tem eficácia por dotação da norma" (Cariota Ferrara). Teoria do negócio (*nexum* da vontade e norma) jurídico (*stricto sensu*: involuntário; *lato sensu*: voluntário).

Classificação dos atos processuais

- **Postulatórios**: requerimentos
- **Dispositivos**: desistência, concordância, acordância
- **Instrutórios**: alegações e exibição de provas + produção de provas
- **Reais** (atos de condutas pessoais): *re, non verbis* (pagamento das custas, preparo de recurso, apresentação de docs.).

Atos jurisdicionais

1. Despachos ordenatórios (movimentação)
2. Decisões interlocutórias
3. Decisões terminativas e terminativo-definitivas

Atos do escrivão (ato de documentação – administrativo-judiciários)

1. Vista
2. Conclusão
3. Juntada, desentranhamento etc.

Ata

Termo (intra-autos)

Termos

- De juntada
- De intimação
- De remessa dos autos
- De recebimento dos autos
- De apensamento de autos
- De desentranhamento de documentos
- De entrega de documentos

Termo → narrativa modelada em lei processual para explicitar atos praticados intra-autos.

Obs.: termo no sentido de limites do tempo (estudaremos em prazo).

Autos

Conjunto cartular ou eletrônico registrador dos atos procedimentais em sequência (numérica e temporal) determinada pela Lei Processual.

Auto

Narrativa formalizada por servidor judiciário sobre ato ou fato externo à estrutura procedimental (auto de penhora) para ser juntada aos autos.

Como é possível "extinguir o processo" com o julgamento do mérito, se o mérito só é apreciável com o "processo formado"? – Tema de reflexão.

Como é possível "extinguir o processo" com julgamento do mérito, se a apreciação deste só é possível com a preexistência do "processo" ("processo formado") → procedimento formado cujo modelo é assegurado em lei para todos.

PONTO Nº 19
PRAZO E SUA CONTAGEM

Prazo

→ Período de tempo indicado na lei processual.

→ Duração (percurso, fluir) do tempo indicado pela lei (período processual do tempo), porque o tempo é infinito, incomensurável. O tempo cronológico é a duração (fração de tempo).

Marcos temporais da lei processual para a prática de atos (prazos):

- Marco inicial e marco final

(*dies a quo*) (*dies ad quem*)

dia do começo – dia do fim

Regra geral → exclui-se o dia do começo, inclui-se o dia do fim (art. 224, CPC/15). Contagem regida pela articulação dos §§ 2º e 3º do art. 224 do CPC/15.

Outra regra → os prazos não começam, não terminam nem se contam em feriados.

Obs.: dias intermediários não úteis compreendidos entre o começo e fim do prazo também são contados? Conflito entre o art. 219 do CPC/15 e o art. 93, XII, da CF/88.

O tempo legal (duração) é que gera preclusão.

- **No CPC/15**

O prazo, para recurso ou manifestação do interessado, começa a contar do dia seguinte à publicação do ato (*dia seguinte* será o dia do começo, logo, deve ser excluído). Nesse caso, o 1º dia do prazo seria (jurisprudência?) **o dia do começo (não do termo) a ser excluído?** (Acho que sim.)

Publicação na 6ª (*termo inicial*) → exclui-se o dia do começo (dia do começo é o dia seguinte útil (2ª feira) → **ver jurisprudência e art. 224, §3º, CPC/15.**

Empecilho forense → obstáculo casual (imprevisível, caso fortuito – greve, perigo de acidente).

Obs.: e o litigante de má-fé sujeita-se a multas e indenizações. E o juiz de má-fé? E o MP de má-fé? – **Recomendar**: livro do prof. Ronaldo Brêtas, *Fraude no processo civil*.[5]

PRAZOS

- Dilatórios → **prazos que se estendem até a realização do ato designado pelo juiz.**

Quando fixado pelo juízo, dilata o tempo até a realização do ato ou fato (audiência, depoimento) determinado. São repetíveis, devolutíveis, prorrogáveis.

Obs.: os prazos dilatórios são transacionáveis pelas partes antes de sua ocorrência.

- **Peremptórios** → fatais, não devolutíveis, improrrogáveis. Indicados na lei, não fixados pelo juiz. Entretanto, o juiz, por motivo legal, poderá prorrogá-los, repeti-los (devolvê-los) → por justa causa, empecilho, *acts of god, force majeure* (casos fortuitos), *factum princeps* (imprevistos). É vedado ao juiz reduzir prazos peremptórios sem anuência das partes (art. 222, §1º, do CPC/15).

CLASSIFICAÇÃO DOS PRAZOS

CLASSIFICAÇÃO

- **Legais** → peremptórios: indicados na lei, excepcionalmente modificáveis.
- **Judiciais** → dilatórios: indicados na lei, modificáveis pelo juiz.
- **Convencionais** → ajuste das partes (transação judicial).

PRAZOS

- **Comuns** → para (todos) ambas as partes: recursos.
- **Particulares** → para uma só parte: contestação.
- **Próprios** → prazos fixados para as partes.
- **Impróprios** → prazos fixados para os juízes e auxiliares.

---

5 DIAS, Ronaldo Brêtas de Carvalho. *Fraude no processo civil*. Belo Horizonte: Del Rey, 1998.

• **Especiais** → prazo de 5 (cinco) dias, se não indicado na lei ou fixado pelo juiz após 48 h da publicação do ato (art. 218, § 2º, CPC/15).

Obs.: *prazos comuns* – são **continuados**, não se interrompem nos feriados em seu curso. Se terminar em feriado, prorroga-se para o *dia útil seguinte*.

Obs.: das 06 às 20h para atos iniciados (podem ser prorrogados, se causar dano à parte sua interrupção). Pelo horário do protocolo, se se tratar de petições!

Suspensão do prazo → paralisa-se a contagem, reiniciando-se a contagem pelos dias faltantes (férias). "Pelo que lhe sobejar".

Interrupção do prazo → paralisa-se a contagem, sem considerar os dias transcorridos → embargos de declaração interrompem o *prazo* de apelação.

Obs.: "lesão legal" ao princípio da isonomia → União, Estado, Município, D. Federal, autarquias (não sociedades de economia mista ou S.A.), fundações e MP → prazos dilatados para *contestar* e *recorrer* com intimações privilegiadas.

MP → intimação pessoal! – Privilégio (inconstitucionalidade)

Obs.: litisconsórcio com vários advogados → PRAZO em dobro.

Para efeitos recursais (hipótese especial) → será o da leitura da sentença em audiência ou da intimação pessoal da parte.

Obs.: os prazos podem transcorrer em minutos, em horas, em dias, em meses, em anos.

Obs.: apenas nos prazos em *dias* é que se contam somente os dias úteis (art. 219 do CPC/15).

PRESCRIÇÃO E DECADÊNCIA

Prescrição

Instituto endoprocessual afirmativo de perda do exercício do direito de agir em juízo (*jus agendi*) pelo decurso do tempo legal para utilização do procedimento (ilegitimidade *ad causam*? Parece que sim!).

Obs.: a prescrição é sempre decretada no *procedimento*. Provocaria a "carência de ação", com a extinção do processo e não a extinção do processo com julgamento do *mérito*. (Entretanto, o CPC/15 dispõe que prescrição ou decadência decretada implica extinção do processo com julgamento do *mérito*).

Decadência

Perda do prazo legal, **não** judicialmente afirmado, para exercício de direito material disponível no ordenamento jurídico.

Decadência é função da prescrição, se declarada judicialmente.

Perda da titularidade do direito material pelo decurso do tempo legal de sua utilização, ainda não declarada por sentença em procedimento (processo) instaurado.

Obs.: se instaurado o procedimento, pode haver, se alegada, **prescrição** do direito de agir em procedimento judicial (Judiciário).

Decadência em função da prescrição que é, em direito processual, sempre do **direito de agir**, não do direito de ação.

Obs.: a lei processual brasileira estabelece que a sentença que decreta a decadência ou prescrição é de *mérito*, logo só rescindível pela via de ação rescisória originária → será de mérito?

PONTO Nº 20
TEORIA DO RECURSO

Recurso

Instituto que permite a provocação instrumental da revisibilidade das decisões proferidas em juízo procedimental (judicial ou administrativo).

Desenvolve-se pelo ato procedimental indicado na lei processual, como:

- **Ato jurídico** continuativo de procedimento já instaurado de fundamentação vinculada → rege-se pelo princípio da *unirrecorribilidade*.
- **Ação autônoma de impugnação** → Mandado de Segurança, *Habeas Corpus, Habeas Data,* Mandado de Injunção, no curso de procedimentos, quando não há recurso "previsto" (criado) em lei contra atos praticados (realizados) no procedimento. Agravo de instrumento?

Obs.: para Betti, Gilles, Helliwg → autonomia da "ação recursal" em face da ação originária.

Ugo Rocco → nega a qualidade de ação autônoma ao recurso, sendo mero "ato" impugnativo e continuativo da "ação" em andamento.

Obs.: CPC da Grécia, França, Holanda, Suíça, Dinamarca. Recurso ordinário sempre de decisão não transitada.

Obs.: no Brasil, temos o estranho recurso extraordinário na ordinariedade!

Juízo de recurso

Juízo

Órbita lógico-jurídica em que se contém o juiz para exame de atos recursais no procedimento.

RECURSO (dois momentos)

• **JUÍZO DE ADMISSIBILIDADE** → *provisório* (1º grau) e *definitivo* (2º grau) de competência. **Direito ao recurso**, não **direito de recorrer** que é direito inviolável (constitucional, direito-garantia → incondicional). Atualmente, no Brasil, o CPC/15 limitou a admissibilidade em 1º grau ao exame de *deserção* (art. 1007).

Negativo (não manda processar o recurso) e

Positivo (manda processar o recurso).

Matéria: examina-se o direito ao procedimento recursal (não o direito de recorrer que é direito-garantia-constitucional).

• **NO JUÍZO DE MÉRITO** → tem-se o exame de ter ou não razão (direito alegado) quanto ao direito alegado, embora matérias de direito processual possam ter significação de mérito na estrutura dos recursos.

Matéria de mérito: examina-se direito recorrido.

Expressões usuais (obscuras) de exame e julgamento dos recursos

• Receber o recurso → declarar a existência dos pressupostos de admissibilidade do recurso.

• Negar seguimento → emitir declaração negativa de adequabilidade do recurso.

• Dar seguimento → declará-lo tempestivo e adequado.

• Conhecer do recurso → admiti-lo em seus pressupostos de admissibilidade.

• Negar conhecimento → não admiti-lo em seus pressupostos de admissibilidade

• Prover ou dar provimento → dar acolhimento ao recurso pela matéria de mérito. Podendo incluir matéria de ação ou mesmo de processo. **Obs.**: expressão usual, mas imprecisa.

• Não prover ou negar provimento → negar acolhimento à matéria de mérito alegada no recurso (podendo incluir matéria de ação). **Obs.**: expressão usual, mas imprecisa.

• Rejeitar o recurso → negar provimento, após "receber" e "dar seguimento". Para rejeitar, terá que conhecer. **Obs.**: expressão ambígua, imprecisa.

• Acolher o recurso → dar provimento, admitir e dar provimento ou prover.

Obs.: **provimento** → (ato jurídico de decidir) ocupação decisória no espaço procedimental, que pode ser interlocutório ou terminativo (Rosemiro). Cientificamente, não é a afirmação ou negação contida na decisão, mas ato jurídico procedimental praticado pelo JUIZ, pouco importando seu conteúdo.

Obs.: ressalte-se que **provimento** é ato jurídico (ocupação judicacional do espaço procedimental). Logo, o juiz não dá provimento, mas pelo **ato sentencial** (provimento) é que acolhe (fixa) ou **não** o direito pleiteado na estrutura procedimental. A expressão "não dar provimento" é imprópria, porque o provimento é sempre **dever jurisdicional** do juiz. Negando ou afirmando, o provimento sempre existirá!

Provimento → ato jurídico de fixação decisória pela ocupação do espaço estrutural do procedimento, no tempo, *secundum legis*! (Rosemiro.) Provimento é ato sentencial pelo qual se acolhe ou se rejeita pretensão de direito. **Não** é o ato de acolher, como se pensa na *praxis* forense. É o ato de decidir!

Pressupostos ou princípios dos recursos

Pressupostos de admissibilidade. Segundo o Prof. Barbosa Moreira, poderão ser assim classificados:

• Extrínsecos (concernentes ao **exercício** do direito ao recurso): tempestividade, regularidade formal e preparo. **Obs.**: falta de preparo (deserção).

• Intrínsecos (concernentes à **existência** do direito ao recurso): cabimento (recurso adequado); legitimação (interposto por quem de direito); interesse (utilidade, interesse processual).

Princípios lógicos dos recursos (regulam a articulação e julgamento dos recursos):

1. Dialeticidade (impõe): apresentação de elementos claros, inteligíveis para obviar contraditório.
2. Voluntariedade: vontade expressa e motivação de recorrer (induvidosa).
3. Complementaridade: interposição conjunta da petição encaminhadora do recurso e suas respectivas razões num só instrumento.
4. Princípio da proibição da *reformatio in pejus*.

Obs.: se se recorre para melhorar, não é possível, ao julgador, sem recurso adesivo do *ex adverso*, reformar a decisão recorrida para piorar os seus conteúdos, sem que haja recurso apresentado pelo *ex adverso*.

Espécies de recursos (consideradas várias legislações):

• Agravo:

– *retido* → matéria fica *sub judice*, manifestação intercorrente ao procedimento. Suprimido pelo CPC/15.

– *de instrumento* → autônomo, mas de fundamentação vinculada.

– *interno* → contra decisão do Relator (art. 1021).

Obs.: contra decisão interlocutória.

Obs.: de decisão que decide agravo, cabem embargos de declaração, não infringentes. Mais recurso especial e extraordinário, se for o caso!

• *Apelação*: recurso de devolutividade restrita e de fundamentação vinculada, não plena. Aborda matéria atingida pela sentença (terminativa ou definitiva).

Obs.: o acórdão não reforma, mas cassa ou invalida parcial ou totalmente a sentença, proferindo outra decisão em 2º grau. Quando declara inexistente a sentença, determina que outra sentença seja proferida em 1º grau ou em grau originário.

• Recurso adesivo: recurso cuja eficácia depende de outro antes apresentado pelo adversário-litigante.

• **Embargos** (provocadores) **de declaração** (não declaratórios): casos de obscuridade, omissão, contradição. Provoca a transformação da *res dubia* em *quaestio*!

• **Embargos infringentes** → em caso de votos divergentes, em câmara ou turma tribunalícia, no julgamento de apelação ou ação rescisória.

Obs.: suprimidos pelo CPC/15, mas acolhidos no bojo do Incidente de Assunção de Competência (art. 947, § 4º, do CPC/15).

• Recurso especial: para o STJ → fundamentação vinculada. Devolutividade restrita.

Instala-se o juízo de censura dos tribunais superiores aos inferiores (matéria infraconstituicional, sob crise constitucional). Matéria prequestionada (questões de direito).

• Recurso extraordinário: fundamentação vinculada. Devolutividade restrita. Matéria constitucional. Apresentado na instância tribunalícia para exame do STF.

• Embargos de divergência: cabíveis só no STJ ou STF (decisões de turmas da mesma seção ou não).

• Recurso ordinário: fundamentação plena, não vinculada. Devolutividade plena, contra decisões dos tribunais regionais federais ou estaduais (decisões de única instância – instância originária). *Vide* CF/1988.

Obs.: no CPC brasileiro (2015), vejam-se arts. 994 a 1044.

Obs.: há o Incidente Reclamatório (Reclamação) com efeito recursal (arts. 988 a 993 do CPC/15) contra inobservância de súmula vinculante ou decisão do STF em controle concentrado de constitucionalidade.

Efeitos dos recursos

1. Efeito devolutivo: qualidade do recurso de remeter a matéria do provimento (sentença-decisão) hostilizada ao exame de instância (tribunal, junta) superior, com adiamento da coisa julgada.

2. Efeito suspensivo: qualidade do recurso de tornar incerta a decisão recorrida.

3. Efeito expansivo:

a) objetivo interno: expande o procedimento com seu retorno ao juízo *a quo* para proferir ato ou atos ou praticar ato por (*inutiliter data*) inutilização dos anteriores.

b) objetivo externo: expande para outro procedimento as repercussões do recurso interposto (agr. de instrumento anula atos da ação principal) – agravo de instrumento.

c) subjetivo: amplia as repercussões do recurso às partes não recorrentes (ex.: no litisconsórcio).

4. Efeito translativo: provoca atividade jurisdicional *ex officio*. Qualidade do recurso que transfere tacitamente ao julgador de instância superior as questões atinentes à matéria de conhecimento *ex officio*.

5. Efeito substitutivo: qualidade do recurso que coloca a decisão por ele provocada no lugar da decisão recorrida (art. 1008 do CPC/15).

Obs.: por isso é que se rejeita a expressão: "confirmo a decisão por seus próprios fundamentos". Nesse caso, a nova decisão confirmadora não poderia tomar de empréstimo os fundamentos da decisão confirmada.

REFERÊNCIAS

ABBAGNANO, Nicola. *Dicionário de filosofia*. São Paulo: Martins Fontes, 1998.

ADOMEIT, Klaus. *Introducción a la teoría del derecho*. Madrid: Civitas, 1984.

ADORNO; HORKHEIMER. *Dialética do esclarecimento*. Rio de Janeiro: Jorge Zahar Editor, 1994.

AGAMBEN, Giorgio. *Estado de exceção*. São Paulo: Boitempo, 2004.

AGAMBEN, Giorgio. *Meios sem fim* – Notas sobre a política. Belo Horizonte: Autêntica, 2015.

AGAMBEN, Giorgio. *O que é o contemporâneo e outros ensaios*. Chapecó: Argos, 2009.

ALCALÁ-ZAMORA Y CASTILLO, Niceto. *Estudios de teoría general e historia del proceso*. México: Unam, 1974.

ALCALÁ-ZAMORA Y CASTILLO, Niceto. *Estudios procesales*. Madrid: Tecnos, 1975.

ALEXY, R. *Revista de Direito Administrativo*, Rio de Janeiro, n. 217, p. 56-78, jul./set. 1999.

ALEXY, Robert. Direitos fundamentais no Estado Constitucional Democrático. *Revista de Direito Administrativo*, Rio de Janeiro, jul./set. 1999.

ALEXY, Robert. *Teoria da argumentação jurídica*. São Paulo: Landy, 2001.

ALEXY, Robert. *Teoría de los derechos fundamentales*. Madrid: Centro de Estudios Constitucionales, 1993.

ALMEIDA, Andréa Alves. *Processualidade jurídica e legitimidade normativa*. Belo Horizonte: Fórum, 2003.

ALMEIDA, Andréa Alves. *Processualidade jurídica e legitimidade normativa*. Belo Horizonte: Fórum, 2005.

ALTHUSSER, Louis. *Freud e Lacan* – Marx e Freud. 2. ed. Rio de Janeiro: Edições Graal, 1985.

ALTHUSSER, Louis. *Ideologia e Aparelhos Ideológicos de Estado*. São Paulo: Martins Fontes, 1980.

ALVIM, J. E. Carreira. *Elementos de teoria geral do processo*. 7. ed. Rio de Janeiro: Forense, 1998.

ALVIM, J. M. de Arruda. *Tratado de direito processual civil*. São Paulo: Revista dos Tribunais, 1990. v. I.

AMSELEK, Paul. *Méthode phenoménologique et droit*. Paris: LGDJ, 1959.

ANDERSON, Perry. *As antinomias de Gramsci*. São Paulo: Joruês, 1986.

ANDOLINA, I.; VIGNERA, G. *I fondamenti costituzionali della giustizia civile* – Il modello costituzionale del processo civile italiano. Torino: G. Giappichelli Editore, 1997.

ANDOLINA, Ítalo. O papel do processo na atuação do ordenamento constitucional. *Revista de Processo*, n. 87.

ANDOLINA, Ítalo; VIGNERA, Giuseppe. *Il modelo constituzionale del processo civile italiano*. Torino: Giappichelli, 1990.

ARENDT, Hanna. *A condição humana*. Tradução de Roberto Raposo. 9. ed. Rio de Janeiro: Forense Universitária, 1999.

ARISTÓTELES. *A política*. 5. ed. São Paulo: Atena, 1957. v. XXXIX. Biblioteca Clássica.

ARMELIN, Donaldo. Tutelas jurisdicionais diferenciadas. *In:* MARINONI, Luiz Guilherme (Coord.). *Processo civil contemporâneo*. Curitiba: Juruá, 1994.

ARNAUD, A. J. *Structuralismo et droit*. Paris: Archives, 1968.

ASCARELLI, Tullio. *Hobbes et Leibnitz et la dogmatique juridique*. Paris: Dalloz, 1996.

ASSIS, Jacy. *Couture e a teoria institucional do processo*. Uberlândia: Edições da Faculdade de Direito de Uberlândia, 1959.

AURELLI, Arlete Inês *et al.* (Coord.). *O direito de estar em juízo e a coisa julgada* – Estudos em homenagem a Thereza Alvim. São Paulo: Revista dos Tribunais, 2014.

BACHELARD, Gaston. *A formação do espírito científico*. Rio de Janeiro: Contraponto, 1996.

BACHELARD, Gaston. *O materialismo racional*. Lisboa: Edições 70, 1990.

BACHOF, Otto. *Normas constitucionais inconstitucionais?* Coimbra: Almedina, 1994.

BARACHO, José Alfredo de Oliveira. *O princípio da subsidiariedade*: conceito e evolução. Belo Horizonte: MEFDUFMG, 1995.

BARACHO, José Alfredo de Oliveira. *Processo constitucional*. Rio de Janeiro: Forense, 1984.

BARACHO, José Alfredo de Oliveira. Teoria geral da cidadania. *Revista Brasileira de Estudos Políticos*, n. 63-64, jul. 1986/jan. 1987.

BARACHO, José Alfredo de Oliveira. *Teoria geral da cidadania*. São Paulo: Saraiva, 1995.

BARBI, Celso Agrícola. *Do mandado de segurança*. 10. ed. Rio de Janeiro: Forense, 2000.

BARRIOS DE ANGELIS, D. *Introducción al estudio del proceso*. Buenos Aires: Depalma, 1993.

BARZOTTO, Luís Fernando. *O positivismo jurídico contemporâneo* – Uma nova introdução a Kelsen, Ross e Hart. São Leopoldo: Editora Unisinos, 1999.

BATALHA, Wilson de Souza Campos. *Tratado de direito internacional privado*. 2. ed. São Paulo: Revista dos Tribunais, 1977. v. VI.

BATISTA DA SILVA, Ovídio. *Jurisdição e Execução*. 2. ed. revista. São Paulo: Revista dos Tribunais, 1997.

BERMUDES, Sergio. *Introdução ao processo civil*. Rio de Janeiro: Forense, 1995.

BETTI, Emilio. *Diritto processuale civile italiano*. 2. ed. Roma: Societa Editrice Del Foro Italiano, 1936.

BIDART, Adolfo Gelsi. Incidência constitucional sobre o processo. *Repro*, v. 30.

BOBBIO, Norberto. *De Hobbes a Marx*. Napoli: Morano, 1971.

BOBBIO, Norberto. *Liberalismo e democracia*. São Paulo: Brasiliense, 1995.

BOBBIO, Norberto. *Teoria do ordenamento jurídico*. 10. ed. Brasília: UnB, 1999.

BORGES, Wilson H. *Historicidade e materialidade do ordenamento jurídico*. São Paulo: Edusp, 1993.

BOUTOT, Alain. *Introdução à filosofia de Heidegger*. Portugal: Biblioteca Universitária, 1991.

BUENO, Cássio Scarpinella. *Liminar em mandado de segurança*. 2. ed. São Paulo: Revista dos Tribunais, 1999.

BUENO, Cássio Scarpinella. *Novo Código de Processo Civil Anotado*. São Paulo: Saraiva, 2015.

BÜLOW, Oskar Von. *La teoría de las excepciones procesuales y los presupuestos procesales*. Buenos Aires: EJEA, 1964.

BÜLOW, Oskar Von. *La teoría de las excepciones procesuales y los presupuestos procesales*. Buenos Aires: EJEA, 1969.

CALAMANDREI, Piero. *Introduzione allo studio sistematico dei provvedimenti cautelari*. Padova: Cedam, 1936.

CANOTILHO, Joaquim José Gomes. *Constituição dirigente e vinculação do legislador*. 2. ed. Coimbra: Coimbra Editora, 2001.

CANOTILHO, José Joaquim Gomes. *Direito constitucional*. Coimbra: Gráfica de Coimbra, 1991.

CARNELUTTI, Francesco. *Instituzioni de processo civile italiano*. 5. ed. Roma, 1956. v. I.

CARNELUTTI, Francesco. *La prueba civil*. Tradução de Niceto Alcalá-Zamona y Castilho. Buenos Aires: Depalma, 1982.

CARNELUTTI, Francesco. *Lezioni di diritto processuale civile*. Padova: Cedam, 1986. v. IV.

CARNIO, Henrique Garbellini. Precedentes Judiciais ou "direito jurisprudencial mecânico"? *In: Revista Brasileira de Direito Processual – RBDpro*, Belo Horizonte, ano 24, n. 93, p. 79-94, jan./mar. 2016.

CARPIZO, Jorge. La soberanía del pueblo e el derecho interno y el internacional. *Revista de Estudios Políticos*, Madrid, n. 28, jul./ago. 1982.

CARRIÓ, Genaro. *Sobre los límites del lenguaje normativa*. Buenos Aires: Editorial Astrea, 1973.

CARVALHO, Frederico Zeymer Feu de. *O fim da cadeia de razões* – Wittgenstein, crítico de Freud. 1. ed. São Paulo: Annablume, 2002.

CASTRO, Amilcar de. *Direito internacional privado*. Rio de Janeiro: Forense, [s.d.].

CATTONI, Marcelo. *Devido processo legislativo*. Belo Horizonte: Mandamentos, 2000.

CATTONI, Marcelo. *Direito constitucional*. São Paulo: Saraiva, 2002.

CHALMERS, A. F. *O que é ciência afinal?* Tradução de Raul Fiker. 2. reimpr. São Paulo: Brasiliense, 1997.

CHAMBERLAIN, Daniel Henry. *The Doctrine of Stare Decisis*: its reasons and its extent. New York: Baker, Voorhis & CO. Publishers, 1885.

CHIOVENDA, G. *Instituições de direito processual civil*. 2. ed. São Paulo: Saraiva, 1965.

CINTRA, Antonio Carlos Araújo; GRINOVER, Ada Pellegrini; DINAMARCO, Cândido Rangel. *Teoria geral do processo*. 8. ed. São Paulo: Revista dos Tribunais, 1991.

CITTADINO, Gisele. *Pluralismo, direito e justiça distributiva*. 2. ed. Rio de Janeiro: Lumen Juris, 2000.

CLÈVE, Clèmerson Merlin. *A fiscalização abstrata da constitucionalidade no direito brasileiro*. 2. ed. São Paulo: Revista dos Tribunais, 2001.

COMOGLIO, Luigi Paolo. La Corte Constituzionale ed il processo civile. *Rev. Dir. Proc.*, n. XXIII, 1968.

CONNOR, Steven. *Cultura pós-moderna*. 2. ed. São Paulo: Edições Loyola, 1989.

COSTA, Sérgio. *Manuale di diritto processuale civile*. 5. ed. Turim: [s.n.], 1980.

COUTURE, Eduardo J. *Fundamentos del derecho procesal civil*. 3. ed. Buenos Aires: Depalma, 1993.

COUTURE, Eduardo J. *Interpretação das leis processuais*. 4. ed. Rio de Janeiro: Forense, 1997.

COUTURE, Eduardo J. *Introdução ao estudo do processo civil*. 3. ed. Rio de Janeiro: Forense, 1995.

CRUZ, João Claudino de Oliveira e. *Do recurso de apelação*. Rio de Janeiro: Forense, 1949.

CUVILLIER, A. *Manual de filosofia*. Porto: Educação Nacional, [s.d.].

DABIN, Jean. *La téchnique de l'élaboration du droit positif*. Bruxelles: Sirey, 1935.

DAVID, René. *Os Grandes Sistemas do Direito Contemporâneo*. Tradução de Hermínio A. Carvalho. 4. ed. São Paulo: Martins Fontes, 2002.

DEL NEGRI, André. *Controle de constitucionalidade no processo legislativo*. Belo Horizonte: Fórum, 2003.

DELLEPIANE, Antônio. *Nova teoria da prova*. 2. ed. Rio de Janeiro: José Kanfino Editor, 1958.

DERRIDA, Jacques. *Força de lei*. 1. ed. São Paulo: Martins Fontes, 2007.

DI IORIO, Alfredo J. *Lineamientos de la teoría general del derecho procesal*. Buenos Aires: Depalma, 1995.

DIAS, Ronaldo Brêtas de Carvalho. *Fraude no processo civil*. Belo Horizonte: Del Rey, 1998.

DIAS, Ronaldo Brêtas de Carvalho. *Processo constitucional e Estado Democrático de Direito*. Belo Horizonte: Del Rey, 2010.

DIAS, Ronaldo Brêtas de Carvalho. *Responsabilidade do Estado pela função jurisdicional*. Belo Horizonte: Del Rey, 2004.

DIDIER JÚNIOR, Fredie; JORDÃO, Eduardo Ferreira (Coord.). *Teoria do processo* – panorama doutrinário mundial. Salvador: Juspodivm, 2008.

DIMOULIS, Dimitri. Moralismo, positivismo e pragmatismo na interpretação do direito constitucional. *Revista dos Tribunais*, São Paulo, ano 88, v. 769, nov. 1999.

DIMOULIS, Dimitri. *Positivismo jurídico* – Introdução a uma teoria do direito e defesa do pragmatismo jurídico-político. São Paulo: Método, 2006.

DINAMARCO, Cândido Rangel. *A instrumentalidade do processo*. 4. ed. São Paulo: Malheiros, 1994.

DINAMARCO, Cândido Rangel. *A reforma do Código de Processo Civil*. 2. ed. São Paulo: Malheiros, 1995.

DINAMARCO, Cândido Rangel. *Institutos fundamentais do direito processual civil moderno*. São Paulo: Revista dos Tribunais, n. 38.

DINAMARCO, Cândido Rangel. *Revista da Faculdade de Direito* – PUC/MG, v. 4, n. 7-8, p. 9-35, 1º/2º sem. 2001.

DINIZ, Maria Helena. *Compêndio de introdução à ciência do direito*. 8. ed. São Paulo: Saraiva, 1995.

DUGUIT, L. *L'état de droit objetif et le droit positif*. Paris: Archives, 1901.

DURKHEIM, Emile. *Les piègles de la méthode sociologique*. Paris: Archives, 1895.

DUXBURY, Neil. *The Nature and Authority of Precedent*. Cambridge: Cambridge University Press, 2008.

DWORKIN, Ronald. *Law's empire*. Cambridge, Massachusetts: Harvard University Press, 1986.

DWORKIN, Ronald. *O império do direito*. São Paulo: Martins Fontes, 1999.

DWORKIN, Ronald. *O império do direito*. São Paulo: Martins Fontes, 2007.

ECHANDIA, Hernando. *Teoría general de la prueba judicial*. Buenos Aires: Zavalia, 1970.

EINSENBERG, Melvin. The *Nature of Common Law*. Cambridge: Harvard University Press, 1988.

EMMANUEL, A. *L'échange inégal*. Paris: Maspero, 1969.

ENGELS, F. *Socialisme utopique et socialisme scientifique*. Paris: Editions Sociales, 1971.

ENGISCH, Karl. *Introdução ao pensamento jurídico*. 3. ed. Lisboa: Calouste Gulbenkian, 1977.

FARIA, Guiomar T. Estrella. *Interpretação econômica do direito*. Porto Alegre: Livraria do Advogado, 1994.

FAVELA OVALLE, J. Sistema jurídicos y políticos, proceso y sociedad. *Boletín Mexicano de Derecho Comparado*, n. 33, set./dez. 1978.

FAZZALARI, Elio. *Instituições de direito processual*. 1. ed. Tradução de Elaine Nassif. Campinas: Bookseller, 2006.

FAZZALARI, Elio. *Istituzioni di diritto processuale*. 4. ed. Padova: Cedam, 1986.

FAZZALARI, Elio. *Istituzioni di diritto processuale*. 5. ed. Padova: Cedam, 1989.

FAZZALARI, Elio. Processo – teoria generale. *In:* AZARA, Antonio; EULA, Ernesto (Dir.). *Novissimo digesto italiano*. Torino: Unione Tipografico Editrice Torinese, 1968.

FERRAJOLI, Luigi. O direito como sistema de garantias. *In:* OLIVEIRA JÚNIOR, José Alcebíades de (Coord.). *O novo em direito e política*. Porto Alegre: Livraria do Advogado, 1997.

FERRAJOLI, Luigi. *O direito como sistema de garantias*. Porto Alegre: Livraria do Advogado, 1957.

FERRAZ JÚNIOR, Tercio Sampaio. *Introdução ao estudo do direito*. 2. ed. São Paulo: Atlas, 1994.

FEUERBACH, Ludwig. *Princípios da filosofia do futuro*. Lisboa: Edições 70, 1988.

FIUZA, César. *Direito civil*. Curso completo. 2. ed. Belo Horizonte: Del Rey, 1999.

FIUZA, César. *Direito civil*. Curso completo. Belo Horizonte: Del Rey, 1998.

FIUZA, César. *Teoria geral da arbitragem*. Belo Horizonte: Del Rey, 1995.

FIX-ZAMUDIO, Hector. El pensamiento de Eduardo J. Couture y el derecho constitucional procesal. *Boletín Mexicano de Derecho Comparado*, n. 30, 1977.

FLORIAN, Eugênio. *Elementos de derecho procesal penal*. Barcelona: Bosch, 1933.

FORCELLINI, Egidio. *Totius latinitatis lexicon*. 3. ed. Schneeberg: [s.n.], [s.d.]. t. III.

FORSTHOFF, Ernest. *Statto di diritto in transformazione*. Milano: Giuffrè, 1973.

FOUCAULT, Michel. *Vigiar e punir*. 15. ed. Petrópolis: Vozes, 1997.

GALBRAITH, J. K. *O pensamento econômico em perspectiva*. São Paulo: EDUSP, 1989.

GALUPPO, Marcelo Campos. Elementos para uma compreensão metajurídica do processo legislativo. *Teoria geral do processo civil – Caderno de Pós-Graduação da UFMG*, 1995.

GALUPPO, Marcelo Campos. Os princípios jurídicos no estado democrático de direito: ensaio sobre o modo de sua aplicação. *Revista de Informação Legislativa*, Brasília, ano 36, n. 143, jul./set. 1999.

GASPARINI, Diogenes. *Direito administrativo*. 3. ed. São Paulo: Saraiva, 1993.

GENY, François. *Science et téchnique en droit privé positif*. Paris: Sirey, 1924.

GOLDSCHMIDT, James. *Teoría general del proceso*. Barcelona: Editorial Labor, 1936.

GONÇALVES, Aroldo Plínio. *Nulidades no processo*. Rio de Janeiro: Aide, 1993.

GONÇALVES, Aroldo Plínio. *Técnica processual e teoria do processo*. 1. ed. Rio de Janeiro: Aide, 1992.

GONÇALVES, Bernardo; PEDRON, Flávio Q. *O Poder Judiciário e(m) crise*. Rio de Janeiro: Lumen Juris, 2008.

GRAU, Eros Roberto. *A ordem econômica na Constituição de 1988 (interpretação crítica)*. 2. ed. São Paulo: Revista dos Tribunais, 1991.

GRAU, Eros Roberto. *O direito posto e o direito pressuposto*. São Paulo: Malheiros, 1996.

GRECO FILHO, Vicente. *Direito processual civil brasileiro*. 9. ed. São Paulo: Saraiva, 1995. v. 2 e 3.

GROPALLI, Alexandro. *Doutrina do Estado*. 2. ed. São Paulo: Saraiva, 1968.

GUASP, Jaime. *Derecho procesal civil*. Madrid: [s.n.], 1968.

GÜNTHER, Klaus. *The sense of appropriateness*: application discourses in morality and law. Translated by John Farrel. Albany: State University of New York Press, 1993.

HAAK, Susan. *Filosofia das Lógicas*. São Paulo: Editora UNESP, 2002.

HÄBERLE, Peter. *Hermenêutica constitucional*. Porto Alegre: Sergio Fabris Editor, 1997.

HABERMAS, Jürgen. *Direito e democracia (entre faticidade e validade)*. Rio de Janeiro: Tempo Brasileiro, 1997. v. II.

HABERMAS, Jürgen. *Direito e democracia*. Rio de Janeiro: Biblioteca Tempo Universitário, 1997. v. I.

HABERMAS, Jürgen. *Discurso filosófico da modernidade*. São Paulo: Martins Fontes, 2000.

HABERMAS, Jürgen. O Estado Nação europeu frente aos desafios da globalização. *Revista Novos Estudos*, São Paulo, n. 43, nov. 1995.

HABERMAS, Jürgen. Os três modelos normativos de democracia. *Caderno da Escola do Legislativo do Estado de Minas Gerais*, n. 3, jan./jul. 1995.

HABERMAS, Jürgen. *Para a reconstrução do materialismo histórico*. 2. ed. São Paulo: Brasiliense, 1990.

HABERMAS, Jürgen. *Técnica e ciência como ideologia*. Lisboa: Edições 70, 1997.

HABERMAS, Jürgen. *Théorie et pratique*. Paris: Payot, 1975. t. I.

HABERMAS, Jürgen. *Verdade e justificação*. Ensaios filosóficos. São Paulo: Edições Loyola, 2004.

HAESAERT, J. *Théorie générale du droit*. Paris: Sirey, 1958.

HARARI, R. *Como se chama James Joyce?* Bahia: Ágalma, 2003.

HARVEY, David. *Condição pós-moderna*. 13. ed. São Paulo: Edições Loyola, 2004.

HARVEY, David. *Condição pós-moderna*. São Paulo: Edições Loyola, 1992.

HECKE, Van George. *Problème juridique des emprunts internationaux*. 2. ed. Leyden: E. J. Brill, 1964.

HEIDEGGER, M. *A caminho da linguagem*. Petrópolis: Vozes, 2003.

HEIDEGGER, Martin. *A essência do fundamento*. Lisboa: Edições 70, 2007.

HEIDEGGER, Martin. A questão da técnica. *In:* HEIDEGGER, Martin. *Essais et conférences*. Paris: Gallimard, 1958.

HELLER, Hermann. *Teoria do Estado*. São Paulo: Mestre Jou, 1968.

HOBSBAWM, Eric. *Era dos extremos*. 2. ed. São Paulo: Cia. das Letras, 1995.

HÖFFE, Otfried. *Justiça política*: fundamentação de uma filosofia crítica do direito e do Estado. Tradução de Ernildo Stein. Petrópolis: Vozes, 1991.

JELLINEK, G. *Teoría general del Estado*. Buenos Aires: Albatroz, 1954.

JESSUP, Phillip C. *Direito transacional*. Rio de Janeiro: Fundo de Cultura, 1965.

KANT, Emmanuel. *Crítica da Razão Pura*. 2. ed. São Paulo: Brasil Editora S.A., 1958.

KAUFMANN, Mathias. Discurso e Despotismo. *In:* MERLE, Jean-Christophe; MOREIRA, Luiz (Coord.). *Direito e Legitimidade*. São Paulo: Landy Editora, 2003.

KELSEN, H. *Théorie pure de droit*. Paris: Dalloz, 1962.

KLAUS, Günter. *Application discourses in morality and law*. The sense of appropriateness. Albany: State University of New York, 1993.

KUHN, Thomas S. *A estrutura das revoluções científicas*. Tradução de Beatriz Vianna Boeira e Nelson Boeira. 6. ed. São Paulo: Perspectiva, 2001. p. 246.

LA RÚA, Fernando de. *Teoría general del proceso*. Buenos Aires: Depalma, 1991.

LACAN, J. Jacques. *Le Seminaire*. Livre XI. Les quatre concepts fondamentaux de la psychanalyse. Paris: Éditions du Seuil, 1973.

LAFER, Celso. *Hobbes, o direito e o Estado moderno*. São Paulo: São Paulo: AASP, 1980.

LALANDE, André. *Vocabulaire téchnique et critique de la philosophie*. Paris: Presses Universitaires de France, 1972.

LALANDE, André. *Vocabulário técnico e crítico da filosofia*. São Paulo: Martins Fontes, 1996.

LALIVE, Jean-Flavien. Contracts between a state or state agency and a foreign company. *International and Comparative Law Quarterly*, Londres, v. 13, n. 1/4, p. 987-1021, jan./dez. 1964. Supplementary publication. v. 2.

LARENZ, Karl. *Metodologia da ciência do direito*. 3. ed. Lisboa: Fundação Calouste Gulbenkian, 1997.

LASSALLE, Ferdinand. *A Essência da Constituição*. 7. ed. Rio de Janeiro: Lumen Juris, 2007.

LEAL, Rosemiro Pereira (Coord.); ALMEIDA, Andréa Alves (Org.). *Comentários críticos à exposição de motivos do CPC de 1973 e os motivos para a elaboração de um novo Código*. São Paulo: Lemos & Cruz, 2011.

LEAL, Rosemiro Pereira *et al*. *Curso de direito econômico-comunitário*. 1. ed. Porto Alegre: Síntese Ltda., 2002. v. 1.

LEAL, Rosemiro Pereira *et al*. Processo civil reformado. *In:* DIAS, Ronaldo Brêtas de Carvalho; NEPOMUCENO, Luciana (Coord.). A judiciarização do processo nas últimas reformas do CPC brasileiro. 1. ed. Belo Horizonte: Del Rey, 2007.

LEAL, Rosemiro Pereira. A casualidade ilusória da globalização. *Caderno de Debates Plural – Globalização e Pós Modernidade*, Belo Horizonte, ano VI, v. 12, 1999.

LEAL, Rosemiro Pereira. A casualidade ilusória da globalização. *Revista da Faculdade de Direito – Universidade Federal de Minas Gerais*, v. 49, p. 263-272, 2006.

LEAL, Rosemiro Pereira. A ciência do ser e o paradigma da unidade. *Revista 22 Anos*, São Paulo, v. 23, p. 191-198, 1998.

LEAL, Rosemiro Pereira. A continuidade do imperialismo do saber em Husserl. *O Sino de Samuel – Jornal da Faculdade de Direito da UFMG*, Belo Horizonte, v. 69, p. 12, 19 ago. 2004.

LEAL, Rosemiro Pereira. A crise do dogmatismo e implicações jurídico-políticas. *Revista Brasileira de Direito Processual*, v. 1, p. 241-245, 2015.

LEAL, Rosemiro Pereira. A judisciarização do processo nas últimas reformas do CPC brasileiro. *In:* DIAS, Ronaldo Brêtas de Carvalho; NEPOMUCENO, Luciana Diniz (Org.). *Processo civil reformado*. 2. ed. Belo Horizonte: Del Rey, 2009. v. 1.

LEAL, Rosemiro Pereira. A judisciarização do processo nas últimas reformas do CPC brasileiro. *In:* DIAS, Ronaldo Brêtas de Carvalho; NEPOMUCENO, Luciana Diniz (Org.). *Processo civil reformado:* Leis nº 11.187/2005, 11.232/2005, 11.276/2006, 11.277/2006 e 11.280/2006. Belo Horizonte: Del Rey, 2006. v. 1.

LEAL, Rosemiro Pereira. A lógica da preliminar e do mérito no processo de conhecimento. *Revista do Tribunal de Contas do Estado de Minas Gerais,* Belo Horizonte, ano XVI, v. 28, n. 3, p. 15-29, jul./set. 1998.

LEAL, Rosemiro Pereira. A persistente inocuidade da execução imprópria. *In:* SANTOS, Ernane Fidélis dos *et al.* (Org.). *Execução civil* – Estudos em homenagem ao professor Humberto Theodoro Júnior. São Paulo: Revista dos Tribunais, 2007. v. 1.

LEAL, Rosemiro Pereira. A principiologia jurídica do processo na teoria neoinstitucionalista. *Revista da Faculdade Mineira de Direito (PUC Minas),* v. 10, p. 117-127, 2007.

LEAL, Rosemiro Pereira. A principiologia jurídica do processo na teoria neoinstitucionalista. *In:* DIDIER JR., Fredie (Org.). *Teoria do processo* – Panorama doutrinário mundial. 1. ed. Salvador: JusPodivm, 2008.

LEAL, Rosemiro Pereira. A principiologia jurídica do processo na teoria neoinstitucionalista. *In:* TAVARES, Fernando Horta (Org.). *Constituição, direito e processo* – Princípios constitucionais do processo. 1. ed. Curitiba: Juruá, 2007. v. 1.

LEAL, Rosemiro Pereira. A prova na teoria do processo contemporâneo. *In:* FIÚZA, César Augusto de Castro; SÁ, Maria de Fátima Freire de; DIAS, Ronaldo Brêtas Carvalho (Org.). *Temas atuais de direito processual civil.* 1. ed. Belo Horizonte: Del Rey, 2001. v. 1.

LEAL, Rosemiro Pereira. *A teoria neoinstitucionalista do processo:* uma trajetória conjectural. 1. ed. Belo Horizonte: Arraes, 2013.

LEAL, Rosemiro Pereira. Antecipação da tutela legal em face da defesa abusiva e manifesto próprio protelatório na teoria do processo. *Revista Síntese de Direito Civil e Processo Civil,* São Paulo, v. 2, p. 48-51, 2001.

LEAL, Rosemiro Pereira. Apresentação. *In:* LEAL, Rosemiro Pereira (Org.). *Celeridade ou ampla defesa* – Um falso dilema. 1. ed. Belo Horizonte: RTM, 2016. v. 1.

LEAL, Rosemiro Pereira. Atos e fatos econômicos no direito econômico. *Revista do Tribunal de Contas do Estado de Minas Gerais,* v. 12, p. 131-138, 1994.

LEAL, Rosemiro Pereira. Ausência de processualidade jurídica como morte pelo direito. *Revista da Faculdade Mineira de Direito (PUC Minas),* Belo Horizonte, v. 7, n. 13-14, p. 164-171, 2004.

LEAL, Rosemiro Pereira. Comentário de acórdão do STF. *Boletim Técnico da Escola Superior de Advocacia da OAB-MG,* Belo Horizonte, v. 1, n. 1, p. 59-78, 2004.

LEAL, Rosemiro Pereira. *Comentários à Reforma do Código de Processo Civil.* 1. ed. São Paulo: LED, 1996. v. 1.

LEAL, Rosemiro Pereira. *Comentários à Reforma do Código de Processo Civil.* São Paulo: LED, 1994.

LEAL, Rosemiro Pereira. *Comentários à Reforma do Código de Processo Civil*: artigo por artigo – enfoques críticos. São Paulo: LED, 1996.

LEAL, Rosemiro Pereira. Da técnica procedimental à ciência processual contemporânea. *In:* DIAS, Ronaldo Brêtas de Carvalho; SOARES, Carlos Henrique (Org.). *Técnica processual.* 1. ed. Belo Horizonte: Del Rey, 2015. v. 1.

LEAL, Rosemiro Pereira. *Direito civil e processo civil, processo civil e sociedade civil.* 1. ed. São Paulo: Revista dos Tribunais, 2007.

LEAL, Rosemiro Pereira. *Direito econômico* – Soberania e mercado mundial. 3. ed. Belo Horizonte: Del Rey, 2005. v. 1.

LEAL, Rosemiro Pereira. Direitos fundamentais do processo na desnaturalização dos direitos humanos. *Revista da Faculdade Mineira de Direito (PUC Minas),* v. 9, p. 89-100, 2006.

LEAL, Rosemiro Pereira. Direitos fundamentais do processo na desnaturalização dos direitos humanos. *In:* GALUPPO, Marcelo Campos (Org.). *O Brasil que queremos* – Reflexões sobre o Estado Democrático de Direito. 1. ed. Belo Horizonte: Editora PUC Minas, 2006. v. 1.

LEAL, Rosemiro Pereira. *Estudos continuados de teoria do processo VI.* 1. ed. São Paulo: Síntese/IOB, 2005. v. VI.

LEAL, Rosemiro Pereira. *Estudos continuados de teoria do processo III*. 1. ed. São Paulo: Síntese/IOB Thonsom, 2004. v. V.

LEAL, Rosemiro Pereira (Coord.). *Estudos continuados do processo*. São Paulo: Síntese/IOB Thonsom, 2000/2005, vols. I a VI.

LEAL, Rosemiro Pereira. *Estudos continuados de teoria do processo*. 1. ed. Porto Alegre: Síntese, 2003. v. III.

LEAL, Rosemiro Pereira. *Estudos continuados de teoria do processo II*. 1. ed. Porto Alegre: Síntese, 2001. v. II..

LEAL, Rosemiro Pereira. *Estudos continuados de teoria do processo I*. 1. ed. Porto Alegre: Síntese, 2000. v. I.

LEAL, Rosemiro Pereira. Fundado receio de dano irreparável na antecipação da tutela em Processo Civil. *Revista de Processo*, São Paulo, v. 1, n. 102, p. 291-297, 2001.

LEAL, Rosemiro Pereira. Fundado receio de dano irreparável na antecipação de tutela em processo civil. *Revista Unijus*, Porto Alegre, v. 3, p. 23-40, 2000.

LEAL, Rosemiro Pereira. Fundado receio de dano irreparável na antecipação de tutela em processo civil. *Revista Síntese de Direito Civil e Processual Civil*, Porto Alegre, v. 1, p. 54-59, 2000.

LEAL, Rosemiro Pereira. Fundado receio de dano irreparável na antecipação de tutela no processo civil. *UNIJUS – Revista Jurídica*, Uberaba, ano III, v. III, 2000.

LEAL, Rosemiro Pereira. Fundamentos da liquidez e certeza na constitucionalidade econômica. *In:* BUENO, Cassio Scarpinella; ALVIM, Eduardo Arruda; WAMBIER, Teresa Arruda Alvim (Org.). *Aspectos polêmicos e atuais do mandado de segurança 51 anos depois*. 1. ed. São Paulo: Revista dos Tribunais, 2002. v. I.

LEAL, Rosemiro Pereira. Garantismo processual e direitos fundamentais líquidos e certos. *In:* LEAL, Rosemiro Pereira. *Relativização inconstitucional da coisa julgada* – temática processual e reflexões jurídicas. Belo Horizonte: Del Rey, 2005. v. 1.

LEAL, Rosemiro Pereira. Isonomia processual e igualdade fundamental a propósito das retóricas ações afirmativas. *Revista Síntese de Direito Civil e Processual Civil*, Porto Alegre, v. 1, n. 30, p. 38-45, 2004.

LEAL, Rosemiro Pereira. Isonomia processual e igualdade fundamental a propósito das retóricas ações afirmativas. *Revista da Faculdade de Direito – Universidade Federal de Minas Gerais*, Belo Horizonte, v. 1, n. 44, p. 265-277, 2004.

LEAL, Rosemiro Pereira. Isonomia processual e igualdade fundamental a propósito das retóricas ações afirmativas. *Revista Jurídica UNIJUS*, Uberaba, v. 6, n. 1, p. 43-50, 2003.

LEAL, Rosemiro Pereira. Isonomia processual e igualdade fundamental a propósito das retóricas ações afirmativas. *Virtuajus – Revista Eletrônica da Faculdade Mineira de Direito*, v. 1, 2003.

LEAL, Rosemiro Pereira. Isonomia Processual e igualdade fundamental a propósito das retóricas ações afirmativas. *Revista da Faculdade de Direito da UFMG*, Belo Horizonte, v. 44, p. 265-277.

LEAL, Rosemiro Pereira. Isonomia processual e igualdade fundamental a propósito das retóricas ações afirmativas. *In:* LEAL, Rosemiro Pereira. *Relativização inconstitucional da coisa julgada* – temática processual e reflexões jurídicas. Belo Horizonte: Del Rey, 2005.

LEAL, Rosemiro Pereira. Isonomia processual e igualdade fundamental a propósito das retóricas ações afirmativas. *Revista Síntese de Direito Civil e Processo Civil*, n. 30, p. 38-45, jul./ago. 2004.

LEAL, Rosemiro Pereira. Jurisdição e processo no Estado Democrático de Direito. *Revista do Curso de Direito da Universidade Estadual de Montes Claros*, Montes Claros, v. 27, n. 1, p. 73-123, 2005.

LEAL, Rosemiro Pereira. Modelos processuais e Constituição democrática. *In:* MAGALHÃES, Joseli Lima (Org.). *Temas de direito processual democrático*. 1. ed. Teresina: Editora da EDUFPI, 2012. v. 1.

LEAL, Rosemiro Pereira. Modelos processuais e Constituição democrática. *In:* CASTRO, João Antônio Lima; FREITAS, Sérgio Henriques Zandona (Org.). *Direito processual* – Reflexões jurídicas. 1. ed. Belo Horizonte: IEC/PUC Minas, 2010. v. 1.

LEAL, Rosemiro Pereira. Modelos processuais e Constituição democrática. *In:* MACHADO, Felipe Daniel Amorim; OLIVEIRA, Marcelo Andrade Cattoni de (Org.). *Constituição e processo* – A contribuição do processo ao constitucionalismo democrático brasileiro. 1. ed. Belo Horizonte: Del Rey, 2008. v. 1.

LEAL, Rosemiro Pereira. O caráter oculto do sentido normativo no Novo CPC. *In:* SILVA, José Anchieta da (Org.). *O novo processo civil.* 1. ed. São Paulo: LEX, 2012. v. 1.

LEAL, Rosemiro Pereira. O caráter oculto do sentido normativo no Novo CPC. *In:* CASTRO, João Antônio Lima; FREITAS, Sérgio Henriques Zandona (Org.). *Direito processual* – Estudo democrático da processualidade jurídica constitucionalizada. 1. ed. Belo Horizonte: PUC Minas, 2012. v. 1.

LEAL, Rosemiro Pereira. O declínio do Estado hegeliano e o esperado fim das guerras. *Revista do Curso de Direito da Fundação Comunitária de Ensino Superior de Itabira,* v. 3-4, p. 79-87, 2006.

LEAL, Rosemiro Pereira. O declínio do Estado hegeliano e o esperado fim das guerras. *O Sino de Samuel – Jornal da Faculdade de Direito da UFMG,* Belo Horizonte, v. 63, p. 6-7.

LEAL, Rosemiro Pereira. O direito à vida e o meio ambiente. *Revista da Faculdade Mineira de Direito (PUC Minas),* v. 8, p. 241-251, 2005.

LEAL, Rosemiro Pereira. O direito à vida e o meio ambiente. *Revista Brasileira de Estudos Políticos,* v. 91, p. 171-186, 2005.

LEAL, Rosemiro Pereira. O direito ao trabalho e a descidadanização pelo emprego no capitalismo mundial. *Caderno de Debates Plural – O Trabalho e o Mundo Contemporâneo,* Belo Horizonte, p. 149-156, 2000.

LEAL, Rosemiro Pereira. O direito de aditamento da petição inicial no CPC reformado. *Boletim Técnico,* Belo Horizonte, v. 3, n. 2, dez. 1996.

LEAL, Rosemiro Pereira. O direito esquecido e a violência social. *Estado de Minas,* 14 fev. 2014. Caderno Direito & Justiça.

LEAL, Rosemiro Pereira. O *due process* e o devir processual democrático. *In:* SOARES, Carlos Henrique; DIAS, Ronaldo Brêtas de Carvalho (Org.). *Direito processual civil latino-americano.* 1. ed. Belo Horizonte: Arraes, 2013. v. 1.

LEAL, Rosemiro Pereira. O *due process* e o devir processual democrático. *In:* ROSSI, Fernando *et al.* (Org.). *O futuro do processo civil no Brasil.* 1. ed. Belo Horizonte: Fórum, 2011. v. 1.

LEAL, Rosemiro Pereira. O *due process* e o devir processual democrático. *In:* SOARES, Carlos Henrique; DIAS, Ronaldo Brêtas de Carvalho (Coord.). *Direito Processual Latino-Americano.* Belo Horizonte: Arraes Editoras, 2013.

LEAL, Rosemiro Pereira. O estar em juízo democrático. *In:* AURELLI, Arlete Inês *et al.* (Org.). *O direito de estar em juízo e a coisa julgada: estudos em homenagem a Thereza Alvim.* 1. ed. São Paulo: Revista dos Tribunais, 2014. v. 1.

LEAL, Rosemiro Pereira. O garantismo processual e direitos fundamentais líquidos e certos. *In:* MERLE, Jean Christophe; MOREIRA, Luiz (Org.). *Direito e legitimidade.* 1. ed. São Paulo: Landy, 2003. v. 1.

LEAL, Rosemiro Pereira. O paradigma processual ante as sequelas míticas do poder constituinte originário. *In:* FERREIRA, Jussara Suzi Assis Borges Nasser; RIBEIRO, Maria de Fátima (Org.). *Atividade empresarial e mudança social.* 1. ed. São Paulo: Arte e Ciência, 2009. v. 1.

LEAL, Rosemiro Pereira. O paradigma processual ante as sequelas míticas do poder constituinte originário. *Direito Público,* Belo Horizonte, v. VI, p. 153-163, 2009.

LEAL, Rosemiro Pereira. O paradigma processual ante as sequelas míticas do poder constituinte originário. *Revista da Faculdade de Direito da Universidade Federal de Minas Gerais,* v. 1, p. 297-318, 2008.

LEAL, Rosemiro Pereira. O paradigma processual ante as sequelas míticas do poder constituinte originário. *In:* GALUPPO, Marcelo Campos (Org.). *Constituição e democracia* – Fundamentos. 1. ed. Belo Horizonte: Fórum, 2009. v. 1.

LEAL, Rosemiro Pereira. O paradigma processual ante as sequelas míticas do poder constituinte originário. *Revista de Direito Público,* Coimbra, v. 2, 2009.

LEAL, Rosemiro Pereira. O paradigma processual ante as sequelas míticas do poder constituinte originário. *Revista Phrónesis,* v. 1, p. 195-208, 2009.

LEAL, Rosemiro Pereira. Os direitos fundamentais do processo na desnaturalização dos direitos humanos. *Virtuajus – Revista Eletrônica,* v. 5, n. 1, jul. 2006. Disponível em: http://www.fmd.pucminas.brvirtuajus/1-2006. Acesso em: 20 abr. 2010.

LEAL, Rosemiro Pereira. Os direitos fundamentais do processo na teoria neoinstitucionalista. *In:* DIDIER JÚNIOR, Fredie; JORDÃO, Eduardo Ferreira (Coord.). *Teoria do processo* – panorama doutrinário mundial. Salvador: Juspodivm, 2008.

LEAL, Rosemiro Pereira. Pareceres técnico-jurídicos como fundamento decisório na constitucionalidade brasileira. *Virtuajus – Revista Eletrônica da Faculdade Mineira de Direito,* ano 3, n. 2, 2004.

LEAL, Rosemiro Pereira. Parte como instituto do processo constitucional. *In:* CASTRO, João Antônio Lima; FREITAS, Sérgio Henriques Zandona (Org.). *Direito processual.* 1. ed. Belo Horizonte: PUC Minas, 2011. v. 1.

LEAL, Rosemiro Pereira. Parte como instituto do processo constitucional. *In:* DIDIER JR., Fredie *et al.* (Org.). *O terceiro no processo civil brasileiro e assuntos correlatos.* 1. ed. São Paulo: Revista dos Tribunais, 2010. v. 1.

LEAL, Rosemiro Pereira. Processo civil e sociedade civil. *In:* ASSIS, Araken de *et al.* (Org.). *Direito civil e processo* – Estudos em homenagem ao professor Arruda Alvim. 1. ed. São Paulo: Revista dos Tribunais, 2008. v. 1.

LEAL, Rosemiro Pereira. Processo civil e sociedade civil. *Virtuajus – Revista Eletrônica,* ano 4, n. 2, dez. 2005. Disponível em: www.fmd.pucminas.br.

LEAL, Rosemiro Pereira. *Processo como teoria da lei democrática.* 2. ed. Belo Horizonte: Fórum, 2017. v. 1.

LEAL, Rosemiro Pereira. *Processo como teoria da lei democrática.* Belo Horizonte: Fórum, 2010.

LEAL, Rosemiro Pereira. Processo e democracia – A ação jurídica como exercício da cidadania. *Revista Jurídica UNIJUS,* v. 9, p. 211-224, 2006.

LEAL, Rosemiro Pereira. Processo e democracia – A ação jurídica como exercício da cidadania. *Ágora – Revista do Curso de Direito FAPAM,* v. 2, p. 75-90, 2006.

LEAL, Rosemiro Pereira. Processo e democracia – A ação jurídica como exercício da cidadania. *Virtuajus – Revista Eletrônica da Faculdade Mineira de Direito,* ano 4, n. 1, 2005.

LEAL, Rosemiro Pereira. Processo e democracia: a ação jurídica como exercício da cidadania. *Revista de Processo,* v. 161, p. 324-338, 2008.

LEAL, Rosemiro Pereira. Processo e eticidade familiar constitucionalizada. *In:* PEREIRA, Rodrigo da Cunha. *Afeto, ética, família e o Novo Código Civil* – Anais do IV Congresso Brasileiro de Direito de Família. Belo Horizonte: Livraria Del Rey/IBDFAM, 2004. v. I.

LEAL, Rosemiro Pereira. Processo e hermenêutica constitucional a partir do Estado de Direito Democrático. *Revista Eletrônica da Faculdade Mineira de Direito (PUC Minas),* 2005.

LEAL, Rosemiro Pereira. Processo e hermenêutica constitucional a partir do Estado de Direito Democrático. *Virtuajus – Revista Eletrônica da Faculdade Mineira de Direito,* ano 3, n. 1, 2004.

LEAL, Rosemiro Pereira. Processo e hermenêutica constitucional a partir do Estado de Direito Democrático. *Revista do Curso de Direito da FUMEC,* Porto Alegre, v. 3, p. 7-23, 2001.

LEAL, Rosemiro Pereira. Recurso ordinário no processo civil reformado. *Revista do Tribunal de Contas do Estado de Minas Gerais,* Belo Horizonte, v. 23, 1997.

LEAL, Rosemiro Pereira. *Relativização inconstitucional da coisa julgada* – Temática processual e reflexões jurídicas. Belo Horizonte: Del Rey, 2005. v. 1.

LEAL, Rosemiro Pereira. Sistemas previdenciários e compensação financeira na Constituição vigente. *Revista do Tribunal de Contas do Estado de Minas Gerais,* v. 14, p. 79-85, 1995.

LEAL, Rosemiro Pereira. *Soberania e mercado mundial.* 2. ed. São Paulo: LED, 1999.

LEAL, Rosemiro Pereira. Súmulas vinculantes: sua ilegitimidade no Estado Democrático de Direito. *Revista da Ordem dos Advogados do Brasil (Brasília),* Belo Horizonte, v. 80, n. 35, p. 41-67, 2005.

LEAL, Rosemiro Pereira. *Temas atuais de direito processual civil.* 1. ed. Belo Horizonte: Del Rey, 2001. v. 1.

LEAL, Rosemiro Pereira. Teoria da defesa no processo civil. *Revista da Pós-Graduação da PUC Minas,* Belo Horizonte, v. 1, 1998.

LEAL, Rosemiro Pereira. *Teoria geral do processo* – Primeiros estudos. 7. ed. Rio de Janeiro: Forense, 2008. v. 1.

LEAL, Rosemiro Pereira. *Teoria geral do processo* – Primeiros estudos. 5. ed. São Paulo: Síntese/IOB Thomson, 2004. v. 1.

LEAL, Rosemiro Pereira. *Teoria geral do processo* – Primeiros estudos. 4. ed. Porto Alegre: Síntese, 2001. v. 1.

LEAL, Rosemiro Pereira. *Teoria geral do processo* – Primeiros estudos. 3. ed. Porto Alegre: Síntese, 2000. v. 1.

LEAL, Rosemiro Pereira. *Teoria geral do processo* – Primeiros estudos. 2. ed. Porto Alegre: Síntese, 1999. v. 1.

LEAL, Rosemiro Pereira. *Teoria geral do processo*. 10. ed. Rio de Janeiro: Forense, 2011. v. 1.

LEAL, Rosemiro Pereira. *Teoria geral do processo*. 11. ed. Rio de Janeiro: Forense, 2012.

LEAL, Rosemiro Pereira. *Teoria geral do processo*. 12. ed. Rio de Janeiro: Forense, 2014.

LEAL, Rosemiro Pereira. *Teoria geral do processo*. 13. ed. Belo Horizonte: Fórum, 2017.

LEAL, Rosemiro Pereira. *Teoria geral do processo*. 5. ed. Porto Alegre: Síntese, 2004.

LEAL, Rosemiro Pereira. *Teoria geral do processo*. 6. ed. São Paulo: Thomson/IOB, 2006.

LEAL, Rosemiro Pereira. *Teoria geral do processo*. 8. ed. Rio de Janeiro: Forense, 2009. v. 1.

LEAL, Rosemiro Pereira. *Teoria geral do processo*. 9. ed. Rio de Janeiro: Forense, 2010. v. 1.

LEAL, Rosemiro Pereira. *Teoria processual da decisão jurídica*. 3. ed. Belo Horizonte: Editora D'Plácido, 2017.

LEAL, Rosemiro Pereira. *Teoria processual da decisão jurídica*. 2. ed. Belo Horizonte: Editora D'Plácido, 2016.

LEAL, Rosemiro Pereira. *Uma pesquisa institucional de Estado, Poder Público e União na constitucionalidade brasileira* – Significados equívocos e a interpretação do direito – Busca de um novo *medium* linguístico na teoria da constitucionalidade democrática. 1. ed. Belo Horizonte: Del Rey, 2008. v. 1.

LEAL, Rosemiro Pereira. Verificação da intencionalidade dos contratos. *Revista Síntese de Direito Civil e Processual Civil*, v. 42, p. 37-49, 1994.

LEAL, Rosemiro Pereira. Verossimilhança e inequivocidade na tutela antecipada em processo civil. *Revista Síntese de Direito Civil e Processual Civil*, Porto Alegre, v. 1, n. 2 p. 17-23, nov./dez. 1999.

LEAL, Rosemiro Pereira. Verossimilhança e inequivocidade na tutela antecipada em processo civil. *Revista da Fch Fumec*, Belo Horizonte, p. 20-37, 2000.

LEAL, Rosemiro Pereira; AGUIAR, C. S. M. V.; COSTA, F. V.; BORGES, J. S. Súmulas Vinculantes: sua ilegitimidade no Estado Democrático de Direito. *Revista da Faculdade Mineira de Direito (PUC Minas)*, v. 8, p. 162-198, 2005.

LEAL, Rosemiro Pereira; ALMEIDA, Andrea Alves de. *Comentários críticos à Exposição de Motivos do CPC de 1973 e os motivos para a elaboração de um Novo CPC*. 1. ed. Leme: Lemos e Cruz Publicações Jurídicas, 2011. v. 1.

LEAL, Rosemiro Pereira; FREITAS, S. H. Z. *Coisa julgada*: de Chiovenda a Fazzalari. 1. ed. Belo Horizonte: Del Rey, 2007. v. 1.

LEAL, Rosemiro Pereira; MADEIRA, Dhenis Cruz. Processo de conhecimento e cognição: uma inserção no Estado democrático de Direito. *In:* WAMBIER, Teresa Arruda Alvim (Org.). *Revista de Processo – REPRO*. São Paulo: Revista dos Tribunais, 2009. v. 172.

LEAL, Rosemiro Pereira; Temas de Processo Neoinstitucional e Democracia. EDUFPI, Teresina – PI, 2023

LEAL, Rosemiro Pereira; O caráter mítico e e$tratégico do novo CPC. EDUFPI, Teresina – PI, 2021

LEAL, Rosemiro Pereira; Pandemia e os Direitos Fundamentais. EDUFPI, Teresina – PI, 2021

LEGENDRE, Pierre. Seriam os fundamentos da ordem jurídica razoáveis? *In:* ALTOÉ, Sônia (Org.). *Sujeito do direito e sujeito do desejo* – direito e psicanálise. Rio de Janeiro: Revinter, 1999.

LEMOS, André. *Imagem* – Visibilidade e cultura midiática. Livro da XV COMPÓS. Porto Alegre: Sulina, 2007.

LEREBOURS-PIGEONNIÉRE. *Précis de droit international privé*. 9. ed. Paris: Dalloz, 1970.

LÉVI-STRAUSS, Claude. *Anthropologie structurale*. Paris: Plon, 1958.

LIEBMAN, Enrico Tullio. Diritto constituzionale e processo civile. *Rivista di Diritto Processuale*, 1952.

LIEBMAN, Enrico Tullio. *Estudos sobre o processo civil brasileiro*. São Paulo: Saraiva, 1947.

LIEBMAN, Enrico Tullio. *Manual de direito processual civil*. Rio de Janeiro: Forense, 1984.

LINHARES, José Manuel Aroso. Habermas e a universalidade do direito. *Boletim da Faculdade de Direito de Coimbra*, 1989.

LOPES, Edward. *Discurso, texto e significação*: uma teoria do interpretante. São Paulo: Cultrix, 1978.

LOSANO, Mário G. *Os Grandes Sistemas Jurídicos*: introdução aos sistemas jurídicos europeus e extraeuropeus. Tradução de Marcela Varejão. São Paulo: Martins Fontes, 2007.

LOSEE, John. *O homem e a ciência* – Introdução histórica à filosofia da ciência. São Paulo: Edusp, 1979. v. 5.

LUHMANN, Niklas. *Legitimação pelo procedimento*. Brasília: UnB, 1980.

LYOTARD, Jean François. *The postmodern condition*. Tradução de Bennington e Brian Massumi. Manchester: UP, 1984.

MACHADO, Edgard da Mata. *Elementos de teoria geral do direito*. 4. ed. Belo Horizonte: UFMG, 1995.

MALBERG, Carré de. *Théorie générale de l'état*. Paris: Archives, 1933.

MARINONI, Luiz Guilherme. Relativização da coisa julgada material. *Mundo Jurídico*. Disponível em: www.mundojuridico.adv.br.

MARINONI, Luiz Guilherme. *Antecipação de tutela*. 4. ed. São Paulo: Malheiros, 1998.

MARINONI, Luiz Guilherme. *Novas linhas do processo civil*. 2. ed. São Paulo: Malheiros, 1996.

MARINONI, Luiz Guilherme. Tutela cautelar e tutela antecipada. *Revista dos Tribunais*, n. 26 e 58, 1992.

MARKY, Thomas. *Curso elementar de direito romano*. 8. ed. São Paulo: Saraiva, 1995.

MARTÍNEZ ROLDÀN, Luis. *Nueva aproximación al pensamiento jurídico de Hans Kelsen*. Madrid: La Ley, 1988.

MAUS, Ingeborg. Judiciário como Superego da Sociedade: o papel da atividade jurisprudencial na "sociedade órfã". *Revista Novos Estudos*, CEBRAP, São Paulo, n. 58, p. 197-199, 2000.

MAXIMILIANO, Carlos. *Hermenêutica e aplicação do direito*. 15. ed. Rio de Janeiro: Forense, 1995.

MELLO FILHO, José Celso de. A tutela judicial das liberdades. *Revista dos Tribunais*, 526, 1979.

MIAILLE, Michel. *Introdução crítica ao direito*. 2. ed. Lisboa: Editorial Estampa, 1994.

MITIDIERO, Daniel. *Precedentes* – Da persuasão à vinculação. São Paulo: Revista dos Tribunais, 2016.

MONTESANO, Luigi. *La tutela giurisdicionali dei diritti*. Bari: Caccuci, 1983.

MOREIRA, José Carlos Barbosa. *Comentários ao Código de Processo Civil*. 5. ed. Rio de Janeiro. Forense, 1985.

MOREIRA, José Carlos Barbosa. *Participação e processo*. São Paulo: Revista dos Tribunais, 1988.

MOREIRA, José Carlos Barbosa. *Temas de direito processual*. 2. ed. São Paulo: Saraiva, 1980.

MOREIRA, Luiz. *A Constituição como simulacro*. Rio de Janeiro: Lumen Juris, 2007.

MOREL, René. *Traité élémentaire de procedure civil*. 2. ed. Paris: [s.n.], 1949.

MÜLLER, Friedrich. *Quem é o povo?* 2. ed. São Paulo: Max Limonad, 2000.

NERY JÚNIOR, Nelson. *Princípios do processo civil na Constituição Federal*. 3. ed. São Paulo: Revista dos Tribunais, 1996.

NÖTH, Winfried. *Panorama da semiótica* – de Platão a Peirce. São Paulo: Annablume, 1995.

NOVAES, Adauto. *A crise da razão*. Rio de Janeiro: Companhia das Letras, 1996.

OFFE, C. *Contradictions of Welfare State*. Hustehinson: John Keane, 1984.

OGDEN, C. K.; RICHARDS, I. A. *The meaning of meaning*. 1. ed. Routledge & Kegan Paul, 1923.

OLIVEIRA, Carlos A. *et al*. *Elementos para uma nova teoria geral do processo*. Porto Alegre: Livraria do Advogado, 1997.

PACHECO, José da Silva. *Direito processual civil*. São Paulo: Saraiva 1976. 2 v.

PACHECO, José da Silva. *Evolução do processo civil brasileiro (desde as origens até o advento do novo milênio)*. 2. ed. Rio de Janeiro: Renovar, 1999.

PASQÜIER, Claude. *Introduction à la théorie générale et la philosophie de droit*. 4. ed. Neuchâtel: Niestlé, 1967.

PASSOS, J. J. Calmon de. Cidadania e efetividade do processo. *Rev. de Direito Civil e Processual Civil*, Porto Alegre, ano I, n. 1, set./out. 1999.

PAULA, Jônatas Luiz Moreira de. *Teoria geral do processo*. 1. ed. São Paulo: LED, 1999.

PEREIRA, Rodrigo da Cunha. Direito e psicanálise: a subjetividade na objetividade dos atos e fatos jurídicos. *In:* GALUPPO, Marcelo (Org.). *O Brasil que queremos* – Reflexões sobre o Estado Democrático de Direito. Belo Horizonte: Editora PUC Minas, 2006.

PICARDI, Nicola. *"Introduzione" ao Code Louis, Testi e Documenti per la Storia del Processo*. Milano: Giuffrè, 1996.

PISANI, Proto. Breve promessa a un corso sulla giustizia civile. *In:* PISANI, Proto. *Apunti sulla giustizia civile*. Bari: Cacucci, 1982.

PIZZORUSSO, Alessandro. *Sistema istituzionale del diritto pubblico italiano*. 2. ed. Napoli: Jovene, 1992.

PLUCKNETT, Theodore. *A Concise History of Common Law*. 5. ed. New Jersey: The Lawbook Exchange, 2001.

PODETTI, Ramiro J. *Teoría y técnica del proceso civil*. Buenos Aires: Ediar, 1963.

POPPER, Karl. *A lógica da pesquisa científica*. São Paulo: Cultrix, 1996.

POPPER, Karl. *Busca inacabada*: autobiografia intelectual. Lisboa: Esfera do Caos Editores, [s.d.].

POPPER, Karl. *Conhecimento objetivo*. Belo Horizonte: Itatiaia, 1976.

POPPER, Karl. *Conhecimento objetivo*. São Paulo: EDUSP, 1975.

POPPER, Karl. *O mito do contexto*. Lisboa: Edições 70, 1996.

POSNER, Richard. *Economic analysis of law*. Boston: Little Brown, 1977.

POUND, Roscoe. *Justiça Conforme a Lei*. São Paulo: Ibrasa, 1965.

PRADO, L. R.; KARAM, M. *Estudos de filosofia do direito*. São Paulo: Revista dos Tribunais, 1995.

PROUST, Marcel. *Nas trilhas da crítica*. Introdução de Aguinaldo José Gonçalves. São Paulo: EDUSP, 1994.

RABONEZE, Ricardo. Antecipação de tutela initio litis e inaudita altera parte. *Rev. Síntese de Direito Civil e Processual Civil*, Porto Alegre, ano I, n. 1, set./out. 1999.

RAWLLS, J. *Théorie de la justice*. Paris: Le Seuil, 1987.

RAWLS, John. *Uma teoria da justiça*. 1. ed. São Paulo: Martins Fontes, 1997.

REALE JUNIOR, Miguel. *Antijuridicidade concreta*. São Paulo: José Bushatsky Editor, 1974.

REALE, Miguel. *Direito administrativo*. Rio de Janeiro: Forense, 1969.

REALE, Miguel. *Lições preliminares de direito*. São Paulo: Saraiva, 1976.

ROCCO, Ugo. *Trattato di diritto processuale civile*. 2. ed. Torino: [s.n.], 1966. v. III.

RODRIGUES, Wanderlei Horácio. *Acesso à justiça no direito processual brasileiro*. São Paulo: Acadêmica, 1994.

ROSENBERG; SCHWAB; GOTTWALD. *Zivilprozessrecht*. 14. ed. Munique: Beck, 1986.

ROSENFELD, Michel. *A identidade do sujeito constitucional*. Belo Horizonte: Mandamentos, 2003.

ROUANET, S. P. *Édipo e o Anjo* – Itinerários freudianos em Walter Benjamin. 2. ed. Rio de Janeiro: Tempo Brasileiro, 1990.

ROUBIER, Paul. *Théorie générale du droit*. Paris: Sirey, 1946.

ROUDINESCO, Elizabeth. *Por que a psicanálise?* 1. ed. Rio de Janeiro: Jorge Zahar Editor, 2000.

SAGÜÉS, Nestor. *Derecho procesal constitucional*. Buenos Aires: Astrea, [s.d.].

SAINT-SIMON, Claude Henri. Introduction aux travaux scientifiques du XIXe siècle. *In:* ABBAGNANO, Nicola. *Dicionário de filosofia*. São Paulo: Martins Fontes, 1998.

SALEM, Luciano Rossignolli. *Prática no procedimento sumaríssimo*. 2. ed. São Paulo: LTr, 2000.

SALGADO, Joaquim Carlos. *A ideia de justiça em Hegel*. São Paulo: Edições Loyola, 1996.

SALGADO, Joaquim Carlos. Os direitos fundamentais. *Revista Brasileira de Estudos Políticos*, Belo Horizonte, n. 82. Separata.

SANTOS, Ernane Fidélis dos. *Manual de direito processual civil* – processo de conhecimento. 4. ed. São Paulo: Saraiva, 1996. v. 1.

SANTOS, Moacyr Amaral. *Primeiras linhas de direito processual civil*. 15. ed. São Paulo: Saraiva, 1993.

SAVELLE, Max. *História da civilização mundial*. Belo Horizonte: Itatiaia, 1971. 4 v.

SCHMITT, Carl. *La defensa de la Constitución*. Tradução de Manuel Sánchez Garto. Barcelona: Editorial Labor, 1931.

SEVERINO, Emanuele. *A filosofia contemporânea*. Lisboa: Edições 70, 1986.

SICHES, Recaséns. *Fundamentación de la filosofía del derecho*. México: [s.n.], 1945.

SILVA, Ovídio Baptista da. Coisa julgada relativa. *Revista dos Tribunais*, São Paulo, ano 93, v. 821, p. 29-38, mar. 2004.

SILVA, Ovídio Baptista da. *Curso de processo civil*. 3. ed. Porto Alegre: Sergio A. F. Editor, 1996. v. I.

SILVA, Ovídio Baptista da. *Jurisdição e execução*. 2. ed. São Paulo: Revista dos Tribunais, 1997.

SILVA, Ovídio Baptista da; GOMES, Fábio Luiz. *Teoria geral do processo civil*. São Paulo: Revista dos Tribunais, 1997.

SÓFOCLES. *Antígone*. Rio de Janeiro: Beviláqua, 1909.

SORMAN, Guy. *A solução liberal*. 2. ed. São Paulo: José Olímpio, 1987.

SOUSA, Joaquim José Pereira e. *Primeiras linhas sobre processo civil*. Lisboa: Na Typographia Rollandiana, 1958. t. 1.

STASSINOPOULOS, Michel. *Traité des actes administratifs*. Paris: Libr. Generale de Droit et de Jurisprudence, 1973.

TARSKI, A. *Semantics, matemathematics*. Oxford: Claredon Press, 1956.

TARZIA, Giuseppe. *Lineamenti del nuovo processo di cognizioni*. Milano: Giuffrè, 1991.

TENÓRIO, Oscar. *Direito internacional privado*. Rio de Janeiro: Freitas Bastos, [s.d.]. v. II.

THEODORO JÚNIOR, Humberto. *Código de Processo Civil anotado*. 2. ed. Rio de Janeiro: Forense, 1996.

THEODORO JÚNIOR, Humberto; FARIA, Juliana Cordeiro. *In:* NASCIMENTO, Carlos Valder do (Coord.). *Coisa julgada inconstitucional*. 4. ed. Rio de Janeiro: América Jurídica, 2004.

TOMMASEO, Ferruccio. *Il provvedimenti d'urgencia, struttura e limiti della tutela antecipatoria*. Padova: Cedam, 1983.

TUCCI, José Rogério Cruz e. Garantia de prestação jurisdicional sem dilações indevidas como Colorário do Devido Processo Legal. *RePro*, São Paulo, n. 66.

TUCCI, José Rogério Cruz e. *Tempo e processo*. São Paulo: Revista dos Tribunais, 1997.

VICO, Giambattista. *A ciência nova*. Rio de Janeiro e São Paulo: Record, 1999.

VIEHWEG, Theodor. *Tópica e jurisprudência*. Brasília: Departamento de Imprensa Nacional, 1979.

VIEIRA, José Marcos Rodrigues. A ordinariedade reformada. *Boletim Técnico*, Belo Horizonte, v. 3, n. 2, p. 99-121, 1996.

VILLENEUVE, M. B. de. *L'activité étatique*. Paris: Sirey, 1985.

VILLEY, M. *Abrégé de droit naturel classique*. Paris: Archives, 1962.

VOLKMANN, Schluck. *Husserl et la pensée moderne*. Haia: Phénoménologie, 1959.

WALD, Arnoldo. *Validade das convenções sobre o contrato*. Estudos e pareceres do direito comercial. São Paulo: Revista dos Tribunais, 1972.

WARAT, Luís Alberto. O monastério dos sábios: o sentido comum teórico dos juristas. *In:* WARAT, Luís Alberto. *Introdução geral ao direito II*. Porto Alegre: Fabris, 1997.

WATANABE, Kazuo. Acesso à justiça e sociedade moderna. *In:* GRINOVER, Ada Pellegrini; DINAMARCO, Candido Rangel; WATANABE, Kazuo (Coord.). *Participação e processo*. São Paulo: Revista dos Tribunais, 1988.

WEBER, Max. *A ética protestante e o espírito do capitalismo*. São Paulo: Cia. das Letras, 2004.

WEBER, Max. *Economia e sociedade*. 3. ed. Brasília: UNB, 1994. v. I.

WEBER, Max. Três tipos puros de dominação legítima. *In:* COHN, Gabriel (Org.). *Sociologia*. São Paulo: Ática, 1965. v. 13. Grandes Cientistas Sociais.

WOLFF, Francis. *A crise da razão*. São Paulo: Companhia das Letras, 1996.

WRIGHT, Erik Olin; LEVINE, Andrew; SOBER, Elliott. *Reconstruindo o marxismo*. Petrópolis: Vozes, 1993.

ZAVASCKI, Teori Albino. *Antecipação da tutela*. 4. ed. São Paulo: Saraiva, 2005.

Esta obra foi composta em fonte Palatino Linotype, corpo 10
e impressa em papel Offset 75g (miolo) e Supremo 250g (capa)
pela Paulinelli Serviços Gráficos.